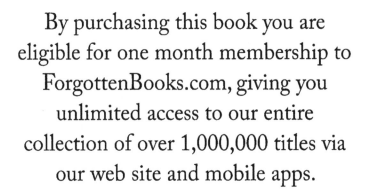

ISBN 978-0-364-01701-2
PIBN 10647085

FERDINAND LASSALLE

GESAMMELTE REDEN UND SCHRIFTEN

HERAUSGEGEBEN
UND EINGELEITET
VON

EDUARD BERNSTEIN

SIEBENTER BAND:

DIE PHILOSOPHIE HERAKLEITOS DES
DUNKLEN VON EPHESOS

I

VERLEGT BEI PAUL CASSIRER, BERLIN
1920

DRUCK VON OSCAR BRANDSTETTER, LEIPZIG

VORBEMERKUNG.

Um dem philosophischen Hauptwerk Lassalles gerecht werden zu können, muß man nicht nur Philosoph,
sondern auch Philologe sein. Denn dieser großangelegte
Versuch, die Lehre des Herakleitos von Ephesos, dem
schon die eigenen Landsleute, in deren Sprache er schrieb,
wegen seiner Schwerverständlichkeit den Beinamen der
Dunkle — Skoteinos — gaben, als ein in sich geschlossenes, einheitliches philosophisches Lehrgebäude darzustellen, erfordert ebensosehr Sprachkenntnisse wie philosophische Schulung. Heraklit ist zu uns nicht in seinen
eigenen Schriften, sondern lediglich in Bruchstücken und
von anderen zitierten Stellen aus seinem Hauptwerk gekommen, und da er, wie Zeitgenossen von ihm behaupteten,
oft absichtlich eine schwerverständliche Sprache wählte,
gab es schon im Altertum manchen Streit über den Sinn
seiner Aussprüche und muß die Lösung der Rätsel, die
sie den Spätgeborenen aufgeben, nicht selten durch gram-
matikalische Untersuchung unterstützt werden. Lassalle
tritt uns daher in diesem Werk sowohl als Textkritiker
wie als philosophischer Interpret gegenüber und will in
beider Hinsicht gewürdigt sein.

In bezug auf das erste nun, die Textkritik, mag die
Feststellung der Tatsache genügen, daß die Arbeit in der
Fachwelt als eine Leistung bedeutenden Forscherfleißes
und hervorragenden philologischen Scharfsinnes auch von

denen anerkannt ward, die in wichtigen Punkten von Lassalle abweichen. Von namhaften zeitgenössischen Philologen war es insbesondere der sehr gelehrte August Boeckh, Professor und Mitglied der Berliner Akademie der Wissenschaften, von dem angeregt Lassalle als Zwanzigjähriger an die Arbeit herangetreten war, der ihr Worte der größten Anerkennung widmete. Nachdem Lassalle ihm das Buch übersandt hatte, schrieb er diesem unterm 9. November 1857 einen Dankesbrief, worin er zugleich sich über den wissenschaftlichen Wert derjenigen Partien des Buches äußerte, die er sofort gelesen hatte. Dieser Brief, der zum Glück noch erhalten ist und zurzeit in Händen von Dr. Gustav Mayer, dem Biographen von Friedrich Engels und von Lassalles Nachfolger J. B. von Schweitzer, sich befindet, ist dem Unterzeichneten von Dr. Mayer gütigerweise für diese Ausgabe in Abschrift zur Verfügung gestellt worden und folgt im Anschluß an diese Vorbemerkung. In Überwegs in vielen Auflagen erschienenem Grundriß der Geschichte der Philosophie des Altertums wiederum wird bei Aufzählung der Schriften über Heraklit Lassalles Werk „die vollständigste Monographie" genannt. Und solcher Zeugnisse aus der Welt der Fachgelehrten ließen sich noch viele anführen.

. Die größte Anerkennung aber wurde Lassalle von den Philosophen der Hegelschen Schule zuteil, darunter Persönlichkeiten, die noch selbst zu den Füßen des Meisters gesessen hatten. Er ward sofort von deren Haupt, Professor Michelet, zum Monatsgastmahl des engen Kreises der treuen Hegelianer eingeladen und wurde Mitglied der von diesen gegründeten Berliner Philosophischen Gesellschaft, in der er dann u. a. den in Band VI unserer Ausgabe abgedruckten Vortrag über Rosenkranz' und Hegels Logik hielt. Die Ehren, die man ihm von dieser Seite

6

erwies, waren gewiß nicht unverdient. Hegel hatte Heraklit als seinen Vorgänger anerkannt und gewürdigt, ohne jedoch ihm eine besondere Untersuchung zu widmen, sein Zeitgenosse Schleiermacher eine feinsinnige Darstellung der Lehre Heraklits geliefert, die zwar aus einer wohlgeordneten Zusammenstellung von sorgfältig geprüften Bruchstücken und Zeugnissen der Alten hinsichtlich dessen Lehren besteht, aber kein tiefergreifendes Quellenstudium zur Grundlage hat, und was sonst über ihn veröffentlicht wurde, waren Spezialuntersuchungen besonderer Stücke oder bloße Kompilationen. Da kam nun Lassalle mit einem zweibändigen Werk, das unter Heranziehung von bisher ganz unbeachtet gebliebenen Quellen und auf Grund äußerst scharfsinniger philologischer Untersuchungen eine Darstellung der Philosophie des Heraklit gab, wie sie in gleicher Systematik und Genauigkeit niemals auch nur annähernd versucht worden war, und das ganz und gar Hegels Geist atmete, in Hegelscher Denkweise und Sprache eine viel engere Verwandtschaft des großen Griechen mit Meister Hegel nachwies, als Hegel selbst getan.

Es muß natürlich dahingestellt bleiben, ob diejenigen nicht recht haben, die da sagen, daß Lassalle mehr in Heraklits Aussprüche hineingelesen hat, als diese wirklich besagen. Für die Hegelianer entschied, daß der Nachweis mit so großem Eindringen in die feinsten Einzelheiten und so glänzender Dialektik geschehen war wie nie zuvor. Übrigens schreibt selbst Karl Marx, der sich nach dem ersten Lesen des Lassalleschen Heraklit Friedrich Engels gegenüber im Brief vom 1. Februar 1858 stark kritisch dahin geäußert hatte, daß Lassalle „bei jedem der vielen Bilder, worin Herakleitos sich die Einheit von Affirmation und Negation herausarbeitet, irgendeinen Abschnitt aus der

Hegelschen Logik zum besten gibt," ein Jahr später, im Brief vom 25. Februar 1859 an Engels, immerhin sei der Herakleitos „obgleich ungeschlacht geschrieben, besser als irgend etwas, womit die Demokraten prahlen könnten" („better than anything the democrats could boast of").

„Lassalle," heißt es noch im ersten Brief von Marx, „scheint sich die Hegelsche Logik an Heraklit klarmachen gesucht zu haben und gar nicht müde geworden zu sein, diesen Prozeß stets von neuem zu beginnen." Er habe jedoch dem, was Hegel in der Geschichte der Philosophie über Herakleitos sagt, in der Hauptsache nichts Neues hinzugefügt, sondern es nur im Detail ausgeführt und „kritische Gedanken über die Dialektik selbst nicht verraten". Welche letztere Bemerkung deshalb von Interesse ist, weil sie den Unterschied der Stellung von Lassalle und Marx zu Hegel durchblicken läßt.

In der Tat feiert Lassalle in Heraklit den Philosophen, der zum Unterschied von den vorausgegangenen ionischen Philosophen es vollbringt, „den Gedanken aus seiner Gebundenheit im Naturdasein loszulösen", bei dem „zum ersten Male der f o r m a l e Begriff der s p e k u l a t i v e n I d e e überhaupt — die Einheit des sich Entgegengesetzten als Prozeß — erfaßt wird" und es der Philosophie „gelingt, sich als reinen, von der Sinnlichkeit befreiten Gedanken zu erfassen". Der abstrakte Begriff des Spekulativen überhaupt sei „das Zentrum heraklitischer Lehre". (Heraklit I, 1, Bd. VII, S. 39 dieser Ausgabe.) Mit anderen Worten: die spekulative Dialektik, die dialektische Entwicklung aus dem Begriff, sei die Errungenschaft der Philosophie des Heraklit. Er sei „im höchsten Sinne des Wortes Erfinder", weil ihm „ein neuer, vor ihm noch nicht dagewesener Gedanke aufgegangen ist: die begriffene Idee des Werdens,

die prozessierende Einheit des sich Entgegengesetzten".

Lassalles Werk verfolgt die veranschaulichende Durchführung dieses Gedankens bei Heraklit durch alle An-
wendungen und bildlichen Darstellungen, die er bei diesem
Denker erfährt, und sucht dabei die Wesensgleichheit des
rein begrifflichen Prozesses mit dem tatsächlichen Werde-
prozeß in Natur und Menschheit darzutun. Man weiß,
daß Heraklit die Urkraft der Weltschöpfung, den Urgrund alles Entstehens und Vergehens im Feuer erblickte.
Aber mit der physischen Rolle des Feuers ist dessen
Bedeutung für die Philosophie des Heraklit bei weitem
nicht zu Ende. Nach Lassalle ist das Feuer vielmehr
„die dem heraklitischen Prinzip, der prozessierenden Einheit von Sein und Nichtsein, dem Werden, entsprechende
Existenz". „Denn das Feuer," heißt es weiter, „ist eben
die Existenz, deren Bestehen reines Sichaufheben,
deren Sein reines Sichselbstverzehren ist. Es
ist die daseiende Negativität, der reine Prozeß."
(Heraklit I, 2, Bd. VII, S. 65 dieser Ausgabe.) Ja, die
ganze Physik des Heraklit ist nach Lassalle nur die Darstellung der Realisation der objektiven logischen Idee
dieses Denkers — „die prozessierende Identität der entgegengesetzten und beständig ineinander verschlagenden
Momente von Sein und Nichtsein" — in den Existenzen
der Natur. (Abschnitt „das Feuer" in Bd. II, § 18.)
Man kann der Hegelschen Idee von der Natur als dem
Anderssein des Geistes und von der Geschichte als der
Selbstentwicklung des objektiven Geistes nicht näher-
kommen.

Daß die Natur- und Geschichtsbetrachtung unter diesen
Gesichtspunkten notwendigerweise einseitig ausfallen wird
und zu mancher gewaltsamen Auslegung der tatsächlichen

Entwicklungen verführt, braucht heute nicht erst gesagt zu werden. Man ist eher veranlaßt, darauf hinzuweisen, daß sie trotz jener Tendenz zur Einseitigkeit und zu unhaltbaren Konstruktionen doch einen heuristischen Wert gehabt, zur Erforschung von Kräften und Entwicklungsmomenten hingeleitet hat, die sonst unbeachtet geblieben wären. Wie abstrakt die Theorie auch formuliert ist, wie sehr sie als Produkt rein begrifflicher Folgerung erscheinen mag, im letzten Grunde sind es ja doch Beobachtungen der sinnlichen Welt, aus denen sie erwachsen ist. Und welch scharfsinniger Beobachter Heraklit war, zeigt gerade Lassalle an vielen Beispielen. Mit Riesenfleiß — er spricht von Jahren „wahnsinniger Arbeit" — hat er aus den nur bruchstückweise und in Zitaten auf unsere Zeit gekommenen Ausführungen Heraklits ein ganzes geschlossenes System zusammengestellt und dessen Einheitlichkeit an den einzelnen Gliedern Punkt für Punkt in oft auch den Laien fesselnder Beweisführung zur Darstellung gebracht. Sie führt, selbst wenn es sich nicht um die eigentliche Physik handelt, wo es selbstverständlich ist, sondern auch bei der Darstellung der Lehren vom Sein (Ontologie), vom Erkennen und von der Ethik in der verschiedensten Weise auf die sinnliche Welt und das reale Leben zurück. Und obwohl die Mangelhaftigkeit der Erkenntnismittel der Alten in bezug auf die Naturerscheinungen notwendig zu irrigen Erklärungen und phantastischen Theorien verleiten mußte, bleibt es doch ungemein reizvoll, zu sehen, wie ein so scharfsinniger Denker wie Heraklit sie und die Weltzusammenhänge sich erklärt. Die Kraft des abstrahierenden dialektisch-logischen Denkens, dem wir im Heraklit begegnen, lockt uns immer wieder Bewunderung ab, und wir verstehen es, warum die späteren Philosophen der Alten fast ausnahmslos nur mit der größten Hochachtung von diesem Ephesier sprechen und sich abquälen, ihn richtig zu verstehen. Übrigens ist man in der Welt der Fachgelehrten, wo bis vor kurzem noch die Ansicht überwog, daß Heraklit keine systematische Darstellung seiner Theorie verfaßt, sondern sie nur in Aphorismen über Einzelfragen niedergelegt habe, zumeist von ihr zurückgekommen und erkennt Lassalles Darstellung als berechtigt an.

Lassalle hat in diesem Werk eine ganz außerordentlich schwierige Aufgabe gelöst. Ich habe anderwärts bemerkt, daß gerade die große Schwierigkeit der Aufgabe es gewesen sein mag, die den jungen Lassalle bewog, sie sich zu setzen. Außerdem jedoch zog zweifelsohne die Ethik des Heraklit ihn an. Gewiß, jener war Aristokrat und Lassalle schon 1845 Demokrat und Sozialist. Aber der Aristokratismus des Ephesiers äußert sich ganz besonders scharf auf geistigem Gebiet, und geistiger Aristokrat ist Lassalle sein ganzes Leben lang geblieben. Das Wort Mob, das die Engländer allgemein zur Bezeichnung ungeregelter Haufen gebrauchen, braucht er fast nur, wo es sich ihm darum handelt, seiner Verachtung für den Troß der Halbgebildeten oder die literarischen Verfechter der manchesterlich-liberalen Wirtschaftsdoktrin Ausdruck zu geben, und in der Polemik gegen Angehörige dieser Schichten bedient er sich einer Sprache, die an die schärfsten Ausdrücke Heraklits über die Minderwertigkeit seiner ephesischen Landsleute erinnert. Hinsichtlich der Ethik aber feiert er Heraklit als den Denker, der die geistige Freiheit des zur Erkenntnis gelangten Menschen feststellt und gerade von diesem die bis zur Selbstaufopferung gehende Hingabe an das Allgemeine fordert, den höchsten Ruhm an die Preisgabe des eigenen Lebens knüpft. In dieser ebenso sozialen wie aristokratischen Ethik spiegelt

11

sich die Doppelnatur Lassalles selbst wieder, sein geistiger Hochmut und die mit diesem versöhnende Maxime, daß es die geistige Aristokratie sei, die vor allem verpflichte.

Die vielen griechischen und lateinischen Zitate in diesem Werke, sowie die sehr umfassenden Register, die Lassalle ihm beigegeben hat und die allein Zeugnis davon ablegen, wie großen Fleiß er auf die Ermittlung aller Schriften verwendet hat, die irgendwie über Heraklit und dessen Lehre Auskunft geben, hat Dr. phil. Walther G r ü n - b e r g freundlicherweise für unsere Ausgabe durchgesehen und bearbeitet. Es sei ihm dafür auch an dieser Stelle herzlicher Dank ausgesprochen und ebenso Herrn Dr. Gustav M a y e r für Überlassung des Boeckhschen Briefes.

Ed. Bernstein.

Brief August Boeckhs an Ferdinand Lassalle.

Geehrter Herr!

Sie haben diesen 5. d. M. die Güte gehabt, mir Ihr
Werk über Heraklit als Geschenk zu übersenden. Es
ist mir sehr wohl erinnerlich, daß Sie von Ihrem Unternehmen, über Heraklit zu schreiben, vor 11 oder 12 Jahren
mir mündlich einiges sagten; aber eine so ausgedehnte Arbeit erwartete ich nicht. Es wird auch mancher den Kopf
schütteln, wenn er das umfangreiche Buch vor sich sieht
und nicht begreifen können, woher der Stoff für dasselbe
genommen oder gekommen sei. Hat man aber erst etwas
hineingelesen, so verschwindet die Verwunderung. Ich habe
allerdings, da ich erst gestern daran kommen konnte, mich
in Ihrem Werke auch nur vorläufig zu orientieren, noch
nicht vieles gründlich gelesen; aber ich habe mich überzeugt, daß das Werk mit der umfassendsten Gelehrsamkeit
und ebenso mit spekulativem Sinn und der gründlichsten
philosophischen Erwägung verfaßt und ein in seiner Art
einziges ist. Es dürfte freilich kaum zu wünschen sein,
daß viele so ausführliche Monographien geschrieben werden; aber die Schwierigkeit des Gegenstandes und die
mannigfaltigen Beziehungen desselben auf wichtige Teile
der Geschichte der Philosophie und sogar der Kultur-
geschichte, und die Art der Behandlung selbst rechtfertigen
diesen Umfang Ihrer Monographie. Ich habe vorläufig besonders die einleitende Partie, dann das, was Sie von dem

Parsismus des Heraklit und über den Platonischen Kratylos und Theotet sagen, genauer gelesen, und fühle mich im höchsten Grade von diesen an sich sehr verschiedenen Partien befriedigt. Höchst überraschend ist schon Ihre Erklärung, oder vielmehr Entdeckung über die γλώσσας, tief und geistreich Ihre allgemeine Darstellung des Grundgedankens und Systems des Heraklit, vollkommen überzeugend und lichtvoll die Auseinandersetzung, daß Heraklit es sei, der gelehrt, die Sprache sei φύσει nicht θέσει gebildet. Ich kenne kein Werk, was so, wie das Ihrige, seinen Stoff nach allen Seiten hin erschöpft. Empfangen Sie meinen Dank nicht bloß für die Gabe, sondern dafür, daß Sie das Werk geschrieben, ohne zu ermüden; ich hätte dazu kaum die Geduld gehabt, obgleich ich arbeitsam bin. Insonderheit muß ich Ihnen aber noch für den Ausdruck der Gewogenheit für mich danken, die sich an mehreren Stellen manifestiert. Sie haben mir zu viel Ehre erwiesen und für das, was man nicht verdient, muß man um so erkenntlicher sein.

Mit der vorzüglichsten Hochachtung
und Ergebenheit
B o e c k h.

Berlin, den 9. November 1857.

In einem Brief aus jenen Tagen an seine Eltern, worin er diesen den Brief Boeckhs auf einen Tag in Abschrift mit der Bemerkung übersendet, er wisse genau, daß der Brief sie — „besonders Dich, vielgeliebter Papa" — „auf mindestens vierzehn Tage vollständig glücklich machen" werde, schreibt Lasalle diesen, daß Worte wie „umfassendste Gelehrsamkeit", „genaueste philosophische Erwägung" und „ein Werk, einzig in seiner Art" in dem Munde eines Boeckh, des „anerkannten Hauptes unserer gelehrten Philologen" um so mehr zu bedeuten

14

hätten als Boeckh „äußerst knapp und sparsam mit Lob ist und nicht einmal gewöhnliche Redensarten macht, geschweige denn so superlativische Ausdrücke"! Der Brief sei daher ein wahrer Triumph, und als solcher um so größer, weil — so heißt es weiter — „Boeckh, wie er selbst sagt, bisher nur drei Partien des Buches gelesen hat, die ihn zu diesem Briefe hingerissen haben, diese drei Partien aber noch Kleinigkeiten sind gegen das übrige! Er wird erst noch Augen machen. Andererseits deshalb, weil, wenn ich schon einen Angriff gegen das Buch erwartet hätte, ich sie gerade von der philologisch-kritischen Schule erwartet hätte, deren Chef und Meister Boeckh eben ist, dies dann aber verschmerzt hätte durch die Anerkennung, welche von spekulativer Seite dem Buch zuteil werden muß — denn hierin liegt mindestens ein Hauptwert desselben. Jetzt kommen nun grade von der kritisch gelehrten Richtung aus zuerst so glänzende Anerkennungen."

DIE PHILOSOPHIE
HERAKLEITOS DES DUNKLEN
VON EPHESOS

NACH EINER NEUEN SAMMLUNG SEINER
BRUCHSTÜCKE UND DER ZEUGNISSE
DER ALTEN DARGESTELLT

VON

FERDINAND LASSALLE

Bei Heraklit ist also zuerst die philosophische Idee
in ihrer spekulativen Form anzutreffen — — Hier
sehen wir Land; es ist kein Satz des Heraklit, den
ich nicht in meine Logik aufgenommen.
Hegel.

Nichtsdestoweniger verdiente Herakleitos, wenn, wie
den Dichtern, also den Weltweisen einer bestimmt
wäre, den Preis des Lorbeers.
Boeckh.

ERSTER BAND

DER ERSTE ABDRUCK ERSCHIEN
IM VERLAG VON FRANZ DUNCKER, BERLIN 1858

VORWORT.

An dem Werke — einem Resultate vieljähriger Arbeit — welches nachstehend der Verfasser dem Publikum übergibt, hat sich das horazische nonum prematur in annum, wenn auch nicht durch die Absicht und den Willen des Verfassers, überreichlich erfüllt. — Es war dasselbe bereits Anfang 1846 bis auf einen geringen Teil fertig ausgearbeitet, und eben wollte ich die Hand an die Beendigung desselben legen, als mich damals plötzlich ein Interesse anderer Art — denn in j e d e r Hinsicht bleibt das Wort des Sophokles wahr:

πολλὰ τὰ δεινά, κοὐδὲν ἀνθρώπου δεινότερον πέλει —

in ein Meer praktischer Kämpfe stürzte und fast 10 Jahre hindurch hinderte, mich der Vollendung dieses Werkes zu unterziehen. Kaum sah ich mich jedoch der Möglichkeit theoretischer Muße wiedergegeben, als ich nach kurzer Erholung im Winter 1855 an die Revision und Beendigung desselben ging.

Soviel über die Entstehungsgeschichte des Buches. Es sei uns jetzt gestattet, von dem Rechte Gebrauch machend, welches sich Autoren ja in der Regel in dem Vorworte beizulegen pflegen und dessen wir vielleicht bei der Natur unseres Gegenstandes mehr als andere bedürftig sind, etwas über Zweck und Standpunkt unserer Arbeit zu sagen, sowie zuvörderst auf einige mit derselben verbundene Übelstände aufmerksam zu machen, die, falls es nicht gelungen sein sollte, sie befriedigend zu umgehen, vermöge ihrer in der Sache selbst wurzelnden notwendigen Natur ein gewisses Anrecht auf milde Beurteilung haben dürften.

Wie sehr eine neue, gründliche und eingehende Untersuchung der Philosophie des H e r a k l e i t o s not tat, darüber kann kein Streit sein; dies ist vielmehr in letzter Zeit von verschiedenen Seiten her übereinstimmend anerkannt worden. Die Geschichte der griechischen Philosophie kennt keinen Denker, um dessen Haupt spekulativer Tiefsinn und alter Ruf mit Recht einen größeren „Strahlenschein" gewoben hätten, und der dennoch eigentlich weniger untersucht worden wäre, als Herakleitos. Während die Philosophie der Pythagoräer eine voluminöse Literatur aufzuweisen hat, hat die, wie wir zu zeigen gedenken, eine ganz andere Gedankenausbeute gewährende Philosophie des Ephesiers nur sehr wenige Bearbeiter gefunden. Es verhält sich mit Herakleitos in der Tat so, daß er viel gelobt und wenig erforscht worden ist. — Bei der letzten und trotz ihrer großen Verdienste doch im Vergleich zu den Resultaten, die sie zu gewinnen übrigließ, nicht nur dürftigen, sondern besonders auch in so vielen und gerade den wichtigsten Punkten wesentlich irrigen Darstellung der heraklitischen Philosophie durch Schleiermacher schien man es bewenden lassen zu wollen. Mit Recht sagt Bernays im Rhein. Museum, Jahrg. VII, 1850: „Aber auch diese Hochachtung für den alten Weisen, welche sich fast bei jeder neuen Behandlung altgriechischer Philosophie steigerte, vermochte nicht zu frischer, weiter fördernder Arbeit anzuregen". (Und gerade der Punkt, den Bernays als den einzigen hervorhebt, in bezug auf den man seit Schleiermacher über diesen hinausgegangen — die reale ἐκπύρωσις — dürfte sich als ein gründlicher Irrtum ergeben.) — Der Grund hiervon mochte einesteils darin liegen, daß für Heraklit, gerade wegen der abgeschlossenen Konsequenz und Einheit seines Systems, schlechterdings nur auf dem Wege mühevoll-monographischer Untersuchung und Darstellung seines gesamten Systems Resultate von einiger Erheblichkeit zu gewinnen waren, — und zu einer solchen mehr Muße erforderlich, als anderen mit anderen Arbeiten Beschäftigten gegönnt war; anderenteils darin, daß die so großen Schwierigkeiten der Sache vielleicht hin und wieder selbst abschreckend wirken mochten. Denn freilich liegen diese bei keinem der vorplatonischen Philosophen auch nur entfernt in demselben Grade vor, wie bei Herakleitos. Schon das Altertum selbst vindizierte ihm den Beinamen des „Dunklen", und bekannt ist die von Sokrates erzählte Anekdote, trefflich sei, was er aus dem Werke des Ephesiers verstanden, und so glaube er auch, daß gleich trefflich sein werde, was er nicht verstanden; aber es bedürfe eines delischen Schwimmers, um sich durch das Buch hindurchzuarbeiten. Ja selbst platonische Stellen sind vorhanden, in welchen dieser Meister der griechischen und genaue Kenner der heraklitischen Philosophie auf die Rätselhaftigkeit derselben hinweist. War diese so groß in einer Zeit, wo die Schrift des Ephesiers noch in aller Händen war, war sie sogar für einen Plato, der, wie erzählt wird, in seiner Jugend selbst Heraklitiker war, bemerklich genug, um von ihm als eine charakteristische Eigenschaft derselben hervorgehoben zu werden — wie sollte man sich heut, wo diese Schrift untergegangen und nur kurze Bruchstücke derselben auf uns gekommen sind — so leicht der Hoffnung hingeben, diese Dunkelheit in Helle zu verwandeln?

Trat man an diese Bruchstücke selbst heran, so fühlte

man sich sofort mächtig ergriffen durch den seltsamen und tief gedankenvollen Ton, der fast aus jedem derselben dem Forscher entgegenwehte, aber ebensosehr durch die Schwierigkeit dieser, wie es scheinen mußte, vieldeutigen spekulativen Sentenzen zu den Angaben der Berichterstatter, als zu einem Leitfaden des Verständnisses, zurückgeworfen. Hier aber mußte man fast fürchten, in einem Meer des Irrtums sich zu verlieren. Denn von welchen offenbaren Widersprüchen und Unrichtigkeiten wimmelten nicht diese Angaben selbst bei den besseren Quellen unter den Alten! Es konnte keinem Zweifel unterliegen, daß das Mißverständnis heraklitischer Philosophie nicht viel jünger war, als sie selbst. Und stand dies so — welche Gewähr, von den scheinbar mehr zusagenden Berichten nicht vielleicht um so mehr irre geführt zu werden! Welche Gewähr, nicht den wesentlichsten Täuschungen zu unterliegen, zumal die einen von jenen Schriftstellern, welche am meisten ein tieferes Studium des Ephesiers verrieten — die Neuplatoniker — mit jeder Art von Unglauben zu belasten Mode geworden war, während bei den anderen, denen man eher geneigt gewesen wäre, Glauben zu schenken — den Stoikern und den aus ihnen schöpfenden Berichterstattern — offenbar mit den heraklitischen Begriffen und Lehren eine Alteration vorgegangen war, von welcher, wenn man auch vielleicht weit entfernt war, sie in ihrer wahren Natur und Beschaffenheit zu erfassen, doch die allgemeine Tatsache ihres Eingetretenseins nicht übersehen werden konnte. Und schon die abstrakte Terminologie, in welcher in allem, was stoischen Quellen entflossen ist, die heraklitischen Philosopheme auftreten, mußte daran verzweifeln lassen, in ihnen einen sicheren Kompaß zu gewinnen zur Erkenntnis einer Philosophie, bei welcher infolge ihrer inneren Eigentümlichkeit mehr als bei jeder anderen auf den Ausdruck selbst und seine sprachliche Wurzel zum Verständnis ihrer Begriffe ankömmt; einer Philosophie, welche vielleicht in höherem Grade als die meisten an der Erfüllung jenes allgemeinen Gesetzes der Sprachentwicklung mitgearbeitet hat, die ursprünglich sinnliche Bedeutung der Wortwurzeln in begriffliche Bestimmungen überzuführen; einer Philosophie, welche aber eben deshalb bei ihren Begriffsbestimmungen die eigentümliche M i t t e l s t e l l u n g einnimmt, daß ihr die ursprüngliche sinnliche Bedeutung des Wortes noch e b e n s o   w e s e n t l i c h ist, als die von ihr selbst mit ihm vorgenommene und nur mit Hilfe jener Primärbedeutung wahrhaft erkennbare Verarbeitung desselben zum geistigen Begriff. — Schienen endlich doch selbst jene Gewährsmänner, welche mit Recht für alle ältere griechische Philosophie als Musterzeugen und gleichsam als kanonische Quellen gelten müssen, schienen doch selbst bis jetzt Plato und Aristoteles in Widerstreit miteinander in bezug auf einen so hauptsächlichen und das gesamte System der heraklitischen Naturlehre bedingenden Punkt, wie die ἐκπύρωσις zu sein. War dies aber der Fall, — und Aristoteles mußte noch andere Vorwürfe hinnehmen — wo sollte da noch Rat gehofft und erholt werden!

Es liegt auf der Hand, daß so große Schwierigkeiten, wenn überhaupt, so nur dadurch überwunden werden konnten, daß mit der emsigsten monographischen Sorgfalt alles über Heraklit vorhandene Material — und die Schleiermachersche Darstellung hatte noch eine sehr reichliche Ausbeute desselben zu gewinnen übriggelassen — hervorgesucht und jedem einzelnen Fragment und Bericht die reziproke Aufgabe gestellt wurde, sich an der Totalität des vorhandenen Stoffes zu bewähren oder zu erläutern.

So kam es denn, daß, obwohl von den Größesten unserer Philologen und Philosophen, von Männern wie Wyttenbach, Boeckh und Creuzer, Hegel und Schelling mit
sichtlicher Vorliebe ausgezeichnet und hin und wieder auch
mit einzelnen fruchtbaren Andeutungen besprochen, Herakleitos dennoch im ganzen bis auf den heutigen Tag, und
zwar in einer Weise, für welche die Geschichte weder
der vor- noch der nachplatonischen Philosophie irgendeine
Parallele liefert — ein Buch mit sieben Siegeln für uns
geblieben ist! So kam es, daß man nicht nur die wesentlichsten Teile seiner Philosophie ganz übersehen, die wahre
Tiefe seines Logosbegriffes, die Bedeutung seiner unsichtbaren Harmonie, sein Verhältnis zum religiösen Geiste,
die wirkliche Natur seines Elementarprozesses und seiner
prinzipiellen Bewegung, sowie sein genetisches Verhältnis
zu Plato verkannt und die Stellung, welche er in den
platonischen Dialogen einnimmt (— welches beides wir
nach den im ontologischen und physischen Teile gegebenen
Grundlagen zuletzt in der Lehre vom Erkennen zur Schluß-
entwicklung gebracht haben —) nebst so vielem anderen
nicht richtig gewürdigt und daher in notwendiger Folge
von allem diesen auch die wahre Bedeutung Heraklits
und seine wirkliche Stellung und Einwirkung in der Geschichte des Gedankens nicht erfaßt hat, — sondern daß
man selbst in bezug auf den eigentlich physischen Teil
seiner Philosophie, mit welchem man sich bisher fast aus-
schließlich zu schaffen machte, gerade den wesentlichsten
Inhalt derselben, die Funktion seiner Sonne und seine
wahre, mit so grandioser Konsequenz von ihm durchge-
führte systematische Kosmologie, nicht einmal geahnt hat.
    Im allgemeinen machte man auch, so schwer derartige
Geständnisse zu fallen pflegen, gerade seitens der größten
Gelehrten kein Hehl daraus, daß die Philosophie des

Ephesiers immer noch fast eine terra incognita geblieben war, und mit der größten Unsicherheit bewegte man sich gerade von kompetentester Seite, wenn es darauf ankam, über heraklitische Sätze ein Urteil zu fällen. „Kein Wunder" — ruft Boeckh bei dem Anlaß der Interpretation einer heraklitischen Stelle aus — „daß uns dieser Satz beinahe unverständlich ist; wer wollte es anders erwarten von dem, welchem schon das Altertum den Beinamen des Dunklen gegeben hat und welcher mehr erraten, geahndet, als erklärt werden wollte?" — Und ebensowenig wurde hierin durch das Erscheinen des Schleiermacherschen Werkes eine Änderung hervorgerufen. Lange nach demselben gesteht nicht nur Gottfried Herrmann bei Gelegenheit einer von ihm über ein anderes Bruchstück aufgestellten Konjektur: „Nisi fallor — nam perdifficile est de Heracliteis certi quid pronuntiare etc.", sondern selbst ein so großartiger und geistvoller Gelehrter, wie Creuzer, welcher dem Ephesier gerade ein so spezielles Studium gewidmet hatte, ihn so häufig gelegentlich bespricht und sogar einst eine Herausgabe seiner Fragmente versprochen hatte, ruft aus, als er in seiner Anzeige der „Schriften christlicher Philosophen über die Seele" (Heidelberger Jahrbücher der Literatur, 1838, Nr. 16 und 17) auf Herakleitos zu sprechen kommt: „Bei diesem tiefen Denker ist man jedesmal in Verlegenheit, seine wahre Meinung auszumitteln!" —

Wir haben uns gestattet, die großen Schwierigkeiten unserer Aufgabe deshalb hervorzuheben, weil sich aus denselben ein erster und fast notwendiger Übelstand für die Form unserer Darstellung ergibt, für welchen wir die Indulgenz des Lesers in Anspruch zu nehmen wünschen.

Es wird nämlich nach dem Gesagten von selbst er-

hellen, daß ein Werk, welches nun dennoch darauf aus-
ging, dem Ephesier den lange genug behaupteten Titel
des „Dunklen" zu entreißen, sich nur zu häufig in der
Gefahr befinden mußte, zwischen einem Zuwenig und
Zuviel im Erklären wie im Beweisen die rechte
Mitte zu verfehlen. Wir gestehen, daß wir uns, wo uns
solche Gefahr zum Bewußtsein kam und eine Wahl geboten schien, mindestens wenn es sich um Fundamental-
punkte handelte, meist eher für das Zuviel als die levior
culpa entschieden haben; hauptsächlich deswegen, weil hierdurch nur ein Tadel für den Darsteller veranlaßt werden
kann, das entgegengesetzte Verfahren aber Unklarheit und
Ungewißheit und somit Nachteil für die Sache nach sich
ziehen konnte.

Aus dem Grundsatz, für das Verständnis und die Beurteilung jedes Einzelnen die Totalität des heraklitischen
Stoffes als Prüfungsmaßstab aufzustellen, mußte sich,
wenn die Rudera dieses Verfahrens auch der Hauptsache
nach im Laboratorium zurückzubleiben hatten, doch selbst
für das fertige Produkt noch eine Menge von Hin- und
besonders Rückverweisungen auf früher Erörtertes ergeben, welche die Darstellung hin und wieder vielleicht
breit und ungefällig machen können, welche aber der Verfasser für so notwendig erachtet, daß er trotz der großen
Mühe, mit welcher diese Rückbeziehungen verbunden
waren, sie noch bedeutend hätte vermehren müssen, wenn
er sich nicht entschlossen hätte, sie durch einen nicht
ohne Sorgfalt gearbeiteten Index zu ergänzen.

Ein anderer für unseren Philosophen eigentümlicher
Umstand trat noch hinzu, die Schwierigkeit der Darstellungsform zu vergrößern. Es wird im Verlaufe des
Werkes selbst seinen Nachweis finden, wie die Philosophie des Ephesiers zum erstenmal wahrhaft System

ist, insofern nämlich ihr prinzipieller Gedanke ebensosehr Grundlage der Ontologie und Theologie, der Ethik und des Erkennens, als der Physik ist und von Herakleitos auch mehr oder weniger nach a l l e n d i e s e n G e b i e - t e n h i n ausgeführt worden ist. Es wird aber daselbst zugleich seine Auseinandersetzung empfangen, wie und vermöge welcher inneren Notwendigkeit diese verschie- denen Adern des Geistes bei Heraklit zwar bereits alle v o r h a n d e n sind, ihm aber noch ungesondert in das eine und göttliche Leben seines Begriffes durcheinander- fließen. Für uns entstand hieraus die Pflicht, seine Philo- sophie — immer festhaltend, daß in ihr selbst nicht ein- mal die begrifflichen Unterschiede dieser Gebiete zur syste- matischen Anerkennung gekommen waren — in die vier Abschnitte der Ontologie, der Physik, der Lehre vom Erkennen und der Ethik zu zerlegen.

Hieraus ergibt sich aber von selbst, daß die Sonderung der Fragmente und Berichte nach diesen Abteilungen von einer nicht geringen Mißlichkeit sein mußte, und nicht immer zu vermeiden war, daß Bruchstücke oder Zeugnisse, welche ebensosehr für die ontologischen wie physischen, oder für die physischen wie ethischen Anschauungen Hera- klits von Wichtigkeit sind, eben deshalb wiederholt aufge- führt werden mußten, um jedesmal nach der gerade in Rede stehenden Seite betrachtet und ausgebeutet zu werden.

Kombiniert man den letzterwähnten Umstand mit dem früher Hervorgehobenen und erwägt, wie häufig der Fall eintreten konnte, daß einerseits Bruchstücke und Berichte, welche zum Behufe eines bestimmten Beweises an einen gegebenen Ort zu allegieren waren, das tiefere und ganze Verständnis ihres Inhaltes erst sukzessive nach der Ent- wicklung weiterer heraklitischer Ideenreihen und durch die Zusammenhaltung mit anderen Bruchstücken und Ergeb-

nissen finden konnten, wie mißlich aber und strengerer
Forschung unangemessen es andererseits ist, Resultate, statt
sie von selbst entstehen zu lassen, assertorisch vorauszu-
nehmen, — so wird sich hieraus die Notwendigkeit einer
anderen Erscheinung erklären. Es wird sich nämlich erklären, warum Fragmente und Zeugnisse angeführt, scheinbar vollständig interpretiert und fallengelassen, später aber,
nachdem die erforderliche Grundlage gewonnen war, von
neuem wieder aufgenommen und nach ihrem konkreteren
Inhalte entwickelt werden mußten, und so nur mählich
die ganze Tiefe ihrer Bedeutung aufrollen konnten. Die
Betrachtung einiger Fragmente, z. B. derjenigen von dem
einen Weisen, dem Namen des Zeus, von der unsichtbaren
Harmonie, die Entwicklung des Logosbegriffes etc. ziehen
sich eigentlich durch die gesamte Darstellung hindurch und
erlangen erst in den §§ 34—38 ihren Abschluß. —

Endlich haben wir noch zu bemerken, daß, wenn wir
fast immer Bruchstücken wie Berichten unsere Übersetzung
hinzufügten, dies nicht sowohl deshalb geschah, um hierdurch das Werk auch solchen zugänglich zu machen, welche
der Ursprache nicht hinreichend mächtig sind, sondern vielmehr hauptsächlich deshalb, weil uns die dadurch bedingte
Schärfe und Klarheit der wissenschaftlichen, gedankenmäßigen Auffassung von einem nicht geringen Vorteil für
die Sache selbst schien. Mindestens glauben wir imstande
zu sein, gar manche Irrtümer zu bezeichnen, welche schwerlich hätten entstehen und Geltung gewinnen können, wenn
man sich immer dieses Verfahren zum Grundsatz gemacht
hätte. —

Ein polemischeres Aussehen vielleicht, als wir selbst
wünschten, hat die Darstellung hin und wieder dadurch
erhalten, daß wir uns oft genötigt shen, entgegenstehende
Ansichten und Auffassungen der bisherigen Bearbeiter des

Ephesiers anzuführen und mehr oder weniger umständlich zu widerlegen. Denn gerade Männern von anerkannter Autorität, wie Schleiermacher, Brandis, Ritter etc. gegenüber, haben wir dies bei den wichtigeren Punkten für eine Pflicht der Bescheidenheit gehalten. Wo dagegen Mißverständnisse und irrige Ansichten weder durch plausible Gründe, noch das Gewicht eines solchen Namens unterstützt waren, schien es uns gestattet, sie schweigend zu übergehen. —

Dies war es, was wir uns für verpflichtet gehalten, als Rechenschaftsablage über die Form unserer Darstellung zu sagen. —

Jetzt einige Worte über Zweck und Standpunkt des Werkes.

Schleiermacher äußert im Eingange seiner Darstellung (p. 321): „Wer auf diese Weise aus beiden, Zeugnissen und Bruchstücken, einen Kranz geschickt und bedeutsam zu flechten wüßte, ohne eine hineingehörige Blume liegen zu lassen, von dem würden wir glauben müssen, daß er uns Wahres lehre, und alles Wahre, was wir noch wissen können von der Weisheit des Ephesiers." Wenn Schleiermacher in diesen Worten an den Tag zu legen scheint, daß er selbst sich dieses Ziel kaum gesteckt habe, so müssen wir nicht nur gestehen, daß wir demselben allerdings nachgestrebt haben, sondern daß selbst dies Ziel uns doch nur als ein nebensächliches, als überall nur Mittel zum Zweck gegolten hat. Unsere eigentliche Aufgabe — wir müssen es bekennen, auf die Gefahr hin, dadurch einen strengen Maßstab der Beurteilung hervorzurufen — lag höher hinaus.

Die Geschichte der Philosophie hat aufgehört, für eine Sammlung von Kuriosis, für eine Zusammenstellung von willkürlichen oder zufälligen Ansichten zu gelten. Auch der Gedanke ist erst ein historisches Produkt; die Geschichte der Philosophie — die Darstellung seiner in stetiger und notwendiger Kontinuität sich vollziehenden Selbstentwicklung.

Einen Beitrag zu dieser Entwicklungsgeschichte des welthistorischen Gedankens zu liefern, — die eingreifende weltgeschichtliche Stellung, welche Herakleitos in diesem gesetzmäßigen Prozesse einnimmt, seine Entstehung wie seine Fortwirkung in demselben, wenn auch selbst nur in Umrissen, klarzulegen — das war der Hauptzweck, dem wir nacheiferten, die Meta, die wir uns wie ein immer nur von mäßiger Ferne aus zu erreichendes Ziel steckten, und der wir zuerst in allgemeinen, dann in immer genauer eingehenden, wenn auch oft kurzen Andeutungen uns zu nähern suchten; ein Zweck, der selbst wieder die weiteren Teile der Aufgabe bestimmte, die wir uns setzen mußten. „Offenbar" — sagt ein geistvoller moderner Gelehrter — „geht die deutsche Wissenschaft seit Winckelmann, Herder und Kant bewußt und unbewußt auf eine weltgeschichtliche Betrachtung und Erkenntnis der göttlichen und menschlichen Dinge hin, und sucht diese durch die Vereinigung der Philologie, Historie und Philosophie zu bewerkstelligen, deren Trennung in den letzten zweihundert Jahren die Quelle endloser Mißverständnisse und Verwirrungen gewesen ist." Unseren bescheidenen Anteil zu dieser Vereinigung, zu diesem ἱερὸς γάμος der modernen Wissenschaft beizutragen, mußte also ein Zweck sein, den wir uns zu stellen hatten. —

In der Tat wird die Geschichte des philosophischen Gedankens nicht weniger wie jeder andere Abschnitt des historischen Geistes an dieser Vereinigung zu partizipieren haben. Und die Zeit wird kommen, wo die Geschichte der Philosophie ebensowenig wie diejenige der Religion, der

Kunst, des-Staates oder der Lebensformen der bürger-
lichen Gesellschaft als eine isolierte Disziplin für sich
geschrieben, sondern alle in ihrer konkreten Wechselwirkung in dem Pantheon des historischen Geistes — und so
erst in ihrer lebendigen Entstehung und Einheit —
werden aufgefaßt und dargestellt werden. Wenn aber die
Geschichte der Philosophie wie alle geschichtliche Entwicklung von inneren und notwendigen Gesetzen beherrscht
wird, so wird, wenn irgendwo, so gewiß in ihr, dieser
Geschichte des Erkennens, das Gesetz der Entwicklung des Erkennens mit dem Gesetze der Erkenntnis
selbst zusammenfallen müssen.

In dem vorher Gesagten ist aber bereits noch ein anderes enthalten. Dies nämlich, daß die Geschichte der
Philosophie als des wissenschaftlichen, sich begreifenden Gedankens nicht nur eine Kontinuität für
sich ist in dem aparten Himmel des ideologischen Bewußtseins, sondern diese Kontinuität selbst sich erst vermittelt
durch die gedoppelte Stellung, welche die Philosophie zu
dem populären, vorstellenden Bewußtsein und den von
ihm ausgefüllten Kreisen der Wirklichkeit einnimmt. Diese
Stellung ist die gedoppelte, daß die Philosophie in diesem
vorstellenden Bewußtsein die Basis hat, aus welcher sie
sich ablöst und entwickelt, und daß sie ebenso ihrerseits
selbst wieder zum Inhalt des gewöhnlichen vorstellenden
Bewußtseins und der ihm angehörigen Wirklichkeit nieder-
schlägt, — ein Zusammenhang, den wir nach beiden Seiten
hin mindestens anzudeuten hatten. Die erstere Seite dieses
Zusammenhanges ist es, welche vorzüglich schon lange
die Notwendigkeit fühlbar machte, die Philosophie wenigstens nicht von der Religionsgeschichte in gänzlicher Trennung zu behandeln, eine Notwendigkeit, welche sich in
letzter Zeit immer mehr und mehr Geltung verschafft hat.

Diese Seite nötigte auch uns, auf die Untersuchung des Verhältnisses Heraklits zu den orientalischen Religionen einzugehen. Mindestens was unseren Philosophen betrifft, ganz abgeneigt der Art dieses Zusammenhanges, welche man wieder neuerdings von verschiedenen Seiten her hat annehmen wollen, hatte sich uns vielmehr von jeher eine eigentümliche Ansicht über das Verhältnis Heraklits zu den verschiedenen Religionskreisen ergeben, eine Ansicht, welche wir in dem Werke näher entwickelt haben. Zwar leugnen wir nicht, wie begründet an sich der warnende Ausruf ist, den Bernays im Rhein. Mus. VII, 93 in dieser Hinsicht ergehen läßt: „Mag immerhin, wer Lust und Kraft dazu fühlt, schon jetzt es unternehmen, die Frage, „„ob irgend persische Weisheit einigen Einfluß auf die Bildung der Lehre des Ephesiers gehabt'" — mit diesen Worten gibt sie Schleiermacher (S. 532) der Erledigung späterer Bearbeiter anheim — bejahend zu entscheiden durch deutliches Aufzeigen der inneren Verwandtschaft beider Lehren". Und wenn diese Warnung auf unsere mangelhafte Kenntnis des Parsismus aufmerksam machen soll, so kann sie gewiß mindestens ebensosehr in bezug auf ägyptische Religion gelten. Nichtsdestoweniger haben wir geglaubt, daß dasjenige Verhältnis Heraklits zu den religiösen Kreisen, welches wir im Eingange der Darstellung vorläufig auseinandergesetzt und in bezug auf Persisches in dem § 16 (vgl. § 35), in bezug auf Orphisches und Ägyptisches aber fortlaufend in dem ganzen Werke zu belegen gesucht haben, schon bei unserer gegenwärtigen Kenntnis jener Religionslehren zur Gewißheit zu bringen sei. Wir hätten selbst diese Parallelen bedeutend vermehren können, — wir geben andererseits ebensogern einzelne dieser Parallelen preis. Worauf es uns fast allein dabei ankam und was wir in der Tat nachgewiesen zu haben hoffen, ist jenes allgemeine Verhältnis selbst, welches wir seines Ortes entwickelt haben.

Ebenso mußte andererseits der Zusammenhang und das Fortwirken Heraklits in der Geschichte der Philosophie, besonders in bezug auf Plato und die Stoiker, auf Erörterungen führen, welche ohne eine neue und eingehende, wenn auch nur teilweise Untersuchung dieser selbst nicht möglich waren.

In bezug auf die Stoa mußte aber auch häufig um so mehr auf die Betrachtung von Einzelheiten eingegangen werden, als der oben berührte Niederschlag des philosophischen Gedankens zum Inhalt des gewöhnlichen vorstellenden Bewußtseins sich häufig schon innerhalb der Philosophie selbst durch das Medium einer unspekulativen und reflektierenden — und hierdurch dem populären Bewußtsein nahestehenden Richtung — zu vermitteln anfängt, und es nicht wird geleugnet werden können, wie häufig sich die Stoiker in einem solchen Verhältnis zu den heraklitischen Begriffen befinden.

Die Wahrnehmung aller dieser dargelegten Gesichtspunkte hat veranlaßt, daß wir trotz der uns aufgelegten möglichsten Beschränkung, der Darstellung Heraklits einen Raum widmen mußten, wie er bisher bei Behandlung der älteren Philosophen ohne Vorgang ist. — Wer aber verdiente ihn mehr als Herakleitos, der, selbst abgesehen von seiner philosophischen Bedeutung im engeren Sinne, durch die unvergleichliche Genialität seines Geistes anticipando Erkenntnisse aussprach, welche es der Physiologie im modernen Sinne des Wortes um so viel später erst zu bestätigen gegeben war! —

Endlich ist hier der Ort, meinen anerkennendsten Dank dem Kuratorium der Kgl. Universitätsbibliothek zu Bonn und insbesondere noch dem Oberbibliothekar derselben,

Herrn Prof. Dr. Ritschl, auszusprechen für die so liberale und hilfreiche Art, in welcher mir dieselben die Benutzung der dortigen Bibliothek nach Düsseldorf, meinem Wohnorte hin, gestattet haben.

Und so schließen wir denn, zu der Darstellung selbst übergehend, diese Vorbemerkungen mit dem Ausrufe Boeckhs: „Wer hat in jener Zeit, entblößt von aller Erfahrung die mannigfaltige stets sich wandelnde Welt der Erscheinungen mit tieferem, großherzigerem Geiste aufgefaßt, wer in sinnvolleren Sprüchen ausgelegt — als Herakleitos!"

Ob es wirklich gelungen,

— „Mißverstandenes Wort, deutend nach ältestem Sinn"

wiederzugeben, — das werden andere zu beurteilen haben. Daß wir jedenfalls keine reelle Arbeit und Mühe zu diesem Zwecke gescheut haben, — soviel wird sich, glauben wir, jedem Sachkenner von selbst aufdrängen.

Berlin, im August 1857.

Der Verfasser.

INHALT.

ALLGEMEINER TEIL.

EINLEITUNG

Seite

ERSTES KAPITEL. Literatur. Quellen. Blick auf
Schleiermachers Werk und Standpunkt. 39

ZWEITES KAPITEL. Vorläufige Erörterung über den
Zusammenhang Heraklits mit orphischen und orientalischen Religionslehren. Seine Darstellungsweise und
Form. Sein philosophischer Standpunkt und kurze Skizzierung des Verhältnisses desselben zu seinen Vorgängern 55

DRITTES KAPITEL. Kurze begriffliche Entwicklung
des heraklitischen Systems 105

HISTORISCHER TEIL.

FRAGMENTE UND ZEUGNISSE.

I. Ontologie.

§ 1. Identität des Gegensatzes 143

§ 2. Fortsetzung. Die Harmonie. 169

§ 3. Bogen und Leier 192

§ 4. Der Streit. Die Dike 205

§ 5. Ὁδὸς ἄνω κάτω 225

§ 6. Die Seele als ἀναθυμίασις; der allgemeine Prozeß 247

§ 7. Seele und Leib. Leben und Sterben als Naturprozeß 264

§ 8. Der Seelen Auf- und Niederweg 301

§ 9. Feuchte und trockene Seele. 315

§ 10. Theologie, Begriff u. Substrat. Stellung Heraklits
zum religiösen Kreise 335

<table>
<tr><td></td><td></td><td align="right">Seite.</td></tr>
<tr><td>§ 11.</td><td>Theologie. Fortsetzung . . . .</td><td>394</td></tr>
<tr><td>§ 12.</td><td>Der Fluß. . . . .</td><td>458</td></tr>
<tr><td>§ 13.</td><td>Das περιέχον. Das Allgemeine. . . . .</td><td>486</td></tr>
<tr><td>§ 14.</td><td>Der Logos . . . .</td><td>510</td></tr>
<tr><td>§ 15.</td><td>Die γνώμη. Das eine Weise. Das von allem Getrennte . . . .</td><td>528</td></tr>
<tr><td>§ 16.</td><td>Die Δίκη. Das persische Darstellungssubstrat. Der Logos als Wort (Verbum). . . . .</td><td>549</td></tr>
<tr><td>§ 17.</td><td>Unterschied der Δίκη und Εἱμαρμένη . . . .</td><td>583</td></tr>
</table>

ALLGEMEINER TEIL.

EINLEITUNG.

Erstes Kapitel.

Literatur. Quellen. Blick auf Schleiermachers Werk und Standpunkt.

Unter den Wendepunkten der alten Philosophie und des griechischen Geistes überhaupt ist es vom größten Interesse, den Übergang von der ionischen Naturphilosophie in die Vernunft (νοῦς) des Anaxagoras zu beobachten. Die ionische Philosophie, d. h. diejenige Stufe der Philosophie, auf welcher der Gedanke, das Allgemeine, noch in der Form des Sinnlichen vorhanden ist, gelangt dazu, diese ihrem eigenen Innern und Bedeutung entgegengesetzte Form zu tilgen, und sich als das, was sie vorerst nur an sich war, als reinen von der Sinnlichkeit befreiten Gedanken zu erfassen.

Diesen Übergang nun, mit welchem die ionische Philosophie es vollbringt, das sinnliche Sein von sich abzuarbeiten und den Gedanken aus seiner Gebundenheit im Naturdasein loszulösen, bezeichnet uns in seiner höchsten Form, aber noch innerhalb ihres eigenen Prinzips und Kreises, Heraklit.

Das Hauptsächliche bei Heraklit ist zunächst das, daß hier zum ersten Male der formale Begriff der spekulativen Idee überhaupt — die Einheit des sich Entgegengesetzten als Prozeß — erfaßt wird.

Dies, was wir den abstrakten Begriff des Spekulativen überhaupt nennen können, ist das Zentrum heraklitischer Lehre.

Ehe wir aber zu der Entwicklung dieses seines Begriffs und zu einem kurzen Nachweis des Verhältnisses seiner Philosophie zu seinen unmittelbaren Vorgängern und Nachfolgern übergehen, wollen wir eine gedrängte Übersicht der über unseren Philosophen erschienenen Literatur geben und uns dann zur vorläufigen Erörterung einiger allgemeinen Fragen wenden, die uns, weil sie eng mit der ganzen Darstellungsweise und Methode Heraklits zusammenhängen, am zweckmäßigsten schien, schon in diesem einleitenden Teile zu berühren.

Heraklit hat ein Werk geschrieben: περὶ φύσεως (siehe Schleiermacher, p. 317, 349). Die Zurückweisung der ihm fälschlich beigelegten Titel und der verschiedenen Berichte über dessen Inhalt lese man bei Schleiermacher, p. 348—355, nach [1]).

---

[1]) Befremdlich versichern Schleiermacher p. 317, 348 und Brandis, Geschichte d. Phil. p. 151, Note p., daß außer dem Buch περὶ φύσεως nur noch eines, „Zoroaster" betitelt, erwähnt werde, da man doch, wenn man einmal in der Stelle bei Plutarch adv. Colot. p. 1115, p. 556, Wytt. weder mit Reiske, Ἡρακλείδου lesen, noch Fabricius' Vorschlag (Bibl. Gr. T. I, p. 801 und T. II, p. 302) annehmen will, jedenfalls sagen muß, daß ihm von Plutarch a. a. O. drei Schriften beigelegt werden, nämlich außer dem „Zoroaster" noch: τὸ περὶ τῶν ἐν ᾅδου und τὸ περὶ τῶν φυσικῶς ἀπορουμένων*).

Gut hat Schleiermacher p. 349 sqq. wahrscheinlich gemacht, daß Heraklit nur dies eine Werk: „περὶ φύσεως" geschrieben. Außer den von ihm beigebrachten Gründen kann man besonders noch anführen: Arist. Rhetor. III, 5, p. 1407: ἐν τῇ ἀρχῇ αὐτοῦ τοῦ συγγράμματος. Später hat man sich freilich mit mehreren Werken Heraklits getragen, cf. David. Proleg. Isag.

*) Hierauf hat jetzt auch Bernays Rhein. Mus. 1850, VII, p. 92 sqq. bereits aufmerksam gemacht, zugleich aber auf äußerst treffende Weise die Lesart Ἡρακλείδου sichergestellt.

Zu der Zurückführung des Titels: „Μοῦσαι" (Diog. Laert. IX, 12) auf die Stelle bei Plato Soph. p. 242. e., wo Heraklit mit „Jonische Musen, Μοῦσαι Ἰάδες", bezeichnet wird, kann angemerkt werden, daß wir auch sonst noch sehen, wie diese letztere Bezeichnung sich aus der platonischen Stelle weiter fortgepflanzt hat. So Clem. Alex. Strom. V, c. 9, p. 246, Sylb. p. 682, Pott. und Themist. orat. XXVI, p. 319, Hard., wo die Reihe der ionischen Philosophen „der Chor der ionischen Musen", ὁ χόρος τῶν Ἰάδων (Μουσῶν) genannt wird.

Der große Ruf, den Heraklit durchgängig im Altertum genoß und die Wichtigkeit seiner Philosophie selbst für weit spätere Systeme bewirkten es, daß sein Buch schon unter den Alten zahlreiche Exegeten fand. Besonders die stoische Schule, die ihre ganze Physik, und wie wir sehen werden, nicht nur diese, ihm entlehnte, mußte ein großes Interesse daran nehmen, das Andenken an seine Philosophie aufzufrischen und durch Auslegungen und Deutungen, zu denen seine Schrift ihrer Dunkelheit wegen den weitesten Spielraum bot, den möglichst engen Zusammenhang zwischen seiner und ihrer Lehre herzustellen, ein Bestreben, wobei, wie sich später deutlich zeigen wird, sehr oft der eigentümliche heraklitische Sinn verflacht wurde, ja gänzlich verloren ging, so daß wir ihm viele der

---

Porphyr. etc. in den Schol. zu Arist. ed. Bekk. T. IV, p. 19: περὶ γὰρ τῶν συγγραμμάτων Ἡρακλείτου κτλ. und Hesych. Miles. p. 26, ed. Or., der, obgleich er doch den Diog. Laert. wörtlich ausschreibt und dieser (IX, 7) λαμπρῶς τε ἐνίοτε ἐν τῷ συγγράμματι sagt, dennoch dafür: λαμπρῶς τε ἐνίοτε ἐν τοῖς συγγράμμασι setzt, cf. Suidas p. 884, ed. Bernh. und den Scholiast. zu Plato Theaet. (ap. Bekk. Comment. crit. T. II, p. 364: τὰ τοῦ Ἡρακλείτου συγγράμματα ἠγριωμένοι καὶ μεγαλόφρονες).

ungenauen und irrigen Berichte verdanken mögen, die über Heraklit kursieren.

Solche Verwischung seines eigentümlichen Sinnes mußte schon deshalb stattfinden, weil nun seine Sätze in stoischer Terminologie vorgetragen wurden, nirgends aber mehr als bei Heraklit auf Sprache und Form ankommt, weshalb denn stets da Vorsicht zu üben ist, wo uns heraklitische Philosopheme in dieser Form begegnen.

Als Exegeten des Heraklit nennt uns nun Diog. Laert. IX, 15, zuerst: Antisthenes, den Schleiermacher (Einleitung zum Kratylos, p. 16) mit dem Stifter der zynischen Schule für identisch halten will. Er übersieht jedoch hierbei, daß Diog. an einer anderen Stelle (VI, 19) einen Antisthenes den „Heraklitiker" (Ἡρακλείτειος) nennt, den er von jenem Chorführer der Zyniker abscheidet; womit man vergl. Euseh. Praep. Ev. XV, c. 13, p. 816: Ἀντισθένης, Ἡρακλεώτικός, (leg. Ἡρακλείτειος) τις ἀνὴρ τὸ φρόνημα[1]). Ob er ihm aber eine besondere Schrift, deren Titel Schleiermacher vermißt, gewidmet hat, ist nicht ausgemacht. Vielleicht hat er ihn bloß in den Diadochen (cf. Diog. L. IX, 6) behandelt. —

Ferner wird uns von Diog. genannt:

Herakleides der Pontiker, der (cf. V, 88) Exegesen des Heraklit schrieb. — Dann

---

[1]) Wenn Schleiermacher noch nachträglich sagt (Museum der Altertumswiss. p. 319), er sei nichtsdestoweniger geneigt, den Antisthenes hier für identisch mit dem Zyniker zu fassen, so läßt sich dies um so weniger halten, als unser Antisthenes hier offenbar auch der Verfasser der Diadochen ist, die Diog. L. unter seinem Namen erwähnt (cf. IX, 6), und aus denen er auch wirklich Notizen über Heraklit beibringt, in den Schriften Antisthenes' des Zynikers aber, die doch Diog. L. so ausführlich aufzählt, keine solche Schrift angeführt wird.

Kleanthes, nicht der Pontiker, wie uns Diog. am angef. Ort fälschlich berichtet, sondern der Assier, wie ihn Bake ad Posidon. p. 27, nach Diog. VII, 168 verbessert, der stoische Verfasser des Hymnus auf den Zeus. Dieser schrieb (cf. VII, 174) ebenfalls Exegesen.

Sphairos, der Stoiker, schrieb (cf. VII, 178) fünf Diatriben über Heraklit.

Außerdem werden uns von Diog. L. noch aufgeführt:

Pausanias „ὁ κληθεὶς Ἡρακλειτίστης", Nikomedes, Dionisius und Diodot (cf. Suidas, p. 1238 ed. Bernhardy).

Scythinos der Jambograph soll, wie Diog. L. IX, 16 aus Hieronymus erzählt, den Heraklit versifiziert haben, wobei man mit H. Ritter, Geschichte der ionischen Phil., p. 79, vermuten kann, daß daher die Hexameter rühren, in denen heraklitische Sätze zuweilen angeführt werden, und sich daher auch die Angabe bei Suidas s. v. p. 884 ed. Bernh. schreibe, (vgl. Schleiermacher, p. 349) Heraklit habe vieles poetisch „ποιητικῶς" geschrieben, ein Irrtum, der sich selbst noch bei Bode de Orpheo p. 69 n. 40 und p. 99 n. 86 (Göttingen 1824) findet.

Von allen diesen Werken und Exegesen ist nichts bis auf uns gekommen. Uns dienen als Quellen für die heraklitische Philosophie außer Plato und Aristoteles hauptsächlich Plutarch, Sextus Empirikus und Clemens von Alexandria u. a. Über die Beschaffenheit dieser Quellen, von denen in bezug auf Heraklit auch die beste nicht unbefangen hingenommen werden darf, wird später an seinem Ort gesprochen werden. Von allen Quellen die beste und lehrreichste ist Plato, der uns auch da, wo er nicht gerade Bruchstücke Heraklits mitteilt, häufig ganz unschätzbare Winke und Nachrichten über die Philosophie Heraklits gibt, auf die noch lange nicht genügend Rücksicht genommen worden sein dürfte. Wir hoffen die meisten unserer Resultate gerade durch platonische Stellen bestätigen zu können. Nur ist es Platos Art, den Ephesier nicht immer da zu nennen, wo er ihn bespricht. Vorzüglich reich an solchen lehrreichen Zügen sind einzelne Partieen des Theaetet und besonders der Kratylus! Inwiefern das in diesem Gesagte bloß von den Schülern Heraklits gilt, die, wie wir wissen, oft die Lehre des Meisters übertrieben und sie zu Konsequenzen entwickelten, die, so folgerichtig sie auch sein mochten, dennoch ebensosehr schon den unmittelbarsten Gegensatz zu Heraklits eigener Lehre bildeten, wird sich in der Folge näher herausstellen. Denn wir wissen genug von Heraklit, um in den allermeisten Fällen sowohl aus dem allgemeinen Charakter seiner Philosophie heraus, als mit Hilfe anderer Zeugnisse und Beweise, mit Sicherheit entscheiden zu können, was sich auf den Meister selbst erstrecke und was nicht. Überhaupt so begreiflich und berechtigt auch die Klage sein mag, daß so weniges von Heraklit auf uns gekommen sei, so ist doch noch immer genug auf uns gekommen, um bei sorgfältiger Zusammenfassung des Vorhandenen, Fragmente wie Zeugnisse, nicht nur in der Hauptsache den vollkommenen Begriff sowohl von Heraklits Gedankeninhalt und geistigem Standpunkt, als auch von seiner Manier und Darstellungsform zu gewinnen, sondern selbst den gesamten Umriß seines durchaus fest in sich geschlossenen Systems mit Sicherheit feststellen zu können. Auffallend ist übrigens, wie höchst wenig gerade die sämtlichen Kommentatoren des Aristoteles, Simplicius kaum ausgenommen, direkt aus der Philosophie des Ephesiers beibringen; doch sind sie durch Urteile, die sie über ihn abgeben, oft wichtig.

Reichlicheres, freilich nur mit Vorsicht zu Benützendes, findet man bei den Neuplatonikern. — Interessant ist es zu sehen, daß viele Kirchenväter, von denen man dies bisher nicht angenommen hätte, dem Heraklit ein besonders eifriges Studium gewidmet zu haben scheinen und wenn sie ihn in der Regel auch nicht nennen, wo sie seine Philosophie besprechen, dennoch (z. B. die beiden Gregore, Athenagoras u. a.) mannigfache Ausbeute für ihn gewähren, in bezug auf das Verständnis desselben sich aber gar sehr auszeichnen und häufig nicht nur die Kommentatoren des Aristoteles, sondern auch spätere Forscher weit übertreffen.

Eine besonders reichhaltige, wenn auch mit ganz besonderer Schwierigkeit verknüpfte Ausbeute für Heraklit schien uns aus den Schriften der Stoiker, resp. den noch vorhandenen Resten derselben, möglich zu sein. Es wird erst im Verlauf des ganzen Werkes näher hervortreten können, welches das Verhältnis des stoischen Systems zu dem heraklitischen ist, das sich uns bei der Untersuchung ergeben hat. Hier können wir selbst auf die Gefahr hin, nicht ganz richtig aufgefaßt zu werden, nur soviel sagen, daß die stoische Philosophie einerseits sich noch viel enger und treuer, als man bisher angenommen hat, überall an das System des Ephesiers anschließt und andererseits doch gerade den spekulativen Kernpunkt desselben überall verkennt, weshalb sie notwendig den Ephesier im Anschließen selbst wesentlich wieder alteriert. Daß es unter diesen Umständen eine ebenso mögliche als schwierige Scheidungsoperation war, Ausbeute aus den Stoikern für Heraklit zu gewinnen, liegt auf der Hand. Ob uns dieselbe geglückt ist, werden andere zu beurteilen haben.

Von den Neueren hat zuerst Stephanus in der poesis philosophica einen dürftigen Anfang gemacht, indem er einige Fragmente und hierauf die untergeschobenen Briefe folgen ließ[1]).

Dann handelte über ihn Rad. Cudworth, im Syst. intellect.; Pfannerus im System. theolog. gentil. purior. Bas. 1697, p. 421 sqq.; Gottfr. Olearius in zwei Abhandlungen de principio rerum naturali ex mente Heracl. exercitatio Lips. 1697 und de rer. nat. gen. ex mente Her. dissertatio 1692 (abgedruckt in Stanleianae bist. Philos. IV, c. 6, p. 452—487).

Diese Gelehrte beschäftigt sehr die Frage, ob Heraklit ein Atheist zu nennen sei oder nicht, cf. J. Fr. Buddeus in Thesibus de atheismo, c. I, § 30, p. 80 sqq., id. in Analectis hist. phil. Halae 1706, p. 211, und endlich im Compend. hist. phil., c. I, § 12, p. 19. Ferner Brucker hist. phil. de ideis, p. 129, bist. crit. phil. I, p. 1208 sqq. Lips. 1742 und Supplement II. ad histor. in Schellhornii Amoenitat. Litter. Tom. VIII, p. 312 sqq. Meiners in der histor. doctrinae de deo p. 347 sqq.; id. hist. doctrin. ap. Graecos, T. I, p. 619 sqq. und in der Vorrede zu T. II, p. XXI. Tiedemann, Geist der spekul. Philos., T. I, p. 198, Marb. 1791 und im Syst. der stoischen Philos., T. II, p. 99 sqq. und Tennemann, Gesch. der Philos., Lpz. 1798. —

Besondere Teile seiner Philosophie behandelten Wesseling Miscell. Observ. Vol. V, Tom. II, p. 42 sqq. Heyne Opusc. Vol. III, p..103 sqq. (Göttingen 1788) und Gessner, Disp. de animabus Heracl. et Hippocr. in Commentt.

---

[1]) Hierzu ist seitdem ein neuer unedierter gekommen, den Boissonade Adnotatt. ad Eunap. T. I, p. 424 im Jahre 1822 aus einer Handschrift mitteilte, und aus dem schon früher Politian. Miscell., c. 51, ein Stück übersetzt hatte, cf. Hemsterh. ad Lucian Tim. § 22, T. I. p. 384, ed. Bipont. Dieser letztere Brief ist aber noch viel weniger echt als seine Brüder.

Soc. Gott. I, p. 67 sqq.; cf. die Diatribe in den Actis erudit. German. LVII. und LVIII. Tom. V, p. 652 sqq., p. 710 sqq. und Wyttenbach, Disput. de Opinionib. veter. Philos. de Animor. Immort. in den Actis Sodalit. Teyler. Harlem. 1783. —

Bei weitem Verdienstlicheres leisteten Creuzer in Creuzer und Daubs Studien T. II, p. 224 sqq. (1805), der ihn auch mit oft fruchtbaren Andeutungen in seiner Symbolik und Mythologie bespricht, und Böckh in denselben Studien, T. III, p. 6 sqq. (1807).

Nach diesen Vorarbeiten erschien Berlin 1808 im Museum der Altertumswissenschaft I, 3 die Schleiermachersche Darstellung Heraklits[1] aus Fragmenten und Zeugnissen.

---

[1] Nach Schleiermacher hat man sich begnügt, in den Geschichten der ionischen oder griechischen Philosophie die Resultate seiner Darstellung, ohne irgend über dieselbe hinauszugehen, kurz zusammenzufassen; so besonders H. Ritter, Gesch. der ion. Phil. p. 68—163 und Brandis, Gesch. d. griech.- röm. Phil. T. I, p. 178—188.

Mit gewohnter Meisterschaft hat dagegen Hegel in seiner flüchtigen Skizze Heraklits (Gesch. d. Phil. I, p. 301—320) einen Hauptpunkt, auf den es zunächst bei Heraklit ankommt — und zwar gerade jenen Punkt, über dessen Verkennen durch Schleiermacher wir uns bereits in diesem Kapitel aussprechen — hervorgehoben und kurz hingeworfen. Allein in einer derartigen flüchtigen Skizze war es freilich Hegel nicht möglich, was nur bei einer monographischen Behandlung geleistet werden konnte, diesen Punkt in seine weiteren Konsequenzen zu verfolgen und so einerseits die geschlossene Abrundung des heraklitischen Systems, andererseits den tiefsten ideellen Höhepunkt desselben zu erkennen. Es ist nur eine Folge hiervon, wenn Hegel p. 311 meint, daß die näheren Bestimmungen bei Heraklit zum Teil mangelhaft, zum Teil widersprechend seien. — Kein Zweifel, daß Hegel bei einer monographischen Bearbeitung

Ihr Verdienst ist ein großes und steht in keinem Verhältnis zu dem der älteren Literatur. Dennoch hat dieses Werk und zwar in philosophischer Hinsicht sowohl wie in philologischer sehr Wesentliches zu leisten übrig gelassen.

In philosophischer Hinsicht hat Schleiermacher für Heraklit ganz soviel getan, wieviel für einen so spekulativen Philosophen vom Standpunkt der Reflexion aus überhaupt zu leisten möglich war; aber er hat die wahre Bedeutung, die eigentliche spekulative Idee Heraklits, nirgends erfaßt.

Es kann nicht unsere Absicht sein, uns hier ausführlich kritisch über das Schleiermachersche Werk zu verbreiten. Daher nur soviel zur einstweiligen Andeutung eines Hauptpunktes, mit welchem dann alle weiteren Mißverständnisse im einzelnen wie im ganzen in innigster Verbindung stehen: Schleiermacher hat so wenig wie einer seiner Vorgänger übersehen können, daß der Gedanke, aus dem Heraklit philosophiert, der des Werdens, der Bewegung ist. Aber er faßte, wie schon die Stoiker, das Werden der Vorstellung nach, als die bloße indifferente Veränderung: er faßte die Bewegung als bloße Fortbewegung, als, um ein Bild zu gebrauchen, die Bewegung der geraden Linie.

Heraklit dagegen hat das Werden seinem wahrhaften Begriffe nach gehabt, als die Einheit des abso-

---

das heraklitische System erkannt haben würde als das, was es ist, als das in sich geschlossenste System vielleicht, das uns das Altertum hinterlassen hat. — Jener Umstand aber dürfte vielleicht mit daran schuld sein, daß Hegels Auseinandersetzung fast ohne allen Einfluß auf die späteren Behandlungen Heraklits in den Spezialgeschichten der griech. Philosophie geblieben ist.

luten Gegensatzes von Sein und Nichtsein
und deren Übergang ineinander. Er hat die Bewegung
nicht, wie sie die Vorstellung nimmt, als gleichgültige Veränderung, sondern als das, was sie ihrem Begriffe nach
ist, als reine Negativität gefaßt. Ihm ist — um den
Unterschied in ein Wort zusammenzudrücken — die Bewegung nicht sowohl ἀλλοίωσις (im Sinne von bloßer
Veränderung), sondern, wie ja überall durch soviel Zeugnisse feststeht, schlechterdings ἐναντιοῤῥοή[1]), d. h. geradezu: (denn wie könnte man dies Wort besser und auch
richtiger übersetzen) p r o z e s s i e r e n d e r G e g e n s a t z!

Der Mittelpunkt der heraklitischen Philosophie, der ewig
wiederkehrende Grundgedanke aller seiner Philosopheme,
ist also nichts anderes als der wahre Begriff des Werdens,
d i e   E i n h e i t   d e s   S e i n s   u n d   N i c h t s e i n s, dieses
a b s o l u t e n Gegensatzes. Und zwar, was auch nicht
übersehen werden darf, diese Einheit nicht als r u h i g e,
sondern als P r o z e ß gefaßt. Als tätige prozessierende
Bewegung ist ihm diese Einheit F l u ß, und als Einheit
des schlechthinnigen Gegensatzes ist sie ihm K a m p f oder
Gegenfluß, ἡ ἐναντία ῥοή, wie sie Plato in einer weiter
unten näher zu betrachtenden Stelle nennt[1]).

Daher kommt es denn, daß bei Schleiermacher, der
vom Reflexionsstandpunkt aus das heraklitische Werden
immer nur als Veränderung auffaßt, bei weitem die meisten

---

[1]) Womit wir nicht behaupten wollen, daß dieses Wort ein
von Heraklit selbst gebrauchter Ausdruck war, sondern nur daß
seine Kommentatoren es ganz richtig bildeten und nur e x-
p l i z i t e darin das wiedergaben, was Heraklit selbst mit „τροπὴ
ἀμοιβή, παλίντροπος" etc. bereits verband und ebensogut bezeichnete; vgl. oben die ἐναντία ῥοή bei Plato.

[2]) Plat. Cratyl. p. 413, E., p. 129, Stallb.: μάχην δ᾽εἶναι
ἐν τῷ ὄντι εἴ περ ῥεῖ οὐκ ἄλλο τι ἢ τὴν ἐναντίαν ῥοήν.

gerade nur von diesem Zentralpunkt heraklitischer Philosophie aus ihr Licht empfangenden Partieen und Fragmente des Ephesiers nicht nur in einem gewissen Halbdunkel verbleiben, sondern auch geradezu teils mehr teils weniger unrichtig aufgefaßt und dargestellt werden.

Wenn aber jemandem dies, was wir hier zunächst als das Mangelhafte bei Schleiermacher angegeben haben, vorläufig noch als ein bloßer Unterschied der F o r m oder vielmehr gar nur des Wo r t e s erscheinen sollte, so wird sich doch auch einem solchen später der ganze i n h a l t - l i c h e Unterschied dieser Form deutlich genug dartun; es wird sich zeigen, wie die Vorstellung den spekulativen Inhalt überall und gerade da am meisten, wo er in seiner innersten Tiefe auftritt, schonungslos verflacht und verdirbt. —

Auch in bezug auf philologische Vollständigkeit, sowohl hinsichts der Fragmente als in noch höherem Maße hinsichts sehr wichtiger Zeugnisse, ließ Schleiermachers Arbeit noch zu wünschen übrig, ein Bedürfnis, welchem zu entsprechen wir möglichst bemüht gewesen sind. Und manche der neu ermittelten Bruchstücke und Berichte sind gerade besonders imstande, ein vorzüglich helles Licht über unseren Philosophen und viele seiner sonst unverständlichen oder unrichtig aufgefaßten Aussprüche zu verbreiten.

Das Hauptverdienst, das sich Schleiermacher erworben, besteht darin, daß er kritisch verfahren und eine Menge falscher Berichte, die wir den Alten über heraklitische Philosophie verdanken, und die früher unbefangen zu ihr gerechnet wurden, zurückgewiesen und wenn oft auch nicht vernichtet, doch erschüttert hat. Eine Tat, die um so mehr Anerkennung verdient, als Schleiermacher dabei oft scheinbar mit der Übereinstimmung einer Masse der angesehensten Zeugen zu kämpfen hatte. So hat er die dem Heraklit zugeschriebene reale Weltverbrennung, die ἐκπύρωσις, die in der Tat ein in diesem System unmöglicher und, wie man sehen wird, dem Heraklit nie in den Sinn gekommener Gedanke ist, sich zu widerlegen bemüht, wie denn dieser Mann einen unbeschreiblichen kritischen Takt hatte, der ihn selbst da, wo er nicht ganz klar sah, oft das Richtige fühlen ließ.

Aber teils konnte er eben deswegen den Gegenbeweis nicht in seiner Schärfe und Vollendung führen, teils ist diese seine Einsicht hinsichts der ἐκπύρωσις bei ihm nur ein loser und vereinzelter Punkt, ja eigentlich eine I n k o n - s e q u e n z und ein Verstoß gegen seine gesamte Dar- stellung des Ephesiers, so daß nach ihm Brandis (Gesch. der griech.-röm. Phil., T. I, p. 179) und H. Ritter (Gesch. der ion. Phil., p. 128) doch wieder zu jener ἐκπύ- ρωσις zurückkehren*), teils läßt ihn auch dieser kritische Takt, und gerade bei den entscheidendsten Punkten, infolge jenes Verkennens des heraklitischen Grundgedankens not- wendig im Stich; denn gerade da, wo uns Aristoteles den spekulativen Kernpunkt heraklitischer Lehre vorführt und bespricht, daß nämlich dem Heraklit „Sein und Nichtsein ein und dasselbe sei"[1]), da meint Schleiermacher (p. 438, 441 u. a. and. O.), daß Aristoteles Ungegründetes dem Heraklit zuschiebe, ihm „überall ein Sein und Zugleich

---

*) Und jetzt auch Bernays und Zeller.

[1]) Arist. Metaphis. III, c. 3, und c. 4, p. 1005, Bekk. p. 67, Br. [ταυτὸν ὑπολαμβάνειν εἶναι καὶ μὴ εἶναι, καθάπερ τινὲς οἴονται λέγειν Ἡράκλειτον] cf. ib. c. 7, p. 1012, Bekk. p. 85, Br.; Physic. Auscult. I, 2, p. 185, Bekk. Tom. VIII, c. 3, p. 155, Bekk. etc., Stellen, die auch ihre Bestätigung finden durch Vergleichung mit Plato Theaet. p. 182, 183, p. 195, Stallb.; Cratyl. p. 439, D. p. 221, Stallb.; Phaedo p. 90, p. 552, ed. Ast.

leihe, von dem jener nichts wisse" und ihn „mit Unrecht so behandele, als laufe seine Meinung dem Satze
des Widerspruchs zuwider". So will denn Schleiermacher
hier, ohne durch irgendwelche Beweismittel seine Meinung stützen zu können, gerade den Begriff aus dem
Verzeichnis heraklitischer Lehre ausstoßen, der die eigentliche Tiefe seiner ganzen Philosophie bildet, der die innere
Seele und Quintessenz aller seiner Aussprüche ist, jedem
derselben zugrunde liegt und aus jedem abgeleitet werden
kann! Gerade dies ist der Punkt gewesen, durch dessen
Verkennung sich Schleiermacher selbst den Weg auch zu
allen weiteren sich aus ihm ergebenden Konsequenzen und
zum Verständnis des ganzen Systems des Ephesiers
im allgemeinen wie im einzelnen, sowie seiner tiefsten
Gedankenbestimmungen überall abschnitt.

Und wie wir häufig sehen, daß die Verstandesreflexion
dem Begriff und der Erfahrung gleichsehr widerspricht,
so muß auch Schleiermacher hier in seiner Opposition
gegen den Begriff den Aristoteles, diesen sonst sichersten
aller Gewährsmänner, beschuldigen, in einem Punkte, den
er so oft und so deutlich behandelt, auf den er so häufig
zurückkommt und auf den er offenbar wie auf einen Mittelpunkt heraklitischer Lehre überall das meiste Gewicht
legt, den Heraklit verfälscht zu haben!

Wir müssen späterhin ohnehin noch weitläufiger auf
diesen Punkt zurückkommen. Darum hier nur noch eine
Bemerkung.

Gleicherweise wie Aristoteles gibt uns auch Plutarch
im allgemeinen wie im einzelnen, sowie seiner tiefsten
(Ecap. Delph. II, p. 392, B. p. 605, Wytt.) diesen grund-
sätzlichsten Punkt heraklitischer Philosophie, dieses Zugleich der Gegensätze an, und gleicherweise meint auch
hier Schleiermacher (p. 358) ohne alle Umstände, Plu-

tarch habe hier den Heraklit nur auf die Spitze gestellt!

Seltsam! Schleiermacher stellt am Eingang seines Buches den sehr richtigen Grundsatz auf, daß von den Werten der Späteren nur solches Glauben verdient, was schon durch Stellen bei Plato und Aristoteles gehalten wird. Und nun weist der Kritiker gerade d e n Punkt zurück, der (abgesehen davon, daß er aus jedem Wort Heraklits hervorgeht) uns durch so viele sichere Stellen des Aristoteles [1]), des Plutarch und endlich des ältesten und besten Zeugen, des Plato, verbürgt wird. Denn auch dieser gibt, um vorläufig nur an eine Stelle zu erinnern, im Soph. p. 242. e. den Unterschied zwischen Heraklit und Empedokles gerade dahin an, daß die Gegensätze bei Heraklit z u g l e i c h s e i e n , bei Empedokles aber abwechselten.

Nein! Nicht deshalb ist Aristoteles zu tadeln, als habe er dem Heraklit ein „Sein und Zugleich" (sc. Nichtsein) g e l i e h e n , welches sich vielmehr als das eigenste Eigentum des Ephesiers erweisen wird, sondern man kann nur sagen, daß der Stagirite unrecht gehabt habe, nach seinem Gesetze des Widerspruchs urteilend, die spekulative Lehre Heraklits herabzusetzen. — Der eigentliche Punkt, um den er sich in dieser Diskussion zwischen Aristoteles und Heraklit handelt, zeigt sich Phys. I, 2, p. 185. B., wo Aristoteles von Heraklit sagt: „καὶ οὐ περὶ τοῦ ἓν εἶναι τὰ ὄντα ὁ λόγος ἔσται, ἀλλὰ περὶ τοῦ μηδέν" d. h. nicht daß alles Seiende e i n s sei, folge aus Heraklits Philosophie,

---

[1]) Dem Aristoteles wird überhaupt von Schleiermacher in seiner Darstellung des Heraklit so manches Unrecht getan, wie z. B. Schleiermacher die Schuld davon trägt, daß man dem Aristoteles die irrige Annahme einer realen ἐκπύρωσις imputieren will, wovon dieser, wie sich später zeigen wird, nichts weiß etc.

sondern daß überhaupt gar n i c h t s s e i , was durchaus
nicht, wie Schleiermacher p. 443 meint, „eine wunderliche Folgerung", sondern eine, zwar nicht von Heraklit
selbst gezogene, mit ihm sogar im Gegensatz stehende,
aber doch aus seinem System d i a l e k t i s c h e n t w i c k e l t e
K o n s e q u e n z ist, auf die Aristoteles und Plato den
Heraklit hindrängen, und die sich sogar schon innerhalb
seiner e i g e n e n S c h u l e , bei den heraklitischen Sophisten, p o s i t i v herausgestellt hatte.

Doch wird und kann dies erst im Verlauf ganz klar
werden[1]).

---

[1]) Zu der hier gegebenen Übersicht über die Literatur ist
jetzt ein Nachtrag zu machen. Als wir (siehe die Vorrede) im
Winter 1855 nach zehnjähriger Unterbrechung zu der Beendigung dieses Werkes zurückkehrten, wies uns hinsichts der in
der Zwischenzeit über unseren Philosophen erschienenen Literatur, das Supplement von 1853 zu Engelmanns Biblioth. Script.
Class. nur eine Dissertation von Bernays Heraklitea, Bonn
1853 (p. 36) nach. Von dieser fleißig geschriebenen Dissertation, welche sich hauptsächlich damit beschäftigt, nach Gessner
den heraklitischen Inhalt der pseudohippokratischen Schrift de
diaeta I. zu untersuchen, haben wir, da sie uns im Buchhandel
nicht zugänglich war, erst gegen Ende unserer Arbeit eine flüchtige Durchsicht erlangen können. Aber erst bei der letzten
Revision des Werkes kam uns die geistvolle Geschichte der
griech. Philosophie von Zeller (1. Teil, Tübingen 1856) zu
Händen. Erst aus der in dieser gegebenen Skizze Heraklits
wurden wir auf die beiden Aufsätze von Bernays im Rheinischen
Museum, VII. Jahrgang 1850, p. 90—116 und IX. Jahrgang
1854, p. 241—269 hinverwiesen. Da Bernays in dieser sowie
in jener Dissertation bereits einige der von uns neu gesammelten
Fragmente und Zeugnisse anzieht, so haben wir, wo dies der
Fall war, und wenn wir, was jedoch im ganzen nur sehr selten
geschehen, diese Stellen in unserem Text ausdrücklich als bis
heran übersehene bezeichnet hatten, Bernays in nachträglichen
mit einem Sternchen bezeichneten Anmerkungen pflichtschuldigst

Zweites Kapitel.

Vorläufige Erörterung über den Zusammenhang Heraklits mit orphischen und orientalischen Religionslehren. Seine Darstellungsweise und Form. Sein philosophischer Standpunkt und kurze Skizzierung des Verhältnisses desselben zu seinen Vorgängern.

Wir wenden uns jetzt zu einer vorläufigen, ihre definitive Ausführung erst im Verlauf der gesamten Darstellung finden könnenden Frage, welche schon häufig angeregt

sein Recht widerfahren lassen. Dagegen wurden wir erst infolge der im letzteren Aufsatz von Bernays gegebenen Anzeige — wofür wir dem Verfasser hiermit unseren Dank aussprechen — auf die von E. Miller in Oxford 1851 besorgte Ausgabe der Philosophumena des Pseudo-Origenes und die in derselben enthaltenen Bruchstücke des Ephesiers aufmerksam gemacht. Wir haben dieselben daher, da es nicht mehr ohne große Umarbeitung tunlich war, sie in den Text zu verweben, in gleichen mit Sternchen bezeichneten Anmerkungen unter den Text gesetzt. was um so eher anging, als uns diese Bruchstücke dem Inhalte nach nichts Neues brachten und somit bequem an den betreffenden Orten in Noten niedergelegt werden konnten. Wohl aber haben sie uns die Freude bereitet, manches, was wir auf anderem Wege darzutun bemüht gewesen waren, schlagend zu bestätigen.

In gleichen Anmerkungen, jedoch um die Zahl derselben nicht zu sehr zu vergrößern, nur dann, wo dies besonders geboten schien, haben wir auch Bernays, und Zellers von uns abweichende Ansichten besprochen. Denn trotz der unverkennbar hellen Blicke, welche Bernays in jenen beiden verdienstvollen Aufsätzen häufig wirft, und trotz der so lebens- wie geistvollen Behandlung, die jetzt Heraklit in der Zellerschen Geschichte der Phil. empfangen hat, ist uns doch freilich, im allgemeinen wie im einzelnen, im ganzen nur selten die Freude zuteil geworden, mit ihnen übereinzustimmen. Auf demselben Wege aber mit uns scheint sich besonders Bernays, wie wir aus einigen seiner Äußerungen schließen möchten, gewiß zu befinden. Wenn trotz-

und im entgegengesetztesten Sinn beantwortet, nie aber, eigentlich wirklich näher untersucht worden ist, zu der Frage nämlich, ob eine Verwandtschaft und Beziehung stattgefunden habe zwischen Heraklit und orientalischen und orphischen Religionsdogmen. Oft ist über diesen Punkt herüber und hinüber gestritten worden und noch ist eine Vereinigung nicht zustande gekommen. So scheint es denn billig, daß wir zuerst die Meinungen der Streitenden vernehmen.

Als jener Verwandtschaft widersprechend werden Stellen aufgeführt, die unseren Philosophen als Autodidakten bezeichnen und als einen solchen, der, ohne die Lehre irgendeines anderen zu genießen, rein aus sich selbst alles geschöpft habe[1]).

dem keine größere Übereinstimmung sich herausgestellt hat, wenn wir vielmehr wieder für die wichtigsten allgemeinen Fragen, wie für das Verständnis der einzelnen Fragmente mit jenen soweit auseinandergehen, so scheint uns der Grund hiervon zumeist eben nur darin zu liegen, daß eben erst bei einer totalen, nur in einer Monographie möglichen Revision des gesamten Standpunktes der heraklitischen Philosophie auch das richtige Verständnis alles einzelnen sich ergeben konnte.

[1]) Schleiermacher bezieht sich hierfür (p. 340) auf Arist. Eth. Nic. VII, c. 5, p. 1147, B. Magn. Mor. II, 6, p. 1201, B. — Man füge hinzu: Diog. L. IX, 5, Dio Chrysost. or. LV, p. 558, tom. II, p. 282, Reiske; Plotin. Ennead. IV, lib. VIII, p. 468, 873, Cr. [an welchen Stellen aber eins der heraklitischen Fragmente jämmerlich mißverstanden wird, worüber unten]. Ferner Plutarch. fragm. de anima p. 738, e. Wytt.; Hesych. Miles p. 26, ed. Or.; Tatian. c. Graec. p. 11, ed. Ox. — Ja selbst Plato nimmt diesen Zug ausdrücklich als charakteristisch für die Heraklitiker in sehr witziger und treffender Weise in seine ironische Darstellung derselben auf: Theaet. p. 180, C. p. 185, Stallb.: „ἀλλ᾽ αὐτόματοι ἀναφύονται, ὁπόθεν ἂν τύχῃ ἕκαστος αὐτῶν ἐνθουσιάσας" wohl gerade auch jenes „Sichsuchen" hier verspottend.

Von der anderen Seite behauptet Clem. Alex. (Strom. VI, c. 2, p. 746, Pott.), daß er seine Lehre von der Verwandlung der Elemente aus dort angeführten orphischen Versen entnommen, ja ib. p. 752 sagt er gar noch allgemeiner: „ich geschweige des Herakleitos des Ephesiers, welcher von Orpheus das meiste entlehnte *(πλεῖστα εἴληφεν)*". Allerdings kann man dem hier mit Recht die Frage entgegenstellen, wen Clemens denn n i c h t auf Orpheus und Moses zurückführe, so daß die Autorität des Kirchenvaters hierin als nichtig erscheinen muß.

Aber auch bei Plutarch (de Defectu Orac. p. 415. 702., Wyttenb.: *ἀκούω ταῦτ᾿ (ἔφη) πολλῶν καὶ ὁρῶ τὴν Στωϊκὴν ἐκπύρωσιν, ὥσπερ τοῦ Ἡρακλείτου καὶ Ὀρφέως ἐπινεμομένην ἔπη)* finden wir Heraklit und Orpheus in bezug auf ein und dieselbe Lehre auffällig zusammengestellt, und unsere ganze Aufmerksamkeit verdient eine Stelle des Plato Cratyl. p. 402, p. 99, Stallb., wo Heraklits Dogma vom ewigen Flusse der Dinge für identisch gezeigt wird mit den Theogonien des Homer und Hesiod und Orpheus, die Kronos und Rhea und Okeanos und Thetis an die Spitze der Götter gestellt hätten. Und vor allem ist dabei acht zu haben auf die W e i s e , w i e Plato dies tut, und welche deutlich zeigt, daß er, abgesehen ganz von seiner eigenen Meinung über diesen Punkt, b e r e i t s v o r h a n d e n e u n d v e r b r e i t e t e M e i n u n g e n i r o n i s i e r t : Sokrates: „O Guter, ich erblicke einen ganzen Schwarm Weisheit. — Herm.: Was doch für einen? — Sokr.: Lächerlich ist es freilich zu sagen, — aber ich glaube doch, es hat seine Wahrscheinlichkeit. — Herm.: In welcher Art denn? — Sokr.: Ich glaube zu sehen, daß Herakleitos g a r a l t e Weisheit vorbringt, offenbar von Kronos und Rhea her und was auch Homeros schon gesagt hat" etc. (Schleiermacher Plato, T. II, Bd. I, p. 55).

— — Diese Stelle hat ganz den Anschein, als hätten schon damals die Schüler des Ephesiers diese Altertümlichkeit ihrer Lehrsätze sehr hervorgehoben und sich viel auf sie zu gute getan, weshalb denn Sokrates die Entdeckung dieser Verwandtschaft mit so komischem Pathos vorträgt[1]). Man vgl. noch Plato Theaet p. 160. d., p. 110, Stallb.: κατὰ μὲν Ὅμηρον καὶ Ἡράκλειτον καὶ πᾶν τὸ τοιοῦτον φῦλον[2]) κτλ. und ib. p. 152. E. p. 77, Stallb.; ib. p. 153, p. 83, Stallb.; ebenso ib. p. 179, E. 183, Stallb.: περὶ τούτων τῶν Ἡρακλειτείων ἢ ὥσπερ σὺ λέγεις Ὁμηρείων καὶ ἔτι παλαιοτέρων[3]) wo also mit diesen „noch älteren" als Homer doch bloß Orpheus oder Orphiker gemeint sein können und wiederum p. 181, B. 188, Stallb., wo er die Heraklitiker — — παμπαλαίους ἄνδρας „uralte

---

[1]) Daß sich übrigens auch Heraklit selbst in seinem Buche mit den Dichtern, die er vorfand, ausdrücklich zu schaffen machte, sie schalt, wo sie seinem spekulativen Gedanken Widersprechendes enthielten, und sie dagegen wohl ebenso angeführt haben wird, wo ihr theogonischer und mythischer Inhalt seinem System, freilich vermöge spekulativer Deutung, entsprach, zeigt ja unter anderem auch das noch erhaltene Fragment, in welchem er den Homer tadelt, weil dieser den Streit fortwünscht aus den Reihen der Götter und Menschen.

[2]) Wenn Bode de Orpheo p. 97 meint, die Worte Platos bewiesen deshalb nichts, weil sie zuviel bewiesen, da man dann müsse. so brauchen wir vor dieser Konsequenz nicht zurückzutreten, da es für uns sich nicht sowohl um eine ausschließliche ja auch eine Verwandtschaft mit Homer und Hesiod annehmen Beziehung auf Orpheus, sondern auf die religiösen Dogmen überhaupt, und zwar orientalische wie griechische handelt.

[3]) Zu welchen Worten auch Lobeck bereits Aglaoph. p. 948 sagt: Nec dubio quin in Theaet. p. 179, E., ubi eadem Heracliti sententia exponitur, hoc nomine (παλαιοτέρων) Orpheum significaverit.

Männer" nennt, so daß also doch viel zu oft von Plato auf diesen angeblichen Zusammenhang Heraklits mit den alten und „vorhomerischen Dichtern" insistiert wird, als daß er nicht seine ernstliche Meinung hätte bilden sollen[1]).

Von den Neueren nun haben sich sehr große Gelehrte für und wider vernehmen lassen.

Die hohe Selbständigkeit und Eigentümlichkeit, welche uns aus allem entgegenspringt, was uns nur von Heraklit hinterbracht ist, vermochten die neuesten Bearbeiter desselben, H. Ritter (Gesch. d. Phil. I, S. 267 ff.) und den gelehrten Brandis (Gesch. der griech. u. röm. Phil. I, S. 184), den Einfluß orientalischer Religionslehren in Abrede zu stellen.

Von der anderen Seite aber konnte ebensowenig der dunkle, symbolische Ton, die halb orientalische Färbung, die uns aus den Bruchstücken Heraklits entgegenleuchtet, unbeachtet bleiben, und so hat man denn teils orientalische, teils orphische Religionssysteme als die Quelle bezeichnet, aus der Heraklit geschöpft habe.

---

[1]) Daß Plato auch allen Ernstes jenes heraklitische Dogma vom Fließen für den Kern jener Theogonien gehalten, ergibt sich sowohl aus den im Text angezogenen Stellen als auch noch deutlicher aus Cratyl. p. 439, C., p. 219, Stallb., wo er am Ende des Dialogs ohne alle Ironie und mit besonderem Nachdruck versichert, er halte dafür, daß die Wortbilder in der Tat jener irrigen Ansicht vom Fließen aller Dinge gewesen sind: τῷ ὄντι μὲν οἱ θέμενοι αὐτὰ διανοηθέντες ἔθεντο ὡς ἰόντων ἁπάντων ἀεὶ καὶ ῥεόντων, — φαίνονται γὰρ ἔμοιγε καὶ αὐτοὶ οὕτων διανοηθῆναι — τὸ δ' εἰ ἔτυχεν, οὐχ οὕτως ἔχει κτλ. — Ja daß von Heraklit selbst diese Etymologie jener Gottheiten und Theogonien zuerst versucht worden sein mag, ist nicht unwahrscheinlich, wenn man sehen wird, welche große Rolle das Etymologisieren bei ihm spielte, wie er zuerst eine Art Sprachphilosophie aufstellte und die Namen als den wahren Weg zur Erkenntnis der Dinge erklärte.

Dahin neigt sich, um anderer zu geschweigen, Heyne Opusc. T. III, p. 107[1]). Welker, die aeschyleische Trilogie, p. 303, statuiert ebenfalls einen solchen Zusammenhang mit hieratischen Dogmen, will aber, seinen sonstigen Bestrebungen gemäß, ihn auf altattischen nationalen Feuerdienst zurückgeführt wissen. Besonders nachdrücklich aber hat sich der so gelehrte und geistreiche Creuzer dafür ausgesprochen, daß persische Lichtreligion und ägyptische und orphische Priesterlehre als der Quell seiner Philosophie anzusehen sei. (Studien II, p. 229, p. 266 sqq. und in der Symbolik und Mythologie der alten Völker hin und wieder I, p. 199, II, 599 sqq., III, 762 sqq. 3 ter Ausg.) Ja, einmal wirft Creuzer einen höchst genialen und die Sache nahebei in ihrem innersten Kern berührenden Blick (Symb. und Mythol. II, p. 133, 3 ter Ausg.). Dann aber, statt diesen festzuhalten und so das wahre Sachverhältnis zu eruieren, verleitet ihn wieder sein Übersehen der höheren und freieren hellenischen Selbstentwicklung, die zwar von dem gegebenen Material des Orients ausgeht, aber nur wie von einem verschwindenden Anfangspunkt und ihre Selbstbetätigung nur in der negativen Vergeistigung jenes Materials hat, auch bei Heraklit die innere Gedankenselbständigkeit zu übersehen und ihn den Fonds seiner Philosophie aus Priesterlehre schöpfen zu lassen*). (Symb. und Mythol. II, p. 595 u. a. and. O.)

---

[1]) „Nec disputandi nunc copia datur e quibus antiquioribus sua repetierit Heraclitus."

*) Diese Ansicht Creuzers hat jetzt auch, wie wir aus Zeller a. a. O. p. 198 sqq. ersehen, in Gladisch (Zeitschrift für d. Altert. 1846 u. 1848) neuerdings einen Vertreter gefunden, der aber auch schon durch Bernays kräftige Bemerkungen (a. a. O.

Schleiermacher nimmt eine schwankende Stellung zwischen beiden Parteien ein, indem er p. 338 Creuzer entgegentritt und die Philosophie Heraklits aus der unmittelbaren und für sich bestehenden Anschauung der Natur hervorgegangen glaubt, p. 532 aber wieder zugibt, daß „unter anderem noch eine bedeutende und anziehende Untersuchung übrig bleibe, ob nämlich persische Weisheit Einfluß auf die Lehre des Ephesiers gehabt".

Um nun gleich hier unsere eigene Meinung, die freilich erst im Verlaufe des ganzen Buches ihre wirkliche Entwicklung und zugleich ihre Bestätigung und ihren genauen Nachweis erhalten kann, zunächst assertorisch und so weit es hier bereits möglich ist, anzudeuten, so glauben wir, daß beide streitenden Parteien gleich recht und unrecht haben.

Nicht abgeleugnet werden kann die hohe innere Selbständigkeit des heraklitischen Systems! Er ist im h ö c h s t e n Sinne des Wortes Erfinder, weil ihm ein neuer, vor ihm noch nicht dagewesener Gedanke aufgegangen ist: d i e b e g r i f f e n e I d e e d e s W e r d e n s, d i e p r o z e s s i e r e n d e E i n h e i t d e s s i c h E n t g e g e n g e s e t z t e n. Er ist darum s o s e h r Erfinder, daß mit ihm der philosophierende, ja in jedem Sinne des Wortes der welthistorische Geist überhaupt auf eine wesentlich neue Stufe rückt.

Um aber diesen seinen spekulativen Begriff d a r z u s t e l l e n, gebraucht er a l s M a t e r i a l d i e D o g m e n p e r s i s c h e r, ä g y p t i s c h e r u n d o r p h i s c h e r R e l i g i o n s l e h r e. Sie sind bei ihm nur die s i n n l i c h e F o r m, in die er den ihm eigentümlichen spekulativen

---

VII, p. 498 sqq.) und ausführlicher noch durch Zeller a. a. O. widerlegt wird.

Inhalt büllt. Er tut somit, um unsere Meinung durch
eine Parallele klarzumachen, dasselbe mit jenen Religionslehren, was vor einiger Zeit die althegelsche Schule mit
den Dogmen und Mysterien der christlichen Religion tat,
in die sie ihre Philosopheme hüllte. Nur daß er dabei
freilich kein theologisch-apologetisches Interesse hat, und
daß es ihm auch nicht sowohl auf die Deutung jener Religionslehren, als vielmehr auf die Darstellung s e i n e s Gedankens ankommt. Sie sind ihm die äußere sinnliche Form,
und so sehr ihm d i e s e F o r m ü b e r h a u p t u n d i m
a l l g e m e i n e n, wie wir bald sehen werden, w e s e n t -
l i c h ist, so sehr sind ihm doch wieder die b e s t i m m t e n
Religionslehren und Dogmen, die er wählt, um seinen
Begriff darin darzustellen, nur s c h l e c h t h i n g l e i c h -
g ü l t i g e Form.

Dies zeigt sich schon darin, daß er u n t e r s c h i e d s -
l o s in die Gebiete der v e r s c h i e d e n s t e n R e l i g i o n s -
k r e i s e hineingreift, herausholend, was ihm zum Aussprechen seines Begriffes paßt, und dann wiederum n i c h t
festhält an der bestimmten Form, in der er seinen Gedanken einmal dargestellt, sondern immer und immer wieder
nach neuen solchen Formen und Bildern sucht, seinen
inneren in ihm gärenden Begriff in ihnen herauszuringen
und auszusprechen.

So sind Feuer, Zeit, Kampf, Notwendigkeit, Weg nach
oben und unten, Fluß, Gerechtigkeit, Friede etc. etc. (πῦρ,
χρόνος, πόλεμος, εἱμαρμένη, ὁδὸς ἄνω κάτω, Δίκη, Εἰρήνη
etc.), mit welchen Benennungen wir — mit noch vielen
anderen — in seinen Fragmenten sein Prinzip bezeichnet
finden, nur g e h ä u f t e N a m e n, nur die verschiedene
sinnliche Aussprache e i n e s u n d d e s s e l b e n B e -
g r i f f s, e i n u n d d a s s e l b e b e d e u t e n d u n d i n e i n
u n d d e r s e l b e n H i n s i c h t g e w ä h l t, oder vielmehr

nur, was sich später klarer herausstellen wird, verschiedene
Wendungen und **Abstufungen** oder Potenzierungen
desselben Begriffs. — Ephesus aber, dieser Marktplatz
der verschiedensten Religionen, wo vorderasiatische, phry-
gische und ägyptische Religionslehren mit den hellenischen
zusammentrafen und sich in dem Kultus der großen Ar-
temis in Attributen und Symbolen vereinigten, war der
eigentliche Ort für solches Tun.

Diese bisher noch niemals beachtete, wohl aber schon
der Grund von mancher Verwirrung gewesene **identische Vielheit von Namen, in denen Heraklit sein Prinzip ausspricht**, ist der erste Zug,
der als ihm ganz eigentümlich und für ihn durchaus **charakteristisch** festgehalten werden muß*). Das Charakteristische desselben werden wir im Laufe dieses Kapitels und des folgenden bald noch näher erörtern. Die
Identität selbst aber aller dieser Namen und Formen,
in denen sein Prinzip auftritt, kann nur durch die gesamte
Darstellung seiner Fragmente mit Evidenz erwiesen werden. Hier werfe man nur einen vorläufigen flüchtigen
Blick auf eine Stelle des Plato, worin er offenbar diese

---

*) Wohl aber ist jetzt von Zeller (p. 468) hierauf ein heller
Blick geworfen in den Worten: „Das göttliche Gesetz... Die
Dike ... Das Verhängnis ... Weltregierende Weisheit ... Zeus
— alle diese Begriffe bezeichnen nämlich bei Heraklit **ein
und dasselbe.**" Daß aber diese Identität dennoch nicht, wie
hier unterstellt wird, eine **totale** ist, sondern wie wir eben
sagten, verschiedene Potenzierungen und Abstufungen desselben
Grundbegriffes in ihnen vorliegen, welche Unterschiede z. B.
zwischen Zeus und dem $\pi\tilde{v}\varrho$ $\dot{a}\varepsilon i\zeta\omega o\nu$ und der $\varepsilon i\mu a\varrho\mu\acute{e}\nu\eta$, zwischen dieser und dem Feuer etc. etc. stattfinden, das wird sich
uns erst in dem die Fragmente behandelnden Teil, zumal auch
im physischen Abschnitt, ergeben können. Hier müssen auch
wir einstweilen bloß auf ihrer Identität beharren.

gleichsam nicht vom Flecke kommende identische Vielheit von Namen in der heraklitischen Philosophie ironisiert: im Theaet. ˉp. 150. A. p. 184, Stallb., wo er von den Heraklitikern sagt: „κἂν τούτου ζητῇς λόγον λαβεῖν τί εἴρηκεν, ἑτέρῳ πεπλήξει καινῶς μετωνομασμένῳ". „Und wenn du seine Rede fassen willst, was er gesagt hat, wird er dich mit einem neu Umbenannten (einem neuen Namen) schlagen!" Eine Stelle, in der doch also Plato offenbar andeutet und darüber spottet, daß trotz der Vielheit von Namen für ihr Prinzip, in welcher sich die Heraklitiker gefielen, der Gedanke doch immer nur schlechthin derselbe bliebe und diese Vielheit von Ausdrücken innerlich identisch wäre[1]), denn sonst wäre ja der neue Ausdruck kein bloßes „μετωνομάσμενον", kein bloßes „Umbenanntes".

Es erhellt aus dem Gesagten, daß Heraklit nur solche Formen wählen konnte, die an sich selbst sich eigneten, seinen spekulativen Begriff auszudrücken, die also demselben an sich mehr oder weniger adäquat waren. Darum sind fast alle diese sinnlichen Formen auch an und für sich und ohne Beziehung auf jene Religionskreise, aus denen sie gegriffen, verständlich, seinem Begriff entspre-

---

[1]) Wir können uns nicht enthalten, noch eine andere Stelle Platos schon vorläufig hierher zu setzen, deshalb, weil sie in dem Raum einer Zeile die Identität dieser Formen an dreien derselben nachweist, Cratyl. p. 413, E., p. 413, Stallb., eine Stelle, in deren ganzem Verlauf und Zusammenhang Plato Heraklitisches durchnimmt und fortfährt: „— — μάχην δ' εἶναι ἐν τῷ ὄντι εἴπερ ῥεῖ οὐκ ἄλλο τι ἢ τὴν ἐναντίαν ῥοήν". „Kampf aber sei in dem Seienden, wenn es fließt, kein anderer als der Gegenfluß." Also dies Fließen selbst ist Kampf (πόλεμος) und dieser Kampf besteht eben in dem Gegenfluß, ἐναντία ῥοή d. h. ὁδὸς ἄνω κάτω, oder was später ἐναντιοτροπὴ, ἐναντιοδρομία genannt wurde.

chend, und können so als ohne jede andere Beziehung seinem System immanent erscheinen.

So ist das F e u e r die dem heraklitischen Prinzip, der prozessierenden Einheit von Sein und Nichtsein, dem W e r d e n, entsprechende Existenz. Denn das Feuer ist eben d i e Existenz, deren B e s t e h e n r e i n e s S i c h - a u f h e b e n, deren S e i n r e i n e s S i c h s e l b s t v e r - z e h r e n ist. Es ist die daseiende Negativität, der reine Prozeß.

D i e s e l b e prozessierende Einheit von Sein und Nicht ist aber auch die Z e i t. Sie ist ebenso das als p o s i t i v, als d a s e i e n d gesetzte S i c h s e l b s t a u f h e b e n; das Jetzt, das, indem es i s t, unmittelbar n i c h t i s t. :

Und was so Feuer und Zeit, das ist im R a u m e der F l u ß. Das Fließen ist die d a s e i e n d e I d e a l i t ä t d e s R a u m e s; das h i e r, das unmittelbar aufgehoben und entschwunden, das n i c h t h i e r ist.

Der K r i e g ist nichts anderes als dies Ineinander der Gegensätze und ihr sich aufhebendes, damit aber alle Wirklichkeit gebärendes Tun. Und dieser stete, das Dasein erzeugende und in sich zurücknehmende Übergang und Weg vom Sein zum Nichtsein, — das ist der W e g n a c h o b e n u n d u n t e n, die ὁδὸς ἄνω κάτω etc. etc.

Diese symbolischen Darstellungen, diese B i l d e r d e s G e d a n k e n s, die Heraklit wählt, haben also jedes den Gedanken an sich selbst und sind somit auch unabhängig von jenem religiösen Hintergrunde zu erklären. — Dies kann nicht überraschen und g e g e n jene Beziehung auf orientalische und orphische Religionslehren zu zeugen scheinen.

Denn gerade nach der hier vorgetragenen Ansicht war das Requisit, seiner spekulativen Idee gemäß zu sein, das erste Erfordernis für jedes Bild, das Heraklit aus dem

Kreise der Religionen greifen konnte. Es kam ihm ja nicht auf den Inhalt jener Religionen als solcher an, er war k e i n Anhänger irgendeiner Priesterlehre, sondern es sind ihm diese religiösen Prinzipe, Gestalten und Namen nur B i l d e r u n d S y m b o l e s e i n e r u r e i g e n e n I d e e.

Jenen religiösen Hintergrund aber, aus dem sie hervorgegangen und daß sie wirklich aus diesen religiösen Kreisen herausgegriffen, das lassen diese Bilder und Namen, abgesehen von späteren strengeren Beweisen, deutlich genug schon in Ton und Farbe seiner Bruchstücke hindurchleuchten.

So erinnert es, wenn er, nach einer bisher meist unbeachtet gebliebenen Mitteilung, die Z e i t a l s E r s t e s setzt (siehe Sextus Emp. adv. Math. X, 216 u. bes. ib. 230), sofort an die Zervane Akherene der Zend-Avesta, das Feuer und der Krieg an die Lichtverehrung und den Kampf der beiden Prinzipien in derselben Religion; die ὁδὸς ἄνω κάτω weist noch bestimmter auf ägyptische Seelenlehre hin etc. etc.

Wenn man aber jene an und für sich bestehende, der heraklitischen Idee adäquate Natur der Symbole und Bilder, in denen er seinen Begriff ausdrückt, als ein Argument gebrauchen wollte, um jede b e w u ß t stattfindende Beziehung Heraklits auf den religiösen Hintergrund überhaupt in Abrede zu stellen, — wenn man es somit als eine z u f ä l l i g e Übereinstimmung bezeichnen wollte, so oft wir sehen werden, daß Heraklit seine Idee in Symbolen, Namen und Prinzipien ausgesprochen, die wir auch in jenen Religionskreisen wiederfinden, so würde dies doch erstens heißen, dem Zufall eine gar seltsame Konsequenz einräumen; denn diese Parallelen lassen sich fast ausnahmslos bei allen Hauptstücken heraklitischer Lehre und

66

mit innerer Wahrscheinlichkeit und selbst bis ins e i n -
z e l n e ziehen. Zweitens läßt sich aber, wie wir sehen
werden, diese Ausflucht bei einigen seiner Formen deshalb n i c h t anwenden, weil ohne eine solche Beziehung
ihr bestimmter Name gar nicht zu begreifen oder doch
nicht genügend zu erklären wäre. — Endlich aber begegnen wir, um von vielem anderen hier zu schweigen,
zum Glück (wir verweisen hier einstweilen nur auf § 16)
bisher noch u n e r k l ä r t u n d u n e r k l ä r l i c h gebliebenen Bruchstücken, Stellen, d i e j e d e n S t r e i t g e -
r a d e z u a u s s c h l i e ß e n, j e d e M e i n u n g s v e r -
s c h i e d e n h e i t s c h l e c h t e r d i n g s u n m ö g l i c h
m a c h e n und uns durch das helle Licht, welches sie durch
die bloße Vergleichung mit religiösen — und zwar gerade
o r i e n t a l i s c h e n — Symbolen, Namen und Kultusakten
empfangen, unwidersprechlich z w i n g e n, eine d i r e k t
b e w u ß t e B e z i e h u n g Heraklits auf dieselbe anzunehmen!
Die Darstellung Heraklits ist, wie aus dem Bisherigen
folgt, nicht eine m y t h i s c h e zu nennen, wie es die des
Pherecydes noch war. Denn zum Begriff des Mythos
gehört auch das G e s c h e h e n, die H a n d l u n g; —
was Heraklit dagegen aus dem Reich des religiösen Glau-
bens entlehnt, sind meist nur N a m e n, und man könnte
sie darum eher als s y m b o l i s c h e Darstellung bezeichnen.
Und dies ist denn der wahre Sinn der Versicherungen
des Clemens, die doch, zumal sie mit den später anzuführenden Versicherungen noch besserer Zeugen völlig
übereinstimmen, irgendeinen Sinn gehabt haben müssen,
daß Heraklit nämlich rätselhaft und allegorisch und mit
„verborgener Bedeutung" [ἐπικεκρυμμένην τὴν βούλησιν]
geschrieben; siehe Clem. Alex. Strom. V, 8, p. 676,
Pott., cf. ib. II, 1, p. 429, Pott.; V, 4, p. 657, Pott.

An dieser letzteren Stelle macht Clemens einen guten Vergleich. Er sagt, daß Hellenen und Barbaren die wahren Prinzipien der Dinge in Rätseln, Symbolen, Allegorien und Metaphern ausgedrückt hätten, gleichwie bei den Hellenen die Orakel und der pythische Apoll, mit welchem Gotte auch der Käufer beim Lucian (Vit. auct. c. 14, T. III, p. 97, ed. Bipont.) den Heraklit vergleicht.

An diesen Vergleich reihen wir ein heraklitisches Fragment, welches, wie wir glauben, durch unsere eben entwickelte Ansicht erst verständlich und wahrhaft klar geworden, uns alles hierüber bisher Erörterte mit Heraklits eigenen Worten besagt: Plut. de Pyth. Orac. p. 404. E. p. 657, Wytt.: οἶμαι δὲ γινώσκειν τὸ παῤ Ἡρακλείτῳ λεγόμενον, ὡς ὦναξ, οὗ τὸ μαντεῖόν ἐστι τὸ ἐν Δελφοῖς οὔτε λέγει οὔτε κρύπτει ἀλλὰ σημαίνει" (und fast ganz ebenso nochmals bei Plut. Fragm. ex Stob. Serm. p. 69, p. 876, Wytt., bloß mit der Abänderung „ὁ ἄναξ ὁ ἐν Δελφοῖς"). „Der Herrscher, dessen Orakel in Delphi ist, nicht spricht er heraus, noch verbirgt er (seinen Sinn), sondern sinnbildlich stellt er dar (deutet er an)".

Jetzt erst ist aus dem Obigen der Mittelbegriff „σημαίνει" zwischen κρύπτει und dem λέγει (heraussagen) klar, der Schleiermachern p. 334 unzugänglich bleiben mußte.

Denn was hier Heraklit von dem Orakel Apollos sagt, das paßt ganz genau auf sein eigenes Sprechen, auf die für ihn so charakteristische Darstellung seiner Idee in Bildern und auf sein angegebenes Verhältnis zu den religiösen Lehren!

Und gar nicht abzuweisen ist die sich aufdrängende Meinung, welche durch die bald folgenden Fragmente noch bestätigt wird, daß Heraklit an dieser Stelle diesen dunkeln bedeutsamen Orakelton Apollos als göttliches Sprechen und Muster für die philosophische Sprache und als sein eigenes Vorbild hingestellt habe[1]).

Eine dem Sinne nach ganz ähnliche und die eben angegebene Bedeutung des vorigen Bruchstückes jedenfalls unzweifelhaft feststellende, bisher aber übersehene interessante Stelle findet sich bei Jamblich Myst. Aeg. Sect. III, c. XV, p. 79, ed. Gale. Er spricht von der Wahrsagerkunst. Diese gehe von den göttlichen Zeichen (σημεῖα) selbst aus; die Götter machten diese Zeichen durch die dienende Natur oder durch die der Zeugung vorstehenden Dämonen, welche den Elementen des Alls und den Einzelleibern zugeordnet sind und der Götter Beschluß vollstrecken, worauf Jamblich unmittelbar fortfährt: „συμβολικῶς δε τὴν γνώμην τοῦ θεοῦ μέλλοντος προδήλωσιν, καθ᾽ Ἡράκλειτον, οὔτε λέγοντες οὔτε κρύπτοντες ἀλλὰ σημαίνοντες".

„Symbolisch aber offenbaren sie den Ratschluß des beschließenden Gottes, nach Herakleitos, nicht heraussagend, noch verbergend, sondern durch Zeichen andeutend".

Man könnte leicht der Meinung sein wollen, daß nicht nur die Worte: οὔτε λέγοντες, οὔτε κρύπτοντες, ἀλλὰ σημαίνοντες, sondern selbst die ganze Stelle von: συμβολικῶς δὲ bis προδήλωσιν für mindestens dem Sinne nach heraklitische Anführung zu halten sei.

Daß man auf diese Weise zwei einander sehr ähnliche und dennoch nicht ganz identische Stellen des Heraklit

---

[1]) Vgl. die Bemerkung Ritters a. a. O. p. 83: „Daß er (H.) den bildlichen Ausdruck geliebt habe, dies scheint er selbst in einem Bruchstücke seines Werkes anzudeuten, in welchem er vom Delphischen Gotte spricht".

gewönne, von denen die eine mit οὔτε λέγοντες, οὔτε κρύπτοντες ἀλλὰ σημαίνοντες schließt, wie die andere mit οὔτε λέγει οὔτε κρύπτει ἀλλὰ σημαίνει über den delphischen Gott, würde dieser Ansicht noch nicht entgegenstehen können, denn diesem Zuge, daß zwei sehr ähnliche Stellen aus Heraklit angeführt werden, von denen doch nicht die eine aus der anderen hergeflossen sein kann und beide in seinem Werke sich vorgefunden haben müssen, werden wir noch häufig genug begegnen und ihn urkundlich nachweisen können, wie ihn auch Schleiermacher bei Gelegenheit anderer Bruchstücke annimmt.

Wohl aber können allerdings sehr gewichtige Gründe für jene Ansicht zu sprechen scheinen. Zuvörderst kann man sagen, daß die Stellung der Worte καθ' Ἡράκλειτον zeigt, daß sich, nach Jamblich, die Anführung auf den ganzen Satz, in dessen Mitte sie gesetzt ist, erstrecken soll. Sonst hätte das καθ' Ἡράκλειτον erst hinter οὔτε λέγοντες seine Stellen finden können.

Ferner scheinen, wenn irgendetwas, so doch jedenfalls die Worte οὔτε λέγοντες κτλ' sich für eine sehr bestimmte und w ö r t l i c h e Anführung aus Heraklit auszugeben und könnten dann also wegen der Partizipialbildung und wegen der Pluralform nicht aus der über den Apollo handelnden Stelle im Buch des Ephesiers herausgeflossen sein. Dann läßt sich auch nicht leugnen, daß niemandem, der die Stelle bei Jamblich im Zusammenhang mit dem ihr Vorangehenden nachliest, wird entgehen können, wie Jamblich schon bei den Worten συμβολικῶς δὲ κτλ. seine eigene entwickelte abstrakt-philosophische Sprache aufgibt und plötzlich stoß-weise in die konkrete, markige Sprachweise des Ephesiers übergeht. Endlich aber scheint gar sehr der Gebrauch des Wortes „γνώμη" in dieser Ansicht bestärken zu müs-sen; denn die γνώμη in diesem o b j e k t i v e n S i n n e,

70

nicht als subjektive Einsicht und Erkenntnis, sondern als göttliches und natürliches das All durchwaltende Gesetz ist ein echt und eigentümlich heraklitischer Ausdruck[1]), dem wir in dieser Weise in den Bruchstücken des Ephesiers begegnen[2]).

Wir meinen also, daß beide Stellen über den symbolisch sprechenden Apollo und über die die γνώμη des beschließenden Gottes in den Existenzen der Natur verhüllt darstellenden Dämonen in dem Werke Heraklits und zwar wohl in fast unmittelbarer Aufeinanderfolge gestanden haben werden, in dem er ausführt und sich wie auf ein Muster und wie auf eine innere Notwendigkeit für die in seiner eigenen Philosophie geschehende Darstellung des göttlichen Gesetzes (γνώμη, λόγος) darauf berufen haben wird, daß alles Göttliche und Große sowohl in der Sprache des Orakels als im Reich der Natur zwar nicht wirklich versteckt, aber ebensowenig auch wieder in gewöhnlicher Menschenweise herausgesagt, sondern vielmehr verhüllt offenbart, in Verkörperungen und

---

[1]) Siehe weiter unten § 15.

[2]) Endlich spricht noch (wenn nämlich der Verf. der Myst. Aeg. in der Tat Jamblichus ist) zugunsten dieser Ansicht: daß hier ein zweites Fragment vorliegt, der Umstand, daß Jamblich auch jenes über Apollo handelnde Fragment in der plutarchischen Form kennt und anderwärts anführt, nämlich in dem Briefe an Dexippos ap. Stob. Serm. T. 81, (79), p. 472, T. III, p. 127 ed. Gaisf. (Lips.) ὡς δὲ τὰ ἔργα αὐτὰ δείκνυσιν, αὐτὸς ὁ ἐν Δελφοῖς θεός, οὔτε λέγων καθ᾽ Ἡράκλειτον, οὔτε κρύπτων, ἀλλὰ σημαίνων τὰς μαντείας, ἐγείρει πρὸς διαλεκτικὴν διερεύνησιν τοὺς ἐπηκόους τῶν χρησμῶν, ἀφ᾽ ἧς ἀμφιβολία τε καὶ ὁμωνυμία ἐκρίθησαν· καὶ διττὸν πᾶν ἀνερευνηθὲν φῶς ἐπιστήμης ἀνῆψεν. (Jedenfalls erscheint also auch in diesem Zusammenhange die Sprache des Gottes als Muster und Vorbild der philosophischen Sprachweise aufgestellt.)

somit in **s y m b o l i s c h e r V e r s i n n b i l d l i c h u n g**, die eben deshalb auch eine **V e r h ü l l u n g** in sich einschlösse, dargestellt sei.

Nimmt man aber auch an, daß die ganze Stelle der Myst. Aeg. samt den Partizipialformen λέγοντες etc. nur aus einer freien Benutzung des heraklitischen Ausspruchs, wie ihn Plutarch anführt, durch Jamblich entstanden sei, so ist doch der substantielle Sinn der Stelle unzweifelhaft richtig und im heraklitischen Geiste gedeutet, wie ja auch die Anführung der Sentenz im Briefe des Jamblichus evident bestätigt, daß jene sinnlich-darstellende und eben durch die Versinnlichung auch zugleich einhüllende symbolische Sprache des Gottes als Vorbild philosophischen Sprechens bei Heraklit aufgestellt wird.

Dieselbe sinnbildliche Sprache also, die am Spruche des Gottes, nahm Heraklit auch an den Erscheinungen der Natur selbst wahr, die, wie Feuer und Fluß etc., seinen ihn beseelenden spekulativen Begriff in das Material der Sinnlichkeit eingetaucht ihm entgegenhielten.

So spricht uns Jamblich (ib. Sect. I, c. XI, p. 20, ed. Gale) von einer **s y m b o l i s c h e n S p r a c h e d e r N a t u r** und an einer dritten Stelle (ib. Sect. VII, c. 1, p. 150, Gale) sagt er uns ganz in diesem Sinne, daß **d i e s y m b o l i s c h e D a r s t e l l u n g a l s e i n e N a c h - a h m u n g d e r s y m b o l i s c h w i r k e n d e n N a t u r s e l b s t z u b e t r a c h t e n s e i.**

Und in einer noch mehr hier einschlagenden, ganz und gar heraklitisierenden Stelle führt uns Porphyrius aus (de antro Nymph. c. XXIX, p. 27 van Goens.), daß die überall in den Existenzen der Natur vorhandene **Z w e i - h e i t**, Tag und Nacht, Aufgang und Niedergang etc., nur **das S y m b o l** sei, in welchem die vom **G e g e n s a t z** ausgehende Natur[1]) sich darstelle *[ἀρξαμένης γὰρ τῆς φύσεως ἀπὸ ἑτερότητος, πανταχοῦ τὸ δίθυρον αὐτῆς πεποίηται σύμβολον κτλ.]*[2]), worauf er, unmittelbar hieran ein heraklitisches Bruchstück reihend, ohne Heraklit zu nennen, fortfährt: deshalb heiße es auch (nämlich eben bei Heraklit): sich in sich selbst widerstrebend sei die Harmonie, welche die Gegensätze durchdringt.

In diesem Zusammenhange nur ist ein anderes gleichfalls bisher übersehenes Bruchstück Heraklits zu verstehen, welches Schleiermachern p. 334, 336 in Verlegenheit hätte setzen müssen, und das uns Themistius mitteilt, orat. V. ad. Jovian. p. 69, ed. Hard.: „φύσις δὲ, καθ' Ἡράκλειτον, κρύπτεσθαι φιλεῖ καὶ πρὸ τῆς φύσεως ὁ τῆς φύσεως δημιουργός“.

Ganz gleichlautend führt Themistius dieses Fragment noch einmal an or. XII. ad Valent. p. 159, Hard., so daß offenbar auch die Worte καὶ πρὸ τῆς φύσεως ὁ τῆς φύσεως δημιουργός als Heraklit selbst angehörig zu nehmen sind. „Die Natur aber liebt, nach Heraklit, verborgen (d. h. verhüllt dargestellt) zu werden, und noch vor der Natur der Demiurg der Natur“.

Auf dasselbe Fragment spielt der armenische Philo an (Quaestt. in Genes. p. 238, Aucber. T. VII, p. 57, ed. Lips.) Arbor est secundum Heraclitum natura nostra, quae se obducere atque abscondere amat.

Was es mit diesem „Verborgen werden“, welches die Natur liebt, auf sich hat, wird jetzt wohl bereits schon

---

[1]) Man vergleiche hiermit die ganz entsprechende Stelle des armenischen Philo über Heraklit im § 23.

· [2]) Καὶ διὰ τοῦτο ... „„παλίντονος ἡ ἁρμονία ἡ τοξεύει διὰ τῶν ἐναντίων““. Wir kommen auf dies unübersetzbare Fragment, sowie auf das bald folgende bei Plutarch später ausführlicher zurück (§ 2 u. 3).

hier aus allen vorigen Parallelstellen auf der Hand liegen.

Der Begriff des Werdens, die Identität des großen Gegensatzes von Sein und Nichtsein, ist das göttliche Gesetz, die große γνώμη des beschließenden Gottes, die sich durchzieht durch alle Erscheinungen der Natur und deren sinnliche Verkörperung nur die alle Existenzen der Natur durchdringende Zweiheit und Gegensätzlichkeit bildet. Die Natur selbst ist nichts als eben die k ö r p e r l i c h e Ver - k ü n d i g u n g dieses ihre innere Seele bildenden Gesetzes von der Identität des Gegensatzes.

Der Tag ist nur diese Bewegung: sich zur Nacht zu machen. Die Nacht nur dies: zum Tag zu werden. Der Sonnenaufgang ist nur ein ununterbrochener Niedergang etc. etc. Das All ist nur die s i c h t b a r e Verwirk - l i c h u n g dieser Harmonie des sich Entgegengesetzten, die durch alles Seiende hindurchgreift und es regiert. Allein wenn auch in allen Existenzen der Natur nur diese Harmonie des sich selbst Entgegengesetzten (die darum eine παλίντονος ἁρμονία ist) ausgesprochen ist, so ist doch diese Einheit von Sein und Nichtsein, diese Identität eines Jeden mit seinem eigenen absoluten Gegensatze in den sinnlichen Erscheinungen, — eben weil sie hier selbst in der Form d e s s i n n l i c h e n S e i n s e r s c h e i n t, — e b e n s o v e r - h ü l l t a l s v e r k ü n d e t [1]), denn ein jedes Seiende, selbst das Feuer, bietet immerhin ein scheinbares B e s t e h e n dar, welches nur i n s e i n e r I d e n t i t ä t m i t s i c h s e l - b e r z u b e r u h e n und seinen Gegensatz auszu-

---

[1]) Dies tritt auch in dem „s i c h b e d e c k e n, u m h ü l l e n" (se obducere) deutlich heraus, welches Philo sehr gut dem abscondere zur Erklärung hinzufügt; vergleiche hierzu außer dem Paragraph über die sinnliche Harmonie besonders § 28 bei der Lehre vom Erkennen.

schließen scheint. Darum ist dem Heraklit das
weltbildnerische Gesetz, nach welchem alle Dinge geord-
net sind, in denselben weder wirklich verborgen noch her-
ausgesprochen, sondern verhüllt dargestellt. Und
weil die wahrhafte Natur der Dinge, obwohl sie nichts
ist als die Darstellung von dieser Identität des Gegensatzes
von Sein und Nichtsein, doch diese Identität immer wieder
nur in sinnlichen Existenzen und somit in dem unangemes-
senen, ein festes Beharren vorspiegelnden, den Gegensatz
nur verborgen an sich tragenden Element des Seins
darstellen kann, weil sie mit einem Wort das Werden
doch nur als Seiendes und somit dem Werden scheinbar
Entnommenes verwirklichen kann, — darum konnte Heraklit sagen, die Natur wie das weltbildnerische Gesetz derselben liebe verborgen zu werden[1]).

In demselben Gedankenzusammenhange mußte Heraklit
auch sagen — und hat es wahrscheinlich wohl auch in
einem örtlichen Zusammenhange in seinem Werke gesagt
— was uns Plutarch aus ihm anführt (de anim. procreat
p. 1026, p. 177, Wytt.) „ἁρμονίη γὰρ ἀφανὴς φανερῆς
κρείττων καθ' Ἡράκλειτον, ἐν ᾗ τὰς διαφορὰς καὶ ἑτερότητας
ὁ μιγνύων θεὸς ἔκρυψε καὶ κατέδυσε".

„Denn die unsichtbare Harmonie ist, nach Herakleitos,
besser als die sichtbare, in welche der mischende (d. i.
das Entgegengesetzte miteinander einende) Gott die Un-

----

[1]) Das κρύπτεσθαι absoluter aufzufassen und somit miß-
verstehen zu wollen, wie, selbst wenn nur diese Stelle isoliert
existierte, kaum möglich scheinen sollte, dagegen schützen die
obigen Stellen bei Philo und Plutarch und ebenso auch bei
Jamblich, besonders die letztere, deren οὔτε λέγοντες, οὔτε κρύπτ.,
ἀλλὰ σημαίν. von der Verwirklichung der göttlichen γνώμη in
der Natur durch die Daimonen in engem Sinnzusammenhange mit
dem gegenwärtigen Fragmente steht.

terschiede und Gegensätze eintauchte und verbarg". Sind hier auch die Worte: *ἐν ᾗ — κατέδυσε* nicht Heraklit selbst zugehörig, so enthalten sie doch jedenfalls, wie selbst Schleiermacher p. 420, obwohl er das Bruchstück völlig mißversteht, anerkennt, nur eine sehr echte nähere Beschreibung und Explikation des heraklitischen Sinnes[1])! — Dieser Sinn aber ergibt sich aus dem Vorangehenden von selber. Die reine prozessierende Einheit des Gegensatzes von Sein und Nicht als reiner Begriff gefaßt, das, was wir etwa die l o g i s c h e K a t e g o r i e d e s W e r - d e n s nennen würden, war ihm die u n s i c h t b a r e H a r - m o n i e oder die weltordnende *γνώμη* des Gottes. Die Weltbildung selbst ist ihm nur die s i n n l i c h e D a r - s t e l l u n g dieser unsichtbaren Harmonie, ist ihm somit im Gegensatz zu dieser — s i c h t b a r e H a r m o n i e. — Wenn aber demnach die Welt der sinnlichen Existenzen auch gar keinen anderen Inhalt und Bedeutung hat als dieses die Gegensätze als eins setzende, die u n s i c h t - b a r e H a r m o n i e v e r w i r k l i c h e n d e Tun des Gottes zu sein, so ist doch eben deshalb jene reine prozessierende Einheit dadurch in der unadäquaten vorwiegenden Form des Seins, nicht mehr als unaufgehaltenes Werden, gesetzt und in dieser ihrer eigenen Verwirklichung somit ebenso- sehr v e r w i r k l i c h t als auch g e t r ü b t und v e r b o r - g e n. Darum ist die unsichtbare Harmonie, das reine in k e i n sinnliches Sein getauchte ideelle Gesetz der Einheit des Gegensatzes, eine r e i n e u n d b e s s e r e H a r m o n i e als ihre gesamte Verwirklichung im sichtbaren Weltall.

---

[1]) Dies Bruchstück, welches ebenso wie das des Porphyrius hier nur wegen des Ideenzusammenhanges vorläufig angeführt wird, muß später noch sorgfältiger besprochen werden, wobei sich auch der hierbei von Schleiermacher, den Sinn der Stelle gerade in ihr Gegenteil verkehrende Mißgriff ergeben wird.

Und von hier aus empfängt dann, soweit es hier bereits möglich, sein helles aber noch nicht sein letztes Licht das so dunkle Bruchstück bei Clemens Alex., das, nach uns, gerade als ein Hauptschlüssel zu Heraklit und als die bedeutungsvollste Charakteristik seiner ganzen Darstellungsweise gelten muß. Es steht Strom. V. 14, p. 718, Pott.: οἶδα ἐγὼ καὶ Πλάτωνα προςμαρτυροῦντα Ἡρακλείτῳ γράφοντι: „„Ἓν τὸ σοφὸν μοῦνον λέγεσθαι οὐκ ἐθέλει καὶ ἐθέλει, Ζηνὸς ὄνομα““. „Das eine Weise allein will und will nicht ausgesprochen werden, der Name des Zeus"[1]), wie Schleiermacher p. 334 diese Stelle mit Gent. Hervet. zu Clemens richtig interpungiert und übersetzt, obgleich sie ihm nichtsdestoweniger, wie er selbst zugibt, unverständlich blieb und bleiben mußte.

Was aber das eine Weise ist, das bietet jetzt nach allem Obigen keine Schwierigkeit mehr dar — es wäre klar auch ohne die Parallelstelle bei Diog. L. IX, 1: εἶναι γὰρ ἓν τὸ σοφὸν, ἐπίστασθαι γνώμην ἥτε οἵη κυβερνήσει πάντα διὰ πάντων"[2]). „Eins sei das Weise, die γνώμη zu verstehen, welche allein alles durch alles leiten wird. Das eine Weise, der Name des Zeus, das ist eben nichts anderes, als die unsichtbare Harmonie, als das gött-

---

[1]) Wer muß nicht übrigens schon bei diesem Namen des Zeus, der nicht ausgesprochen werden will, an die ägyptischen Gottheiten denken, deren Namen auszusprechen verboten war, z. B. Cic. Nat. Deor. III, 22, 56. Quartus (Mercurius) Nilo patre, quem Aegyptii nefas habent nominare und Jamblich. de Myst. Aeg. Sect. VIII, c. III, p. 159, G., wo von dem Eikton gesagt wird ὃ δὴ καὶ διὰ σιγῆς μόνης θεραπεύεται etc.

[2]) Denn so stellt Schleiermacher die Stelle richtig her. Hermanns Konjektur: οὔτε ἐν κυβερνήσει bei Hübner z. d. a. St. kann sich gegen die Schleiermachersche ἥτε οἵη etc. nicht halten. Das οἵη wird auch durch das μοῦνον bei Clemens gestützt (siehe § 15).

liche Gesetz (die γνώμη τοῦ θεοῦ μέλλοντος) in der obigen Stelle des Jamblich, welches die Dämonen in der Weltbildung weder heraussagen noch verschweigen, sondern durch Verkörperung sinnbildlich darstellen, und welches daher allein die Seele alles Seienden bildet, alles leitet und durchdringt. Das eine Weise, der Name des obersten Gottes, das ist eben der spekulative-Begriff, die prozessierende Einheit des Sich Entgegengesetzten, die allein durch alles sich durchzieht, alles regiert, in allem vorhanden ist, und neben dem alles andere nur Scheinexistenzen sind. Und wie dieser spekulative Begriff allein es ist, der da lebt in allen Existenzen der Natur, die ihn aber in sinnliches Material getaucht und somit nur verhüllt und sinnbildlich aussprechen, wie er es allein ist, der immer verwirklicht und ausgesprochen werden will in dem gesamten Reiche der Natur, die nichts ist als seine sichtbare Darstellung und Verwirklichung, so ist er es auch allein, der in dieser Verwirklichung doch wieder nie in seiner reinen Allgemeinheit und Negativität erschöpft ist, darin ebensosehr entäußert als verwirklicht, ebensosehr verborgen als dargestellt, ebensosehr ausgesprochen als wieder nicht ausgesprochen ist. Denn wenn er, dieser spekulative Begriff, auch wesentlich der Trieb ist, den Gegensatz von Sein und Nicht als aufgehobenen und identischen zu setzen, so kann er diese Einheit doch immer nur in einer sinnlichen Form, in einer einzelnen Bestimmtheit, d. h. selber wieder als seiende setzen und also nie in seiner reinen inneren Allgemeinheit als diese adäquate Einheit selbst heraustreten. Das allein Wahrhafte und Wirkliche, das allein in allem existiert, dessen Darstellung und Verwirklichung nur aller Reichtum der Natur ist, der Name des

Zeus ist also wesentlich dies: beständig ausgedrückt und ausgesprochen werden zu wollen und in jedem solchen Ausgedrücktwerden, weil darin in eine einzelne Bestimmtheit und wenn selbst nur in die Bestimmtheit des einzelnen Namens und des sinnlichen Lautes gehüllt zugleich auch nicht seiner wahren Natur nach, als reine Negativität, ausgedrückt und wirklich herausgerungen zu sein[1]).

Diese Stelle Heraklits kann zugleich als tiefste Charakteristik der eigenen Sprache und Philosophie Heraklits gelten, die auch noch nicht ihren inneren Begriff als solchen auszusprechen weiß. Man kann von ihr sagen, daß sie ihren Begriff immer und immer wieder in den ver-

---

[1]) Es verhält sich somit durchaus nicht so, wie Bernays a. a. O. IX, p. 257 meint, daß nach der Schleiermacherschen Übersetzung dieses Bruchstückes, bei der auch wir verblieben sind, eine „schwarze Frucht der Unklarheit, der μελάγκαρπος Ἀσάφεια des Empedokles" sein würde. Bernays will das ὄνομα Ζηνός als Akkusativ, das μοῦνον aber als eine bloße (ziemlich tautologische) Verstärkung des ἕν fassen und übersetzt hiernach „eines, das allein Weise will und will auch nicht mit des Ζῆν Namen genannt werden". Abgesehen von allen Mißlichkeiten, die dies haben würde, werden wir, da unsere gesamte Auffassung und Darstellung Heraklits mit der dieses Bruchstückes steht und fällt, ohnehin noch so oft genötigt sein, von ganz anderen Partien und Fragmenten aus auf dasselbe zurückzukehren und den Sinn desselben immer bestimmter zu entwickeln und nachzuweisen, daß wir uns einstweilen jeder weiteren Verteidigung desselben enthalten können. Bloß soviel sei bemerkt, daß wenn Bernays als Grund gegen die Schleiermachersche Übersetzung geltend macht, der bloße „Name" des Zeus könne doch nicht wohl das allein Weise sein sollen, sich dies später vielmehr allerdings gerade als der tiefste Sinn des Bruchstückes und der heraklitischen Philosophie überhaupt ergeben wird.

schiedensten Formen herausringt und doch nie dazu kommt, ihn in seiner wahrhaft gedankenmäßigen Allgemeinheit, als reine logische Kategorie wie er das eine Weise und Name des Zeus ist, als Negativität auszusprechen. Und diese Unmöglichkeit ist bei Heraklit, wie wir sehen werden, eine i n n e r e und genau mit seinem Gedankenstandpunkt zusammenhängende. Diese sinnliche, symbolische Darstellung, die, nach Jamblich, eine Nachahmung der symbolisch schaffenden Natur ist, welche letztere ja auch, nach Heraklits eigenem Fragment, ihren Gedanken, der ausgesprochen werden will und auch nicht, v e r h ü l l t darzustellen liebt, diese Darstellungsweise ist es, die als für Heraklit eigentümlich festgehalten werden muß. — Und so charakterisiert ihn ja auch, außer der schon oben über seine symbolische und verborgene Bedeutung angeführten Stelle des Clemens, der Verfasser der Alleg. Hom. p. 442, ed. Gale, p. 84, ed. Schow.: ὁ γοῦν σκοτεινὸς Ἡράκλειτος ἀσαφῆ καὶ διὰ συμβόλων εἰκάζεσθαι δυνάμενα θεολογεῖ τὰ φύσικα (als Beispiel bald darauf den Satz vom Flusse anführend) — ὅλον δὲ τὸ περί φύσεως αἰνιγματῶδες ἀλληγορεῖ.

In diesem Sinne auch ist die Bezeichnung „Rätsler" (αἰνίκτης) zu verstehen, die ihm der Sillograph Timon beim Diog. L. IX, 6 gibt[1]).

---

[1]) Einer Menge ähnlicher Zeugnisse werden wir noch hin und wieder begegnen. Auf diese symbolische Darstellung gibt sich auch Asklepios sichtliche Mühe das zu beziehen, was Metaph. III, c. 3, p. 1005, B. gesagt ist, Heraklit habe selbst nicht angenommen, was er aufgestellt: φησὶν οὖν δ'Ἀριστοτέλης ἢ ὅτι οὐκ ἔλεγε τοῦτο ὁ Ἡράκλειτος, ἢ εἴπερ ἔλεγε, συμβολικῶς ἔλεγε ὡς εἴρηται ἐν τῇ φυσικῇ πραγματείᾳ .... ἰστέον οὖν ὅτι οὐ πάντα ἅ τις λέγει ταῦτα καὶ ὑπολαμβάνει· οὐκ ἀληθῶς οὖν οὕτως διέκειτο Ἡράκλειτος· εἴρηται γὰρ ἐν τῇ θεωρίᾳ ὅτι συμβολικῶς ταῦτα ἔλεγεν κτλ. Ar. Ed. Berol. Vol. IV, p. 652.

Ein wesentlicher Zug solcher Darstellung ist die
Kürze. Sehr richtig sagt uns ein griechischer Denker
über die Sprache, Demetrius, de elocut. §243, daß die
Kürze eine wesentliche Eigenschaft des Symbolischen sei
und ihm seine Gewalt und Macht verleihe [1]).
Diese gewaltsame Kürze finden wir noch in allem, was
irgend echt heraklitisch ist, und schon Diog. IX, 7 sagt
uns: „die Kürze und Gewalt (Wucht, βάρος) seines Ausdrucks ist unvergleichlich".

Darum tönen denn so orakelartig, vulkanischen Erup-
tionen gleich, jene dunkeln und tiefen Sätze aus seinem
Innern heraus, gleichwie der Gott sie spricht in seinem
Heiligtum und die Natur sie verkörpert in ihren Existenzen, den Symbolen der Idee. Und der so redende
Mund heißt ihm vom Gotte erfüllt und rasend
vom Gott. Plut. de Pyth. orac. p. 397, et p. 627 Wytt.
„Σίβυλλα δὲ μαινομένῳ στόματι, καθ' Ἡράκλειτον, ἀγέ-
λαστα καὶ ἀκαλλώπιστα καὶ ἀμύριστα φθεγγομένη,
χιλίων ἐτῶν ἐξικνεῖται τῇ φωνῇ διὰ τὸν θεόν". „Die
Sibylle aber mit rasendem Munde Unbelachtes und Ungeschmücktes und Ungesalbtes
verkündend reicht durch die Jahrtausende
mit ihrer Stimme durch den Gott".

Und noch schärfer vielleicht findet sich der Gegensatz
bei Clemens Alex. Strom. I. c. 15, p. 358, Pott.: Ἡράκλειτος γὰρ οὐκ ἀνθρωπίνως φησὶν ἀλλὰ σὺν θεῷ μᾶλλον
Σιβύλλην πέφανθαι. „Nicht menschlich, sondern mit
dem Gotte habe die Sibylle geredet". Hiermit vergleiche
man wieder eine bisher übersehene Stelle des Jamblich.
Myst. Aeg. Sect. III, c. VIII, p. 68, Gale, wo offenbar

---

[1]) — διὸ καὶ τὰ σύμβολα ἔχει δεινότητος, ὅτι ἐμφέρει
ταῖς βραχυλογίαις. Καὶ γὰρ ἐκ τοῦ βράχεως ῥηθέντος ὑπονοῆ-
σαι τὰ πλεῖστα δεῖ, καθάπερ ἐκ τῶν συμβόλων.

auf unser Fragment Bezug genommen wird: „καὶ ἡ ἀπ
αὐτῶν [scil. τῶν θεῶν] παντελὴς ἐπικράτεια, περιέχουσα μὲν
πάντα τὰ ἐν ἡμῖν, — — καὶ λόγους προϊεμένη οὐ μετὰ
διανοίας δε τῶν λεγόντων, ἀλλὰ μαινομένῳ φασὶ στόματι
φθεγγομένων αὐτοὺς καὶ ὑπηρετούντων ὅλων καὶ παραχωρούντων
μόνῃ τῇ τοῦ κρατοῦντος ἐνεργείᾳ‟

Was dies „μετὰ διανοίας‟ (gleichviel ob man λεγόντων
oder λεγομένων lesen will) hier bedeuten kann, zeigt uns
das ἀνθρωπίνως bei Clemens an. Nicht menschlich
spricht die Sibylle. Das menschliche Sprechen aber im
Gegensatze zu der von dem Gotte rasenden und ihn ver-
kündenden Stimme ist die vermittelnde und erklärende und mit Beweisführung verbundene
Rede. —

Und in der Tat ist es denn charakteristisch
für Heraklit, aber aus allem Bisherigen mit Notwendigkeit folgend, daß wir immer bei ihm nur unvermittelt hingestellten Sentenzen begegnen,
die in sich und ihrer inneren Wahrheit trotzig wie Fels-
blöcke beruhen, fast nirgends aber auch nur einen Ansatz
zu einer Beweisführung durch Gründe finden.

Man würde unrecht haben zu glauben, daß diese Sentenzen deshalb bei Heraklit abgerissene, zusammen-
hangslose gewesen sein müssen. Im Gegenteil. Er stellt,
wie Spuren genug vorliegen, in seinem Werke in sehr
zusammenhängender Weise die seinem Gedanken entsprechende Natur des Weltalls dar. Aber er stellt eben
dar, d. h. er zeigt unmittelbar und in positiver Form
seinen Gedanken als in den Erscheinungen der Natur
verwirklicht auf, aber er beweist nicht durch Gründe.

Diesen Mangel an vermittelnder Beweisführung mußte
natürlich Aristoteles, dem solche Beweisführung Erfordernis ist, tadelnd vermissen (man vgl. nur de Coelo II,

5, p. 187, b. Bekk.: ἀλλ' ὁρᾶν δεῖ τὴν αἰτίαν τοῦ λέγειν, τίς ἐστιν κτλ. und was er dabei von der ἀκριβέστερα ἀνάγκη des Beweisens sagt; cf. Eth. Nic. VII, 4, p. 1146) und hierauf, nicht aber auf seine Autodidaxie, wie Schleiermacher p. 340 meint, gehen denn Stellen wie Eth. Magn. II, c. 6, p. 1201, Eth. Nicod. VII, c. 5, p. 1147, wo er sagt, Heraklit baue so fest auf seine **Meinungen** und das, was ihm **scheine**, wie andere auf das, was sie **wissen**.

. Jetzt sind wir auch imstande zu begreifen, was es mit jener viel berühmten heraklitischen Dunkelheit, die ihm den Beinamen: ὁ σκοτεινός[1]) verschaffte, eigentlich für eine Bewandtnis gehabt habe.

Sehr richtig sagt Schleiermacher p. 322, es müsse uns vorzüglich daran gelegen sein, zu wissen, von welcher Art sie eigentlich gewesen, und es sei für keinen geringen Vorteil zu achten, daß sie selbst wenigstens uns hell genug sei, und wir ziemlich sicher entscheiden könnten, was für eine Bewandtnis es mit ihr wirklich gehabt habe.

Wenn aber Schleiermacher so die Frage gut gestellt hat, so hat er sie doch schlecht beantwortet. — Er meint nämlich, daß diese Dunkelheit „nur eine grammatische gewesen sei". Er stützt diese Ansicht auf zwei Stellen des Aristoteles und des Demetrius. Aristoteles nämlich sagt, Rhetor. III, 5, p. 1407, Bekk.: „Des Hera-

---

[1]) Stellen hierüber anzuführen wäre überflüssig. Die Anekdote mit dem delischen Schwimmer ist bekannt genug. Diese Dunkelheit wurde nachher sprichwörtlich, z. B. Hieronym. in Rufin. I. ed. Par. T. IV, p. 385, Denique et ego scripta tua relegens quamquam interdum non intelligam, quid loquaris et Heraclitum me legere putem. id. adv. Jovin. lib. I, T. IV, p. 145, Heraclitum quoque cognomento σκοτεινόν sudantes philosophi vix intelligunt.

kleitos Schrift ist schwer zu interpungieren, weil es unklar
ist, worauf sich etwas bezieht, auf das Folgende oder Vorhergehende, wie z. B. im Anfange seines Buches. Er
sagt nämlich: „Indem nun dieses Sachverhältnis besteht[1]),
werden immer unvernünftig die Menschen". Denn undeutlich ist hier, worauf das „immer" zu beziehen sei,
ob auf das Frühere oder Folgende [— — φησὶ γάρ: „τοῦ
λόγου τοῦδε ἐόντος ἀεὶ ἀξύνετοι ἄνθρωποι γίνονται" ἄδηλον γὰρ
τὸ ἀεί, πρὸς ὁποτέρῳ διαστίξαι"].

Allein dies Beispiel, das Aristoteles anführt, hat gar
keinen Zusammenhang mit der wirklichen heraklitischen
Dunkelheit. Denn wie man auch die von ihm zitierte Stelle
interpungieren mag, ob man übersetzt: „Indem dieses Sachverhältnis immer besteht etc.", oder „indem es besteht,
werden immer unvernünftig die Menschen", — in beiden
Fällen gibt die Stelle immer denselben Sinn, und Dunkelheit ist mindestens wegen jenes ἀεί nicht in ihr vorhanden.

In allgemeinerer Weise sagt Demetr. de elocut. § 192:
Heraklit werde großenteils dunkel durch den Mangel an
Verbindung, so daß man nicht wisse, wo ein Satz beginne
und endige[2]).

Und in der Tat treffen wir hin und wieder auf Stellen,
in welchen die Interpunktion fraglich sein kann. Zugegeben also, daß diese grammatische Schwierigkeit bei

---

1) ἐόντος statt δέοντος, worüber später in dem die Fragmente behandelnden Teile.

2) Ähnliche Gründe syntaktischer Natur werden für die heraklitische Dunkelheit angegeben in den Progymnasmata des Theon.
Rhetor. gr. ed. Walz. T. I, p. 187, cf. ib. T. II, p. 226; ein
etwas feinerer und bei dem häufigen Gebrauch des Partizipiums
bei Heraklit gewiß auch hin und wieder zutreffender Grund derselben Art in den Scholien des Joannes Sicul. εἰς τὰς ἰδέας
τοῦ Ἑρμογένους. Rhetor. gr. ed. Walz. T. VI, p. 197.

Heraklit stattgefunden, so darf man uns doch nicht sie als einziges oder auch nur als irgendwie hauptsächliches Erklärungsmoment jener berühmten Dunkelheit hinstellen wollen. Bei weitem die meisten Stellen, aus welchen diese Dunkelheit uns anweht, bieten keine Interpunktationsschwierigkeit dar; und wo diese gar stattfindet, hat sie doch mit der eigentümlichen heraklitischen Dunkelheit nichts zu schaffen, und diese bleibt noch bestehen, wenn auch die Interpunktationsfrage gelöst ist, wie z. B. in dem letzten aus Clemens angeführten Bruchstück von dem einen Weisen Schleiermacher zwar die falsche Interpunktion und Übersetzung von Potter richtig verbessert, nichtsdestoweniger aber selber zugibt, daß ihm die Stelle unverständlich bleibe. — Ebenso läßt auch die Art, in welcher die Alten von der Dunkelheit und Rätselhaftigkeit Heraklits sprechen, die Meinung nicht aufkommen, daß es sich dabei bloß um eine grammatische Undeutlichkeit handle. Man sehe nur die weiter unten noch anzuführende Stelle des Plato von den „rätselhaften Wörtern" (ῥηματίσκια), welche die Heraklitiker, Pfeilen gleich, aus ihrem Köcher ziehen und abschnellen, sowie die schon oben angezogenen Stellen des Clemens, des s. g. Herakleides, des Diogenes, des Asclepius etc. von der „verborgenen Bedeutung" und der symbolischen Sprechweise des Ephesiers. Ist man doch so weit gegangen, sein Buch mit einer Mysterienlehre zu vergleichen, zu der es eines Eingeweihten bedürfe, sie zu verstehen, die dann aber auch heller strahle als die leuchtende Sonne[1]).

Dies alles hätte doch unmöglich gesagt werden können, wenn es sich bei der heraklitischen Dunkelheit nur um

---

[1]) In einem uns bei Diog. L. IX, 16 mitgeteilten Distichon:
Ὀρφνῇ καὶ σκότος ἐστὶν ἀλάμπετον· ἢν δὲ σε μύστης
Εἰσαγάγῃ, φανεροῦ λαμπρότερ᾽ ἠελίου.

Interpunktionsfragen gehandelt hätte, eine Schwierigkeit, die gewiß niemand mit den Mysterien würde haben vergleichen wollen. —

Die wirkliche Bewandtnis, die es mit der heraklitischen Dunkelheit gehabt hat, muß sich vielmehr schon aus allem Bisherigen positiv ergeben haben.

Wenn das Spekulative an und für sich und stets, durch seine Natur die Gegensätze als eins zu begreifen, dem gewöhnlichen Verstande das Schwierigste und Unzugänglichste gewesen ist und noch heute ist, so kann es uns nicht Wunder nehmen, wenn hier, wo zum ersten Male dieses formale Grundgesetz des Spekulativen sich erfaßt, das so große Geschrei über Dunkelheit und Unverständlichkeit losbricht.

Die Dunkelheit Heraklits ist also, nach uns, erstens die Dunkelheit des spekulativen Begriffs und seiner dem Verstande unfaßbaren Natur.

Diese Tiefe und Schwierigkeit des Gedankens gibt uns auch in der Tat als den wahren Grund der heraklitischen Dunkelheit an jener geschätzte armenische Philosoph und Kommentator des Aristoteles, David, in seinen früher unedierten, aber von Bekker in die Berliner Ausgabe des Aristoteles aufgenommenen Prolegom. zur Einleitung des Porphyrios in die aristotelischen Kategorien (s. das. Vol. IV, p. 19): „Da wir der Undeutlichkeit Erwähnung taten, so wollen wir zeigen, woher sie entspringt; sie entspringt aber entweder aus dem Stil (λέξις), oder aus den Theorien; und aus den Theorien z. B. bei Heraklit; denn tief und gewaltig sind diese (seine Theoreme) und von den Schriften des Heraklit wird gesagt, sie erforderten einen tiefen Schwimmer"[1]).

[1]) — — ἢ ἀπὸ τῆς λέξεως ἢ ἀπὸ τῶν θεωρημάτων· καὶ ἀπὸ μὲν θεωρημάτων ὡς ἔχει τὰ Ἡρακλείτου· ταῦτα γὰρ

Diese Stelle ist um so bedeutender, als hier ausdrücklich die Dunkelheit in zwei Arten unterschieden wird, in die aus der λέξις und in die aus der Tiefe des Gedankens entspringende, dem Heraklit aber kein Teil an ersterer beigemessen, sondern die bei ihm obwaltende Dunkelheit lediglich der Schwierigkeit der Theoreme zugeteilt wird.

Noch mehr wird unsere Ansicht bestätigt, wenn die Alten B e i s p i e l e der heraklitischen Dunkelheit anführen, wo es sich dann immer zeigt, daß der Sinn durch sich selbst ein dunkler und schwerer ist, ohne jede Interpunktationsschwierigkeit. So z. B. Seneca, Epist. 12, T. III, p. 33, ed. Bipont.: — — ideo Heraclitus, cui cognomen Scotinon fecit orationis obscuritas: „Unus, inquit, dies par omni est". Hoc alius aliter cepit. „Ein Tag," sagte er, „ist dem andern gleich. Dies faßte nun jeder anders auf."

Ebenso sagt Diog. L. IX, 7, nachdem er eben ein sehr dunkles, aber ebensowenig eine Interpunktationsschwierigkeit darbietendes Bruchstück des Ephesiers mitgeteilt: „So tiefe Rede führt er" (οὕτω βαϑὺν λόγον ἔχει[1]).

Und daß unter den Theoremen wieder es gerade die spekulative Einheit des Gegensatzes gewesen ist, die ihm diesen Ruf der Dunkelheit und Rätselhaftigkeit zuzog, erhellt, wenn man dafür als Belege noch einzelne Beispiele brauchte, mit vollständiger Evidenz aus Heracleides Alleg. Hom. p. 442, Gal., p. 84, Schow., wo der Verfasser, um Beispiele von dem Rätselhaften und Symbolischen Heraklits zu geben, g e r a d e s o l c h e S t e l l e n aufführt, welche durch ein einfaches: „und" den Gegen-

---

βαϑέα καὶ δεινὰ ὑπάρχει· περὶ γὰρ τῶν συγγραμμάτων Ἡρακλείτου εἴρηται δεῖσϑαι βαϑέος κολυμβήτου.

[1]) Denn ganz fälschlich, glaube ich, rechnet man die zitierten Worte zu der von Diog. L. angeführten Stelle des Heraklit selbst: siehe darüber später.

satz von Sein und Nichtsein, von Ja und Nein zusammen-
schließen und als eins aussprechen.

Zu dieser Schwierigkeit des Gedankens selbst kommt
dann ferner noch die Dunkelheit jener bereits charakterisierten symbolischen Darstellung, jener sinnlichen Formen, jener den verschiedensten orientalischen
Religionskreisen entlehnten Namen, in denen Heraklit
seinen Begriff darstellt. — Nur wenn die Schwierigkeit
so nach allen Seiten eine Schwierigkeit des Inhalts und
des inneren Verständnisses war, konnte Sextus
Emp. adv. Math. I, 301 ausrufen: „denn wie könnte
einer der pedantischen Grammatiker den Heraklit verstehen"? (ποῦ γάρ τις δύναται τῶν ὠφρυωμένων γραμματικῶν
Ἡράκλειτον συνεῖναι;) nicht so, wenn sie sich nur auf die
Ungewißheit der Kommata und Punkte basierte.

Aus dem Obigen beantwortet sich nun auch die Frage
von selbst, wie entstehen konnten und was Wahres ist
an den schlechten Berichten Diog. L., Ciceros und anderer, Heraklit habe nur nicht gewollt verstanden sein
und sei absichtlich dunkel gewesen, damit man ihn nicht
gering achte etc. etc., — Berichte, denen wir ihr gerechtes
Schicksal angedeihen lassen wollen, nämlich das, weiter
gar nicht erwähnt zu werden.

Denn nach allem Bisherigen muß bereits klar sein jener
Hauptpunkt, auf den es bei der heraklitischen Dunkelheit und Philosophie überhaupt ankommt, daß sie nämlich
eine sich selbst dunkle gewesen sei! — Der
Begriff der Negativität und, daß diese selber das Positive
sei, hat sich zum ersten Male erfaßt; aber er kann
sich noch nicht als dieser reine Begriff in seiner wahrhaften Form, als die Kategorie der Negativität, aussprechen. Indem durch Heraklit die Identität des
Seins und Nichtseins erkannt wird, ist die Über-

windung des Sinnlichen, auf die von Thales an die ganze Entwicklung griechischer Philosophie hindrängt, v o l l - k o m m e n g e w o r d e n.

Das heraklitische Prinzip ist a n s i c h, indem das Nichtsein Sein, das Sein Nichtsein ist, bereits der G e - d a n k e; i s t a n s i c h bereits der *νοῦς* des Anaxagoras[1]).

Aber so, als das, was es an sich ist, als Gedanke, k a n n e s n o c h n i c h t a u s g e s p r o c h e n w e r d e n, u n d d i e s i s t b e d i n g t d u r c h d i e g a n z e S t e l - l u n g u n d B e d e u t u n g d e r h e r a k l i t i s c h e n P h i - l o s o p h i e. Thales hatte das Prinzip aller Dinge als Wasser ausgesprochen. Das Hohe und Philosophische hierin ist das, daß die Dinge nicht in ihrer sinnlichen Besonderheit und Mannigfaltigkeit belassen werden, daß vielmehr die ganze sinnliche Vielheit und Unterschieden- heit der Natur auf ein innerlich e i n e s i n a l l e m S e i - e n d e s, d. h. also auf ein A l l g e m e i n e s zurückgeführt wird, welches als Prinzip gesetzt wird. Aber dies A l l -

---

[1]) Das weiß schon Plato und sagt es uns in einer sehr schönen und in ihrem ganzen Zusammenhang sehr lehrreichen Stelle, auf die wir noch zurückkommen werden, Cratyl. p. 413, E., p. 138, Stallb., wo er von dem Grundprinzip Heraklits, dem sich durch alles hindurchziehenden G e r e c h t e n (dem *Δίκαιον*, das deshalb auch als *διαϊόν* etymologisiert wird; es ist aber, wie sich später zeigen wird, ganz dasselbe wie Feuer, Notwendigkeit, Gegenfluß etc.), e i n e n H e r a k l i t i k e r s e l b s t s a g e n l ä ß t: d i e s e s G e r e c h t e s e i a b e r n i c h t s a n d e r e s a l s d a s, w a s A n a x a g o r a s d e n *νοῦς* n e n n e. denn auch dieser sei a l l e i n h e r r s c h e n d und mit n i c h t s S i n n l i c h e m vermischt und erzeuge alle Dinge und durch- dringe sie alle etc. („— *εἶναι δὲ τὸ δίκαιον, ὃ λέγει 'Αναξαγόρας, νοῦν εἶναι τοῦτο· αὐτοκράτορα γὰρ αὐτὸν ὄντα καὶ οὐδενὶ μεμιγμένον· πάντα φησὶν αὐτὸν κοσμεῖν τὰ πράγματα, διὰ πάντων ἰόντα*" *κτλ.*)

gemeine ist selbst noch eine e i n z e l n e sinnliche
Bestimmtheit (Wasser).

Das ist das Ungenügende und zum Fortgang Treibende.
— Die anderen Jonier wechseln nun mit den Elementen
ab, a n d e r e Bestimmtheiten an die Stelle des Wassers
setzend, über d i e B e s t i m m t h e i t s e l b s t n i c h t hin-
auskommend. — Diese als Prinzip gesetzten Elemente
sind somit sinnliche Bestimmtheiten, die aber an sich die
Bestimmung haben, durchaus nicht diese sinnliche Bestimmtheit, s o n d e r n d a s r e i n A l l g e m e i n e zu sein.

Und so verschmäht Anaximander alle solche sinnliche
Bestimmtheit und setzt als sein Urwesen d a s, was schon
das Wasser des Thales an s i c h i s t, nämlich: d a s u n -
bestimmte qualitätslose Sein selbst.

Dieses von jeder einzelnen Bestimmtheit gereinigte qualitätslose Sein selber ist aber in der Tat nichts anderes, als
— d i e Z a h l! Die Zahl ist diese erste Einheit von Sinnlichem und Unsinnlichem, von Sein und Qualitätslosigkeit.
Sie hat die Bedeutung des s i n n l i c h e n S e i n s s e l b s t,
— denn sie ist Quantität, Größe. Und dennoch ist sie
frei von jeder sinnlichen Bestimmtheit und Qualität. Sie
ist somit das w i r k l i c h e q u a l i t ä t s l o s e Sein
s e l b e r.

Und so sprechen denn die Pythagoräer das Absolute
als Z a h l aus.

Die Zahl ist also nur das Sein, das frei und rein von
jeder sinnlichen Bestimmtheit, von keiner einzelnen Qualität behaftet ist, d. h. d a s r e i n e a l l g e m e i n e S e i n,
d e r G e d a n k e d e s S e i n s s e l b s t.

Als das, was so die Zahl der Pythagoräer an sich ist,
sprechen nun die Eleaten das Absolute aus, als das e i n e
r e i n e v o n j e d e r Q u a l i t ä t b e f r e i t e a l l g e m e i n e

Sein, als die Kategorie des Seins selbst. „Bloß das reine Sein ist; alles andere ist gar nicht."

Dieses reine allgemeine Sein, dies ἓν καὶ πάντα, ist somit an sich — denn alles wirkliche Sein ist nur bestimmtes, qualifiziertes Sein — die Aufhebung und Negation jedes wirklichen sinnlichen Seins, ist an sich reines Nichtsein. — Als das, was so das eleatische Prinzip an sich ist, als dies Sein, das doch nur Nichtsein ist, als das daseiende Nichtsein spricht Heraklit das Absolute aus. — Dieser versöhnte Widerspruch, das daseiende Nichtsein, ist der Kern und, soweit sie hier schon dargelegt werden kann, die ganze Tiefe seiner Philosophie. Man kann vorläufig sagen, daß diese in dem einzigen Satze besteht: nur das Nichtsein ist.

Es ist jedoch bei ihm nicht von einer indifferenten Gleichsetzung von Sein und Nichtsein, von einer ruhigen Einheit derselben die Rede. Das Nichtsein ist ihm wesentlich Negativität, d. h. Prozeß, tätige Einheit seiner und des Seins. Es ist ihm nur diese Tätigkeit, sich zum Sein zu machen, wie ihm das Sein andererseits auch nichts ist, als dieselbe Bewegung, sich aufzuheben, den Weg des Nichtseins einzuschlagen. Beides, Sein wie Nichtsein, sind ihm nicht bloß ruhige Identität, sondern sie sind ihm nur der Prozeß, zu offenbaren, was jedes an sich schon ist, in sein Gegenteil überzugehen.

Er faßt aber das Nichtsein und seine Einheit mit dem Sein, wenn auch als tätige, so doch immer nur als objektiv seiende, als objektiv sich setzende und vollbringende auf; noch nicht als zurückreflektiert in sich, noch nicht als für sich seiend, als subjektiver Gedanke.

Und weil sein Prinzip nur noch das o b j e k t i v d a -
s e i e n d e N i c h t s e i n ist, k a n n e r e s a u c h i m m e r
n u r a l s s o l c h e s, d.h. i n d e r F o r m o b j e k t i v
d a s e i e n d e r E x i s t e n z e n a u s s p r e c h e n. Das
objektiv daseiende Nichtsein aber ist F e u e r,
F l u ß, K r i e g, H a r m o n i e, Z e i t, N o t w e n d i g -
k e i t, alles durchwaltende Gerechtigkeit und Grenzen
setzende Dike etc. etc. Darum hängt auch Heraklit noch
mit der ionischen Naturphilosophie zusammen, deren
h ö c h s t e S p i t z e er ist, und wie er an sich, objektiv,
schon über sie hinausgeht, so ist er doch noch zu ihr zu
zählen.

Wird das seiende Nicht in dieser seiner wahren Allgemeinheit wirklich herausgerungen, gereinigt von allen es
nicht erschöpfenden Formen seines objektiven Daseins,
so ist es das — L e e r e. Das Leere ist jedoch nur noch
r u h i g e s N i c h t s, nicht Tätigkeit, Prozeß.

Indem aber dies schon bei Heraklit so wesentliche Moment der Tätigkeit dem Nichtsein nicht verloren gehen
kann, so kann das Leere, das von keinem anderen Inhalt
weiß, als t ä t i g e s gesetzt, nur s c h l e c h t h i n b e i s i c h
b l e i b e n d e T ä t i g k e i t, s o m i t r e i n e s s i c h a u f
s i c h s e l b s t B e z i e h e n sein, d. h. F ü r s i c h s e i n,
A t o m[1]).

Das Atom aber ist den Atomistikern selbst das Grundprinzip des πλῆρες (des Vollen, positiven Seins). Das
Leere ist es somit, welches selber dies ist, sich zum Vollen
zu machen, und die Gedanken des κενόν und ἄτομον, des
Leeren und des Atom, sind innerlich verknüpft und sich
notwendig erzeugend und an sich identisch.

---

[1]) Daß das Atom nichts anderes als das für sich seiende
Leere, das Negative, gesetzt als Fürsichsein, ist, erhellt schon
aus seiner Immaterialität.

Das Höhere bei den Atomistikern gegen Heraklit ist, daß die Negation nicht mehr bloß als s e i e n d e, sondern als f ü r s i c h s e i e n d, Atom, ausgesprochen wird.

Und die zum B e w u ß t s e i n gekommene Einheit des κενόν und ἄτομον, des Leeren und des Atom, der sich s e l b e r k l a r g e w o r d e n e und schon der atomistischen Philosophie an sich zugrunde liegende Gedanke, daß das Negative (Leere) es sei, welches als f ü r s i c h s e i e n d (als Atom) das Sein (das Volle) hervorbringt, bricht in den Satz aus, daß der νοῦς, d e r f ü r s i c h s e i e n d e G e d a n k e, d i e W e l t g e s c h a f f e n[1]).

So spricht, wie wir sehen, in dieser ganzen Reihen-folge von Philosophen jeder immer nur das aus, was a n s i c h schon der Gedanke seines Vorgängers ist; d i e s A u s s p r e c h e n a b e r i s t u n m i t t e l b a r s e l b s t e i n n e u e r G e d a n k e. So sprechen den heraklitischen Ge-danken die Atomistiker und dann Anaxagoras aus in seinem νοῦς. Damit ist aber sofort das subjektive Denken und ein neuer Abschnitt des Geistes, die sophistische und sokra-tische Philosophie gegeben.

In dieser Entwicklung ist zugleich die i n n e r e N o t - w e n d i g k e i t dargetan, warum der Gedanke Heraklits nur dazu kömmt, sich s y m b o l i s c h i n s i n n l i c h e n

---

[1]) Gegen diese Entwicklung kann es nicht zu sprechen scheinen, wenn Demokrit zwar jedenfalls noch ein Zeitgenosse des Anaxagoras, aber doch jünger war als dieser (er gibt sich selbst für vierzig Jahre jünger aus). In der Geschichte der Philosophie kann es sich häufig innerhalb gewisser Epo-chen treffen, was schon Aristoteles von Empedokles sagt, daß er zwar den Jahren nach j ü n g e r, den W e r k e n nach aber früher als Anaxagoras gewesen sei. Übrigens ging dem De-mokrit auch noch Leucippus in der Entwicklung der Grund-züge der Atomistik voraus, welche jener nur zum geschlossenen System vollendete.

Formen, in den Existenzen der Natur, wie in den religiösen Namen, auszusprechen. — Heraklit hat nicht mit seiner Lehre Versteckens spielen wollen und darum solches Dunkel und sinnliche Unangemessenheit gewählt!

Die Philosophie, deren Prinzip sich, im Gegensatze zu der eleatischen, in den Satz zusammenfassen ließe: „Alles Daseiende ist Negativität" oder: „nur das Nichtsein ist", kann es ihrem ganzen Gedankenstandpunkt nach zu keinem adäquaten Ausdruck ihres Absoluten bringen. Sie kann es nicht als e i n f a c h e s Nichtsein bezeichnen wollen. Denn dem Nichtsein ist ebenso wesentlich die Seite, sich stets zum Sein zu machen, die Einheit seiner und seines Gegensatzes.

Sie muß ihr Prinzip daher als diese Einheit, als s e i e n - d e s Nichtsein darstellen wollen. Über jedes Sein aber geht das N i c h t s e i n w i e d e r u m h i n a u s ; in keinem Sein ist das Nichtsein erschöpft und in seiner A l l g e - m e i n h e i t enthalten ; vielmehr ist es in ihm nur beschränkt und verendlicht vorhanden und darum ist es auch die aufhebende Bewegung alles Seins. — Es kann also auch nicht als s e i e n d e s Nichtsein, und in keiner der Formen desselben, dies Prinzip in einer sich wahrhaft adäquaten Weise ausgesprochen werden. — W a h r h a f t ausgesprochen wäre es: in seiner Bewegung und Tätigkeit absolut bei sich selbst bleibendes, also sich nur auf sich beziehendes, a l s o f ü r s i c h s e i e n d e s N i c h t - s e i n, d.h. das A t o m der Atomistiker und der νοῦς, der für sich seiende subjektive Gedanke des Anaxagoras, somit also schon ein neuer und höherer Gedanke.

Die heraklitische Philosophie ist also, weit entfernt dunkel sein zu w o l l e n, v i e l m e h r g e r a d e d i e s e s u n g e h e u r e R i n g e n, d i e N a t u r d e s G e d a n k e n s i n d e r F o r m d e s G e d a n k e n s a u s z u d r ü c k e n.

Dies k a n n sie aber nicht erreichen. Sie kann — und das ist, wie gezeigt, eine i m m a n e n t e S e i t e i h r e s B e - g r i f f e s s e l b s t — das Nichtsein immer nur als u n - m i t t e l b a r D a s e i e n d e s, somit immer nur als unmittelbare Existenz oder doch in s i n n l i c h e r F o r m ü b e r h a u p t aussprechen, wie Feuer, Fluß, Krieg, Harmonie, Notwendigkeit und die anderen Namen, welche alle nur die u n m i t t e l b a r d a s e i e n d e N e g a t i v i - t ä t, die Negativität als seiende ausdrücken.

Das ist aber eben dann für diese Philosophie das Unangemessene, die reine Negativität, oder was dasselbe ist, die absolute nur als Prozeß vorhandene Einheit von Sein und Nichtsein als u n m i t t e l b a r e s D a s e i n u n d i n s i n n l i c h e r F o r m ü b e r h a u p t ausgesprochen zu haben. Und diese Unangemessenheit ist nicht nur f ü r u n s vorhanden; sie mußte ebensosehr schon für diese Philosophie selbst, welche ja innerlich wesentlich absolute Negativität und Aufhebung alles sinnlichen Seins ist, vorhanden sein. Das fühlt Heraklit und darum sagt er in jenen Fragmenten, daß sein w i r k l i c h e s A b s o l u t e, der Name des Zeus, das eine Weise, das alles durchdringt und leitet, d. h. die absolute Negativität, in allen Formen, in denen er · es auch darstellt, niemals erschöpft sei; daß es in allem Ausgesprochenwerden ebenso verschwiegen bleibe, daß e s e b e n s o s e h r a u s g e s p r o - c h e n w e r d e n w o l l e, a l s a u c h n i c h t.

Und darum verbleibt Heraklit nie bei e i n e m solchen sinnlichen Klange, in den sein stummer allem Sein transzendenter Gedanke ausbricht, weder bei der Bezeichnung seines Prinzips als Feuer, noch Fluß, noch Streit, noch Harmonie, noch Notwendigkeit etc. Darum gewinnt er keine eine und bleibende, ihm genügende Form seines Prinzipes. Er ringt neue und abermals neue Namen heraus, die aber wiederum, weil sie den Makel des Sinnlichen, des objektiven Daseins, an sich tragen, fortgeworfen und mit anderen vertauscht werden.

Und weil Heraklit keinen Namen, keine Ausdrucksform gewinnen kann, in welcher er seinen Gedanken e r s c h ö p - f e n d u n d a d ä q u a t darstellt, — darum die A b - w e c h s l u n g mit diesen sinnlichen ungenügenden Formen und Namen, daher d e r e n i d e n t i s c h e V i e l h e i t.

Nicht also bloß, um diese Bemerkung hier beiläufig einzuschalten, durch einzelne dieser Namen, die er aus den Kreisen orphischer und orientalischer Religionslehre herausgreift, — sondern selbst nach dieser ganzen allgemeinen Seite seiner Form hin erinnert Heraklit lebhaft an den Orient.

Das ist ja eben der Charakter des Orients und seines Symbols, dies Ungenügsame und Unangemessene der Form; dieselbe gewaltsame Anstrengung, die Überfülle des ungeheuren Inhalts in sinnliche Form herauszuringen, und die Häufung darum von Symbolen und Attributen. Noch näher und schlagender ist die Parallele mit den orphischen Gedichten, mit der V i e l n a m i g k e i t dieser Hymnen, die den Ausdruck nicht finden können für die Gottheit und sich deshalb in diese ungebändigte Vielheit, in diese unendliche Häufung und Wechsel von Namen verlieren.

So konnte denn Heraklit, weil ihm der Begriff der verschiedenen Ausdrucksformen und Namen, in welchen er sein Absolutes darstellt, innerlich nur streng ein und derselbe war, dasselbe, was er vom Feuer aussagte, dann auch wieder vom Krieg, Fluß etc. aussagen. Auf diese innerliche I d e n t i t ä t aller dieser nur scheinbar verschiedenen sinnlichen Namen bezieht sich denn auch das „ἑτέρῳ πεπλήξει μετωνομασμένῳ" „er wird dich mit einem andern neu Umbenannten schlagen" in jener Stelle des Plato von den Heraklitikern, die wir schon oben teilweise angezogen haben, hier aber ausführlicher hersetzen müssen, weil wir sie erst jetzt recht verstehen können, und die uns im Verein mit einer zweiten bald anzuführenden platonischen Stelle gar herrlich viele der von uns mühsam konstatierten Züge in einem lebendigen Bilde anschaulich macht. Die erste Stelle ist die im Theaet. p. 180, A. p. 184, Stallb., wo Plato die Manier der Heraklitiker zu philosophieren spottend also schildert:

„Aber wenn du einen etwas frägst, dann ziehen sie wie aus einem Köcher rätselhafte Wörter (ῥηματίσκια) hervor und schnellen sie ab; und wenn du seine Rede fassen willst, was er gesagt hat, so wird er dich mit einem anderen neu Umbenannten schlagen".

Solche, wie schon Plato weiß, bloß neu Umbenannte, innerlich aber identische Formen sind zueinander Feuer, Äther, Krieg, Harmonie Entgegenstreber, das Gerechte, die Dike selbst, Vorherbestimmung etc.

Daß aber in der Tat das hier Entwickelte der Sinn der platonischen Schilderung ist, zeigt, wenn es noch irgendeines Beweises bedürfte, die gleich sehr beachtenswerte Stelle des Plato im Cratyl. p. 413, E. p. 137, Stallb. sqq. Sokrates erzählt hier, daß auf seine an die Anhänger Heraklits gerichtete Frage, was denn ihr Grundprinzip, das alles durchdringende Gerechte (das δίκαιον) eigentlich sei, diese ihn ganz verwirrt machen, indem der eine sagt, es sei die Sonne, der andere das Feuer selbst, ein dritter das Warme im Feuer, der vierte es sei das, was Anaxagoras νοῦς nennt, und jeder von diesen den andern immer auslacht!

Es ist unmöglich, kürzer, komischer und doch treffender

so viele für Heraklit charakteristische Züge darzustellen, als in diesen beiden platonischen Stellen geschieht, an denen man, merkwürdig genug, bisher fast achtlos vorüberging.

Die symbolische Rätselhaftigkeit Heraklits, die gedrungenen konkreten s i n n l i c h e n N a m e n, in denen er das Absolute aussprechen will, die bei jedem solchen Ausdruck stattfindende Unangemessenheit zwischen Inhalt und Form, die hieraus entspringende unendliche V i e l h e i t dieser Namen und die rätselnde taumelnde Abwechslung mit denselben und doch wieder die innere Gedankenidentität aller dieser nur dasselbe besagenden Namen, — die eben deshalb nur Umnennungen zueinander bilden —, endlich der Mangel an vermittelnder Beweisführung, weshalb die Heraklitiker diese Namen des Absoluten nur eben ganz stoßweise, wie Pfeile, abschnellen, mit diesen dunkeln unerklärten Namen den Hörer gleichsam nur vor den Kopf schlagen, alle diese Züge sind es, die Plato zu einem plastischen lebensvollen Bilde in seiner Darstellung vereint, wobei freilich diese gärende heraklitische Form die ganze Ironie des zur vollsten Angemessenheit von Form und Inhalt und zu künstlerischer Abrundung gelangten Plato erregen mußte.

Diese Vielheit der Formen, in welchen Heraklit sein Absolutes herausringt, scheint nun schon, nach der Stelle des Cratylus zu urteilen, bei den unmittelbaren Schülern Heraklits Anlaß zu einer, obwohl damals nur noch scheinbaren Verwirrung gewesen zu sein, indem die einen derselben mehr an diesem, die anderen mehr an jenem der verschiedenen Namen festhielten, unter welchen Heraklit in seinem Werke sein Prinzip dargestellt hatte. Daß diese Verwirrung damals noch keine ernsthafte, sondern nur eine s c h e i n b a r e war, daß jenen ersten Heraklitikern das G e h e i m n i s d e r I d e n t i t ä t dieser verschieden tönenden sinnlichen Namen noch sehr wohl bekannt war, zeigt ja die Stelle des Theaetet, nach welcher auch j e d e r e i n z e l n e dieser Schüler, auf den Grund seiner Rede gedrängt, mit dieser Vielheit von Namen abwechselt, den einen an die Stelle des andern setzend.

Zu einer g a n z a n d e r n, e r n s t h a f t e n Verwirrung aber führte diese Vielnamigkeit in späteren Zeiten und bei späteren Berichterstattern. Jetzt ging das Geheimnis dieser Identität v e r l o r e n. Jetzt mußten somit diese verschiedenen Namen des Absoluten bei Heraklit und, daß er, wie nach allem Bisherigen nicht anders sein konnte, und wie wir noch häufig genug finden werden, von diesen nur verschieden tönenden, in der Tat aber identischen Prinzipien d a s s e l b e a u s s a g t e, als ein W i d e r s p r u c h erscheinen. Vielleicht rührt auch daher die Klage des Theophrast beim Diog. L. IX, 6: „— τὰ δὲ ἄλλοτε ἄλλως ἔχοντα γράψαι", Heraklit habe an verschiedenen Orten seines Buches manches verschieden vorgetragen.

Jedenfalls aber war d a s e i n e der Quellen der vielen Verwirrung bei den Stoikern wie seinen stoischen Kommentatoren und den späteren Berichterstattern und d a h e r rührt auch, wie sich später genauer herausstellen wird, der so befremdliche und bisher noch unerklärt gebliebene Streit unter den Späteren, w a s e i g e n t l i c h d a s h e r a -k l i t i s c h e P r i n z i p g e w e s e n s e i, o b F e u e r, Z e i t, L u f t, S o n n e etc. etc., ein Streit, dessen wirkliche Bedeutung und innere Möglichkeit sich jetzt im allgemeinen einstweilen ergeben hat, und von welchem die obige Stelle des Cratylus von den Jüngern des Heraklit, die j e d e r e i n e n a n d e r n Namen für das Absolute angeben und sich einander auslachen, zeigt, wie leicht er entstehen konnte.

Von der hier gewonnenen Anschauung aus überblicke

man nun noch einmal, was oben über die symbolische Darstellung Heraklits erörtert wurde und die dabei angeführten Fragmente, die jetzt bereits ein volleres Licht erhalten. Man sieht zugleich, daß gerade diese eigentümlich dunkeln Stellen, in welchen diese symbolischen und religiösen Namen eine Rolle spielen, das Tiefste von dem eigentlichen metaphysischen Begriff heraklitischer Weisheit enthalten und es sich demnach durchaus nicht so verhält, wie Schleiermacher — dem freilich diese ganze für seine Philosophie so charakteristische, ja von ihr untrennbare Seite Heraklits vollständig entgangen ist, — p. 335 darüber meint, daß der Ephesier sich nämlich: „solche Sprüche für diejenigen Stellen seines Werkes aufgespart, wo er mit seiner Weisheit an die Grenzen des didaktisch Auszusprechenden gekommen war, um statt der eigentlichen Mythen, die ihm abgingen, mit solchen geheimnisvollen Sprüchen, wie mit goldenen Nägeln seine Philosophie am Himmel zu befestigen" — was zwar schön gesagt, aber doch an einem gewissen Mangel an bestimmtem Sinn leidet und auch sonst noch falsch ist.

Wir waren bisher bemüht, die Form Heraklits, die bei ihm so eng mit dem Inhalt zusammenhängt, seine symbolische Darstellungsweise, zu begreifen und zu charakterisieren. In dieser Beziehung kann hier noch bemerkt werden, daß wir ihn ebenso sehen, eine symbolische Handlung begehen. Als er nämlich seinen Mitbürgern eine Rede halten soll, steigt er auf die Rednerbühne, nimmt Wasser und Mehl, rührt sie mit einem Poleistengel untereinander, trinkt den Mischtrank stumm aus und geht fort; ein von Plutarch (de garrul. p. 511, C. p. 58, Wytt.) erzählter symbolischer Akt, auf den schon Creuzer aufmerksam macht (Symbol. u. Myth. T. IV, Heft II, § 50).

— Interessant ist es auch, zu sehen, wie schon das Altertum den dem Heraklit so wesentlichen allgemeinen Zug zu symbolisieren, als charakteristisch für ihn auffaßte und sich daraus weit verbreitete Fabeln über ihn bildeten[1]).

---

[1]) Denn nur so, glaube ich, kann die Entstehung jener auf den ersten Blick ganz befremdlichen und fast stupiden Fabeln erklärt werden, die über seinen Tod im Umlauf sind. Er habe nämlich die Wassersucht bekommen und die Ärzte gefragt, ob sie Überschwemmung in Dürre verwandeln könnten [ἐξ ἐπομβρίας αὐχμὸν ποιῆσι]. Als sie dies verneinten, habe er sich mit Ochsenmist beschmiert und sich so in die Sonne zum Trocknen gelegt, hoffend, daß er so das Wasser verdünsten werde (ἐξατμισθήσεσθαι), sei aber dabei elend umgekommen. So erzählen mit einzelnen Abweichungen Diog. L. IX, 3—5, Marc. Anton. III, 3, p. 16, ed. Gat. Suidas. s. v. Ἡρακλ. p. 884, ed. Bernhardy; Hesych. de vit. p. 26, ed. Orelli; Tatian., or. c. Graec. p. 11, ed. Ox.; Tertullian. ad Martyr. p. 157 d. Rigalt. (der ihn gar zu einem freiwilligen Märtyrer macht). — Daß diese Berichte allerdings nur Fabeln sind, das versteht sich von selbst. Allein es handelt sich darum, den inneren Entstehungsgrund und damit zugleich die geistige Bedeutung solcher nie ganz sinnlosen Fabeln aufzufinden.

In dieser Hinsicht verhält es sich nun wohl mit unseren Berichten nicht anders, als mit den vielen anderen schönen Mythen, in welchen das Altertum den geistigen Charakter seiner großen Männer in der Todesart, die es ihnen andichtet, sinnreich und sinnbildlich wiedergibt.

Wie Anakreon an einer Weinbeere erstickt, Sophokles vor Lachen stirbt, wie den Aeschylus das Geschick in Gestalt eines Adlers ereilt, der dem unter hohem Felsen Sitzenden durch eine herabgeworfene Schildkrötenschale den kahlen Schädel zerschmettert, wie Euripides von wütenden Hunden zerrissen wird, so wird denn hier auch dem Heraklit eine für ihn ebenso charakteristische Todesart zugeteilt. Man läßt nicht ohne feine Hinweisung auf die symbolische Sprach- und Handlungsweise des Ephesiers, ihn seine kosmische Theorie von der

Wir lassen nunmehr eine flüchtige Entwicklung des Grundrisses der heraklitischen Philosophie folgen. Es erschien dies aus einem naheliegenden Grunde fast notwendig. Bei jedem philosophischen Werke ergibt sich das

Verwandlung der Elemente an sich selbst darstellen, seine Lehre von dem göttlichen Leben und Prozeß und den Übergang der Gegensätze ineinander sinnbildlich an sich selbst nachahmen wollen! Vgl. hierüber besonders im § 7. Auch im einzelnen lehnten sich diese Erzählungen an Philosopheme des Heraklit an und wurden durch manche derselben nahe genug gelegt. So scheint es unbestreitbar zu sein, daß Heraklit gelehrt hat, dieselben Umwandlungsprozesse wie im Weltall gingen auch im menschlichen Körper vor. Von seinen Schülern wenigstens beweist dies unwiderleglich die Stelle des Aristoteles, Problem. XIII, 6, p. 908: πότερον ὥσπερ τινὲς τῶν ἡρακλειτιζόντων φασὶν ὅτι ἀναθυμιᾶται ὥσπερ ἐν τῷ ὅλῳ καὶ ἐν τῷ σώματι κτλ. Und in der Tat war dieser Satz seiner Philosophie auch ganz angemessen, ja fast notwendig in ihr.

Auch die Ausdrücke ἐπομβρία und αὐχμός, Überschwemmung und Dürre, scheinen echt heraklitische und von. ihm so als stereotype sich ineinander umwandelnde Gegensätze in seiner Lehre von der Verwandlung der Elemente gebraucht worden zu sein. So sagt uns Sext. Emp. adv. Mathemat. V., c. 2, § p. 338, Fahr., daß sie Umwandlungen des „περιέχον" seien [„— — αὐχμούς τε καὶ ἐπομβρίας, λοιμούς τε καὶ σεισμούς, καὶ ἄλλας τοιουτώδεις τοῦ περιέχοντος μεταβολὰς προθεσπίζειν" vgl. auch Joh. Philop. Comm. in de Anima c. 6]. Von diesem „περιέχον" aber ist einstweilen zu bemerken, daß es von Sextus u. a. als Form des heraklitischen Absoluten gebraucht wird. An die Stelle des Sextus klingt aber ganz merkwürdig eine durchaus heraklitisierende Stelle des Maxim. Tyrius an (Diss. XIX, p. 366, ed. Reiske), welche, wie ich keinen Anstand nehme zu glauben, wahrscheinlich ein heraklitisches Fragment zugrunde liegen dürfte. Die Stelle lautet: „αὐχμούς μὲν καὶ ἐπομβρίας καὶ σεισμοὺς γῆς καὶ πυρὸς ἐκβολὰς καὶ

Verständnis des einzelnen erst aus der fortlaufenden Lektüre des Ganzen. Bei einem Philosophen nun, von welchem man nur abgerissene Stellen übrig hat, ist es deshalb, wenn nicht in unzählige Mißverständnisse oder unendlich

---

πνευμάτων ἐμβολὰς καὶ ἀέρων μεταβολὰς οὐ Θεὸς οἶδε μόνος, ἀλλὰ καὶ ἀνθρώπων ὅσοι δαιμόνιοι".

Über ἐπομβρία und αὐχμός als Krankheiten sehe man Hippocr. Aphorism. III, 15 u. XVI; cf. Hippocr. ap. Galen. V, 349, ed. Bas. T. XVII, A. p. 32, Kuehne u. XVII, 15, p. 599, Kuehne; Aretaeus de Caus. et sign. acut. morh. II, p. 20, Ox. p. 42, Kuehne: ὁ δὲ αὐχμὸς ἐς ἐπομβρίην τρέπεται, wo schon Petitus auf jene Forderung Heraklits zurückverweist. Daß die Ausdrücke ἐπομβρία und αὐχμός sich fast stets (auch schon bei Aristoteles), wie z. B. in allen angezogenen Stellen in dieser wie gleichsam in einer sprichwörtlich gewordenen Verbindung vorfinden, etwa wie die Ausdrücke ἄνω und κάτω deutet ebenfalls auf einen sehr alten Ursprung derselben hin.

Mit der angeführten Stelle des Maxim. Tyr., von der wir schon sagten, daß ein echtes heraklitisches Fragment in ihr unterzulaufen scheint, stimmen aber wieder in ganz auffälliger Weise die beiden von Stephanus mitgeteilten Briefe des Heraklit überein, Briefe, die nicht nur, wie auch Schleiermacher urteilt, manches dem Ephesier nicht ungeschickt Nachgebildete enthalten, sondern von denen man auch berücksichtigen muß, daß sie offenbar zu einer Zeit entstanden, wo das Buch Heraklits noch vorhanden war und somit viel wörtlich heraklitische Stellen benutzt haben können und auch wirklich benutzt zu haben scheinen.

Wir wollen zur Vergleichung mit den Worten des Maxim. Tyrius einige Stellen dieser Briefe um so mehr hierher setzen, als dieselben zugleich das, was im Anfange dieser Anmerkung als Entstehungsgrund der Märchen von seiner Todesart angegeben worden ist, hell durchschimmern lassen. So sagt Heraklit in dem zweiten Briefe: ἐγὼ εἰ οἶδα κόσμου φύσιν, οἶδα καὶ ἀνθρώπου· οἶδα νόσους, οἶδα ὑγείαν· ἰάσομαι ἐμαυτόν· μιμήσομαι τὸν θεόν, ὃς κόσμου ἀμετρίας ἐπανισοῖ

gehäufte Erörterungen verfallen werden soll, notwendig, zu dem Verständnisse jedes Fragments bereits den Begriff des Ganzen mitzubringen. Wenn dann alle in dem historischen Teil zu betrachtenden Fragmente, wie ebenso viele Radien, in dies Zentrum zurücklaufen, so ist dies zugleich von selbst der Beweis, daß sie auch aus ihm hervorgeflossen sind. Und so groß ist die Konsequenz der heraklitischen Philosophie, daß wir in der nachfolgenden scheinbar apriorischen, überall aber auf den Fragmenten des Ephesiers beruhenden Selbstaufrollung seines Gedankens noch weit

---

ἡλίῳ ἐπιτάττων· οὐχ ἁλώσεται νόσῳ Ἡράκλειτος, νόσος Ἡρακλείτου ἁλώσεται γνώμῃ· καὶ ἐν τῷ παντὶ ὑγρὰ αὐαίνεται, θέρμα ψύχεται· οἶδεν ἐμή σοφία ὁδοὺς φύσεως, οἶδε καὶ νόσου παῦλαν κτλ.

Hält man dies mit den obigen Stellen des Sextus Emp. und Maxim. Tyr. zusammen, so kann man sich schon hier der Überzeugung kaum erwehren, daß in letzterer ein wirkliches heraklitisches Fragment bezogen sein muß, sowie daß in diesem Briefe (cf. § 26) viel echt und wörtlich Heraklitisches benutzt sein möchte; vgl. auch die folgende Stelle in dem andern Brief an Aphidamas (Steph. p. 147): οἱ (sc. ἰατροὶ) οὐκ ἐδυνήθησαν ἐμῆς νόσου λόγον εἰπεῖν, οὐδὲ ἐξ ἐπομβρίας πῶς ἂν αὐχμὸς γένοιτο· οὐκ ἴσασιν ὅτι θεὸς ἐν κόσμῳ μεγάλα σώματα ἰατρεύει ἐπανισῶν αὐτῶν τὸ ἄμετρον — — τὸ μὲν ξηρὸν εἰς ὑγρὸν τήκει, καὶ εἰς λύσιν αὐτὸ καθίστησι — καὶ συνεχῶς τὰ μὲν ἄνωθεν διώκει, τὰ δὲ κάτωθεν ἱδρύει· ταῦτα κάμνοντος κόσμου θεραπεία· τοῦτον ἐγὼ μιμήσομαι ἐν ἐμαυτῷ (cfr. auch den sogenannten Hippocr. de Diaeta I, p. 190, Lind. VI, p. 453, Ch. I, p. 639, K. sqq.).

Jedenfalls sind, wie jeder zugeben wird, diese Stellen voll von echt heraklitischen Ausdrücken nicht nur, sondern selbst von eigentümlichen Redewendungen des Ephesiers.

(Ganz anders verhält es sich mit dem von Boissonade ad Eunap. später herausgegebenen Brief, der im wahren Bergpredigtton geschrieben eins der plumpsten christlichen Machwerke ist, das existiert.)

konkreter in die Entwicklung seiner Philosophie und deren Tiefe hätten hinuntersteigen können, wenn dies nicht eben unseren Zweck überschritten und — in seiner Trennung von Fragmenten und Zeugnissen — mindestens den S c h e i n der Willkür hätte auf sich ziehen können.

Denn ausdrücklich müssen wir uns gegen das Mißverständnis verwahren, als sollte der nachfolgende flüchtige Umriß wirklich die „heraklitische Philosophie" und ihre Tiefe erschöpfen. Nur einen dürftigen L e i t f a d e n sollte er an die Hand geben, um mit diesem ausgerüstet an das positive Material der Fragmente und Zeugnisse zu gehen und hier erst den ganzen Reichtum und die ganze spekulative Tiefe dieser Philosophie und ihrer Bestimmungen entstehen zu sehen.

D r i t t e s K a p i t e l.
Kurze begriffliche Entwicklung des heraklitischen Systems.

Schon Anaximander hatte gesagt:
> „Woher das Seiende sein E n t s t e h e n hat, in dasselbe hat es auch sein Ve r g e h e n nach der Notwendigkeit; denn es gibt einander Buße und Strafe für die U n g e r e c h t i g k e i t ($\dot{\alpha}\delta\iota\varkappa\iota\alpha$) nach der Ordnung der Zeit"*). —
> (Simplic. in Phys. f. 6.)

---

*) Mit wahrer Genugtuung sehen wir, wie jetzt auch Zeller a. a. O. p. 492 sich offenbar von der einen Seite der obigen Ableitung nicht weit entfernend sagt: „Heraklit hat auch für seine ganze Weltanschauung an Anaximander einen Vorgänger, dessen Einfluß nicht zu verkennen ist, denn wie Heraklit alles einzelne als f l ü c h t i g e Erscheinung im Strome des Naturlebens auftauchen und wieder verschwinden läßt, so betrachtet auch Anaximander die Einzelexistenz als ein Unrecht, für welches die Dinge durch ihren Untergang büßen müssen." Aber

Es liegen in dieser Lehre Anaximanders bereits gleichmäßig die Entwicklungskeime sowohl **eleatischer** als **heraklitischer** Philosophie. —

Anaximander war hinausgegangen über die qualitative Bestimmtheit des Urprinzips bei Thales. Er hatte anerkannt, daß[1]) das Urprinzip nach Raum und Zeit hin unbegrenzt sein müsse; denn sein Anfang wäre ja seine Grenze (τοῦ· δὲ ἀπείρου οὐκ ἔστιν ἀρχή, εἴη γὰρ ἂν αὐτοῦ πέρας); auch ein in der Zeit Gewordenes dürfe es nicht sein; denn alles in der Zeit Gewordene müsse auch in der Zeit wieder untergehen (τό τε γὰρ γενόμενον ἀνάγκη τέλος λαβεῖν); es gebe also von dem Unendlichen keinen Anfang; es selber sei vielmehr der Anfang des andern, Endlichen und umfasse alles und lenke alles (ἀλλ᾽ αὕτη τῶν ἄλλων εἶναι δοκεῖ [sc. ἀρχή] καὶ περιέχειν ἅπαντα καὶ πάντα κυβερνᾶν).

Also nur das **unendliche Sein**, in welchem keine

---

nicht bloß diese Analogie einer vorüberschauenden „Flüchtigkeit" mit dem Anaximanderschen Gedanken ist vorhanden! Und wäre Zeller z. B. nicht eine später zu erörternde Stelle des Plutarch Terr. an aquat. p. 964, E., entgangen, so würde er dann, durch diese aufmerksam gemacht, auch in den Fragmenten des Ephesiers hinreichend gefunden haben, wie auch bei Heraklit jede Einzelexistenz eine **Unbill**, ἀδικία, ist, ganz so wie bei Anaximander, nur in einem noch **viel** tieferen Sinne; in einem Sinne, der gerade um ebensoviel und in derselben Hinsicht tiefer **ist** als die ἀδικία der Existenz bei Anaximander, wie das ideelle **Eine** Heraklits tiefer ist als das Anaximandersche Urwesen. Erst das Erfassen dieser später (zuerst beim Fragment von der unsichtbaren Harmonie, § 2) nachzuweisenden heraklitischen ἀδικία des Wirklichen bildet den Weg zum Verständnis des **wahren** und **ganzen** spekulativen Gedankens seiner Philosophie.

[1]) Arist. Phys. ausc. III, 4, p. 203, B., vgl. Brandis Gesch. der griech. Phil. I, p. 126.

Schranke, keine Negation ist, die r e i n e Positivität ist das Vollkommene; alles Gewordene aber, als Endliches und Bestimmtes, hat somit i n s e i n e r B e s t i m m t h e i t zugleich die Negation, seine Grenze, nach Raum wie Zeit, an sich. Diese ist die Trübung jenes unendlichen Seins, die ἀδικία, und diese Ungerechtigkeit seines Daseins büßt es durch den Zeitwechsel, dem es unterworfen ist. —

Das Unendliche ist hierin bestimmt als das, woraus das Endliche hervorgeht, und in das es wieder zurückgeht.

Es schickt — denn es selber ist ja aller Inhalt und die ἀρχή, das erzeugende Prinzip des Endlichen, — die endlichen Bestimmtheiten aus sich herauf und nimmt sie ebenso wieder in sich zurück. — Das U n e n d l i c h e a l s s o l c h e s aber tritt nie in die Erscheinung, in das Reich der wirklichen, bestimmten Existenz; sonst wäre es ja selbst ein Bestimmtes und Endliches.

Das unendliche Urwesen bleibt somit stets entnommen der Welt der Existenzen, als das unendliche A n s i c h - s e i n derselben. Es stellt die Fülle seines Inhaltes in das Licht der Wirklichkeit; damit drückt es ihm aber zu- gleich den Makel der Bestimmtheit und Endlichkeit auf und darum nimmt es jede seiner Geburten ebenso wieder in sich zurück, um so in einem n i e e r s c h ö p f t e n Nach- einander in der Zeit die ganze Fülle seines unendlichen Inhaltes herauszuproduzieren und sie damit zugleich immer wieder zu verendlichen.

Das Unendliche ist somit zugleich G r u n d u n d A b - g r u n d der Existenz.

Das Bestehen des Endlichen aber ist d e s h a l b eine Ungerechtigkeit (ἀδικία), weil das Endliche zugleich N e - g a t i o n, das N i c h t s e i n e i n e s a n d e r n I n h a l t e s ist; und darum macht sich die Negation, die es bereits an sich selber hat, geltend und läßt es verschwinden.

D a s also steht in dieser Anschauung des Anaximander bereits fest, daß das Endliche nur Trübung, daß es das Unberechtigte, seine Negation an sich selbst Habende sei. — Und dies erhält sich g l e i c h m ä ß i g i n d e r P h i - l o s o p h i e d e r E l e a t e n w i e H e r a k l i t s.

Das Urwesen Anaximanders aber mußte nach den b e i - d e n Momenten, die es enthält, auf die gedoppelte und s i c h e n t g e g e n g e s e t z t e Weise fortentwickelt werden.

I. Das Unendliche, die Kategorie der Positivität, ist das Ansichseiende, das auch den endlichen Dingen allein ihre wahrhafte und wirkliche Existenz verleiht. Das End- liche dagegen ist das N i c h t ansichseiende und Unberech- tigte, die ἀδικία. —

Was somit auf die Seite des Unendlichen gestellt ist, ist: a l l e r I n h a l t, aus welchem die N e g a t i o n, S c h r a n k e, g a n z a u s g e s c h l o s s e n i s t. — Im Gegensatze hierzu ist das Endliche als solches gar nicht S e i n, sondern nur Grenze, Schranke, Negation. Nur weil die endliche Bestimmtheit anderen Inhalt n i c h t in sich hat und ihn a u s s c h l i e ß t, weil das Endliche so- mit das negative Moment, d i e S e i t e d e s N i c h t s e i n s i s t, — d a r u m ist es unberechtigt, ἀδικία, und geht unter, w i r d s e l b e r z u m N i c h t s e i n. Was somit zum N i c h t s e i n wird, i s t g a r n i c h t d e r I n h a l t, d a s p o s i t i v e S e i n, — dieses ist vielmehr das sich in allem diesen Untergang der endlichen Existenzen erhaltende und herstellende untergangslose Unendliche — n u r d i e S c h r a n k e, d.h. d i e S e i t e d e s N i c h t s e i n s w i r d i m m e r s e l b e r z u m N i c h t s e i n, geht unter. Also das S e i n i s t, nur das N i c h t s e i n (Endliche) i s t das Bestand- und Haltlose. Das „S e i n i s t, n u r d a s N i c h t s e i n i s t n i c h t!" — Und dies ist der Ausruf, in welchen die Eleaten ausbrechen. —

II. Aber das Unendliche selbst in dieser seiner Un-
getrübtheit und Unendlichkeit i s t nie wirklich. Was
w i r k l i c h d a i s t, ist nur das Endliche, das Anfang
und Grenze hat. Das Unendliche existiert nur in seinem
Setzen und wieder Aufheben des Endlichen (ἐξ ὧν δὲ ἡ
γένεσίς ἐστι τοῖς οὖσι, καὶ τὴν φθορὰν εἰς ταῦτα γίνεϑαι κτλ.
Simpl. l. c.). Weil aber das wirklich Existierende, das
bestimmte Sein, nie das Unendliche erschöpft, sondern
immer nur Schranke und ἀδικία ist und deshalb immer
wieder aufgehoben wird, so ist an sich damit ebenso gegeben, daß nicht das wirkliche endliche Sein, sondern
nur das p e r e n n i e r e n d e u n u n t e r b r o c h e n e A u f -
h e b e n d e s s e l b e n w a h r h a f t i s t. Das Sein ist nur
Schein und Lüge und nur das N i c h t s e i n i s t. Aber
dieses Nichtsein kann hier durchaus nicht mehr ein abstraktes, einseitiges sein. Als das Nichtsein des Endlichen, Bestimmten wegen seiner einseitigen Bestimmtheit,
ist es sofort Sein eines n e u e n Inhalts, einer neuen Bestimmtheit, somit selbst wieder D a s e i n. Es ist somit
ebensosehr p e r e n n i e r e n d e s u n u n t e r b r o c h e n e s
D a s e i n und hat nur i n d i e s e m seine Realität und
Existenz.

Das Unendliche ist somit hier nur als das g e s e t z t,
was es bei Anaximander schon an sich ist, a l s P r o z e ß.
Es ist die schaffende, aber auch negative Macht über
das Seiende. Das Seiende, weil als Bestimmtheit anderen
Inhalt ausschließend, ist unberechtigt. Darum, weil es
S c h r a n k e ist, wird es von der negativen Macht des
Unendlichen ergriffen und in sich zurückgenommen (der
heraklitische Weg nach oben). Aber das Aufheben der
Schranke ist unmittelbar Setzen eines neuen bestimmten
Inhalts und somit einer n e u e n S c h r a n k e (Weg nach
unten). — Jenes unendliche Urwesen ist also die Macht.

die das Endliche entstehen und vergehen läßt. Es ist somit selbst das Entstehen und Vergehen des Endlichen, das Werden oder der Wechsel des Weges nach oben und unten, — und das ist der Weg, den Heraklit eingeschlagen.

Dieser ganze Prozeß des Unendlichen ist reell nur am Endlichen da und geht an ihm vor. Das Endliche als Dasein dieses Prozesses ist selbst Werden oder genauer daseiendes reales Werden. Sein Gesetztwerden durch das Unendliche ist der Weg nach unten; das Werden zur einseitigen Bestimmtheit, somit zur ἀδικία, ist darum nur ein verkümmertes unangemessenes Dasein für das in ihm enthaltene wahrhaft Unendliche, und eine so große Entäußerung desselben, daß es sich in dem Endlichen zu seiner eigenen wahren Reinheit nur verhält etwa wie ein „Affe zu einem Gott". Gleichwohl ist es auch als Seiendes immer nur seiendes Werden, hat somit das Unendliche an sich, ist selbst das Dasein desselben. Alles Dasein ist daher nur der Kampf und die Einheit dieser absoluten Gegensätze des Sein und Nichtsein, des Unendlichen und der Schranke; die ganze Welt der wirklichen Existenzen, die reale Weltbildung existiert nur durch und besteht nur in diesem Kampf und prozessierenden Widerstreit, den jedes Dasein in sich selber trägt. Als dieser ununterbrochene Kampf eines jeden in sich selber kann das ganze endliche Dasein Mühsal (κάματος) genannt werden. Das Zurückströmen dagegen aus der Endlichkeit, der Weg nach oben, ist die Rückkehr in seine wahrhafte adäquate Form und Heimat, in den ungehinderten göttlichen Äther des reinen Werdens und muß daher im Gegensatz zu der Verkümmertheit und dem kämpfenden Mühsal des nur in diesem Widerstreit bestehenden wirklichen Daseins als Übereinstimmung mit sich selbst (ὁμολογία), als Friede (εἰρήνη) und als Ausruhe (ἀναπαύια) von der Qual des streitenden Daseins bezeichnet werden. —

Sind aber so der Weg nach oben und nach unten, das Setzen und das Aufheben der Bestimmtheit, Sein und Nichtsein absolute Gegensätze, so sind sie nichtsdestoweniger ebenso absolut identisch miteinander; jeder von beiden hat sein Gegenteil an sich selbst und ist selbst nur dies in seinen Gegensatz überzugehen.

Denn der Weg nach oben ist Aufheben der Schranke, somit Werden eines neuen Inhalts, einer neuen Bestimmtheit, somit selbst wieder Weg nach unten etc. Oder mit anderen Worten: Die Bestimmtheit, wenn sie sich aufhebt, in das Unendliche rückgeht, d. h. also den Weg nach oben einschlägt, wird dadurch zum Werden (denn das Unendliche ist selbst das Werden), das Werden aber wird eben, ist also sofort Werden der Bestimmtheit, oder Weg nach unten, und so fort. Der Weg nach unten seinerseits oder das Werden der Bestimmtheit ist eben nur daseiende Negativität und hat also diese, d. h. den Weg nach oben oder das Werden, zu seinem Inhalt, ist also selbst nichts anderes als das reelle Dasein der unendlichen Negativität desselben, d. h. des Weges nach oben. Der Weg nach unten ist somit seinerseits nur die Existenzform dessen, was in ihm allein und wahrhaftig vorhanden ist: des absoluten Werdens, und dies offenbart und verwirklicht nur im Wege nach unten, dem Reich der Bestimmtheit, seinen unendlichen Inhalt und dessen absolute Negativität.

Der Weg nach oben ist also schlechthin nur dies: in den Weg nach unten überzugehen und umgekehrt, und zwar ist dieses Übergehen in sein Gegenteil auch nicht etwa als der schlechte Prozeß der bloßen Abwechslung zu fassen. Sondern der Weg nach oben ist nur deshalb dieser Übergang in sein Gegenteil und umgekehrt, weil wie bereits gezeigt j e d e s d i e s e r b e i d e n M o m e n t e s c h o n a n s i c h s e l b s t i d e n t i s c h m i t s e i n e m G e g e n s a t z, d e r W e g n a c h o b e n a n s i c h s e l b s t s c h o n W e g n a c h u n t e n i s t u n d u m g e k e h r t.

Diese tiefe Einsicht muß daher in den Satz ausbrechen: „E i n s i s t d e r W e g n a c h o b e n u n d n a c h u n t e n" (ὁδὸς ἄνω κάτω μίη; eadem via sursum et deorsum).

Dies ist ein Zentralpunkt heraklitischer Lehre, ohne den sie schlechterdings nicht zu verstehen ist [1]). Es ist von der höchsten Wesentlichkeit b e i d e s, sowohl die absolute G e g e n s ä t z l i c h k e i t dieser Momente, des Wegs nach oben und unten, als auch ihre innerliche I d e n t i t ä t bei Heraklit zu begreifen und festzuhalten. Beide sind abstrakt entgegengesetzte Momente, deren lebendige Einheit das W e r d e n ist. Beide werden als schlechthinnige Gegensätze als e i n s gewußt in jeder Existenz, die nur durch diese konkrete Einheit beider Momente existiert. Diese Einheit der beiden abstrakten Gegensätze in der Existenz ist aber nur deshalb keine ä u ß e r l i c h e und w i l l k ü r l i c h e, sondern eine n o t w e n d i g e, weil j e -d e s der beiden entgegengesetzten Momente a n s i c h s e l -b e r s c h o n identisch mit seinem Gegenteil und nur der

---

[1]) Dieser spekulative Satz: „Eins ist der Weg nach oben und nach unten" ist der tiefste Ausspruch Heraklits, der Kardinalpunkt seines ganzen Systems, den wir noch in hundert anderen Formen wiederfinden werden. Weder Schleiermacher noch seine Nachfolger haben ihn erfaßt. Er macht ihnen Verlegenheit und sie wollen ihn sämtlich von einer „f o r m a l e n G l e i c h h e i t der Verwandlungsstufen der Elemente" verstehen, was doch sogar auch den Bruchstücken über diese vor den Kopf stößt, und nicht möglich ist.

Prozeß ist, diese innere Identität offenbarend in sein Gegenteil überzugehen, der Weg nach oben an sich selbst schon ein und dasselbe mit dem Weg nach unten und umgekehrt ist, jedes der beiden Momente also nicht bloß Moment, sondern auch an sich schon E i n h e i t seiner und seines Gegensatzes und somit T o t a l i t ä t der ganzen Bewegung ist.

Diese Erkenntnis, daß der Weg nach oben als Aufheben der Bestimmtheit sofort Setzen einer neuen Bestimmtheit und Schranke oder Weg nach unten ist, kann auch so ausgesprochen werden, daß das Aufheben, der T o d, der einen Bestimmtheit die G e b u r t d e r a n - d e r e n, d a s L e b e n d i e s e r d e r T o d j e n e r s e i. —

Weil somit der Weg nach oben und nach unten schlechthin zusammengebunden und in allem S e i e n d e n ebenso wesentlich der Weg nach oben, das N i c h t der Bestimmtheit enthalten ist, kann von dieser Philosophie gesagt werden, daß es in ihr eigentlich n i e z u e i n e m S e i n k o m m e, d a n i e z u ü b e r w i n d e n s e i d a s W e r d e n, die Seite des N i c h t s e i n, der ὁδὸς ἄνω[1]).

Und mit wirklich klassischer Schärfe macht uns hierauf die aristotelische Metaphysik (ed. Br. p. 80) aufmerksam in einer Stelle, die man bisher stets wohl deshalb unbeachtet ließ, weil sie allem zu widersprechen schien,

---

[1]) Wörtlich so sagt uns gar herrlich Plutarch von Heraklit, nachdem e r Bruchstücke desselben angeführt: ὅϑεν οὐδ᾽ εἰς τὸ εἶναι περαίνει τὸ γιγνόμενον αὐτῆς, τῷ μηδέποτε λήγειν μηδ᾽ ἡττᾶσϑαι τὴν γένεσιν (Ei ap. Delph. II, p. 392, B., p. 605, Wytt.). Das heißt nur ganz ebensoviel als ὁδὸς ἄνω κάτω μίη, oder daß alles z u g l e i c h sei und n i c h t sei, worüber Schleiermacher den Aristoteles schilt. Auf denselben Punkt zielt auch das Urteil des Aristoteles, daß nach der Philosophie des Heraklit nicht sowohl alles sei, als g a r n i c h t s sei (τοῦ μηδένος εἶναι), worüber später.

was nur irgend sicher über die Lehre Heraklits bekannt und verbürgt war, und die dennoch einen der tiefsten Blicke in die dialektische Natur des heraklitischen Gedanken wirft. Es heißt daselbst: „— — καί τοι συμβαίνει γε τοῖς ἅμα φάσκουσιν εἶναι καὶ μὴ εἶναι, ἠρεμεῖν μᾶλλον φάναι ἢ κινεῖσθαι πάντα· οὐ γὰρ ἔστιν εἰς ὅτι μεταβάλλει, ἅπαντα γὰρ ὑπάρχει πᾶσιν". „Denen, welche da sagen, daß das Sein und Nichtsein *zugleich* sei, passiert es, daß sie hierin vielmehr sagen, alles sei in Ruhe als in Bewegung befindlich; denn es ist gar nicht vorhanden, wohinein sich etwas umwandle, da alles (— beide Momente, Sein wie Nichtsein —) schon jedem zukömmt. Wie! wird man vielleicht ausrufen wollen, von Heraklit, von welchem so unzählige verbürgte Fragmente wie Zeugnisse feststellen, er habe alle Ruhe und Stillstand aus der Welt verbannt, die ihm nur absolute Bewegung gewesen, — von Heraklit sollte es heißen können, es sei nach ihm alles in Ruhe befindlich und nicht in Bewegung?! — Die aristotelische Stelle enthält hierauf selbst schon die erschöpfende Antwort. Sie offenbart nur, was wir soeben entwickelten, daß bei Heraklit jedes der beiden Momente des Gegensatzes, Sein wie Nichtsein, sein Gegenteil schon an sich selber habe, jedes somit selbst schon Totalität von Sein und Nichtsein, seiner und seines Gegensatzes, sei. Eben deshalb nun — folgert Aristoteles — könne eine wirkliche Bewegung gar nicht stattfinden, und diese scheinbare ewige Bewegung sei nur eine beständige Ruhe. Denn wenn jedes, Sein wie Nichtsein, zugleich auch selbst schon sein Gegenteil ist, so sei ja nichts vorhanden, in das es umgewandelt werden könnte. Das Sein werde bei seiner Umwandlung in Nichtsein, das Nichtsein bei seiner Umwandlung ins Sein nie zu einem wirklich sich anderem, sondern stets nur zu etwas mit sich Identischem, was es auch früher schon war und an sich selber hatte, sei also in der Tat nur b e i s i c h g e b l i e b e n und ruhige Identität mit sich.

Weil also jedes der beiden Momente, Sein wie Nichtsein, schon T o t a l i t ä t beider und sein Gegenteil schon an sich selber hat, kann ebensowenig wie der Weg nach unten den nach oben, d. h. ebensowenig wie das Sein das Werden überwinden kann, ebensowenig auch der Weg nach oben den nach unten, das Werden n i e m a l s d a s S e i n ü b e r w i n d e n, erzeugt es vielmehr nur stets, indem es dasselbe aufheben will, und dies ist so sehr der Fall, daß das bloße A u s s p r e c h e n des Werdens dasselbe schon in einer B e s t i m m t h e i t setzt, die eine Entäußerung, ein Heraustreten desselben in das ihm unangemessene Element des Seins darstellt. Und darum heißt es, daß das e i n e W e i s e, welches allein in allem vorhanden ist und alles leitet, der „Name des Zeus" (das reine Werden) allein immer ausgesprochen werden will und auch n i c h t. Das reine Werden ist es, das allein da sein und deshalb auch von dem Erkennen als das einzig Wahrhafte allein ausgesprochen werden will, aber selbst in seiner bloßen Benennung eine b e s t i m m t e F o r m annimmt, welche es wieder verendlicht und in das S e i n getaucht, somit als u n a u s g e s p r o c h e n erscheinen läßt. Das eine Weise, der Name des Zeus, kann also in seiner wahrhaften ihm angemessenen Reinheit nicht einmal ausgesprochen werden, geschweige denn wirkliches erschöpfendes Dasein gewinnen. Und darum heißt es wieder, daß „das eine Weise, der Name des Zeus, obgleich es allein alles Existierende durchwalte, und in allem vorhanden, doch v o n a l l e m d a s G e t r e n n t e s t e i s t.

Diese Einheit der absoluten Gegensätze ist es, welche

das All konstituiert. Nähme man den einen dieser Gegensätze fort, so würde alles verschwinden. Nähme man den Weg nach unten (das Sein) fort, so wäre alle Bestimmtheit und somit das ganze Reich der realen Wirklichkeit, ja das Werden selber nicht weniger aufgehoben, da dieses selbst nur perennierendes Sein, zum Sein werden, ist. Nähme man aber den Weg nach oben fort, so wäre versiegt der Quell des unendlichen Inhalts, und es bliebe lediglich die Seite der Schranke, das Nichts, übrig; es existierte dann auch kein Sein mehr, weil dieses nur des Werdens Dasein ist.

Vielmehr ist aber statt solcher unmöglicher Trennung jedes von beiden Momenten schon Totalität. Darum ist alles nur durch das Zugleich und Ineinander dieser Gegensätze oder den Krieg. Der Krieg ist daher „der Vater aller Dinge" und nicht zu entfernen aus den Reihen weder der Götter noch Menschen; sondern als diese lebendige schöpferische Einheit der Gegensätze und deshalb, weil diese Einheit nicht eine bloß willkürliche, gewaltsam zusammengeknüpfte, sondern die Gegensätze auch an sich schon innerlich eins miteinander sind, ist der Krieg zugleich auch die schönste Harmonie, die alles zusammenhält. —

Das Werden ist also die Einheit dieser entgegengesetzten und dennoch identischen und darum stets ineinander umschlagenden Momente. Als Einheit entgegengesetzter Momente ist sie die Tendenz auseinander zu treten oder sich von sich zu unterscheiden. In diesem Auseinandertreten aber oder Unterscheiden ihrer in sich umschlagenden Momente einigt[1]) sie sich mit sich; denn

[1]) Vom philosophischen Gedanken aus ergibt sich daher schon hier mit unbedingter Notwendigkeit, daß Heraklit keine

der Weg nach oben ist selbst Weg nach unten. Nie wird eins dieser Momente frei, und darum muß es heißen: „Das Auseinandertretende einigt sich immer mit sich."

Dieselbe Einheit von Sein und Nichtsein kann wie als Krieg und Harmonie, so auch als F l u ß versinnbildlicht werden. Der Fluß ist die Einheit von Sein und Nichtsein im Raume; er ist das Hier, das u n m i t t e l b a r nicht Hier ist; er ist also gleichfalls daseiende Negativität. Was daher vom Wege nach oben und unten gesagt wird, kann

---

reale $\grave{\epsilon}\varkappa\pi\acute{\nu}\varrho\omega\sigma\iota\varsigma$, keine Weltvertilgung durch sinnliches Feuer, angenommen haben könne. Das Feuer war ihm, wie doch über und über klar sein sollte und sich durch seine sämtlichen Fragmente erweisen wird, gar nicht als diese sinnliche Existenz $\grave{\alpha}\varrho\chi\grave{\eta}$, es war ihm nur dieselbe sinnbildliche reine Einheit der $\grave{o}\delta\grave{o}\varsigma$ $\mathring{\alpha}\nu\omega$ $\varkappa\acute{\alpha}\tau\omega$, des Sein und Nichtsein, kurz des Werdens, die er auch als $\pi\acute{o}\lambda\epsilon\mu o\varsigma$, $\grave{\alpha}\varrho\mu o\nu\acute{\iota}\alpha$, $\epsilon\acute{\iota}\mu\alpha\varrho\mu\acute{\epsilon}\nu\eta$ und noch in so vielen anderen Formen ausdrückt; $\grave{\epsilon}\varkappa\pi\nu\varrho o\tilde{\upsilon}\sigma\vartheta\alpha\iota$ heißt somit weiter nichts, als den Weg nach oben einschlagen. Die $\grave{\epsilon}\varkappa\pi\acute{\nu}\varrho\omega\sigma\iota\varsigma$ ist somit eine i m m e r w ä h r e n d e und, da der Weg nach oben selbst wieder eins mit dem Weg nach unten und nur dies ist, in diesem sich umzuwandeln, so ist ebenso die $\grave{\epsilon}\varkappa\pi\acute{\nu}\varrho\omega\sigma\iota\varsigma$ auch sofort wieder reale Weltbildung, $\delta\iota\alpha$-$\varkappa\acute{o}\sigma\mu\eta\sigma\iota\varsigma$. Ein wirklicher Weltuntergang wäre nach Heraklit nur möglich, wenn der K r i e g aufhörte, d. h. eins der beiden Momente isoliert ohne das andere bliebe. Das ist ihm aber unmöglich, weil jedes an sich schon das andere ist und notwendig in es übergeht, und gerade das F e u e r ist ihm auch nur, wie $\pi\acute{o}\lambda\epsilon\mu o\varsigma$, das G e s e t z t s e i n ihrer E i n h e i t, die Einheit von Sein und Nichtsein.

Wie man, nachdem Schleiermachern sein Takt davor bewahrt hatte, doch wieder allgemein in dies große Mißverständnis verfallen konnte, die $\grave{\epsilon}\varkappa\pi\acute{\nu}\varrho\omega\sigma\iota\varsigma$ als einen realen Weltbrand zu fassen, ist schwer abzusehen. Zur Zurückweisung dieses Mißverständnisses dient fast jedes der heraklitischen Fragmente und somit unsere ganze Darstellung seiner Philosophie fast auf jeder Seite.

auch vom Fluß prädiziert werden. Wie es früher hieß, daß alles nur durch den Wechsel der ὁδὸς ἄων κάτω existiere, so kann es jetzt heißen, daß alles nur ewiger Fluß sei und in dem Fließen allein sein Sein habe.

Nur ist, wenn so das heraklitische Prinzip als Fluß ausgesprochen wird, nicht zu übersehen, daß der Fluß selbst nichts anderes als die streitende Einheit von Sein und Nichtsein, des Weges nach oben und nach unten, daß er Gegenfluß (ἐναντία ῥοή) ist, wie uns Plato gut sagt.

Dasselbe daseiende Sichaufheben, wie der Fluß, ist aber auch das F e u e r. Es ist diejenige Existenz, die unmittelbares Sichverzehren, reine prozessierende Negativität ist, und daher vielleicht das beste Bild des Werdens. Das Feuer ist daher ebenso wie die anderen identischen Bilder des Werdens, Krieg, Fluß, Harmonie, ὁδὸς ἄνω κάτω der positive Mutterschoß aller Dinge, und wie sich alles aus dem Werden herstellt und das Werden wiederum nur d i e Bewegung ist, sich zur Fülle des wirklichen Daseins umzuwandeln, so ist „a l l e s A u s - t a u s c h g e g e n F e u e r und das F e u e r, als Werden, nur A u s t a u s c h g e g e n a l l e s a n d e r e", wie sich etwa „die Dinge gegen Gold und Gold wieder gegen die Dinge" tauscht.

So ist die ganze Welt der realen Existenz nur „e w i g - l e b e n d e s F e u e r (πῦρ ἀείζωον), das war, ist, und sein wird, sich entzündend und verlöschend (d. h. den Weg nach oben und nach unten einschlagend), und nicht einer der Götter noch Menschen", sondern nur dieses Gesetz des Werdens ist ihr Werkmeister.

Das Sichentzünden des Feuers, oder die ἐκπύρωσις ist selbst nichts anderes, als der Weg nach oben; das Verlöschen desselben, durch welches die διακόσμησις, die reale

Weltbildung, das Auseinandertreten des Werdens in seine Unterschiede bewirkt wird, nichts anderes, als der Weg nach unten, und wie der Weg nach oben und nach unten stets eins und immer zugleich ist, so ist auch die ἐκπύρωσις nicht bloß in periodischer Zeitabwechslung, sondern in steter und immer zugleich seiender Einheit mit dem Verlöschen des Feuers vorhanden, und diese Einheit allein konstituiert das Bestehen der Welt, welche als diese ewige Einheit und Wechsel von ἐκπύρωσις und Weg nach unten selbst ewig ist.

Da aber das Feuer nicht dieses sinnliche Element selbst bedeutet, sondern nur als das reinste B i l d und R e a l i - t ä t des ununterbrochenen Werdens gebraucht wird, so können auch wieder andere ebenso angemessene und zum Teil noch reinere Darstellungen der absoluten Bewegung an seine Stelle treten. Oder man muß im Feuer selbst einstweilen[1]) z w e i e r l e i unterscheiden: Das sinnliche Feuer, welches zwar die erste und reinste Stufe ist, in welcher sich das reine Werden auf seiner Wandlung nach unten verkörpert, aber immer doch schon eben eine — wenn auch noch so flüchtige — Verkörperung ist. Und dann der intelligible Begriff des r e i n e n W e r d e n s s e l b s t, dessen Bild und erste sinnliche Verkörperung nur jenes sichtbare Feuer ist, und welcher dann im Gegensatze zu dem wie immer auch personifizierten Begriffe des realen Feuers als h ö c h s t e r G o t t u n d Z e u s bezeichnet werden muß.

Weil in diesem Systeme das Werden, der wahrhafte Gott, alle und jede Existenz, auch die scheinbar unbewegteste durchdringt, so muß es heißen: „A l l e s s e i v o l l

---

1) E i n s t w e i l e n, denn es werden sich später bei genauerer Analyse d r e i Feuerauffassungen herausstellen (§ 18).

von Göttern". Andererseits aber bieten die sinnlichen Existenzen graduelle oder Maß unterschiede dar, je nachdem in ihnen das Moment des festen Seins über die Unruhe des Werdens vorwiegt oder nicht, und diese Graduation wird also zugleich den Leitfaden zur Klassifikation der verschiedenen Existenzformen bilden.

Es kann aber auf diesem ganzen Standpunkte die Klassifikation der Existenzen auch keine äußerliche bleiben.

Die verschiedenen Existenzen der elementarischen, der anorganischen wie organischen Welt können auf dem Standpunkt dieses Gedankens nicht mehr als einander fremde und voneinander schlechthin verschiedene ruhende sinnliche Bestimmtheiten erscheinen. Ist doch vielmehr allen Existenzen, da sie alle nur die Bedeutung haben, Verkörperungen des Werdens zu sein, von vornherein diese Selbständigkeit gegeneinander geraubt und hierin ihre innerliche Identität miteinander trotz ihrer scheinbaren Verschiedenheit von vornherein erkannt.

Alle Existenformen der elementarischen und anorganischen Welt sind daher nur die Stadien und Stufen, welche das reine Werden auf seinem Weg nach unten durchläuft und die es wieder sich aufhebend auf seinem Weg nach oben zurücklegt. Wie das materielle Feuer nur die erste sichtbare Darstellung oder Wandlung des reinen Feuers ist, so sind die anderen elementarischen und unorganischen Bestimmtheiten, Wasser, Erde etc. nur die Wandlungen ($\mu\varepsilon\tau\alpha\beta o\lambda\alpha i, \tau\varrho o\pi\alpha i$) des Feuers selbst auf seinem Wege nach unten, und ebenso stellt ihr Rückgang in dasselbe die Stadien dar, welche das Werden auf seinem Wege nach oben durcheilt.

Hier ist also zum ersten Male die Identität aller sinnlichen Bestimmtheiten nicht wie bei den Eleaten durch bloße Abstraktion von der Verschiedenheit, sondern positiv als ein diese s i n n l i c h e n Verschiedenheiten e r z e u g e n d e r steter P r o z e ß erkannt. Hier sind zum ersten Male die sinnlichen Bestimmtheiten zu bloß verschiedenen und absolut ineinander übergehenden F o r m e n eines identischen ihnen zugrunde liegenden Substrats herabgesetzt. Hier ist zum erstenmal, und vom Standpunkt der philosophischen Spekulation aus, d e r p h y s i o l o g i s c h e G e d a n k e d e s S t o f f w e c h s e l s u n d s e i n e s e w i - g e n K r e i s e n s erfaßt und mit der ihm eigentümlichen Begeisterung verkündet.

Und nicht nur die unorganische Natur, auch der o r g a - n i s c h e Körper ist in diesem selben beständigen Umwandlungsprozeß begriffen. Ja, wie „den Flüssen beständig andere und andere Wasser zuströmen", so ist auch der lebendige Körper überhaupt nur ein lebendiger durch das stete Zu- und Abströmen, durch das ununterbrochene Sichvermitteln mit diesem das All durchdringenden Wandlungsprozeß. Dieser Vermittlung mit der Außenwelt entzogen wäre er ein Leichnam, und Leichname sind, weil der absoluten Bewegung am meisten entnommen, „verächtlicher denn Mist".

Weil wir daher nur in dieser Vermittlung mit der Außenwelt, die selbst nur beständiger Prozeß ist, unser Leben haben, so muß es auch von uns selbst heißen, daß wir in einem fort und immer zugleich „sind und nicht sind", täglich zugleich leben und sterben, gesund und krank sind, diese Bestimmungen nicht als ruhige, sondern prozessierende und beständig ineinander übergehende, somit auch a n s i c h identische gefaßt [1]).

---

[1]) Von hier aus ergibt sich auch der große Einfluß, welchen die heraklitische Philosophie auf die wirkliche Naturforschung, zumal Hippokrates, gewinnen konnte, worüber später (vgl. § 7).

Weil also das Werden, oder bestimmter die Einheit des Gegensatzes von Sein und Nichtsein, ausnahmslos das ganze All durchdringt und das eine in aller Verschiedenheit der Existenzen ihnen Gemeinschaftliche ist, so kann es auch als das Allgemeine, *τὸ ξυνόν*, als das göttliche Vernunftgesetz (*θεῖος λόγος, γνώμη, τὸ φρονοῦν κτλ.*) ausgesprochen werden, welches allein alles leitet und beherrscht.

Das „Allgemeine" ist eine für die heraklitische Philosophie zur Bezeichnung ihres Absoluten durchaus geeignete Form. Denn es ist dieselbe Einheit des Gegensatzes, dieselbe daseiende Negativität, welche auch das Feuer, der Krieg etc. darstellt. Das Allgemeine ist die Substanz für das einzelne, welches in ihm seine Erzeugung und sein positives Bestehen hat. Und doch ist es unmittelbar ebenso wieder die Aufhebung des Sinnlichen, einzelnen, welches auf sich beharren will, und die beständige Rücknahme desselben in seinen ununterbrochenen Wandel.

Diese allgemeine alle Außenwelt durchdringende und konstituierende Substanz könnte daher auch von den Berichterstattern ganz richtig als das Umgebende, *τὸ περιέχον*, bezeichnet werden, wenn man nur nicht vergißt, daß dies Umfassende ebensowenig eine ä u ß e r e   g e t r e n n t e   b e - s o n d e r e   R e g i o n als eine Vielheit oder Allheit ruhiger sinnlicher Existenzen, sondern nur ihr absoluter Wandel, der ungehemmte Prozeß der allgemeinen Bewegung ist.

Das Allgemeine als daseiende Negativität, als die negative Macht, die über die Willkür des auf sich beharren wollenden einzelnen, das schon dem Anaximander *„ἀδικία"* ist, hereinbricht, ist also sofort wieder identisch mit dem Begriffe des S c h i c k s a l s und der vorherbestimmten N o t w e n d i g k e i t, der *„εἱμαρμένη"*. Die Notwendigkeit ist selbst nichts anderes, als die unmittelbare Verknüpfung von Sein und Negativität. Es kann daher ebensosehr wie der alles durchwaltende Logos so auch wieder die N o t - w e n d i g k e i t als das absolute weltbildnerische, alles Sein leitende, durchdringende und beherrschende, es setzende und aufhebende Prinzip ausgesprochen werden!

Diese negative Macht der Notwendigkeit, die über das einzelne kommt, ist aber selbst nur die G e r e c h t i g k e i t, die es ergreift, weil es auf sich beharrendes Seiendes sein will, und es hineinreißt in den Prozeß des göttlichen Lebens. Die Notwendigkeit ist daher ebenso wesentlich Dike und in ihrem Gefolge hat sie die negativen, der Willkür des einzelnen Grenzen setzenden Gottheiten, die Erinnyen. —

Das Aufheben der Existenz ist die Gerechtigkeit Gottes; denn es ist mit der Bestimmtheit überhaupt nicht E r n s t; denn unmittelbar verknüpft mit ihr und ihr eigener Inhalt ist ja die sie aufhebende Negativität. Und weil somit der Hervorgang der Bestimmtheit unmittelbar auch wieder ihr Rückgang in die allgemeine Negativität, das Bestehen der Existenz haltlos und vielmehr nur dies ist: zu werden und sich somit aufzuheben, — deshalb kann gesagt werden, d a ß d a s S e t z e n d e r B e s t i m m t - h e i t, d i e r e a l e W e l t b i l d u n g ü b e r h a u p t: n u r e i n S p i e l e n G o t t e s s e i!

Man ersieht hier übrigens wieder, wie die Dike, die εἱμαρμένη, das Allgemeine, der die Welt durchdringende Logos, — und andere Namen, in denen Heraklit sein Absolutes ausspricht, nicht nur unter sich ihrem Grundgedanken nach identische Gestalten und Formen, sondern ebenso identisch mit dem sind, was früher Feuer, Fluß, Krieg, Harmonie, Weg nach oben und unten genannt wurde. In allen diesen Namen lebt nur der eine Begriff, Einheit des Seins und der Negativität, an sich seiende und sich als ununterbrochener Prozeß vollbringende Identität des Seins und Nichtseins zu sein.

Die Substanz der Seele kann selbstredend auf· diesem Standpunkt wiederum nichts anderes sein, als das reine Werden, das sich verleiblicht, den Weg nach unten eingeschlagen hat. Die Substanz der Seele ist identisch mit der Substanz der Natur, jenem Allgemeinen, das nur der absolute Prozeß ist. — Darum müssen wir die Seele in gleicher Würde wie das Feuer, nämlich als ἀρχή bezeichnet finden[1]). Ebenso kann es andererseits auch heißen, daß die Seele nur das Allgemeine (περιέχον) selbst ist, daß außer sich gekommen ist, indem es Körperlichkeit annahm, den Weg nach unten einschlug. Der Körper ist daher zugleich das Grab der Seele und wie es einerseits heißt, daß die Menschen den Tod der Götter leben und umgekehrt, d. h. daß in der Geburt des Menschen der Tod Gottes, in der Menschen Tod die Wiedergeburt Gottes vor sich geht, ganz so und hiermit nur denselben Sinn darbietend kann man die Seele an die Stelle der Götter setzend sagen, der Menschen Leben sei das Sterben und in uns Begrabensein der Seele (des reinen Werdens) und das Sterben des Menschen der Seele Wiederaufleben. Und da ja sonach die Seele nur ganz dieselbe Bedeutung hat wie das Feuer, nämlich nur Bild und erste reinste Verkörperung des reinen Werdens zu sein, so kann es ebensowenig Wunder nehmen, bei der Lehre von den Verwandlungsstadien des Weges nach unten die Seele an der Stelle des Feuers anzutreffen und Fragmente zu finden, in denen es heißt, es sei der Seele Tod,

---

[1]) Arist. de anima I, 2, p. 405: καὶ Ἡράκλειτος δὲ τὴν ἀρχὴν εἶναι φησὶ ψυχήν, εἴπερ τὴν ἀναθυμίασιν, ἐξ ἧς τἆλλα συνίστησιν κτλ.

Wasser zu werden, wie dies in anderen Stellen vom Feuer ausgesagt wird.

Die Lehre vom Erkennen ergibt sich nach allem Bisherigen von selbst und mußte, dem Standpunkte dieses Gedankens entsprechend, selbstredend eine streng objektive sein.

Wenn alles Objektive nur das Dasein des einen Begriffs von der Identität des Gegensatzes von Sein und Nichtsein ist, wenn dieser Begriff allein das eine Weise und allem Gemeinsame, das vernünftige Gesetz, das alles leitet, ist, — so besteht auch das wirkliche Wissen in nichts anderem, als in der Aufnahme in sich dieses das ganze Sein beherrschenden Logos, in der Erkenntnis, daß alles zugleich Sein und Nichtsein und nur der Prozeß ist, diese an sich seiende Identität immer zu verwirklichen, so wie in der Nachweisung dieses Gesetzes in allen Gebieten der Existenz. Diese Erkenntnis ist uns möglich, weil wir selbst schon an uns vernünftig, nämlich auch selber schon das Dasein jenes die Welt durchwaltenden Gesetzes sind. Unsere Seele ist an sich selbst nichts anderes, als ein Teil jenes vernünftigen Allgemeinen selbst, des reinen Werdens, das aber eben durch seine Verleiblichung außer sich gekommen ist.

Es handelt sich daher nur — der Übergang vom Sein zum Wissen ist in dieser Hinsicht ganz analog dem in einer modernen Philosophie, nur daß Heraklit noch nicht den Begriff des Fürsichseins hat — den an sich seienden Zusammenhang mit dem Allgemeinen auch zu verwirklichen[1]).

---

[1]) Diese Verwirklichung geht aber selbst wieder nur in objektiver, seiender Weise vor sich, wie man sehen wird.

Im Zustande des S c h l a f e s sind wir daher jeder Erkenntnis unfähig, weil wir im Schlaf am meisten abgeschieden sind von dem Zusammenhange mit dem Prozeß des Allgemeinen, welcher hier nur noch durch die eine Funktion des Ein- und Ausatmens, im Wachen aber durch unseren gesamten Körper ununterbrochen vermittelt wird. Darum werden wir schlafend „unvernünftig und erlangen die Vernunft wieder erwachend"; Kohlen vergleichbar, die auch vom Feuer entfernt verglimmen und demselben genähert wieder feurig aufglühen.

Aber auch im Wachen sind wir dem absoluten Irrtum unterworfen, wenn wir uns a b s o n d e r n v o n d e m A l l - g e m e i n e n, von jener absoluten Bewegung, welche alles Dasein ausmacht.

Diese Absonderung von dem Allgemeinen geht zumal auch in der bloßen s i n n l i c h e n W a h r n e h m u n g vor sich. Die Sinne, wie sie in uns selbst die Seite unserer Einzelheit, unseres bestimmten körperlich-festen Seins ausmachen und uns von anderen abscheiden, spiegeln uns eben deswegen auch die Dinge in einer festen bleibenden Bestimmtheit vor, die ihnen nicht zukommt.

„L ü g e n s c h m i e d e und L ü g e n z e u g e n sind daher die Sinne, w e l c h e d i e D i k e a u c h e r g r e i f e n w i r d", jene negative, alles sich noch so sehr fixierende Sein aufhebende gerechte Macht des reinen Werdens.

Wenn das Gesetz von der Identität des Gegensatzes die objektive a l l g e m e i n e Vernunft ist, der alles Dasein huldigt, so konnte und mußte er sehr treffend die vulgäre Ansicht, welche die Gegensätze als schlechthin

---

und es wäre daher ungenau zu sagen: es handle sich darum, den an sich seienden Zusammenhang zum F ü r s i c h s e i n zu bringen, ein Begriff, der Heraklit noch wesentlich abgeht.

sich ausschließend faßt und ihre Einheit nicht zu begreifen vermag (also gerade ganz das, was etwa von der Hegelschen Philosophie als Verstand bezeichnet wird) im Gegensatz zu jener spekulativen in der gesamten Weltordnung vorhandenen Vernunft, eine „aparte" Vernunft der Menschen (ἰδία φρόνησις) nennen. Ja er erfand in seiner tiefen Verachtung dieser Verstandesansicht einen bezeichnenden Kunstausdruck für dieselbe: (ἡ οἴησις) oder das Wähnen (subjektive Meinen).

Dieses „Wähnen" konnte er sehr charakteristisch mit einer Krankheit vergleichen und als eine Epilepsie des Geistes darstellen.

In der Tat: in diesem ganzen Systeme ist es nur ein - und dasselbe Moment, das Sichfesthaltenwollen des einzelnen, die Absperrung desselben gegen das, wie man nie vergessen darf, nur im absoluten Umwandlungsprozeß bestehende Allgemeine, — dies eine Moment ist es, was im Gebiete des Sittlichen als Übermut und Willkür(ὕβρις), im Gebiete des Organischen als Krankheit, im Gebiete des Erkennens aber als „Wähnen", als subjektive, aparte Vernunft und somit Lüge erscheinen mußte.

Es war somit kein Widerspruch, sondern vielmehr dem Gedanken der heraklitischen Philosophie wesentlich notwendig, einerseits zu sagen, daß es: allen Menschen gemeinsam ist, vernünftig zu sein und andererseits wieder, daß: indem jener Logos walte, unvernünftig würden die Menschen und daß sie des nach diesem Logos Gewordenen unerfahren erschienen, obgleich ihn erfahrend an „Worten und Werken" und ihnen ebenso verborgen bliebe, was sie selber wachend, als was sie im Schlafe tun, lebend, als wenn sie eine eigene Vernunft hätten etc.

Die wirkliche Erkenntnis und Vernunft aber war und konnte ihm nichts anderes sein, als „die Auslegung der Weise, welche weltbildend das All durchdringt"[1]) und insofern wir mit dieser, die selbst das Gemeinsame in allem ist, übereinstimmen, sprechen wir daher wahr, insofern wir eigener Ansicht sind, lügen wir. Und darum „müssen wir festhalten an diesem Gemeinsamen aller, wie die Stadt am Gesetz und noch viel fester". Der Inhalt dieses Allgemeinen und Gemeinsamen aber, mit welchem wir uns in Zusammenhang und Übereinstimmung bringen müssen, um zu erkennen, ist selbst nur das Werden, die unaufhaltsame Bewegung. Eben deshalb aber hat Heraklit noch eine weitere Konsequenz ziehen müssen und wenn unsere neueste Physiologie lehrt, der Gedanke sei nur Bewegung des Stoffes, so hat schon, freilich ohne nähere physiologische Vermittlung, die heraklitische Philosophie gelehrt: das Bewegte werde selbst nur wieder durch ein in Bewegung Befindliches erkannt (τὸ δὲ κινούμενον τῷ κινουμένῳ γινώσκεσθαι)[2]). Denken war ihm Bewegung, wie ihm Sein Bewegung war, beides ein und dieselbe Substanz.

Wie ihm das Weltall selbst nur in dem absoluten Wechsel bestand, so war ihm auch der Quell des Denkens nur in der Vermittlung mit diesem allgemeinen Wandel aller Gegenständlichkeit vorhanden. Und in diesem Sinne hat er es als „etwas Großes und Heiliges" (μέγα τι καὶ σεμνόν) gelehrt, daß er sich selbst gesucht habe, wie eine seiende Dingheit und erst

---

[1]) ἡ δ' (sc. φρόνησις) ἔστιν οὐκ ἄλλο τι ἀλλ' ἐξήγησις τοῦ τρόπου τῆς τοῦ παντὸς διοικήσεως, Sext. Emp. adv. Math. VII, 126.

[2]) Wie uns, wenn auch nicht wörtlich zitierend, Aristoteles ganz ausdrücklich von Heraklit berichtet (de anima I, 2, p. 405).

als er auch s i c h als n i c h t s e i e n d , als dieselbe absolute Bewegung erkannt, sei ihm alle Erkenntnis aufgegangen und er weiser geworden als alle.

Die strenge alles durchdringende Identität des V e r n ü n f - t i g e n und des A l l g e m e i n e n , die, wie man gesehen, dem heraklitischen Gedanken immanent ist und seiner Philosophie ihren so durch und durch objektiven Charakter verlieh, mußte natürlich auch ihre Konsequenzen für das Gebiet der sittlichen Anschauungen nach sich ziehen und so zuerst eine Art von philosophisch-systematischer Ethik erzeugen.

Wenn jenes spekulative Allgemeine das ganze Reich der Natur und den einzelnen Menschen selbst durchdrang und allein in ihm das Vernünftige war, so mußte es ebenso auch für das Verhalten der Menschen zueinander bestimmend sein.

Das Sichvertiefen und Beruhen des Einzelnen in sich, welches ihm auf dem natürlichen Gebiete als Absperrung von dem nur als absoluter Prozeß vorhandenen göttlichen Leben, als unberechtigt und bloßer Schein, als Lüge und Krankheit erschien, mußte ihm, wie oben bereits beiläufig erwähnt, auf dem Felde des Sittlichen, als willkürliche Überhebung, als Übermut (ὕβϱις) erscheinen, „der mehr zu löschen sei denn eine Feuersbrunst". Ganz dasselbe mußte ihm im Gebiete des noch mehr individuellen Lebens als Prinzip der s i n n l i c h e n L u s t erscheinen, die er, wie alles Sittliche und weil sie die Seele aus ihrem reinen Werden und Zusammenhang mit dem Allgemeinen herausreißt und ihr die Freude an ihrer Körperlichkeit, die doch nur ihr T o d ist, einflößt, mit großer Heftigkeit in vielen seiner Fragmente perhorresziert hat. Das, wodurch wir uns vom Tier unterscheiden, die Seele, ist ihm ja gerade nur reines Werden, ununterbrochene Aufhebung und Überwindung des sinnlichen Seins, der Bestimmtheit und Einzelheit.

Dieses Unterschiedes also begeben sich gerade die meisten und „mästen sich wie V i e h", wenn sie „nach dem Bauch und den Schamteilen und dem Verächtlichsten in uns messen das Glück".

Seine Polemik trifft somit auch hier überall nur dasselbe Moment, die Seite der Einzelheit und sinnlichen Bestimmtheit.

Alle Produkte und Existenzen des A l l g e m e i n e n aber mußte diese Philosophie als das wahrhaft Vernünftige anerkennen und verehren. Daher auch die hohe Achtung, in welcher w i r d a s G e s e t z bei Heraklit antreffen. Notwendigerweise aber war ihm das Gesetz nicht etwa das Ergebnis des Willens vieler oder aller individuellen Menschen, der Gedanke der empirischen Allheit, sondern es war ihm selber nur ein Ausfluß jenes o b j e k t i v A l l g e m e i n e n , welches die Welt durchdringt. Wie die Hegelsche Philosophie etwa das Gesetz einen Ausdruck des allgemeinen substantiellen Geistes nennt, gleichfalls ohne hierbei die empirische Majorität der einzelnen Willen zu meinen, so sagt Heraklit in seiner markig-sinnlichen Sprache: „Alle menschlichen Gesetze werden von dem einen Göttlichen g e n ä h r t , das alles beherrscht und allem genügt."

Es ergibt sich aber aus der Identität des Allgemeinen mit dem Vernünftigen (und aus der allen Produkten des Allgemeinen daher zukommenden Verehrung) noch eine andere Konsequenz, die Heraklit auch wirklich gezogen hat, und aus welcher eine Seite seiner Philosophie resultierte, die man bisher noch gänzlich übersehen hat: — wir meinen das, was man seine P h i l o s o p h i e d e r S p r a c h e nennen könnte.

Die Sprache ist durchaus Produkt des allgemeinen substantiellen Geistes. Sie enthält ferner dieselbe spekulative Einheit des begrifflichen Gegensatzes, welche für Heraklit das Absolute war. Alle in der Sprache enthaltenen Bezeichnungen der Dinge, auch der einzelnsten und sinnlichsten, bringen es nur zu einer a l l g e m e i n e n, nie zu einer wirklich einzelnen Existenz, die vielmehr in der Sprache beständig a u f g e h o b e n u n d n e g i e r t w i r d. Die Namen der Gegenstände bezeichnen dieselben einerseits zwar als d i e s e e i n z e l n e n Gegenstände, und dennoch sind sie in diesem sprachlichen Aufruf bereits a u f g e h o b e n u n d a l s a l l g e m e i n e g e s e t z t.

Selbst das Wort „Ich" (wie Hegel bereits irgendwo bemerkt hat), durch welches das e i n z e l n e a l s s o l c h e s, diese ganz individuelle Person des Sprechenden, bezeichnet werden soll, ist schon unmittelbar aufgehobenes Ich, allgemeines Ich, ein Ich, das ebenso auf alle Ich paßt. Es ist der Sprache gar nicht möglich, in die Sphäre des w i r k l i c h Einzelnen und Seienden herabzusteigen und ein Ding in dieser Einzelheit festzuhalten. Unmittelbar im Ausgesprochenwerden selbst werden die Dinge vielmehr wie durch eine negative Macht aus ihrer Einzelheit herausgerissen und als K a t e g o r i e n und Arten gesetzt, somit zu nicht unmittelbar seienden, aufgehobenen, allgemeinen gemacht. In den Benennungen haben die Dinge somit ebenso ihr S e i n w i e i h r N i c h t s e i n, ihre P o s i t i o n w i e i h r e N e g a t i o n.

Diese Natur der Sprache war es, welche Heraklit zum Bewußtsein kam und ihn das Axiom aufstellen ließ: d u r c h d i e N a m e n g e h e d e r W e g z u r E r k e n n t n i s d e r D i n g e. Heraklit ist somit der e r s t e, welcher zu der wahrhaft philosophischen Einsicht gelangte, daß die Worte der Sprache nicht z u f ä l l i g e, daß sie auch

nicht bloß konventionell und willkürlich gewählte Zeichen
seien, sondern n o t w e n d i g e u n d d a s i n n e r e Wesen
d e r D i n g e s e l b s t o f f e n b a r e n d e Namen.

Von dieser prinzipiellen Anschauung ausgehend setzte
Heraklit in einem ihm eigentümlichen und bisher unbeachtet gebliebenen, aber aus einigen seiner Fragmente noch
hinlänglich nachweisbaren Sprachgebrauch den „N a m e n"
einer Sache für identisch mit dem Wesen und Begriff einer
Sache.

Von derselben prinzipiellen Anschauung ausgehend,
suchte Heraklit auch wirklich d u r c h E t y m o l o g i e n,
von denen noch immer eine so erhebliche Anzahl in Fragmenten und Zeugnissen der Alten sich nachweisen läßt,
daß es wirklich befremden muß, wie diese Richtung der
heraklitischen Philosophie der Aufmerksamkeit bisher so
sehr entgehen konnte, das Wesen der Dinge darzutun und
nachzuweisen.

Ja, noch enger seine Idee von der Identität des Gegensatzes mit sich selber auch auf diesem Gebiete durch-
führend, suchte er durch solche Etymologien nachzuweisen,
wie bereits in dem Namen selbst die Dinge als i d e n -
t i s c h m i t i h r e m a b s o l u t e n G e g e n s a t z gesetzt
seien und wenn er hierbei nicht umhin konnte, manchmal
auf Etymologien wie lucus a non lucendo zu verfallen, so
hat er doch auch wirklich spekulative und geistvolle Etymologien, wie wir sehen werden, zutage gefördert. Alle
diese Etymologien waren bei ihm aber nicht ein zufäl-
liges leeres Spiel, sondern, wie man gesehen hat und besonders festhalten muß, seiner p r i n z i p i e l l e n A n -
s c h a u u n g d e r N a t u r d e r S p r a c h e e n t f l o s s e n.

Das ist, soweit er h i e r bereits dargelegt werden kann,
ein flüchtiger Umriß der Philosophie Heraklits, oder der
Philosophie des Werdens.

Der Charakter dieser Philosophie ist streng objektiv. Sie ist zum erstenmal w a h r h a f t S y s t e m, weil sie e i n e n wahrhaft spekulativen Gedanken ergriffen, der ebenso im geistigen wie im physischen Gebiete seine Bewährung hat. Daher denn auch jene Nachrichten, daß einige nicht haben wollen gelten lassen, das Buch handle über die Natur, sondern ihm einen e t h i s c h e n Charakter vindizierten (Diog. L. IX, 12, 15, Sext. Emp. adv. Math. V, 7, Schleierm. p. 352 sqq.). Heraklit ist nicht abstrakter Physiker. Sein Begriff, die spekulative Einheit des Gegensatzes, ist so gut Grundlage der Natur wie des Staates.

Aber durchgeführt hat er diesen Begriff mehr im Physischen. Ebensogut auch ist ihm die r e i n e p r o z e s - s i e r e n d e E i n h e i t v o n S e i n u n d N i c h t s e i n, das reine Werden, d a s, was der sinnliche Name G o t t nennt; es kommen verschiedene Götternamen bei ihm vor, welche von ihm den b e g r i f f l i c h e n Unterschieden und Momenten seines Gedankens entsprechend gebraucht werden. Seine Naturphilosophie ist ebensogut eine Beschreibung des göttlichen Lebens; denn der s p e k u l a t i v e B e g r i f f i s t i h m d e r G o t t. Darum wollen nun einige, daß das Werk in drei Disziplinen, physische, ethische und theologische eingeteilt gewesen sei.

Das ist nun wieder ein Gedanke, der eine unverständige Wendung genommen hat.

Es ist ungereimt, solche logische Ordnung und Trennung bei Heraklit anzunehmen. Diese Gebiete mußten ihm so mehr ineinander fließen, als er überhaupt einen Unterschied derselben gar nicht kannte, sondern nur seinen einen göttlichen Begriff, von dem ihm alles, Gesetze wie Physisches gleich erfüllt, oder wie er selbst noch drastischer sagt, „genährt" wurde.

Doch ist er durchaus unter die Reihe der physischen Philosophen zu zählen und nicht nur deswegen, weil er sich in seinem Buche am meisten damit beschäftigte, sein Prinzip im Natürlichen durchzuführen, sondern weil er den Begriff nur als objektivseienden faßt. Zum Begriff des für sich seienden subjektiven Geistes ist er nicht gelangt. Hauptmangel bei Heraklit ist, daß ihm auch der subjektive Geist nichts anderes ist, als die Existenzen der Natur, verkörperlichtes seiendes Werden. Auch den Geist faßte er nur als objektives Sein, das freilich eben nur im Wandel von Sein und Nichtsein sein Sein hat.

Was ihm hier abgeht, ergänzt dann die sophistische Dialektik des subjektiven Ich, gegen welches das Objektive keine Wahrheit habe. Bei Heraklit ist hiervon noch das gerade Gegenteil vorhanden und doch ist er auch schon der unmittelbare Übergang hierzu.

Es hat nämlich durch Heraklit das Sein und die Bestimmtheit alle Festigkeit und Wahrheit, jeden bleibenden Charakter verloren; es verhält sich in der Tat so, wie Plato (Theaet. p. 181, B., p. 188, Stallb.) von den Heraklitikern sagt: „sie haben das Unbewegte bewegt", denn das Objektive ist ja der heraklitischen Philosophie nur dieser konstituierte Gegensatz und Widerspruch in sich selbst. Man datiert die Dialektik gewöhnlich von den Eleaten ab. Das ist richtig, insofern man nur die subjektive, dem Gegenstand äußerlich bleibende Verstandestätigkeit im Sinn hat. Objektive Dialektik ist nur mit Heraklit vorhanden denn bei ihm ist der Gegenstand selbst dieser Prozeß des Gegensatzes in sich.

Der Widerspruch der Dialektik ist hier objektiv seiender und das Wesen des Alls konstituierend ge-

worden und braucht bloß aus dem Gegenstande herausgegriffen zu werden.

Wir hatten oben gesagt, daß der Fluß des Werdens,
diese reine Dialektik, nie überwunden wird und das Werden nie zum Sein gelangt. Daraus ergibt sich eine Haupt-
konsequenz des heraklitischen Gedankens. In diesem perennierenden Werden ist a l l e B e s t i m m t h e i t aufgehoben.
Dahin geht das Urteil des Aristoteles, es sei nach
diesem Logos nicht sowohl alles eins, als alles n i c h t s.
Dieses Urteil t r i f f t ebenso sehr Heraklit als n i c h t.
Denn es ist eine wahrhafte Konsequenz des heraklitischen
Gedankens an sich, die er selbst aber nicht gezogen hatte.
S e i n e   S c h ü l e r   z o g e n   s i e und machen eben damit den Übergang zur Sophistik. So gehen sie daher
von dem wahrhaften Gedanken Heraklits aus, kommen
aber zu Resultaten, die den seinigen schlechthin entgegengesetzt sind. Der Grund ist eben der, daß der heraklitische Gedanke dieser Gegensatz in sich selbst ist. Weil
so alles Sein vielmehr ein ununterbrochenes Nichtsein,
perennierendes Aufheben der Bestimmtheit ist, sagt der
Heraklitiker Kratylos: es könne nichts gesagt werden,
sondern man müsse nur d e n   F i n g e r   b e w e g e n, o b
m a n   e s   v i e l l e i c h t   g e r a d e   t r ä f e!
So hebt sich das objektive heraklitische Wissen auf
und verkehrt sich zum u n m i t t e l b a r e n   s i n n l i c h e n.
D i e s e s, während Heraklit selbst so bitter gegen alle
sinnlichen Wahrnehmungen polemisiert hatte. Aus Heraklit weht uns der ganze Stolz des objektiven Wissens an,
den λόγος διὰ πάντα διήκοντα, den sich durch alles durch-
ziehenden Gedanken erkannt zu haben.

Diese Objektivität ist aber eine hauptsächlich formale.
Die Schüler Heraklits sagen uns nun, was der I n h a l t
dieses Logos sei. Der Inhalt dieses objektiven Logos

selbst ist aber zunächst die Vernichtung alles Festen, Objektiv-Bestimmten, absolute Negativität. Und dahin treffen dann die Urteile des Aristoteles und seiner Kommentatoren, daß es nach diesem Logos gar kein Wissen (ἐπιστήμη) gebe, und gar keine wissenschaftliche Untersuchung möglich sei, weil eben nur der Fluß, das Nicht der Bestimmtheit, existiere, und weil, wenn nichts sei, auch nichts ausgesagt werden könne.

Daher finden wir auch Heraklit bei Plato wie Aristoteles mit Protagoras u. a. zusammengestellt. Solche Zusammenstellungen sind aber bei diesen Philosophen durchaus nicht äußerlich; es liegt ihnen stets eine tiefe Gedankenkonsequenz zugrunde und unbedingt ist auch Heraklit trotz des streng dogmatischen und objektiven Charakters, den seine Lehre in seiner eigenen Auffassung hat, dennoch der Vater der Sophistik gewesen. Weil sein Nichtsein, wie wir im Anfang dieser Entwicklung gesehen, ebensosehr an sich wieder reines Sein ist, könnte man ihn auch wieder mit seinem unmittelbaren Gegensatze Parmenides, dem Führer der Eleaten, dem Hauptverkünder des reinen Sein zusammenstellen. Und so hat denn auch Aristoteles, während er einerseits den Heraklit auf die Konsequenz drängt, daß nach ihm, weil immer nur der Fluß, das Nicht der Bestimmtheit vorhanden sei, auch nichts existiere, andererseits auch die entgegengesetzte Seite des heraklitischen Begriffes ebenso wenig übersehen und in der schönen schon oben (p. 113) bezogenen Stelle der Metaphysik (p. 80, Br.) die andere Konsequenz entwickelt, daß, weil ihm Sein und Nichtsein identisch sind, bei ihm, wenn auch gegen seine eigene Ansicht, eigentlich gar keine Bewegung, sondern nur reine Ruhe stattfände, weil, wenn das Sein schon das Nichtsein an sich selbst habe, und umgekehrt, gar keine wirkliche Umwandlung des Seins vor sich gehen kann, da es auch bei seiner Umwandlung zum Nichtsein bei nichts a n d e r e m , sondern nur bei dem ankömmt, womit es vorher schon identisch war, also nur mit sich identisch geblieben ist.

Diese dialektische Konsequenz ist, obgleich freilich von Heraklit selbst nicht gezogen, so treffend, daß der ganze Fortschritt, welchen in der Geschichte der Philosophie die Philosophie der Atomistiker über die heraklitische Philosophie bezeichnet, eben nur darin besteht, diese Konsequenz gezogen und positiv gesetzt zu haben.

Die heraklitische absolute prozessierende Negativität als nicht mehr sich in anderes umwandelnd, sondern als beisichbleibende Identität mit sich selber gesetzt, ist das L e e r e ; als T ä t i g k e i t in diesem nicht mehr außer sich kommenden Beisichbleiben ist sie — S i c h a u f S i c h B e z i e h e n , F ü r s i c h s e i n , d. h. der Gedanke des A t o m . Der objektive Fortschritt der Atomistiker besteht also gerade in der Vollbringung dieser Gedankenkonsequenz.

Dies ist der geistige Zusammenhang der heraklitischen Lehre mit den Eleaten und resp. den Atomistikern, wie der mit der heraklitischen Sophistik später noch deutlicher erhellen wird.

Endlich mußten wegen jener Auflösung und Vernichtung alles Bestimmten, welche, wie wir gesehen, eine Konsequenz seines Gedankens ist, auch die Skeptiker diese Lehre sich geeignet finden. Ihr Tun ist eben dies, jede Bestimmtheit durch die entgegengesetzte Instanz aufzulösen. Nach Heraklit ist aber dieser Gegensatz und Widerspruch in allem wirklich vorhanden.

Will man den Unterschied und doch auch die Einheit des heraklitischen Gedankens und der daraus hervorgehenden Sophistik kurz zusammenfassen, so muß man sagen, daß, wenn bei den Eleaten das Nichtsein gar nicht und nur das Eine oder das Sein ist, bei Heraklit, dessen Prinzip die Identität und Totalität von Sein und Nicht ist, die sich auch stets als ununterbrochener Prozeß vollbringt, beides und alles ist, das Sein wie das Nicht, bei der heraklitischen Sophistik aber dann nach der notwendigen Konsequenz des Gedankens, wenn alles Dasein nur Dasein des Nicht ist, das Nicht das Sein verschlungen hat und allein übriggeblieben ist. — Und so sagt uns in der Tat Sext. Emp. sehr scharf (Pyrrh. Hyp. II, 59) ἑτέρα μέν ἐστιν ἡ Γοργίου διάνοια καθ᾽ ἥν φησι μηδὲν εἶναι, ἑτέρα δέ ἡ Ἡρακλείτου καθ᾽ ἥν φησι πάντα εἶναι, eine andere ist die Erkenntnis des Gorgias, nach welcher er sagt, daß nichts sei, und eine andere die des Heraklit, nach welcher er sagt, daß alles sei, welche Stelle ihre Erläuterung in der anderen findet, ib. II, 63, wo es heißt, den einen scheine der Honig süß, den anderen bitter. Demokrit habe ihn daher weder für süß noch bitter, Heraklit aber für beides gehalten. Denn so ist es in der Tat bei Heraklit, daß bei ihm immer beide Seiten des Gegensatzes Dasein haben; von den Sophisten wird dieses Dasein dann aufgezeigt als das, was es hiermit schon an sich ist, als in sich aufgelöst und verschwunden.

Schleiermacher hat somit sehr unrecht gehabt, gegen diese Stellen des Sextus zu polemisieren (p. 442), wie er denn merkwürdigerweise allemal da Einspruch tut, wo gerade etwas hauptsächlich Richtiges über Heraklit ausgesagt wird.

Doch sind wir mit der Anführung dieser Stellen des Sextus an die Grenze dieses Teiles unserer Arbeit gekommen und müssen über sie auf den folgenden Teil, der die Fragmente und Zeugnisse der Alten und ihre Erörterung enthält, verweisen.

Wir haben diese vorläufige Entwicklung des heraklitischen Grundbegriffes fast durchgängig mit den eigenen Worten der heraklitischen Fragmente und den Zeugenaussagen der Alten gegeben. Alles, was wir von ihm haben, läßt sich konsequent aus seinem spekulativen Feuer, aus der prozessierenden Identität des Sein und Nichtsein, ableiten. Wir hätten noch weit mehr ins Detail dabei eingehen können, wenn dies nicht überflüssig geschienen. Heraklits Gedanke hat die Kraft des Systems, d. h. die Fähigkeit, sich aus sich zum konkreten Systeme zu entwickeln, weil er wirklicher Begriff ist. Heraklit konnte darum bei seinem Eingehen in das Detail so konsequent sein. Bis zu einer gewissen Grenze nun e n t w i c k e l t er seinen Gedanken und folgert aus ihm, d. h. erklärt aus ihm die sich a b s t u f e n d e R e i h e der Naturerscheinungen.

Ein charakteristischer Zug seiner Darstellung aber bleibt immer, was im vorigen Kapitel bereits ausführlich entwickelt worden ist, daß er seinen Begriff in n e b e n e i n - a n d e r seienden, koordinierten sinnlichen Formen und Namen ausspricht, die somit identisch und n i c h t alle eine s i c h g l i e d e r n d e A b s t u f u n g und F o r t - g a n g seines Prinzipes sind, sondern nur dessen ungeheures Ringen, die sinnliche Form zu zersprengen und sich in dem adäquaten Äther seiner begrifflichen Reinheit darzustellen; aber dieser innere stumme Begriff tönt durch seine eigene Natur immer wieder in einen s i n n l i c h e n Laut aus, der darum ebenso sehr sich aufhebt und die sich abwechselnde Vielheit von Klängen erzeugt. Die unsichtbare Harmonie, d a r g e s t e l l t, wird somit immer zur sichtbaren, die nicht den Gott erreicht, der sie beseelt. Das eine Weise, der Name Zeus, a u s g e s p r o c h e n,

ist immer hiermit auch v e r e n d l i c h t und unausgespro-
chen geblieben. Er ist gerade deshalb das eine, das immer
ausgesprochen werden will und auch nicht.

Erst nachdem wir dieses Zentrum heraklitischer Philosophie gewonnen haben, können wir daran gehen, dasselbe
in seine Ausstrahlungen, d. h. in seine konkrete Entwicklung zum System und seine weitere hiermit gegebene Ver-
tiefung in sich zu begleiten.

HISTORISCHER TEIL

FRAGMENTE UND ZEUGNISSE

I.

ONTOLOGIE

§ 1. Identität des Gegensatzes.

Zwei sinnliche Existenzen und Namen unter den vielen, in denen Heraklit seinen absoluten Begriff zur Darstellung brachte, sind es besonders gewesen, die von jeher der verwirrenden und mißverstehenden Verstandesvorstellung Vorschub taten, seine ganze Lehre zu verkennen und zu verderben: Feuer und Fluß. — Durch die äußere Ähnlichkeit mit dem Wasser und der Luft der vorhergehenden ionischen Philosophen übersah man, daß das Feuer nur wie Harmonie, Krieg etc. eine symbolische, sinnliche Bezeichnung der prozessierenden Einheit des Gegensatzes von Sein und Nichtsein war, man übersah das Feurige im Feuer und mutete so dem Heraklit den ungeheuren Widerspruch gegen seine ganze Lehre zu, eine bestimmte sinnliche Existenz als absolutes Prinzip und ἀρχή gesetzt zu haben.

Dieser Tadel trifft schon die Alten, vor allem aber die Stoiker, die besonders diese materielle Feuersbrunst geschürt haben. —

Von einer anderen Seite drohte der Fluß. Zwar, daß der Fluß nur die Kategorie des Fließens, Werdens, bedeute, konnte nicht übersehen werden. Aber die gewöhnliche Vorstellung faßt das Fließen und Werden selbst nicht als Einheit und Zugleichsein des absoluten Gegensatzes (von Sein und Nichtsein), sondern stumpft erstens den absoluten Gegensatz zu einer bloßen Verschiedenheit ab, und faßt zweitens diese Verschiedenheiten als nacheinander und außereinander in der Zeit.

Das ist dann die abgeflachte Kategorie der Veränderung. —

So übersah man denn auch in diesem Flusse das, was gerade Heraklit darin gesehen hatte, den bitteren Kampf und die zugleichseiende Einheit des schlechthinnigen Gegensatzes, die der Fluß räumlich — als ungetrennte Einheit und Kampf des räumlichen Sein und Nichtsein, des Hier und Nichthier — darstellt.

Jener Feuersgefahr nun ist Schleiermacher glücklich entronnen, dafür litt er desto gründlicheren Schiffbruch an den Sandbänken dieses seichten Flusses.

Wir wollen daher zuerst diejenigen Formen des heraklitischen Absoluten durchnehmen, die weniger einem solchen Mißverständnis ausgesetzt sind und reiner die Natur der in ihnen enthaltenen Begriffsmomente durchschimmern lassen, solche Ausdrucksweisen, die den Begriff weniger in sinnliches Material tauchen, sondern weil allgemeiner und der Sprache des Gedankens adäquater, ihren logischen Gedankeninhalt auch klarer und unverkennbarer offenbaren. Durch diese reinere Anschauung seines Absoluten gestärkt werden wir dann ohne Gefahr die Feuer- und Wasserprobe bestehen können.

Dies also, daß jedes die prozessierende Einheit seiner und seines Gegensatzes ist, daß jedes nur die Bewegung ist, in sein absolutes Gegenteil umzuschlagen, alles somit es selbst und zugleich sein Gegenteil ist, sprach Heraklit so aus:

„Denn das Auseinandertretende (sich Entzweiende) einigt sich immer mit sich"

144

in einer Stelle des Plato, die wir, weil sie in ihrem ganzen Zusammenhang für Späteres wichtig ist, gleich hierher setzen wollen: Ἰάδες δὲ καὶ Σικελικαί τινες ὕστερον Μοῦσαι ξυνενόησαν ὅτι συμπλέκειν ἀσφαλέστατον ἀμφότερα καὶ λέγειν ὡς τὸ ὂν πολλά τε καὶ ἕν ἐστιν, ἔχθρᾳ δὲ καὶ φιλίᾳ συνέχεται „διαφερόμενον γὰρ ἀεὶ ξυμφέρεται" φασὶν αἱ συντονώτεραι τῶν Μουσῶν· αἱ δὲ μαλακώτεραι τὸ μὲν ἀεὶ ταῦθ' οὕτως ἔχειν ἐχάλασαν, ἐν μέρει δὲ τοτὲ μὲν ἕν εἶναι φασὶ τὸ πᾶν καὶ φίλον ὑπ' Ἀφροδίτης, τοτὲ δὲ πολλὰ καὶ πολέμιον αὐτὸ αὐτῷ διὰ νεῖκός τι[1]).

Es genüge hier einstweilen, darauf aufmerksam zu machen, wie Plato in dieser Stelle auf das bestimmteste den eigentümlichen und u n t e r s c h e i d e n d e n Charakter heraklitischer Lehre gerade dahin angibt, daß bei ihm die Gegensätze immer z u g l e i c h vorhanden gewesen seien, während sich dies bei Empedokles in eine A b - w e c h s l u n g   u n d   N a c h e i n a n d e r   e r s c h l a f f t habe. —

Dieselbe Verknüpfung und Einheit eines jeden mit seinem schlechthinnigen Gegensatz, durch die allein jedes und alles besteht, spricht sich aus in den Worten bei dem Pseudo-Aristoteles: ταὐτὸ δὲ τοῦτο (nämlich, wie vorhergeht, die Einheit des Gegensatzes) ἦν καὶ τὸ παρὰ τῷ σκοτεινῷ λεγόμενον Ἡρακλείτῳ „ „συνάψειας οὖλα καὶ οὐχὶ οὖλα, συμφερόμενον [καὶ] διαφερόμενον, συνᾷδον [καὶ] διᾷδον καὶ ἐξ πάντων ἕν καὶ ἐξ ἑνὸς πάντα" "[2])

---

[1]) Plato Sophist. p. 242, D., p. 284, Ast. Man vgl. ib. p. 252, B., p. 312, Ast. und Simplicius in Phys. f. 11. b.

[2]) Arist. de mundo c. 5, p. 396, b., Brandis (Gesch. der griech.-röm. Phil., p. 156) übersetzt bereits οὖλα durch „Ganzes" und erinnert dafür daran, daß ὅλα, wie Schleiermacher p. 361 gezeigt hat, ein eigentümlicher heraklitischer Ausdruck sei. Schleiermacher selbst dagegen und Heeren über-

„Verknüpfe Ganzes und nicht Ganzes, Zu-
sammentretendes und Auseinandertreten-
des, Harmonisches und Unharmonisches
und aus allem eins und aus einem alles",
worauf der unbekannte Verfasser in der Hauptsache ganz
richtig und auch in den Worten halb heraklitisierend, halb
aristotelisierend erklärt: οὕτως οὖν καὶ τὴν τῶν ὅλων
σύστασιν — — διὰ τῆς τῶν ἐναντιωτάτων κράσεως ἀρχῶν

setzen οὖλα mit „Verderbliches und nicht Verderbliches", was
gleichfalls sich sehr wohl verteidigen ließe und durch die
Singularform οὖλον καὶ οὐχὶ οὖλον bei Stobäus in der bald
zu beziehenden Parallelstelle unterstützt zu werden scheint. Was
mich dennoch veranlaßt, οὖλα mit „Ganzes" zu übersetzen, ist
ein Bericht des Sextus, welcher, obwohl er doch gewiß nicht
übersehen worden sein kann, doch von den Bearbeitern Heraklits in der Regel unerwähnt geblieben ist, vielleicht gerade
deswegen, weil er zeigt, wie der Grundgedanke Heraklits ein
logischer war, und dies, als sich mit der bisherigen Ansicht nicht
vertragend, dem Bericht den Glauben entziehen mochte, den er
im wesentlichen verdient. Nach demselben hätte nämlich Heraklit sein Gesetz der Identität der Gegensätze auch an den
Gedankenbestimmungen des Ganzen und der Teile nachgewiesen und gezeigt, daß das Ganze sowohl es selbst als ein
Teil, der Teil seinerseits in bezug auf sich selbst auch wieder
ein Ganzes ist. Sextus sagt (adv. Math. IX, 337): „Äneside-
mus aber (den wir noch häufig auf den Fußtapfen Heraklits
finden werden) sagt nach Herakleitos, daß der Teil sowohl
etwas anderes sei als das Ganze (ὅλου), als auch dasselbe.
Denn die Substanz (οὐσία) ist sowohl das Ganze als auch ein
Teil. Das Ganze ist sie in Hinsicht auf das Weltall. Ein
Teil aber nach der Natur des einzelnen Lebendigen." Das
Ganze ist, wie auch in diesem Bericht hervortritt, dem Heraklit die Substanz, d. h. der Prozeß des Werdens. Dieser
ist aber selbst sofort die Bewegung, sich in die Einzelheiten,
in die Teile seiner selbst aufzulösen, die ihrerseits wieder durch
ihre Umwandlung, eins sich aus dem andern erzeugend, das
Weltall bilden und so sich zum Ganzen machen.

146

μία διεκόσμησεν ἁρμονία· ξηρὸν γὰρ [ὑγρῷ ψυχρόν τε
θερμῷ μίγεν — — ἐκόσμησε μία διὰ πάντων διήκουσα
δύναμις.

Sowohl jenes Fragment als diese Erklärung finden sich
wörtlich ganz ebenso bei Stobaeus[1]) bis auf die beiden
eingeklammerten καί, die Schleiermacher nicht mit Unrecht aus der aristotelischen Stelle weggelassen wissen
will.

Dieselbe prozessierende Einheit des Gegensatzes, dieses
Zusammentreten, das nur das ist, auseinanderzu-
treten, dies aber nie erreicht, weil das Auseinandertreten
seinerseits nur das ist: immer zusammenzugehen,
lehren uns auch die Worte einer Stelle des ·Plutarch[2]),
der, nachdem er Heraklits Ausspruch, man könne nicht
zweimal in einen und denselben Fluß steigen, angeführt
hat, unmittelbar also fortfährt: οὐδὲ θνητῆς · οὐσίας δίς
ἅψασθαι κατὰ ἕξιν· ἀλλ᾿ ὀξύτητι καὶ τάχει μεταβολῆς σκίδνησι καὶ πάλιν συνάγει, μᾶλλον δὲ οὐδὲ πάλιν, οὐδὲ ὕστερον
ἀλλ᾿ ἅμα συνίσταται καὶ ἀπολείπει, πρόσεισι καὶ
ἄπεισι· ὅθεν οὐδ᾿ εἰς τὸ εἶναι περαίνει τὸ γιγνόμενον αὐτῆς,
τῷ μηδέποτε λήγειν μηδ᾿ ἵστασθάι τὴν γένεσιν.

„Nicht ist es möglich, zweimal sterbliche Wesenheit zu
berühren (in demselben Zustand); sondern durch die
Schnelligkeit und Raschheit der Umwandlung trennt sie

---

[1]) Eclog. Phys. I, p. 690.
[2]) De *Ei* ap. Delph. p. 392, B., p. 605, .Wyttenb. und
aus ihr Euseh. Praep. Ev. XI, c. 11, p. 528. Wyttenbach
setzt bei Plutarch statt des früheren ἡττᾶσθαι aus Eusebius:
ἵστασθαι. Obgleich nun dem Sinne nach ἡττᾶσθαι auch gut
ist, scheint sich das ἵστασθαι durch eine andere Stelle des
Plutarch bestätigen zu lassen, in der auch gerade viel heraklitisiert wird, Consol. ad Apoll. p. 107, p. 422, Wyt.: καὶ ὁ
τῆς γενέσεως ποταμὸς οὗτος ἐνδελεχῶς ῥέων οὔποτε στήσεται.

sich und tritt wieder zusammen; oder vielmehr nicht w i e -
d e r u m n o c h n a c h h e r , sondern z u g l e i c h tritt sie
zusammen und auseinander, eint sie sich mit sich und trennt
sich von sich; weshalb niemals zum S e i n gelangt das
W e r d e n d e (derselben), da nie zu hemmen noch zum
Stillstand zu bringen ist das W e r d e n". — Denn diese
Heraklit selbst angehörigen Gegensätze: „σκίδνησι καὶ
συνάγει, συνίσταται καὶ ἀπολείπει, πρόςεισι καὶ ἄπεισι"
gelten nicht nur vom Fluß, sondern auch allgemein, wie
Plutarch sehr richtig sagt, von a l l e r sterblichen Wesenheit, von allem S e i n überhaupt. — Besonders aber merke
man, wie ausdrücklich uns hier Plutarch aufmerksam macht,
auf das Z u g l e i c h der Gegensätze. „Vielmehr nicht
w i e d e r u m n o c h n a c h h e r , sondern z u g l e i c h " geht
in jedem Seienden diese entgegengesetzte Bewegung des
Auseinander- und Zusammentretens vor sich. — Schleiermacher meint p. 358 zu dieser Stelle, Plutarch stelle den
Heraklit hier nur auf die S p i t z e , — eine Äußerung,
die nur eine Folge von seinem Verkennen des eigentlichsten
und tiefsten Punktes heraklitischer Lehre ist, und von der
ihn schon hätte die Vergleichung abhalten sollen, wie a u f -
f a l l e n d u n d g e n a u diese Stelle des Plutarch mit der
o b e n a n g e f ü h r t e n d e s P l a t o ü b e r e i n s t i m m t
(Soph. p. 242 [1])), wo der unterscheidende Charakter Heraklits g e r a d e g a n z e b e n s o angegeben wird, wie ihn
hier die Worte bezeichnen: „oder vielmehr nicht wiederum
noch nachher, sondern z u g l e i c h ", die freilich in der
Fassung, wie sie hier stehen, dem Plutarch, nach ihrem
Inhalt und Sinn aber auf das entschiedenste dem Ephesier
selbst angehören. Denn: „zugleich (ἄμα)" hat Heraklit

---

[1]) Und ebenso noch mit vielen anderen im Verlauf anzuführenden ebenso deutlichen Stellen des Plato.

allerdings nicht gesagt, dafür aber nur noch konkreter und energischer: i m m e r , „ἀεί", hierdurch die entgegengesetzten Bestimmungen verbindend und unauflöslich aneinanderkettend, wie wir in dem Fragment bei Plato: διαφερόμενον ἀεὶ ξυμφέρεται gesehen haben und noch häufig sehen werden[1]).

Die letzten Worte des Plutarch aber lassen wir jetzt noch erörtert; denn sie drücken zwar ganz dasselbe aus, worum es sich uns hier gerade handelt, aber in einer Form, die wir jetzt noch nicht durchgehen.

Diesen selben Gedanken, wie alles, sogar die Bewegung, an sich selbst sein eigenes Gegenteil sei, erläuterte Heraklit an einem Beispiel, in einem von Theophrast uns aufbewahrten Bruchstück, das den Bearbeitern Heraklits bisher entgangen ist*), den Herausgebern des Theophrastos

---

[1]) Dies „ἀεί" spielt eine große, häufig wiederkehrende Rolle bei Heraklit. Man vgl. Plato Phileb. p. 43, A., p. 148, Stallb.: ὡς οἱ σοφοί φασιν, ἀεὶ γὰρ ἅπαντα ἄνωτε κάτω ῥεῖ, wo das ὡς οἱ κτλ., auf eine wörtliche Anführung hinweist; ferner die Bruchstücke bei Clem. Alex. Strom. V, c. 14, p. 711, Pott. und ib. p. 716, Pott. etc. etc.

*) Nicht so Bernays, der aber die Stelle sehr mit Unrecht verbessern will: εἰ δὴ — „καὶ ὁ κυκεὼν διίσταται μὴ κινούμενος", wonach das Bruchstück also lauten würde: auch der Mischtrank tritt auseinander, wenn er n i c h t bewegt wird; eine Änderung, der auch Zeller p. 458, 1 beitritt. Aber abgesehen davon, daß schon die hierdurch hervorgebrachte große Leichtigkeit der Stelle gegen diese Konjektur hätte mißtrauisch machen sollen, sowie, daß der Mischtrank n i c h t bewegt auch nicht auseinander tritt, sondern ruhig so bleibt, wie er gerade ist, geht durch diese Emendation auch der ganze s p e z i f i s c h h e r a k l i t i s c h e Sinn des Bruchstücks verloren, und durch die oben anzuf. St. des Plutarch wird sie jetzt ohne allen Zweifel als irrig nachgewiesen. Übrigens zeigt auch der Zusammenhang und Sinn, in dem Theophrast das Bruchstück

aber von jeher Schwierigkeit gemacht hat. Dies schätzens-
werte Fragment, von welchem die Weise der Anführung
verbürgt, daß Heraklit hier wörtlich wiedergegeben ist,
lautet: εἰ δὲ μή, καθάπερ Ἡράκλειτός φησι· „καὶ ὁ κυκεὼν
διΐσταται κινούμενος“. „Auch der Mischtrank
tritt, bewegt werdend, auseinander“. (Theo-
phr. Fragm. VIII, c. 9. (περὶ ἰλλίγων), T. I, p. 809, ed.
Schneider und Link.)

Furlanus macht sich die Sache sehr leicht, indem er
übersetzt: et cyceon agitatione con stat; dann aber müßte
vielmehr συνίσταται stehen, wie Heinsius auch, obwohl

<hr>

zitiert, zweifellos, daß dasselbe keineswegs geändert werden
darf. Theoph. erklärt den Schwindel, das optische Sich-im-
Kreise-drehen, das eintritt, sowohl, wenn das Auge lange
starr auf denselben Punkt hinsieht, als wenn es sich im Kreise
bewegt und dann plötzlich wieder ruht. Er sagt nun: αἴτιον
δὲ τοῦ μὲν ἐν τῇ κυκλοφορίᾳ τὸ εἰρημένον· τοῦ δ’ ἐν τῇ ἐπιστάσει
καὶ τῷ ἀτενισμῷ, διότι τὰ ἐν τῷ κινεῖσθαι σωζόμενα διΐστησι
καὶ ἡ στάσις τῆς ὄψεως· διάστασις (διαστάσει?) ἑνὸς μορίου
καὶ τἄλλα τὰ συνεχῆ ἐν τῷ ἐγκεφάλῳ διΐσταται· διϊστάμενα
δὲ καὶ χωριζόμενα τὰ βαρέα καταβαρύνει καὶ ποιεῖ τὸν
ἴλιγγον· τὰ γὰρ πεφυκότα κινεῖσθαι τὴν δὲ κίνησιν
ἄλλοτε καὶ συμμένει διὰ ταύτην· εἰ δὲ μή (hier muß man
lesen εἰ μὲν δή wie schon Heinsius wollte, der aber gleichfalls das Bruchstück in συνίσταται ändern will) καθ. Ἡρ. φησι
κτλ. Das aber, dessen Natur es ist, meint also Th., mit dieser
Bewegung immer anders bewegt zu werden, das hält auch
durch diese Bewegung selbst wieder zusammen, wenn nämlich
Heraklit richtig gesagt hat etc. In dem ἄλλοτε wie in dem
καί liegt, daß die Bewegung sowohl Ursache des Auseinandertretens als Zusammengehens sein soll. Endlich zeigen
die unmittelbar folgenden Worte: εἴη δ’ ἂν καὶ κυκλοφορία
τὸ αὐτὸ τοῦτ’ ἀποδιδόναι· διΐστησι γὰρ ἡ δίνη τά τε βαρέα
καὶ κοῦφα κτλ. ja ganz deutlich, daß bei Theophr. wie Heraklit die Kreisbewegung selbst die Ursache des Auseinandertretens sein soll.

gegen alle Autorität der Handschriften, hinein verbessern will. Das darf aber auf keine Weise zugegeben werden, sondern muß mit der Ald. und Basil. und der neuesten Ausgabe schon bei διΐσταται verbleiben.

Der Sinn ist einfach d e r , daß der Mischtrank, wie er durch das Bewegt- und Geschütteltwerden, z u s a m - m e n t r i t t und die Mischung bildet, so auch durch dieselbe Bewegung ununterbrochen immer wieder i n s e i n e e i n z e l n e n B e s t a n d t e i l e a u s e i n a n d e r und ebenso immer wieder von neuem zusammentritt. Lösung und Mischung seiner Substanzen vollbringt sich beim Mischtrank durch sein Geschütteltwerden immer aufs neue. Sieht man genau zu, s o k a n n συνίσταται hier gar nicht stehen, weil es sonst eine leere Tautologie wäre. Das Bewegtwerden ist der ganz natürliche auf der Hand liegende Grund für das Zusammengeschütteltwerden, Zusammentreten, und b e d e u t e t d i e s e s s e l b s t s c h o n , so daß das κινού- μενος nur ganz so viel heißt, als wenn stünde :: καὶ ὁ κυκέων συνιστάμενος διΐσταται, wie wir schon getroffen haben συνίσταται καὶ ἀπολείπει und διαφερόμνον ἀεὶ ξυμφέρε- ται[1]). So hat also Heraklit hier nur an dem Beispiele des Mischtranks gezeigt, wie die Bewegung des Zusammentretens, sich Einigens, ungetrennt und in einem dieselbe ist mit ihrem Gegenteil, dem Auseinandertreten, sich Un-

---

[1]) Man vgl. mit den bereits angeführten und noch folgenden Stellen dieser Art den sehr heraklitisierenden Verfasser des hippokratischen Buchs de Diaeta I, c. VI, p. 450, Chart., p. 632, Kuehne: ταῦτα δε καὶ ξυμμίσγεσθαι καὶ διακρίνε- σθαι δηλῶ· ἔχει δὲ ᾦδε· γενέσθαι καὶ ἀπολέσθαι τὠυτό, ξυμμιγῆναι καὶ διακριθῆναι τὠυτό· γενέσθαι ξυμμιγῆναι τὠυτό, ἀπόλεσθαι, μειωθῆναι, διακριθῆναι τὠυτό ἕκαστον πρὸς πάντα καὶ πάντα πρὸς ἕκαστον τὠυτό· ὁ νόμος γὰρ τῇ φύσει περὶ τούτων ἐναντίος: χωρὶς δὲ πάντα καὶ θεῖα καὶ ἀνθρώπινα ἄνω κάτω ἀμειβόμενος.

terscheiden; ganz so, wie wir unten finden werden: ὁδὸς ἄνω κάτω μίη. Daß das Fragment in der Tat keinesfalls anders aufgefaßt werden darf, beweist auch entscheidend, was uns Plutarch von dem Gebrauche des Mischtrankes bei dem Stoiker Chrysippus sagt (de Stoic. Repugn. c. 34): es habe derselbe in seinem Buche über die Natur die Ewigkeit der Bewegung mit einem M i s c h t r a n k e verglichen, der immer a n d e r e Teile des Werdenden immer a n d e r s um w e n d e und i m m e r a n d e r s d u r c h - e i n a n d e r s c h ü t t e l e (ἐν τῷ πρώτῳ περὶ φύσεως τὸ ἀίδιον τῆς κινήσεως κυκεῶνι παρεικάσας, ἄλλα ἄλλως στρέφοντι καὶ ταράσσοντι τῶν γινομένων). Das Ge- schüttelt- oder Bewegtwerden des Mischtrankes verursacht also notwendig nach Heraklit auch sein A u s e i n a n d e r - t r e t e n; sonst könnte er bei der Schüttelung nicht i m m e r a n d e r s zusammentreten und durcheinander gerührt wer- den. Daß aber, was der Stoiker Chrysippus hier vom Mischtrank sagt, nur von Heraklit entlehnt ist, würde klar sein auch ohne den ausdrücklichen Beweis, den das Zeugnis des Phaedrus [1]) liefert: Chrysippus habe in seinem Werke über die Natur Mythen gedeutet und „d e m M i s c h t r a n k e d e s H e r a k l i t angepaßt".

Weil dies übrigens das einzige von den noch vorhan- denen Bruchstücken Heraklits ist, in welchem der Misch- trank vorkommt, so können wir hier beiläufig bemerken, daß entweder weil er, wie wir oben p. 100 gesehen, einen Mischtrank bereitet, um durch diese symbolische Hand- lung seinen Mitbürgern eine Gnome zu versinnlichen, oder weil man in der Tat mit Plutarch sagen kann, daß nach seiner Philosophie in der ganzen Natur nichts ungemischt

---

[1]) Phaedrus Epic. de nat. Deor. ed. Petersen., p. 19: τὰ παραπλήσια δὲ κἂν τοῖς περὶ φύσεως γράφει μεθερμηνεύων μύθους καὶ τῷ Ἡρακλείτου συνοικειῶν κυκεῶνι.

und rein sei[1]), am wahrscheinlichsten aber, weil er selbst,
wie wir eben sahen, in seinem Buche den κυκεών als Beispiel gebraucht und dies wohl noch öfter bei ihm vorgekommen sein mag, Epicur ihn einen „κυκητής", Mischer,
Mischtränkler, nennt[2]), wodurch die Verbesserung des
Menagius, der in den Versen des Sillographen Timon[3])

Τοῖς δ' ἔνι κοκκυστὴς ὀχλολοίδορος Ἡράκλειτος
αἰνικτὴς ἀνόρουσε

κυκητής lesen will, Wahrscheinlichkeit gewinnt.

Und auf unser Bruchstück gestützt muß man auch etwas
wörtlich Heraklitisches in den Worten erkennen, die Lucian
dem Ephesier, ihn parodierend, in den Mund legt: ταῦτ'
ὀδύρομαι καὶ ὅτι ἔμπεδον οὐδὲν, ἀλλάκως εἰς κυκέωνα
πάντα συνειλέονται καί ἐστι τὠυτὸ τέρψις καὶ ἀτερψίη κτλ.
„Dies aber beklage ich, daß nichts fest ist, sondern w i e
i n e i n e n M i s c h t r a n k h i n e i n a l l e s z u s a m m e n-
g e r a f f t w i r d und dasselbe ist Freud und Leid[4]) etc."
Der Mischtrank als philosophisches Symbol der Welt

---

[1]) Plutarch Terrestr. an aquat. anim. collid. p. 964, E.,
p. 913, Wytt: „— — τὴν φύσιν — — ἀμιγὲς δὲ μηδὲν μηδὲ
εἰλκρινὲς ἔχουσαν".

[2]) Ap. Diog. Laert. X, 8. Ἡράκλειτόν τε κυχητὴν ἐκάλει.

[3]) Lp. Diog. Laert IX, 6.

[4]) Lucian, Vitar. auct. c. 14, T. III, p. 96, ed. Bipont.;
man vgl. auch die Verbalform κυκῶνται bei Plato Cratyl.
p. 439, C., p. 220, Stallb., wo er von den Bekennern der heraklitischen Ansicht spricht: τῷ ὄντι μὲν οἱ θέμενοι αὐτὰ διανοηθέντες ἔθεντο ὡς ἰόντων ἁπάντων ἀεὶ καὶ ῥεόντων —
φαίνονται γὰρ ἔμοιγε καὶ αὐτοὶ οὕτω διανοηθῆναι, — — τὸ
δ', εἰ ἔτυχεν, οὐχ οὕτως ἔχει, ἀλλ' οὗτοι αὐτοί τε ὥσπερ εἰς
τινα δίνην ἐμπέσοντες, κυκῶνται καὶ ἡμᾶς ἐφελκόμενοι προς-
εμβάλλουσι. —

und ihrer Bewegung ist daher heraklitischen Ursprungs[1]). Durch unser Fragment erklärt sich daher auch und wirkt wieder auf unsere Interpretation desselben bestätigend zurück die Stelle bei Marc. Anton. VI, § 9: *Ἤτοι κυκεὼν καὶ ἀντεμπλοκὴ καὶ σκεδασμὸς κτλ.* Gataker übersetzt dem Sinne nach sehr richtig: U n i v e r s u m aut est cinnus quidam rerum nunc concursu fortuito invicem implexarum, mox dissipatarum denuo etc., nur daß es nicht erforderlich ist, das Universum in den Text hineinzunehmen. Es reicht hin, zu wissen, daß der Mischtrank dem S i n n e nach hier als B i l d des Universums und seiner Bewegung (von der im Verlauf der Stelle gehandelt wird) erscheint, und diese Bedeutung von M. Anton als bekannt vorausgesetzt wird. Besonders beachtenswert ist, wie daselbst der Mischtrank „sowohl als Verbindung wie als A u f l ö s u n g in seine Elemente" erscheint, ganz wie in unserem Fragmente das *διΐσταται* seiner Bewegung attribuiert wird. Ebenso heißt es bei demselben sich überhaupt häufig besonders eng an heraklitische Sentenzen und Ausdrücke anschließenden Stoiker IV, § 27: *Ἤτοι κόσμος διατεταγμένος ἢ κυκεὼν κτλ.* So erscheint auch bei Lucian (Icar. Menipp. T. VII, p. 25, ed. Bipont.) der *κυκεών* als sprichwörtliches Sinnbild der Weltmischung, denn nachdem er Schlaglichter auf die Gegensätze von Freudengelagen und Trauer, Krieg und Ackerbau, Handel und Diebstahl geworfen, fährt er ohne weiteres fort: *ἁπάντων τούτων ὑπὸ τὸν αὐτόν γινομένων χρόνον, ὥρα σοι ἤδη ἐπινοεῖν, ὁποῖόςτις ὁ κυκεὼν οὗτος ἐφαίνετο.*

Wir kehren von dieser Abschweifung zurück und führen, um dies Z u g l e i c h der Gegensätze und damit die be-

---

[1]) Über das o r p h i s c h e Mischen aber und ihre Bezeichnung des Zeus als *κοσμοκράτωρ* vgl. Greuzer Dionysius p. 19 sqq.

154

treffenden Zeugnisse des Aristoteles und anderer gegen jede Einsprache zu sichern, eine sonst eigentlich noch gar nicht hierher gehörige Stelle des Ephesiers an, wo er dies noch abstrakter und deutlicher ausdrückt: „*εἶμέν τε καὶ οὐκ εἶμεν*"[1]) „W i r s i n d u n d s i n d n i c h t." Denn dieses von uns selbst ausgesagte Sein und Nichtsein wird doch niemand als n a c h e i n a n d e r i n d e r Z e i t zu fassen suchen, wozu es wahrlich keiner heraklitischen Weisheit bedurft hätte und was zum Glück die Stelle gar nicht erlaubt. —

Diese Identität nun des sich Entgegengesetzten ist es, die uns Aristoteles ü b e r a l l wie den M i t t e l p u n k t h e r a k l i t i s c h e r L e h r e a n g i b t und am meisten und öftersten heraushebt von allem, was er uns über den Ephesier berichtet.

Es ist nur ganz angemessen dem durchdringenden Sinn des Stagiriten, daß er sich weder bei dem Fluß, noch dem Feuer, noch bei dem immerwerdenden Werden lange aufhält, sondern zu dem w a h r h a f t e n G e d a n k e n a l l e r d i e s e r s i n n l i c h e n A u s d r ü c k e d u r c h - b r i c h t , z u d e r E i n h e i t d e s S e i n u n d N i c h t - s e i n.

---

[1]) Ap. Her. Alleg. Hom. c. 24, p. 442, ed. Gal. p. 84, Schow. Ob diese Worte sich auf das an diesem Orte vorhergehende *ποταμοῖς* (*τοῖς αὐτοῖς ἐμβαίνομέν τε καὶ οὐκ ἐμβαίνομεν*) rückbeziehen, oder wie ich es durchaus möchte und auch Schleiermacher p. 529 zuläßt, a b s o l u t zu fassen sind, ändert für unsern augenblicklichen Zweck nichts. Ich glaube aber um so weniger, daß die oben angeführten Worte auf das *ποταμοῖς* zurückzubeziehen sind, als sie in dem Werk des Ephesiers selbst wohl keinesfalls unmittelbar auf das Diktum vom Flusse gefolgt sind, wie ja hier der Pontiker noch mehrere unabhängige Bruchstücke herausgreift und nur zusammenstellt, um Beispiele von der Dunkelheit Heraklits zu geben; siehe unten § 12.

So sagt er uns, daß nach Heraklit „Sein und Nichtsein dasselbe," „alles sei und nicht sei", an jedem das
Entgegengesetzte vorhanden sei etc., woraus er dann folgert, daß hiernach alles wahr und ebensogut alles falsch
sei. —

So in der Metaphysik [1]): „ἀδύνατον γὰρ ὁντινοῦν ταὐτὸν
ὑπολαμβάνειν [2]) εἶναι καὶ μὴ εἶναι, καθάπερ τινὲς οἴονται
λέγειν Ἡράκλειτον", und wieder [3]) „ἔοικε δ' ὁ μὲν Ἡρακλείτου
λόγος λέγων πάντα εἶναι καὶ μὴ εἶναι ἅπαντα ἀληθῆ
ποιεῖν", und noch schärfer [4]): „εἰσὶ δέ τινες, οἵ, καθάπερ
εἴπομεν, αὐτοί τε ἐνδέχεσθαί φασι, τὸ αὐτό εἶναι καὶ μὴ
εἶναι καὶ ὑπολαμβάνουσιν οὕτως" und [5]): οἷον ἀγαθὸν καὶ
κακὸν εἶναι ταὐτὸν, καθάπερ Ἡράκλειτός φησιν und auch [6]):
„ἀλλὰ μὴν εἰ τῷ λόγῳ ἓν τὰ ὄντα ὡς λωπίον καὶ ἱμάτιον,
τὸν Ἡρακλείτου λόγον συμβαίνει λέγειν αὐτοῖς· ταὐτὸν γὰρ
ἔσται ἀγαθῷ καὶ κακῷ εἶναι καὶ μὴ ἀγαθῷ καὶ ἀγαθῷ"
u. a. a. O. [7]), wozu man dann noch die Kommentatoren
vergleiche [8]).

---

[1]) Metaph. III, c. 3, p. 67, Br., p. 1005, Bekk.

[2]) Der schlechten Wendung, welche die Metaphysik hier
nimmt, Heraklit habe es nur so gesagt und nicht auch angenommen (ὑπολαμβάνειν), widerspricht sie selbst unmittelbar
darauf c. 4, init.: „καὶ ὑπολαμβάνειν οὕτως" (siehe die
Stelle oben im Text).

[3]) Metaphys. III, c. 7, p. 85, Br., p. 1015, Bekk.

[4]) ib. c. 4, p. 67, Br.

[5]) Topic. VIII. c. 5, p. 155, Bekk.

[6]) Phys. Ausc. I, 2, p. 185.

[7]) cf. Metaphys. III, c. 8, p. 1012; X, c. 5, p. 1062 und 1063.

[8]) Alex. Aphrod. Comment. in libb. et de Prima Philos.
interpr. Jo. Genes. Sepulv. Venet. 1551, lib. IV, p. 48, A.,
sqq., und p. 61 (jetzt im griech. Text in den von Brandis zur
Berliner Ausgabe des Arist. besorgten Scholien T. IV, p. 651,
p. 652, p. 637, p. 653, p. 684 sqq.). Ferner: Alex. in Topic.

Ja diese Identität der Gegensätze war im Altertum ein so allgemein bekannter Hauptsatz heraklitischer Lehre, daß seine Philosophie sogar wie in die bekannten Thesen, daß sich „alles bewege“ oder „alles fließe“, so auch in die Formel, daß „die Gegenteile identisch“ seien, zusammengefaßt und, wie es mit solchen Thesen der Fall, von Hand zu Hand überliefert wurde, s. d ἔκθεσις ῥητορικῆς des Anonymus bei Walz Rhetor. Graec. T. III, p. 740, ἢ ὡς Ἀντισθένης ἔλεγεν ὅτι οὐκ ἔστιν ἀντιλέγειν, ἢ κατὰ τὸν Ἡρακλείτου λόγον, τὰ ἐναντία ταὐτά, und bis in die spätesten Zeiten hat sich dieses merkwürdigerweise erst von den modernen Forschern übersehene und geleugnete Dogma von der Einheit der Gegensätze als das Hauptdogma Heraklits in der Tradition mehr oder weniger klar erhalten, s. z. B. bei Nicephorus Blemmid. in der Oratio qualem oporteat esse regem (in der Scriptorr. Veterr. Collect. nova von Ang. Mai, T. II, p. 633): — — ἀλλὰ δὴ καὶ κατὰ τὰ δόγματα τοῦ τε Ἡρακλείτου καὶ Δημοκρίτου καὶ Ζήνωνος τοῦ ἀκινήτου περὶ μίξεως καὶ ἐναντιουμένων ἀλλήλοις[1]).

Das Unrecht, das der Stagirite unserem Philosophen tut, besteht nur darin, daß er von seinem tautologischen Satze der Identität aus urteilend der spekulativen Idee Heraklits nicht Gerechtigkeit widerfahren läßt, und dies hat seinen Grund wieder darin, daß er die entgegengesetzten Bestimmungen als ruhige und feste[2]) nimmt.

---

p. 263; Simplicius in Phys. f. 18, a.; Themist. Paraphras. in Phys. f. 16, a. b.; Asclep. Scholia z. Arist. T. IV, p. 684, ed. Br. Andere einschlagende Stellen werden wir bald ausführlicher durchnehmen.

[1]) Andere entscheidendere Beweise und Stellen siehe an vielen Orten, besonders bei der Lehre vom Erkennen, § 28, sqq.

[2]) Und in diesem Irrtum fallen dann nach seinem Beispiele

während Heraklit sie und ihre Einheit als Prozeß weiß. Wenn er also gegen Heraklit anführt, der gesunde Sokrates könne doch nicht dasselbe sein als der kranke Sokrates, faßt er eben auf diese Weise gesund und krank als r u h e n d e, bleibende Bestimmtheiten, während unsere heutige Naturforschung z. B. weiß, daß Gesundheit und Krankheit allerdings ineinander übergehende Prozesse sind.

Heraklit konnte, — und das ist, wie in den früheren Kapiteln hinlänglich auseinandergesetzt, ein integrierendes Moment seiner Philosophie — seinen treibenden Begriff, die Identität des Sein und Nichtsein, noch nicht als K a t e - g o r i e aussprechen. Aristoteles aber hat sie aus dem konkreten Material, in dem sie bei jenem versenkt ist, glücklich herausgeschält und besser gesehen als die neuen Bearbeiter des Ephesiers, w o r a u f es bei diesem ankommt*).

---

alle seine Kommentatoren, wenn nicht zwei vorsichtige Stellen ihn zu vermeiden scheinen, Simplic. in Phys. f. 11, a.: „ὡς Ἡράκλειτος τὸ ἀγαθὸν καὶ τὸ κακὸν εἰς ταὐτὸν λέγει συνιέναι δίκην τόξου καὶ λύρης" und Jo.Philoponus in Phys. b., p. 3: ὅτι τὰ ἐναντία εἰς ταὐτὸ ἄξουσιν ὥσπερ Ἡράκλειτος κτλ. obwohl auch das noch nicht g a n z richtig ist.

*) Während die sonstigen Nachfolger Schleiermachers sämtlich seinen Irrtum hierin teilen, scheint Hegels a. a. O. hierüber bereits geäußerte Ansicht nicht ohne Einfluß auf Bernays geblieben zu sein, welcher Rhein. Mus. VII, 114, 2, indem er sich dabei auf seine Dissertation p. 2, 101, 14 bezieht, sehr gut gezeigt hat, daß Parmenides in den Versen (p. 114, ed. Mullach.):

οἷς τὸ πέλειν τέ καὶ οὐκ εἶναι ταὐτὸν νενόμισται,
κοὐ ταὐτὸν, πάντων δὲ παλίντροπός ἐστι κέλευθος

„Sein und Nichtsein ist d a s s e l b e u n d n i c h t d a s s e l b e" etc. offenbar auf Heraklit anspielt. Mit Unrecht, wie es scheint, spricht sich Zeller p. 495 gegen die Beziehung dieser Verse auf

Wenn er sagt, daß somit bei Heraklit alles wahr und auch alles falsch sei, so ist dies „wahr" und „falsch" auch nicht in Gott weiß welchem Sinne, den man vorstellend damit verbinden kann, zu fassen, sondern soll eben nur die Einheit von Sein und Nichtsein, der Positivität und Negation, der κατάφασις und ἀπόφασις, wie sich Aristoteles (metaphys. X, c. 5, p. 1062, B.) selbst dahin erläutert, aussprechen. Der Gedanke ist nämlich der: Wenn Sein und Nichtsein dasselbe ist, so kommt jeder Sache, jedem Urteil, jedem Begriff, jedem beliebigen Inhalte ebenso sehr das Sein wie das Nichtsein, ebenso sehr die Bejahung wie die Verneinung zu, der W i d e r s p r u c h e i n e s j e d e n g e g e n s i c h s e l b s t ist selber zur W a h r h e i t g e m a c h t und es kann somit, weil von allem Heraklit aus. Eine später (§ 26) zu betrachtende platonische Stelle dürfte jeden Zweifel daran beseitigen, daß mit dem παλίντροπος der „ins Gegenteil umschlagende" heraklitische Weltprozeß gemeint ist. Jedenfalls mit Unrecht aber bleibt Zeller trotz der Bernaysschen Andeutung in der Hauptsache selbst bei der Ansicht Schleiermachers stehen, indem er (p. 464, 1) sagt, daß durch jene Behauptung von der Identität des Entgegengesetzten von Aristoteles und Simplicius „unserem Philosophen eine F o l g e r u n g u n t e r g e s c h o b e n wird, die er selbst nicht gezogen hat und i n d i e s e r W e i s e s c h w e r l i c h a n e r k a n n t h ä t t e". Ganz im Gegenteil! Es kommt gar nicht einmal sonderlich darauf an, ob Heraklit diese Identität in etwas abstrakter oder sinnlich konkreterer Form ausgesprochen hat; aber g e d a c h t hat er sie; sie war sein s y s t e m a t i s c h e r Gedanke; seine Aussprüche sind selbst nur D a r s t e l l u n g e n dieses Gedankens oder F o l g e r u n g e n daraus, die er s e l b e r zog, und nicht bloß von Aristoteles und Simplicius, sondern auch von P l a t o und allen seinen Bruchstücken wie von seinem ganzen S y s t e m wird dieser Gedanke gerade a l s d i e p u l s i e r e n d e S e e l e seiner Philosophie nachgewiesen, wie dies im ganzen Verlauf unserer Darstellung weiter dargetan und gegen jeden Zweifel sichergestellt werden wird.

ebenso gut Sein wie Nichtsein, die Affirmation wie die Negation wahr ist, gesagt werden, daß alles ebenso gut wahr als falsch sei, wie dies auch der den Namen des Aphrodisiers führende Kommentar ganz gut auseinandersetzt [1]).

Eine hiermit zusammenhängende Konsequenz, die Aristoteles in einer trefflichen Wendung an dem oben bezogenen Orte entwickelt, ist ganz geeignet, uns sowohl den Einheitspunkt als auch den Unterschied zwischen Heraklits noch objektiver positiver Philosophie und den auflösenden, negativen Konsequenzen, welche seine Sekte und die aus derselben hervorgegangenen Sophisten aus ihr zogen, begreiflich zu machen. Er sagt nämlich daselbst: „καθάπερ γὰρ καὶ διῃρημένων αὐτῶν οὐθὲν μᾶλλον ἡ κατάφασις ἢ ἡ ἀπόφασις ἀληθεύεται, τὸν αὐτὸν τρόπον καὶ τοῦ συναμφοτέρου καὶ τοῦ συμπεπλεγμένου καθάπερ μίας τινὸς καταφάσεως οὔσης οὐθὲν μᾶλλον ἡ ἀπόφασις ἢ τὸ ὅλον ὡς ἐν καταφάσει τιθέμενον ἀληθεύσεται“. „Denn sowie die Bejahung nicht mehr wahr ist als die Verneinung, wenn beide getrennt sind, so wird auch gleicherweise, wenn beides *als sei es eine Bejahung* miteinander verbunden wird, ebenso sehr die Verneinung, als das wie in Bejahung gesetzte Ganze, wahr sein.“

In den hervorgehobenen Worten liegt der ganze Unterschied zwischen Heraklits eigener Philosophie und jener Umgestaltung derselben zur Sophistik, die bei Kratylos vorging. Bei dem Ephesier selbst wurde die Identität von Sein und Nichtsein als selbst positiv und objektiv seiend, als „eine Bejahung“, somit noch

---

[1]) Alex. Aphrod. Comment. in Ar. libb. de Prima Philos. interpret. Jo. Genes. Sepulv. Venet. 1551, IV, p. 33, B. (der griech. Text in den Scholien zu Arist. T. IV, p. 665)

in der Form der Positivität gesetzt. Alles Sein war ihm nur das Dasein der Identität von Sein und Nichtsein. Jene aber, die Schüler, zogen nur die hier auch von Aristoteles entwickelte dialektische Konsequenz, daß das als die E i n - h e i t von Sein und Nichtsein gesetzte Sein somit selber Nichtsein sei, und ließen, was Heraklit positiv die Wesenheit des Alls nannte, in das N i c h t s sich münden. Da beide Glieder in jenem, wie Aristoteles sagt, als sei es e i n e B e j a h u n g Zusammengefügten sich v e r n e i n - t e n, so setzten sie die Verbindung beider Glieder als e i n e Verneinung (vgl. oben p. 135 sqq.).

Dieser Gedankenunterschied zwischen Heraklit und seinen negativen Konsequenzen ist dem Aristoteles auch durchaus nicht entgangen. Denn es ist nur das Erfassen dieses Unterschiedes, wenn er anderswo (Metaphys. III, c. 7) einen Gegensatz zwischen Heraklit und Anaxagoras macht, indem dem ersteren a l l e s w a h r, dem letzteren aber alles f a l s c h sei. Dann aber sagt er. wieder b e i - d e s von Heraklit aus, weil es in der Tat eine unbedingte sich sofort dialektisch entwickelnde Gedankenkonsequenz ist, daß, wenn alles wahr, auch alles falsch ist, wie der Kommentar des Alex. Aphrod.[1]) zur Metaphysik .auch ganz gut und mit vieler dialektischer Schärfe nachweist.

---

[1]) Ib. ed. lat. Venet. 1551, IV, p. 61: „Heraclitus ergo cum diceret o m n e m r e m e s s e e t n o n e s s e e t o p p o s i t a s i m u l c o n s i s t e r e, contradictionem veram simul esse statuebat et omnia dicebat esse vera. Anaxagoram vero esse medium quoddam contradictionis etc. — — — — Postquam per Heraclitum c o n t r a d i c t i o n e s s i m u l v e r a s esse docuit, per Anaxagoram vero falsas — — — Ac perinde dicere omnia esse vera, ut placebat Heraclito, h o c q u o q u e e s t u n o m o d o d e o m n i b u s d i c e r e. — — — Heracliti autem sententiam hanc esse, ait, omnia vera esse et omnia falsa. At dixerat paulo ante sententiae Heracliti qui omnia e s s e e t

Dieselbe Konsequenz entwickelt uns auch Asklepios in einer Stelle, die wir deshalb anführen, weil sie ein neues Bruchstück des Ephesiers in sich enthält, welches aber in so ungenauer Anführung und in so unheraklitischer späterer Terminologie mitgeteilt ist, daß sich über die wörtliche Form des dem Bericht zugrunde liegenden Ausspruches schwerlich etwas Gewisses vermuten läßt[1]):

„καὶ ἀδύνατόν ἐστιν αὐτὸ συναληθεύειν καθάπερ, φησὶν, ἀπαιδεύτως τινὲς τοῦτο ὑπελάμβανον, μάρτυρα παράγοντες τὸν Ἡράκλειτον, ἐπειδὴ ἔλεγεν ἐκεῖνος· „ἕνα ὁρισμὸν εἶναι πάντων τῶν πραγμάτων" εἰ γὰρ τῷ ὄντι πάντων τῶν πραγμάτων εἷς ὁρισμὸς ὑπάρχει, τὰ δὲ κοινωνοῦντα κατὰ τὸν ὁρισμὸν τὰ αὐτὰ ἀλλήλοις ὑπάρχουσι, συνδραμεῖται ἡ ἀντίφασις· εἷς γὰρ καὶ ὁ αὐτὸς ὁρισμὸς ἀγαθοῦ τε καὶ οὐκ ἀγαθοῦ[2]).

„Eins ist die Grenze von allen Dingen" hätte hiernach also Heraklit gesagt. Welches diese eine Grenze aller Dinge sein würde, werden wir später in einem anderen Zusammenhange sehen; hier genüge es, darauf aufmerksam zu machen, wie Asklepios richtig auch aus diesem Ausspruch die Folgerung entwickelt, daß dann

non esse dicebat consentaneum esse dicere omnia esse vera: At hoc consentaneum est ei rursus dicenti, esse et non esse contradictionem in re quaque simul esse veram, ut omnia dicat vera simul esse et falsa. Si enim unumquodque opposita simul est atque non est, haud dubie per hunc vera erit tum esse negatio, tum non esse affirmatio. Verumtamen utraque erit falsa. Quatenus enim esse ipsum non est, affirmatio erit falsa, quatenus non esse non est, negatio quoque falsa est (vgl. den griech. Text bei Brandis Schol. z. Arist. IV, p. 684, 685).

[1]) Schol. in Arist. T. IV, p. 652, ed. Br.

[2]) cf. Asclep. ip. p. 684, wo er ebenfalls den Gegensatz, daß nach Heraklit πάντας ἀληθεύειν, gegen Anaxagoras festhält.

auch die Gegensätze, als in dieser allem gemeinsamen Grenze miteinander übereinstimmend, hierin selber identisch wären.

Wir glauben also schon hier nachgewiesen zu haben, daß sich Heraklit von der aus ihm hervorgegangenen Sophistik in der Tat nicht anders unterscheidet, wie der Satz, daß alles w a h r , von dem Satz, das alles f a l s c h sei. Und daß dies: „Alles sei wahr und alles sei falsch", von welchem Aristoteles — (wir haben gesehen, warum) — bald das eine, bald b e i d e s von der heraklitischen Lehre aussagt, eben nur die I d e n t i t ä t d e s a b s o - l u t e n G e g e n s a t z e s , des Sein und Nichtsein, ausdrückt, zeigt, wenn es nach der eigenen Selbsterläuterung des Stagiriten und so vieler Stellen seiner Kommentatoren noch eines Beweises bedürfte, auch noch die Stelle des Sextus Empiricus[1]), wo er, ebenfalls den angedeuteten Unterschied zwischen Heraklit und den Sophisten festhaltend, sagt: „Eine andere ist die Einsicht des Gorgias, nach welcher er sagt, daß N i c h t s sei ($\mu\eta\delta\grave{\epsilon}\nu\ \epsilon\tilde{\iota}\nu\alpha\iota$) und eine andere die des Heraklit, nach welcher er sagt, daß a l l e s s e i ($\pi\acute{\alpha}\nu\tau\alpha\ \epsilon\tilde{\iota}\nu\alpha\iota$)", worauf Sextus dies „alles sei". als die E i n h e i t d e r G e g e n s ä t z e e r k l ä r t (durch das Beispiel des Honigs, der nach Heraklit süß und bitter zugleich sei). Es ist aber, wie sattsam gezeigt, nur eine unabweisliche Gedankenkonsequenz, daß, wenn alles ist, d. h. wenn alles die Identität von Sein und Nichtsein und somit der Widerspruch gegen sich selber ist, eben deshalb alles zunächst ebenso sehr falsch, alles Sein ebenso sehr Nichtsein ist und eben nur der W i d e r s p r u c h u n d d a s N i c h t s e i n existiert. Das Urteil also, das Aristoteles abgibt (Phys. Ausc. I, c. 2): es folge aus dem

---

[1]) Pyrrh. Institut. II, 59, cf. ib. I, 210.

Logos des Heraklit nicht sowohl, daß alles e i n s , als
daß alles N i c h t s sei, hat ebenso eine wahrhafte, wenn
auch doppelseitige Dialektik des Gedankens für sich, als
es in den sich aus ihm entwickelnden Theorien der Só-
phisten s e i n e g e s c h i c h t l i c h e W i r k l i c h k e i t ge-
h a b t h a t , und ist somit durchaus nicht so „wunderlich",
wie Schleiermacher selbst sehr wunderlich meint.

Wie aber Aristoteles und nach ihm der Aphrodisier
gewußt, daß die Identität des absoluten Gegensatzes, das
Z u g l e i c h des Sein und Nichtsein, des Ja und Nein,
der prinzipielle Gedanke Heraklits gewesen ist, so hat
auch Plato d i e s e l b e t i e f e E i n s i c h t gehabt. Und
zwar liegt sie nicht nur in der schon oben bezogenen Stelle
im Sophisten, sondern in a l l e n Stellen, wo er von dem
heraklitischen „Werden und niemals Sein" spricht, und
könnte leicht aus ihnen entwickelt werden, hier aber können
wir, um jeden Schein eigenmächtigen Verfahrens zu vermeiden, nur eine derartige brauchen, wo dies auch der
gedankenlosen Betrachtung offen zutage liegt. Als eine
solche bietet sich uns dar die Stelle [1]: „τὸ δ' ὡς ἔοικεν,
ἐφάνη, εἰ πάντα κινεῖται, πᾶσα ἀπόκρισις περὶ ὅτου ἄν τις
ἀποκρίνηται ὁμοίως ὀρϑὴ εἶναι, οὕτως τ' ἔχειν φάναι καὶ

---

[1] Theaet. p. 183, A., p. 195, Stallb. Und zwar geht dies
Urteil des Plato nicht bloß auf die Sekte der Heraklitiker,
sondern auf den Meister selbst, wie auch das πάντα κινεῖται
ja auf ihn selbst geht. Überhaupt ist der Unterschied zwischen
dem Ephesier und seinen Anhängern nur der oben auseinandergesetzte, daß sie seine Konsequenzen zogen. Sonst haben sie
sehr festgehalten an seiner Lehre. Aristoteles sagt uns ausdrücklich von ihnen: „Sie geben nicht zu, daß an demselben
das Entgegengesetzte zugleich nicht vorhanden ist, n i c h t · w e i l
es ihnen so scheint, sondern weil man nach Hera-
klit so sagen muß" (Top. VIII, c. 5, p. 155 und Alex.
Aphrod. zu dieser Stelle f. 263).

μὴ οὕτως". „Wenn alles in Bewegung ist, so scheint jedes Urteil, worüber einer auch urteile, gleichmäßig richtig zu sein, sich so und nicht so zu verhalten," sagt also auch Plato von der Lehre Heraklits. Man braucht hier nur den Ausdruck ἀπόκρισις in seinen Inhalt: κατάφασις und ἀπόφασις aufzulösen, um die obigen Stellen des Aristoteles aus der platonischen fast wörtlich wiederzugewinnen!

Wollte man uns aber entgegnen, daß wir auf diese Weise aus einem Physiker einen Dialektiker und Logiker machen, so ist das gerade die charakteristische und gänzlich übersehene Eigentümlichkeit Heraklits, daß bei ihm das rein Dialektische und Logische *da ist*, aber noch unter dem Kristall des Natürlichen verborgen ruht.

Oder was wird man einwenden wollen gegen diese andere Stelle des Plato [1]): „und besonders diejenigen, welche sich um die „ἀντιλογικοὺς λόγους" (die sich widersprechenden, eigentlich dem Satze vom Widerspruch widersprechenden, Reden) herumdrehen, glauben zuletzt, wie du weißt, daß sie die Weisesten geworden sind und allein erkannt haben, daß weder von den Dingen irgend eines gesund noch standhaft sei, noch von den Worten (λόγων), sondern daß alles Seiende eigentlich wie im Euripus nach oben und unten umgewendet wird und keinen Augenblick irgendwie beharrt", wo es doch also direkt, auch von Plato, ausgesprochen wird, daß die heraklitische Philo-

---

[1]) Phaedo p. 90, C., p. 552, Ast. καὶ μάλιστα δὴ οἱ περὶ τοὺς ἀντιλογικοὺς λόγους διατρίψαντες οἶσθ' ὅτι τελευτῶντες οἴονται σοφώτατοι γεγονέναι καὶ κατανενοηκέναι μόνοι ὅτι οὔτε τῶν πραγμάτων οὐδενὸς οὐδὲν ὑγιὲς οὐδὲ βέβαιον οὔτε τῶν λόγων, ἄλλα πάντα τὰ ὄντα ἀτεχνῶς ὥσπερ ἐν Εὐρίπῳ ἄνω κάτω στρέφεται καὶ χρόνον οὐδένα ἐν οὐδενὶ μένει.

sophie sich um die „λόγοι ἀντιλογικοί" drehe. Wird man etwa zu der gewaltsamen Ausflucht greifen wollen, daß sich diese Stelle des Plato nur auf die Schüler des Heraklit, nicht auf ihn selbst beziehe? Dies wäre aber eine nicht nur gewaltsame, sondern auch u n m ö g l i c h e Annahme. Denn die hier von Plato erwähnten Dogmata vom ewigen Flusse, vom Wechsel der ὁδὸς ἄνω κάτω sind urkundlich die eigensten Aussprüche des Ephesiers selbst, und ferner ist uns der in dieser Stelle ironisierte D ü n k e l d e s W i s s e n s gerade nur von der P e r s o n H e r a - k l i t s s e l b s t verbürgt, von welchem bekanntlich erzählt wird, er sei, als er sich selber als nichtseiend erkannt, da- durch der Weiseste von allen, auch nach seiner eigenen Meinung, geworden[1]). Auch beweist der unmittelbare Fortgang der angezogenen Stelle des Phaedo, daß der Ephesier selbst gemeint ist, denn bald darauf geht es so weiter: „οὐκοῦν, ὦ Φαίδων, ἔφη, οἰκτρὸν ἂν εἴη τὸ πάθος εἰ — — μὴ ἑαυτόν τις αἰτιῷτο μηδὲ τὴν ἑαυτοῦ ἀτεχνίαν, ἀλλὰ τελευτῶν διὰ τὸ ἀλγεῖν ἄσμενος ἐπὶ τοὺς λόγους ἀφ' ἑαυτοῦ τὴν αἰτίαν ἀπώσαιτο· καὶ ἤδη τὸν λοιπὸν βίον μισῶν τε καὶ λοιδορῶν τοὺς λόγους διατελοῖ" κτλ., wo also doch eine Anspielung auf Heraklits bekanntlich angeblich melan- cholische und das Leben geringschätzende Gemütsart vor- zuliegen scheint.

So stimmt denn also auch Plato überein mit dem Urteil des Aristoteles und dieser ist durch alles Bisherige, Frag- mente wie Zeugnisse, gerechtfertigt gegen den Vorwurf, den Schleiermacher ihm macht, „er habe dem Ephesier ein S e i n u n d Z u g l e i c h g e l i e h e n, von dem jener

---

[1]) Siehe hierüber unten § 12. Man vgl. auch Cratylus p. 440, C., p. 223, Stallb., wo Plato ganz so von Heraklit persönlich das οὐδὲν ὑγιὲς, οὐδὲ βέβαιον κτλ. gebraucht, wie in der o. St.

nichts wußte", (eine Ansicht, der sich auch Brandis, Gesch. d. gr.-röm. Phil. I, p. 187 anschließt, indem er ebenfalls das Sein und Zugleich (Nichtsein) von Heraklit abhalten zu müssen glaubt), und diese Meinung Schleiermachers und seiner Nachfolger vielmehr nur als ein Verfehlen des tiefen Sinnes Heraklits nachgewiesen. Weitere Belege, und viel gewichtigere dafür, kann man in allem Folgenden finden; doch werden wir auf diesen Irrtum Schleiermachers nicht mehr ausdrücklich zurückkommen[1]) und zwar gerade deswegen, weil wir es sonst eben bei jedem Fragmente von neuem müßten; es ist fast jeder Satz Heraklits nur eine Variation oder Entwicklung dieses e i n e n Themas. Heraklit hat hauptsächlich nur diesen e i n e n Gedanken gehabt, den seine Bearbeiter ihm absprechen!

So war also dem Ephesier jedes Existierende nur die Einheit des absoluten Gegensatzes und, wie wir im Verlaufe sehen werden, stand ihm eine Existenz um so höher, je reiner und ungetrennter sie diese Identität des Gegensatzes in sich zur Darstellung brachte.

Dies zeigt auch ein schönes Fragment, welches uns die Scholien zur Iliade (ed. Bekker. p. 392, a. 47) aus Porphyrius beibringen. Dasselbe beweist, daß Heraklit auch mathematischen Spekulationen, die ihm sonst um so mehr fern lagen, als er nach gewissen Spuren[2]) die Ma-

---

[1]) Schleiermacher scheitert nämlich an der im Anfange angedeuteten Klippe des Flusses; er faßt das heraklitische Prinzip als bloße Veränderung und übersieht, daß nach unserm Philosophen alles i m m e r i n s i c h s e l b s t sein eignes G e g e n t e i l, der einzige allem zugrunde liegende Gegensatz aber ihm der des Sein und Nichtsein ist.

[2]) Denn im Theaetet. sagt Sokr. zu Theodor., welcher M a t h e m a t i k e r ist, auf dessen Schilderung der Heraklitiker

thematik oder mindestens doch ihre Vermischung mit der Philosophie mit ungünstigen Augen betrachtet zu haben scheint, wenigstens nicht gänzlich fremd geblieben ist, diesen Stoff wie jeden anderen mit dem tiefsten spekulativen Sinne durchdringend. Es findet das Bruchstück, da es in Hinsicht seines Stoffes ganz vereinzelt steht, am besten schon hier seinen Platz: πᾶν γὰρ — sagt der Schol. I, I, — ὃ ἄν τις ἐπινοήσῃ σημεῖον, ἀρχή τε καὶ πέρας. ξυνὸν γὰρ ἀρχὴ καὶ πέρας ἐπὶ κύκλου περιφερείας, κατὰ τὸν Ἡράκλειτον. „Denn gemeinschaftlich ist Anfang und Ende in der Peripherie des Kreises, nach Heraklit.“

Der Sinn dieses Ausspruches kann nicht zweifelhaft sein und wird vom Scholiasten selbst sehr gut dahin erklärt: als ein in seiner Peripherie beschlossener Raum sei der Kreis in dieser Hinsicht nicht unendlich, 'sondern begrenzt, in Rücksicht darauf aber, daß er nirgendwo geschiedene Grenzpunkte habe, vielmehr jeder beliebige herausgegriffene Punkt der Peripherie ebensowohl Anfang als Ende sei, sei er unendlich[1]) (τοῦ τοίνυν κύκλου κατὰ τὴν περιφέρειαν ὄντος πεπερασμένου καὶ μὴ ἀπείρου κατὰ τὸ διεξίτητον οὐκ ἂν λέγοιτο

(p. 180, B.): „vielleicht hast du die Männer nur im Kampfe gesehen, nicht wenn sie Frieden halten. Denn Dir sind sie nicht Freund.“

[1]) Wem fallen bei dieser heraklitischen Definition nicht die Worte Hegels bei, Logik I, p. 156: „Das Bild des Progresses ins Unendliche ist die gerade Linie, an deren beiden Grenzen nur das Unendliche ist und immer nur ist, wo sie — und sie ist Dasein — nicht ist, und die zu diesem ihrem Nichtdasein, d. i. ins Unbestimmte, hinausgeht; als wahrhafte Unendlichkeit, in sich zurückgebogen, wird deren Bild der Kreis, die sie erreichthabende Linie, die geschlossen und ganz gegenwärtig ist, ohne Anfangspunkt und Ende.“

πρὸς πέρασιν αὐτὴ πεπεράνθαι, κατὰ δὲ τὸ μὴ ἔχειν ποθέν που διάφορα πέρατα, πᾶν δὲ τὸ ληφθὲν ἀρχὴν εἶναι καὶ πέρας, ἄπειρον ἐκάλουν τὸν κύκλον). —

Wenn früher der Anschauung der Völker der Kreis als Symbol des Unendlichen erschien, so war es Heraklit gegeben, diese Vorstellung mit dem Gedanken zu durchdringen und die wahrhafte Natur dieser Unendlichkeit aufzuzeigen.

Und gewiß muß, sowohl wenn man das Fragment näher betrachtet, welches nur der mit *γάρ* eingeleitete b e g r ü n - d e n d e Hintersatz einer vom Kreise handelnden Stelle ist, deren Anfang uns leider nicht erhalten, als wenn man auf die Erklärung des Scholiasten Rücksicht nimmt, jener schönen Definition des Ephesiers vom Kreise in seinem Werke ein Satz vorhergegangen sein, in welchem er dem Kreise wegen dieser absoluten Identität der Gegensätze, wegen dieser schlechthinnigen Durchdringung von Anfang und Ende in jedem seiner Punkte, eine besondere Würde und symbolische Bedeutsamkeit zuschrieb [1]).

§ 2. Fortsetzung. Die Harmonie.

Das Prinzip selbst aber dieser ungetrennten Einheit des absoluten Gegensatzes hat Heraklit als K r i e g oder H a r m o n i e ausgesprochen, welche letztere er mit der des Bogens und der Leier verglich.

[1]) Wenn Heraklit also sehr wohl die Bewegung seines absoluten Prozesses, in welchem jeder Untergang Entstehung und jedes Leben Sterben ist, durch den Kreis und die Kreisbewegung versinnlichen konnte, weil hier gleichfalls Anfang und Ende stets zusammenfallen, so sind auch in stoischen Stellen noch Spuren genug zu erkennen, daß er dieses Sinn-

Die Harmonie ist ihm nur ganz dasselbe, was ihm der Krieg ist, wie entgegengesetzte Vorstellungen auch das gewöhnliche Bewußtsein mit beiden verbindet.

Die Einheit von Sein und Nichtsein als Einheit des absoluten widerstreitenden G e g e n s a t z e s ist ihm K r i e g, aber als des Gegensatzes E i n h e i t ist s i e H a r - m o n i e. Und weil ihm alles, was existiert, nur durch dieses Eins des Gegensatzes ist, so kann ihm auch dieser Krieg allein ἀγχή sein, nur daß er diesen abstrakten Ausdruck noch nicht hat, sondern denselben Begriff in sinnlichen Namen (Va t e r , K ö n i g) ausspricht.

So führen wir denn, an unser erstes Fragment uns anschließend, zuerst das Bruchstück bei Plato an[1]):

bild für die Natur seiner absoluten Bewegung wirklich gebraucht hat; s. Marc. Anton. II, § 14: man müsse sich zweier Dinge erinnern, ἑνὸς μὲν ὅτι πάντα ἐξ ἀϊδίου ὁμοειδῆ καὶ ἀνακυκλού-μενα κτλ. und id. IX, § 28, Ταῦτά ἐστι τὰ τοῦ κόσμου ἐγκύ-κλια, ἄνω κάτω, ἐξ αἰῶνος εἰς αἰῶνα cf. die aristot. Probl. XVII. 3, p. 916, Bekk.: — — ὥσπερ ἐπὶ τοῦ οὐρανοῦ καὶ ἑκάστου τῶν ἄστρων φορᾷ κύκλος τίς ἐστι, τί κωλύει καὶ τὴν γένεσιν καὶ τὴν ἀπώλειαν τῶν φθαρτῶν τοιαύτην εἶναι, ὥστε πάλιν ταῦτα γίνεσθαι καὶ φθείρεσθαι; καθάπερ καί φασι κύκλον εἶναι τὰ ἀνθρώπινα, worauf dann an den Ausspruch des Alkmäon erinnert wird, die Menschen gingen dadurch zugrunde, daß sie Anfang und Ende nicht zusammenbringen könnten: τοὺς γὰρ ἀνθρώπους φησὶν Ἀλκμαίων διὰ τοῦτο ἀπόλλυσθαι, ὅτι οὐ δύνανται τὴν ἀρχὴν τῷ τέλει προσάψαι, κομψῶς εἰρηκῶς, εἴ τις ὡς τύπῳ φράζοντος αὐτοῦ ἀποδέχοιτο καὶ μὴ διακριβοῦν ἐθέλοι τὸ λεχθέν· εἰ δὴ κύκλος ἐστι, τοῦ δὲ κυκλου μήτε ἀρχή μῆτε πέρας κτλ. cf. Arist. Phys. IV, c. 13, p. 223, B., φασὶ γὰρ κύκλον εἶναι τὰ ἀνθρώπινα πράγματα worauf dies˙ hier ausführlich kritisiert wird, und besonders Arist. Meteorol. I, c. 9, 5, p. 364, B., wo die physische Bewegung Heraklits ausdrücklich als Kreisbewegung geschildert wird, worüber später, vgl. § 23, 26, 27.

[1]) Sympos. p. 187, A., p. 119, Stallb.

„τὸ ἓν γάρ, φησι (sc. Ἡράκλειτος) διαφερόμενον αὐτὸ αὐτῷ ξυμφέρεσθαι ὥσπερ ἁρμονίαν τόξου τε καὶ λύρας". „Denn das Eine, indem es sich von sich trennt (auseinandertritt), eint sich mit sich selbst, wie die Harmonie des Bogens und der Leier."

Und ebenso bei Aristoteles [1]): „καὶ Ἡράκλειτος· „τὸ ἀντίξουν συμφέρον" καὶ „ἐκ τῶν διαφερόντων καλλίστην ἁρμονίαν" καὶ „πάντα κατ᾽ ἔριν γίνεσθαι". „Das sich Entgegenstrebende ist das sich mit sich Einigende"; und „aus dem sich Entzweienden (sich Unterscheidenden) die schönste Harmonie" und „alles werde durch den Streit."

Ebenso bei Plutarch [2]): „παλίντονος [3]) γὰρ ἁρμονίη κόσμου, ὅκωσπερ λύρης καὶ τόξου" καθ᾽ Ἡράκλειτον, „sich in ihr Gegenteil umwendend ist die Harmonie des Weltalls wie der Leier und des Bogens" und ganz so noch an einem anderen Ort, nur in indirekter Rede und mit einer Veränderung des ersten Wortes [4]): „Ἡράκλειτος δὲ παλίντροπον ἁρμονίην κόσμου ὅκωσπερ λύρης καὶ τόξου". „In ihr Gegenteil umschlagend sei die Harmonie des Weltalls wie der Leier und des Bogens."

Diese Harmonie der Leier und des Bogens, die, wie wir sehen, Heraklit ein konstantes Bild von der Harmonie

---

[1]) Eth. Nicomach. VIII, c. 2, p. 1155.
[2]) De Is. et Osir. p. 369, A., p. 512, Wytt.
[3]) παλίντονος war ein Epitheton des Bogens überhaupt bezeichnete aber auch eine besondere Art Bogen, die doppelt zu spannen waren, vgl. die Interpret. zu Ilias. VIII, 266, und Herodot. VII, 69. Wörtlich wäre es etwa zu übersetzen: „Sich entgegenspannend"; über seinen wirklichen Begriff und die obige Übersetzung siehe unten in § 3.
[4]) Plutarch. de anim. procreat. p. 1026, B., p. 177, Wytt.

der Gegensätze in dem Weltall überhaupt war, führt nun Simplicius [1]) speziell als Bild der sich miteinander vermittelnden Einheit des Guten und Bösen an: ὡς Ἡράκλειτος τὸ ἀγαθὸν καὶ τὸ. κακὸν εἰς ταὐτὸν λέγων συνιέναι δίκην τόξου καὶ λύρας· ὃς καὶ ἐδόκει θέσιν λέγειν διὰ τὸ ἀδιορίστως φᾶναι· ἐνεδείκνυτο δὲ τὴν ἐν τῇ γενέσει ἐναρμόνιον μίξιν τῶν ἐναντίων (worauf Simplicius sehr gut die Stelle des Plato Soph. p. 242, e. hiermit in Verbindung bringt).

Heraklit also, versichert Simplicius, habe gelehrt, daß auch das Gute und das Böse in dasselbe zusammengehe (ineinander übergehe) nach Art des Bogens und der Leier; und, fügt er hinzu, mit diesem paradox scheinenden Satze habe Heraklit die harmonische Mischung der Gegensätze in der Wirklichkeit gemeint. Diese Stelle des Simplicius, weil sie uns die Identität des Guten und Bösen bei Heraklit als eine ineinander übergehende, somit als Prozeß sich vermittelnde angibt, ist korrekter als jene bereits durchgenommenen Stellen des Aristoteles (Topic. VIII, c. 5, p. 155 und Phys. I, 2, p. 185), auf die sie sich kommentierend bezieht und in welchem die Identität des Gegensatzes von Gut und Böse nur als eine ruhige, seiende ausgesprochen wird.

Zugleich erfahren wir aus dieser Stelle des Simplicius, daß Heraklit auch diesen speziellen Gegensatz des Guten und Bösen mit der Harmonie des Bogens und der Leier verglichen haben muß; denn es ließe sich nicht absehen, wie Simplicius dazu gekommen sein sollte, die Harmonie des Bogens und der Leier als Bild für die Identität des Guten und Bösen zu gebrauchen, wozu er

---

[1]) Comment. in Aristot. Phys. f. 11, a. b.

ja durch keinen Vorgang des Aristoteles veranlaßt war, wenn er sie nicht bei Heraklit selbst als Beispiel von der speziellen Einheit entgegengesetzter sittlicher Bestimmungen gebraucht gefunden hätte.

Wohl aber hat Simplicius, jene Stellen des Aristoteles im Kopfe und sie mit Heraklits eigenen Worten vermischend, die Ausdrücke „gut und schlecht", mit welchen Heraklit diesen Gegensatz der sittlichen Bestimmungen nicht bezeichnet hat, an die Stelle der von Heraklit selbst dafür gebrauchten Ausdrucksform: „Das Gerechte und Ungerechte" gesetzt, wie wir aus einer Stelle der venetianischen Scholien zum Homer entnehmen, welche zugleich ein schönes Fragment des Ephesiers enthält und uns endlich den tiefsten Sinn jener Identität des Guten und Bösen offenbart, die Aristoteles so oft dem Heraklit als unlogisch vorwirft.

Die Stelle lautet [1]): ἀπρεπές φασιν, εἰ τέρπει τοὺς θεοὺς πολέμων θεά· ἀλλ' οὐκ ἀπρεπες· τὰ γὰρ γενναῖα ἔργα τέρπει· ἄλλως τε πόλεμοι καὶ μάχαι ἡμῖν δεῖνα δόκει, τῷ δὲ θεῷ οὐδὲ ταῦτα δεινά· συντελεῖ γὰρ ἄπαντα ὁ θεὸς πρὸς ἁρμονίαν τῶν ἄλλων ἢ καὶ ὅλων οἰκονομῶν τὰ συμφέροντα, ὅπερ καὶ Ἡράκλειτος λέγει, ὡς „„τῷ μὲν θεῷ καλὰ πάντα καὶ δίκαια, ἄνθρωποι δὲ ἃ μὲν ἄδικα ὑπειλήφασι, ἃ δὲ δίκαια"" Man halte es für unschicklich, sagt der Scholiast, wenn (beim Homer) die Götter die Göttin des Krieges erfreut; doch dem sei nicht so; denn edle Werke erfreuten; uns Menschen freilich erschienen Kriege und Schlachten schrecklich, dem Gotte aber nicht also; denn es vollbringe alles der Gott, zur Harmonie des Unterschiedenen oder auch des Alls, das sich Einigende ordnend; weshalb auch Heraklit sage: „„„dem Gotte

---

[1]) Schol. Venet. ed. Villoison. ad Iliad. IV. 104.

(ist) alles schön und gerecht, die Menschen aber haben das eine als ungerecht, das andere als gerecht angenommen"".

Das „Gerechte und Ungerechte δίκαιον und ἄδικον sind also Heraklits eigene Bezeichnung für die entgegengesetzten sittlichen Bestimmungen gewesen. Daß ihm diese Bezeichnung eine angemessenere war, als die abstrakten: gut und schlecht, würde wohl auch an sich klar sein. Wir wissen aber auch aus Plato[1]), daß das δίκαιον wenigstens bei den Schülern des Ephesiers, als Hauptbenennung für das absolute Prinzip ihrer Philosophie galt und sehen keinen Grund, warum sie diesen Namen selbst gemacht und nicht schon in dem Werke des Heraklit übernommen haben sollten[2]), um so weniger, als wir ja in den eigenen Bruchstücken des Ephesiers die Dike in derselben Würde antreffen werden.

Zugleich aber zeigt uns endlich die Stelle des Scholiasten, und sowohl seine eigenen Worte als auch das an dieselbe gereihte Fragment Heraklits, was es in der Tat für eine Bewandtnis mit der Identität des Guten und Schlechten, des Gerechten und Ungerechten bei Heraklit gehabt hat.

Zuvörderst wird gewiß niemand länger mit Schleiermacher p. 410 bezweifeln wollen, daß das Fragment so echt als wörtlich angeführt ist. Schon die dem Fragmente

---

[1]) Cratyl. p. 412, D. — 413, E.; p. 145—138. Stallb.

[2]) Diese Annahme ist auch um so weniger möglich, als die in der Stelle des Cratyl. den einzelnen Heraklitikern zugeteilten Namen für das Absolute, ἥλιος, πῦρ, τὸ θερμὸν κτλ. immer nur als Prädikate und Definitionen des einen Subjekts τὸ Δίκαιον gesetzt sind, dieses also in dieser Stelle selbst als die allen Heraklitikern gemeinsame Bezeichnung des Absoluten erscheint.

selbst vorhergehende Erklärung des Scholiasten ist voll echt heraklitischer Ausdrücke[1]) und des echt heraklitischen Sinnes[2]), so daß auch diese Erklärung schon dem Heraklit selbst mehr oder weniger mit seinen eigenen Worten entlehnt ist[*]). Das Fragment selbst anlangend, so ist die ganze Wendung des Satzes, die Entgegensetzung von Gott und Mensch, ganz eigentümlich heraklitisch und in mehreren Bruchstücken wiederkehrend. Die Anführung selbst geschieht nicht nur in direkter Rede,

---

[1]) So z. B. ἁρμονία und ὅλα (s. Schleiermacher p. 361). συμφέροντα, was wir eben in mehreren Bruchstücken gehabt; auch οἰκονομεῖν (τὸ πᾶν oder τὰ ὅλα) scheint gleichfalls ein von Heraklit selbst gebrauchtes Wort zu sein, cf. Heracl. Alleg. Hom. p. 465, Gal., p. 146, Schow. und Marc. Anton. V, 32. — Schleiermacher glaubt deshalb sogar mit Unrecht, daß diese der Erwähnung Heraklits vorübergehenden Worte seine Anführung bilden sollen.

[2]) So enthält der Tadel, den Heraklit gegen den Homer ausspricht (siehe unten § 4), nur ganz denselben Gedanken, wie hier die rechtfertigende Erklärung des Scholiasten.

[*]) Was wir in dem oben Folgenden als den Gedanken des Fragments nachweisen, die bloße Relativität aller Unterschiede vom Standpunkte des Absoluten aus oder des Gottes, zeigt jetzt ganz schlagend in physischer Ausführung das Fragment beim Pseudo-Origenes Philosoph. ed. Miller., p. 283: „Ὁ θεὸς ἡμέρη εὐφρόνη, χειμὼν θέρος, πόλεμος εἰρήνη, κόρος λιμός“. „Ἀλλοιοῦται δὲ ὅκως περ ὁκόταν συμμιγῇ [θύωμα, wie Bernays a. a. O. als das fehlende Wort trefflich einschaltet] θυώμασιν ὀνομάζεται καθ᾽ ἡδονὴν ἑκάστου, „der Gott ist Tag Nacht, Winter Sommer, Krieg Frieden, Sättigung Hunger“. „Es geht (jedes) in das andere über, wie wenn Räucherwerk mit Räucherwerk sich mischt; es wird benannt nach dem Belieben eines jeden.“ Also vom Standpunkt des Göttlichen aus ist jeder Gegensatz dasselbe, denn jedes geht beständig in sein Gegenteil über; nur für uns ist es unterschieden; sub specie aeterni ist es identisch.

sondern auch ganz s t o ß w e i s e durch das: ὅπερ καὶ Ἡρ
λέγει ὡς κτλ.; ferner verbürgt die aus der Satzkonstruktion
herausfallende Perfektform ὑπειλήφασι die wörtliche Anführung, denn der Scholiast hatte im Praesens gesprochen:
„ἀπρεπές. φασι", und hätte im Praesens fortfahren müssen:
ὑπολαμβάνουσι. Endlich aber ist in der quäst. Stelle viel
zu sehr der Nagel auf den Kopf getroffen, als daß man
glauben könnte, der unbekannte Scholiast habe sie nicht,
wenn auch mittelbar, aus dem Werke des Ephesiers selbst
geschöpft. — Das „Gerechte und Ungerechte" bedeutet
dem Heraklit nichts anderes, als d e n s e l b e n l o g i -
s c h e n G e g e n s a t z v o n S e i n und N i c h t s e i n, den
wir ihn schon in so vielen Formen haben aussprechen sehen.
Das δίκαιον ist ihm nur dieselbe Verknüpfung des Seins
und der Negativität, die das heraklitische Prinzip überhaupt ist, oder in der Form, in der es Plato selbst im
Kratylus ausspricht und deren Verständnis wir hier antizipieren müssen, es ist: „das sich durch alles Hindurchziehende, durch welches alles Werdende wird" (διὰ παντὸς
διεξιὸν, δἰ οὗ πάντα τὰ γιγνόμενα γίγνεσθαι); es ist wie Plato
weiter sagt, „das Schnellste und Unkörperlichste; denn
nicht könnte es sonst durch alles in Bewegung Befindliche
sich hindurch bewegen, wenn es nicht das Unkörperlichste
wäre, so daß nichts es aufhält, und das Schnellste, so
daß es die anderen Dinge als wie (im Verhältnis zu ihm
selbst) Stillstehende handhabt" („ — — — τάχιστον καὶ
λεπτότατον· οὐ γὰρ ἂν δύνασθαι ἄλλως διὰ τοῦ ἰόντος ἰέναι
παντὸς, εἰ μὴ λεπτότατόν τε ἦν, ὥστε αὐτὸ μηδὲν στέγειν, καὶ
τάχιστον ὥστε χρῆσθαι ὥσπερ ἑστῶσι τοῖς ἄλλοις). Es ist
also d a s, was am wenigsten teilhat an dem e n d l i c h e n
f e s t e n B e s t e h e n, und die r e i n s t e I d e n t i t ä t d e s
S e i n s und N i c h t s e i n s ist; es ist die logische Kategorie des Werdens selber, die durch kein endliches festes

Sein aufgehaltene reine prozessierende Gedankeneinheit von Sein und Nichtsein. Das ἄδικον [1])
dagegen ist eben das Moment des sinnlichen festen Bestehens selbst, welches sich als dieses isolierte Moment erhalten und seinen Gegensatz, das Nichtsein, obgleich vergeblich, ausschließen will.

Deshalb gehen, wie Simplicius sagt, das Gute und
Böse in dasselbe, d. h. ineinander über (εἰς
ταὐτὸ λέγων συνιέναι). Das Gute ist das reine Werden,
das Böse das aufsichbeharrenwollende sinnliche Dasein
des einzelnen. Aber beide Bestimmungen sind eben prozessierende. Das Werden selbst wird immer, d. h.
wird immer zu einzelnem sich erhaltenwollendem sinnlichen
Dasein; dieses seinerseits ist und erhält sich nur
durch beständige Teilnahme an dem allgemeinen Prozeß
und Wandel, durch die beständige Aufhebung seines
Daseins in die Bewegung des Werdens, d. h. in das Gute [2]).

Für alles Einzelne, Endliche sind daher allerdings Sein
und Nichtsein, Leben und Sterben, Bestehen und Negation entgegengesetzte Dinge. Für jenes absolute Werden
selbst aber, für den Gott, wie das Fragment beim Scholiasten sagt, ist Bestehen und Sichaufheben, das Sicheinlassen in die endlichen Unterschiede, d. h. das Setzen derselben als bestimmte (τὸ διαφερόμενον) und der Rückgang
aus denselben in die reine Einheit (τὸ συμφερόμενον)

---

[1]) Man sehe nur zum Beweise die Stelle Plutarchs Terr. an
aquat. an callid. p. 964, E., p. 913, wo er sagt, daß nach
Heraklit die Natur selbst „διὰ πολλῶν καὶ ἀδίκων πάθων
περαινομένην" sei und alles Endliche sein Werden nur aus der
Ungerechtigkeit „ἐξ ἀδικίας" habe, indem mit dem Unsterblichen das Sterbliche sich eine (τῷ θνητῷ συνερχομένου
τοῦ ἀθανάτου).

[2]) Seine vollständigste Belegung wird, was im Vorstehenden
antizipiert ist, im Verlauf erhalten.

gleichgültig; denn sein Sichaufheben in der einen Form ist nur seine Geburt in eine andere. Für das göttliche Leben des absoluten Prozesses von Sein und Nicht ist das δίκαιον und ἄδικον, die reine Negation und das einzelne Sein, gleich wesentliches Moment[1]), denn alle Existenz wird nur durch den Widerstreit und Kampf derselben, und gerade der Wechsel derselben bildet die Harmonie des Alls, wie ja das sich Entzweiende das sich Einigende ist und gerade aus ihm die schönste Harmonie hervorgeht.

Beide Momente sind also vom Standpunkt des Absoluten aus gleichberechtigt, denn nur in der Identität beider, die somit notwendig auch als unterschiedene gesetzt sind, besteht die Idee des Absoluten selber. Und ebenso erzeugt sich nur durch die reale Verwirklichung dieser Momente als unterschiedener und deren Wiederaufhebung die Welt und gestaltet sich nur durch den Wechsel dieser Bewegung zu demselben realen Prozesse des Werdens, zu der sichtbaren Harmonie, dem, obwohl schwächeren, Abbilde jener unsichtbaren Harmonie, der reinen prozessierenden Gedankenidentität von Sein und Nichtsein.

Hiermit sind wir aber von selbst zu zwei anderen Bruchstücken des Ephesiers gelangt, die uns Plutarch und Porphyrios aufbewahrt haben, und von welchen wir zuerst das letztere in seinem Zusammenhange mitteilen wollen, weil dieses dem anderen Fragment zur Erklärung dient.

---

[1]) Man vgl., was Äneas Gazäus auf Heraklit anspielend sagt, jedem sei ein anderes entgegengesetzt, nur dem All selbst nichts, so wenig wie der Harmonie etc., de immort. anim. p. 37, ed. Boiss.: ἐναντίον μὲν γὰρ ἄλλο ἄλλῳ, τῷ δὲ παντὶ οὐδέν· ἁρμονίας δὲ καὶ τοῦτο, καὶ ἐξ ἐναντίων τῶν φθόγγων μίαν τὴν μελῳδίαν ἐργάζεσθαι.

Porphyrius sagt[1]): „*ἀρξαμένης γὰρ τῆς φύσεως ἀπὸ ἑτερότητος, πανταχοῦ τὸ δίθυρον αὐτῆς πεποίηται σύμβολον· ἢ γὰρ διὰ νοητοῦ ἡ πορεία, ἢ δι' αἰσθητοῦ· καὶ τοῦ αἰσθητοῦ ἢ διὰ τῆς ἀπλανοῦς ἢ διὰ τῆς τῶν πεπλανημένων· καὶ πάλιν ἢ διὰ τῆς ἀθανάτου ἢ διὰ θνητῆς πορείας· καὶ κέντρον, τὸ μὲν ὑπὲρ γῆν, τὸ δ' ὑπόγειον· τὸ μὲν ἀνατολικόν· τὸ δὲ δυτικόν· καὶ τὰ μὲν ἀριστερὰ, τὰ δὲ δεξιά· νύξ τε καὶ ἡμέρα· καὶ διὰ τοῦτο „„παλίντονος ἡ ἁρμονία, ἡ τοξεύει διὰ τῶν ἐναντίων"".* Denn so will ich mit Boeckh und Creuzer bei der Lesart der van Goensschen Ausgabe verbleiben, wo dann allerdings das *τοξεύει* nicht gut wörtlich zu übersetzen ist, über den Sinn aber doch kein Zweifel sein kann. Porphyrius sagt, da die Natur, selbst vom Gegensatz ausgehe, so habe sie auch überall die Z w e i - h e i t eingeführt, als Symbol ihres eigenen Gegensatzes, so: vernünftig und sinnlich, Nacht und Tag, Aufgang und Untergang, rechts und links etc. Und wegen d i e s e r in allen Existenzen der Natur vorhandenen Zweiheit, werde auch genannt (nämlich von Heraklit): „s i c h i n i h r G e - g e n t e i l wendend, die Harmonie, welche durch die Gegensätze schießt, (hindurchschießt)." Die Änderung aber, die Schleiermacher vorschlägt: *παλ· ἡ ἁρμ καὶ τόξου, εἰ διὰ τῶν ἐναντίων* („widerstrebend sei die Harmonie auch des B o g e n s, w e n n durch die Gegensätze") ist nicht nur reine und noch dazu ganz überflüssige Konjektur, sondern entspricht auch dem sonstigen kritischen Takt ihres Urhebers nicht und gewährt keinen Sinn, während das Bruchstück einen solchen und zwar den ganz richtigen darbietet. Denn zuerst konnte Porphyrius nur · dann dies Fragment zur Bestätigung seiner Auseinandersetzung mit den Worten: „und deswegen heiße es"

---

[1]) De antro Nymph. c. XXIX, p. 268, p. 27, ed. van Goens.

($\varkappa\alpha i$ $\delta\iota\grave{\alpha}$ $\tau o\tilde{v}\tau o$) anführen, wenn in dem Fragment von der alles durchdringenden Weltharmonie, nicht aber von einer angeblichen speziellen Harmonie des Bogens die Rede ist. Auch begreift man, wenn von jener allgemeinen Harmonie hier, wie evident ist, die Rede sein muß, gar nicht, was das $\varkappa\alpha i$ $\tau\acute{o}\xi o v$ hier überhaupt will; ebenso ist das „εi" für Heraklit hier unangemessen und es fehlte auch ein von dem εi abhängiges Partizipium. Endlich liegt nirgendswo eine Stelle vor, in welcher der Bogen allein, ohne die Lyra, als Bild der Harmonie gebraucht sich vorfände. Denn dies ist dann nicht der Fall, wenn man bei dem Fragment verbleibt, wie es in den Handschriften und Ausgaben vorliegt. Dann ist das $\tau o\xi\varepsilon\acute{v}\varepsilon\iota$ nicht ein selbständiges Bild der Weltharmonie, sondern eine bildlich von ihr ausgesagte ihr zukommende Tätigkeit, Eigenschaft. Daß nun Heraklit, wie er seine harmonische Einheit ja überall dahin definierte, daß sie alle Gegensätze rastlos durchdringe, daß sie das sich durch das Entgegengesetzte unaufhörlich hindurchziehende Gesetz sei ($\lambda\acute{o}\gamma o\varsigma$ $\delta\iota\grave{\alpha}$ $\pi\acute{\alpha}\nu\tau\alpha$ $\delta\iota\acute{\eta}\varkappa\omega\nu$), diese Tätigkeit des Durchdringens und sich Hindurchziehens durch die entgegengesetzten Existenzen auch vollkommen wohl mit dem sinnlicheren Ausdrucke, daß sie durch dieselbe hindurchschieße, bezeichnen konnte, kann ja auch an und für sich weder die geringste Schwierigkeit des Verständnisses erregen, noch irgendwie befremdend erscheinen; weshalb wir nicht nur die Schleiermachersche sondern jede andere Veränderung der vollkommen klaren Stelle für ganz überflüssig halten. Die ganze konkrete Beziehung aber, die in dem Bogenschießen ($\tau o\xi\varepsilon\acute{v}\varepsilon\iota$) liegt, wird uns klar werden durch die bald folgende Erörterung, inwiefern dem Heraklit Bogen und Leier Bild der Weltharmonie waren. Zuvor aber führen wir noch ein anderes Fragment über die Harmonie an, welches uns Plutarch mitteilt und das also lautet: „ἁρμονίη[1]) γὰρ ἀφανὴς φανερῆς κρείττων, καθ' Ἡράκλειτον, ἐν ᾗ τὰς διαφορὰς καὶ ἑτερότητας ὁ μιγνύων θεὸς ἔκρυψε καὶ κατέδυσε". „Denn die unsichtbare Harmonie ist besser als die sichtbare, nach Heraklit, in welcher die Unterschiede und Gegensätze der sie einende Gott verhüllte und untertauchte."

Den Sinn dieser Stelle anlangend, so kann man zunächst jedenfalls darüber nicht zweifelhaft sein, daß die Erklärung, die Schleiermacher p. 420, und nach ihm Ritter und Brandis, geben will, ganz irrig zu nennen ist. Er stellt nämlich die durch nichts unterstützte Hypothese auf, daß Heraklit mit der sichtbaren Harmonie die elementarische, mit der unsichtbaren aber die höhere und kompliziertere Einheit organischer Gestaltungen gemeint habe.

Zuerst ist uns nichts von Heraklit bekannt, wodurch wir überhaupt nur wüßten, daß er einen solchen Unterschied zwischen organischer und unorganischer Bildung gemacht und erstere höher angeschlagen habe; es wäre im Gegenteil sowohl durch sein System überhaupt als durch positive Zeugnisse zu erweisen, daß ein solcher Unterschied bei ihm, seinem Gedanken nach, schwerlich schon stattfinden konnte und auch nicht stattgefunden hat[2]). Aber abgesehen hiervon muß Schleiermacher für seine Hypothese die grammatische Struktur des Satzes verletzen, in-

---

1) Plut. de anim. procreat. p. 1026, p. 177, Wytt.

2) Vielmehr fand nach ihm nur ganz derselbe Verwandlungsprozeß wie im unorganischen Weltall, so auch im organischen statt. Man sehe unten §§ 6 u. 7, und die daselbst näher besprochenen Stellen der aristot. Problem. XIII, 6, p. 905, Bekk., Plut. Plac. IV, 3, p. 623, Wytt., Nemes. de nat. hom. p. 28, ed. Plant.

dem er den Relativsatz „ἐν ᾗ κατέδυσεν" statt auf das unmittelbar vorhergehende φανερῆς auf das weiter vor diesem stehende ἀφανής zurückbeziehen will. Endlich aber erlaubt dies auch offenbar der Sinn der Ausdrücke ἔκρυψε καὶ κατέδυσε nicht, die doch auch Schleiermacher als ganz echte Beschreibung anerkennt; sie erfordern im Gegenteil durchaus die Beziehung auf φανερῆς, und Schleiermachers Erklärung wird gerade dadurch so falsch, weil er auf die unsichtbare Harmonie die Erklärung beziehen will, die vielmehr von der sichtbaren gegeben wird und nur von ihr gegeben werden konnte.

Der Sinn dieses Fragmentes ist vielmehr der schon früher angedeutete. Alles Sichtbare und Sinnliche war dem Heraklit n u r   d i e   E x i s t e n z und der r e a l e Ausdruck seiner einen reinen Harmonie, d. h. der Identität des Gegensatzes von Sein und Nichtsein.

Im Unterschiede von diesen ihren sinnlichen, s i c h t b a r e n Darstellungen im Reiche der Existenzen kann die u n s i c h t b a r e Harmonie nur die r e i n e Identität sein, d i e   r e i n e   p r o z e s s i e r e n d e   G e d a n k e n e i n h e i t d e s   G e g e n s a t z e s   v o n   S e i n   u n d   N i c h t s e i n, die noch nicht, wie alles sinnlich Existierende, in der einseitigen vorwiegenden Form des S e i n s gesetzt ist; mit einem Worte: die logische I d e e d e s W e r d e n s s e l b s t, in welcher. beide Momente, Sein und Nichtsein, fortwährend unaufgehalten und unaufhaltsam ineinander umschlagen, und Unterschied wie Einheit derselben in ununterbrochenem Prozeß und immer zugleich sich erzeugen, in welcher also die reine Einheit dieser Momente noch durch kein f e s t e s B e s t e h e n derselben, wie in der Existenzialwelt, getrübt ist. Diese allein adäquate i n t e l l i g i b l e Einheit des Gegensatzes, die er auch, wie wir sehen werden, als n i c h t u n t e r g e h e n d e s F e u e r von jeder noch so flüchtigen, sinnlichen Existenz abschied, die er auch „das eine Weise und Name des Zeus"[1]) nannte, ist das Gesetz, welches das All durchdringt. Sie ist der Demiurg, von welchem uns das Bruchstück bei Themistius (s. oben p. 73) sagt: „die Natur liebt verhüllt (κρύπτεσθαι) zu werden und noch vor der Natur der Demiurg der Natur." Die Natur (φύσις) ist das Gebiet des Sinnlichen und Sichtbaren, ein Gebiet, in welchem gleichfalls bereits in jedem Existierenden die Gegensätze harmonisch geeint und verhüllt sind[2]). Der Demiurg, der noch vor der Natur verhüllt werden will, ist die unsichtbare bessere Harmonie, der reine, waltende, spekulative Gedanke des begrifflichen Gegensatzes (von Sein und Nichtsein) und seiner prozessierenden Einheit (der λόγος).

Was in dem Bruchstücke bei Themistius das κρύπτεσθαι zu bedeuten hat, zeigt uns sehr schön in unserer Stelle des Plutarch das διαφορὰς καὶ ἑτερότητας ὁ μιγνύων θεὸς ἔκρυψε καὶ κατέδυσεν. Beide Stellen erläutern sich gegenseitig. Dieses „κατέδυσεν" beweist, daß auch das ἔκρυψε bei Plutarch wie das κρύπτεσθαι bei Themistius nicht den Sinn von „verheimlichen" hat, sondern (weshalb es auch Philo a. a. O. nicht nur durch abscondere übersetzt, sondern durch se obducere näher interpretiert) nur das Untertauchen und Verhüllen der reinen intelligiblen Harmonie in die Hülle und das Material des sinnlichen Seins bezeichnet, wie uns ja auch Porphyrius ähnlich sagte, die wirkliche Zweiheit in den natürlichen Dingen, Tag und Nacht etc. sei nur die symbolische, d. h. in sinnliches Sein eingetauchte

---

[1]) Siehe oben p. 77 sqq.

[2]) Darum besteht auch die Erkenntnis der Dinge darin, sie zu zerschneiden: siehe §§ 28, sqq.

Darstellung (τὸ σύμβολον) der intelligiblen Zweiheit, von der die Natur ausgehe. — Das ἔκρυψε καὶ
κατέδυσε, wie Schleiermacher will, auf die unsichtbare
Harmonie zurückzubeziehen, ist also nicht nur gegen die
grammatische Satzkonstruktion, sondern auch widersinnig.
Denn in der unsichtbaren, in der besseren Harmonie
ist die Einheit des Gegensatzes gerade nicht unter-
getaucht und verborgen, sondern sie ist vielmehr
diese reine adäquate Einheit selbst; versenkt und verhüllt ist diese nur in der sichtbaren Harmonie, in
den sinnlich-sichtbaren Dingen, welche die Erscheinung und
Darstellung jener sind und die in ihnen verborgene
Harmonie dadurch offenbaren, daß der Gegensatz, die
Negation, doch immer wieder an ihnen zum Vorschein
kommt. Offenbar ließ sich Schleiermacher durch das
ἔκρυψε irreführen und meinte, verborgen könne doch
nur die unsichtbare Harmonie genannt werden; in
Ermangelung des Bruchstückes bei Themistius hätte ihm
aber schon das κατέδυσε vollkommen deutlich zeigen können,
daß auch das „verborgen" nur heiße: versenkt in sinnlichen Stoff, und daß dann die in diesem Sinne verborgene Harmonie nur die sichtbare sein könne. —
Wenn so die ἁρμονία ἀφανής in Beziehung auf die sichtbare Harmonie nur die reine, intelligible Einheit im Gegensatz zu ihrer sichtbaren Darstellung in den sinnlichen Existenzen ist, so ist auch von selbst klar, warum sie Heraklit
eine „bessere" als die sichtbare Harmonie (κρείττων) genannt hat und nennen mußte, denn alles sinnliche Sein ist,
weil eben die Einheit von Sein und Nichtsein hier in der
einseitigen Form des Seins gesetzt ist und die Unterschiede somit reellen Bestand und ganz andere Festigkeit gegeneinander erlangen, sofort Trübung und Hem-
mung jener reineren, intelligiblen Gedankeneinheit

und der in ihr ohne Unterlaß prozessierenden Identität ihrer Momente.

Daß die unsichtbare Harmonie hier so als Gegensatz gebraucht ist gegen die ges a m t e We l t der sinnlichen Existenz, deren Grundlage sie ist, und nicht bloß gegen e i n z e l n e F o r m e n des Sinnlichen, wie das Elementarische, geht auch daraus hervor, daß Heraklit die s i c h t - b a r e Harmonie immer als ges a m t e We l t h a r m o n i e auffaßt, sie auch ausdrücklich „ἁρμονίη κόσμου"[1]) nennt. Endlich aber rechtfertigt sich unsere Erklärung auch durch den Zusammenhang bei Plutarch. Dieser ist folgender: er sagt, die Ägypter hätten in ihrer Mythologie gerätselt, Horus habe, als er Strafe habe geben müssen [nämlich für den Mord seiner Mutter][2]), seinem Vater Blut und Leben, seiner Mutter Fleisch und Fett zuerteilt; „— von der S e e l e aber sei nichts ungemischt und lauter, noch werde es isoliert von dem anderen; denn die unsichtbare Harmonie ist nach Heraklit besser als die sichtbare" etc. (τῆς δὲ ψυχῆς οὐδὲν μὲν εἰλικρινὲς οὐδ᾽ ἄκρατον[3]) οὐδὲ

---

[1]) Siehe die Fragmente bei Plutarch oben p. 171 sqq.

[2]) cf. Plutarch de Is. et Osir. p. 338, D., und Fragm. Plut. London 1773, ex Museo Britannic., ed. Th. Tyrwhitt. bei Wytt., Vol. X, p. 702.

[3]) „ἀμιγὲς μηδὲν μηδὲ εἰλικρινές" nichts Ungemischtes und nichts Reines, sagt Plutarch Terrest. an aquat. p. 964, E., p. 913, Wytt., sei in dem ganzen Gebiete der Natur nach der Philosophie Heraklits, die er daselbst anführt. Diese letztere Stelle allein, die Schleiermacher entging, würde hinreichend beweisen, daß auch in der obigen Stelle des Plutarch und in seinem Zitat, wenn er nicht ganz sinnverkehrend zitiert haben soll, mit der h ö h e r e n Einheit der Gegensätze, die über die Mischung derselben in der Natur noch hinausgehen und deshalb ganz untrennbar sein soll, unmöglich irgendeine besondere Form des Natürlichen, wie das Organische, gemeint sein kann.

χωρὶς ἀπολείπεται[1]) τῶν ἄλλων· ἁρμονίη γὰρ ἀφανής
κτλ.) Es wird also in diesem Zusammenhange gleichfalls
die reine Idealität der Seele und die untrennbare
Harmonie dieser entgegengesetzt der schwächeren,
sich weniger durchdringenden Einheit der
Gegensätze im sinnlich-organischen Kör-
per, und dieser erscheint also, statt die bessere und reinere
Harmonie darzustellen, vielmehr selber, wie alles Sinnliche, als der unreineren Harmonie[2]) zugeteilt.

---

[1]) „ἀπολείπει" sagt in demselben Sinne Heraklit bei Plut.
Ei ap. Delph. p. 392, B., p. 605, W., sodaß unseres Bedün-
kens Plutarch schon in diesem Satze τῆς ψυχῆς — ἄλλων
auf den Ephesier Rücksicht nimmt und wahrscheinlich auch das
folgende Fragment in dem Werke des Heraklit in einem
ganzen ähnlichen Zusammenhang mit seiner Lehre von der
ψυχή stand. Die ψυχή ist unsichtbare Harmonie. Eingetaucht
und begraben im Körper ist die sichtbare Harmonie. Man
vgl. auch das von den Seelen gesagte ὁράτας γίνεσθαι bei
Porphyr. (Siehe weiter unten. Die letzte Evidenz wird unser
Bruchstück und unsere Erklärung desselben noch vielfach im
Verlauf erhalten.)

[2]) Unsere Auffassung der Worte ἀφανής und φανερή
im Bruchstück als den Gegensatz des Ideellen und Sinn-
lich-Wirklichen bedeutend, bestätigt sich auch noch durch
andere Stellen; man vgl. zunächst eine des sehr heraklitisierenden (siehe § 7) Pseudo-Hipocrates de Diaeta VI, p. 453,
Ch. I, p. 639, K., von welcher schon der später mitzuteilende
Anfang zeigt, wie durchaus heraklitisch sie ist; darauf sagt
er: — τοῦτο πάντα διὰ παντὸς κυβερνᾷ καὶ τάδε καὶ ἐκεῖνα
οὐδέκοτε ἀτρεμίζων· οἱ δὲ ἄνθρωποι ἐκ τῶν φανερῶν τὰ
ἀφανῆ σκέπτεσθαι οὐκ ἐπίστανται. Darauf setzt er den Unterschied von ἀφ. und φαν. ganz dem obigen Sinne analog auseinander als den Unterschied des ideellen Ansich und der
Wirklichkeit: ἐγὼ δηλώσω τέχνας φανερὰς ἀνθρώπου παθή-
μασιν ὁμοίας ἐούσας καὶ φανεροῖσι καὶ ἀφανέσι· μαντικὴ
τοιόνδε· τοῖσι φανεροῖσι μὲν τὰ ἀφανέα γινώσκεσθαι, τοῖσιν

Wir glaubten aus doppelten Gründen bei der Widerlegung der Schleiermacherschen Interpretation so ausführlich zu Werke gehen zu müssen. Einmal weil Schleiermachers Erklärung allgemein angenommen worden ist (s. Brandis I, p. 166, Ritter p. 136) und am letzteren Ort

ἀφανέσι τὰ φανερά und vergleicht das mit dem Zeugen, welches ebenfalls nur das Unsichtbare (das Ansich) in das Sichtbare verwandele: ἀνὴρ γυναικὶ ξυγγενόμενος παιδίον ἐποίεε τῷ φανερῷ τὸ ἄδηλον γινώσκειν ὅτι οὕτως ἔσται· γνώμη ἀνθρώπου ἀφανής· γινωσκοῦσα τὰ φανερὰ ἐκ παιδίου εἰς ἄνδρα μεθίσταται· τῷ ἐόντι τὸ μέλλον γινώσκει.

Wir werden ferner noch wiederholt im Verlauf ἀφανίζεσθαι in diesem Sinne finden, und unmöglich kann es hiernach ein Zufall sein, wenn wir bei den Stoikern, wie das κρεῖττον als Kunstausdruck für das die Natur durchdringende Prinzip, so auch ἐναφανίζεσθαι als stehenden Terminus für den Rückgang des Existierenden in den (bekanntlich aus Heraklit von ihnen entlehnten) λόγος κοινός oder σπερματικός des Weltalls antreffen, s. Marc. Anton. IV, § 14: Ἐνυπέστης ὡς μέρος· ἐναφανισθήσῃ τῷ γεννήσαντι· μᾶλλον δὲ ἀναληφθήσῃ εἰς τὸν λόγον αὐτοῦ τὸν σπερματικὸν κατὰ μεταβολήν „du bestehst als Teil; du wirst aufgehoben werden in das, was dich geboren hat (d. h. in das Prinzip) oder vielmehr, du wirst zurückgenommen werden in das Entwicklungsgesetz gemäß der Umwandlung", und VII, 10: πᾶν τὸ ἔνυλον ἐναφανίζεται τάχιστα τῇ τῶν ὅλων οὐσίᾳ. „Alles Materielle geht überaus schnell in die Wesenheit des Alls zurück" und II, § 12: πῶς πάντα τάχεως ἐναφανίζεται κτλ. Wenn auch das Wort ἐναφανίζεσθαι durchaus nicht von Heraklit selbst gebraucht worden ist, so dürfte sich doch aus diesem Gesamtzusammenhange in Verbindung mit einer weiter unten zu betrachtenden Stelle des Simplicius über den Krieg ergeben, daß dem Heraklit die unsichtbare Harmonie das ideelle Prinzip alles Daseins gewesen und gerade die Aufhebung des sinnlichen Daseins von ihm als ein Rückgang in diese reine Harmonie bestimmt worden ist.

noch besonderen Beifall als „glückliche Deutung" erhalten hat. Ferner aber weil das Bruchstück nach u n - s e r e r Auffassung desselben zu jenen allerwichtigsten Fragmenten gehört, welche über den i n n e r s t e n Kern und die t i e f s t e Bedeutung des heraklitischen, den Ü b e r - g a n g von der eigentlichen Naturphilosophie zur G e - d a n k e ñ p h i l o s o p h i e bezeichnenden Systemes ein helles Licht werfen, indem sie zeigen, daß sein w a h r e s A b s o l u t e bereits der r e i n e G e d a n k e ist, der sich nur noch nicht als D e n k e n erfaßt hat. Freilich sind wir einstweilen auf den Vorwurf gefaßt, mit unserer Interpretation des Bruchstückes über die Grenzen der vorsokratischen Physik hinauszugehen. Die heraklitische Philosophie geht aber eben selbst über das hinaus, was man in der Regel unter den Grenzen der vorsokratischen Physik versteht. Wer aber trotz des Bruchstückes bei Themistius und jenes anderen von dem „Namen des Zeus", sowie des sonst bisher schon nachgewiesenen, an unserer obigen Auffassung des Fragmentes noch Anstoß nehmen sollte, der wird dennoch durch die im Verlaufe der Darstellung hundertfach zu erbringenden Beweise hoffentlich überzeugt werden.

Hier können wir einstweilen nur noch folgendes bemerken: „Unsere Auffassung der „unsichtbaren h e s s e - r e n (κρείττων) Harmonie" als des r e i n i d e e l l e n P r i n - z i p e s des g e d a c h t e n Gegensatzes von Sein und Nichtsein und seiner prozessierenden Einheit wird auch dadurch bestätigt, daß das κρεῖττον und κράτιστον ganz dieser Bedeutung entsprechend bei den Stoikern zum stehenden T e r m i n u s für das absolute Prinzip selbst wird und von ihnen daher bald als das alles durchdringende G ö t t - l i c h e und I d e e l l e, für welches und zu dessen V e r - w i r k l i c h u n g nur alles andere (Materielle) vorhanden sei, bald als die reine **Denkkraft** gebraucht und beschrieben wird; vgl. Marc. Anton. V, §21. *Τῶν ἐν τῷ κόσμῳ τὸ κράτιστον τίμα*, worauf er dasselbe also erklärt: *ἔστι τοῦτο τὸ πᾶσι χρώμενον καὶ πάντα διέπον*, Worte, deren streng heraklitischen Charakter und Ursprung wir anderwärts hervortreten sehen werden. Hierauf fährt er fort: *ὁμοίως δὲ καὶ τῶν ἐν σοι τὸ κράτιστον τίμα* (ganz in demselben Sinne, wie er III, §9 sagt: *τὴν ὑποληπτικὴν δύναμιν σέβου*) und definiert dies *κράτιστον* im Menschen nur als das dem *κράτιστον* im Weltall Gleichartige (*τὸ ἐκείνῳ ὁμογενές*), als das alles andere im Menschen nur für sich, d. h. zu seiner Selbstverwirklichung, verwendende und sein Leben regierende Prinzip (*καὶ γὰρ ἐπί σου τὸ τοῖς ἄλλοις χρώμενον τοῦτό ἐστι καὶ ὁ σὸς βίος ὑπὸ τούτου διοικεῖται*) vgl. Epictet. Diss. II, c. 23, T. I. p. 321, Schw. *Ἄνθρωπε μητ᾽ ἀχάριστος ἴσθι, μήτε πάλιν ἀμνήμων τῶν κρεισσόνων — — μέμνησο δ᾽ ὅτι ἄλλο τί σοι δέδωκε κρεῖττον ἁπάντων τούτων* (nämlich als Früchte und Wein und alle sinnlichen Dinge) *τὸ χρησόμενον αὐτοῖς, τὸ δοκιμάζον, τὸ τὴν ἀξίαν ἑκάστου λογιούμενον — — καὶ δύναται τὸ διακονοῦν κρεῖσσον εἶναι ἐκείνου ᾧ διακονεῖ, ὁ ἵππος τοῦ ἵππεως ἢ ὁ κύων τοῦ κυνηγοῦ;* hier ist also *τὸ κρεῖττον* einerseits geradezu das alles durchwaltende Prinzip, wie wir später die reine **Idee** des Gegensatzes, die nach uns Heraklit unter der **besseren** unsichtbaren Harmonie versteht, oder den Logos, von ihm selbst so bezeichnet finden werden (*λόγος οἰκονομοῦν τὸ πᾶν, διέπων, διήκων τὰ πάντα κτλ.*); andererseits nimmt das *κρεῖττον* eben deshalb ganz analog der **logischen Entwicklung**, die bei den Stoikern mit den **objektiven** Bestimmungen des heraklitischen Systems überhaupt vor sich geht, die Bedeutung des *ἡγεμονικὸν* oder der **Denktätigkeit** an. Man vgl. noch Marc. Anton. V, §30: *ὁ τοῦ ὅλου νοῦς* κοινωνικός· πεποίηκε γοῦν τὰ χείρω τῶν κρειττόνων ἕνεκεν und VII, § 55 : κατεσκεύασται δὲ τὰ μὲν λοιπὰ τῶν λογικῶν ἕνεκεν ὥςπερ καὶ ἐπὶ παντὸς ἄλλου τὰ χείρω τῶν κρειττόνων ἕνεκεν und XI, § 18 : φύσις ἡ τὰ ὅλα διοικοῦσα· εἰ τοῦτο, τὰ χείρονα τῶν κρειττόνων ἕνεκεν und IX, 9 : καὶ τὸ συναγωγὸν ἐν τῷ κρείττονι ἐπιτεινόμενον εὑρίσκετο, οἷον οὔτε ἐπὶ φυτῶν ἦν οὔτε ἐπὶ λίθων ἢ ξύλων, cf. die von Gataker zu diesen O. a. St. und Epictet. Diss. II, c. 8, und endlich die noch mehr einschlagende merkwürdige Stelle desselben Diss. I, c. 29 : διὰ τοῦτο καὶ ὁ τοῦ Θεοῦ νόμος (Heraklits Logos, worüber später) κράτιστός ἐστι καὶ δικαιότατος· Τὸ κρεῖσσον ἀεὶ περιγινέσθω τοῦ χείρονος ganz wie Heraklit selbst in einem Fragment bei Stob. (siehe § 13) von seinem „einen Göttlichen" aussagt, daß es πᾶσι περιγίνεται. Der stoische terminus technicus hat also in dem κρείττων unseres Fragmentes, als dem unterscheidenden Wesen der intelligiblen (gedachten) Harmonie von der im sinnlichen vorhandenen, seine Wurzel und organische Entstehung*).

---

*) Einen ferneren Beweis für unsere Auffassung des Fragments liefern jetzt die Worte, die Pseudo-Origenes IX, 9, p. 281 nach Anführung derselben äußert : ὅτι δὲ ... (hier sind Worte ausgefallen) ἀφανὴς ὁ ἀόρατος ἄγνωστος ἀνθρώποις ἐν τούτοις λέγει „„ἁρμονίη ἀφανὴς φανηρῆς κρείττων"'· ἐπαινεῖ καὶ προθαυμάζει πρὸ τοῦ γινωσκομένου τὸ ἄγνωστον αὐτοῦ καὶ ἀόρατον τῆς δυνάμεως. Freilich ist dies nun zunächst bloß eine Meinung des Kirchenschriftstellers, aber sie bestätigt genau unsere Auffassung der unsichtbaren bessern Harmonie als der reinen Gedankeneinheit, und sie muß diesmal in Betracht kommen, weil Pseudo-Origenes diese Äußerung — wahrscheinlich durch den Zusammenhang bei Heraklit gezwungen — ganz gegen seinen Zweck tut. Denn er will gerade wegen eines andern Fragments (ὅσων ὄψις, ἀκοή, μάθησις ταῦτα ἐγὼ προτιμέω) beweisen, daß Heraklit das Sichtbare und

Eine andere, unsere Auffassung des Fragmentes vielleicht merkwürdig bestätigende Stelle dürfte die des Ju-
lianus sein Or. I, p. 7, ed. Spanh.: σηβόμενοι μὲν μετὰ
τὴν κρείττονα φύσιν τὸν τὴν ἀρχὴν αὐτοῖς παράσχοντα
wo man jene Worte keineswegs ganz richtig mit der subjektiven Bezeichnung „Gott“ übersetzt und jedenfalls jetzt
erst Entstehung und konkreter Sinn des Ausdruckes klar
sein dürfte.

Unsichtbare in g l e i c h e r Würde hält, und gibt sich deshalb
wiederholt sichtliche Mühe, z. B. IX, 10: οὕτως Ἡράκλειτος
ἐν ἴσῃ μοίρᾳ τίθεται καὶ τιμᾷ τὰ ἐμφανῆ τοῖς ἀφανέσιν ὡς ἕν τι
τὸ ἐμφανὲς καὶ τὸ ἀφανὲς ὁμολογουμένως ὑπάρχον. — Von der
Auffassung Schleiermachers, nach welcher mit der bessern
Harmonie die des o r g a n i s c h e n Körpers gemeint sei, ist jetzt
Zeller p. 48 abgegangen, ohne daß jedoch der Gedanke des
Bruchstücks bei ihm deshalb mehr zu seiner richtigen Anerkennung gekommen wäre. Denn er sagt: „Alles fügt sich der
Gottheit zum Einklang des Ganzen, auch das Ungleiche eint
sich ihr zur Gleichheit, auch das, was den Menschen ein Übel
erscheint, ist für sie ein Gutes, und aus allem stellt sich jene
v e r b o r g e n e Harmonie der W e l t her, welcher die S c h ö n -
h e i t (?) des Sichtbaren nicht zu vergleichen ist.“ Hier wird
also die sichtbare Harmonie als äußere Schönheit gefaßt, was
schon deshalb ganz unmöglich, weil auch die sichtbare Harmonie
eine verhüllte und innerlich verborgene ist, wie uns Plutarch in
den Worten ἐν ᾗ διαφορὰς κτλ. (Worte, die Zeller ib. 3, ebenso
wie Schleiermacher auf die unsichtbare Harmonie ganz unrichtig
zurückbezieht) und auch das Bruchstück bei Themist. dadurch
zeigt, daß auch schon die φύσις eine verborgene ist in erster
Instanz, wie in zweiter der Demiurg. Es ist vielmehr klar, daß
daß, was Zeller hier als sichtbare Harmonie hinstellt, gar keine
Harmonie mehr im heraklitischen Sinne ist und, was er für die
u n s i c h t b a r e Harmonie hält, gerade dem entspricht, was
Heraklit mit der s i c h t b a r e n (der φύσις) meint.

§ 3. Bogen und Leier.

Wenn nun der durch so viele Bruchstücke bekundete heraklitische Gedanke selbst von der das All durchdringenden Harmonie der Gegensätze keine Schwierigkeit mehr macht, so bleibt doch noch die Frage übrig, in welcher Beziehung denn Heraklit für diese Weltharmonie das konstante Bild des Bogens und der Leier gebraucht habe, ein Bild, welches bei Lichte betrachtet, gar nicht so einfach und ohne weiteres verständlich ist, als es auf den ersten Blick vielleicht scheinen kann. Denn die Ansicht Schleiermachers (p. 413), er habe das Bild genommen von dem wechselnden Auseinandergehen und Gespanntwerden der Saiten bei Leier und Bogen und diese Tätigkeit des An- und Abspannens sei ihm die Harmonie an Bogen und Leier gewesen, scheint uns, zumal, wenn sie so isoliert festgehalten werden soll, und bei der konstanten Wiederkehr dieses Bildes bei Heraklit zunächst schon gar zu dürftig und äußerlich für den Sinn unseres Philosophen zu sein. Und wäre dem so, wie Schleiermacher will, so wäre dann j e d e s von beiden, Bogen wie Leier, das t o t a l e Bild der Harmonie, auch o h n e das andere. Da uns aber nirgends, wo Heraklit selbst angeführt wird, Leier oder Bogen isoliert als Bild seiner Harmonie begegnen, auch nie durch ἤ, sondern stets durch καί verbunden, so muß es schon hiernach den Anschein gewinnen, als sei jedes von beiden, Bogen wie Leier, nicht t o t a l e s Bild der Harmonie, sondern jedes nur e i n M o m e n t gegen das andere ihm e n t g e g e n g e s e t z t e und die Harmonie sei eine Harmonie des Bogens m i t der Leier als i n n e r e r Gegensätze.

Weit geistvoller und wahrer schon faßt Synesius das Bild — hinsichts der Leier — auf, in einer Stelle, in welcher er den Ephesier zwar nicht nennt, aber doch offenbar auf die Sentenz desselben anspielt, de Insomn. p. 133, A.: „— — οὐ γάρ ἐστιν ὁ κόσμος τὸ ἁπλῶς ἕν, ἀλλὰ τὸ ἐκ πολλῶν ἕν καί ἐστιν ἐν αὐτῷ μέρη μέρεσι προσήγορα καὶ μαχόμενα καὶ τῆς στάσεως αὐτῶν εἰς τὴν τοῦ παντὸς ὁμονοίαν συμφωνούσης, ὥσπερ ἡ λύρα σύστημα φθόγγων ἐστὶν ἀντιφώνων τε καὶ συμφώνων· τὸ δ’ ἐξ ἀντικειμένου ἕν, ἁρμονία καὶ λύρας καὶ κόσμου", „Denn nicht ist die Welt ein einfach Eines, sondern ein aus vielen Geeintes und es sind in ihr die Teile mit den Teilen befreundet und kämpfend, indem selbst die Z w i e t r a c h t derselben in den E i n k l a n g des Alls zusammenstimmt, wie auch die Leier ein System ist von gegenklingenden und zusammenklingenden Tönen. Aber alles a u s G e g e n s ä t z e n E i n e i s t H a r m o n i e s o w o h l b e i d e r L e i e r a l s b e i m W e l t a l l."

Hierin liegt bereits die Einsicht, sowohl daß die Leier bei Heraklit a n s i c h s e l b s t Symbol der k o s m i s c h e n Harmonie, als auch daß eben deswegen das Harmonische in ihr in keiner rein äußerlichen An- und Abspannung der Saiten, sondern in dem die Dissonanzen zum Einklang ordnenden, die Gegensätze e i n e n d e n W e s e n d e r M u s i k*) besteht. Dies bestätigt sich auch durch den

---

*) Schon h i e r n a c h also muß es unmöglich scheinen, sich bei der jetzt von Bernays Rhein. Mus. VII, 94 gegebenen Erklärung zu beruhigen, nach welcher Heraklit b l o ß m i t R ü c k s i c h t auf die ä u ß e r e F o r m der Leier und des Bogens dieselben als Bild der Harmonie gebraucht habe, weil nämlich der szythische und altgriechische Bogen, der an den Enden ausgeschweift, einer Leier in Gestalt so ähnlich sei, daß es auch bei Arist. Rhet. III, 11, 1412: τόξον φόρμιγξ ἄχορδος heißt. Auch Zeller p. 466, 2, tritt dieser Erklärung bei. Außer den Stellen des Synesius und Apulejus und der im obigen Verlauf positiv gegebenen Darstellung unserer Ansicht scheint es uns

den Pseudo-Aristoteles de mundo l. l. paraphrasierenden
Apulejus: Sic totius mundi suorum instantia initiorum inter
se impares conventus, pari nec discordante consensu Natura

---

aber auch aus vielen Gründen unmöglich zu sein, die Harmonie
durch die bloße Rücksicht auf die ä u ß e r e F o r m jener Instrumente zu erklären. Dies wäre dann schon jedenfalls unmöglich,
wenn man erstens nur irgendwelches Gewicht auf die bald anzuführende, bisher unbeachtete Stelle des Jamblichus legt, wo
statt des B o g e n s .der P f e i l und die Leier gebraucht wird —
und ich glaube nicht, daß man dieser Stelle nach ihrem ganzen
Zusammenhange ihr Gewicht wird versagen können; zweitens
bleibt dann das Bruchstück bei Porphyrios, wo von der W e l t -
h a r m o n i e als solcher (und ohne von der Leier zu sprechen)
das τοξεύειν ausgesagt ist, unbegreiflich, während es sich im
obigen Zusammenhang auf das befriedigendste erklären wird;
drittens würde sich auch das Bruchstück bei Plato nicht konkret
begreifen lassen und ebensowenig viertens, wie Bogen und Leier
dann dazu kommen, ein angemessenes Bild der W e l t harmonie
sein zu sollen. Es müßte dann auch jedenfalls fünftens das
Beiwort nur παλίντονος, welches in der Tat ein Epitheton des
Bogens ist, lauten können, nicht παλίντροπος, weshalb Zeller
auch wirklich ersteres vorziehen will. Aber nicht nur sind die
Stellen, in welchen es παλίντροπος heißt, noch häufiger, sondern wir werden später (§ 26 bei Analyse des platonischen
Politikus) sehen, daß gerade das παλίντροπος vorzüglich echt
und signifikativ ist, aber eben einen solchen Sinn hat, welcher
s c h l e c h t e r d i n g s nicht durch Beziehung auf eine ä u ß e r e
F o r m erklärt werden kann. Übrigens würde sich dann auch
das παλίντονος wohl von dem Bogen oder der Leier selbst,
aber schwerlich von der H a r m o n i e beider erklären, und
gerade als Beiwort d i e s e r , nicht der Instrumente selbst, erscheint es bei Heraklit. Endlich wird sich aus § 26 aus der
Aufzeigung des p h y s i s c h e n Inhalts dieser ἁρμονία παλίντρ
durch den Politikus von selbst ergeben, daß Bogen wie Leier
schlechterdings als Symbole des s i d e r i s c h - k o s m i s c h e n
Prozesses und seiner beiden b e g r i f f l i c h e n Gegensätze, der
Umwandlung in die Vielheit und des Rückgangs in die Einheit,

veluti musicam temperavit; namque uvidis arida et glacialibus flammida, velocibus pigra, directis obliqua, confudit; unumque ex omnibus et ex uno omnia, juxta H e r a - c l i t u m constituit. (vgl. Aeneas Gaz. a. o. [p. 129] a. O.)

Verhält es sich aber offenbar mit der Leier so wie Synesius sagt, so wird die Frage um so schwieriger und scheinbar unlöslicher, in welcher Hinsicht denn auch der B o g e n das Bild einer solchen Weltharmonie und eine Einigung von Gegensätzen in sich darstellen oder vielmehr als entgegengesetztes Moment und E r g ä n z u n g zu der in der Leier vorhandenen e i n e n Saite der Weltharmonie dienen könne.

Wir können daher nicht umhin, dem von C r e u z e r [1]) geworfenen Blicke beizustimmen, welcher in Leier und Bogen bei unserem Philosophen k o s m i s c h - s i d e r i s c h e Symbole sieht, wofür er das von Pausanias [2]) beschriebene

genommen werden müssen, eine Bedeutung, die bei bloßer Beziehung auf ihre äußere Form ja keinesfalls an ihnen vorhanden ist.

Ich kann daher Bernays Beziehung nur als h i n z u t r e t e n d zu der oben entwickelten substantiellen Bedeutung akzeptieren.

Hier stehe übrigens das ähnliche Bruchstück, welches jetzt bei Origenes IX, 9, p. 280, sich findet: „οὐ ξυνίασιν ὅκως διαφερόμενον ἑωυτῷ ὁμολογέειν παλίντροπος ἁρμονίη ὅκως περ τόξου καὶ λύρης". Aus ὁμολ. muß man jedenfalls wohl ὁμολογέει machen. Ob aber hinter dem Worte ein Punkt zu setzen ist (da man doch hinter παλίντ. ein γάρ erwarten dürfte), kann fraglich scheinen.

Sollte übrigens Heraklit ein bloß formelles und dann h ö c h s t oberflächliches Bild, welches in dieser Unterstellung mit der wahren Bewegung der Gegensätze bei ihm in gar keiner Verbindung stand, so oft abgehetzt haben?

[1]) Symbolik und Mythologie T. II, p. 599, 3. Ausg.
[2]) II, 27, § 3.

Bild anführt, welches den Eros darstellt, wie er nach abgeschossenem Pfeile den Bogen niederlegt und die Lyra ergreift; ein Bild, welches schon Winkelmann[1]) als eine Versinnbildlichung der pythagoräischen Weltharmonie er- klärt, wobei Creuzer noch auf die Verbindung von Bogen und Leier in sinnvollen Anspielungen der Poeten auf- merksam macht[2]). — ˗

Allein diese Äußerung bedarf offenbar noch einer nähe- ren, den jenen Symbolen zugrunde liegenden Gedanken- inhalt und Gegensatz und die allmähliche Fortbildung der ursprünglichen Anschauung klar entwickelnden Ausfüh- rung, die wir in dem Nachstehenden um so mehr nur in gedrängtester Kürze anzudeuten versuchen, als wir später ohnehin das theologisch-symbolische Darstellungselement bei Heraklit ausführlicher nachzuweisen haben werden.

An der S o n n e wurden sich die Völker des Altertums m e t a p h y s i s c h e r G e g e n s ä t z e b e w u ß t. Als der regelmäßige Zeiteinteiler und durch die früh zum Bewußt- sein gekommene Gesetzmäßigkeit ihrer Bewegung und der des gesamten Systems der Himmelskörper bot sie dem religiösen Sinn die große Anschauung der a l l g e m e i n e n H a r m o n i e des Universums, der s i c h i n e i n s o r d - n e n d e n a l l g e m e i n e n E i n h e i t des Weltalls dar. So war sie das absolute Z e n t r u m , der große allgemeine Mittelpunkt des Seins. — Von der anderen Seite aber wurde dieses reine Zentrum auch als emanierend ange- schaut. Der allgemeine Lichtkern f l i e ß t h e r v o r z u

---

[1]) Description. de pierr. grav. de C. de Stosch., p. 143.

[2]) Er führt an Lycophron. Cass. v. 914, sqq., ib. Schol. und Anmerkung p. 148, Reich. und Vol. II, p. 875, sqq., ed Müll., Reich. sagt dabei u. a.: quemadmodum heic lyrae de telis dicuntur, ita vicissim Pindarus cantica sua lyrica vocat tela et ψαλμοί per translationem de arcu dicuntur.

dem einzelnen, für sich seienden Strahl und
fließt aus demselben wieder in sich zurück.
Die Sonne ist der starke, strahlenschießende Gott. Der
abgeschossene Sonnenstrahl ist der Pfeil (s.
Baravadjas Hymnus auf Aurora im Rig. Vedae Specimen
p. 7, ed. Fr. Rosen, London 1830 und Eusthat. ad. Odyss.
XX, 156 sqq. p. 727, 38 sqq.; man vergleiche, was Creuzer über Abaris sagt, im 2. Bd. der Symbol. und Mythol.).
Der Pfeil bleibt darum die einzige Waffe, die auch an
Apollo hervortritt. Mithras, Dschemschid, Chrysaor sind
solche solarische Personifikationen, die den goldenen Son-
nendolch tragen[1]).

---

[1]) Noch Stellen später heidnischer wie christlicher Autoren,
bei denen sich längst die dunkle symbolische Anschauung zur
Durchsichtigkeit des klaren Gedankens aufgehellt hatte, und als
daher die Sonne längst aus der Sache zum bewußten Bilde
der Sache geworden war, lassen deutlich genug die Gegensätze
hervortreten, deren Beziehung aufeinander die Sonne dem An-
schauungssinne der alten Völker darbot. Athenagoras (leg. pro
Christ. p. 40, ed. Dech.) sagt von dem in den Propheten wir-
kenden heiligen Geiste, ἀπόρροιαν εἶναι φαμὲν τοῦ θεοῦ, ἀπορ-
ρέον καὶ ἐπαναφερόμενον, ὡς ἀκτῖνα ἡλίου „er sei ein Ausfluß Gottes, hervorfließend und in ihn zurückreflektiert, wie der Sonnenstrahl". — Seneca, Epist. 40:
Quemadmodum radii Solis contingunt quidem terram, sed
ibi sunt, ubi mittuntur; sic animus magnus et sacer et in nos
demissus ut propius divina nossemus, conservatur quidem nobis-
cum, sed haeret origini suae: illinc pendet, illuc spectat ac
nititur; nostris tamquam melior interest, womit zu vgl. id. de
beat. vit. c. 8: Mundus cuncta complectens, rectorque universi
Deus in exteriora quidem tendit sed tamen in totum
undique in se redit; idem nostra mens faciat, cum secuta
sensus suos per illos se ad externa porrexerit et illorum et sui
potens sit et in sese revertatur. — Minutius in Octav. c. XXXII,
8: Deo cuncta plena sunt; ubique non tantum nobis proximus
sed infusus est. In solem adeo rursus intende. Goelo

Aber diese Seite wird auch, und ist schon an sich, als
das sich aus dem allgemeinen Zentrum losreißende, für
sich werdende P r i n z i p d e r E i n z e l h e i t , das Prinzip des N e g a t i v e n , der Tätigkeit und der Vernichtung.
Dieses negative Wesen, dies Prinzip des Vernichtens,
tritt auch wie eine Nachtseite, wie ein dunkler Naturhinter-
grund noch aus der hellenisch-geistigen Gestaltung des
Apollo oft unverkennbar hervor. Der Nacht vergleichbar
wandelt er bei Homer, mit seinen P f e i l e n sendet er die
Pest[1]), von seinem Pfeil weggerafft sind die plötzlich
Gefallenen. Er ist der V e r d e r b e r . Und so etymolo-
gisierte ihn ja schon der altertümliche Aeschylos Agamemn.
v. 1090, 91, ibiq. schol.; Euripid. Orest. v. 1389, vgl.
Valken. ad. Phoeniss. p. 12 und Plato, Cratyl. p. 404,
E., p. 108, Stallb. ταὐτὸν δὲ καὶ περὶ τὸν Ἀπόλλω, ὅπερ
λέγω πολλοὶ πεφόβηνται περὶ τὸ ὄνομα τοῦ θεοῦ, ὥς
τι δεινὸν μηνύοντος, wo wohl darauf geachtet werden
muß, daß nicht von Plato im Cratylus diese Etymologie
des Apollo als Verderber vorgenommen, sondern diese
Etymologie als eine a l l g e m e i n b e k a n n t e und vielfach angenommene v o r a u s g e s e t z t und zweimal im
Dialog auf sie angespielt wird (man vgl. über das Ver-

affixus est, sed terris omnibus sparsus est; pariter
praesens ubique interest et miscetur omnibus. So etymologisiert
Marc. Anton. VIII, 57, den S t r a h l , ἀκτίς, als A u s g i e ß u n g
der Sonne, ἀκτῖνες γοῦν αἱ αὐγαὶ αὐτοῦ ἀπὸ τοῦ ἐκτεί-
νεσθαι λέγοντες und noch Christus wird nicht bloß Sonne der
Gerechtigkeit (ὁ ἥλιος δικαιοσύνης, s. in Boisson. Anecd. Gr.
T. IV, p. 131, T. V, p. 161), sondern von dem h. Gregor. Naz.
(Orat. XLV, p. 720) geradezu d e r S t r a h l d e s V a t e r s
genannt: ὁ Σωτὴρ ὁ ἡμέτερος καὶ τὸ πνεῦμα τὸ Ἅγιον, ἡ
δίδυμος τοῦ Πατρὸς ἀκτίς.

[1]) Auch bei den Ägyptern sendet die Sonne die Pest; siehe
z. B. Clem. Alex. Strom. V, c. 7, p. 670, Pott.

hältnis der Etymologien im Cratylos zu Heraklit die letzten Paragraphen der Lehre vom Erkennen). —

Jene siderische Harmonie hatte früh ihr entsprechendes Bild gefunden in der Harmonie der Töne; ihr Symbol wurde die Leier, die so zugleich das Bild ist der harmonischen Bewegung der Himmelskörper. Apollo ist die Personifikation der siderischen und Tonharmonie und führt als solcher die Leier[1]), umwandelnd das Weltall. So hatten schon die Pythagoräer gelehrt (vgl. die schöne Ausführung Platos de Rep. VII, p. 350, D., wie die Sternkunde nur dasselbe für die Augen, was die Klangbewegung für die Ohren und die über diese pythagoräische Lehre von Ast zu d. O. (p. 570) beigebrachten Stellen; ferner vgl. Plutarch. de anim. ger. in Tim. p. 1029, p. 187, Wytt., Procl. in Alcib. I, p. 204, ed. Cr.), und auch die Pythagoräer folgten darin nur älterer orphischer Lehre; man sehe z. B. den Hymn. Orph. XXXIV, (ed. Herm.) v. 16: „σὺ δὲ πάντα πόλον κιθάρῃ πολυκρέκτῳ ἁρμόζεις" sqq. nebst den Interpreten[2]) und vergleiche da-

---

[1]) Die Leier scheint überhaupt seit je das Symbol der Einheit, durch alle Stadien der Auffassung dieses Gedankens, von seiner naturalistischsten bis zu seiner geistigen Wendung gewesen zu sein. Horapollo (II, 116) lehrt, daß die auch unter den Hieroglyphen auf Mumiendecken vorkommende Lyra das Zeichen eines die Eintracht befördernden Menschen sei.

[2]) cf. Lucian. de Astrol. 10, T. V, p. 219, Bip.: ἡ δὲ λύρη (Ὀρφέως) ἑπτάμιτος ἐοῦσα, τὴν τῶν κινεομένων ἀστέρων ἁρμονίην συνεβάλλετο noch a. St. bei Lobeck Aglaoph. p. 943, sqq. (bekanntlich wurde Orpheus' Lyra auch von Apollo unter die Sterne versetzt). Auch die Kirchenväter zollten dieser Symbolik ihren Beifall z. B. Gregor. Naz. Orat. de Paup. Amore ed. lat. Cöln 1575: Quis tibi hoc dedit, quod coeli pulchritudinem comis, solis cursum, Lunae ortum, siderum multitudinem eamque

mit die andere Etymologie des Apollo in Platos Cratyl.
p. 405, D., p. 111, Stallb.: „ — — καὶ ἐνταῦθα τὴν ὁμοῦ
πόλησιν καὶ περὶ τὸν οὐρανόν, οὓς δὴ πόλους καλοῦσι,
καὶ περὶ τὴν ἐν τῇ ᾠδῇ ἁρμονίαν, ἣ δὴ συμφωνία
καλεῖται, ὅτι ταῦτα πάντα, ὥς φασιν οἱ κομψοὶ περὶ
μουσικὴν καὶ ἀστρονομίαν, ἁρμονίᾳ τινὶ πολεῖ
ἅμα πάντα· ἐπιστατεῖ δὲ οὗτος ὁ θεὸς τῇ ἁρμονίᾳ ὁμοπολῶν αὐτὰ πάντα καὶ κατὰ θεοὺς καὶ κατ᾽
ἀνθρώπους [1]).

Aber wie die Tat des hellenischen Geistes eben diese
ist, das Natürliche geistig zu verklären und zur rein menschlichen Gestalt herauszuringen, so entwickelt sich als E n d -
p u n k t dieses langen Prozesses aus den Anfängen der
siderisch-kosmischen Harmonie die f r e i e G e s t a l t d e s
m u s i s c h e n G o t t e s , A p o l l o M u s a g e t e s .   Die
harmonisch-geordnete Bewegung des Natürlichen v e r -
i n n e r l i c h t s i c h nach und nach in den Träger g e i s t i -
g e r Harmonie und Einheit. J e t z t wird die Leier zum
Symbol der B i l d u n g (s. die Beweise bei Raoul-Rochette
in den Monuments inédits Par. 1828, p. 236 sqq.). Der
S o n n e n p f e i l seinerseits entwickelt sich zum Apollo
τοξότης, zur Gestalt des heiteren, jagdliebenden Gottes
und nur manchmal noch tritt, wie eine dunkle Erinnerung,

---

quae in his omnibus velut in lyra elucet, concinnitatem
atque ordinem semper eodem modo se habentem.

[1]) Die bekannte Scherzhaftigkeit der meisten Etymologien im
Cratylus verschlägt hier auch für das Alter der Anschauung
nicht. Jene ironische Scherzhaftigkeit bezieht sich hier eben nur
auf die etymologische Herausdeutelung des Wesens des Gottes
aus seinem Namen. Das in scherzhafter Weise in den Namen
hineingekünstelte Wesen selbst des Gottes dagegen ist und
mußte auch gerade zur größeren Wirksamkeit der Ironie offenbar das wahrhaft reale und in der geistigen Auffassung bekannte Wesen des Gottes sein.

ihr Urgrund, das Prinzip des N e g a t i v e n , des Ver-
derbens, an ihr hervor. So ist Apollo nur die lebendige
E i n h e i t d e r b e i d e n G e g e n s ä t z e , die als Attribute neben ihn treten, der L e i e r und des B o g e n s ,
des Prinzips des A l l g e m e i n e n und des N e g a t i v e n .
Jetzt verstehen wir auch das Bild des Eros, der nach
abgeschossenem Pfeil den Bogen niederlegend die Leier
ergreift (bei Pausanias und Winkelmann a. a. O.). Apollo
ist die E i n h e i t d e r W e l t , wie die alten Theologen
sagten (man sehe nur Plut. de $E\iota$ ap. Delph. p. 389,
p. 593, Wytt. cf. unsere Ausführung über diese Stelle
unten §§ 10, 11), aber er ist bereits in sich selbst die
Einheit des G e g e n s a t z e s , der großen Zweiheit von
Bogen und Leier, der allgemeinen Harmonie und des Prinzipes des Negativen. Hier genüge für vieles eine bedeutungsvolle Stelle eines platonischen Denkers, Maxim. Tyr.
Diss. X, p. 182, Reiske: Ξυνίημι καὶ τοῦ Ἀπόλλωνος,
τοξότης ὁ θεὸς καὶ μουσικός, καὶ φιλῶ μὲν αὐτοῦ τὴν
ἁρμονίαν, φοβοῦμαι δὲ τὴν τοξείαν. „Ich verstehe auch
den Apollo, Bogenschütze ist der Gott und der Tonkunst
Gott; und ich liebe seine Harmonie und ich fürchte seine
Toxeia" (d. h. die Seite seines Wesens, nach welcher
er Bogenschütze ist). Da haben wir wieder diese beiden
Gegensätze, die in Apollo geeint sind, Harmonie und
Bogen, und die Zerlegung des Gottes in diese beiden
Momente nennt Maximus sein V e r s t ä n d n i s des Gottes
(ξυνίημι). Jenes liebt, dieses fürchtet er. —
So ist dem Heraklit die Harmonie, wie in jenem Bilde
der Eros, wie in dieser Stelle des Maximus Apollo, eine
Harmonie der Leier m i t dem Bogen, des Allgemeinen
und des Negativen, der sich zur Einheit aufhebenden Be-
wegung des Vielen u n d des in die E i n z e l h e i t und den
U n t e r s c h i e d emanierenden Hervorgehens des E i n e n ,

Gegensätze, die ja überall seine ganze Philosophie regieren; und nun werden wir auch besser die ganze konkrete Beziehung seines Ausdruckes verstehen in dem oben aus Porphyrios angeführten Fragmente: „παλίντονος ἡ ἁρμονία, ἡ τοξεύει διὰ τῶν ἐναντίων, welches wir oben übersetzten: „Sich in ihr Gegenteil wendend ist die Harmonie, welche durch die Gegensätze schießt" (s. p. 179).

Jetzt wird auch klar sein, wie in diesem Fragmente die Harmonie nicht mit dem B i l d e der Leier und des Bogens, und noch weniger des Bogens allein, v e r g l i c h e n ist, sondern daselbst weiter gegangen und von der Harmonie selbst das τοξεύειν, das Bogenschießen, als i h r e e i g e n e T ä t i g k e i t angeschaut und ausgesagt werden konnte. Es ist ja in der Tat ein begrifflich notwendiges Moment für die Harmonie, daß sie aus ihrer zentralischen Einheit ausstrahlt, sich in die E i n z e l h e i t entläßt und aus dieser wieder in ihre Einheit zurückkehrt. Sonst wäre sie gar nicht Harmonie im heraklitischen Sinne, wenn sie nicht selbst diesen Gegensatz in sich faßte und einte.

Jetzt werden wir auch noch deutlicher als bisher die Beiworte παλίντονος und παλίντροπος verstehen, die bei Heraklit für die Harmonie der Leier und des Bogens ständig sind und von denen in wörtlicher Übersetzung das erste heißt: zurück- oder r ü c k w ä r t s g e w e n d e t, g e s p a n n t und das zweite: s i c h z u m G e g e n t e i l w e n d e n d.

Nur das erste von beiden ist das bei den Dichtern häufige Beiwort des Bogens, oder vielmehr einer gewissen Art desselben. Beide aber kommen in dem Begriffe überein: einer durch sich selbst in ihr Gegenteil umschlagenden sich wieder rückwärts wendenden Bewegung, wie auch der Sonnenstrahl die zum einzelnen Dasein herausfließende und sich wieder in den allgemeinen Mittelpunkt zurück-

ergießende Bewegung des Zentrums ist. — Jetzt werden
wir daher jenes Fragment etwa übersetzen können: „Sich
in ihr Gegenteil wendend, oder rückfließend
ist die Harmonie, welche durch die Gegensätze sich ergießend dringt," indem wir das
τοξεύει[1]) in ein unserem Sprachgenius homogeneres und
jene ursprüngliche symbolische Beziehung doch beibehal-
tendes Bild auflösen. — Auch die oben besprochene Stelle
des Simplicius begreift sich jetzt um so besser, daß das
Gute und Böse in dasselbe zusammengehen (εἰς ταὐτὸ
συνιέναι) wie der Bogen und die Leier. Die Harmonie
wird hier nicht erwähnt, sondern geschildert durch
Auflösung in ihre beiden entgegengesetzten Momente und
das Spiel ihrer ineinander übergehenden Bewegung.
Auch das begreift sich jetzt erst, warum Leier und
Bogen (was doch in allen Stellen über diese Harmonie
entschieden hervortritt) gerade so wie das Gute und Böse,
oder richtiger wie das Auseinandertreten und sich mit sich
Einigen (des Einen), von Heraklit als strikte und absolute Gegenteile, als die seinen begrifflichen Ge-

---

[1]) Man vgl. beiläufig eine nicht uninteressante Stelle des
gelehrten Nicephorus Chumnus mit der zwar durchaus nichts
bewiesen werden soll, obwohl sie schwerlich bloß dem Witz
dieses Mannes ihre Entstehung verdankt, in den Anecd. graec.
ed. Boiss. T. III, p. 382: — — οὐκ ἀφίης τὸ βλασφημεῖν,
καὶ τὸ τοξεύειν εἰς οὐρανὸν αὖθις προστίθης, ὑπομιμνήσκων
τάχα καὶ τὸν σὸν ἡμῖν ἀπειλῶν Τοξότην, ὡς εἴπερ ἡμεῖς εἴς
τι τῶν ἐν τοῖς ἄστρασι ζώων, κριόν τυχὸν ἢ τὸν ταῦρον,
τοξεύσομεν, αὐτὸς καθ' ἡμῶν εὐθὺς ἐπαφήσει πεπυρωμένα
γε ὄντα ἐξ αἰθέρος τὰ βέλη, καὶ βάλοι ἂν συχνὰ τὴν φαρέτραν
ὅλην κενῶν. Ἴσως καὶ τὸν νῦν ἀγῶνα σὺ θαρρεῖς βλέπων ὡς
εἰς ἐγκάθετον ὁπλίτην αὐτόν· ἀλλ' οὔ τι γε ἡμεῖς ὀρρωδοῦμεν·
ὁ γὰρ Ὑδροχόος εὐθὺς ἐπαρήξοι γ' ἄν, ἐναντία τῷ Τοξότῃ
κενῶν καὶ χέων.

gensätzen entsprechenden und sie an sich habenden Gegenteile, gebraucht werden konnten. Sein absoluter Begriff
ist diese tätige Einheit des Sein und Nichtsein, des Hervorfließens des ideellen Einen in die Einzelheit und ihre
Unterschiede, und des Rückganges dieser in jenes Eine
und sein allgemeines Werden, wie der Sonnenstrahl die
aus ihm hervorfließende und wieder in sich zurückkehrende
Bewegung des Zentrums ist, wie Apollo die Einheit des
Bogens und der Leier ist. S o e r s t gibt besonders auch
das oben aus Plato angeführte Bruchstück (p. 170 sqq.):
„Denn das Eine auseinandertretend (sich unterscheidend)
tritt mit sich selbst zusammen (eint sich mit sich) wie die
Harmonie des Bogens und der Leier" einen bestimmten und
konkreten Sinn. Denn j e t z t e r s t ist der Vergleich
klar; es ist klar, wieso das s i c h E i n i g e n u n d A u s -
e i n a n d e r t r e t e n, das συμφερόμενον und διαφερόμενον,
mit einer Harmonie des Bogens mit der Leier verglichen
werden kann, was bei einer Beziehung auf die bloße äußere
Form beider, die mit d i e s e n b e g r i f f l i c h e n G e g e n -
s ä t z e n nichts zu tun hat, stets unlösbar bleiben mußte.
Der Bogen ist die Seite des Hervorfließens der Einzelheit und somit der Unterschiede, die Leier die sich zur Einheit ordnende Bewegung derselben. Und wie also Apollo
nicht gedacht werden kann ohne b e i d e Seiten seines Wesens, so sind jene dieselben verselbständigenden Attribute
selbst notwendig ineinander übergehend, der Bogen wird
immer zur Leier und umgekehrt, oder er einigt sich mit
ihr, geht in dasselbe mit ihr zusammen, wie Simplicius
sagt[1]).

---

[1]) Auf diese symbolische Bedeutung von Bogen und Leier
bei Heraklit enthält es daher wohl gewiß eine Anspielung, wenn
Jamblich in dem Brief an Dexippos (ap. Stob. Serm. T. 81,
p. 472, T. III, p. 126, Gaisf.), wo er von der dialektisch-symbo-

Leier und Bogen aber, diese Symbole seines Gedankens[1]), griff Heraklit aus dem apollinischen Kult, dem er auch sonst zugetan war gegen den orgiastischen Dionysosdienst, wie wir später noch ausdrücklicher sehen werden, und liefert hierin wiederum eine Bestätigung für sein im zweiten Kapitel auseinandergesetztes Verhältnis zu den religiösen Kreisen.

---

§ 4. Der Streit. Die Dike.

Wenn hiernach alles, was existiert, nur durch die in ihm vorhandene Harmonie, diese selbst aber die Identität der immer ineinander übergehenden Gegensätze ist, so ist auch der Zusammenhang sehr natürlich, in welchem Aristoteles (Eth. Nicom. VIII, c. 2) auf die Worte: „Aus

---

lischen Auffassung spricht und nachdem er eben das Fragment Heraklits vom Apollo, der nicht spricht noch verbirgt, sondern andeutet (wodurch der Gott nach Jamblich seine Hörer zur dialektischen Erforschung erregen will) angeführt und nachdem er ferner sich auf die bekannte Ausdeutung jenes unter „hölzernen Mauern" Schiffe verstehenden Orakelspruchs durch Themistokles bezogen hat, fortfährt: ohne dieses Verständnis seien daher weder „der *Pfeil* noch die Leier, noch das Schiff noch irgend anderes etwas nütze" (οὔτ' ἂν ὠκυπέτης ἰός, οὔτε λύρη, οὔτε ναῦς, οὔτ' ἄλλο οὐδὲν ἄνευ ἐπιστημονικῆς χρήσεως γένοιτ' ἄν ποτε ὠφέ λιμον). — Indem hier aber an Stelle des Bogens der Pfeil auftritt, ist es klar, daß hiernach nicht in der äußeren Form des Bogens, sondern in seinem Wesen die Beziehung liegt (wie die Musik bei der Leier), welche ihm zum symbolischen Bilde der Harmonie oder vielmehr einer Seite derselben qualifiziert.

[1]) Nach unserer ganzen bisherigen Entwicklung hebt sich das in der Schleiermacherschen Darstellung der Harmonie p. 410 bis 418 teils Irrige, teils Unzureichende von selbst auf, so daß ein Eingehen auf diese im einzelnen überflüssig ist.

dem Sichunterscheiden die schönste Harmonie" unmittelbar folgen läßt: „und alles werde nach dem S t r e i t" (καὶ πάντα κατ᾽ ἔριν γίνεσθαι). Auch dies scheinen Heraklits eigenste und hier nur in indirekter Rede mitgeteilte Worte zu sein. Dies scheint zunächst hervorzugehen aus einem ziemlich verdorbenen Bruchstück bei Origenes [1]): „— — φησὶ (nämlich Celsus) θεῖόν τινα πόλεμον αἰνίττεσθαι τοὺς παλαιούς, Ἡράκλειτον μὲν λέγοντα ᾧδε· „Εἰ δὲ χρὴ τὸν πόλεμον ἐόντα ξυνὸν καὶ Δίκην ἐρεῖν· καὶ γινόμενα πάντα κατ᾽ ἔριν καὶ χρεώμενα", wo ich von Herzen der Verbesserung Schleiermachers beistimme: εἰδέναι χρὴ — καὶ Δίκην ἔριν, und hiernach übersetze: „M a n m u ß w i s s e n, d a ß d e r K r i e g d a s G e m e i n s a m e i s t, u n d d e r S t r e i t d a s R e c h t (die Dike), u n d d a ß n a c h d e m G e s e t z d e s S t r e i t e s a l l e s w i r d u n d v e r w e n d e t w i r d" (oder wörtlicher: „und sich betätigt").

Denn ich sehe nicht ab, warum man nicht so das χρεώμενα übersetzen soll, statt es mit Schleiermacher (p. 419) „unverständlich" zu finden: χράομαι hat ganz die Bedeutung, daß ein an sich berechtigter Besitz einer Sache oder ein Zustand durch die wirkliche Anwendung in das aktuelle sich äußernde Dasein tritt, reelle B e w ä h - r u n g erhält.

Das ansichseiende Recht, das der Streit auf die Dinge hat, weil sie ihm nämlich ihre Existenz verdanken, würde hier also durch das γινόμενα κατ᾽ ἔριν ausgedrückt sein. und das χρεώμενα besagte dann, daß dies Gesetz des Streites, aus dem die Dinge entspringen, nicht nur ihr Ursprung sei, sondern auch i n i h r e r W i r k l i c h k e i t s e i n e B e w ä h r u n g u n d B e t ä t i g u n g f i n d e, in-

---

[1]) contr. Cels. VI, p. 663, ed. de la Rue.

dem sie nach demselben Gesetz auch in ihrem aktuellen Dasein verwendet, gebraucht und aufgezehrt werden [1]).

[1]) Delarue übersetzt daher bereits ganz richtig: omniaque ex discordia gigni et administrari, „daß alles durch den Streit werde und verwaltet werde." — Die Richtigkeit der obigen Auffassung bestätigt sich auch durch die offenbar dieser Quelle entflossene stoische Bezeichnung „τὸ χρώμενον" für das alle Existenz durchwaltende Prinzip. Dieses ist das τὸ πᾶσι χρώμενον oder τὸ χρώμενον schlechtweg als dasjenige, was allein wahrhaft existiert, indem es **alles andere, das sinnlich Existierende, nur zu seiner eigenen Selbstverwirklichung und Betätigung gebraucht und verwendet.** Hieraus entsprang dann weiter der abstrakte stoische Terminus ἡ χρηστικὴ δύναμις als Bezeichnung der **Denkkraft.** Jener heraklitische Ursprung sowie der obige Grundgedanke und die angegebene Entwicklung der Bedeutung des Ausdrucks treten noch ganz deutlich in vielen Stellen hervor, siehe z. B. die schon oben wegen des κρεῖσσον (p. 189 sqq.) angeführten Stellen, besonders Marc. Anton. V, § 21: *Τῶν ἐν τῷ κόσμῳ τὸ κράτιστον τίμα· ἔστι δὲ τοῦτο, τὸ πᾶσι χρώμενον καὶ πάντα διέπον· ὁμοίως δὲ καὶ τῶν ἔν σοι τὸ κράτιστον τίμα· ἔστι δὲ τοῦτο, τὸ δ' ἐκείνῳ ὁμογενές· καὶ γὰρ ἐπί σου τὸ τοῖς ἄλλοις χρώμενον τοῦτό ἐστι καὶ ὁ σὸς βίος ὑπὸ τούτου διοικεῖται,* „von allem, was in der Welt existiert, das Beste verehre. Es ist dies aber das **alles andere für sich Verwendende und alles Durchdringende;** gleicherweise verehre auch von allem in dir das Beste. Es ist dies aber das jenem Gleichartige. Denn auch bei dir ist dieses das, was sich des anderen bedient und dein Leben wird von ihm durchwaltet"; cf. Epictet. Diss. II, c. 23: — — *μέμνησο δ' ὅτι ἄλλο τί σοι δέδωκε κρεῖττον ἁπάντων τούτων, τὸ χρησόμενον αὐτοῖς, τὸ δοκιμάζον, τὸ τὴν ἀξίαν ἑκάστου λογιούμενον — — — πῶς οὖν δύναταί τις ἄλλη δύναμις κρείσσων εἶναι ταύτης, ἣ καὶ τοῖς λοιποῖς διακόνοις χρῆται καὶ δοκιμάζει αὐτὴ ἕκαστα — — τίς ἐκείνων οἶδεν, ὁπότε δεῖ χρῆσδαι αὐτὴ καὶ πότε μή; — — τί ἐστι τὸ χρώμενον; προαίρεσις κτλ.*[*])

[*]) Auch Zeller, p. 465, 2, tritt Schleiermachers Verbesserung des Bruchstücks bei, äußert aber gleichfalls, daß er so wenig

Dasselbe γινόμενα πάντα κατ' ἔριν teilen uns dann, nur in abstrakteren und dem Heraklit selbst daher nicht zuzutrauenden Ausdrücken, Stellen mit, wie die des Diogenes Laert.: „γίνεσθαι πάντα κατ' ἐναντιότητα"[1]), „es werde alles nach der Gegensätzlichkeit" oder: „διὰ τῆς ἐναντιοτροπῆς ἡρμόσθαι τὰ ὄντα"[2]), „durch die Umwendung in das Entgegengesetzte (d. h.: also durch das Gesetz des Gegensatzes) werde das Seiende zusammengefügt", wo in dem ἡρμόσθαι, welches überdies noch den Begriff der harmonischen Ordnung enthält, gewiß ein wörtlich heraklitischer Ausdruck vorliegt und die ἐναντιοτροπή eine um so treffendere, wenn auch nicht ihm selbst zugehörige Bezeichnung seines Gesetzes des Gegensatzes ist, als in derselben der Gegensatz schon als prozessierender, durch sich selbst in sein Gegenteil umschlagender ausgedrückt ist.

Nur eine sinnlich-konkretere Form für diese Entstehung alles Seienden nach dem Gesetz des Gegensatzes bieten

wie dieser mit dem χρέωμενα anzufangen wisse. Der Gedanke unserer obigen Auffassung bestätigt sich jetzt übrigens auch durch das Fragment bei Pseudo-Orig. IX, c. 9, p. 281: „πόλεμος πάντων μὲν πατήρ ἐστι, πάντων δὲ βασιλεὺς καὶ τοὺς μὲν θεοὺς ἔδειξε, τοὺς δὲ ἀνθρώπους· τοὺς μὲν δούλους ἐποίησε, τοὺς δὲ ἐλευθέρους" Der Gegensatz von Götter und Menschen wird später klar werden. Hiervon jetzt noch absehend besagt also das Fragment: „Der Krieg ist der Vater und König aller Dinge — — und die einen macht er zu Sklaven und die anderen zu Freien," d. h. wie der Kreig das ontologische und kosmologische Prinzip ist, dem die Menschen ihr Dasein verdanken, so ist es auch dasjenige, nach welchem sie nun auch aktiv ihr Leben gestalten, sich wieder aufreiben etc. Kosmologisches und Ethisches fällt eben bei Heraklit in eins zusammen.

[1]) IX, 8.
[2]) Diog. L. IX, 7.

jene Bruchstücke des Ephesiers dar, in welchen er den Krieg den Vater aller Dinge nannte. So bei Proklus [1]): καὶ εἰ ὁ γενναῖος Ἡράκλειτος εἰς ταύτην (sc. ἐναντίωσιν) ἀπιδὼν ἔλεγε· „πόλεμος πατὴρ πάντων“, „der Krieg ist der Vater aller Dinge" und ebenso derselbe Autor noch einmal in indirekter Rede: „πόλεμον [2]) γὰρ εἶναι τὸν πάντων πατέρα καὶ βασιλέα κατὰ τὸν Ἡράκλειτον" Dasselbe Diktum, ohne Heraklit zu nennen, aber sichtlich in wörtlicher Form hat uns Lucian (quomodo hist. sit. conscrib. T. IV, p. 161, ed. Bip.) aufbewahrt. Da nämlich ein Kriegsvorfall so viele Geschichtsschreiber hervorgebracht habe, so müsse wohl wahr sein, sagt Lucian scherzend: „jenes, der Krieg ist der Vater aller Dinge" „ἐκεῖνο, τὸ, πόλεμος ἁπάντων πατήρ", welchen Ausspruch der Scholiast daselbst richtig erklärt als der Gegensätze Kampf (τῶν ἐναντίων μάχην) aber mit Unrecht dem Empedokles vindiziert, wie denn auch bereits die Herausgeber des Lucian letzteres bemerkt haben. Ebenso sagt uns Plutarch [3]): „Ἡράκλειτος μὲν γὰρ ἀντικρὺς πόλεμον ὀνομάζει πατέρα καὶ βασιλέα καὶ κύριον πάντων", „Heraklitus aber nennt geradezu den Krieg den Vater und König und Herrn aller Dinge", wo wohl auch das βασιλέα jedenfalls Heraklits eigener Ausdruck ist, wie er ja auch den Apollo βασιλεύς nannte [*]).

Auch Athenagoras hat bereits gewußt, daß dieser heraklitische Krieg nichts anderes als das Gesetz des prozessierenden Gegensatzes bedeuten soll, wie seine den Ephesier zwar nicht nennenden aber auf ihn

---

[1]) in· Tim. p. 54.
[2]) ib. p. 24.
[3]) De Isid. et Os. p. 370, D., p. 517, Wyttenb.
[*]) Siehe jetzt das Fragment bei Pseudo-Origines in der Anmerk. zu p. 208.

und auf diesen Hauptsatz seiner Philosophie hinzielenden trefflichen Worte zeigen, legat. pro Christ. p. 16, ed. Dech.: „— φυσικῷ λόγῳ πρὸς τὴν ἀρετὴν τῆς κακίας ἀντικειμένης καὶ πολεμούντων ἀλλήλοις τῶν ἐναντίων θείῳ νόμῳ“, „da nach jenem physischen Logos die Schlechtigkeit der Tugend entgegengesetzt ist und die G e - g e n s ä t z e m i t e i n a n d e r k ä m p f e n n a c h j e n e m g ö t t l i c h e n G e s e t z e“.

Auf dies Philosophem sich stützend hat auch Heraklit, wie wir durch viele Zeugnisse wissen, den Homer getadelt, weil dieser flehte, daß der Streit verschwände aus den Reihen der Götter und Menschen. So erzählt zunächst der s. g. Aristoteles[1]): „καὶ Ἡράκλ. ἐπετιμᾶ[2]) τῷ ποιήσαντι, „ὡς ἔρις ἔκ τε θεῶν καὶ ἀνθρώπων ἀπόλοιτο“· οὐ γὰρ ἂν εἶναι ἁρμονίαν, μὴ ὄντος ὀξέος καὶ βαρέος, οὐδὲ τὰ ζῷα ἄνευ θήλεος καὶ ἄρρενος, ἐναντίων ὄντων“. „Und Heraklit schmähte den Dichter, weil er bat, daß der Streit verschwände aus den Reihen der Götter und Menschen, denn nicht würde eine Harmonie existieren, wenn es nicht gebe helle und tiefe Töne, noch Lebendiges ohne Weibliches und Männliches, die Gegensätze seien.“

Dieser Grund des Tadels, den die Ethik anführt, ist, wie nicht zu leugnen, der heraklitischen Philosophie angemessen, so daß auch Schleiermacher wörtlich Heraklitisches und nur in indirekter Rede Mitgeteiltes darin sieht.

So sehr das scheinen mag, so möchte ich doch eher glauben, daß der Verfasser der Ethik den G r u n d des Tadels, den er anführt, nicht sowohl aus den eigenen Wor-

---

[1]) Eth. Eudem. VII, c. 1, p. 1235.

[2]) Solchen Tadel der Philosophen gegen den Dichter nimmt Maxim. Tyr. sehr übel, Diss. XXXII, p. 119, R.

ten des Ephesiers, als vielmehr aus seiner Beurteilung der Philosophie Heraklits herausgeschrieben hat, denn die Stelle nimmt den Krieg und Gegensatz n u r als Gegensatz zwischen den einzelnen selbständigen Existenzen gegeneinander, männlich und weiblich etc., während alles, was wir bisher von Heraklit gehabt haben, zeigt, daß er den Gegensatz nicht bloß an die einzelnen Existenzen verteilt, so daß sie jedes in sich selbst eins und nur g e g e n e i n - a n d e r Gegensätze wären, sondern daß er jedes auch i n s i c h s e l b s t seinen e i g e n e n Gegensatz sein läßt. — Wir müssen demnach zweifeln, ob jener in der Ethik angegebene und freilich auch richtige Grund der t i e f s t e u n d l e t z t e Grund Heraklits gewesen ist, und wollen uns daher in den vorhandenen Stellen umsehen, welcher andere Grund noch etwa als von Heraklit selbst angeführt berichtet wird.

Plutarch zunächst fährt a. a. O. also fort: „καὶ τὸν μὲν Ὅμηρον εὐχόμενον, ἔκ τε θεῶν ἔριν, ἔκ τ' ἀνθρώπων ἀπολέσθαι λανθάνειν φησί, τῇ πάντων γενέσει καταρώμενον, ἐκ μάχης καὶ ἀντιπαθείας τὴν γένεσιν ἐχόντων“, „und dem Homer, welcher fleht, daß der Krieg aus den Reihen der Götter und Menschen verschwände, bleibe verborgen, sagt er, daß er damit der E n t s t e h u n g v o n a l l e m f l u c h e, da alles aus Kampf und Gegensätzlichkeit sein Entstehen habe." Soll hier vielleicht μάχη und ἀντιπαθεία der Streit zweier in sich selbst kampf l o s e r Existenzen miteinander sein? oder der Kampf der beiden prozessierenden Gegensätze, die jedes Ding in sich selber konstituieren, des διαφερόμενον und συμφερόμενον, des Sein und Nichtsein? Da aber der letzte Teil der Stelle, ἐκ — ἐχόντων durchaus den Worten nach nur dem Plutarch zugehört (anders verhält es sich offenbar mit dem auch durch φησί als w ö r t l i c h e Anführung bezeichneten λανθάνειν

—καταρώμενον), so kann diese Stelle noch nicht entscheiden. — Die venetianischen Scholien[1]) sagen zu dem in Rede stehenden Vers des Homer: „Ἡράκλ. τὴν τῶν ὄντων φύσιν κατ᾽ ἔριν συνεστάναι νομίζων μέμφεται Ὁμήρῳ, σύγχυσιν κόσμου δοκῶν αὐτὸν εὔχεσθαι“ „Heraklit, meinend, daß die Natur des Seienden nach dem Gesetz des Streites zusammengetreten sei, schilt den Homer, glaubend, daß dieser eine Zusammenschüttung des Weltalls erflehe.“

Wir wollen uns indessen auch nicht auf eine weitläufige Analyse dieses Ausdruckes (σύγχυσις) einlassen, da ohnedies den Ausschlag gibt die treffliche Stelle des Simplicius, welcher sagt[2]): „mit dem Satz des Widerspruchs seien nicht einverstanden diejenigen, welche die Gegensätze als Urprinzip (ἀρχή) setzen, sowohl andere als besonders die Heraklitiker“ (ὅσοι τἀναντία ἀρχὰς ἔθεντο, οἵτε ἄλλοι καὶ οἱ Ἡρακλείτειοι) und hierauf fortfährt: „denn wenn das eine von den beiden Gegenteilen wegfallen würde, würde alles fortgehen (verschwinden), unsichtbar geworden, weshalb auch Heraklit den Homer schilt, welcher sagt, es möge der Streit etc. verschwinden; denn verschwinden, sagt er, würde alles“ („εἰ γὰρ τὸ ἕτερον τῶν ἐναντίων ἐπιλείπει, οἴχοιτο ἂν πάντα ἀφανισθέντα· διὸ καὶ μέμφεται Ὁμήρῳ Ἡράκλειτος εἴποντι „ὡς ἔρις — ἀπόλοιτο“· οἰχήσεθαι γάρ, φησι, πάντα“), wo diese letzten durch φησι eingeführten Worte „denn verschwinden würde, sagt er, alles,“ doch unbestreitbar die eigensten Worte Heraklits sein sollen und sind. — Schon der erste Teil dieser Stelle enthält eine sehr tiefe Einsicht in das Wesen heraklitischer Philosophie, die nämlich, daß dem Heraklit die

---

1) Ad. Iliad. XVIII, 107.
2) Comment. in Arist. Categ. p. 105, b. Bas.

Gegensätze ἀρχή gewesen sind, wofür der Ephesier selbst in seiner sinnlichen Sprache Vater sagte; eine Einsicht[1]), die doch Simplicius schwerlich dem Aristoteles verdankt, der zwar häufig genug von der Einheit des Seins und Nicht bei Heraklit spricht, aber diese doch gerade nicht in dieser Form als ἀρχή unmittelbar bei ihm hinstellt, eine Einsicht endlich, welche sogar auf das entschiedenste der Metaphysik widerspricht, die eine bestimmte sinnliche Existenz, das Feuer, als ἀρχή bei Heraklit angibt. Simplicius hat auch selbst wieder dieser seiner Erkenntnis widersprochen und, wenn auch gewiß noch nicht an der Stelle, wo er Heraklit unter diejenigen zählt, welche aus einem Prinzip das Seiende ableiten[2]) (ἐξ ἑνὸς ποιοῦντες), so doch in den vielen Stellen, in welchen er sich durch die Metaphysik verleiten läßt, das Feuer als ἀρχή bei ihm zuzugeben[3]) in der Art, wie bei Thales das Wasser[4]).

---

[1]) Dieselbe Einsicht hatte übrigens auch der heilige Gregor. Nyssen., de anim. et resurr. p. 114, ed. Krabing: οὐ γάρ ἐστι τὸ ἐξ ἀρετῆς ἐγγενέσϑαι κέρδος οἷς ἡ φύσις ἐκ τοῦ ἐναντίου τὴν ἀρχὴν ἔχει. „— — Denen, welchen die Natur aus dem Gegensatze ihren Ursprung hat." Man kann sich nicht richtiger ausdrücken und weit übertrifft der Kirchenvater hier alles, was uns die meisten Kommentatoren des Aristoteles über Heraklit sagen. Es ist ersichtlich, wie in der Stelle die Gegensätzlichkeit nicht bloß als Eigenschaft des Natürlichen, sondern als das innere der gesamten Natur selbst erst Existenz verleihende, und ihr, dem Gedanken nach, gleichsam vorhergehende Prinzip (λόγος) aufgefaßt ist. Überhaupt zeigen beide Gregore eine genauere Bekanntschaft mit Heraklit und haben ihn sehr häufig auch da, wo sie ihn nicht nennen, im Auge.

[2]) Comment. in libr. de Coelo. f. 145, f. 148.

[3]) Comm. in Phys. Ausc. f. 24, b. f. 32, f. 44, f. 60, b. f. 6, a. f. 8, a.

[4]) Obgleich er dies oft durch Zusätze mildert, worüber später.

Die Gegensätze sind also nach unserer Stelle des Simplicius ἀρχή und wenn das eine der beiden entgegengesetzten Prinzipien fehlte, würde alles verschwinden, unsichtbar geworden. Man sieht, daß dies durchaus nicht ganz identisch ist mit dem von Aristoteles angegebenen Grunde. Denn die aristotelische Stelle spricht zuvörderst von mehreren besonderen Gegensätzen, weiblich und männlich, hoch und tief, d. h. eigentlich von bestimmten entgegengesetzten Eigenschaften, deren es eine unendliche Vielheit gibt. Die Stelle des Simplicius aber, diese Vielheit in ihren Quell zurückführend, spricht nur von einem einzigen alles durchdringenden Gegensatz, der, wenn eine seiner beiden Seiten (τὸ ἕτερον τῶν ἐναντίων) fortfiele[1]), das Verschwinden des Alls nach sich zöge. Nach der Stelle des Aristoteles würde ferner, da der Gegensatz nur zwischen den einzelnen Existenzen gegeneinander stattzufinden scheint, mit dem Wegfallen des Krieges nur eine Monotonie und Einseitigkeit in der Natur einzutreten scheinen, noch nicht aber diese selbst gänzlich verschwinden müssen. Dies Verschwinden der ganzen auch bereits vorhandenen Existenz, welches die von Simplicius angeführten eigenen Worte des Ephesiers aber doch ausdrücklich besagen, läßt sich nur mit Simplicius aus der Erkenntnis rechtfertigen, daß jede Einzelexistenz schon in sich selbst Einheit der beiden Gegensätze ist und keinen derselben missen kann. — Ja, es läßt sich die Meinung Heraklits aus dieser Stelle des Simplicius, welche letzterer, da er Worte des Ephesiers anführt, die Aristoteles nicht zitiert, doch also auch offenbar nicht dem Aristoteles, sondern anderweitiger Kenntnis des herakli-

---

[1]) Vgl. damit unten § 5, die Erörterung der Stelle des Diog. L.

tischen Werkes verdanken muß, noch weiter verfolgen und dabei wiederum ein helles Licht auf ein schon früher gehabtes Bruchstück werfen. Daß die Worte: οἰχήσεσθαι γάρ, φησι, πάντα wörtliche heraklitische Anführung, wenn auch in indirekter Rede sind, wird niemand bestreiten wollen und läßt sich auch wegen des dazwischen geschobenen φησι nicht in Abrede stellen. Allein dann scheint es uns doch gar sehr, daß auch schon das frühere: οἴχοιτο ἂν πάντα ἀφανισθέντα etwas wörtlich Heraklitisches enthält. Wenigstens scheint das οἴχοιτο, das ja bald darauf in dem wörtlichen Zitat wiederkehrt, auch für das ἀφανισθέντα als von Heraklit selbst bei diesem Anlaß gebraucht zu sprechen, wie wir ihn selbst schon von einer ἁρμονία φανερή im Gegensatz zu der ἁρμ. ἀφανής haben sprechen hören[1]). Demnach findet jenes Bruchstück bei Plutarch

---

[1]) Das ἀφανίζεσθαι begegnet uns noch einmal in bemerkenswerter Weise und in demselben Sinne in einer Stelle, wo uns Heraklitisches berichtet wird. Bei Nicand. Alexipharm. v. 177, heißt es:

ὕλη δ' ἐχθομένοιο πυρὸς κατὰ θεσμὸν ἀκούει.

Der Scholiast ad h. l., der schon das unmittelbar Vorangehende auf Heraklit bezogen hatte, sagt hierzu: ἐκτίθεσθαι οὖν βούλεται διὰ τούτων καὶ Ἡράκλειτος, ὅτι πάντα ἐναντία ἐστὶν ἀλλήλοις κατ' αὐτόν· — — τῇ γὰρ θαλάσσῃ ὑπόκεινται τὰ πλοῖα· τῷ δὲ πυρὶ ἡ ὕλη — — ἡ δε ὕλη ὑπακούει καὶ πείθεται κατὰ τὸν θεσμὸν τοῦ ἐχθομένου πυρός· οὐ καθολοῦ δὲ τὸ πῦρ ἐχθόμενον λέγει, ἀλλὰ τῇ ὕλῃ ἐχθόμενον, διὰ τὸ ἀφανίζεσθαι αὐτὴν ὑπ' αὐτοῦ wie, im Gegensatze hierzu, von den den heraklitischen Weg nach unten einschlagenden Seelen Porphyr. (siehe unten § 8 u. 9) den Ausdruck gebraucht „ὁρατὰς γίνεσθαι". cf. Cyrill. ap. Julian. VIII, p. 183, C. D. Ebenso muß man jetzt die p. 187 Anm. angeführten Stellen über das ἐναφανίζεσθαι als stoischen terminus technicus für die Aufhebung und den Rückgang des sinnlichen Daseins in das allgemeine Prinzip des Weltalls, in den Logos der Existenz oder die unsichtbare Harmonie, hiermit vergleichen.

und unsere dabei gegebene Interpretation hier ihre weitere
Erläuterung und Bestätigung und die Sache verhält sich
also: Der Krieg ist, wie wir in allem Bisherigen gesehen
haben, die Geburt der Dinge in das wirkliche Sein,
das Vergehen der Dinge, ihr Tod, ist gerade die Beendigung dieses Krieges, denn es ist der Sieg der reinen
Bewegung und Negativität über das sich entgegenstem-
mende Prinzip des festen und einseitigen Seins. Das Aufhören des Krieges, die Vernichtung der wirklichen
nur durch den Krieg bestehenden Dinge, ist also nur
ihr Rückgang aus der sichtbaren Harmonie
in die ἁρμονία ἀφανής, und darum konnte Heraklit auch
sagen, daß mit dem Aufhören des Krieges „alles weg-
gehen würde, unsichtbar geworden" (πάντα οἴχοιτο
ἀφανισθέντα). Diese unsichtbare Harmonie enthält nämlich zwar auch schon den Gegensatz von Sein
und Nichtsein in sich, sonst hätte Heraklit sie
überhaupt nicht Harmonie nennen können, aber
nur als ideelle Momente, oder wie Heraklit dies ausdrückt, sie ist besser, reiner (κρείττων) als die sichtbare Harmonie. Auch schon in der reinen Negativität,
in der inneren Anschauung des logischen Begriffes des
Werdens, in dem Namen des Zeus, sind die beiden entgegengesetzten Gedankenmomente, Sein wie Nichtsein, vorhanden; aber eben, weil hier als reine Gedankenmomente gedacht, sind sie nur die unaufhörlich
ineinander übergehende reine Bewegung. Der Gedanke des Seins ist an sich selbst sofort Nichtsein, dieses
seinerseits ist nur dies sofortige Umschlagen in den Gedanken des Seins und so fort. Dieser reine Wandel des
einen Momentes in das andere, dieser kontinuierliche Ge-
dankenübergang, der eben, weil absolut ununterbrochen,

auch absolute I d e n t i t ä t mit sich selber ist, ist die u n -
s i c h t b a r e Harmonie.

Das Wirkliche geht daher bei seiner Vernichtung wieder in die u n s i c h t b a r e H a r m o n i e (ἀφανισϑείς) —
d. h. in die r e i n e N e g a t i v i t ä t (in den λόγος der
Bewegung) — zurück, aus der es geworden[1]).

Umgekehrt entsteht alle W i r k l i c h k e i t u n d K ö r -
p e r l i c h k e i t nur dadurch, daß in jenem geschilderten
a b s o l u t e n u n d r e i n e n W a n d e l ein Stillstand, ein
V e r h a r r e n eintritt.

Und so sagt uns denn auch, unserer bisherigen Auseinandersetzung und Auffassung des Bruchstückes von der
unsichtbaren Harmonie und des innersten Wesens der heraklitischen Philosophie überhaupt eine überraschende Be-

---

[1]) Und dies dürfte auch das erste Hervortreten des philosophischen Gedankens sein, der sich später zur p l a t o n i s c h e n
I d e a l w e l t entwickelte. Sehr interessant ist in dieser Hinsicht
eine mit Unrecht unbeachtet gebliebene Stelle des Himerius
Or. XI, § 2, p. 575, ed. Wernsd., in welcher im Gegensatze
zu der in der aristotelischen Metaphysik ausgesprochenen gewöhnlichen Ansicht, daß Plato das Fließen des Sinnlichen von
Heraklit adoptiert habe, gerade die platonische I d e e n l e h r e
als in der heraklitischen Philosophie wurzelnd behauptet wird:
„— — καὶ μὴν τῆς Ἡρακλείτου σοφίας, ὑφ᾽ ἧς πτερωϑεῖσα
ἡ Πλάτωνος φύσις τὴν ὑπεράνω τῶν λόγων γνῶσιν
ἐπώπτευσε". Wie es sich hiermit verhält, wird sich uns sowohl beim heraklitischen Logos, welcher nichts anderes als
das G e d a n k e n g e s e t z j e n e r u n s i c h t b a r e n H a r m o n i e
i s t, als später näher ergeben (§§ 13, 14, 26, 36 u. 37).
In der Tat ist der Logos bei Heraklit schon das, was Plato
etwa U r b i l d der Bewegung nennen würde, und in diesen Logos
geht bei Heraklit alles Wirkliche zurück, wie es aus ihm geworden ist. Dieses an sich schon vorhandene Idealitätsverhältnis
in der heraklitischen Philosophie ist stets ganz übersehen
worden.

stätigung erteilend und einen der tiefsten Blicke in die Philosophie des Ephesiers werfend, Jamblichus in einem Fragment bei Stob. (Ecl. phys. I, p. 894), wo er die Meinungen der Philosophen über die Verbindung des Körpers mit der Seele mustert, diese Verbindung entstünde nach Heraklit durch das Eintreten eines Ausruhens in der Umwandlung (καθ᾿ Ἡράκλειτον δὲ τῆς ἐν τῷ μεταβάλλεσθαι ἀναπαύλης). Mit Recht mußte Heeren diese Sentenz dunkel und unerklärlich finden[1]), da ja nach allem, was nur über die heraklitische Philosophie vorliegt, auch alles und somit die Seele nicht weniger in beständigem Fluß und Bewegung begriffen sein soll. Ebensowenig konnte dieses Zeugnis des Jamblichus bei Schleiermacher, der eine „wunderliche Zusammenstellung" (p. 472) darin erblickt[2]), zu seinem wirklichen Verständnis und seiner Würdigung gelangen. Dennoch trifft der Bericht des Jamblichus, wie jetzt schon aus dem vorigen von selbst klar ist, gerade den tiefsten und wesentlichsten, immer übersehenen Punkt herakliti-

[1]) Obscura haec Heracliti sententia, sagt er, a nemine alio explicatur (nach unserer obigen Auffassung derselben sehen wir sie dagegen dem Sinne nach in sehr zahlreichen Bruchstücken und Berichten vorliegen). Constat tamen ex Diog. L. IX, 7, sqq. eum omnia mutationi subjecta atque ex ea orta posuisse; nec eum aliter de anima statuisse, cum eam τὸ ἀεὶ ῥέον et τὸ ἀεὶ κινούμενον vocaret etc. etc.

[2]) Überhaupt nimmt Schleiermacher irrtümlicherweise an, als wolle Jamblich die Meinungen der Philosophen über die Entstehung des Bösen zusammenstellen, während er vielmehr nur, auch noch bei der Anführung Heraklits, die Ansichten von der Verbindung der Seele mit dem Körper durchnimmt. Erst im weiteren Verlauf kommt er dabei auf die Entstehung des Bösen zu sprechen und auch nur insofern es die Folge jener Verbindung der Seele mit dem Körper und ihrer hiermit gegebenen Selbstentäußerung ist.

scher Lehre. Wohl ist auch das existierende sinnliche All, wohl ist auch die verkörperte Seele in steter Bewegung und Prozeß begriffen. Aber alle Bewegung im Gebiete der realen Existenz, alle sinnliche Bewegung ist bereits gehemmte und verharrende, ist mit ihrem eigenen Gegensatz, dem Elemente des verharrenden Seins, gemischte und dadurch getrübte Bewegung, ist nicht mehr die rein ideelle intelligible Bewegung der besseren unsichtbaren Harmonie. Es ist nur dasselbe, was Plutarch in einer Stelle sagt, die auch schon hierüber Aufschluß hätte geben können, wenn sie nicht gerade merkwürdigerweise immer übersehen worden wäre und die wir im Verlaufe näher werden betrachten müssen, daß nämlich nach Herakleitos die Natur (φύσις) gerade deshalb Krieg sei, weil sie nichts ungemischt noch rein in sich enthalte, sondern durch ungerechte Zustände zustande gebracht sei (διὰ πολλῶν καὶ ἀδίκων παθῶν περαινομένην). Deshalb erlange sie auch nach Heraklit ihre Entstehung selber durch die Unbill, indem das Unsterbliche mit dem Sterblichen sich eine (ὅπου καὶ τὴν γένεσιν αὐτὴν ἐξ ἀδικίας συντυγχάνειν λέγουσι, τῷ θνητῷ συνερχομένου τοῦ ἀθανάτου. Plut. Terrestr. an aquat. p. 964, E., p. 913, Wytt.). — Dasselbe, was Jamblichus, bestätigt uns auch ein gleichfalls bisher den Darstellern Heraklits stets entgangener und jedenfalls sehr merkwürdiger Bericht des Aeneas Gazaeus de imm. anim. p. 5, ed. Boisson. „Ὁ μὲν γὰρ Ἡράκλειτος διαδοχὴν ἀναγκαίαν τιθέμενος, ἄνω καὶ κάτω τῆς ψυχῆς τὴν πορείαν ἔφη γίνεσθαι. Ἐπεὶ κάματος αὐτῇ τῷ δημιουργῷ συνέπεσθαι καὶ ἄνω μετὰ τοῦ θεοῦ τόδε τὸ πᾶν συμπεριπολεῖν καὶ ὑπ᾽ ἐκείνῳ τετάχθαι καὶ ἄρχεσθαι, διὰ τοῦτο τῇ τοῦ ἠρεμεῖν ἐπιθυμίᾳ καὶ ἀρχῆς ἐλπίδι κάτω φησὶ τὴν ψυχὴν φέρεσθαι".

Wie man auch über die Glaubwürdigkeit des Aeneas denken mag, — der heraklitische Inhalt der Stelle ist sowohl durch sich selbst, als auch durch zahlreiche Berichte und Fragmente, die wir teils bereits betrachtet, teils besonders im Verlaufe noch antreffen werden, außer allem Zweifel und ebensowenig kann über den Hauptinhalt derselben Streit sein: Heraklit, eine in der Notwendigkeit gegründete und im Wandel der Gegensätze ineinander bestehende Aufeinanderfolge (denn διαδοχή steht hier nur an Stelle der heraklitischen ἀμοιβὴ ἐκ τῶν ἐναντίων; siehe unten die Stelle des Plotinus) annehmend, habe einen Weg der Seele nach oben und unten statuiert. Denn da es ihr Mühsal sei, den Demiurgen — in seinem Wandel also — zu geleiten[1]) und oben mit dem Gotte das All zu umwandeln[2]), so werde sie deshalb durch die Begierde nach Ruhe und die Hoffnung auf individuelle Entstehung (wie das ἀρχῆς ἐλπίδι vielleicht zu fassen sein dürfte), nach unten in das Reich der Zeugung gezogen[3]).

---

[1]) Worin aber diese Wandelbewegung des Demiurgen bei Herakleitos bestand, — darüber müssen wir zunächst auf §§ 10 u. 11 verweisen.

[2]) Wir hätten also hier, was gewiß ein höchst interessantes und beachtenswertes Zusammentreffen ist, vollständig einen solchen den Seelen bestimmten Διὸς ὁδός oder Zeusweg (denn Zeus ist der Demiurg des Heraklit Clemens Al. Paedag. I, c. 5, p. 111, Pott., Proclus in Tim. p. 101), wie ihn Pindar in jener vielbesprochenen Stelle Ol. II, 68, die dreimal bewährten Seelen durchwandern läßt, hier freilich in seiner philosophischen Auffassung.

[3]) Aeneas Gaz. kommt bald nachher p. 7, ed. Boiss., nochmals hierauf zurück. Nicht wisse er, wem er mehr folgen solle, ob dem Herakleitos, welcher annehme, daß von den Mühen der Seele dort oben die Ausruhe die Flucht in dieses Leben

Diesen Demiurgen nennt Herakleitos anderwärts Zeus. Dieser Demiurg ist aber auch und zwar e b e n s o a u s - d r ü c k l i c h n a c h H e r a k l i t s e l b s t n i c h t s a n - d e r e s — und beides steht wieder in der überraschendsten Übereinstimmung, wenn wir unten sehen werden, worin die Natur und demiurgische Bewegung dieses Zeus besteht — a l s d e r h e r a k l e i t i s c h e L o g o s , d. h. wie wir bei der Darstellung des herakleitischen Logosbegriffes finden werden, nichts anderes als das r e i n e G e d a n k e n - g e s e t z d e r u n s i c h t b a r e n H a r m o n i e , die intellektuelle notwendig und beständig ineinander umschlagende Identität der Gedankenmomente von Sein und Nichtsein[1]).

In jener unsichtbaren Harmonie ist also, wie wir gesehen haben, die prozessierende Identität von Sein und Nichtsein nicht nur, wie auch in der sinnlichen Welt als I n h a l t , sondern auch in einer ihrem B e g r i f f e a n - g e m e s s e n e n und mit ihm ü b e r e i n s t i m m e n d e n F o r m , — als reiner unaufgehaltener Gedankenwandel

---

sei, ᾧ δοκεῖ τῶν πόνων τῆς ψυχῆς ἀνάπαυλαν εἶναι τὴν εἰς τόνδε τὸν βίον φυγήν. Beide Stellen enthalten wörtlich Heraklitisches, wie sich auch aus den bald anzuf. O. des Plotinus ergibt, durch dessen Vermittlung auch hauptsächlich Aeneas den Heraklit zu kennen scheint.

[1]) Es liegt wohl selbst bei flüchtiger Betrachtung der Stelle bei Aeneas auf der Hand, daß sich Heraklit mit jenen Sätzen von den Seelen, die in ununterbrochenem Wandel mit dem Demiurg das All umkreisen und durch die Sehnsucht nach Ruhe in den Körper gezogen werden, einerseits im Gebiete der ägyptischen Seelenlehre und in der Hülle ihrer Dogmen bewegt, andererseits aber ebenso bestimmt, daß diese Dogmen hier eben zur bloßen durchsichtigen Hülle und zur Darstellungsform seines rein spekulativen Gedankens herabgesunken sind. Wir müssen hierüber auf die im Verlaufe folgenden Erörterungen, zunächst auf § 8, verweisen.

vorhanden, während in der Welt der Wirklichkeit beide Momente, Sein wie Nichtsein, in der Form des festen beharrenwollenden Seins dasind, diese haltlosen, rastlos ineinander übergehenden Unterschiede also als reell bestehend gesetzt und daher in einer ihrem eigenen Begriffe, welcher absoluter Übergang in ihre Identität ist, schlechthin widersprechenden Form vorhanden sind (dies ist eben die ἀδικία der Natur bei Heraklit, wie sich Plutarch a. a. O. ausdrückt). Darum ist die unsichtbare Harmonie zwar auch Einheit des Gegensatzes, aber dennoch das Gegenteil von der schlechteren sichtbaren Harmonie, und wenn diese letztere Krieg und Streit ist, so wird jene dagegen, als die mit ihrem eigenen Begriffe übereinstimmende Form Übereinstimmung mit sich selbst und Frieden genannt werden müssen.

Dies alles wird uns nun aber als Heraklits eigene Ideenreihe und Ausdrucksform belegt zunächst durch folgende Stelle des Diog. L. (IX, 8) τῶν δὲ ἐναντίων τὸ μὲν ἐπὶ τὴν γένεσιν ἄγον καλεῖσθαι πόλεμον καὶ ἔριν· τὸ δ᾽ ἐπὶ τὴν ἐκπύρωσιν ὁμολογίαν καὶ εἰρήνην· καὶ τὴν μεταβολὴν ὁδὸν ἄνω κάτω· τόν τε κόσμον γίνεσθαι κατὰ ταύτην. „Von den (beiden) Gegensätzen werde der eine, der zum Entstehen führt, Krieg und Streit, der andere aber, der zur Aufhebung des sinnlichen Seins führt, Übereinstimmung mit sich und Friede genannt, und ihre Umwandlung (in einander) sei der Weg nach oben und unten; die Welt aber werde in Gemäßheit dieser Umwandlung."

Und wären selbst ὁμολογία und εἰρήνη nicht Heraklits eigene Ausdrücke, obgleich auch nicht der allergeringste Grund vorliegt, diese Versicherung des Diogenes zu be-

zweifeln[1]) und solche Namen am wenigsten·zu denen gehören, die Spätere erfanden[2]), so hätte Heraklit doch

[1]) Wie nämlich H. Ritter sehr mit Unrecht tut, a. a. O.
p. 117 sqq. Das Mißverständnis dieser Stelle bei ihm, welches
für ihn sogar ein Grund wird, diesen ganz vorzüglich mit
Heraklits Lehre übereinstimmenden Bericht als nicht übereinstimmend mit derselben anzuzweifeln — ein Zweifel, den er
selbst wieder p. 119 als unbegründet zugeben muß, findet in
dem Vorigen und der weiteren Analyse der Stelle von selbst
seine Erledigung.

[2]) Es spricht aber auch noch vieles in der gewichtigsten
Weise für die Echtheit des Namens Εἰρήνη, von dem Ritter
a. a. O. mit hohem Unrecht meint, er, wie die ὁμολογία, sei
nur aus Mißverständnis der Harmonie entstanden. So zunächst
spricht hierfür die große Rolle, welche die Δίκη in den noch
erhaltenen Fragmenten des Ephesiers spielt, wenn wir hierbei
berücksichtigen, in wie großer Gemeinschaft in den alten Theogonien die Dike und die Eirene stehen; beide sind Schwestern,
beide gehören nach Hesiod (Theog. v. 900 sqq.) zu den sittlichen Mächten, die Zeus mit der Themis gezeugt hat und
Pindar singt geradezu (Ol. VIII, 7): „Δίκα καὶ ὁμότροπος
Εἰράνα" „die Dike und die gleichartige Eirene." Und
in der Tat werden wir sehen, daß die Dike bei Heraklit denselben Grundbegriff ausdrückt, nur in seiner mehr negativen Wendung gegen das widerstrebende auf sich beruhende
Einzelne, den die Eirene nur ohne diese Beziehung und in
positiver und auf sich selbst bezogener Form darstellt. — Es
ist aber auch ferner nach uns eine deutliche Bestätigung dieses
heraklitischen Gebrauches von Εἰρήνη und Ὁμολογία, wenn
wir dieselben in ganz entsprechender Weise bei den Stoikern,
seinen rastlosen Ausbeutern, antreffen, s. Phaedrus de nat.
deor. ed. Petersen. p. 17: „καὶ τὴν αὐτὴν εἶναι καὶ Εὐνομίαν
καὶ Δίκην Ὁμονοίαν καὶ Εἰρήνην". — Wenn wir aber nicht
irren, so ist auch noch ein anderer Bericht über heraklitische
Lehre vorhanden, in welchem die Gegensätze πόλεμος und
εἰρήνη ganz wie bei Diog. auftreten. Zu der Schilderung Ho-
mers der beiden Städte, die Vulkan auf dem Schilde Achills

dafür, wie seine eigenen Bruchstücke noch zeigen, in einem dem Gedanken nach ganz identischen Sinne ἀνάπαυλα Ausruhe, Erholung gesagt, im Gegensatz zu dem Widerstreit des realen Daseins, welches er, wie wir sehen werden, deshalb auch als Mühsal κάματος bezeichnete.

---

anbringt (Il. XVII, v. 490) sagt nämlich der Scholiast (Schol. in Il. ed. Bekk. p. 505): μεταβέβηκεν οὖν ἀλληγορικῶς ἐπὶ τὰς δύο πόλεις, τὴν μὲν εἰρήνης, τὴν δὲ πολέμου παρεισάγων, ἵνα μηδ᾽ Ἐμπεδοκλῆς ὁ Ἀκραγαντῖνος ἀπ᾽ ἄλλου τινὸς ἢ παρ᾽ Ὁμήρου τὴν Σικελικὴν ἀρύσηται δόξαν, ἅμα γὰρ τοῖς τέσσαρσι στοιχείοις κατὰ τὴν φυσικὴν θεωρίαν παραδέδωκε τὸ νεῖκος καὶ τὴν φιλίαν· τούτων δ᾽ ἑκάτερον Ὅμηρος ὑποσημαίνων πόλεις δύο ἐνεχάλκευσε τῇ ἀσπίδι τὴν μὲν εἰρήνης τούτεστι φιλίας, τὴν δὲ πολέμου τούτεστι νείκους· Was uns hieraus offenbar hervorzugehen scheint, ist, daß der Scholiast irgend etwas davon gehört hatte, ʹdaß εἰρήνη und πόλεμος als kosmogonische Prinzipien in der alten physischen Philosophie vorgekommen sind. Genaueres aber nicht wissend, attribuiert er sie dem Empedokles, dessen ʹPhilosophie in der späteren Zeit überhaupt weit bekannter war als die Heraklits, und identifiziert zu diesem Zwecke, da sich Emp. jener Benennungen niemals bedient hatte, dieselben mit φιλία und νεῖκος. Diese Übertragung würde um so weniger wundernehmen können, als wir auch schon den Scholiasten zum Lucian den Satz Heraklits vom Krieg dem Empedokles haben zueignen sehen und als endlich gerade dieselben homerischen Scholien eine gleiche Verwechslung mit dem bekannten Satze des Ephesiers über die Leichname vornehmen *).

*) Die hier von uns geschützte Echtheit des Gegensatzes von εἰρήνη und πόλεμος wird jetzt auch noch durch ein urkundliches Fragment des Ephesiers erwiesen beim Pseudo-Origen. IX, 10, p. 283: ὁ θεός... πόλεμος εἰρήνη. Ebenso die ὁμολογία durch das Fragment daselbst IX, 9, p. 280: οὐ ξυνίασιν ὅκως διαφερόμενον ἑωυτῷ ὁμολογέει κτλ.

§ 5. Ὁδὸς ἄνω κάτω.

Wir sind aber mit dieser Stelle, sowie schon mit der des Aeneas, zur ὁδὸς ἄνω κάτω gekommen, d. h. zu dem Punkte, wo die ganze Tiefe und der wahre Begriff Heraklits vielleicht am klarsten hervortritt.

Man muß nicht glauben, daß die Philosophie Heraklits von beliebig vielen Gegensätzen etwas gewußt habe.

Heraklit kannte nur e i n e n Gegensatz, den des Nichtsein und Sein, beide als p r o z e s s i e r e n d e gefaßt; den Gegensatz des Weges nach oben (ὁδὸς ἄνω) und nach unten (κάτω). Das συμφερόμενον καὶ διαφερόμενον κτλ. sind nur andere Namen jenes einzigen Gegensatzes, den Heraklit allein statuierte und auf den sich ihm alles andere zurückführte. — Daß er nur einen Gegensatz kannte, und dieser kein anderer als der Gegensatz des prozessierenden Seins und Nichtseins war, könnte uns, selbst abgesehen von allem Bisherigen, schon die einzige eben angeführte Stelle des Diog. L. lehren. Das eine der beiden entgegengesetzten Momente nämlich, heißt es, führt zum S e i n (τὸ δ᾽ ἐπὶ τὴν γένεσιν ἄγον), das andere aber zur A u f - h e b u n g, zum N i c h t s e i n (τὸ δ᾽ ἐπὶ τὴν ἐκπύρωσιν[1]) u n d d a s U m s c h l a g e n d i e s e r b e i d e n e n t g e g e n - g e s e t z t e n M o m e n t e i n e i n a n d e r, d e r W a n d e l d i e s e r b e i d e n W e g e i n e i n a n d e r, ist die ὁδὸς ἄνω κάτω.

---

[1]) Auf die Frage, ob die ἐκπύρωσις eine materielle Weltverbrennung bedeute — eine Frage, deren Verneinung übrigens schon aus dieser Stelle des Diog. auf das entschiedenste folgt — können wir uns hier noch nicht einlassen, sondern werden dies erst bei der Betrachtung der Physik näher untersuchen; hier genügt, daß die ἐκπύρωσις jedenfalls die Seite der N e g a - t i o n ist.

Dieser Doppelweg ist somit nichts als die Einheit des Sein und Nichts, beide als B e w e g u n g gedacht, also die Einheit des E n t s t e h e n s u n d Ve r g e h e n s oder das begriffene We r d e n. Der Weg nach oben und unten besteht aus nichts als aus dem beständigen U m s c h l a g e n (μεταβολή oder wie urkundlicher als eigenes Wort Heraklits feststeht ἀμοιβή) des zum Nichtsein führenden Moments in das zum Sein führende und umgekehrt. Dies U m s c h l a - g e n der beiden Gegensätze ineinander ist die ὁδὸς ἄνω κάτω und n a c h d i e s e m U m s c h l a g e n w i r d, als nach ihrem inneren Gesetz, d i e We l t. Zunächst muß besonders hervorgehoben werden, wie diese Stelle mit der obigen des Simplicius gänzlich übereinstimmend nur z w e i Gegenteile, oder was dasselbe ist, e i n e n aus zwei entgegengesetzten Momenten bestehenden Gegensatz statuiert und auf diesen die Welt, d. h. die ganze reale Fülle der sinnlichen Unterschiede reduziert. Ferner versteht man erst aus dieser Stelle des Diogenes wahrhaft, mit welchem Rechte Simplicius die beiden Gegenteile bei Heraklit „ἀρχή" nennen, Athanagoras von dem g ö t t l i c h e n Ge - setze (ϑεῖος νόμος) der Gegensätze sprechen, und Gregor die N a t u r selbst ihre Entstehung aus dem G e g e n s a t z e erhalten lassen konnte. Hier ist e n t w i c k e l t, wieso sie ἀρχή sind, denn durch und in G e m ä ß h e i t des ineinander Umschlagens dieser beiden Gegenteile wird die Welt. Auch nicht etwa a u s diesem Wechsel des Weges nach oben und unten (ἐκ ταύτης), wie aus einem ursächlichen Verhältnis, worauf scharf geachtet werden muß, wird die Welt, sondern κατὰ ταύτην in G e m ä ß h e i t dieses Wandels; d. h. die Welt selbst ist seine reale Darstellung, er die ideelle Grundlage, das Gedankengesetz derselben. Und zwar, was die Welt wirklich konstituiert, sind nicht sowohl diese beiden entgegengesetzten Momente a l s s o l c h e,

sondern nur ihr beständiges U m s c h l a g e n (μεταβολή) ineinander. Dieses U m s c h l a g e n der Gegensätze des Seins
und Nichts ineinander bildet den W e g nach oben und
unten, und n a c h d i e s e m wird die Welt (κατὰ ταύτην,
i. e. μεταβολήν). Kein Wunder also, daß mit dem Fortfall
des einen dieser beiden Momente auch die gesamte Welt
des Daseins verschwinden müßte. Die Welt ist somit beständige Einheit der beiden entgegengesetzten Momente des
Sein und Nichts, des zur Genesis (Geburt) und des zur
Ekpyrosis (Aufhebung, Negation) führenden. Sie besteht
also nur dadurch, daß sie die γένεσις wie die ἐκπύρωσις
und das Umschlagen beider Seiten ineinander beständig
in sich hat. Beide Momente sind ihr gleich wesentlich.
Die Welt ist so Einheit des Entstehens und Vergehens
oder immerwerdendes Werden.

Diese Bezeichnung seines Prinzips als ὁδὸς ἄνω κάτω
ist deshalb von allen von Heraklit gewählten vielleicht eine
der besten [1]), weil hier die Einheit des Gegensatzes nicht
als r u h i g e (wie z. B. in der Harmonie etc.), sondern
als W e g , somit also in unverkennbarer Weise als P r o z e ß
ausgedrückt ist. Und die Stelle des Diogenes, obwohl dieser
selbst, wie sich später finden wird, den Sinn seines eigenen
Berichtes durchaus nicht versteht, ist vielleicht eine derjenigen welche die ganze Tiefe der heraklitischen Idee
am deutlichsten hervortreten lassen, deshalb nämlich, weil
hier nicht die Rede ist von zwei Gegensätzen, die in äußerlicher Weise miteinander i n e i n e m D r i t t e n geeint zu
sein scheinen können, sondern der Weg nach oben und
unten wird ausdrücklich definiert als das U m s c h l a g e n
(μεταβολή) der beiden absolut entgegengesetzten, zum Sein
und zum Nichtsein, zur γένεσις und ἐκπύρωσις, führenden

[1]) An Tiefe wird sie nur übertroffen von dem διαφερόμενον
συμφερόμενον; siehe § 27.

Momente (τῶν ἐναντίων τὸ μὲν .. τὸ δὲ). Dieses Umschlagen ineinander ist also der notwendigen inneren Natur dieser prozessierenden Momente des Gegensatzes vindiziert. Jedes muß an sich selbst in sein Gegenteil übergehen, und die Einheit beider in den sinnlichen Existenzen ist somit keine bloß äußere durch willkürliche Mischung entstandene, sondern schon darin begründet, daß es auch an sich die notwendige Gedankennatur eines jeden der beiden entgegengesetzten Momente ist, in sein Gegenteil umzuschlagen. —

Gleichwohl darf über der Einheit zunächst der Unterschied der Momente nicht übersehen werden. Sie sind reine Gegensätze. Der Weg nach unten ist der Übergang in das Element des Seins; der Weg nach oben der Rückgang in die reine ungehemmte Negativität und Bewegung, in die ungetrübte ideelle Harmonie. Es hat sich uns schon oben bei dem Bruchstück von der unsichtbaren Harmonie der notwendige Gedankenzusammenhang ergeben, worauf hier zurückverwiesen wird, weshalb die Sphäre des Seins, weil in ihr die Einheit von Sein und Nicht, — dieser wesentlich nur als ununterbrochenes prozessierendes Umschlagen ineinander wahrhaft adäquaten Gedankenmomente — zwar vorhanden, aber in der festen einseitigen Form des Seins gesetzt ist, als unangemessene Realisation jener Einheit, als in sich streitender Widerspruch des Inhaltes und der Form, als Mühsal erscheinen muß, während in der unsichtbaren Harmonie oder der reinen Negativität, beide Momente und deren Einheit in ihrer wahrhaften Form vorhanden sind, als ununterbrochener, durch keine Festigkeit des Seins gehemmter steter Übergang des einen ideellen Momentes in das andere: so daß hier der reine Prozeß auch in einer ihm angemessenen und ihn nicht verlangsamenden Form gesetzt ist, und diese reine Negativität, weil sie jene absolut ineinander übergehenden Gedankenmomente von Sein und Nichtsein in gleich angemessener Weise in sich enthält, im Gegensatz zu der widerspruchsvollen Mühsal des realen Daseins als Übereinstimmung mit sich selbst, als Frieden und Ausruhe, bestimmt werden muß [1]).

Dies, sowie den hervorgehobenen Punkt von dem durch ihre eigene innere Natur notwendigen Übergang der beiden Momente des Gegensatzes, des Weges nach oben und nach unten, ineinander, zeigen uns nun zahlreiche Stellen der Alten.

Zunächst eine bisher übersehene Stelle bei Plotin in dem Kapitel über das Herabsteigen der Seele in den Körper [2]): „— — ὁ μὲν γὰρ Ἡράκλειτος, ὃς ἡμῖν παρακελεύεται ζητεῖν τοῦτο, ἀμοιβάς τε ἀναγκαίας τιθέμενος ἐκ τῶν ἐναντίων, ὁδόν τε ἄνω κάτω εἰπὼν καὶ μεταβάλλον ἀναπαύεται καὶ κάματός ἐστι τοῖς αὐτοῖς μοχθεῖν καὶ ἄρχεσθαι εἰκάζειν ἔδωκεν, ἀμελήσας σαφῆ ἡμῖν ποιῆσαι" κτλ., was Creuzer in seiner Ausgabe des Plotin so emendiert: „ὁ μὲν — — καὶ τὸ μεταβάλλον ἀναπαύεσθαι καὶ κάματον εἶναι τ. αὐτ. μοχ. καὶ ἄγχεσθαι" [3]) wenn man nicht noch

---

[1]) Hiermit ist also erklärt, wie, was Ritter p. 118 unverständlich bleibt, die Harmonie (nämlich die sichtbare) und der Krieg allerdings Einheit des Entgegengesetzten, aber diese Einheit als seiende und von der reinen Negativität, die auch ihrerseits Einheit und unsichtbare Harmonie ist, auch wieder unterschiedene sind. Der Krieg verliert also nicht, wie Ritter meint, in dieser Stelle des Diog. seine Bedeutung, beide entgegengesetzte Richtungen zu bezeichnen, indem er zum einseitigen Weg nach unten werde, sondern gerade als dieser ist er Krieg, streitende Einheit jener Momente.

[2]) Ennead. IV, lib. VIII, p. 468, p. 873, Creuz.

[3]) Creuzer bezieht sich hierfür auf Herm. ap. Stob. Ecl. Phys. p. 768: ἀλλὰ καταλείπεται (ὁ νοῦς) τὴν τῷ σώματι προς-

lieber, um nicht gar˜ so viel zu ändern, einen Wechsel indirekter und direkter Anführung annehmen und also lesen
will: ὁ μὲν — — εἰπὼν καὶ „ „τὸ μεταβάλλον
ἀναπαύεται‟ ‟ καὶ „ „κάματός ἐστι [ἐν?] τοῖς αὐτοῖς
μοχθεῖν καὶ ἄγχεσθαι ‟ ‟ wonach also zu übersetzen wäre: „— und Heraklit, notwendige Wandlungen
aus den Gegensätzen setzend und sie den Weg nach oben
und unten nennend und (sagend): „„„Das in seinen Gegensatz Umschlagende ruht aus‟‟ ‟ und „„„Mühsal ist es [für
die Seelen][1]) in denselben Zuständen sich abzuarbeiten
und gefesselt zu werden‟‟‟, scheint uns deutlich zu machen‟
etc. Denn daß dies letztere Bruchstück bei Heraklit sich
unmittelbar von den Seelen gesagt fand, zeigt nicht nur
der Zusammenhang bei Plotin, sondern der Bericht des
Stobaeus, der fast dasselbe, nur in weniger direkter Anführung, aus Jamblichus mitteilt[2]): „Ἡράκλειτος μὲν γὰρ
ἀμοιβὰς ἀναγκαίας τιθέμενος ἐκ τῶν ἐναντίων, ὁδόν
τε ἄνω καὶ κάτω τὰς ψυχὰς διαπορεύεσθαι ὑπείληφε,
καὶ τὸ μὲν ἐν τοῖς αὐτοῖς ἐπιμένειν, κάματον εἶναι,
τὸ δὲ μεταβάλλειν φέρειν ἀνάπαυσιν‟. „Heraklit notwendige Wandlungen aus den Gegensätzen setzend nahm
an, daß die Seelen den Weg nach oben und unten durchwandern und das Verharren in denselben Zuständen sei
Mühsal, das Umwandeln aber bringe Ausruhe‟[3]).

κειμένην (ψυχὴν) καὶ ὑπ᾽ αὐτοῦ ἀγχομένην κάτω. Durch die
oben zitierte Stelle des Aeneas Gaz., wo es gleichfalls ἄρχεσθαι
heißt, ohne daß dort diese Umänderung zulässig wäre, kann man
aber über diese Konjektur zweifelhaft werden.

[1]) Wie man aus der bald folgenden Stelle bei Stob. einzuschalten, sich versucht fühlen möchte.

[2]) Stob. Ecl. Phys. p. 906.

[3]) Vergleicht man die obige Stelle des Plotinus mit der
p. 219 angeführten des Aeneas, so springt zunächst die unleug-

Ebenso führt auch Plotinus noch in einer anderen Stelle an: „ἥ[1]) Ἡρακλείτου ἀνάπαυλα ἐν τῇ φυγῇ“, „die heraklitische Ruhe in der Flucht."

Es war also auch hier bei Heraklit wie immer, daß sich die Gegensätze identisch sind. Die r e i n e durch den Widerstreit des festen materiellen Seins nicht gehemmte B e w e g u n g war ihm die r e i n e R u h e[2]). Noch ein-

bare Gleichheit beider in die Augen, dann aber auch der Widerspruch beider. Denn bei Aeneas heißt es Mühsal für die Seelen, die Bewegung des Gottes mitmachen zu sollen, hier dagegen wird gerade dieses Umwandeln als Ruhe und Erholung, und das Körperleben als Mühsal bezeichnet. Wenn man sich hierdurch versucht fühlen sollte, etwa die Stelle des Aeneas hierin als ein Mißverständnis oder als korrumpiert auffassen und nach der plotinischen berichtigen zu wollen, oder auch umgekehrt, so wäre man beidemal gleich sehr im Unrecht. Aeneas hat ganz recht, daß jene reine Bewegung nach Heraklit Mühsal für die Seelen sei. Denn außer allem anderen werden wir noch mit Heraklits eigenen Worten hören „Lust (τέρψιν), nicht Tod, sei es für die Seelen zu flüssigen zu werden." Plotinus hat ebenso recht. Dies zeigt die obige Stelle des Jamblich bei Stob., dies zeigen die später zu betrachtenden Fragmente über das, was die Seelen nach dem Tode erwartet. Beides widerspricht sich bei Heraklit so wenig, als es sich widerspricht, wenn wir ihn im Gegensatz zu dem Ausspruch, auf den wir eben hingewiesen, ebenso urkundlich erklären hören „T o d seï ës für die Seelen zu flüssigen zu werden." Die reinen Gegensätze sind wie immer identisch bei Heraklit. Ἐστὶ τὠυτὸ τερψίη ἀτερψίη sagt Lucian (vit. auct. c. 14) von ihm. Das sinnliche Dasein ist, weil es Krieg und Widerstreit in sich selbst ist, Mühsal. Die Mühe jener absoluten Bewegung dagegen, weil in ihrer ideellen Einheit jener Widerstreit verschwunden, reine Ruhe.

[1]) Ennéad. IV, lib. VIII, p. 473, p. 881, Greuz.

[2]) Hier werfe man einen Blick zurück auf die oben (p. 113) angeführte Konsequenz, die Aristoteles aus der Idee Heraklits zieht; er hätte vielmehr sagen sollen, es sei alles in R u h e und nicht in Bewegung befindlich, denn da Sein und Nicht identisch,

mal findet sich die ἀνάπανσις in folgendem Fragment bei Stobaeus (Serm. III, p. 48, p. 100, ed. Gaisf.): „ἀν-θρώποις γίνεσθαι ὁκόσα θέλουσι, οὐκ ἄμεινον· νοῦσος ὑγιείην ἐποίησεν ἡδὺ καὶ ἀγαθὸν, λίμος κόρον, κάματος ἀνάπαυσιν", „den Menschen wäre nicht besser, daß ihnen werde, was sie wollen; (denn) Krankheit macht die Gesundheit an-genehm und gut, Hunger die Sättigung, Mühe die Er-holung."

An diesen Tadel der die Notwendigkeit des Gegen-satzes und des Negativen verkennenden Kurzsichtigkeit der Menschen reiht sich dann ein von Clemens Alex. aufbewahrtes Bruchstück: Ἡράκλειτος γοῦν κακίζων[1]) φαίνεται τὴν γένεσιν, ἐπειδάν, φησι, γενόμενοι ζώειν ἐθέλουσι, μόρους τ' ἔχειν· μᾶλλον δὲ ἀναπαύεσθαι καὶ παῖδας καταλείπουσι μόρους γενέσθαι"[2]) — Schleier-macher übersetzt: „Wenn sie geboren sind, wollen sie dann Leben und auch Tod haben und hinterlassen Kinder, daß denen auch der Tod werde." Dabei meint Schleier-macher, daß das μᾶλλον δὲ ἀναπαύεσθαι vom Clemens ein-

---

so sei gar nicht vorhanden ein dem sich Umwandelnden anderes, wohinein es sich umwandeln könne; diese Bewegung sei vielmehr stetes Beisichbleiben. — Man sieht, diese von Aristoteles ge-zogene Konsequenz hat für die ungehemmte Bewegung, für die absolute Negativität, Heraklit selbst gezogen, in-dem er sie ἀνάπαυλα nannte, und von dem durch kein festes Sein getrübten steten Übergang der Momente des Gegensatzes ineinander wußte, daß diese reine Bewegung reines Beisich-bleiben und Ruhe (ὁμολογία, εἰρήνη, ἀνάπαυλα) sei. Man vgl. noch Plat. Theaet. p. 153, p. 180, St.: ὅτι τὸ μὲν εἶναι δοκοῦν καὶ τὸ γίγνεσθαι κίνησις παρέχει, τὸ δὲ μὴ εἶναι καὶ ἀπόλλυσθαι ἡσυχία, wo dasselbe Argument, die Natur des Ge-gensatzes, nur anders gewendet, auftritt.

[1]) Strom. III, c. 3, p. 185, Sylb. p. 516, Pott.

[2]) Cf. Clem. Alex. Strom. III, c. 3, p. 186, Sylb., p. 520, P.: οὐχὶ καὶ Ἡράκλειτος θάνατον τὴν γένεσιν καλεῖ; siehe unten.

geschobene mildernde Worte seien. Dem widerstreitet nun
die ganze Reihe der angeführten Bruchstücke, welche
ἀναπαύεσθαι, ἀνάπαυλα als einen eigentümlichen Ausdruck
Heraklits erweisen, und dann sind es gar keine mildern-
den, sondern vielmehr den Gegensatz schärfende und
auf die Spitze treibende Worte, indem sonst Leben und
Tod in unserer Stelle ohne jeden eigentümlichen Gedankeninhalt nur einfach aufgezählt werden, während ein
solcher Gedankeninhalt dadurch erst hineinkommt, daß der
Tod im Gegensatz zur gewöhnlichen Ansicht Erholung
genannt wird. Auch läßt sich nur, wenn das ἀναπαύεσθαι
dem Heraklit zugehört, den Worten, mit welchen Clemens
das Bruchstück einleitet: Ἡρ. κακίζων φαίνεται τὴν γένεσιν,
ein Sinn abgewinnen, denn sonst findet sich in diesem
Fragmente nichts, was die Genesis schlecht macht; dies
ist nur dann der Fall, wenn der Tod als Erholung bestimmt wird. Aber auch sonst scheint uns Schleiermachers
Übersetzung nicht den Sinn der Stelle getroffen zu haben.
„Wenn sie geboren sind, wollen sie dann Leben und auch
Tod haben." Daß sie aber den Tod haben wollten,
konnte Heraklit doch schwerlich von seinen Joniern sagen,
und wäre dem doch so gewesen, so hätte dann zu dem
Tadel über die unverständige, das Negative hassende Ansicht der Menschen, der doch offenbar wie in dem letzten
Fragment bei Stobaeus, so auch in diesem hier ausgedrückt
sein soll, kein Anlaß vorgelegen. Denn wenn die Menschen
wirklich beides wollten, leben wie sterben, so befänden
sie sich ja ganz im Wahren, wie ihnen ja auch wirklich
beides zuteil wird. —
    Uns scheint also vielmehr die Stelle einen Tadel zu
enthalten über die verkehrte, dem objektiven Lauf der
Dinge entgegengesetzte Meinung der Menschen, die leben
wollen, während sie doch vielmehr geboren sind, um

den Tod zu haben (wie es ja auch sofort darauf heißt
παῖδας καταλείπουσι μόρους γενέσθαι), den Tod, der übrigens besser für sie ist, als sie sich einfallen lassen,
der Ruhe, Erholung, Erlösung vom Streite ist[1]). So daß
ich die Infinitive μόρους τ᾽ ἔχειν (lies δ᾽ ἔχειν) μᾶλ.
δ. ἀναπ. von γενόμενοι abhängen lassen möchte, sogar wenn
es hierzu nötig sein sollte, das γενόμενοι hinter ἐθέλουσι
zu setzen.

Was für uns diese Auffassung des Fragmentes zur
Gewißheit zu erheben scheint, ist die Vergleichung desselben und besonders seines Schlusses mit einer Stelle des
Plutarch, in welcher er, nachdem er eben ein heraklitisches
Fragment von der Identität des Lebens und Todes aufgeführt und indem er in ganz heraklitischen Philosophemen
von dem niemals stehenden Fluß des Werdens weiter fortfährt, daran die Worte knüpft[2]): „Διὸ καὶ μοιρίδιον
χρέος εἶναι λέγεται τὸ ζῆν ὡς ἀποδοθησόμενον,
ὃ ἐδανείσαντο ἡμῶν. οἱ προπάτορες“. „Weshalb auch eine Schicksalsschuld genannt wird das Leben,
wie ein zurückzuerstattendes, das uns unsere Vorfahren geliehen haben"[3]).

---

[1]) Man sehe unten die ganz sinnverwandten Fragmente von
dem Ungehofften und Unerwarteten, das mit dem Tode bevor-
steht etc. bei der Ethik.

[2]) Consol. ad Apoll. p. 106, E., p. 422, Wytt. Das unmittelbar Vorhergehende lautet: καὶ ὁ τῆς γενέσεως ποταμὸς
οὗτος ἐνδελεχῶς ῥέων οὔποτε στήσεται, καὶ πάλιν ἐξ ἐναντίας
αὐτῷ ὁ τῆς φθορᾶς εἴτε Ἀχέρων εἴτε Κώκυτος καλούμενος
ὑπὸ τοῦ ποιητοῦ. Ἡ πρώτη οὖν αἰτία ἡ δείξασα ἡμῖν τὸ τοῦ
ἡλίου φῶς, ἡ αὐτὴ καὶ τὸν ζοφερὸν ἅδην ἄγει. Καὶ μήποτε
τοῦδε εἰκὼν ᾖ ὁ περὶ ἡμᾶς ἀήρ, ἓν παρ᾽ ἓν ἡμέραν καὶ νύκτα
ποιῶν, ἐπαγωγὰς ξωῆς τε καὶ θανάτου καὶ ὕπνου καὶ ἐγρη-
γόρσεως· διὸ καὶ μοιρίδιον κτλ.

[3]) Man vgl. hiermit noch die anders gewendete aber doch

Offenbar ist das in Rede stehende Fragment des Heraklit bei Clemens eben nur eine ganz ähnliche Schilderung dieser fatalen Schuld, die die ·Väter uns geliehen und die wir abzahlen müssen, was Plutarch hier mitten unter heraklitischen Ideenreihen als ein altes Diktum anführt[1]), wodurch sich also gewiß bestätigt, daß in unserem Bruchstück nicht an ein Sterbenwollen der Menschen zu denken ist. Sondern diese fatale Schuld ist eben die Ironie des Lebens und der Menschen und in diesem Sinne schildern sie trefflich die kurz zusammengedrängten Gegensätze des heraklitischen Bruchstückes, das wahrscheinlich auch Plutarch a. a. O. mit im Auge hatte. In der Tat aber ist die Entrichtung dieser fatalen Schuld doch nur ἀνάπαυλα, Erholung.

Ferner sehe ich nicht ab, warum Schleiermacher den Herausgebern des Clemens hierin folgend, das ἐπειδάν, das er auch deshalb in ein ἔπειτα verwandeln muß, als zu dem heraklitischen Bruchstück gehörend betrachtet. Es

---

sehr verwandte Stelle des Athenagor. de mort. Resurr. p. 136, ed. Dech.: ποιεῖται δὲ καὶ παῖδας οὔτε διὰ χρείαν ἰδίαν, οὔτε δἰ ἕτερόν τι τῶν αὐτῶν προςηκόντων ἀλλ' ἐπὶ τῷ εἶναί τε καὶ διαμένειν καθ' ὅσον οἷόντε, τοὺς ὑπ' αὐτοῦ γεννωμένους, τῇ τῶν παίδων καὶ τῶν ἐγγόνων διαδοχῇ τὴν ἑαυτοῦ τελευτὴν παραμυθούμενος καὶ ταύτῃ τὸ θνητὸν ἀπαθανατίζειν οἰόμενος.

[1]) Die Vindikation dieser Stelle Plutarchs als einer heraklitischen resp. die obige Auffassung jenes heraklitischen Fragmentes im Sinne dieser plutarchischen Worte erhält auch noch eine erhebliche Bestätigung dadurch, daß wir dieselbe Sentenz, die wir· in dem Fragmente erblicken, als ein den Stoikern sehr geläufiges und von ihnen gefeiertes Adagio wiederfinden, s. Epictet. Dissert. I, c. 1, fin.: — — Ich ·werde sterben. Wie? Wie es ziemt dem „τὰ ἀλλότρια ἀποδιδόντα" und die von Upton hierzu zitierten Parallelstellen.

scheint mir dies Wort vielmehr nur dem Clemens zuzu-
gehören und das φησί zu regieren, mit dem Bruchstück
selbst aber auch nach Clemens Absicht gar nichts zu
schaffen zu haben. Ich interpungiere also: Ἡϱ. γοῦν κακ.
φαιν. τ. γεν., ἐπειδάν[1]) φησι „γενόμενοι“ κτλ., und übersetze
demnach die ganze Stelle: „Heraklit scheint zu schelten
die Genesis, wenn er sagt: Sie wollen l e b e n, d a s i e
d o c h g e w o r d e n s i n d, d e n T o d z u h a b e n o d e r
v i e l m e h r a u s z u r u h e n, u n d K i n d e r h i n t e r -
l a s s e n s i e, d a ß d e n e n d e r T o d w e r d e.“
Die ἀνάπαυλα ist also nach allen diesen Bruchstücken
die ununterbrochene reine Bewegung, die nicht durch das
feste Sein aufgehalten wird; sie ist der R ü c k g a n g in
die ἁϱμονία ἀφανής, deren Gegensatz die sinnliche und
daher gehemmte Harmonie ist. Sie ist also nichts anderes
als was uns Diogenes oben als ὁμολογία und Εἰϱήνη bezeichnet; sie ist nichts anderes, als der in seiner Gegensätzlichkeit gegen den Weg nach unten gedachte und fest-
gehaltene Weg nach oben selbst. Die ὁδὸς ἄνω und κάτω
sind zunächst reine Gegenteile gegeneinander. Der eine
ist das Nicht, der Tod des anderen. Das Leben der ὁδὸς
κάτω, die das in das Sein führende Moment (τὸ δ' ἐπὶ γένεσιν
ἄγον), das E n t s t e h e n d e s e i n z e l n e n ist, ist der
Tod der ὁδὸς ἄνω, welche das V e r g e h e n d e s e i n -
z e l n e n und daher die Geburt des a l l g e m e i n e n P r o -
z e s s e s d e s W e r d e n s, somit d e s a l l g e m e i n e n und
g ö t t l i c h e n L e b e n s ist, und umgekehrt. Der Weg
nach oben aber, als dieser Rückgang in die reine ungetrübte
allgemeine Negativität, als dies durch kein Sein, welches
in ihm nur zum verschwindenden und aufgehobenen Momente

---

[1]) ἐπειδάν dient bekanntlich immer nur dazu, fremde Meinungen und Vorstellungen anzuführen.

herabgesetzt ist, aufgehaltene Werden und Bewegung ist das höchste Prinzip, das Heraklit gekannt hat. Nur dieses Prinzip konnte er also meinen, wenn er sich des populären sinnlichen Namens: Gott im allgemeinen bediente. An den Göttern des Volksglaubens als solchen hatte er keinen Teil[1]). Zugleich aber sind ὁδὸς ἄνω und κάτω, Vergehen und Entstehen, weil sie diese reinen Gegensätze des Begriffes sind, eben darum wieder identisch miteinander und stets ineinander umschlagend. Im Begriff des Werdens selbst liegt wesentlich dies: perennierend zum Sein zu werden (den Weg nach unten einzuschlagen); dies gewordene Sein ist aber nur daseiendes Werden, d. h. es ist nur das sich wieder aufhebende Dasein der Bewegung, der Rückgang in den Weg nach oben. Deshalb kann, was das Vergehen oder der Tod des einen ist, z. B. des allgemeinen Werdens, ebensogut als die Geburt des anderen, als das Entstehen des bestimmten sinnlichen Seins, und umgekehrt wieder der Weg nach unten des reinen Werdens als der Tod der ungetrübten Bewegung, damit aber auch zugleich als der Weg nach oben des wirklichen sinnlichen Seins ausgesprochen werden.

Diese Gedankenreihe drückt uns denn auch eine nicht unbeträchtliche Anzahl hierüber erhaltener Bruchstücke aus. Einleiten wollen wir sie durch eine Stelle des Maxim. Tyr., in welcher er den Sinn heraklitischer Lehre sehr gut erkannt hat[2]): „ὁρᾷς οὖν τὰ πάθη, ἃ σὺ μὲν καλεῖς φθορὰν, τεκμαιρόμενος τῇ τῶν ἀπιόντων ὁδῷ, ἐγὼ δὲ σωτηρίαν, τεκ-

---

[1]) Man sehe z. B. in § 10 u. 11 die dies scharf genug aussprechenden Bruchstücke, in welchen er gegen Volksglauben und Kultus polemisiert.   .
[2]) Dissert. XLI, p. 285, ed. Reiske.

μαιρύμενος τῇ διαδοχῇ τῶν μελλόντων. Μεταβολὴν ὁρᾷς σωμάτων καὶ γενέσεως, ἀλλαγὴν ὁδῶν ἄνω κάτω κατὰ τὸν Ἡράκλειτον· καὶ αὖθις αὖ ζῶντας μὲν τὸν ἐκείνων θάνατον, ἀποθνῃσκόντας δὲ τὴν ἐκείνων ζωήν". „Du siehst nun die Zustände (Leiden), die du U n t e r g a n g nennst, urteilend nach dem Wege der Fortgehenden, ich aber R e t t u n g (Erhaltung) urteilend nach der Folge der Kommenden. (Denn die ὁδὸς ἄνω ist nur beständiges Umschlagen in die ὁδὸς κάτω, wie Maxim. Tyr. weiß und hier andeutet, die Aufhebung der Schranke, der Bestimmtheit ist sofort wieder Setzen einer neuen Schranke, Erzeugen einer neuen Bestimmtheit.) „Du siehst den Wandel der Körper und der Zeugung, den Wechsel der Wege nach oben und unten nach Heraklit und wiederum diese l e b e n d j e n e r T o d , s t e r b e n d a b e r j e n e r L e b e n." Die hervorgehobenen Worte gehören Heraklit selbst an, wie uns eine Reihe von Bruchstücken zeigt, von denen zuerst hier stehe das bei Herakleides[1]): „ὁ γοῦν σκοτεινὸς Ἡράκλειτος — — φησι: „θεοὶ θνητοὶ τ᾽ ἄνθρωποι ἀθάνατοι ζῶντες τὸν ἐκείνων θάνατον, θνήσκοντες τὴν ἐκείνων ζωήν", woraus Schleiermacher nach Fabricius Vorgang aus bald folgenden Stellen gut hergestellt hat: „ἄνθρωποι θεοὶ θνητοί· θεοὶ ἄνθρωποι ἀθάνατοι ζῶντες" κτλ.: „D i e M e n s c h e n s i n d s t e r b l i c h e G ö t t e r , d i e G ö t t e r u n s t e r b l i c h e M e n s c h e n l e b e n d j e n e r T o d , s t e r b e n d j e n e r L e b e n." So heißt es auch bei Maxim. Tyr. an einer anderen Stelle[2]): σκόπει καὶ τοῦ Ἡρακλείτου (wie Reiske aus τὸν Ἡράκλειτον verbessert) „„θεοὶ θνητοί, ἄνθρωποι ἀθάνατοι"" und bei Cle-

---

[1]) Alleg. Hom. p. 442, ed. Gal. p. 84, ed. Schow.
[2]) Dissert. X, p. 175, Reiske.

mens[1]) ὀρθῶς ἄρα εἶπεν Ἡράκλειτος: „Ἄνθρωποι θεοί, θεοὶ ἄνθρωποι". „Die Menschen (sind) Götter, die Götter Menschen." So läßt auch Lucian[2]) den Heraklit auf die Frage des Käufers: „Was sind die Menschen?" antworten: „sterbliche Götter" und auf die Frage: „Was aber die Götter?" „Unsterbliche Menschen" (τί δα ο ἰνθρωποι; θεοὶ θνητοί. Τί δαὶ οἱ θεοί; Ἀνθρωποι ἀθάνατοι[2]), welche Stelle Schleiermacher vorzüglich zur Bestätigung seiner Emendation des Bruchstückes bei Herakleides hätte anführen können, da sie mit diesem am wörtlichsten übereinstimmt. — Der Grund aber, nach welchem die Götter unsterbliche Menschen und die Menschen sterbliche Götter sind, liegt sehr deutlich in den dieser Sentenz bei Herakleides hinzugefügten Worten Heraklits: „Sterbend jener Leben und lebend jener Tod." die wir auch sonst noch oft finden, wie, außer in der Stelle des Maxim. Tyr. auch noch bei Hierokles[4]): „ἔνθα καὶ λέγεται ὀρθῶς ἀπὸ Ἡρακλείτου ὅτι ζῶμεν τὸν ἐκείνων θάνατον, τεθνήκαμεν δὲ τὸν ἐκείνων βίον" (vorher war bei Hierokles von dem Gegensatz der νοερὰ εὐζωΐα und der αἰσθητιμὴ ἐμπάθεια die Rede) eine Stelle, in welcher uns das Perfektum τεθνήκαμεν, — wir sind gestorben der Götter Leben — eine mindestens ebenso

---

[1]) Paedagog. III, c. 1, p. 92, Sylb., p. 251, Pott.

[2]) Vitar.· auct. c. 14, T. III, p. 97, ed. Bip.

[3]) Auch Basilius Magnus, de legend. Gentil. libr. Oratio ed. J. H. Maj. Francof. 1714, p. 33, spielt auf dies Philosophem Heraklits an: dem Herakles habe die Tugend einerseits unendlichen Schweiß zu Wasser und Land und andererseits als Lohn dafür in Aussicht gestellt, Gott zu werden θεὸν γένεσθαι, ὡς ὁ ἐκείνου λόγος.

[4]) In Carm. aur. p. 186, ed. Cambridge; vgl. auch Hierocl. de provid. p. 250.

angemessene [1]) Form zu sein scheint, als die Präsensform
ἀποθνήσκοντας *).

Die Götter sind unsterbliche Menschen, die Menschen
sterbliche Götter, d. h. also die Substanz der Götter und
Menschen ist e i n e , das Werden. Aber auch der Unterschied ist bei Heraklit nicht übersehen. Die Menschen
leben den T o d der Götter und diese wiederum den Tod
jener. Hier muß man sich nur durch den Namen Götter
nicht irre machen lassen, sondern darauf sehen, was doch
dem Heraklit der Gott in seiner adäquaten Form gewesen
ist. Er war ihm aber eben nichts anderes, als die reine

---

[1]) Ja, dem Sinne nach eine noch angemessenere. Als authen-
tisch wird sie übrigens auch durch die offenbar ganz wörtlich
und mit φησί eingeleitete Anführung in der unten anzuführenden
Stelle des Philo (I, p. 65, ed. Mang.) bestätigt. So daß Schleiermacher nicht ganz recht hat zu glauben (p. 499), die Partizipialformen bei Herakleides wären echter. Es verhält sich damit
vielmehr so: Das Fragment bei Herakleides ist n i c h t identisch
mit dem bei Philo. Das e r s t e r e bezieht sich auf die G ö t t e r
und Menschen, das andere sagt dasselbe von dem Verhältnis der
S e e l e n und Menschen aus; dem Sinne nach, wie wir sehen
werden, identisch, sind es dennoch f o r m e l l verschiedene
Bruchstücke. Das bei Heraklit von den Göttern handelnde Fragment scheint in Partizipialformen gehalten gewesen zu sein,
wie Herakleides es berichtet. Das von den Seelen handelnde
Fragment bei Philo aber setzt offenbar mit ebenso vielem
Recht das Präsens ζῶμεν dem Perfektum τεθνήκαμεν, das
L e b e n der Menschen dem G e s t o r b e n s e i n der Seelen gegenüber. Und diese Form hat Hierokles dann aus dem philonischen Fragment in das von den Göttern hinübergenommen.
    *) Dies zeigt sich jetzt auch an der Form, in der sich das
Fragment bei Pseudo-Origenes findet IX, 10, p. 282: Λέγει δὲ
ὁμολογουμένως τὸ ἀθάνατον εἶναι θνητὸν καὶ τὸ θνητὸν διὰ
τῶν τοιούτων λόγων „Ἀθάνατοι θνητοὶ θνητοὶ ἀθάνατοι
ζῶντες τὸν ἐκείνων θάνατον, τὸν δὲ ἐκείνων βίον
τεθνεῶτες“.

Negativität, als die ungetrübte prozessierende Identität des Gegensatzes[1]).

Daß diese stirbt, heißt soviel, als sie schlägt den Weg nach unten ein, der zum Sein, 'der Geburt der bestimmten endlichen Existenz führt (τὸ δ' ἐπὶ γένεσιν ἄγον bei Diog.). Somit wird denn das Absolute, das r e i n I d́eelle und Seelische, verendlicht und tritt in das Element d́es Beharrens ein; es ist jetzt der verendlichte Gott, das s e i e n d e Werden, die s i c h t b a r e Harmonie des Gegensatzes. Und zwar ist dieser Unterschied und d́iese Entäußerung, die Gott auf sich nimmt, indem er 'sich 'verleiblicht, das reine Werden, indem es in das Sein tritt, so g r o ß, daß trotz der Identität der Substanz, nach welcher dic Menschen nur gestorbene Götter sind, sich dennoch selbst der weiseste Mensch zu Gott nur etwa verhält, wie auch der schönste Affe zum Menschengeschlecht. Dies bezeugt Plato[2]): „Du weißt nicht, o Mensch, daß sich

---

[1]) Und da deren S y m b o l, wie wir später sehen werden, auch das Feuer ist, so könnte in diesem Sinne auch das Feuer Gott genannt werden, wenn es nur in diesem Sinne gemeint hätte Clem. Alex. Cohort. ad Gent. V, p. 19, Sylb., p. 55, Pott.: „ϑάτερον δὲ αὐτοῖν μόνον, τὸ πῦρ, ϑεὸν ὑπειλήφατον Ἵππασος ὁ Μεταποντῖνος καί ὁ Ἐφέσιος Ἡράκλειτος“; vgl. Boëthius de Diis et Praesensionibus ap. Joh. Lydus de Ostentis ed. Hase p. 350: Dii qui sint? ex igni sint, ut credit Heraclitus; Augustin. de Civit. Dei VI, c. 5, T. V, p. 195, ed. Leyd. an ex igni sunt (dii) ut credit Heracl., ein Thema, das die Kirchenväter überhaupt sehr abreiten, vgl. Tertullian. adv. Marc. I, p. 439, ed. Rigalt. und de praescr. Haeret. p. 232, d. etc.

[2]) Hipp. Maj. p. 289, a., p. 154, Heind.: ὦ ἄνϑρωπε, ἀγνοεῖς ὅτι·τὸ τοῦ Ἡρακλείτου εὖ ἔχει ὡς ἄρα πιϑήκων ὁ κάλλιστος αἰσχρὸς ἀνϑρωπίνῳ γένει συμβάλλειν· — — — Ἤ οὐ καὶ Ἡράκλειτος ταὐτὸν τοῦτο λέγει, ὅν σὺ ἐπάγεις, ὅτι ἀνϑρώπων ὁ σοφώτατος πρὸς ϑεὸν πίϑηκος φανεῖται καὶ σοφίᾳ καὶ κάλλει καὶ τοῖς ἄλλοις πᾶσιν.

wahr verhält des Heraklits Ausspruch, wie auch der schönste Affe häßlich ist im Vergleich mit dem Menschengeschlecht; — — — und sagt nicht der Heraklit, den du anführst, auch dieses, daß auch der weiseste Mensch gegen den Gott ein Affe erscheint an Weisheit und Schönheit und in allem anderen?"

Und deshalb, als diese Sichselbstentfremdung und dieses Außersichkommen des Göttlichen oder des reinen Werdens, ist die Geburt überhaupt ἀδικία, Unbill, wie schon Anaximander das Bestehen des Endlichen überhaupt ἀδικία genannt hatte (siehe 3. Kapitel oben p. 105 sqq.) und ganz richtig ist, was Plutarch an einer bisher übersehenen Stelle, auf Aussprüche wie die eben durchgenommenen deutend, sagt [1]): Ἐμπεδοκλῆς καὶ Ἡράκλειτος — — πολλάκις ὀδυρόμενοι

---

[1]) Terrestr. an aquat. anim. p. 964, E., p. 913, Wytt. — Wenn es überhaupt noch eines Bezuges auf einzelne Stellen bedürfte, so hätte aus dieser Stelle des Plutarch H. Ritter, p. 117 u. 118 sqq., ersehen können, wie sehr er, indem er jenen Bericht des Diogenes bezweifelt und in den Gründen, die er dafür anführt, daß dieser dem, was wir sonst über Heraklits Lehre wissen, angeblich widerspreche, diese Lehre gänzlich verkennt! Auch bei Plutarch wird bloß die Sphäre des Seins im Gegensatz zu dem reinen Unsterblichen, aber auch diese ganze Sphäre der Natur als solche ἀδικία genannt und Krieg, wie auch Diog. nur das zum Sein führende Moment (τὸ δ' ἐπὶ γένεσιν ἄγον), den Weg nach unten, als Krieg qualifiziert. Diesem mit der Natur selbst identischen Krieg wird bei Plutarch nach Heraklit ein anderes Unsterbliches entgegengesetzt, welches im Gegensatz zu dem Gemischten und Unlauteren, das die Natur nach Heraklit, wie Plutarch sagt, zum Krieg stempelt, ein reines und ungemischtes Unsterbliches sein muß, ganz wie bei Diogenes das als Friede und Übereinstimmung bezeichnete zur Aufhebung führende Moment des Gegensatzes (τὸ δ' ἐπὶ τὴν ἐκπύρωσιν ἄγον) oder der Weg nach oben. Wenn Heraklit keine höhere ideellere

καὶ λοιδοροῦντες τὴν φύσιν ὡς ἀνάγκην καὶ πόλεμον
οὖσαν, ἀμιγὲς δὲ μηδὲν μηδ' εἰλικρινὲς ἔχουσαν, διὰ πολλῶν
καὶ ἀδίκων πάθων περαινομένην· ὅπου καὶ τὴν γένεσιν
αὐτὴν ἐξ ἀδικίας συντυγχάνειν λέγουσι, τῷ θνητῷ συνερ-

Einheit des Gegensatzes gekannt hätte, als die in der Natur,
so hätte ihm die Natur nicht ἀδικία, sondern die Gerechtigkeit und das Höchste selbst sein müssen. Kannte er
also eine solche reinere Einheit der Gegensätze, als sie
ihm im Sein überhaupt (das Feuer also mit eingeschlossen)
möglich war, so war nichts angemessener als diese als Friede
und Übereinstimmung mit sich im Gegensatz zu der von
vornherein als Widerspruch und Krieg bestimmten Natur
zu bezeichnen, als reine unsichtbare Harmonie, im Gegensatz zu der unreinen seienden Harmonie zu bestimmen, wie er es in der Tat in dem wichtigen Fragment von der
ἁρμονία ἀφανής getan hat. Und daß der Krieg, wenn er auch
bloß dem Weg nach unten, der Genesis, zugeteilt wird, deshalb
nicht aufhört Einheit der Gegensätze zu sein, ist aus
dieser Stelle des Plutarch sehr leicht zu ersehen. Denn auch
in dieser wird die Genesis als Krieg und gerade nur deshalb bestimmt, weil sie Einheit des Unsterblichen und Sterblichen, also gleichfalls und prinzipiell Einheit der Gegensätze, aber in unangemessener Form ist. Aber Einheit der
Gegensätze ist sie darum erst recht und sogar sich selbst widersprechende, während die reine ideelle Einheit ἀνάπαυλα ist.
Wenn man selbst den philosophischen Begriff des Werdens
und mit ihm den eigentlichen Charakter heraklitischer Lehre
nicht erfaßte, so hätte man doch soviel immer noch sehen
sollen, daß Heraklit eine doppelte Einheit von Gegensätzen
gekannt hat, daß ihm nämlich alles Seiende Einheit des
Seins und der Bewegung war, daß ihm aber zum Unterschiede von dieser seienden und aufgehaltenen Bewegung,
die reine Bewegung als solche, die gedachte Bewegung,
auch noch Einheit von Gegensätzen sein mußte, sonst
wäre sie überhaupt gar keine Bewegung gewesen. Und
war ihm auch diese gedachte und deshalb unaufgehaltene
Bewegung Einheit von Gegensätzen, so mußte ihm diese Einheit

χομένου τοῦ ἀϑανάτου". „Empedokles und Heraklit, — — oftmals beklagend und schmähend die Natur
als eine, die da Notwendigkeit und K r i e g sei und nichts
Ungemischtes noch Lauteres habe und durch viele und
u n g e r e c h t e Leiden (Zustände) zustande gebracht
werde; weshalb sie auch sagen, daß sie ihre Entstehung
aus der U n g e r e c h t i g k e i t selbst erlange, i n d e m mit
d e m S t e r b l i c h e n d a s U n s t e r b l i c h e sich eint."
Die g a n z e S p h ä r e d e s S e i n s, die Genesis selbst,
ist also von vornherein ἀδικία d. h. Entäußerung, Abfall des Göttlichen von sich selbst, und nur d u r c h diese
Einigung des Göttlichen mit dem Sterblichen, durch die
Form des festen Seins, welche die reine Negativität des
Gegensatzes annimmt, durch diese U n b i l l, welche das
reine Werden, diese prozessierende Einheit von Sein und
Nichtsein erleidet, indem es selber zum S e i n wird, gelangt die Natur, d i e e b e n d e s h a l b K r i e g ist, überhaupt zur Existenz.

Daß andererseits der in die Endlichkeit geratene Gott,
die in das Sein gefallene reine Bewegung[1]) oder der
Mensch, wieder stirbt, heißt also nichts anderes, als daß
das Göttliche als solches, die reine Negativität, der ungetrübte Prozeß des Weges nach oben, durch den Tod
des Seins wieder auflebt. — Es sind so diese Sätze von
den Menschen, die den Tod der Götter, und den Göttern,

als a d ä q u a t e erscheinen, als reine und ungetrübte, die er
somit als Ü b e r e i n s t i m m u n g m i t i h r e m e i g e n e n B e -
g r i f f bezeichnen konnte, während er jene im S e i e n d e n stattfindende aufgehaltene Bewegung nur als Widerspruch und Krieg
bezeichnen konnte und mußte.

[1]) τὴν εἰς τὴν γένεσιν πτῶσιν, wie Porphyr. de antro nymph.
c. X, p. 257, Holst. vom heraklitischen Niedersteigen der Seelen sagt.

244

die den Tod der Menschen leben, von den Menschen, die
gestorbene Götter und von den Göttern, die unsterbliche
Menschen sind, nur Schilderungen des Weges nach oben
und unten, den die reine Bewegung durchläuft und der
durchaus nicht bloß die Verwandlungsstufen
der Elemente, wie die Bearbeiter Heraklits immer
angenommen haben, bezeichnet (cf. §§ 20 u. 27), sondern
für alles Leben, auch das des Gottes und der Seele
und seine Phasen, die absolute Form bildet; es sind nur
nähere Beschreibungen dessen, was uns oben Stobaeus
(Ecl. Phys. p. 906) schon gesagt hat: die Seelen
durchlaufen den Weg nach oben und unten
und das Verharren in ihnen ist Mühe und das Umwandeln
bringe Erholung[1]).

Wie bei Stobaeus der Weg nach oben und unten ausdrücklich der Seele oder des Gottes Stadien darstellt, so
zeigt dies ebenso bestimmt der Bericht des Diogenes, nach
welchem dieser Weg das absolute Gesetz für alles Dasein und für alle Bewegung ist, wenn auch Diogenes
selbst, indem er unmittelbar daran den Elementarprozeß
reiht, höchst wahrscheinlich schon den Irrtum der modernen
Bearbeiter teilte, daß der Elementarprozeß, der bei Heraklit nur eine Spezifikation seines allumfassenden Weges
nach oben und unten ist, allein die ὁδ. ἄν. κάτ. darstelle.

---

[1]) Vgl. Macrob. Somn. Scip. II, c. 15, p. 179, ed. Bip.;
Athanas. c. gent. c. 33, T. I, p. 26, Petav. — Wenn es dann
bei den Stoikern heißt, z. B. Marc. Antonin. IV, 42: οὐδέν ἐστι
κακὸν τοῖς ἐν μεταβολῇ γενομένοις· ὡς οὐδὲν ἀγαθὸν ἐκ μεταβολῆς ὑφισταμένοις (cf. id. IX, 21, VII, 23), so erkennt man
hierin sowohl noch den heraklitischen Quell, als auch schon die
sich bis zu Gemeinplätzen treibende Verflachung des tieferen
heraklitischen Sinnes, die bei den Stoikern mit den Philosophemen des Ephesiers vorgeht.

Die reine Bewegung also, indem sie ins Sein tritt, das rein Seelische, indem es den Weg nach unten einschlägt, wird dadurch zugleich v e r l e i b l i c h t u n d v e r e n d - l i c h t; der Körper, der das V e r h a r r e n der Seele ist, ist somit auch ihr G r a b, und sie stirbt der Körper Leben, lebt der Körper Tod.

In diesem Zusammenhange und mit dieser Erklärung geben uns nun viele Schriftsteller jene Worte Heraklits: „Lebend jener Tod, sterbend jener Leben," so daß die Subjekte dazu, wie in den obigen Stellen G o t t u n d M e n s c h, hier S e e l e u n d L e i b sind[1]). Da muß man sich aber sehr hüten, zu glauben, als sei dies nun dem Sinne nach verschieden von dem Vorigen. — Der Gegensatz von Seele und Leib ist dem Heraklit g a n z u n d g a r e i n e r mit dem von Gott und Mensch. Und wenn ihm nicht die Substanz der $\psi v \chi \acute{\eta}$ gleichbedeutend mit Gott gewesen sein sollte, so ließe sich — von allem an- deren abgesehen — nie begreifen, wie er die Menschen gestorbene oder sterbliche Götter (d. i. verleiblichte Seele) nennen konnte. So daß wir uns nicht zu erklären ver- mögen, wie Schleiermacher dies so Naheliegende über- sehen und sich (p. 498—502) gebärden konnte, als sei

---

[1]) Und ebenso identisch damit ist das nach demselben Schema ausgesagte Leben und Sterben des F e u e r s und W a s s e r s, worüber später bei der Verwandlungslehre der Elemente. Es existiert nach Heraklit kein Unterschied im physischen und geistigen All. Der Leib und das Feuchte sind ihm identisch und ebenso $\psi v \chi \acute{\eta}$ und $\pi \tilde{v} \varrho$ nur identische Symbole der reinen Bewegung und ihre erste, damit aber schon seiende, aufgehaltene, Ver- wirklichung zugleich. Es ist dies ein konsequenter Mangel der heraklitischen Philosophie. Es war ihm eben nur der e i n e Gegensatz in allem vorhanden, und darum gerade floß ihm Physisches, Theologisches und Ethisches unterschiedlos durch- sammen.

der Sinn der heraklitischen Worte, wie er in den oben angeführten Stellen gebraucht wird, ein irgendwie anderer als in den jetzt folgenden. Zuvor aber stehe'zum Beweise dieser absoluten Identität von Seele und Gott bei Heraklit noch eine Stelle des Aristoteles, in welcher uns ausdrücklich bekundet wird, daß in der Tat die $\psi v \chi \acute{\eta}$ diese Würde bei Heraklit eingenommen und **e i n e s e i n e r A u s -**
d r u c k s f o r m e n f ü r s e i n a b s o l u t e s P r i n z i p gewesen sei.

_____

§ 6. D i e S e e l e a l s $\grave{\alpha}v\alpha\vartheta v\mu\acute{\iota}\alpha\sigma\iota\varsigma$; d e r a l l g e m e i n e P r o z e ß.

Die am Ende des vorigen Paragraphen bezogene Stelle des Aristoteles (de anim. I, 2, p. 405) lautet: $\varkappa\alpha\grave{\iota}$ $'H\varrho\acute{\alpha}$-$\varkappa\lambda\varepsilon\iota\tau o\varsigma$ $\delta\grave{\varepsilon}$ $\tau\grave{\eta}v$ $\grave{\alpha}\varrho\chi\grave{\eta}v$ $\varepsilon\grave{\iota}v\alpha\iota$ $\varphi\eta\sigma\grave{\iota}$ $\psi v\chi\grave{\eta}v$ $\varepsilon\check{\iota}\pi\varepsilon\varrho$ $\tau\grave{\eta}v$ $\grave{\alpha}v\alpha\vartheta v\mu\acute{\iota}\alpha\sigma\iota v$ $\grave{\varepsilon}\xi$ $\tilde{\eta}\varsigma$ $\tau\check{\alpha}\lambda\lambda\alpha$ $\sigma v v\acute{\iota}\sigma\tau\eta\sigma\iota v$ $\varkappa\alpha\grave{\iota}$ $\grave{\alpha}\sigma\omega\mu\alpha\tau\acute{\omega}\tau\alpha\tau o v$ $\delta\grave{\eta}$ $\varkappa\alpha\grave{\iota}$ $\grave{\varrho}\acute{\varepsilon}o v$ $\grave{\alpha}\varepsilon\acute{\iota}$.

„Heraklit sagt, daß die $\grave{\alpha}\varrho\chi\acute{\eta}$ (Urprinzip) die Seele sei (nämlich die $\grave{\alpha}v\alpha\vartheta v\mu\acute{\iota}\alpha\sigma\iota\varsigma$, aus welcher alles andere zusammentritt) und das Unkörperlichste und immer Fließende." Wir sehen also die Seele hier als das dem Sein enthobenste, immer in der Idealität des Werdens begriffene ($\grave{\alpha}\varepsilon\grave{\iota}$ $\grave{\varrho}\acute{\varepsilon}o v$). Und wie uns Simplicius oben sagte, daß die **G e g e n s ä t z e** ($\tau\grave{\alpha}$ $\grave{\varepsilon}v\alpha v\tau\acute{\iota}\alpha$) dem Heraklit $\grave{\alpha}\varrho\chi\acute{\eta}$ sind, d. h. das, was diese bei Heraklit nicht vorkommende aristotelische Bezeichnung unter diesem Ausdruck versteht, so schreibt hier Aristoteles dieselbe oberste Würde, welcher im religiösen Kreise die Vorstellung von Gott entspricht, der **S e e l e** zu, und mit demselben Recht, da sie als das Unkörperlichste[1]) und immer Fließende, eben die reinste Einheit von Sein und Nicht, der absolute Prozeß ist.

_____

[1]) Mit Unrecht meinte daher auch ein großer Gelehrter (Boeckh in Creuzer und Daubs Studien 1807, T. III), daß der

Diese Stelle des Aristoteles lehrt uns aber auch durch die erklärenden Worte εἴπερ τὴν ἀναθυμίασιν κτλ., was es denn in der Tat für eine Bewandtnis mit der Seele bei Heraklit gehabt hat, und welches sein weder von Schleiermacher noch seinen Nachfolgern erkannter Begriff von derselben war.

Die Seele sei nämlich, sagt Aristoteles, die ἀναθυμίασις, aus welcher das andere (alles Seiende) zusammentritt. Diese nicht mit „Dampf" und „Dunst" wie bisher üblich zu übersetzende ἀναθυμίασις ist nicht selbst eine bestimmte seiende Form des Sinnlichen, sondern, wie wir später an mehreren Orten noch näher sehen werden, hier aber antizipieren müssen, und wie sich übrigens auch aus der aristotelischen Stelle schon hinreichend deutlich ergibt, nur die feurige Verflüchtigung des Seienden, d. h. die Aufhebung des einzelnen in den allgemeinen Prozeß der Bewegung. Sie ist gar nichts anderes, als auch die ὁδὸς ἄνω oder die ἐκπύρωσις ist, nämlich die Aufhebung des sinnlichen bestimmten Seins selber und damit zugleich die Vermittlung desselben mit dem realen allgemeinen Werden (cf. § 23, wo ihr physischer Inhalt näher zutage treten wird).

Sie ist ihm nur wie das Feuer ein anderes reales

Superlativ ἀσωματώτατον a. a. O. nicht wörtlich genommen werden dürfe und das heraklitische Urprinzip ein irgendwie materielles sei. Daß letzteres nicht der Fall, hat wohl unsere ganze Darstellung schon bisher gezeigt und muß es ferner zeigen. Es darf überhaupt nicht übersehen werden, daß das ἀσωματώτατον gar nichts anderes und gar nichts mehr besagt, als auch das durch so unzählige Stellen verbürgte ἀεὶ ῥέον. Denn dieses drückt, wie sich uns bei den Fragmenten vom Fließen evident ergeben wird, nur dieselbe absolut unkörperliche Idealität des Werdens, dieselbe reine Vermittlung von Sein und Nicht aus, wie auch das ἀσωματώτατον.

Bild, in welchem er die absolute Negativität, das perennierende Sichaufheben des Seins, zur Anschauung und zum Ausdruck brachte. Sie ist nur der p e r s o n i f i z i e r t e Ü b e r g a n g, in welchem die im Seienden vorhandene Negativität d u r c h b r i c h t [1]), das Seiende jede einzelne feste Form auflöst und in den allgemeinen Werdensprozeß mündet [2]). Sie ist somit auch identisch mit dem später

[1]) Vgl. Hegel Gesch. der Ph. I, 311.

[2]) Wir beeilen uns übrigens zu erklären, daß wir es keineswegs für ausgemacht betrachten, daß der N a m e der ἀναθυμίασις in dem Werke des Ephesiers selbst vorgekommen ist. Vieles spräche dafür; der abstrakte Ausdruck aber dagegen. Soviel aber scheint uns unzweifelhaft, daß jedenfalls schon früh bei den Heraklitikern und zwar auf Grund irgend einer bei dem Ephesier selbst vorhandenen Basis *) dies Wort in Umlauf gewesen und bei ihnen von Aristoteles vorgefunden worden ist. Ist die ἀναθυμίασις kein von Heraklit selbst gebrauchtes Wort, so würden zwar schon hierdurch alle die Mißverständnisse, die durch diesen Ausdruck und seine spätere Auffassung über die Lehre des Ephesiers sich eingeschlichen haben, ihre obligatorische Verbindlichkeit verlieren. Aber auch dann bleibt erforderlich, zu zeigen, was durch mehrfache Untersuchungen an verschiedenen Orten geschehen wird, was denn bei Heraklit selbst jener ἀναθυμίασις zugrunde liegt und welchen Sinn Aristoteles in jener Stelle damit verbindet, sowie ferner, wie sich daraus die stoische ἀναθυμίασις gebildet hat.

*) Nicht überflüssig gemacht, aber doch auf das f r a p p a n t e s t e bestätigt werden jetzt unsere im Verlauf an verschiedenen Orten folgenden Untersuchungen über die ἀναθυμίασις durch ein Fragment bei Pseudo-Origines IX, 10, welches zugleich zeigt, daß wirklich das W o r t ἀναθυμίασις eine ganz k o n k r e t e G r u n d l a g e bei Heraklit selbst hat, ohne doch in dieser abstrakten Form — an der wir oben mit Recht Anstoß nahmen — bei ihm gebraucht worden zu sein: „῾Ο θεὸς ἡμέρη εὐφρόνη, χειμὼν θέρος, πόλεμος εἰρήνη, κόρος λιμός“. „᾽Αλλοιοῦται δὲ ὅκως περ ὁκόταν συμμίγῃ [θύωμα, wie Bernays das hier ausgefallene Wort richtig ergänzt] θυώ-

durchzunehmenden περιέχον φρενῆρες, dem allgemeinen Vernünftigen, welches gleichfalls nur dieser ununterbrochene Wandel und absolute Prozeß alles Seins ist. Ja sie ist jedenfalls ein konsequenterer und dem Heraklit noch eher zuzutrauender Ausdruck als περιέχον, weil dieses das nur im ungehemmten Werden des Seins bestehende Allgemeine als r u h i g e s und seiendes auszusprechen scheint, woher auch der Irrtum der Bearbeiter Heraklits fließt, welche infolgedessen für dasselbe eine besondere örtliche Region angenommen haben. Bei der ἀναθυμίασις dagegen ist es im Namen selbst ausgedrückt, daß ‚sie nur P r o z e ß und Ü b e r g a n g a u s d e m S e i n ist. Nur wenn ihm die ἀναθυμίασις d i e s e r e a l e a l l g e m e i n e V e r m i t t l u n g, der D u r c h b r u c h der in dem ein-zelnen vorhandenen Negation in die allgemeine Bewegung war, konnte Aristoteles die Seele mit der ἀρχή und sie, die ἀναθυμίασις, wiederum mit der Seele bei Heraklit iden-tifizieren und sagen, sie sei ihm das A l l e r u n k ö r p e r -l i c h s t e u n d i m m e r F l i e ß e n d e und das, aus wel-chem alles andere entsteht, d. h. also das reine niemals verharrende und somit in seiner Allgemeinheit selbst nie d a s e i e n d e Werden, durch und aus welchem alles Ein-zelseiende immer ist und wird. Denn nur von diesem Pro-zeß ˈder allgemeinen Bewegung wissen wir, daß er diese

μασι, ὀνομάζεται καθ᾽ ἡδονὴν ἑκάστου". „Der Gott ist Tag, Nacht, Winter, Sommer, Krieg, Frieden etc. E s g e h t a l l e s i n e i n a n d e r über, wie wenn R ä u c h e r u n g mit R ä u c h e r u n g man mischt." Aus diesem höchst expressiven und wahrschein-lich häufig wiederkehrenden Bilde — gewiß hat Heraklit auch das Verbum θυμᾶσθαι gebraucht — ist die ἀναθυμίασις ge-worden. Ihre Bedeutung aber ist, wie die Stelle frappant zeigt, nur das ἀλλοιοῦσθαι von allem, d. h. also, ganz wie wir oben anderweitig nachweisen, der o b j e k t i v i e r t e Ü b e r g a n g (vgl. bes. § 23).

Stellung bei Heraklit gehabt hat; es ist derselbe Begriff, den er mit so vielen Namen, als Feuer, Fluß etc. bezeichnet; aber auch n i c h t s im Begriffe hiervon Ve r - s c h i e d e n e s könnte nach ihm so definiert werden, wie es hier Aristoteles mit der ψυχή und ἀναθυμίασις tut, als ἀρχή und als das s e l b s t u n s i n n l i c h e Prinzip, aus welchem 'das Sinnliche sein Sein hat.

Es ergibt sich aber aus dem Bisherigen von selbst, daß Heraklit bei der Seele in diesem Sinne nicht an die i n - d i v i d u e l l e Seele gedacht haben kann, sondern daß sie ihm als diese schlechthin allgemeine prozessierende Bewegung eben notwendig das allgemeine Leben, allgemeine Seele oder wie sie die Stoiker nannten, W e l t s e e l e .war. Ob Heraklit diesen den Stoikern dann so geläufigen Ausdruck „Weltseele" gebraucht hat, ist gleichgültig. Wir glauben es übrigens nicht, obwohl sich just zwingende Beweise dagegen nicht finden. Aber den B e g r i f f dieser Weltseele hat er aufs k l a r s t e entwickelt. Die allgemeine Bewegung ist ihm das schöpferische Prinzip, wodurch alles einzelne ist und wird und in das es sich 'auflöst, und wenn er diese allgemeine, aus jedem Einzelsein immer wieder in sich rückkehrende und durch diese Rückkehr gerade sich selbst zur Fülle alles realen Daseins entwickelnde Bewegung, nach dem Zeugnis des Aristoteles, nun auch S e e l e nannte, so ist 'der B e g r i f f der Weltseele damit ganz und gar gegeben und genau entwickelt, und Ritter ist p. 139 im Unrecht, 'zu meinen, er habe den B e g r i f f der Weltseele nirgends ausgesprochen und höchstens vielleicht auf ihn hingedeutet. Von Heraklit haben die Stoiker diesen Begriff ganz und gar und haben ihn nur verflacht, indem sie die begriffliche G e g e n s ä t z l i c h - k e i t dieser Bewegung aus ihr fortließen. Hiermit hängt auch zusammen das andere immense Unrecht, das Ritter

p. 139, 140 und ebenso Schleiermacher und andere Heraklit antun, als sei ihm nämlich der Sitz dieser Seele in einer gesonderten Region, im obersten Umkreise der Welt gewesen. ·

Heraklit hat von einer solchen örtlichen Transzendenz der Weltseele, von einer solchen Verbannung derselben in eine besondere oberste und höchste Region, wofür auch kein einziges sicheres Zeugnis spricht, wie sich später deutlicher zeigen wird, g a r n i c h t s gewußt! Ihm war die Seele als reine allgemeine Bewegung außer ihrem gedachten Dasein, dem B e g r i f f e des Werdens (der unsichtbaren Harmonie), vielmehr nur vorhanden in dem r e a l e n P r o z e s s e d e s W e l t a l l s, in ihrem S i c h - s e l b s t v e r m i t t e l n z u r a l l g e m e i n e n R e a l i t ä t [1]); sie hatte ja ihr Dasein nur darin, ununterbrochen den W e g n a c h o b e n u n d u n t e n z u w a n d e l n ,und so alle Realität aus sich zu erzeugen; sie hatte ihre W i r k l i c h - k e i t und ihren B e g r i f f gleichmäßig nur in dem beständigen Umschlagen des absoluten Gegensatzes von Sein und Nichtsein. Alle Vorstellungen einer b e s o n d e r e n Region der Seele oder des περιέχον, statt sie in dieser allgemeinen Realität zu erblicken, sind, worauf wir bei letzterer Form noch zurückkommen, nur Folgen stoisch-verflachender Auffassungen oder zum Teil eines nicht hinreichenden Unterscheidens der symbolischen Darstellungsweise und Namen Heraklits von seinem treibenden Begriff.

Einen weit helleren Blick wirft daher Schleiermacher, wenn er p. 486 sagt, daß das Feuer als der ewiglebende

---

[1]) Wir werden später sehen (§ 23) wie die ἀναϑυμίασις und das περιέχον d. h. das, was beiden bei Heraklit w i r k l i c h zugrunde liegt, in der Tat den die ganze Natur beständig erzeugenden realen physischen Prozeß konstituiert.

Quell aller Bewegung „insofern allerdings, wiewohl wir nicht wissen, ob Herakleitos sich dieses Ausdruckes bedient habe, die Seele des Ganzen genannt werden kann, dessen Leib alsdann aber sämtliche vergängliche Erscheinungen sein müßten, welche die Welt bilden"; — Worte, in denen sich Schleiermacher zu der richtigen Einsicht von der Notwendigkeit der Immanenz der Weltseele bei Heraklit erhebt, wenn er auch dann wieder (p. 475) sich zu demselben Fehler verleiten läßt, sie (das περιέχον φρενῆρες) in einer örtlich abgeschiedenen Region zu suchen.

Aber auch indem Schleiermacher jenen Blick wirft, richtet er wieder (p. 486 sqq.) eine arge Verwirrung dadurch an, daß er die ἀναθυμίασις nur für eine besondere sinnliche und zwar luftartige Erscheinung, für trockenen Dunst hält und nicht sieht, daß es sich mit ihr nur gerade so verhalte, wie mit dem Feuer selber, welches ja auch, wie Schleiermacher selbst bis zu einem gewissen Punkte gesehen und gegen die platten Mißverständnisse der Berichterstatter trefflich bewiesen hat, von Heraklit nicht nur als sinnliches Feuer, sondern auch in einem von diesem unterschiedenen und intellektuellen Sinne, als Symbol des absoluten Prozesses gebraucht wurde, was jene Berichterstatter nicht hindert, alles von dem Feuer in dieser Bedeutung Ausgesagte auf jenes elementarische zu übertragen und gegen den Unterschied beider stockblind zu sein. Von der ἀναθυμίασις aber hat Schleiermacher leider nicht gesehen und seine Nachfolger gleichfalls nicht, daß sie ganz wie das Feuer von Heraklit oder seinen Schülern in dem Sinne gebraucht wurde, die objektivierte Metamorphose, das personifizierte Sichaufheben und Sichvermitteln zum realen Weltprozeß auszudrücken, daß sie das

Übergehen aus jedem bestimmten Zustande als solches bedeutet und in dieser Hinsicht nicht unpassend das Wort gebildet wurde, — ein Sinn, welchen schon die aristotelische Stelle allein hinreichend feststellt, wenn wir den Stagiriten nicht der begrifflosesten Faselei beschuldigen wollen. Daß die heraklitische ἀναθυμίασις kein luftartiger Körper, wie Rauch oder Dunst, wie später bei den Stoikern, auch sogar nicht einmal eine spezielle Entwicklung aus dem Feuchten auf dem Wege nach oben, sondern ursprünglich vielmehr ein feuriger Verbrennungsprozeß ist und als solcher, wie das Feuer überhaupt, den objektivierten doppelseitigen allgemeinen Umwandlungsprozeß nach oben wie unten darstellt, — davon haben sich noch Spuren genug erhalten. Von dem feurigen Charakter der heraklitischen ἀναθυμίασις würden schon die Worte des Plato im Cratylos (— und wir müssen hier auf unsere später zu entwickelnde allgemeine Auffassung dieses Dialogs (siehe §§ 36 u. 37) verweisen —) bei der Etymologie des θυμός von θύειν glühen, θυμὸς δὲ ἀπὸ τῆς θύσεως καὶ ζέσεως τῆς ψυχῆς ἔχει ἂν τοῦτο τὸ ὄνομα (Crat. p. 419, E., p. 158, St.) eine deutliche Spur enthalten. Allein auch an anderen Spuren und Beweisen fehlt es nicht. Von diesen wollen wir vorläufig nur auf folgende aufmerksam machen. Von Theophrast wird ἀναθυμιᾶν synonym mit ἐπικαίειν für die Tätigkeit der Sonne gebraucht, de igne, Fragm. III, T. I, p. 718, ed. Schneid.: συμβαίνει γὰρ τὴν μὲν τοῦ ἡλίου θερμότητα λεπτὴν οὖσαν καὶ μαλακὴν — — — καὶ ὥσπερ ἀναθυμιᾶν καὶ ἐπικαίειν τὰ ἐπιπολῆς, ganz wie Plato in jener später genau zu betrachtenden, ganz und gar heraklitisierenden Stelle des Cratylos (p. 413, B.) sagt, daß sie διαΐων καὶ κάων ἐπιτροπεύει τὰ ὄντα. — Plutarch

(Sympos. III, Quaest. I, c. 3, p. 647, D., p. 633, Wytt.) gebraucht die ἀναθυμίασις als A u s s t r ö m u n g überhaupt, synonym mit ἀπόῤῥοια, welches wir später als einen heraklitischen oder mindestens bei seinen stoischen Kommentatoren vorkommenden Ausdruck für seinen Prozeß (ἀποῤῥοή) wiederfinden werden. An einem anderen Orte dagegen braucht sie Plutarch (cur Pythia non etc. p. 400, B., p. 639, Wytt.) für W e r d e n und E n t - s t e h u n g ü b e r h a u p t, synonym mit γένεσις[1]). Bei dem Pseudo-Plutarch, Plac. III, 16, wird sie, wo er von Anhängern des Plato berichtet, wieder ausdrücklich m i t d e r ἐκπύρωσις i d e n t i f i z i e r t und als die T ä t i g k e i t d e r s e l b e n dargestellt[2]), von dem echten Plutarch anderwärts wiederum — was der bisherigen Ansicht von ihr direkt widerspricht — a l s E n t w i c k l u n g a u f d e m W e g e n a c h u n t e n, als Übergang a u s d e m ξηρόν in die Stufe des F e u c h t e n nach unten zu, identisch mit διάχυσις genommen[3]), und daß sie noch bei den älteren Stoikern ihre ursprüngliche Bedeutung nicht ganz verloren hatte, zeigt evident die Stelle Plutarchs adv. Stoic. de comm. p. 1085, A., p. 427, Wytt., wo die Natur der Seele als ἀναθυμίασις definiert und diese ἀναθυμίασις, obgleich sie daselbst zunächst als Entwicklung aus dem Feuchten erscheint, dann als d e r u n u n t e r b r o - c h e n e P r o z e ß d e s Z u - und A b s t r ö m e n s, a l s d i e b e s t ä n d i g n e u e E i n h e i t d e s Z u s a m m e n -

---

[1]) — — ὅτι τὴν ἐξ ὑγρῶν ἠνίξατο τροφὴν τοῦ ἡλίου καὶ γένεσιν καὶ ἀναθυμίασιν ὁ δημιουργός κτλ.

[2]) οἱ ἀπὸ Πλάτωνος — — τὸ δ᾽ ἀπὸ γῆς κατὰ περίκαυ- σιν καὶ ἐκπύρωσιν ἀναθυμιώμενον, ἁλμυρόν.

[3]) Sympos. Quaest. III, c. 1, p. 689, E., p. 831, M.: — — τῷ δὲ ὑγρῷ τὸ ξηρὸν βρεχόμενον καὶ μαλαττόμενον διαχύ- σεις ἴσχειν καὶ ἀναθυμιάσεις.

tretens und Auseinandergehens geschildert wird, fast mit denselben Worten, mit welchen Heraklit selbst — und zumal auch Plutarch, wo er die Theorie desselben entwickelt — seinen absoluten Prozeß als das eine, welches im beständigen sich von sich Unterscheiden und Auseinandertreten sich beständig mit sich einigt, darstellt [1]).

Nirgends dagegen liegt auch nur eine Spur vor, daß die ἀναθυμίασις, sei es bei dem Ephesier, sei es bei seinen unmittelbaren Nachfolgern, die Bedeutung eines luftartigen Dunstes gehabt habe. Vielmehr ist die ursprüngliche Feuersnatur derselben nicht zu bestreiten [2]). Wollte man aber einwenden, daß die ἀναθυμίασις,

---

[1]) Plut a. a. O. — — ψυχῇ δὲ φύσις, ἀναθυμίασις· — — — Ἥ τε γὰρ τροφὴ καὶ ἡ γένεσις αὐτῆς ἐξ ὑγρῶν οὖσα συνεχῆ τὴν ἐπιφορὰν ἔχει καὶ τὴν ἀνάλωσιν· ἥ τε πρὸς τὴν ἀέρα τῆς ἀναπνοῆς ἐπιμιξία καίνην ἀεὶ ποιεῖ τὴν ἀναθυμίασιν, ἐξισταμένην καὶ τρεπομένην ὑπὸ τοῦ θύραθεν ἐμβάλλοντος ὀχετοῦ καὶ πάλιν ἐξίοντος.

[2]) Wie dies die bisherigen Belege dartun, so wissen wir auch aus der aristotelischen Meteorologie I. 3, daß es eine doppelte Art von Ausdünstung gibt, eine feuchte, die er ἀτμίς nennt und von der er sagt, sie habe Wassersnatur (δυνάμει οἷον ὕδωρ) und eine andere, die er ἀναθυμίασις nennt und von der er sagt, sie habe Feuersnatur (δυνάμει οἷον πῦρ). Und Schleiermacher hat selbst p. 387 erkannt, daß diese letztere ihrem Wesen nach heraklitisch gewesen und dem Ephesier vom Aristoteles entlehnt sein muß. Eine feurige Strömung war also die ἀναθυμίασις. Um so mehr unrecht haben die Stoiker, welche sie (Plut. Plac. I, 3, p. 877, C.) luftartig fassen. Um so mehr recht hat Aristoteles, wenn er in der oben in Rede stehenden Stelle (de anim.) diese feurige ἀναθυμίασις mit der ψυχή und ἀρχή identifiziert, und um so mehr unrecht hat Schleiermacher, wenn er ihn wegen dieser Identifikation der ἀναθυμίασις mit der ἀρχή tadelt und diese ihre Feuersnatur vergessend sie für trockenen Dunst hält. Um so mehr unrecht hat er, wenn er im Widerspruch mit seiner

auch als feurige immer eine bestimmte sinnliche Übergangsstufe und Erscheinung darstellen würde, so spricht dies doch ebensowenig gegen die ihr von uns vindizierte ideelle Bedeutung des allgemeinen, objektivierten Prozessierens, als es gegen diese ideelle und absolute Bedeutung des F e u e r s bei Heraklit spricht, daß dasselbe Wort auch das sinnliche Feuer bedeutet. Vielmehr glauben wir schon im zweiten und dritten Kapitel dieser Arbeit hinreichend gezeigt zu haben, vermöge welcher inneren Gedankennotwendigkeit Heraklit seinen absoluten Begriff, die reine Negativität, diese vollständige Aufhebung alles Sinnlichen immer nur in o b j e k t i v - s e i e n d e r Form und somit selbst wieder als Seiendes und also in sinnlicher und seinem eigenen Begriffe unangemessener Weise auszudrücken vermochte, und wie eben diese ihm selbst bewußte Unangemessenheit den reinen Prozeß in seiender, sinnlicher Form auszudrücken, ihn zu der unendlichen Vielheit und Abwechslung von in ihrer Bedeutung identischen Namen trieb.

---

eigenen früheren Erkenntnis, statt diese festzuhalten und zu ihren Konsequenzen zu bringen, die Kommentatoren des Aristotoles arger Mißverständnisse beschuldigt, weil sie gerade in gewisser Weise das Richtige sehen und die ἀναθυμίασις in jener Stelle des Aristoteles durch Feuer erklären, über welche Erklärungen der Kommentatoren später (§ 33) näher gehandelt werden wird. Jener Widerspruch Schleiermachers ist nur eine Folge davon, daß er die Natur des heraklitischen Feuers überhaupt nicht im Sinne des Ephesiers erfaßt hat, als die prozessierende Einheit des Gegensatzes von Sein und Nicht. Jene Feuersnatur der ἀναθυμίασις aber widerstreitet ihrer oben angegebenen unsinnlichen Bedeutung schon darum nicht im mindesten, weil dann für sie alles in dieser Hinsicht für das Feuer selbst Geltende gilt, welches dem Ephesier ja das unbestreitbare Symbol dieser reinen Vermittlung oder des absoluten Prozessierens war.

Ist die ἀναϑυμίασις ein vom Ephesier selbst gebrauchtes Wort, so ist sie, weit entfernt in der elementarischen Reihe und Rangordnung u n t e r dem Feuer zu stehen, vielmehr nur eine von ihm unter dem Treiben dieses Begriffes erzeugte Form, um an der Bezeichnung seines absoluten Prinzipes durch F e u e r diese Unangemessenheit der bestimmten sinnlichen Existenz zu tilgen und j e n e s P r o z e s s i e r e n a l s s o l c h e s, wegen welches ihm das Feuer Bild und Darstellung seines Prinzips war, f r e i f ü r s i c h und ohne V e r m i s c h u n g m i t e i n e m b e - s t i m m t e n D a s e i n herauszuringen*).

Weil Schleiermacher, durch die stoischen Berichterstatter getäuscht, nicht zu dieser wahrhaften Bedeutung der ἀναϑυμίασις durchbricht, muß er denn auch den Aristoteles in jener Stelle des gröbsten Mißverständnisses bezichtigen und ihn in einer Weise behandeln, als hätte er es mit einem sinnlosen Polyhistor zu tun. Uns aber hat sich Aristoteles bis jetzt wenigstens immer noch als ein zuverlässiger Kenner heraklitischer Philosophie ergeben und wird sich uns als solcher wohl auch bis ans Ende bewähren.

Wie sehr recht Aristoteles damit hatte, daß die ἀνα- ϑυμίασις dem Heraklit nicht eine einzelne sinnliche Erscheinung, sondern nur der allgemeine Weltprozeß selbst, die beständige Vermittlung des allgemeinen Werdens ist, das zeigt ganz evident eine von Eusebius aufbewahrte Stelle des Kleanthes, die hier ihren Platz finden müßte, da sie die w e s e n t l i c h s t e Bestätigung für den Ausspruch des Stagiriten und die angegebene Bedeutung der ἀναϑυμίασις enthält, eine Stelle, auf die wir indes, da sie

---

*) Worte, die durch das ἀλλοιοῦται in dem oben nachträglich mitgeteilten Fragment aus Origines wohl schlagend gerechtfertigt werden.

ohnehin bald bei der Lehre vom Flusse anzuführen ist, einstweilen nur hinverweisen wollen. Daselbst wird sich denn auch noch ferner sowohl aus dieser Stelle, wie sogar noch aus stoischen Berichten und aus den Zeugnissen über das περιέχον ergeben, daß diese ἀναθυμίασις von dem Ephesier als S e e l e und zwar wesentlich in dem S i n n e von W e l t s e e l e gedacht und ausgesprochen wurde.

Hier stehe nur noch als ein weiterer Beleg für unsere Behauptung, daß die ἀναθυμίασις nichts anderes als den P r o z e ß , die objektivierte Bewegung des allgemeinen Wandels selbst bedeutet, eine Stelle des Marc. Anton. VI, § 4 πάντα τὰ ὑποκείμενα τάχιστα μεταβάλλει καὶ ἤτοι ἐκθυμιαθήσεται, εἴπερ ἥνωται ἡ οὐσία, ἢ σκεδασθήσεται. Es wird also hier mit dem in Rede stehenden Worte geradezu die sich e i n e n d e B e w e g u n g d e r W e s e n h e i t d e s S e i n s bezeichnet und durchaus nicht, was sonst die Stoiker darunter verstehen, Übergang in einen luftartigen Zustand aus einem feuchten. Es wird hier ausdrücklich die allgemeine prozessierende Bewegung, in der a l l e s S e i e n d e , E x i s t i e r e n d e (πάντα τὰ ὑποκείμενα) begriffen ist und speziell der W e g n a c h o b e n , der Rückgang aus den Unterschieden des sinnlichen Daseins in die ideelle E i n h e i t d e r S u b s t a n z damit bezeichnet. Und die Stelle scheint uns um so gewichtiger, da es das einzige Mal ist, daß wir diesen dem Marc. Anton. fremden Ausdruck ἐκθυμιάομαι bei ihm finden. — Von dem Sinne, in welchem Heraklit das F e u e r nahm, von dem Begriffe der reinen Bewegung würde sich die ἀναθυμίασις gerade nur durch die e i n e Nüance unterscheiden, daß bei ihr der Begriff der Bewegung nicht in a b s t r a k t - l o g i s c h e r Beziehung, sondern in r e a l e r o d e r k o s m o - l o g i s c h e r B e z i e h u n g g e d a c h t w i r d , nämlich als die sich a u s a l l e m r e a l e n S e i n , a u s a l l e n e i n -

zelnen Erscheinungen immerfort entwickelnde
und freiwerdende, aber eben dadurch wieder
die ganze Fülle dieser Erscheinungen, das
gesamte reale Weltall aus sich produzierende
und so in beständiger Wechselwirkung mit
dem Inbegriff der Erscheinungen stehende
allgemeine Bewegung[1]). Sie ist der „sich durch
alles hindurchziehende Logos", nicht aber, wie in diesem
Ausdruck (λόγος διὰ πάντων διήκων) der Fall ist, nach der
Seite seiner einfachen ideellen Einheit gedacht,
sondern nach der Seite seiner Entwicklung zu der Ge-
samtheit der Erscheinungen. Sie ist die als
Entwicklung zum realen Weltprozesse und
darum als Weltseele gedachte Bewegung.

Heraklit hat also, wo er von Seele in dem Sinne sprach,
den der Stagirit mit ἀρχή bezeichnet, immer nur den klar
entwickelten Begriff der Weltseele, der allgemeinen
Seele, vor Augen gehabt, jenes einen lebendigen Prinzips, das durch allen Wechsel der Erscheinungen hindurchgeht und ihn selbst erst erzeugt, gleichviel ob Heraklit diese Seele auch κόσμου oder παντὸς ψυχή genannt
hat oder nicht, wie er ja übrigens diesen selben Begriff
als den λόγος διὰ παντὸς διήκων ausgesprochen hat[2]).
Die Seele war ihm nur, wie auch das Feuer, ein Name

---

[1]) Der entscheidende Beweis und die physische Durchführung des hier Gesagten wird sich in der Physik § 23 ergeben.

[2]) Dieser λόγος nimmt eben zum All die Stelle der ψυχή
ein und mit gutem Rechte sagt daher Plotinus in einer ganz
herakleitisierenden Stelle, die, wenn man λόγος für ψυχή setzt,
sich wörtlich in den Berichten über Heraklit wiederfindet (III,
1, 4, p. 230, F., p. 417, 1, ed. Oxon.): ᾽Αλλ᾽ ἄρα μία τις ψυχὴ
διὰ παντὸς διήκουσα περαίνει τὰ πάντα, „eine das All durchwaltende Seele vollbringt alles."

und Symbol seines Absoluten, der reinen aber in ihrer Entwicklung zum r e a l e n W a n d e l des Weltalls gedachten Bewegung[1]), der prozessierenden Identität von Sein und Nicht.

---

[1]) Jene Berichterstatter, welche ganz ernsthaft das materielle Feuer für das Urprinzip bei Heraklit nehmen, verfahren daher, wenn sie schon einmal Symbol und Sache verwechselten, wenigstens ganz richtig, wenn sie sagen, die Seele habe bei Heraklit F e u e r s n a t u r gehabt, z. B. Jo. Philoponus Comment, in libb. de Anima. Venet. 1535, ed. Vict. Trincavell. lib. I., A., 4: „οἱ δὲ (sc. sagten, es sei die Seele) πῦρ, ὡς Ἡράκλειτος, ἐπειδὴ καὶ πῦρ ἔλεγεν εἶναι τὴν ἀρχὴν τῶν ὄντων, οὕτως οὖν καὶ τὴν ψυχὴν πυρίαν εἶναι διὰ τὸ εὐκίνητον, in welchen letzteren Worten er sich also dem richtigen Sachverhältnis sehr nähert; und ib. B. 14: λέγω δὴ τῷ πῦρ λέγειν τὴν ψυχὴν εἰς ταὐτὸν ἔρχεται ὁ Δημόκριτος Ἡρακλείτῳ u. ib. C. 6: καὶ τὴν ψυχὴν ἐκ πυρὸς Ἡράκλειτος κτλ. u. ib. C. 7 u. C. 10 u. Themistius, in de anima ed. Ald. f. 67, a., Stellen, welche sämtlich den richtigen aristotelischen Grundsatz, das, was einem Philosophen ἀρχή gewesen, sei ihm auch das Wesen der Seele, bis zum Überdruß abreiten. Mehr Erwähnung verdient eine Stelle des Hermias, die von Schleiermacher übersehen, aber um so bemerkenswerter ist, als sie gleichzeitig Luft wie Feuer als das Wesen der Seele nach anderen Philosophen anführt, von Heraklit aber angibt, ihm sei die Seele die B e w e g u n g, Irris. gent. ed. Ox. p. 214: οἱ μὲν γάρ φασιν αὐτῶν ψυχὴν εἶναι τὸ πῦρ, οἷον Δημόκριτος· τὸν ἀέρα, οἱ Στωϊκοί· οἱ δὲ τὸν νοῦν· οἱ δὲ τὴν κίνησιν, Ἡράκλειτος. — Andere dagegen ließen sich bekanntlich durch jene mißverstandene ἀναθυμίασις so sehr täuschen, daß sie, wie besonders die Stoiker, deren Luftseele wahrscheinlich diesem Irrtum ihre Entstehung verdankt, die heraklitische Seele für L u f t nahmen und so in Sache wie Symbol gleich sehr irrten, cf. was Galen. I, 346, ed. Bas. T. V, p. 449, ed. Chart. von den Stoikern hierüber sagt. mit Philo, de mundi incorr. p. 958, T. II, p. 508, ed. Mang. u. Tertullian., de anim. c. IX, non ut aer sit ipsa substantia ejus, etsi hoc Aenesidemo visum est et Anixameni,

Aber auch die individuelle Seele mußte er freilich mit demselben Namen benennen, obgleich sie ihm
nicht mit jener allgemeinen Seele unterschiedslos zusam-
menfiel, sondern zwar die erste und reinste Erscheinung
jener reinen Bewegung, aber damit schon immerhin seiende und somit in schlechthinnige Entäußerung von sich
selbst geratene, außer sich gekommene Seele war, gerade
wie auch das sinnliche Feuer sich von seinem intellektuellen Feuer, dessen Symbol es ist, unterscheidet.

Daß Heraklit diesen absoluten Unterschied von der
allgemeinen und individuellen Seele auch mit vollkomme-
nem Bewußtsein machte, ist nicht bloß bereits durch so
zahlreiche Stellen belegt und wird im Verlauf durch noch
weit mehrere belegt werden [1]), sondern auch gewiß, wenn
irgend etwas, eine Vernunftnotwendigkeit.

Wer zu dem Gegensatz des Seins und Werdens durchgedrungen ist, hat auch damit den Begriff des Allgemeinen und des Einzelnen erfaßt, und wir werden
beim Logos und dem Erkennen sehen, wie scharf Heraklit diesen Gegensatz erfaßt hat.

Das Allgemeine und die reine Bewegung war ihm und
mußte ihm identisch sein; ebenso Einzelnes und Seiendes.
Die einzelne Seele war ihm daher seiende Bewe-

---

puto secundum quosdam et Heraclito, während er selbst (ib.
c. V) sie richtiger ex igni sein läßt, cf. ib. c. XIV, p. 317,
a., ed. Rigalt., u. Sextus Emp. adv. Math. X, 233, worüber
unten § 22, wo den Gründen dieser Verwirrung weiter nachge-
gangen wird.

[1]) cf. Theodoret., Graec. affect. cur. T. IV, p. 824, ed.
Hal., ὁ δὲ Ἡράκλειτος τὰς ἀπαλλαττομένας τοῦ σώματος (ψυχὰς)
εἰς τὴν τοῦ παντὸς ἀναχωρεῖν ψυχὴ ἔφησεν, οἷα δὴ ὁμογενῆ
τε οὖσαν καὶ ὁμοούσιον cf. Plut. Plac. IV, 3, p. 623,
Wytt.; Nemesius, de nat. hom. p. 28, ed. Plaut. Antwerp.
1565.

gung, d. h. eben in jene absolute Ungleichartigkeit und
·Widerspruch mit sich selbst geraten, in jene Entäußerung
gefallen, die er mit dem Verhältnis eines Affen zu einem
Menschen vergleicht; sie war ihm, wie Plutarch in der
o. a. St. sagte, jene u n g e r e c h t e u n d w i d e r s p r u c h s -
v o l l e und dennoch n o t w e n d i g e E i n h e i t d e s U n -
s t e r b l i c h e n m i t d e m S t e r b l i c h e n.

Richtig deutet daher Theodoret a. a. O. an, daß der
Tod die Befreiung der individuellen Seele von dem ihre
reine Bewegung in die Schranke des Seins hineinziehenden,
hemmenden Körper und ihre Rückkehr in ihre wahre
Gleichartigkeit mit sich, in die Weltseele oder reine Bewegung sei. — Jetzt erst kann auch die oben aufgeworfene
Frage erschöpfend beantwortet werden, die Frage, ob
denn dem Heraklit gar kein Unterschied zwischen Gott
und Seele, oder aber welcher, gewesen sei.

Zwischen Gott und jener a l l g e m e i n e n Seele war
ihm nun kein Unterschied oder richtiger und wie bereits
angedeutet, kein anderer Unterschied als der zwischen dem
L o g o s, d. h. dem e i n f a c h e n V e r n u n f t g e s e t z
oder Gedanken des prozessierenden Gegensatzes und
seiner, aber gesamten und totalen, R e a l i t ä t, dem allgemeinen W a n d e l[1]). Beide sind ihm nur Versinnlichun-
gen seines höchsten Begriffes, der reinen Bewegung.

Zwischen Gott und individueller menschlicher Seele
aber war ihm ganz derselbe Unterschied wie zwischen
allgemeiner und individueller Seele oder wieder zwischen
Gott und Mensch. Gott und jene allgemeine Seele drück-

---

[1]) Bei den Stoikern wird dieser Unterschied g ä n z l i c h
übersehen (weil sie den i d e e l l e n Begriff des Logos verlieren), weshalb ihnen Zeus und mundus t o t a l zusammen-
gefallen, während sie bei Heraklit so identisch als a u c h unterschieden sind.

ten ihm dies reine Werden aus. Und zwar Gott als der reine Wandel des intelligiblen Gegensatzes; die allgemeine Seele als die ewige über alle Bestimmtheit schlechtweg hinausgehende und sich im absoluten Flusse derselben herstellende Bewegung des gesamten Weltalls und seiner kreisenden Formen. Mensch und individuelle Seele dagegen drücken ihm diese zwar der Substanz nach noch immer identische aber bereits in das Element der Bestimmtheit und des verharrenden Einzeldaseins geratene und dadurch in absoluter Entfremdung befindliche Bewegung aus. Daher kommt es, daß in vielen Stellen Gott und Mensch in demselben Sinne sich entgegengesetzt werden, wie Seele und Mensch, in anderen wieder Gott und Seele in demselben Gegensatz erscheinen können, in welchen letzteren Stellen dann aber auch immer deutlich heraustritt, daß nur von der individuellen Seele die Rede ist. Daher kommt es denn auch, daß wie wir oben hatten, die Menschen lebten den Tod der Götter und stürben der Götter Leben, andere Fragmente mit demselben Rechte wieder sagen, die Menschen lebten der Seele Tod und stürben ihr Leben, und der Körper sei das Grab der Seele, wo dann die Seele als jene allgemeine, Mensch aber als die individuelle und dadurch entäußerte Seele gefaßt ist, Stellen, zu denen wir nach dieser langen aber hoffentlich nicht überflüssigen Abschweifung nun zurückkehren.

---

§ 7. Seele und Leib. Leben und Sterben als Naturprozeß.

So bezieht auf die Seelen jene Antithese vom Leben und Sterben Numenius ap. Porphyr. [1]), nachdem er eben

---

[1]) De antro Nymph. c. X, p. 257, p. 11, van Goens.

einen heraklitischen Satz über das Flüssigwerden derselben mitgeteilt hat, worauf er fortfährt: καὶ ἀλλαχοῦ δὲ φάναι (sc. Ἡράκλειτον): „ζῆν ἡμᾶς τὸν ἐκείνων θάνατον καὶ ζῆν ἐκείνας τὸν ἡμέτερον θάνατον" „und an einem anderen Orte seines Werkes habe Heraklit gesagt: „w i r l e b e n j e n e r T o d u n d j e n e l e b e n u n s e r e n T o d." Ebenso berichtet Philo[1]): „Εὖ καὶ ὁ Ἡράκλειτος κατὰ τοῦτο Μωϋσέως ἀκολουθήσας τῷ δόγματί φησι· „„ζῶμεν τὸν ἐκείνων θάνατον, τεθνήκαμεν δὲ τὸν ἐκείνων βίον"", ὡς νῦν μὲν ὅτε ἐνζῶμεν τεθνηκυίας τῆς ψυχῆς καὶ ὡς ἂν ἐν σήματι τῷ σώματι ἐντετυμβευμένης· εἰ δὲ ἀποθάνοιμεν τῆς ψυχῆς ζώσης τὸν ἴδιον βίον καὶ ἀπηλλαγμένης κακοῦ καὶ νεκροῦ τοῦ συνδέτου σώματος". „Trefflich sagt auch Heraklit, der hierin dem Dogma des Moses folgte: „W i r l e b e n j e n e r T o d u n d s i n d g e s t o r b e n j e n e r L e b e n," wie nämlich jetzt zwar, wenn wir leben, die S e e l e g e s t o r b e n u n d i n d e m L e i b e, wie in einem G r a b h ü g e l (wörtlich G r a b z e i c h e n) b e g r a b e n s e i; wenn wir aber gestorben sind, die S e e l e i h r e i g e n t ü m l i c h e s L e b e n l e b t und befreit ist von dem Übel und Leichnam des mit ihr zusammengefesselten Leibes."

Diese Erklärung nämlich nicht nur, sondern auch das darin enthaltene etymologisierende Wortspiel von σῶμα und σῆμα, wie der Leib nur das Grabzeichen der in ihm begrabenen Seele sei, ist echt heraklitisch, wie sich auch

---

[1]) Legum Alleg. lib. I. fin. T. I, p. 65, ed. Mangey. — Ganz ebenso der armenische Text des Philo Quaest. in Gen. p. 360, Aucher. T. VII, p. 157, ed. Lips.: „Qua de re etiam Heraclitus, furtim a Moyse dempta lege et sententia, dixit: V i v i m u s e o r u m m o r t e e t m o r t u i s u m u s e o r u m v i t a, sub aenigmate notans corporis vitam mortem esse animae; mortem autem dictam vitam felicissimam ac primam animae.

aus Stellen des Plato ergibt[1]): „denn einige sagen auch, daß er (der Körper) das Zeichen der Seele sei, als einer

---

[1]) Cratyl. p. 400, C. p. 94, Stallb.: καὶ γὰρ σῆμά τινές φασιν αὐτὸ εἶναι τῆς ψυχῆς, ~ὡς τεϑαμμένης ἐν τῷ νῦν παρόντι. cf. Plato Gorgias p. 493, A. Diese Lehre aber, daß der Körper das Zeichen und Gefängnis der Seele sei, führt Plato a. a. O. schon auf die Orphiker zurück, cf. Phaedo p. 62, c. annott. Wyttenb. und Heindorf. — Philolaos schon führt dafür das Zeugnis der alten Theologen an ap. Boeckh. p 181, cf. Lobeck Aglaoph. p. 795, cf. den Verf. des Axiochus c. 5: ἡμεῖς μὲν γὰρ ἐσμὲν ψυχή, ζῶον ἀϑάνατον ἐν ϑνητῷ καϑειργμένον φρουρίῳ und endlich eine Stelle des Dio Chrysost. Orat. XXX, p. 550 sqq. Reiske mit der nach einem Kodex gegebenen Verbesserung bei Boissonade ad Nicet. Eugen. p. 195, wo an den orphischen Mythos von der titanischen Natur der Menschen (cf. Orph. Fragm. ex Olympiod. in Phaed. p. 509, ed. Herm.) anknüpfend gesagt wird, daß, weil die Titanen den Göttern feindlich und verhaßt seien, auch wir ihnen nicht lieb seien, sondern bestraft und in Gefangenschaft gehalten würden, so lange wir lebten, die Gestorbenen aber als hinlänglich gezüchtigt erlöst und befreit würden, οὐδὲ ἡμεῖς φίλοι (sc. τοῖς ϑεοῖς) ἐσμὲν, ἀλλὰ κολαζόμεϑά τε ὑπ᾽ αὐτῶν καὶ ἐπὶ τιμωρίᾳ γεγονάμεν, ἐν φρουρᾷ δὴ ὄντες ἐν τῷ βίῳ τοσοῦτον χρόνον ἕκαστον ζῶμεν· τοὺς δὲ ἀποϑνήσκοντας ἡμῶν κεκολασμένους ἤδη ἱκανῶς λύεσϑαι καὶ ἀπαλλάττεσϑαι womit man die so ähnlichen Stellen über Heraklit bei Philo und Theodoretus l. l. vergleiche, sowie die des Plato und die bald folgenden des Sextus etc. Ferner aber muß man wieder mit jenen Worten des Philo und Dio Chrysost. eine Stelle des Jamblich zusammenhalten, wo er (de Myst. Aeg. Sect. I, c. XI, p. 22, ed. Gale) über die Opfer spricht und sagt, sie geschähen zur Reinigung der Seele und zur Minderung der mit ihr durch die Geburt in das Dasein verwachsenen Übel, und um der Erlösung und Befreiung derselben von den (sinnlichen) Fesseln willen (λύσεώς τε ἀπὸ τῶν δεσμῶν καὶ ἀπαλλαγῆς χάριν) und deswegen habe sie mit Recht Heraklit „ἄκεα" „Heilungen" genannt, weil sie bestimmt

seien auszuheilen diesen Zustand des Unheils und die Seele wieder frei und unversehrt zu machen von den Übeln, mit welchen sie in der Genesis verwachsen ist (*καὶ διὰ τοῦτο εἰκότως αὐτὰ "ἄκεα" Ἡράκλειτος προςεῖπεν, ὡς ἐξακεσόμενα τὰ δεινὰ καὶ τὰς ψυχὰς ἐξάντεις ἀπεργαζόμενα τῶν ἐν τῇ γενέσει συμφορῶν*). Denn nicht nur scheint mir dieser von Jamblich selbst angegebene Zusammenhang jedenfalls um sehr viel besser als die von Schleiermacher p. 431 aufgestellte, sich gewiß in keiner Hinsicht empfehlende Vermutung, sondern er scheint mir auch, trotz alles Mißtrauens, das sich teils mit Recht und teils mit Unrecht an neuplatonische Quellen knüpft und hierbei auch Schleiermacher abhält, dem Jamblich Glauben zu schenken, der wirklich den W o r t e n n a c h e c h t e zu sein. Nicht nur daß Jamblich so bestimmt spricht, daß man wirklich glauben muß, er habe es bei Heraklit so gelesen, sondern der von ihm angegebene Zusammenhang enthält ja nur f a s t w ö r t l i c h, was durch die vorangehende und nachfolgende Reihe von Stellen als e c h t h e r a k l i t i s c h v e r b ü r g t ist und was sich uns unten über die D a r s t e l l u n g der Seelenlehre bei Heraklit ergeben wird. Und auch in dem Gedankensystem des Ephesiers scheint mir, was Jamblich hier von ihm erzählt, wohl möglich, gewesen zu sein. Denn wenn schon über ein Wort ʹeine Konjektur gewagt werden soll, so mag Heraklit ganz angemessen seinem Begriffe die Opfer deshalb Heilungen der Seele genannt haben, weil diese mit dem Aufgeben des sinnlichen Besitzes, an dem sie hängt, zugleich ihr Fürsichsein, ihr Beharren und F e s t h a l t e n a n i h r e r E i n z e l h e i t a u f g i b t, welches ja in der Tat dem Heraklit im Ethischen wie im Physischen gleichmäßig das Prinzip des Bösen und wie ebenso unbestreitbar ist, die Entfremdung und der Abfall der Seele von sich selbst und so das Grundübel war, mit welchem die ihrer Substanz nach reine Bewegung seiende Seele dadurch, daß sie in das verharrende Dasein tritt, notwendig zusammenwuchs. Die freiwillige sittliche Aufopferung dieses auf sich Beharrens der Seele vollbrachte ihm die möglichste Aufhebung dieser Entfremdung, ein Gedanke, den fast alle seine ethischen Fragmente (siehe § 39) zweifellos durchleuchten lassen und dessen Anwendungʹ auch auf die Opfer schon die Konsequenz des Ephesiers forderte und auch nach einem anderen Fragmente

für jetzt in ihm begrabenen." So berichtet auch Clemens [1]):
dem Heraklit sei **Schlaf und Tod das Niedersteigen der Seele in den Leib** gewesen.

So führt uns nun auch noch Sextus Empir. aus Heraklit an [2]): „ὁ δὲ Ἡράκλειτός φησιν ὅτι „„καὶ τὸ ζῆν καὶ
τὸ ἀποθανεῖν καὶ ἐν τῷ ζῆν ἡμᾶς ἐστι καὶ ἐν τῷ
τεθνάναι„" ὅτε μὲν γὰρ ἡμεῖς ζῶμεν τὰς ψυχὰς ἡμῶν
τεθνάναι καὶ ἐν ἡμῖν τεθάφθαι [3]), ὅτε δὲ ἡμεῖς ἀποθνήσκομεν
τὰς ψυχὰς ἀναβιοῦν καὶ ζῆν„." „Heraklit aber sagt: „„sowohl Leben als Sterben ist (beides) sowohl
in unserem Leben wie in unserem Tod.""

Die Erklärung aber, die Sextus auf dies Zitat nun
folgen läßt. „denn wenn wir leben, sind unsere Seelen
gestorben und in uns **begraben**, wenn wir aber sterben,
so leben die Seelen wieder auf," — diese Erklärung, die
auch wieder auf jene etymologisierende Deutung des Körpers als des Grabes der Seele bei Heraklit zurückweist,
ist zwar gewiß an sich, wie wir ja aus so vielen Stellen
ersehen haben, ganz richtig und echt heraklitisch, — und
dennoch ist sie, wie wir glauben, nicht diejenige Bezie-

(§ 11), in welchem er gegen den gewöhnlichen Opferkultus
polemisiert, nicht umsonst von ihm gefordert zu haben scheint.

[1]) Strom. V, c. 14, p. 256, Sylb., p. 712, Pott.: — — ὕπνον
τε καὶ θάνατον τὴν εἰς σῶμα κάθοδον τῆς ψυχῆς κατὰ ταῦτα
τῷ Ἡρακλείτῳ.

[2]) Pyrrh. Hypotyp. III, 230.

[3]) Auch der h. Gregor. Nazianz. in Caesar. Orat. funebr.
c. 22, p. 17, de Sinner. spielt auf diese heraklitische Sentenz,
daß die Körper die Gräber der Seelen seien, und die durch
den Tod vor sich gehende Apotheose ·an: „ .. ὅτι βραδύνομεν
ἐν τοῖς τάφοις, οἷς περιφέρομεν, ὅτι ὡς ἄνθρωποι ἀποθνήσκομεν
τὸν τῆς ἁμαρτίας θάνατον, θεοὶ γεγονότες", wozu Basilius das
Scholion setzt (ib. p. 50): οὕτω γάρ τις τῶν πάλαι σοφῶν
τάφους περιφερομένους ὑφ' ἡμῶν τὰ σώματα κέκληκεν.

hung, in welcher sich das den vorhergehenden Worten bei Sextus zugrunde liegende F r a g m e n t (denn ein solches und von den bisher betrachteten formell verschiedenes muß man offenbar in ihnen erblicken) in dem Werke des Ephesiers gefunden haben dürfte.

Ist unsere Ansicht richtig, so hat Heraklit in der einen bereits durchgenommenen Fragmentenreihe das gegenseitige Leben und Sterben und somit Identität und Unterschied von M e n s c h e n und G ö t t e r n, in der zweiten Fragmentenform dasselbe Verhältnis, somit ebenso Identität und Unterschied zwischen S e e l e u n d M e n s c h, in dem obigen dritten in der Stelle des Sextus unterlaufenden Fragment aber und der etwa zu demselben gehörigen Reihe die I d e n t i t ä t von L e b e n u n d S t e r b e n als N a t u r - p r o z e s s e ausgesprochen. — Daß dem Heraklit Leben und Sterben solche an sich i d e n t i s c h e Naturprozesse waren und sein mußten, ergibt sich nicht nur aus seinem Grundgedanken und der Reihe der eben durchgenommenen Fragmente mit Notwendigkeit von selbst, sondern wird sich weiter unten noch deutlicher in vielen Formen herausstellen, in welchen derselbe Gegensatz und seine Identität nicht mehr in m e t a p h y s i s c h e r Form, als G o t t, S e e l e und Mensch etc., sondern in rein p h y s i s c h e r ausgesprochen wird. Ja es unterscheiden sich die bereits durchgegangenen Fragmente von den das Leben der Menschen sterbenden Göttern und Seelen etc. überhaupt gar nicht anders von dem jetzt angeführten und den hieran anzuknüpfenden Bruchstücken, als das m e t a p h y s i s c h e Aussprechen eines und desselben Gedankens von dem Aussprechen und Durchführen desselben Prinzips im Gebiete des P h y s i s c h e n u n d P h y s i o l o g i s c h e n. Heraklit aber hatte, wie schon mehrfach entwickelt, nicht einmal von der Trennung und Verschiedenheit dieser Gebiete ein

wirkliches Bewußtsein, und unterschiedslos flossen sie ihm
in das eine göttliche Leben zusammen, genährt, wie er
sagt, von dem einen Göttlichen, das überall herrscht und
alles durchwaltet. —

Daß aber Heraklit wirklich auch die **p h y s i o l o g i s c h e**
Erscheinung des Lebens mit diesen selben Gedanken durchdrang und sie so in ihrer Wahrheit als den absoluten
Prozeß der Gegensätze erkannte, ist leicht zu zeigen. Derjenige, dem alles nur der immerwährende **U m s c h l a g**
i n s e i n a b s o l u t e s G e g e n t e i l war, dem konnte auch
das Leben selbst nichts anderes als dieser selbe Prozeß
sein; dem **m u ß t e d a s L e b e n** gleichfalls nur absolutes
Umschlagen von **L e b e n u n d S t e r b e n i n e i n a n d e r**
s e i n. Und daß es ihm in der Tat nichts anderes war, zeigt
zunächst evident ein Fragment bei Plutarch, von welchem
nur der hierhergehörige Teil hier stehe[1]): *καὶ ᾗ φησιν*
Ἡράκλειτος „ταὐτό τ᾽ ἔνι (ἐστί?) ζῶν καὶ τεθνηκὸς — —
τάδε γὰρ μεταπεσόντα ἐκεῖνά ἐστι, κἀκεῖνα πάλιν
μεταπεσόντα ταῦτα", „und wie Heraklit sagt: „**d a s -**
selbe ist Lebend und Gestorben, denn die-
ses ist umschlagend [in sein Gegenteil][2]) **j e n e s**
und jenes wiederum umschlagend dieses."

---

[1]) Consol. ad. Apoll. p. 106, E., p. 422, W.

[2]) Wie sehr das heraklitische **W e r d e n** durchaus nichts anderes war als beständiges **U m s c h l a g e n i n d a s s t r i k t e**
G e g e n t e i l, das zeige nach so vielen Beweisen endlich noch
eine, weil sie Heraklit nicht namentlich anführt, unbeachtet
gebliebene Stelle des Plutarch, **d e r b e r e i t s d i e s e E i n -**
sicht in diese wahrhafte Natur der heraklitischen
B e w e g u n g v o l l k o m m e n g e h a b t h a t, während alle modernen Bearbeiter, sich durch **W o r t e** täuschen lassend, sein
W e r d e n f ü r e i n F l i e ß e n im Sinne der gewöhnlichen Vorstellung, seine **B e w e g u n g** für eine bloße **F o r t b e w e g u n g**, was
auch zu dem Irrtum der **O r t s b e w e g u n g** führen mußte, seine

Denn ob die Worte τάδε γὰρ μεταπ· κτλ. dem Bruchstück selbst angehören, wie wir keinen Grund sehen zu
bezweifeln[1]), oder ob sie nur eine äußerst echte und dann
jedenfalls eigene heraklitische Worte in indirekter Rede
wiedergegebene Erklärung des Plutarch sind, — in beiden Fällen dachte sich also Heraklit das Leben i d e n -
t i s c h mit dem Sterben, und zwar gerade darum, weil
jedes von beiden in sein Gegenteil umschlagend zum anderen wird und alles ohne Ausnahme eben nur dies ist,
in sein absolutes Gegenteil umzuschlagen und nur i n diе-
sem beständigen Umschlagen, in seiner Vermittlung mit
seinem Gegensatz gerade s e i n e i g e n e s D a s e i n zu
haben*).

μεταβολή für die gewöhnliche gedankenlose Kategorie der Veränderung genommen haben und so die streng l o g i s c h e Natur
seiner nur im absoluten U m s c h l a g e n d e r G e d a n k e n -
m o m e n t e i n e i n a n d e r b e s t e h e n d e n Bewegung durchaus übersehen und daher auch den ganzen Inhalt seines Systems,
und wie dasselbe in seiner innersten Wurzel ebenso sehr o b -
j e k t i v e L o g i k a l s P h y s i k ist, hartnäckig mißkannt haben.
Plutarch an einer Stelle, wo er, ohne den Ephesier zu nennen,
seine Philosophie und Fragmente desselben erörtert, sagt (de
primo frigido p. 949, p. 843, Wytt.): ἐπεὶ δὲ ἡ φθορὰ μεταβολή τις ἐστι τῶν φθειρομένων εἰς τοὐναντίον ἑκάστῳ,
σκοπῶμεν εἰ καλῶς εἴρηται τὸ „πυρὸς θάνατος ἀέρος γένεσις".
„Da der U n t e r g a n g e i n e U m w a n d l u n g der untergehen-
den Dinge i n d a s G e g e n t e i l e i n e s j e d e n i s t, so wollen
wir betrachten, ob mit Recht gesagt wird, des Feuers Tod ist
der Luft Geburt." Plutarch wußte also sehr wohl, daß die
heraklitische μεταβολή oder sein Werden nicht ein Fluß, nicht
Änderung im vulgären Sinne, sondern die Bewegung des Umschlagens in das absolute Gegenteil, des Sein in Nichtsein
etc. ist.

[1]) Vgl. unten § 23.

*) Die einfache Änderung des von Schleiermacher vermuteten
ταὐτό τ’ ἐστι (statt ἔνι) im Eingang des Bruchstückes in „ταὐτὸ

Wenn die gewöhnliche Vorstellung das Leben des Individuums als das auf sich verharrende sich E r h a l t e n
des einzelnen gegen die allgemeinen Potenzen erfaßt, so
war dem Heraklit dieses scheinbare Sicherhalten vielmehr

τὸ" die Zeller p. 456, 4, vorschlägt, scheint uns die beste zu
sein. Wenn aber dieses Bruchstück, welches mit Ergänzung
der oben noch, weil nicht unmittelbar hierher gehörig, fort-
gelassenen Gegensätze also lautet: „Dasselbe ist lebend und
gestorben und wachend und schlafend und jung und alt, denn
etc.," von Zeller dabei also erklärt wird: „Das Lebende w i r d
ein Totes, w e n n e s s t i r b t, das Tote ein Lebendes, wenn das
Lebende sich von ihm nährt; aus dem Jungen w i r d ein Altes
durch die J a h r e, aus dem Alten ein Junges durch die Fort-
pflanzung des Geschlechtes," so wundern wir uns fast, wie
selbst dieser geistvolle Geschichtsschreiber der Philosophie sich
mit dieser freilich bisher üblichen Auffassung des Bruchstückes
hat begnügen können! Denn daß wir mit der Zeit alle einmal
sterben und mit der Zeit alle einmal alt werden etc. etc., d i e s
zu wissen und zu verkünden, dazu bedurfte es keiner heraklitischen Philosophie; diese allerbanalsten Reflexionen und
Gemeinplätze des gewöhnlichen Lebens wird man doch wirklich nicht ernsthaft in die tiefsten Fragmente des Ephesiers
hineinlegen wollen, in denen er die absolute Identität des Gegensatzes und zwar offenbar auch als eine ganz p a r a d o x e und
der gewöhnlichen Ansicht durchaus entgegenstehende Wahrheit
verkündete! Es geht ja auch schon den W o r t e n nach d u r c h -
a u s nicht; denn Leben und Sterben, Jung und Alt etc. wären
dann durchaus nicht selber „d a s s e l b e" (ταὐτό) sondern vielmehr ganz verschiedene Dinge, die nur an demselben S u b -
j e k t e und zwar in z e i t l i c h e r T r e n n u n g einträten. Daß
aber diese reinen Gegensätze s e l b s t miteinander identisch,
daß gerade w ä h r e n d des Lebens und in j e d e m Augen-
b l i c k e desselben das Leben auch ein Sterben (— wie schön
zeigt dies auch die ebensowenig gewürdigte Stelle des Sextus
„sowohl Leben als Sterben i s t s o w o h l in unserem Leben
a l s in unserem Sterben"), das Wachen ein Schlafen, das Junge
ein Altes ist und umgekehrt, — das Begreifen dieser Gegen-

geradezu der wirkliche T o d , der Zustand des L e i c h -
n a m s , wie in noch aufbewahrten und später anzuführenden Fragmenten unumwunden von ihm selbst ausgesprochen wird. — Das Leben des Individuums dagegen be-

---

sätze als j e d e r z e i t sich durcheinander vermittelnder und daher ebenso identischer als entgegengesetzter P r o z e s s e , d a s
ist der wahre und einzige heraklitische Sinn. Wie Leben und
Sterben so immerfort auch in jedem e i n z e l n e n Lebenden
bei Heraklit miteinander identisch sind, ist oben nachgewiesen;
vom Jungen und Alten wird dieselbe Identität im § 23 und vom
Schlafen und Wachen im § 30 nachgewiesen werden. — Richtiger schon und bis zu einem gewissen Punkte — obgleich wir
nicht recht klar sehen können, bis wie weit, — offenbar mit
unserer eigenen Ansicht übereinstimmend scheint uns daher, was
schon vor Zeller Bernays Rhein. Mus. VII, 104, gelegentlich
über dieses Fragment bemerkt. Denn obgleich er mit Unrecht
statt ταὐτό τ᾽ ἐστι oder τὸ lesen möchte ταὐτῷ τ᾽ ἔνι „in demselben ist,“ was den Sinn des Fragmentes auch insofern gar
sehr alterieren dürfte, als nach Heraklit Leben und Sterben
nicht bloß in d e m s e l b e n Subjekte vorhanden, sondern auch
gerade a n s i c h s e l b s t d a s s e l b e sein sollen, so äußert er
doch hierbei: „Leben und Tod sind nach heraklitischer Auffassung nur die nach den Gegenseiten hingewendeten, innerlichst
untrennbaren Äußerungen desselben Prozesses, der den ganzen
Bereich des Werdens beherrscht, mithin auch den Menschen
umfaßt. In dem Menschen wirkt also die Kraft des Todes wie
des Lebens in jedem A u g e n b l i c k (sic!) seines Daseins.
Die größeren Abschnitte aber und kräftigeren Äußerungen des
Lebens und Sterbens wiederholen sich in kleineren Kreisen mit
schwächerer Wirkung durch den Wechsel von Wachen und
Schlafen etc. Das Eintreten von Leben und Tod und Wachen
oder Schlaf ist daher nur das sichtbar werdende Übergewicht,
welches je die eine Kraft über ihren Gegensatz gewonnen, und
die augenblicklich wieder an dieser zu verlieren anfängt.“ Aber
ganz daran irre machen, ob wir diese trefflichen Bemerkungen
auch richtig verstehen, muß es uns, wenn Bernays nun fortfährt: „Hat nun Heraklit in dieser Weise fortwährendes Zu-

stand ihm in einem beständigen Zu- und Abfluß ($\dot{\epsilon}v \, \dot{\varrho}o\tilde{\eta}$ $\varkappa a\grave{\iota} \, \dot{a}\pi o\dot{\varrho}\dot{\varrho}o\tilde{\eta}$) desselben, in welchem ihm beständig sein Nichtsein, die allgemeine im Prozeß befindliche Außenwelt, zufloß, sein Sein abfloß, so daß es nur in diesem Abfließen seines Seins, in diesem Zufließen seines Nichtseins, im beständigen Sterben somit, sein wirkliches Leben hatte und das Leben selbst nichts anderes als beständiges Umschlagen von Sein in Nichtsein und umgekehrt war[1]). Auf das individuelle physische Leben als solches angewandt wurde also dieses beständige Umschlagen von Sein und Nichtsein zum wirklichen Begriffe des Lebensprozesses, zum ununterbrochenen prozessierenden Umschlagen von dem, was wir physiologisch Ausscheidung und Reproduktion nennen. Nur in diesem Prozesse des immerwährenden Sterbens, des Aufgebens seines eigenen Seins, des Ausscheidens seiner von sich

---

sammenwirken und gegenseitiges Umwandeln behauptet von Leben und Tod und von Schlaf und Wachen, so kann es nicht auffallen und muß ebenso erklärt werden (richtig), wenn das gleiche ausgesagt wird von Jugendkraft und Alter, den vorbereitenden Kräften des Lebens und Todes." Allein wenn Bernays die Identität von Jung und Alt nun so auffassen will, daß im Jüngling der Keim des Greisen und im Greise noch Jugendkraft liege und wieder nur im Gesamtleben der Gattung der Greis zu einem Jungen werde, so mißversteht er diese Identität von Jung und Alt (s. § 23) jedenfalls. Und wenn die Identität von Leben und Sterben auch nur in diesem Sinne als Keim und nacheinander sich vollbringend gemeint sein soll, so läuft auch das dann im wesentlichen nur auf die oben widerlegte Ansicht hinaus.

[1]) Siehe die große Zahl von dies belegenden Berichten, die alle gerade das Leben des Subjekts in dieser abstrakt logischen Form als Einheit von Sein und Nichtsein ($\epsilon\tilde{\iota}v a\iota \, \varkappa a\grave{\iota} \, \mu\grave{\eta} \, \epsilon\tilde{\iota}v a\iota$) aussprechen, unten beim Fließen; § 12.

selbst und der Insichnahme des Allgemeinen, bestand dem Heraklit das L e b e n. Der wirkliche Tod war ihm dagegen nur die T r e n n u n g dieser Einheit des Gegensatzes, durch welche der nunmehr auf sich verharrende und der Vermittlung mit seinem Gegensatze, dem Allgemeinen, nicht mehr teilhaftige Körper zum L e i c h n a m und „ve r - ä c h t l i c h e r d e n n M i s t" wird, während die ihn während des Lebens durchdringende und belebende negative Bewegung des Allgemeinen dadurch in ihre reine Negativität zurückkehrt und somit wahrhaft wieder auflebt.

Heraklit ist a b e r a u c h i n d e r T a t ebensowenig wie beim metaphysischen Aussprechen dieses Gegensatzes und seiner Einheit, ebensowenig bei seinem — obwohl immer in sinnlich-konkrete und natürliche Bilder gehüllten, aber nach der inneren Bedeutung derselben — rein l o g i - s c h e n Aussprechen dieses Gedankens stehen geblieben, — er hat ihn auch durch das N a t ü r l i c h e a l s s o l - c h e s durchzuführen gesucht, soweit, ja sehr häufig und in überraschender Weise viel weiter, als es der damalige Stand der Naturkenntnis erlaubte; er hat ihn, wie seine später vorzunehmende Theorie vom S t o f f w e c h s e l zeigt, als p h y s i k a l i s c h e n und selbst als p h y s i o - l o g i s c h e n P r o z e ß ausgesprochen und nachzuweisen gesucht. Dies zeigt zunächst schon eine interessante Stelle, in den aristotelischen Problemen[1]), wo gefragt wird, woher es komme, daß der Urin derer, die Knoblauch gegessen haben, danach riecht, worauf es fortgeht: „πότερον ὥσπερ τινὲς τῶν ἡρακλειτιζόντων φασὶν ὅτι ἀναθυμιᾶται ὥσπερ ἐν τῷ ὅλῳ καὶ ἐν τῷ σώματι, εἶτα πάλιν ψυχθέν[2]) συνίσταται ἐκεῖ μὲν ὑγρόν, ἐνταῦθα δὲ οὖρον, ἢ ἐκ

---

[1]) Problem. XIII, 6, p. 908, Bekk.

[2]) Dieses ψυχθέν, a b g e k ü h l t, ist sehr lehrreich, indem es zeigt, daß die ἀναθυμίασις eine f e u r i g e Umwandlung

τῆς τροφῆς ἀναθυμίασις, ἐξ οὗ ἐγένετο αὕτη συμμιγμένη, ποιεῖ τὴν ὀσμήν; αὕτη γάρ ἐστιν, ὅταν μεταβάλλῃ", „ob, wie einige von den Heraklitikern sagen, derselbe feurige Verwandlungsprozeß wie im Weltall auch im (organischen) Körper vor sich geht, sodann wiederum a b g e k ü h l t d o r t (im Weltall) als Feuchtes zusammentritt, h i e r aber als Urin, die Umwandlung (ἀναθυμίασις) aus der Nahrung aber den Geruch dessen bewirkt, aus welchem sie selbst mit ihm sich mischend entstand? Denn sie ist selbst jenes,

---

gewesen sein muß, da die Entstehung des Feuchten durch die A b k ü h l u n g der ἀναθυμίασις vor sich geht, die somit f e u r i g war und kein luftartiger Dunst, wie die Stoiker meinten, gewesen sein kann. Auch nimmt hier die ἀναθυμίασις ganz dieselbe Stellung in der ὁδὸς ἄνω κάτω ein, welche in den gewöhnlichen Schilderungen desselben dem F e u e r zugewiesen wird. Zugleich zeigt sich hier recht deutlich, wie die ἀναθυμίασις überhaupt keinen anderen Begriff h a t, als den des U m w a n d l u n g s p r o z e s s e s s e l b s t. In den stoischen Berichten nämlich erscheint sie immer, wie die im Text bald anzuführenden Stellen der Placita etc. zeigen, als a u f w ä r t s (auf dem Wege nach oben) stattfindende Entwicklung a u s dem Feuchten, was eben die Veranlassung zu dem Mißverständnis wurde, sie für luftartige Ausdünstung zu halten. H i e r dagegen erscheint sie im Gegenteil als e i n e d e n W e g n a c h u n t e n e i n s c h l a g e n d e u n d d a d u r c h s i c h i n d a s F e u c h t e u m w a n d e l n d e B e w e g u n g wie das Feuer (πάλιν ψυχθὲν συνίσταται ὑγρόν) so daß die ἀναθυμ., wie schon oben gesagt, der beide Seiten des W e g e s n a c h o b e n u n d u n t e n umfassende o b j e k t i v i e r t e Übergang und Verwandlungsprozeß ist.

Und eben darum mußte sie ihm feurig und mit dem Feuer in seiner u n s i n n l i c h e n Bedeutung identisch sein, weil alle Negativität dem Ephesier Feuersnatur hat oder vielmehr das Feuer die n o c h r e i n s t e V e r w i r k l i c h u n g dieser Negativität ist und das sinnliche Bild, in welchem er diesen Gedanken denkt und ausspricht. Siehe oben p. 65 und unten § 18.

wenn sie seine Umwandlung ist." Und hierauf entgegnet
der Verfasser, daß nach dieser Theorie aber dann alle
stark riechende Nahrung dem Urin ihren Geruch mitteilen
müsse, was doch nicht der Fall sei.

Denke man auch über die ἀναθυμίασις, wie man immer
will, soviel geht jedenfalls aus der Stelle hervor, daß
nach Heraklit oder mindestens nach seinen Schülern d e r -
s e l b e Umwandlungsprozeß wie im Weltall so auch im
organischen Körper statt hatte und die Funktionen und
physiologischen Erscheinungen des Lebens aus ihm ahzu-
leiten versucht wurden.

Und das ist denn auch allein das Wahre an den dasselbe nun aber auch ausdrücklich auf Heraklit selbst zu-
rückführenden Berichten der Placita des Pseudo-Plutarch
und des Nemesios: „Heraklit (sagt), daß die Seele der
Welt die ἀναθυμίασις aus dem Feuchten in ihr (sei);
die Seele in den lebendigen Wesen aber g l e i c h a r t i g
(sei) aus der in der A u ß e n w e l t u n d aus der i n i h n e n
s e l b s t v o r g e h e n d e n ἀναθυμίασις". Man sieht, wie
selbst noch in diesen aus stoischen Quellen fließenden
Berichten die ἀναθυμίασις die d o p p e l t e Funktion hat,
die im individuellen Lebensprozeß vorgehende Ausscheidung des Individuums und ebenso auch die von den Stoikern
als Einatmung vorgestellte Aufnahme der allgemeinen Substanz in das Individuum zu bezeichnen; wie ihr Begriff
somit hier der w i r k l i c h e d o p p e l s e i t i g e Lebens-
p r o z e ß i s t[1]).

Hier sei es erlaubt, die Bemerkung zuzufügen, daß diese

---

[1]) Placita IV, 3, p. 623, Wytt.: Ἡράκλειτος μὲν τοῦ κόσμου
ψυχὴν, ἀναθυμίασιν ἐκ τῶν ἐν αὐτῷ ὑγρῶν, τὴν δὲ ἐν τοῖς
ζώοις ἀπὸ τῆς ἐκτὸς καὶ τῆς ἐν αὐτοῖς ἀναθυμιάσεως ὁμογενῆ.
Und fast wörtlich ebenso Nemesius de nat. hom. p. 28, ed.
Plant.

Auffassung des Lebens als prozessierender Identität des absoluten Gegensatzes und die versuchte Durchführung dieses Gedankens durch das physikalische und physiologische Gebiet auch der Punkt gewesen ist, durch welchen Heraklit mächtig auf Hippokrates eingewirkt zu haben scheint und vermöge dessen er durch diesen wiederum zum philosophischen Vater der gesamten medizinischen Wissenschaft geworden ist.

Der Einfluß der heraklitischen Philosophie auf Hippokrates scheint uns noch lange nicht genug gewürdigt zu sein. Trotz aller scheinbaren Empirie fußt Hippokrates wesentlich auf der Basis der philosophischen Idee Heraklits. — Wenn Hippokrates eine „μεταβολή", ein Umschlagen der Elemente ineinander, annimmt, so ist dies nach Gedanken wie Ausdruck durchaus der Philosophie Heraklits entlehnt. Wenn Hippokrates den Grundsatz aufstellt, daß solange die e n t g e g e n g e s e t z t e n E l e m e n t e i n n i g g e m i s c h t 's e i e n, G e s u n d h e i t bestehe, die K r a n k - h e i t aber das überwiegende H e r v o r s t e c h e n d e s e i n e n o d e r a n d e r e n sei, so ist dies eine notwendige Konsequenz des heraklitischen Gedankens, nach welchem ja alles nur in der harmonischen Mischung der Gegensätze (τὴν ἐναρμόνιον μίξιν τῶν ἐναντίων, wie Simplicius einmal sagt), sein Bestehen hat. Und daß H e r a k l i t a u c h s e l b s t diese Konsequenz zog und die Krankheit selbst so aufgefaßt hat, ersehen wir ja aus einem noch aufbewahrten und an seinem Orte anzuführenden Fragment, in welchem er (siehe unter § 30) die entsprechende Erscheinung im Geistigen, das isolierte sich Festhalten und Fürsichseinwollen des Einzelnen, als ἱερὰ νόσος d. h. als eine spezielle Art von G e h i r n krankheit, wofür sie wenigstens die Alten hielten, qualifizierte, resp. mit dieser als ihrer analogen körperlichen Erscheinung verglich. Wenn Plato vom Heraklit, ohne ihn namentlich zu bezeichnen, sagt, daß nach ihm [1] „das Entgegengesetzteste dem Entgegengesetztesten das am meisten Liebe sei; denn jedes begehre ein solches, nicht aber ein mit sich Gleichartiges; denn das Trockene begehre das Feuchte, das Kalte das Warme, das Bittere das Süße, das Spitze das Stumpfe, das Leere der Erfüllung und das Volle der Entleerung und alles andere ebenso nach demselben Gesetz; denn das Entgegengesetzte sei des Entgegengesetzten Nahrung ($\tau\varrho o\varphi\acute\eta$), das Gleichartige aber ($\tau\grave o$ $\ddot o\mu o\iota o\nu$) nehme nichts an von dem Gleichartigen," — so ist diese Philosophie des Gegensatzes die erste philosophische Entwicklung und Begründung des Gedankens der Allöopathie und konnte und mußte dieselbe in ihrem Versuch sich durchzuführen durch das ganze Gebiet des natürlichen und organischen Daseins notwendig aus sich erzeugen. Und sicherlich ist, wenn Hippokrates den nachher sprichwörtlich gewordenen Satz [2] aufstellt „$\tau\grave\alpha$ $\grave\epsilon\nu\alpha\nu\tau\acute\iota\alpha$ $\tau\tilde\omega\nu$ $\grave\epsilon\nu\alpha\nu\tau\acute\iota\omega\nu$ $\grave\epsilon\sigma\tau\iota\nu$ $\grave\iota\acute\eta\mu\alpha\tau\alpha$"

---

[1]) Plato Lysis p. 215 u. 216, p. 35, ed. Heindorf.: „$\tau\grave o$ $\gamma\grave\alpha\varrho$ $\grave\epsilon\nu\alpha\nu\tau\iota\acute\omega\tau\alpha\tau o\nu$ $\tau\tilde\omega$ $\grave\epsilon\nu\alpha\nu\tau\iota\omega\tau\acute\alpha\tau\omega$ $\epsilon\tilde\iota\nu\alpha\iota$ $\mu\acute\alpha\lambda\iota\sigma\tau\alpha$ $\varphi\acute\iota\lambda o\nu\cdot$ $\grave\epsilon\pi\iota\vartheta\upsilon\mu\epsilon\tilde\iota\nu$ $\gamma\grave\alpha\varrho$ $\tau o\tilde\upsilon$ $\tau o\iota o\acute\upsilon\tau o\upsilon$ $\acute\epsilon\kappa\alpha\sigma\tau o\nu$, $\grave\alpha\lambda\lambda'$ $o\grave\upsilon$ $\tau o\tilde\upsilon$ $\grave o\mu o\acute\iota o\upsilon\cdot$ $\tau\grave o$ $\mu\grave\epsilon\nu$ $\gamma\grave\alpha\varrho$ $\xi\eta\varrho\grave o\nu$ $\grave\upsilon\gamma\varrho o\tilde\upsilon$, $\tau\grave o$ $\delta\grave\epsilon$ $\psi\upsilon\chi\varrho\grave o\nu$ $\vartheta\epsilon\varrho\mu o\tilde\upsilon$, $\tau\grave o$ $\delta\grave\epsilon$ $\pi\iota\kappa\varrho\grave o\nu$ $\gamma\lambda\upsilon\kappa\acute\epsilon o\varsigma$, $\tau\grave o$ $\delta\grave\epsilon$ $\grave o\xi\grave\upsilon$ $\grave\alpha\mu\beta\lambda\acute\epsilon o\varsigma$, τo $\delta\epsilon$ $\kappa\epsilon\nu\grave o\nu$ $\pi\lambda\eta\varrho\acute\omega\sigma\epsilon\omega\varsigma$, $\kappa\alpha\grave\iota$ $\tau\grave o$ $\pi\lambda\tilde\eta\varrho\epsilon\varsigma$ $\delta\grave\epsilon$ $\kappa\epsilon\nu\acute\omega\sigma\epsilon\omega\varsigma$, $\kappa\alpha\grave\iota$ $\tau\grave\alpha\lambda\lambda\alpha$ $o\ddot\upsilon\tau\omega$ $\alpha\grave\upsilon\tau\grave\alpha$ $\tau\grave o\nu$ $\alpha\grave\upsilon\tau\grave o\nu$ $\lambda\acute o\gamma o\nu\cdot$ $\tau\varrho o\varphi\grave\eta\nu$ $\gamma\grave\alpha\varrho$ $\epsilon\tilde\iota\nu\alpha\iota$ $\tau\grave o$ $\grave\epsilon\nu\alpha\nu\tau\acute\iota o\nu$ $\tau\tilde\omega$ $\grave\epsilon\nu\alpha\nu\tau\acute\iota\omega\cdot$ $\tau\grave o$ $\gamma\grave\alpha\varrho$ $\ddot o\mu o\iota o\nu$ $\tau o\tilde\upsilon$ $\grave o\mu o\acute\iota o\upsilon$ $o\grave\upsilon\delta\grave\epsilon\nu$ $\grave\alpha\nu$ $\grave\alpha\pi o\lambda\alpha\tilde\upsilon\sigma\alpha\iota$. $K\alpha\grave\iota$ $\mu\acute\epsilon\nu\tau o\iota$, $\tilde\omega$ $\grave\epsilon\tau\alpha\tilde\iota\varrho\epsilon$, $\kappa\alpha\grave\iota$ $\kappa o\mu\psi\grave o\varsigma$ $\grave\epsilon\delta\acute o\kappa\epsilon\iota$ $\epsilon\tilde\iota\nu\alpha\iota$ $\tau\alpha\tilde\upsilon\tau\alpha$ $\lambda\acute\epsilon\gamma\omega\nu$. $E\grave\upsilon$ $\gamma\grave\alpha\varrho$ $\acute\epsilon\lambda\epsilon\gamma\epsilon\nu$". Daß dies auf Heraklit geht, ist, wenn auch nicht von den Bearbeitern desselben, doch schon von Heindorf in seiner Ausgabe dieses Dialogs bemerkt worden nach dem Vorgange von Boeckh in Daubs und Creuzers Studien T. III, p. 9 sqq.

[2]) Vgl. die Stellen, die Boissonade (anecd. Graec. T. II, p. 327) zu den Worten des Maximus „$\delta\epsilon\tilde\iota$ $\gamma\grave\alpha\varrho$ $\grave\alpha\nu\tau\iota\sigma\tau\tilde\eta\sigma\alpha\iota$ $\tau\tilde\omega$ $\mu\grave\epsilon\nu$ $\vartheta\epsilon\varrho\mu\tilde\omega$ $\tau\grave o$ $\psi\upsilon\chi\varrho\grave o\nu$, $\tau\grave o$ $\delta\grave\epsilon$ $\grave\upsilon\gamma\varrho\grave o\nu$ $\tau\tilde\omega$ $\xi\eta\varrho\tilde\omega$, $\epsilon\grave\iota$ $\mu\acute\epsilon\lambda\lambda o\iota$ $\tau\tilde\omega\nu$ $\grave\epsilon\nu\alpha\nu\tau\acute\iota\omega\nu$ $\tau\grave\alpha$ $\grave\epsilon\nu\alpha\nu\tau\acute\iota\alpha$ $\grave\iota\acute\alpha\mu\alpha\tau\alpha$ $\acute\epsilon\sigma\epsilon\sigma\vartheta\alpha\iota$" anführt.

„das Entgegengesetzte ist des Entgegengesetzten Heilung,"
die Vaterschaft, welche die heraklitische Philosophie hierzu beanspruchen kann, bei der flüchtigsten Vergleichung
mit dem vorigen unverkennbar. Jene Märchen, daß Heraklit, als er die Wassersucht bekommen, die Ärzte gefragt,
ob sie Überschwemmung in Dürre verwandeln könnten und
als sie das verneint, erklärt habe, er werde sich, wie die
untergeschobenen Briefe sagen, „nach seiner Weisheit
heilen, welche die Wege der Natur erkannt habe und wisse,
wie Gott den Weltkörper heile und in diesem Überschwemmung in Dürre, Flüssiges in Trocknes, Kaltes in Warmes
etc. umwandele," worauf er sich mit Mist beschmiert und
in die Sonne gelegt habe, um so das Wasser zu verdun-
sten, — enthalten zuvörderst eine geschichtliche Erinnerung an die soeben durch die aristotelischen Problemata
etc. nachgewiesene Erkenntnis Heraklits, daß derselbe
Ve r w a n d l u n g s p r o z e ß w i e i m W e l t a l l so auch
im l e b e n d i g e n K ö r p e r stattfinde[1]). Jene Märchen
bieten aber auch noch d a s Interesse und d i e s e geistige
Wahrheit dar, daß sie uns Heraklit als den ersten wahrhaft w i s s e n s c h a f t l i c h e n Arzt erscheinen lassen und
darstellen, d. h. als einen solchen, der auch die Therapie
geradezu auf seine theoretische Erkenntnis dessen gründet,
was er als den Prozeß alles Lebens und der Natur selber

---

[1]) Wie notwendig sich der Gedanke des p h y s i o l o g i s c h e n
L e b e n s p r o z e s s e s sofort aus der heraklitischen Philosophie
nicht nur entwickeln, sondern auch näher d u r c h z u f ü h r e n
·s u c h e n m u ß t e, zeigt am besten die medizinisch-wissenschaft-
liche Schrift eines Heraklitikers, des s. g. Hippokrates, de
diaeta I., von der wir bald in einer Anmerkung Stellen anführen
werden. Aber in der h i e r berührten Hinsicht — obgleich dies
gerade der interessanteste Punkt des Schriftchens ist — werden wir keine anführen, weil wir sonst eben das ganze Schriftchen selbst ausschreiben müßten.

erkannt hat. Therapie hat nun freilich Heraklit nicht getrieben, aber die Entstehung dieser Märchen wäre ganz
unmöglich gewesen, wenn nicht in dem Werke des
Ephesiers selbst, wenn auch nur beispielsweise, mannigfache Ausführungen seiner Theorie auf das Gebiet der
Lebens- und Krankheitserscheinungen hin vorgekommen
wären und wenn dabei nicht auch die Forderung von ihm
an die Ärzte ausgesprochen worden wäre, auf diese absolute Erkenntnis des natürlichen Prozesses die Heilung zu
gründen, statt auf Aberglauben oder sinnlose Empirie, wie
denn auch noch jene Geschichtchen eine große und gewiß
echte Verachtung Heraklits gegen die Ärzte seiner Zeit
hindurchleuchten lassen.

Wenn er in den Briefen (siehe den zweiten Brief bei
Stephanus und auch den an Aphidamas) als Grundsatz
der Heilung aufstellt, die Natur selbst nachzu-
ahmen, so ist dieser Grundsatz der Nachahmung der
Natur in der Tat seitdem der Grundsatz aller wissen-
schaftichen Arzneikunde geblieben. Und wenn er in dem
zweiten Briefe dabei sagt: „ἐγὼ εἰ οἶδα κόσμου φύσιν, οἶδα
καὶ ἀνθρώπου· οἶδα νόσους, οἶδα ὑγίειαν· ἰάσομαι ἐμαυτόν·
μιμήσομαι τὸν θεὸν[1]), ὃς κόσμου ἀμετρίας ἐπανισοῖ ἡλίῳ
ἐπιτάττων", „ich aber, wenn ich weiß des Weltalls Natur,
weiß auch die Menschen, weiß die Krankheit, weiß die

---

[1]) Dieser heraklitische und bei ihm ebenso ethische als physische Gedanke ist denn auch die Quelle jenes stoischen Dogmas
bei Cicero de nat. Deor. II, 14: „Ipse autem homo ortus est
ad mundum (bekanntlich fällt bei den Stoikern das Weltganze
als die Totalität des allgemeinen Prozesses mit Gott selbst zusammen) contemplandum et imitandum," wo hin und wieder
mit Unrecht statt dessen admirandum vermutet wurde; cf. Cic.
de Senect. XXI, 5, ibique Wetzel. und was Wyttenbach zu
Plutarch. d. S. N. V, p. 14 sqq. ed. Leyd. anführt.

Gesundheit, ich werde mich selbst heilen, ich werde nachahmen den Gott, welcher des Weltalls Ungleich-
mäßigkeiten ausgleicht" etc., so scheinen uns jene Worte
(im Vergleich mit den nach Sinn und Zusammenhang ganz
entsprechenden Worten einer bald ausführlicher zu zitie-
renden pseudo-hippokratischen Stelle, wo es tadelnd von
den Menschen heißt: τέχνῃσιν γὰρ χρεόμενοι ὁμοίῃσιν ἀνθρωπίνῃ φύσει οὐ γινώσκουσι· θεῶν γὰρ νόος ἐδίδαξε
μιμέεσθαι τὰ ἑαυτῶν κτλ.), ein volles Licht auf jenen
vielberühmten Ausspruch des Hippokrates zu werfen: ἰη-
τρὸς γὰρ φιλόσοφος, ἰσόθεος· „denn ein philosophischer Arzt gleicht einem Gotte." Nämlich jenen
konkreten, und wie im Vorstehenden ausgeführt ist, durchaus heraklitischen Gedanken glauben wir in dieser
Sentenz, deren Sinn verschieden interpretiert worden ist,
erblicken zu müssen, daß ein philosophischer Arzt,
d. h. ein solcher, welcher jenen Prozeß der Natur und
des Alls erkannt hat und ihn bei der Heilung nach-
ahmend zur Grundlage macht, eben darum einem Gotte
gleiche, weil er durch seine Einwirkung dieselbe Umwandlung in dem einzelnen Organismus hervorruft, wie der Gott
in dem großen Naturprozeß des Weltalls, und dasselbe
Verwandlungsgesetz befolgt wie dieser. Hierauf bezieht
sich wohl auch die Erforschung des Göttlichen (τὸ
θεῖον) in der Krankheit, womit Hippokrates die Prognose
zu beginnen lehrt, und selbst der Irrtum des Galen, daß
darunter die Luft gemeint sei, scheint hiermit zusammen-
zuhängen (siehe § 22). Von jenen bei Stephanus mitgeteilten Briefen aber haben wir bereits erklärt, daß sie zwar
untergeschoben, aber offenbar zu einer Zeit entstanden
sein müssen, wo das Werk Heraklits noch vorlag, und
vielfach auf der Benutzung von echten Stellen desselben
beruhen. Diese Briefe selbst scheinen uns somit ebenso

wie jene Märchen, mit denen sie zusammenhängen, nur in solchen Stellen des Ephesiers, in welchen er sich wenn auch nur in einzelnen Beispielen und Vergleichen aus seinem Grundgedanken heraus auf die philosophische Erklärung und Auffassung von Krankheiten einließ, die Möglichkeit ihrer Entstehung gehabt zu haben und noch bestimmter als jene hierauf hinzuweisen[1]). (Man sehe oben die Anmerkung zu p. 101 sqq.)

---

[1]) Den Einfluß Heraklits auf die medizinische Wissenschaft näher zu verfolgen, wäre hier nicht tunlich. Nur das sei vergönnt, hier einige Stellen aus einer Schrift folgen zu lassen, auf deren durchaus heraklitischen Inhalt bereits Geßner (a. a. O. und in seinen Anmerkungen zu der Bipotiner Ausgabe des Lucian) nachdrücklich hingewiesen hat, eine Schrift, welche dem Hippokrates zwar fälschlich zugeschrieben, von Galenus aber für noch älter als Hippokrates gehalten wird. Es ist die pseudo-hippokratische Schrift de diaeta I., und die nachfolgenden Stellen beruhen nicht nur durchaus auf dem Grundgedanken Heraklits, der Identität der Gegensätze, sondern sie sind auch voll von den eigentümlichsten heraklitischen Anschauungen, Wendungen und Ausdrücken, ja sie lassen, wie jeder im Ephesier bewanderte Leser sofort sehen wird, auch viele der noch erhaltenen Fragmente Heraklits deutlich hindurchklingen. De diaeta I, T. VI, p. 450, Ch. I, p. 183, L. I, p. 632, Kuehne: ἔχει δὲ ᾧδε· γενέσθαι καὶ ἀπολέσθαι τὠυτό, ξυμμιγῆναι καὶ διακριθῆναι τὠυτό, γενέσθαι ξυμμιγῆναι τὠυτό, ἀπολέσθαι, μειωθῆναι, διακριθῆναι τὠυτὸ ἕκαστον πρὸς πάντα καὶ πάντα πρὸς ἕκαστον τὠυτό· ὁ νόμος γὰρ τῇ φύσει περὶ τούτων ἐναντίος· χωρὶς δὲ πάντα καὶ θεῖα καὶ ἀνθρώπινα ἄνω καὶ κάτω ἀμειβόμενος· ἡμέρη καὶ εὐφρόνη ἐπὶ τὸ μήκιστον καὶ ἐλάχιστον, ὡς καὶ τῇ σελήνῃ τὸ μήκιστον καὶ τὸ ἐλάχιστον, πυρὸς ἔφοδος καὶ ὕδατος, ἥλιος ἐπὶ τὸ μακρότατον καὶ βραχύτατον, πάλιν ταῦτα καὶ οὐ ταῦτα· φάος Ζηνὶ, σκότος Ἀίδῃ, φάος Ἀίδῃ, σκότος Ζηνὶ φοιτᾷ καὶ μετακινεῖται κεῖνα ᾧδε· καὶ τάδε κεῖσε πάσην ὥρην διαπρησσόμενα· κεῖνά τε τὰ τῶνδε· τὰ δὲ ταῦτα κείνων· καὶ θ' ἃ μὲν πρήσσουσιν

So scheinen auch noch erhaltene (siehe unten § 9) Fragmente zu zeigen, daß Heraklit dazu übergegangen ist, aus seiner Verwandlungstheorie heraus Vorschriften

οὐκ οἴδασιν, ἃ δε πρήσσουσι δοκέουσιν εἰδέναι· καὶ ϑ' ἃ μὲν δρῶσι οὐ γινώσκουσιν, ἀλλ' ὅμως αὐτοῖσι πάντα γίνεται δι' ἀνάγκην ϑείην καὶ ἃ βούλονται καὶ μὴ βούλονται· — — — τὰ δ' ἄλλα πάντα καὶ ψυχὴ ἀνϑρώπου καὶ σῶμα ὁκοῖον ἡ ψυχὴ διακοσμέεται· — — — οὐ γὰρ δύναται τὸ μὴ ὁμότροπον ἐν τοῖσιν ἀσυμφόροισι χωρίοισιν ἐμμένειν· πλανᾶται μὲν γὰρ ἀγνοούμενα· ξυμμισγόμενα δὲ ἀλλήλοισι συγγινώσκεται· προσίζει γὰρ τὸ σύμφορον τῷ συμφόρῳ· τὸ δὲ ἀσύμφορον πολεμεῖ καὶ μάχεται καὶ διαλλάσσει ἀπ' ἀλλήλων — — — ἐσέρπει δὲ ἐς ἄνϑρωπον ψυχὴ· πυρὸς καὶ ὕδατος ξύγκρησιν ἔχουσα, μοῖραν σώματος ἀνϑρώπου· — — — ὥσπερ οἱ τέκτονες τὸ ξύλον πρίουσι καὶ ὁ μὲν ἕλκει, ὁ δὲ ὠϑέει· τὸ αὐτὸ ποιέοντες· κάτω δὲ πιέζων τὲν ἄνω ἕρπει — — — ἔπειτ' ἐναμείβει ἐς τὴν ἔξω χώρην, ϑήλεα καὶ ἄρσενα τὸν ἑωυτὸν τρόπον ὑπὸ βίης καὶ ἀνάγκης διωκόμενα· ὁκότερα δ' ἂν ἐμπλήσῃ τὴν πεπρωμένην μοίρην, ταῦτα διακρίνεται πρῶτα καὶ ἅμα συμμίσγεται· ἕκαστον μὲν γὰρ διακρίνεται· πάντα δὲ ταῦτα ξυμμίσγεται· χώρην δὲ ἀμείψαντα καὶ τυχόντα ἁρμονίης ὀρϑῶς ἐχούσης συμφωνίας τρεῖς, ξυλλήβδην διεξιὼν διὰ πασέων, ζώει καὶ αὔξεται τοῖσιν αὐτοῖσιν οἷσιν πρόσϑεν· ἢν δὲ μὴ τύχῃ τῆς ἁρμονίης, μηδὲ ξύμφωνα βαρέα τοῖσιν ὀξέσι γένηται ἡ πρώτη συμφωνίη· ἢν δὲ δευτέρη γένεσις ᾖ, τὸ διὰ παντὸς ἑνὸς ἀπογενομένου πᾶς ὁ τόνος μάταιος, οὐ γὰρ ἂν προσαείσειεν· ἀλλ' ἀμείβῃ ἐκ τοῦ μέζονος εἰς τὸ μεῖον πρὸ μοίρης· διότι οὐ γινώσκουσιν, ὅ τι ποιέουσιν· ἀρσένων μὲν οὖν καὶ ϑηλείων, διότι ἑκάτερα γίνεται, προϊόντι τῷ λόγῳ δηλώσω· τούτων δὲ ὁκότερον ἂν τύχῃ τῆς ἁρμονίης ὑγρὸν ἐὸν κινέεται ὑπὸ τοῦ πυρός· κινεόμενον δὲ ζωπυρῆται καὶ προσάγεται κτλ. — — ὑπὸ δὲ τῆς κινήσιος καὶ τοῦ πυρὸς ξηραίνεται καὶ στερεοῦται· στερεούμενον δε πυκνοῦται πέριξ· — — τὸ δὲ πῦρ ἐκ τοῦ συμμιγέντος κινουμένου τοῦ ὑγροῦ διακοσμέεται τὸ σῶμα κατὰ φύσιν, διὰ τοιήνδε ἀνάγκην. — Ib I. p. 639.

über die angemessenste und beste menschliche N a h r u n g
zu konstituieren, Vorschriften, die hier schon eine rein
naturwissenschaftliche und ganz andere Bedeutung haben,
als die religiös-philosophischen Speisegesetze resp. Ab-
stinenzien der Pythagoräer*).

Kuehne, I, p. 190, L.: „αἱ δὲ μέσαι καὶ εἴσω καὶ ἔξω περαί-
νουσαι τὸ θερμότατον καὶ ἰσχυρότατον πῦρ, ὅπερ πάντων ἐπικρατέεται, διέπον ἅπαντα κατὰ φύσιν, ἄψοφον
καὶ ὄψει καὶ ψαύσει, ἐν τούτῳ ψυχὴ, νόος, φρόνησις,
αὔξησις, κίνησις,· μείωσις, διάλλαξις, ὕπνος, ἐγρή-
γορσις· τοῦτο πάντα διὰ παντὸς κυβερνᾷ καὶ τάδε καὶ
ἐκεῖνα οὐδέκοτε ἀτρεμίζων· οἱ δὲ ἄνθρωποι ἐκ τῶν φανερῶν τὰ ἀφανῆ σκέπτεσθαι οὐκ ἐπίστανται· τέχνῃσιν
γὰρ χρεόμενοι ὁμοίῃσιν ἀνθρωπίνῃ φύσει οὐ γινώσ-
κουσι· θεῶν γὰρ νόος ἐδίδαξε μιμέεσθαι τὰ ἑαυτῶν
(vgl. die angeblichen Briefe Heraklits u. oben p. 281) γινώσκοντας ἃ ποιέουσι καὶ οὐ γινώσκοντας ἃ μιμέονται· πάντα γὰρ
ὅμοια ἀνόμοια ἐόντα· καὶ σύμφορα πάντα καὶ διάφορα
ἐόντα (vgl. die obige Stelle Platos u. Her. Bruchstücke),
διαλεγόμενα οὐ διαλεγόμενα· γνώμην ἔχοντα ἀγνώμονα· ὑπε-
ναντίον ὁ τρόπος ἑκάστων ὁμολογούμενος· νόμος γὰρ καὶ
φύσιος, οἷσι πάντα διαπρησσόμενα οὐχ ὁμολογέεται ὁμολογούμενα·
νόμον γὰρ ἔθεσαν ἄνθρωποι αὐτοὶ ἑωυτοῖσιν, οὐ γινώσκοντες
περὶ ὧν ἔθεσαν· φύσιν δὲ πάντες θεοὶ διεκόσμησαν· τὰ μὲν
οὖν ἄνθρωποι ἔθεσαν οὐδέποτε κατὰ τὸ ὠυτὸν ἔχει οὔτε ὀρθῶς
οὔτε μὴ ὀρθῶς· ὁκόσα δὲ θεοὶ ἔθεσαν, ἀεὶ ὀρθῶς ἔχει κτλ.
Wir werden übrigens, wie dies schon oben einigemale der Fall
gewesen ist, noch hin und wieder Gelegenheit haben, uns Stellen
dieser Schrift zur Erörterung und Bestätigung heraklitischer
Fragmente zu bedienen. Endlich ist zu bemerken, daß nicht
nur diese, sondern auch die andere pseudo-hippokratische Schrift
de carnibus, wenn auch nicht in demselben Maße, so doch
häufig und deutlich heraklitische Anschauungen zugrunde
liegen hat.

*) Ohne unsere obige Ausführung zu teilen und auch ohne,
wenn wir uns recht erinnern, einen Einfluß Heraklits auf Hippokrates selbst anzunehmen, äußert, wie wir nachträglich ersehen,

Wir kehren aber nunmehr noch einmal zu unserem Bruchstück bei Sextus zurück: „Sowohl Leben als Sterben ist sowohl in unserem Leben als in unserem Tod."

auch Bernays bereits in seiner Dissertation die Vermutung, daß sich Heraklit in seinem Werke mit Ärztlichem irgend zu schaffen gemacht haben müßte, indem er sich dafür gut darauf bezieht, daß in dem platonischen Symposium der die heraklitische Meinung verteidigende Erixymachos ein Arzt sei. — Einen Beleg für die oben von uns vermutete herbe Kritik der Ärzte seiner Zeit in Heraklits Werk gibt jetzt das Bruchstück bei Origenes IX, p. 282: „Οἱ γοῦν ἰατροὶ — φησὶν ὁ Ἡράκλειτος — τέμνοντες, καίοντες, πάντῃ βασανίζοντες κακῶς τοὺς ἀῤῥωστοῦντας, ἐπαιτέονται (wie Bernays statt ἐπαιτιῶνται setzt) μηδέν ἄξιοι μισθὸν λαμβάνειν παρὰ τῶν ἀῤῥωστούντων, ταῦτα ἐργαζόμενοι τὰ ἀγαθὰ καὶ τὰς νόσους". In seiner Dissertation hat übrigens Bernays die Hinweisung Geßners auf den heraklitischen Inhalt der pseudohippokratischen Schrift de diaeta I. energisch wieder aufgenommen und unter Abdruck einer längeren Textesstelle daraus manches über den heraklitischen Inhalt derselben diskutiert. Gleiche Benutzung derselben hat nach Bernays bei Zeller stattgefunden. Doch sind mehrere gerade der interessantesten Resultate des Schriftchens noch nicht hervorgehoben worden.

Andererseits scheint uns Bernays zu weit zu gehen in der Art, in der er vermutet, daß dieselbe aus Heraklits Werk direkt herrühre, wogegen auch Zeller p. 455, 2, bemerkt, daß mehr nur mittelbare Abstammung aus dem Werke des Ephesiers, und unmittelbar aus denen anderer Heraklitiker anzunehmen sei. Dies geben wir gern zu. Aber mit dem von Bernays behaupteten „Mischcharakter" der Schrift können wir nicht ganz einverstanden sein. Der Autor will nicht mischen, will nicht verschiedene Philosophien miteinander verbinden; er will lediglich die heraklitische Philosophie zu seiner Unterlage haben. Ob er in seinen Durchführungen derselben überall mit Glück verfährt, ob er vielleicht irgend einmal etwas mißversteht, ist eine andere Frage. Vielleicht wird sich aber manches, was als fremdartiger Beisatz erschien, im Verlauf noch als echt heraklitisch dem Gedanken nach zeigen.

Wir haben nunmehr gesehen, wie Heraklit wirklich das physiologische Leben des Individuums als den Prozeß des immerwährenden Sterbens auffaßte, durch welchen es (das Leben des Individuums) allein sich erhält, ein Gedanke, der übrigens selbstredend von seinem Leben und Sterben der Götter oder Seelen gar nicht anders verschieden ist, als die Durchführung eines und desselben Begriffs durch das n a t ü r l i c h e von der Durchführung desselben durch das m e t a p h y s i s c h e Gebiet, ein Unterschied, der endlich für Heraklit gar nicht bestand. Was uns aber veranlaßt, auch in jener Stelle des Sextus bloß eine Wendung des Gedankens auf den natürlichen Lebensprozeß als solchen zu erblicken, ist erstens der Umstand, daß die Antithese von Seele und Mensch in derselben nicht ausgesprochen, vielmehr der Mensch ausdrücklich zum Subjekt des ganzen Herganges, Lebens wie Sterbens gemacht ist. Andererseits aber ist die Stelle doch schon durch die d o p p e l t e und unvermittelte Aneinanderreihung der Gegensätze viel zu originell heraklitisch, um etwa anzunehmen, daß sie durch ungenaue Anführung aus jenen Stellen entstanden sei, welche den Gegensatz des Lebens und Sterbens antithetisch an Seele und Leib verteilen. Vielmehr ist ersichtlich, daß die von Sextus mitgeteilten Worte durchaus wörtlich ein Fragment des Ephesiers bilden, wie auch Schleiermacher (p. 494) sieht, obwohl letzterer sich nicht weiter auf das Verhältnis dieser neuen und dritten Form, in welcher in diesem Fragmente und der sich daran knüpfenden Reihe das Leben und Sterben auftritt, zu jenen beiden anderen Fragmentenreihen von dem Leben und Sterben der Götter und denen der Seelen eingelassen hat. Ferner veranlaßt uns zu dieser Meinung das bereits mitgeteilte Bruchstück beim Plutarch, in welchem gleichfalls die Identität von Leben und Sterben neben der von Schlafen und Wachen auftritt und als Grund angeführt wird, das eine sei umschlagend das andere, so daß also auch hier das Subjekt des Prozesses der Mensch selber bleibt, ohne in die Antithese von Seele und Körper zerlegt zu werden. Drittens aber bestätigt unsere Ansicht die bisher unberücksichtigt gebliebene Grabschrift auf den Aithalides[1]), in welcher es von demselben heißt:

„*Καὶ κατὰ τὸν Δημόκριτον αὐτὸν σὺν Ἡρακλείτῳ*
Ἅμα δακρύων καὶ γελῶν τὸ ἄστατον τοῦ βίου
Ἐλέχϑη ϑνήσκειν τε καὶ ξῆν ἦμαρ ἀεὶ παρ' ἦμαρ".

Trotz der poetischen Form wird wohl jeder mit uns einverstanden sein, daß in diesem „Leben und Sterben immer Tag für Tag" ein echtes heraklitisches Bruchstück mit geringer Veränderung unterläuft, wie wir es schon sehr häufig als seine Weise gesehen haben, durch ein *ἀεί* die entgegengesetzten Bestimmungen unauflöslich aneinander zu ketten und ihre Gleichzeitigkeit, den ineinander seienden Wechsel und untrennbaren Prozeß damit auszudrücken[2]).

Hierher schlägt dann endlich auch das von Herakleides[3]) aufbewahrte Fragment: „*εἶμέν τε καὶ οὐκ εἶμεν*".

---

[1]) Tzetz. Chiliad. II, 721, ed. Kiessling.

[2]) Wie z. B. das *διαφερόμενον ἀεὶ ζυμφέρεται* bei Plato Soph. p. 242, D., wo Plato das *ἀεί* noch ganz besonders als den unterscheidenden Charakter des Ephesiers hervorhebt, als den Gedanken des begrifflichen Prozesses zum Unterschied von dem schlechten Prozeß der Abwechslung. — Auch das *ἦμαρ παρ' ἦμαρ* in unserer Stelle kann nicht unheraklitisch erscheinen, wenn man ein späteres Fragment von der sich gleichbleibenden Natur der Tage betrachtet.

[3]) Alleg. Homer. p. 442, Gal. p. 82, Sch., denn daß diese Worte für sich allein zu fassen und nicht auf das dort unmittelbar vorangehende Bruchstück von den Flüssen zu beziehen ist, ergibt sich, wenn man betrachtet, wie Herakleides hier mehrere

„Wir sind und sind nicht," in welchem Heraklit diese Identität am abstraktesten ausgesprochen hat[1]).

Leben und Sterben, Sein und Nichtsein, sind also in allen ihren Formen, eben weil sie reine prozessierende Gegensätze sind, nur haltlos ineinander übergehende Momente. Sie sind, jedes von beiden, identisch mit seinem Gegenteil und m ü s s e n dies sein. Denn dem Heraklit sind die Gegensätze nicht ruhige Bestimmtheiten, sondern durch-

---

ganz verschiedene Bruchstücke des Ephesiers nur als Beispiele anführt, für seinen dunkeln und sinnbildlichen Charakter, Bruchstücke, welche aber sämtlich d a r i n übereinstimmen, daß sie die absolute I d e n t i t ä t des G e g e n s a t z e s aussprechen, was dem Pontiker als tiefe Symbolik erschien. Ferner würde die Rückbeziehung dieser Worte auf das ποταμοῖς τοῖς αὐτοῖς dann nur eine der Schreibweise des Ephesiers ganz widersprechende p l e o n a s t i s c h e Wiederholung des ἐμβαίνομέντεκαὶοὐκἐμβαίνομεν sein. Und endlich ergibt sich aus der obigen Darstellung, daß diese gleichzeitige Identität des Seins und Nichtseins auch unserer selbst, die wir bei der Auffassung jener Worte als für sich bestehender erhalten, einer der eigensten und tiefsten Gedanken des Ephesiers gewesen ist, daher auch das S i c h - s e l b s t s u c h e n (s. unten § 12).

[1]) Dieser heraklitische Gedanke der Identität des Lebens und Sterbens hat dann häufig und besonders durch Euripides poetischen Ausdruck gewonnen. Schon Sextus führt unmittelbar vorher die Verse des Euripides an:

τίς δ' οἶδεν εἰ τὸ ζῆν μέν ἐστι κατθανεῖν
τὸ κατθανεῖν δὲ ζῆν κάτω νομίζεται.

Siehe hierüber Fabricius zu Sext. l. l., Suidas, in τίς δ' οἶδεν. Menag. ad Diog. Laert. IX, 73, Pott., ad Clem. Al. p. 517, Scholiast. in Aristophan. Ran. v. 1114 u. v. 1526 etc. Heraklit scheint überhaupt nach vielen Spuren großen Einfluß auf die philosophische Bildung des Euripides gehabt zu haben (vgl. Valken. ad Eurip. Phoeniss. v. 1168) und hieraus erklärt sich dann auch die lächerliche Anekdote, Euripides habe das Werk des Ephesiers im Artemistempel auswendig gelernt (cf. Tatian. orat. contra Graec. p. 11, ed. Ox.).

aus B e w e g u n g. Zugleich aber war der Ephesier, statt wie seine Bearbeiter bei der sinnlichen Vorstellung der Bewegung stehen zu bleiben, zu dem logischen Begriff der Bewegung vorgedrungen. Die Bewegung war ihm nur beständiges Umschlagen in das reine Gegenteil und Rückumschlagen dieses usf., wie schon Plutarch, — wenn nämlich gegen unsere Meinung diesem und nicht Heraklit selbst die Worte angehören sollten — so trefflich gesehen hat in der oben a. St., wo für die Identität des Lebens und Sterbens, des Schlafens und Wachens, als Grund angeführt wird: „denn dieses ist umschlagend ($\mu\varepsilon\tau\alpha\pi\varepsilon\acute{o}o\nu\tau\alpha$) jenes, jenes umschlagend dieses."

Aber nicht nur im Seienden ist jedes Einzeldasein die Einheit von Gegensätzen, sondern dies selbst kann und muß n u r d e s h a l b stattfinden, w e n n und w e i l jedes der beiden entgegengesetzten alles Dasein konstituierenden Momente in sich selbst schon sein eigenes Gegenteil ist. Nicht nur die einzelnen entgegengesetzten Bestimmtheiten, Krieg und Erhaltung, gut und schlecht, harmonisch und unharmonisch, Seele und Mensch, Leben und Sterben, Schlafen und Wachen etc. sind identisch, — sondern die b e i d e n g r o ß e n G e g e n s ä t z e selbst, welche alles Göttliche, Menschliche und Elementarische in ihre absolute Form zusammenfassen und erzeugen, welche nur die Momente des alles durchdringenden G e s e t z e s d e s W e r - d e n s sind, der W e g n a c h u n t e n — derjenige der beiden Gegensätze, der zum S e i n führt, wie Diogenes sagt ($\tau\tilde{\omega}\nu$ $\delta\grave{\varepsilon}$ $\grave{\varepsilon}\nu\alpha\nu\tau\acute{\iota}\omega\nu$ $\tau\grave{o}$ $\mu\grave{\varepsilon}\nu$ δ' $\grave{\varepsilon}\pi\grave{\iota}$ $\tau\grave{\eta}\nu$ $\gamma\acute{\varepsilon}\nu\varepsilon\sigma\iota\nu$ $\acute{\alpha}\gamma o\nu$), und derjenige, der zum N i c h t s e i n, zur $\grave{\varepsilon}\varkappa\pi\acute{\upsilon}\varrho\omega\sigma\iota\varsigma$ führt ($\tau\grave{o}$ δ' $\grave{\varepsilon}\pi\grave{\iota}$ $\tau\grave{\eta}\nu$ $\grave{\varepsilon}\varkappa\pi\acute{\upsilon}\varrho\omega\sigma\iota\nu$), sind selbst miteinander identisch. J e d e s dieser entgegengesetzten M o m e n t e ist selbst schon a u c h s e i n G e g e n t e i l, der Weg nach unten in sich selbst schon auch wieder Weg nach oben, und um-

gekehrt. Denn jedes dieser isolierten Momente ist B e -
w e g u n g und a l s s o l c h e nur b e s t ä n d i g e s U m -
s c h l a g e n i n s e i n G e g e n t e i l, das somit j e d e s
v o n b e i d e n s c h o n i n s i c h s e l b s t h a t. Das A u f -
h e b e n d e r B e s t i m m t h e i t ist nur S e t z e n e i n e r
n e u e n S c h r a n k e und B e s t i m m t h e i t; das W e r -
d e n nur beständiges zum S e i n Werden. Umgekehrt hat
jede B e s t i m m t h e i t gerade als solche die N e g a t i o n
a n s i c h, die sie wieder aufhebt; das S e i n ist nur d a -
s e i e n d e s W e r d e n u n d s i c h A u f h e b e n. Der W e g
n a c h o b e n i s t d a h e r, t r o t z a l l e s G e g e n s a t z e s,
i n s i c h s e l b s t n o t w e n d i g s c h o n W e g n a c h
u n t e n, d i e s e r i n s i c h s e l b s t s c h o n W e g n a c h
o b e n u n d i d e n t i s c h m i t i h m. Und zum Glück —
denn wie sehr würde diese Identität sonst bestritten werden! — existiert noch ein Zeugnis und endlich noch ein
ausdrückliches B r u c h s t ü c k des Ephesiers, in welchem
er diese I d e n t i t ä t u n u m w u n d e n a u s s p r i c h t.
Das nicht minder gewichtige Zeugnis ist das des Chrysippus ap. Phaedr. de nat. deor. ed. Peters. p. 19: „— καὶ
τὸν πόλεμον καὶ τὸν Δία¯τὸν αὐτὸν εἶναι, καθάπερ καὶ
τὸν Ἡράκλειτον λέγειν“, „u n d d e r K r i e g u n d Z e u s
s e i e n i d e n t i s c h w i e a u c h H e r a k l i t sage.“ In der
Tat haben wir ja schon oben (p. 112, vgl. § 5) gesehen
und es wird dies im Verlauf bald noch klarer werden,
wie unumgänglich notwendig diese Identität t r o t z d e s
Gegensatzes auf dem Standpunkte des heraklitischen Gedankens ist. Weg nach o b e n und Weg nach u n t e n,
Z e u s und πόλεμος, sind nicht r u h e n d e Bestimmtheiten,
sondern s o l c h e Prozesse, welche absolut nur in dem
Umschlagen in ihr Gegenteil und als Vermittlung mit demselben bestehen. Jedes von beiden hat das entgegengesetzte
Moment also schon a n s i c h. Jedes wird nur d e s h a l b

auch actu zu dem anderen, weil es an sich schon das andere ist. Jedes von beiden ist daher auch T o t a l i t ä t , E i n h e i t   s e i n e r   s e l b s t   und s e i n e s   G e g e n t e i l s . Zeus ist daher auch mit dem πόλεμος, der Weg nach o b e n mit dem Weg nach u n t e n , identisch und umgekehrt! Und daß dieses Zeugnis hier nicht eine bloße „Deutung" er- fährt, das zeigt das zum Glück diese Identität des Weges nach oben und unten ganz unverschleiert und dürr be- sagende e i g e n e F r a g m e n t Heraklits, das uns glück- licherweise und zwar gerade auch in den hippokratischen Werken aufbewahrt worden ist[1]), „ὁδὸς ἄνω κάτω μίη" „d e r W e g n a c h o b e n u n d u n t e n i s t e i n e r" (ein und derselbe). Und wenn Hippokrates und Galen dabei den Heraklit nicht nennen, so tut dies dafür Tertullian[2]): „Quod enim ait Heraclitus ille tenebrosus e a d e m v i a s u r s u m e t d e o r s u m . „Denn wie jener dunkle Hera- klit sagt, e i n u n d d e r s e l b e i s t d e r W e g n a c h o b e n u n d n a c h u n t e n . "

Freilich haben auch so und t r o t z dieser ausgespro- chenen Identität des Weges nach oben und nach unten die Bearbeiter Heraklits nicht gesehen, daß sie es in der ὁδὸς ἄνω κάτω durchaus n i c h t b l o ß mit Stufen des Elementarprozesses, sondern nur mit d e n in sinnlicher und sinnbildlicher Form ausgedrückten l o g i s c h e n M o - m e n t e n d e s B e g r i f f e s d e s W e r d e n s , dem Sein und Nichtsein als p r o z e s s i e r e n d e n , zu tun haben! Freilich haben sie sogar auch so nicht einmal die I d e n - t i t ä t der ὁδὸς ἄνω und κάτω aus dem sie so unumwun- den aussprechenden Fragmente einzusehen vermocht, weil sie den ganzen Inhalt heraklitischer Philosophie gänzlich

---

[1]) Hippocrat. περὶ τροφῆς T. VI, p. 297, Chart. II, p. 24, Kuehne und Galen. dazu T. XV, p. 411, Kuehne.

[2]) adv. Marcion. lib. II, p. 475, c. ed. Rigalt.

verkennend, notwendig auch dem tiefsten Ausspruch und Zentralpunkt derselben keinerlei Sinn und Verständnis abgewinnen und immer nur die Stufen des Elementarischen in demselben erblicken konnten.

So will denn Schleiermacher (p. 383) in sichtlicher Verlegenheit das Bruchstück mit der erstaunlichsten Gewalt und Willkür auf eine formale äußere Gleichheit der elementarischen Verwandlungsstufen beziehen[1]),

---

[1]) Er sagt: „Und was können (!) jene Worte anders sagen sollen, als daß beide Wege einander durchaus gleich und entsprechend wären," womit Schleiermacher meint, daß weil sich das Feuer auf dem Wege nach unten in Wasser, dieses in Feuer umwandelt, so bezöge sich hierauf (weil in beiden Wegen dieselben Stufen durchlaufen würden) unser Fragment. Aber abgesehen davon, daß dieses sich Entsprechen beider Wege immer nicht mit μίη und eadem bezeichnet werden könnte, wären ja dann die beiden Wege, statt identisch zu sein, vielmehr immer nur eine im bloßen und entschiedensten Gegensatz stattfindende Entwicklung und Bewegung. Es wäre dann immer nur ein abstrakt entgegengesetzter Weg, den z. B. das Wasser einschlüge, wenn es nach unten wandelnd zu Erde oder nach oben wandelnd zu Feuer wird, und ebenso wäre das sich nach oben zu Wasser Umwandeln der Erde immer nur ein anderer Weg und gerade nur der entgegengesetzte gegen die nach unten zu sich in Erde umwandelnde Bewegung des Wassers. Die Stufen wären wohl dieselben, aber die Wege durchaus nicht; ebenso wie eine Haustreppe — und fast scheint man sich so Heraklits Weg nach oben und unten vorzustellen — allerdings stets aus denselben Stufen besteht, das Herunter- oder Hinaufsteigen derselben aber immer nur entgegengesetzte Bewegungen sind. Endlich aber, — nicht einmal die Treppenstufen sind dieselben; es ist bei Heraklit selbst nicht einmal eine formale Gleichheit der Verwandlungsstufen irgend vorhanden: das Feuer wandelt sich auf dem Wege nach unten in Wasser um; das Wasser aber wandelt sich nicht mehr jetzt, wie man durch die stoischen Berichte verführt bei dieser „formalen Gleichheit" annimmt, erst

während doch μίη niemals eine formale Gleichheit und dem Ephesier zumal immer nur eine substantielle I d e n - t i t ä t ausdrückt (weshalb es auch Tertullian ganz gut mit „eadem via" übersetzt), ja während doch 'endlich eine solche formale Gleichheit der Verwandlungsstufen des Elementarischen nach Heraklit g a r n i c h t v o r h a n d e n war und auch, wie sich aus der Lehre vom Elementarprozeß ergeben wird, gar nicht vorhanden sein konnte. Letzteres hat auch wohl schon Brandis gefühlt, der in den Worten (T. I, p. 164): „Bei aller hier stattfindenden Verschiedenheit aber s o l l der Weg nach unten und oben ein einiger, d. h. der eine dem anderen gleich sein," wohl deutlich genug ausdrückt, daß ihm die Schleiermachersche Erklärung in ihrer Willkür und Unmöglichkeit zum Bewußtsein gekommen und ihn nicht befriedigt.

Wir haben jenes Fragment den eigentlichen Zentralpunkt und die innerste Quintessenz heraklitischer Weisheit genannt, weil sich aus ihm die ganz 'begriffliche Tiefe der Anschauung des Ephesiers ergibt. Der Verstandesreflexion zufolge hätte Heraklit das zum N i c h t s e i n führende Moment, den Weg nach oben, in b l o ß e r G e - g e n s ä t z l i c h k e i t gegen das zum Sein führende festhalten müssen. Aber die Identität beider, die Heraklit ausspricht, zeigt, daß er zu dem w a h r h a f t l o g i s c h e n

---

in Erde um, um dann wieder in Wasser und endlich in Feuer rückzugehen, sondern nach den e i g e n e n Bruchstücken des Ephesiers ist die Bewegung die: das Feuer wandelt sich in Wasser um, das Wasser aber t e i l t sich sofort (noch auf der Mitte der Treppe), z e r l e g t sich gleich nach oben in Feuer und nach unten in Erde. Ein Teil des in Wasser 'umgewandelten Feuers läuft also sofort wieder in Feuer zurück, o h n e die Stufe der Erde zu passieren (s. §§ 20 sqq.). Es ist also nicht einmal eine formal gleichmäßige Abstufung bei Heraklit vorhanden.

Begriffe des Werdens durchgedrungen war, in welchem Sein und Nichtsein identische und rastlos ineinander übergehende Momente sind.

Das wahrhafte Prinzip Heraklits ist nicht einfaches Nichtsein, ruhige Negation, sondern Negativität, welche die beständige Aufhebung des Seins zum Nichtsein und des Nichtseins zum Sein, der immer ineinander umschlagende Wandel dieser Momente ist. Die Negativität hat ihr Gegenteil, das Sein, als notwendiges aufgehobenes Moment schon in sich. Sie ist das, was sie ist, nur als die Vermittlung mit sich selbst durch dies ihr Gegenteil hindurch. Nur dies, diese Negativität, ist die heraklitische Bewegung. Die ὁδὸς ἄνω, das Nichtsein als tätiges gedacht, ist selbst sofortiges und perennierendes Umschlagen ins Sein und Erzeugen desselben; die ὁδὸς κάτω, das Sein nicht als das starr unbewegte der Leichname, sondern als gleichfalls tätiges, als Weg und Bewegung gefaßt, ist perennierendes Aufheben seiner zum Nichtsein. So ist die ὁδὸς κάτω in sich selbst schon notwendig der Weg nach oben und dieser wieder in sich selbst schon der Weg nach unten. Erst diese schon in jeder dieser Bestimmungen für sich, und darum in allem was existiert, vorhandene Einheit beider, der ὁδὸς ἄνω und κάτω, ist das Werden, dessen beide niemals einer wirklichen Trennung zugängliche Seiten sie bilden. Diese Identität*) bei-

---

*) Diese unsere Auffassung des Fragmentes erhält jetzt, wenn sie noch einer Bestätigung bedürfte, den frappantesten Beweis durch das nunmehr bei Pseudo-Origenes IX, 10, p. 282, mitgeteilte Bruchstück „γναφείῳ (wie Bernays setzt), φησὶν, ὁδὸς εὐθεῖα καὶ σκολιὴ — ἢ τοῦ ὀργάνου τοῦ καλομένου κοχλίου· ἐν τῷ γναφείῳ περιστροφὴ εὐθεῖα καὶ σκολιή. ἄνω γὰρ ὅμου καὶ κύκλῳ περιέλκεται — μία ἐστί

der ist daher das das All durchwaltende Gesetz (λόγος).
Diese Identität beider ist als der unaufgehaltene i d e e l l e
Wandel der Gedankenmomente des Seins und Nichtseins

φησι καὶ ἡ αὐτή· καὶ τὸ ἄνω καὶ τὸ κάτω ἕν ἐστι καὶ
τὸ αὐτὸ· ὁδὸς ἄνω κάτω μίη καὶ ὠϋτή". „Auch der
Schraube Weg, zugleich gerade und krumm, ist
einer und derselbe. Und das Unten und das Oben
ist eines und dasselbe und der Weg nach unten
und oben ist einer und derselbe."
Unmöglich kann die s u b s t a n t i e l l e Identität des Weges
nach oben und unten nachdrücklicher und energischer hervorgehoben werden. Es wundert uns, daß selbst dieses Fragment
den geistvollen Zeller nicht hindert, es ganz wie seine Vorgänger so aufzufassen, p. 472: „Und daß dieser S t u f e n -
g a n g nach beiden Seiten hin g l e i c h m ä ß i g e i n g e h a l t e n
werde, drückt er in dem Satze aus: der Weg nach oben und
unten ist derselbe." Abgesehen davon, daß ein solches gleich-
mäßiges Einhalten, wie schon gezeigt, gar nicht bei Heraklit
der Fall ist und abgesehen von allem Obigen, — wie kann
Zeller in diesem Fragmente noch von einem „gleichmäßig eingehaltenen Stufengange" sprechen, da doch nach dem Bruchstück nicht nur der Weg selbst, sondern auch „τὸ ἄνω καὶ τὸ
κάτω", das O b e n und U n t e n s e l b s t, also auch die entgegengesetzten E n d p u n k t e d e s W e g e s e i n u n d d a s s e l b e,
m i t e i n a n d e r i d e n t i s c h sind. Wollte man auch, um zu
unserem früheren Vergleiche zu greifen, eine Treppe, weil dieselbe Stufenreihe nach oben und unten führt, für einen identischen Weg nach oben und unten nehmen, so wird doch das
O b e n und U n t e n selbst bei ihr nie für dasselbe ausgegeben
werden können. Wie ganz anders Heraklits Vergleich mit der
Schraube, der gleichfalls zeigt, wie er durchaus nicht an einen
gleichmäßig eingehaltenen Stufengang der Elemente nach oben
und unten denkt. In der Windung der Schraube — darin besteht
Heraklits Vergleich — ist auch die g e r a d a n s t e i g e n d e Richtung, in jedem unteilbaren Punkte derselben z u g l e i c h eine
k r u m m e und gewundene. Die Gegensätze durchdringen sich
und sind eins in jeder Partikel ihres Weges.

die unsichtbare Harmonie, der göttliche Logos, das eine Weise, der höchste Zeus, oder wie die Stoiker sagten, der ätherische Leib der Weltbildung; Leib deshalb, weil bereits beide Momente und ihre Gegensätzlichkeit, welche den Urquell und die ideelle Möglichkeit aller realen Unterschieds- und Weltentwicklung bildet, in ihre reine Einheit eingeschlossen sind, ätherisch deshalb, weil diese beiden Momente in dem reinen Wandel dieser Einheit eben noch nicht zu realen Unterschieden herausgetreten sind. Diese Einheit beider ist aber eben deshalb nicht weniger auch das Gesetz, welches sich auch durch alles real Seiende durchzieht und allein in allem wahrhaft vorhanden ist; es ist die Seele, zu welcher die ganze Welt der Erscheinungen und ihr realer Wechsel nur den Leib bildet. Die Welt 'der sinnlichen Existenzen ist nur das Dasein, Setzen und Erzeugen dieser ideellen und an sich identischen Unterschiede als real verschiedener und gegeneinander fester, an denen aber ihre innere Identität, eben weil sie ihre Wahrheit bildet, unaufhörlich als Negation hervortritt und sie in den Prozeß der sich aufhebenden Bewegung hineinreißt. Ist, um uns so auszudrücken, das Seiende nichts als die Einheit der ὁδὸς ἄνω und κάτω gesetzt in der einseitigen Form der ὁδὸς κάτω oder des realen Seins, — so muß dafür an diesem, daß es innerlich vielmehr ebenso nur Weg nach oben ist, rastlos hervorbrechen und das gesamte reale Sein selbst sich darstellen als das, was es ist, als das bloße Dasein des ununterbrochenen Nichtseins[1])

---

[1]) Dies daher denn auch der tiefste innerste Grund jenes „Sein und Zugleich (Nichtsein)", welches nach Schleiermacher Aristoteles und Plutarch dem Ephesier bloß „leihen", welches ihm aber auch überall Plato und seine eigensten Bruch-

oder der ὁδὸς ἄνω, als der immer in sein Gegenteil umschlagende Wandel und Prozeß alles Sinnlichen, der nach
Heraklit Wesen und Quell der sinnlichen Realität ist und
der Fülle ihrer Unterschiede.

Man muß diese Identität des Weges nach oben und
nach unten immer gegenwärtig haben, um irgend eines
der heraklitischen Bruchstücke wahrhaft zu verstehen.

Nicht bloß die Elemente durchlaufen diesen in sich
entgegengesetzten und mit sich identischen absoluten Weg,
der eben kein anderer als der Weg und der Begriff des
Werdens ist und den deshalb alles beständig durchläuft, wie sowohl die ganze bisherige als nachfolgende Darstellung zeigen wird.

Das eine, das immer auseinander tritt (s. d. Bruchstücke bei Plato oben p. 170 sqq. und p. 145) schlägt damit
den Weg nach unten ein, des Auseinandertretens in die
endlichen festen Unterschiede; und eben weil die ὁδὸς
κάτω in sich selbst schon immer ὁδὸς ἄνω ist, ist dieses
Auseinandertreten in die Unterschiede nur der Prozeß
des immerwährenden Rückganges derselben in die reine
Einheit, in die sich aufhebende Bewegung des Weges
nach oben; so daß jene Fragmente und dasjenige, an welchem wir jetzt stehen, nur Ausfluß ein und desselben
tiefen Gedankens sind. Wie das sich zur Vielheit unterscheidende und aus dieser immer in sich rückgehende Eine
und wieder, wie die Seelen nach Plotinus und Stobäus
Bericht u. a. unablässig den Weg nach oben und unten
durchwandern, wie die Götter ihn durchlaufen, indem sie
zu Menschen ersterben, wie das natürliche Leben in den
Ausscheidens- und Reproduktionsprozessen, in denen es

---

stücke leihen und welches Schleiermacher wegstreichen möchte,
nicht sehend, daß er damit den ganzen Heraklit selbst fort-
streichen würde.

allein sein Dasein hat, unablässig diesen Weg nach oben
und unten durchläuft, wie die physiologischen Zustände
von Schlafen und Wachen (s. § 30) das beständige Durchlaufen desselben bilden, — nur so durchläuft ihn auch
das elementarische Dasein in seinen Wandlungen.
Er bildet, wie wir noch sehen werden, als das absolute
Werdensgesetz die unentrinnbare Notwendigkeit und
Vorherbestimmung für alles und ist daher weit
entfernt davon, wie man ihn bisheran faßte[1]), eine aus-

---

[1]) Jene sinnliche Auffassungsweise äußert sich dann recht
deutlich, wenn Schleiermacher (p. 383 sqq.) die ὁδὸς ἄνω
übersetzt: „den Gang feuerwärts" und die ὁδὸς κάτω
mit „Gang erdwärts", wie auch Ritter (p. 103) gleichfalls
schlechtweg sagt, dem Heraklit sei der Weg nach unten „das
Heruntersteigen vom Feuer zur Erde" und der Weg nach
oben das Hinaufschreiten von „Erde zum Feuer." Aber was
gibt denn das Recht dazu, die heraklitische Formel ὁδὸς ἄνω
κάτω so ohne weiteres mit Gang erdwärts und feuerwärts zu
übersetzen?

Wir wissen wohl. eine große Schuld an dieser Verwirrung
trägt Diog. L. selbst, welcher (IX, 8 u. 9), nachdem er eben die
im wesentlichen richtige und wahre, von ihm selbst aber keineswegs verstandene Definition der heraklitischen ὁδὸς ἄνω κάτω
gegeben, nun auch noch klarmachen will, wie denn dem Heraklit
die Welt, wie er eben gesagt hat, durch den Wechsel dieses
Weges entstehe und deshalb, mit einem γάρ seine Erklärung
einleitend, fortfährt, πυκνούμενον γὰρ τὸ πῦρ κτλ. und nachdem er den Elementarweg nach unten vom Feuer zur Erde
beschrieben, hinzufügt „das sei der Weg nach unten," und nach
der Beschreibung des Elementarprozesses von Erde zu Feuer
ebenso: „Das aber ist der Weg nach oben." Den Worten
nach ist das, von anderen dabei unterlaufenden groben Irrtümern
hier noch abgesehen. auch nicht unrichtig. Denn das ist wirklich im Elementarischen der Weg nach unten und oben,
und Diogenes behauptet nicht einmal, daß diese Spezifikation des
Weges nach oben und unten, die er gibt, die ausschließ-

schließlich und lediglich den physikalischen
Elementen als solchen zukommende Bedeutung zu

liche und totale Bedeutung desselben enthalte. Sollte aber auch
dieser gedanken- und kritiklose Polyhistor wirklich in diese
Verwechslung gefallen sein, welcher Grund ist das, in denselben Fehler zu verfallen, da ja über die Verwechslung selbst
die bei ihm unmittelbar vorausgehende allgemeine Definition
jenes Weges keinen Zweifel aufkommen läßt, denn unmittelbar
vorher definiert er den Weg nach unten als das zur „Genesis" führende Moment und als Streit (τῶν δὲ ἐναντίων τὸ μὲν
ἐπὶ τὴν γένεσιν ἄγον) und den nach oben als das zur ἐκπύρωσις führende und als Friede oder Übereinstimmung.

Ist aber diese wahrhafte Erklärung von Diogenes selbst
nicht einmal verstanden worden, so spricht das nur um so
mehr für ihre Autorität, da er sie dann, wie auch wohl gewiß
der Fall, aus besseren Quellen eben nur abgeschrieben und so
gleichsam bewußtlos gerettet hat, wonach ihr gewiß größeres
Gewicht zukäme, als seiner eigenen mit γάρ eingeleiteten Erklärung.

Wie kann man aber den zur Genesis führenden Weg mit
„Gang erdwärts" übersetzen wollen? Ist denn dem Heraklit
die γένεσις bloß die eine Stufe der Erde, oder ist sie ihm nicht
das Gebiet und der Gedanke des realen Seins überhaupt?
Und wollte man schon durchaus sich dabei lediglich an elementarische Formen halten, so durfte man dann dennoch nicht
den Weg zur γένεσις mit Weg erdwärts übersetzen. Denn
dem Heraklit ist nicht die Erde, sondern vielmehr das Wasser, resp. das Gebiet des Feuchten, Sinnbild und Gebiet
der Genesis gewesen (vgl. §§ 19 u. 21), so daß man hierbei noch eher zu dem unmöglichen Resultat käme, Weg was-
serwärts zu übersetzen. Und wie kann man — zwar bei
Ritter, da dieser zu einem realen Weltbrande zurückkehren
möchte, ist dies wenigstens konsequent — aber wie kann
Schleiermacher den Weg nach oben, das zur ἐκπύρωσις führende Moment (τὸ δ᾽ ἐπὶ τὴν ἐκπ.), ohne weiteres mit Weg
feuerwärts übersetzen, in dem Sinne, als wenn dies ein
bloßes Aufgehen in elementarisches Feuer wäre, derselbe Schleiermacher, der doch selbst so trefflich gesehen hat,

haben, welche Elemente vielmehr selbst nur die realen sinnlichen Unterschiede und Stufen des Werdens sind und darstellen (vgl. §§ 19, 21, 23 und 27).

---

§ 8. Der Seelen Auf- und Niederweg.

Wie wir daher gehabt haben, daß es den Göttern Tod ist, Menschen, oder auch den Seelen Tod, Menschen zu werden, so heißt es auch: es ist den Seelen Tod, flüssige zu werden.

Es wird uns dies sogleich deutlich, wenn Clemens an einer Stelle, wo er uns die schätzbarsten Bruchstücke über Heraklits Naturlehre mitteilt, sagt, daß ihm das Feuchte der Same der Weltbildung gewesen und er es

---

daß die s. g. ἐκπύρωσις keinen realen Weltbrand bedeute, eine Einsicht, mit deren konsequenter Durchführung jene Übersetzung in großem Widerspruch steht! Weit vorsichtiger und richtiger ist schon die Äußerung von Brandis (p. 162): „Die von den Hemmungen sich befreiende Bewegung war dem Heraklit im Wege nach oben (ὁδ. ἄνω), die durch die Gegensätze gehemmte im Wege nach unten (ὁδ. κάτω) begriffen etc., Worte, in welchen es also schon enthalten ist, daß es sich in der ὁδὸς ἄν. κάτ. nicht bloß um die sinnlichen Elemente als solche handelt, sondern ihr der allgemeine heraklitische Gedanke der Bewegung und des Werdens zugrunde liegt, dessen sinnliches Dasein und Realität in jenen Elementen, aus welchen dann weiter die Einzelgegenstände werden, seine allgemeinste Form hat; eine Erkenntnis, zu der nur noch die Einsicht in die logische Natur des heraklitischen Werdens, in die Gegensätzlichkeit seiner Bewegung zu treten brauchte, um zur vollen Klarheit über diesen Punkt zu gelangen. Man vgl. übrigens zu dem hier Angedeuteten die §§ 21 u. 27, wo nach vorheriger Darstellung der heraklitischen Physik als solcher die ὁδὸς ἄνω κάτω und die hier hervorgehobenen Mißverständnisse derselben zu ihrer letzten Lösung gelangen werden.

in diesem Sinne M e e r genannt habe[1]): („— ὅτι πῦρ ὑπὸ τοῦ διοικοῦντος λόγου καὶ θεοῦ τὰ συμπάντα δι' ἀέρος τρέπεται εἰς ὑγρὸν, τὸ ὡς σπέρμα τῆς διακοσμήσεως, ὃ καλεῖ θάλασσαν"). Das Meer, das Gebiet der feuchten Natur überhaupt, ist ihm der Same der Weltbildung, Gebiet und Symbol der Z e u g u n g[2]) (vgl. §§ 20 u. 21), wie ihm das Feuer Bild der reinsten immateriellen Bewegung und Einheit von Sein und Nicht, die Erde aber Bild und Gebiet der Verwesung ist.

Daß die Seele f l ü s s i g wird, in das Reich der feuchten Natur eintritt, heißt ihm also nichts anderes, als daß sie in den L e i b und das Element des einzelnen und bestimmten sinnlichen Daseins aus ihrer reinen Bewegung herabsinkt.

So zuerst in mehreren Stellen, wo der Weg nach oben und unten der Elemente beschrieben wird, mit dem einzigen Unterschiede, daß die S e e l e die oberste Stufe, den sonstigen Platz des F e u e r s einnimmt. So bei Philo[3]): „Εὖ καὶ ὁ Ἡράκλειτος, ἐν οἷς φησὶ ψυχῆσι θάνατος ὕδωρ γενέσθαι" κτλ., „d e n S e e l e n i s t e s T o d, W a s s e r z u w e r d e n." Ebenso bei Clemens[4]):

---

[1]) Strom. lib. V, c. 14, p. 255, Sylb., p. 711, Pott.

[2]) Wie es dies ja bekanntlich auch ebenso sehr in ägyptischer Religion und Seelenlehre als bei den Orphikern war. Man vgl. bloß, um nicht Stellen zu häufen, Simplic. in Ar. Phys. p. 50: „διὸ καὶ Αἰγύπτιοι τὴν τῆς πρώτης ζωῆς, ἣν ὕδωρ συμβολικῶς ἐκάλουν, ὑποστάθμην τὴν ὕλην ἐκάλουν, οἷον ἰλόν τινα οὖσαν; Clem. Al. Strom. VI, 4, p. 757, Pott.; Athenagoras Legat. c. 15, p. 64 sqq., ed. Dech.; Proclus in Cratyl. § 157, p. 93, ed. Boiss.: „— — εἴπερ καὶ ἡ θάλασσα γενέσεως εἰκών" κτλ.

[3]) De mundo incorr. p. 958, T. II, p. 508, ed. Mang.

[4]) Strom. VI, c. 2, p. 265, Sylb., p. 746, Pott.

„ψυχῆς θάνατος ὕδωρ γενέσθαι" κτλ.*) (es folgt der weitere Weg und Rückweg der Elemente, der uns hier noch nicht interessiert). Und in entsprechender Weise, die nun aber auch den Gedanken durch den symbolischen Ausdruck hindurchscheinen läßt, sagt Proklus[1]) aus Porphyrios: „wenn der Begehrungstrieb, von der genesiurgischen Feuchtheit überschwemmt, erschlafft und eingetaucht wird in die Ströme der Materie, so ist auch dieses ein anderer Tod der vernünftigen Seelen zu feuchten zu werden, sagt Herakleitos" („— — ὅτε δὲ τὸ ἐπιθυμητικὸν ὑπὸ τῆς γενεσιούργου κατακλυζόμενον ὑγρότητος ἐκνευρίζεται καὶ βαπτίζεται τοῖς τῆς ὕλης ῥεύμασι, καὶ ἄλλος οὗτος ψυχῶν τῶν νοερῶν θάνατος ὑγρῇσι γενέσθαι, φησὶν Ἡράκλειτος"). Eine Stelle, von der schon Schleiermacher p. 517 eingesteht, daß nicht nur die letzten Worte ψυχ. θαν. ὑγρ. γεν., sondern trotz der neuplatonischen Quelle die ganze Gedankenreihe in ihr als wirklich heraklitisch werde zugegeben werden müssen; eine Stelle endlich, in welcher auch das νοερῶν allerdings dem Porphyrios zugehört, aber doch nur eine sehr echte Beschreibung des Gegensatzes ist, wie wir bei den Sätzen von der trockenen Seele sehen werden.

*) Das Fragment, das jetzt bei Pseudo-Origenes V, 16, p. 132 vorliegt: καὶ οἱ σοφώτατοι τῶν Ἑλλήνων, ὧν ἐστι καὶ Ἡράκλειτος „εἷς, λέγων, ψυχῆς εἰ γὰρ θάνατος (der Herausgeber schlägt vor εἴη ἄν, was aber schwerlich zu akzeptieren sein dürfte; vielleicht ist vor θάνατος ein τίς ausgefallen) ὕδωρ γενέσθαι soll seinen Gedanken nach hervorbeben, daß nur ein Tod für die Seele existiere, nämlich die, wie wir bald sehen werden, gerade ihre Lust bildende Verleiblichung oder das Feuchtwerden derselben, während der andere Tod, — den, den die Menschen meinen — gerade nur wahres Aufleben für sie ist.
[1]) In Tim. p. 36, ed. Bas.

Nur ein scheinbarer Widerspruch, in der Tat aber übereinstimmend ist, was uns Porphyrios selbst sagt in einer
Stelle, deren Schluß schon früher bezogen wurde und die
hier in ihrem ganzen Zusammenhange hergesetzt werden
muß. Porphyrios spricht von den Nymphen und den Najaden insbesondere [1]): „Diese (αἱ ναΐδας) werden ,von dem
Gewässer (ναμάτων) so benannt. Nymphen nennen wir
die Najaden und die den Wassern eigentümlich vorstehenden Kräfte; sie nannten aber auch überhaupt alle in die
Geburt hinuntersteigenden Seelen ebenso (τὰς εἰς γένεσιν
κατιούσας ψυχάς); denn sie meinten, daß die Seelen an
dem Wasser hangen, das von dem Hauche Gottes durchdrungen ist (ὕδατι θεοπνόῳ ὄντι), wie Numenius sagt, welcher auseinandersetzt, daß deshalb der Prophet gesagt
habe, es schwebe der Hauch Gottes über dem Wasser
und daß deshalb die ägyptischen Dämonen [2]) sämtlich nicht
auf dem Festen stehen, sondern alle auf einem Schiffe,
sowohl Helios als alle in die Geburt heruntersteigenden
Seelen, als welche man alle auf dem Flüssigen schweben-
den auffassen muß, weshalb auch Heraklit gesagt
habe: „„ψυχῇσι (φάναι) τέρψιν, μὴ θάνατον, ὑγρῇσι
γενέσθαι, τέρψιν δὲ εἶναι αὐταῖς τὴν εἰς τὴν γένεσιν
πτῶσιν"", „„Lust, nicht Tod, sei es den Seelen, zu
feuchten zu werden, Lust aber sei ihnen der Fall in die
Genesis"" und anderswo habe er gesagt, daß „„wir
leben jener Tod und jene leben unseren Tod"""
(ζῆν ἡμᾶς τὸν ἐκείνων θάνατον καὶ ζῆν ἐκείνας τὸν ἡμέτερον
θάνατον). — Die Lust des Feuchtwerdens ist nämlich
keine andere als diejenige, welche die Seelen antreibt, in
die Sinnenwelt, in die Lust des individuellen

---

[1]) De antro Nymph. c. X, p. 257, Holst. p. 11, ed. v.
Goens.

[2]) Siehe hierüber Jablonski, Panth. Aegypt. T. II, p. 103.

D a s e i n s einzutreten, oder wie die mythische Sprache der Seelenlehre dies ausdrückt, die Lust der niederen Seelen, die in den Dionysosspiegel schauend sich verleiten lassen, in die Zeugung herabzusteigen (siehe z. B. das Vasengemälde bei Creuzer Abbildungen Taf. IX). D i e s e Lust ist eine solche, bei welcher wir wesentlich an die Worte denken müssen, welche Lucian[1]) dem Heraklit in den Mund legt: ἐστὶ τωὖτὸ τέρψις, ἀτερψίη", „dasselbe ist Lust (und) Leid."

Über jenen Auf- und Niederweg der Seelen aber vergleiche man zuvörderst die sich an die Worte des Porphyrios eng anschließende Stelle des Plutarch de Sera Num. Vind. p. 565, e. sqq.[2]) und die gelehrten Ausführungen von Wyttenbach[3]) hierzu, der dieselbe auf die bekannten platonischen Stellen im Phaedon und Phaedrus zurückführend, bereits meint, Plato habe diese Lehre aus Heraklit geschöpft, eine Meinung, für die er noch die bereits oben in der Anmerkung 1 zu p. 217 bezogene Stelle des Himerius hätte anführen können, auf die hier wieder zurückverwiesen werden muß. Und um unsere eigene Ansicht, die wir schon lange durch unsere Darstellung hindurchscheinen ließen, schon hier gerade herauszusagen[4]), so ist uns sowohl schon von dem bloßen N a m e n „ὁδός ἄνω κάτω", als auch von so vielen Sätzen, die wir bereits gehabt haben und noch betrachten werden, von dem Ster-

---

[1]) Vitar. auct. c. 14, T. III, p. 96, ed. Biss.

[2]) — — ὡς ἐκτήκεται καὶ ἀννγραίνεται τὸ φρονοῦν ὑπὸ τῆς ἡδονῆς τὸ δ᾽ ἄλογον καὶ σωματοειδὲς ἀρδόμενον καὶ σαρκού- μενον ἐμποιεῖ τοῦ σώματος μνήμην, ἐκ δὲ τῆς μνήμης ἵμερον καὶ πόθον ἕλκοντα πρὸς γένεσιν ἣν οὕτως ὠνομάσθαι νεῦσιν ἐπὶ γῆν οὖσαν, ὑγρότητι βαρυνομένης τῆς ψυχῆς κτλ.

[3]) T. VII, 1, p. 446 sqq.

[4]) Vgl. § 26.

ben der Götter und Seelen, von dem Flüssigwerden derselben, von dem Wege der Seelen nach oben und unten,
von dem zugleich als Mühsal und als Erholung geschilderten unablässigen Wandeln der Seele mit dem demiurgischen Zeus um das Weltall, von der mit dem Ablassen
der Seele von diesem ununterbrochenen Wandel — indem
sie dadurch nach unten in das Reich der feuchten Genesiurgie gezogen wird — eintretenden Körperlichkeit derselben und von so vielen anderen Aussprüchen schlechthin unbegreiflich, wie Heraklit zu diesen A u s d r u c k s -
w e i s e n gekommen sein sollte, wenn er nicht die ursprünglich ägyptische und durch die Orphiker und Pythagoräer
in Griechenland verbreitete mysteriöse Lehre von der
S e e l e n A u f - u n d N i e d e r w e g (ἄνοδος[1]) und κάϑοδος) als S u b s t r a t benutzt hat, u m i n d i e s e n r e l i -
g i ö s e n D o g m e n und deren mythisch-sinnlicher Form
seinen u r e i g e n e n B e g r i f f einhüllend d a r z u s t e l -
l e n , auch hierin wieder folgend seinem Gott, der „nicht
heraussagt, noch verbirgt, sondern andeutet" und der symbolischen Sprache, welche die Natur spricht in ihren Existenzen (vgl. das Kapitel II).

Was zuerst den Namen ὁδὸς ἄνω κάτω betrifft, so
bezieht sich nämlich das, was wir oben über die Angemessenheit dieses Namens gesagt haben, nur auf den Ausdruck: ὁδός W e g , insofern hierin eben die B e w e g u n g
ausgedrückt ist. Anders dagegen verhält es sich mit dem
ἄνω κάτω, welches, da der heraklitischen Philosophie, wie
bisher nur zu sehr übersehen worden, jede ö r t l i c h e
Bewegung (insofern sie die p r i n z i p i e l l e Bewegung
oder ἀρχή sein soll) fremd ist, derselben durchaus unan-

---

[1] Über der Seelen ἄνοδος hatte Porphyrios bekanntlich
ein eigenes Werk geschrieben (Augustin. de civ. dei X, 29).

gemessen ist und aus ihr heraus n i c h t erklärt werden kann. Denn kein Gewicht darf man etwa auf die Verwirrung des Simplicius legen wollen, welcher sagt: Heraklit gehöre auch unter die, welche die O r t s bewegung als erste setzen. So etwas, daß die heraklitische Bewegung, welche durchaus nur μεταβολή, d. h. Umwandlung, U m s c h l a g e n i n d a s G e g e n t e i l ist, eigentlich mit der O r t s bewegung eins sei, ließ sich wohl zur Not von jemandem behaupten, der die aristotelische Metereologie im Kopfe hatte, — aber nicht früher! Doch werden wir diesen Irrtum erst später und nach vorheriger Darstellung der heraklitischen Physik näher nachweisen und widerlegen können (§ 27), worauf wir hier verweisen müssen. Hier also einstweilen nur soviel: Nur das Umschlagen der G e g e n s ä t z e v o n S e i n u n d N i c h t s e i n ineinander, oder die u n s i n n l i c h e Bewegung ist die allein p r i n z i p i e l l e Bewegung Heraklits. Von dieser ist die O r t s bewegung wie j e d e s i n n l i c h e Bewegung und Veränderung erst die F o l g e u n d W i r k u n g. Fast überraschend richtig sieht dies Philoponus in einer später (§ 33) näher zu betrachtenden Stelle (Comm. in de Anim. c. 7) ein, wo er von j e n e r s e l b s t n i e k ö r p e r l i c h e n (ἐν σώμασι ἀσώματον) und sich durch alle K ö r p e r b e w e g u n g h i n d u r c h z i e h e n d e n unsinnlichen B e w e g u n g treffend sagt, daß sie erst der „a n d e r e n" (d. h. aller s i n n l i c h e n und also auch der örtlichen) Bewegung U r s a c h e sei (ἀεὶ κίνητος καὶ τῆς ἄλλης κινήσεως αἰτία).

Es ist somit das örtliche „oben und unten" als Bezeichnung für die n i c h t örtliche p r i n z i p i e l l e Bewegung Heraklits eigentlich ein f r e m d a r t i g e r Ausdruck bei ihm, was an und für sich schon eine deutliche Hinweisung sein dürfte, daß Heraklit nicht E r f i n d e r dieses N a -

m e n s ist, sondern ihn aus jener Doktrin herausgegriffen, um s e i n e n Begriff ihm unterzulegen. Und die ganze bisherige Auffassung Heraklits, welche immer bei ihm eine ö r t l i c h e Bewegung und Ableitung aus dieser als ganz unbestritten und selbstredend, häufig ganz unbewußt, voraussetzte, ist eben nur durch diese sinnliche Form des ἄνω κάτω und durch ihre eigene sinnliche Vorstellungsweise verführt worden und würde sich, wie seines Ortes gezeigt werden wird, nicht a u f e i n e i n z i g e s B r u c h - s t ü c k v o n H e r a k l i t s e l b s t b e r u f e n k ö n n e n, in welchem örtlich-abgestufte Bewegung als Prinzip erscheint oder auch nur aus r e e l l f e s t g e h a l t e n e n U n - t e r s c h i e d e n v o n o b e n u n d u n t e n (— das Oben wird vielmehr in der Kreisbewegung der heraklitischen Physik selbst immerwährend zu Unten —) zur Ableitung und Entwicklung der konkreten Erscheinungen geschritten wird. Als einziges wahres Ableitungsprinzip erscheint vielmehr stets im Gebiete des Seelischen wie des Physischen das dialektische U m s c h l a g e n i n d a s G e g e n t e i l, eine Bewegung, welche n i c h t die sinnliche der Ortsbewegung ist und wohl schwerlich ganz von selbst ohne eine solche konkrete Anspielung und halb deutende, halb die Unaussprechlichkeit des eigenen dialektischen Gedankens in jenem Dogmenmaterial darstellende Beziehung als „Weg nach oben und unten" ausgesprochen worden wäre. Aus dieser mit so gänzlichem Unrecht stets als prinzipiell unterstellten Ortsbewegung entspringen denn auch die vielen Mißverständnisse der Neueren, das Nichterfassen der Identität des Weges nach oben und unten, die falschen Vorstellungen von einer „obersten und höchsten Region" des Feuers, oder einer örtlichen Transzendenz der höchsten Seele und des περιέχον, Irrtümer, die wir teils schon oft widerlegt zu haben glauben, teils noch häufig Gelegenheit

nehmen werden, zu widerlegen. — So endlich auch wird
es erst klar, wie der, welcher gesagt hat: „die Welt hat
keiner der Götter gemacht," der, in dessen Fragmenten
wir so oft die glühendste Polemik gegen den Volksglauben
finden, sich doch wieder in anderen Bruchstücken soviel
mit Göttern, Daimonen etc. zu schaffen machen konnte
und sich an die religiöse Vorstellung davon anzulehnen
scheint.

Aber auch abgesehen von dem bloßen Namen „Weg
nach oben und unten," — auch alles Nähere und Kon-
kretere, jene Sätze von der Seelen ἄνοδος und κάϑοδος,
von dem Feuchtwerden der Seelen und ihrem damit gegebenen Heruntersteigen in die Leiblichkeit und Zeugung,
jene Sätze von den Menschen, die gestorbene Götter sind
und umgekehrt, von dem, was sie nach dem Tode erwartet,
von dem Hören auf den Dämon, jene Sätze von dem
Meer, dem Gebiet des Feuchten, als Symbol und Gebiet
der realen Weltbildung und Zeugung etc. etc. und „jenen
Haß der flüssigen Natur," wie sich selbst Schleiermacher
einmal über Heraklit ausdrückt, — alles das finden wir
ja fast wörtlich wieder in dem, was in den Schriftstellern
über jene Seelenlehre[1]) anzutreffen ist*). Noch deut-

---

[1]) Man sehe nur außer den bereits angeführten und gelegentlich (s. § 9 sqq.) noch folgenden O. bei Porphyrios
ib. c. 6 u. c. 18 sqq., die bei Wyttenbach zu Plutarch l. l.
angeführten Stellen Platos und anderer, Procl. in Tim. p. 17,
p. 36, p. 330 in Parmenid. p. 146, ed. Cous., in Alcib. I,
p. 68 sqq. p. 32, p. 86, ed. Creuzer; Clemens Al. Strom. V,
p. 675, ed. Pott. (cf. ib. VII, 6, p. 850), Hermias ad. Phaedr.
p. 94, ed. Ast. (cf. Orphic. Hymn. XI. XXIX. Fragm. VII.
XXVIII etc., ed. Hermann) und vieles andere bei Boeckh in
den Heidelberger Jahrbüchern d. Phil. 1808 I, p. 112 f. und
Creuzer in der Symbolik und Mythologie bei der Darstellung
der Seelenlehre und Dämonologie; vgl. die in der Anmerkung 1

licher wird dies, wie er die religiösen Vorstellungen in das Gebiet seines Philosophierens hineingezogen und s e i - n e n B e g r i f f i n i h r e G e s t a l t e n hineingelegt hat, wenn wir ihn bald sehen werden eine Polemik gegen Dionysos selber erheben. Nur darf niemals — und das ist freilich eine H a u p t s a c h e — der i d e e l l e, b e - g r i f f l i c h e U n t e r s c h i e d ü b e r s e h e n w e r d e n z w i s c h e n H e r a k l i t u n d j e n e n D o g m e n. Es darf nicht übersehen werden, daß Heraklit durchaus k e i n Jünger und Verbreiter irgend einer P r i e s t e r w e i s h e i t ist, sondern daß er nur seinen spekulativen Begriff, der ihm durch und durch originell und von keinem ägyptischen Priester noch persischen Magier erkannt worden war, daß er seinen Gedankengegensatz der Negativität und des Seins, der reinen Bewegung und des Verharrens, des Allgemeinen, das ihm im unaufgehaltenen Wandel besteht, und des an sich festhaltenden bestimmten einzelnen Daseins, in die religiösen Vorstellungen von den feuchtwerdenden und da-

---

zu p. 266 parallelisierten Stellen des Dio Chrysost., Philo, etc. etc., sowie das Zitat aus Jamblich und das darüber Gesagte.

*) Und wie deutlich weist jetzt nicht wieder das neue Fragment von der A u f e r s t e h u n g d e r S e e l e n — denn hierauf muß es offenbar bezogen werden — auf dieses Darstellungsmaterial hin, bei Pseudo-Orig. IX, 10, p. 283 u. Bernays Rh. Mus. IV, p. 245: „$Ἐνθάδε ἐόντας ἐπανίστασθαι καὶ φύλακας γίνεσθαι ἐγερτὶ ζώντων καὶ νεκρῶν$". K a n n man deutlicher — in der Form — ägyptisieren? Treffend bemerkt Zeller p. 483, 6: „Ich beziehe diese Worte auf die zu Hütern der Menschen bestellten Dämonen, vgl. Hes. $E. κ. ἡμ.$ 120 ff. 250 ff." Aber gewiß versteht auch er dies mit uns so, daß w i r selbst durch den Tod zu solchen Dämonen, zu solchen „Hütern der Lebenden und Leichen" werden, vgl. Plutarch de Def. Or. p. 415, p. 700 sqq. W., wo diese Umwandlung der Seelen in Dämonen und Heroen in die engste Beziehung zu heraklitischer Lehre gebracht wird, und §§ 11 u. 26.

durch in die Sinnenwelt herabgezogenen Seelen, von den Opfern, die Heilungen der Seelen sind etc., hineinträgt; daß ihm diese religiösen Vorstellungen somit nicht die Sache selbst, sondern nur das sinnliche Substrat der Darstellung seines Begriffes sind; ein Unterschied, den 'freilich sowohl Porphyrios als Jamblich l. l. als die Neuplatoniker meist zum Teil übersehen. Es ist, um dies an einem Beispiele so deutlich und durchsichtig, als schon hier nur immer möglich ist, zu machen, nur erforderlich, einen Rückblick auf den p. 219 angeführten und betrachteten Bericht des Aeneas Gazäus zu werfen. Die Stelle läßt das Sachverhältnis mit einer Klarheit hervortreten, welche dadurch nicht im mindesten benachteiligt wird, daß sie für Aeneas selbst freilich nicht vorhanden war. Aeneas sagt: Heraklit habe eine n o t w e n d i g e A u f e i n a n d e r - f o l g e (ἀναγκαίαν διαδοχήν) angenommen, nämlich die Wanderung des W e g e s n a c h o b e n u n d u n t e n durch die Seele. D a n ä m l i c h (ἐπεί — fährt er fort —) es Mühsal für sie sei, dem Demiurg in seinem rastlosen Wandel zu folgen und mit ihm das All zu umwandeln, s o werde sie durch die Sehnsucht nach Ruhe nach unten in den Körper gezogen. Dieses in dem reinen demiurgischen Wandel nicht Aushaltenkönnen der Seele und ihre dadurch bewirkte Flucht (φυγή) von Gott und Verkörperung soll also, nach Aeneas, den G r u n d u n d d a s W e s e n jener „notwendigen Aufeinanderfolge" ausmachen. Allein diese notwendige Aufeinanderfolge ist, nach Aeneas selbst, — da er sie ja selbst als den Weg nach oben und unten erklärt, — und nach den zum Überfluß noch deutlicheren insoweit aber mit dem Bericht des Aeneas ganz identischen Stellen des Plotinus und des Jamblichus bei Stobaeus (siehe oben p. 229, 230), welche statt διαδοχὴ ἀναγκαία a u s d r ü c k l i c h ἀμοιβὰς ἀναγκαίας ἐκ τῶν ἐναντίων sagen, gar nichts anderes als der beständige ineinander umschlagende Prozeß der Gegensätze von Sein und Nichtsein, welche durch ihre stets ineinander übergehende Bewegung das gesamte geistige und physische All, Feuer und Wasser und Erde, Schlafen und Wachen, Leben und Sterben, produzieren. Es ist dieselbe kosmische Bewegung in seinen eigenen Gegensatz hinein, welche das Auseinandertreten des Einen in das Viele und das Zusammengehen des Vielen in das ideelle Eine, den Übergang der sichtbaren Harmonie in die unsichtbare und deren Rückgang in jene konstituiert. — Der Wandel in das Gegenteil ist nicht nur der Weg der Seele in den Körper (weshalb sie gestorbener Gott genannt wird), sondern er ist ebenso sehr das Gesetz und der Weg des Elementarprozesses und aller Erscheinungen im Universum. — Ferner ist, wie wir bald (§ 10 sqq.) zur Evidenz sehen werden, der Demiurg selber gar nichts anderes als das Gedankengesetz selbst von der Identität der intelligiblen Gegensätze von Sein und Nichtsein und ihres ideellen Übergehens ineinander. Sein Wandel, von dem Aeneas spricht, ja seine ganze demiurgische Tätigkeit und Existenz besteht nur darin, daß er rastlos aus dem Moment des Seins in das Moment des Nichtseins übergeht, daß er sich unaufgehalten aus der Form der ideellen Einheit in die der realen Vielheit umsetzt und diese seine Bewegung als das reine ideale Umschlagen der Gedankenmomente in so schlechthin ungetrennter Identität sich vermittelt, daß, — weil hier der Widerspruch des endlichen Seins aufgehoben, — jedes dieser Momente sofort das andere selbst ist, der Gegensatz beider Momente sofort auch ihre Identität ist und umgekehrt, wie wir dies schon bei der besseren unsichtbaren Harmonie gesehen haben und seines Ortes näher sehen werden. Aber eben weil n i c h t s Individuelles und Einzelnes diese demiurgische begriffliche Bewegung des reinen ideellen Übergehens der intellektuellen identischen Gedankengegensätze mitmachen kann, können die Seelen jenem die spezielle Natur des Absoluten bildenden absoluten demiurgischen Wandel nicht folgen; sie müssen aus der Mühsal dieses Wandelns und aus der Führung des Demiurgen fliehen und sich n a c h u n t e n, in das Reich des r e a l e n S e i n s und der g e h e m m t e n s i n n l i c h e n Bewegung, in das Gebiet des Widerspruchs und des realen Mühsals entlassen.

So liegt hier in dem Berichte des Aeneas von Heraklit nichts anderes vor, als ein bloß in das Material und die durchsichtige Form ägyptischer Seelenlehre gehülltes Aussprechen seiner spekulativen Anschauung von dem absoluten Prinzip alles Denkens wie Seins als der intellektuellen und in ihrem Auseinandertreten das Weltsystem aus sich erzeugenden Einheit der reinen Gedankengegensätze von Sein und Nichtsein. Es ist schon in dem zweiten Kapitel der Vergleich gemacht worden, daß Heraklit sich in bezug auf diese Hülle zu den hellenischen und orientalischen Religionskreisen ähnlich verhalte, wie die Hegelsche Philosophie zu den Mysterien, Dogmen und Namen der christlichen Religion, und es wäre ein ganz analoger Irrtum, wenn man annehmen wollte, Heraklit sei ein Jünger orientalischer Priesterweisheit oder habe auch nur irgendwie an jene religiöse Seelenlehre als solche wirklich geglaubt, als wenn man annehmen wollte, Hegel verdanke seine Weisheit der christlichen Religion oder sei auch nur ein gläubiger Christ gewesen. — Es ist aber dort (im zweiten Kapitel) zugleich der begriffliche Grund, die immanente Notwendigkeit entwickelt worden, w a r u m Heraklit seinen treibenden Gedanken der reinen Negativität unmöglich in wahrhaft genügender logischer Form herausringen konnte, warum er ihn schlechterdings nur in sinnlicher ungenügender Form aussprechen konnte, wie er deshalb ohne alle Willkür zu solchem Substrat der Darstellung seines Begriffes, physischem wie religiösem, greifen mußte; wie aber eben diese Unangemessenheit der sinnlichen Form und des rein übersinnlichen Gedankens für ihn selbst vorhanden und seine Philosophie daher nur die ungeheure Abmarterung war, die Kategorie der Negativität in der Form der Kategorie herauszuringen; wie er eben deshalb mit dem sinnlichen Substrate seiner Darstellung rastlos wechselt, es wieder zerbricht und fortwirft und so die Transzendenz seines Begriffes über jedes einzelne Substrat seiner Darstellung offenbart. Eben deshalb zerstört er denn auch wieder diese ganze religiöse Seelenlehre mit dem tiefen Ausspruch: „Dasselbe ist Zeus und πόλεμος", der höchste Gott, der reine Wandel ins Gegenteil, und die Sphäre des realen Daseins, oder: „Ein und dasselbe ist der Weg nach oben und nach unten," einem Ausspruch, der, das Tiefste seines Begriffes enthaltend, mit jener religiösen Dogmatik, welche diese Wege als bloß entgegengesetzt, als so entgegengesetzt, wie Abfall der Seele von Gott und Rückkehr zu ihm festhalten muß, in einem unlöslichen Widerspruch steht und somit deutlich offenbart, wie es ihm nicht um jene Seelenlehre als solche, sondern in diesem bildlichen Material nur um das Aussprechen seines Begriffes zu tun war.

Deswegen zerbricht er auch ebenso wieder die ganze kindlich naive Dämonologie des Altertums mit dem tiefen Ausruf: „Das Gemüt ist dem Menschen sein Dämon" und mit vielen anderen Fragmenten, die wir noch betrachten werden.

Übrigens darf nicht unerwähnt bleiben, daß Creuzer, wenn er auch in der Regel Heraklit die Substanz seiner Philosophie sich aus Priesterweisheit schöpfen läßt, doch einmal in einer kurzen und, weil gelegentlich gemacht, freilich auch gar nicht weiter explizierten Äußerung über jenes Verhältnis Heraklits zu jener Seelenlehre geradezu den N a g e l a u f d e n K o p f t r i f f t. In der Symbolik und Mythologie T. II, p. 133, 3. Ausg., nachdem er eine lichtvolle Darstellung der ägyptischen Seelenlehre gegeben, äußert er nämlich: „Diese ägyptische Seelen- und Dämonenlehre hat sich nun weiter zu den Griechen verbreitet, als zum Pherecydes von Syrus, H e r a k l i t u s , d e r f r e i l i c h n u n d e r ὁδὸς ἄνω κάτω d e n S i n n s e i n e s g e n i a l e n S y s t e m s u n t e r l e g t e." —

§ 9. Feuchte und trockene Seele.

Dieselbe Ideenreihe nun, wie in der obigen Anführung des Porphyrios, setzt derselbe Autor in einer sich an jene bald darauf anschließenden Stelle (c. XI) fort, einer Stelle, welche wir, da sie wiederum heraklitische Bruchstücke enthält, trotz ihrer Länge mindestens in ihrem wesentlichen Zusammenhange mitteilen müssen. Porphyrios spricht von den heraklitischen und stoischen Lehren über die Nahrung der Himmelskörper aus Meer und Flüssen, aus dem Feuchten überhaupt, und fährt fort: „Es ist nun notwendig, daß auch die S e e l e n, ob sie nun körperliche seien, oder zwar unkörperliche aber den Körper anziehende (ἐφελκομένας[1])

---

[1] Dies ἐφελκομένας ist ein Ausdruck, der sich oft in der Verbindung mit ἄνω κάτω findet und die Tätigkeit dieses heraklitischen Weges auch bei Plato ausdrückt. z. B. Cratyl. p. 386, E., p. 47, Stallb. ἑλκόμενα ἄνω καὶ κάτω (cf. das Epigramm bei Diog. L. IX, 16).

δὲ σῶμα) und am meisten eben diejenigen, welche in das Blut und die feuchten Leiber geknüpft werden sollen (καὶ μάλιστα τὰς μελλούσας καταδεῖσθαι εἴς τε αἷμα καὶ δίυγρα σώματα), sich dem Gebiet des Feuchten zuneigen und von der Feuchtigkeit durchdrungen dadurch verleiblicht werden (καὶ σωματοῦσθαι ὑγρανθείσας); weshalb auch durch die Ausschüttung von Galle und Blut die Seelen der Gestorbenen sich zu uns hinwenden (bei der Totenbeschwörung nämlich); und daß die den Körper liebenden Seelen den feuchten Hauch an sich ziehend ihn verdicken wie zu einer Wolke (καὶ τάς γε φιλοσωμάτους ὑγρὸν τὸ πνεῦμα ἐφελκομένας παχύνειν τοῦτο ὡς νέφος), denn das Feuchte in der Luft verdickt tritt zur Wolke zusammen (ὑγρὸν γὰρ ἐν ἀέρι παχυνθὲν νέφος συνίσταται); indem diese (wieder) verdickt wird durch den Überfluß des nassen Hauches in ihnen, werden sie sichtbar (ὁρατὰς[1]) γίνεσθαι); — — die reinen Seelen aber sind abgewendet der Geburt (αἱ μέντοι καθαραὶ γενέσεως ἀπότροποι). Herakleitos selbst aber sagt: „„die trockene Seele (ist) die weiseste"", αὐτὸς δέ φησιν Ἡράκλειτος: „ξηρὰ ψυχὴ σοφωτάτη".

Gegen den Einwand, daß das Fragment des Ephesiers in einer neuplatonischen und somit für Heraklit selbst nichts beweisenden Gedankenverbindung mitgeteilt sei, muß bemerkt werden, daß wir Stellen antreffen, die uns dasselbe Fragment mit Worten wiedergeben, welche Heraklit selbst angehörend mindestens einen Teil jener Gedankenreihe allerdings als bei ihm selbst vorkommenden Zusammenhang nachweisen. So zunächst bei Clemens[2]: „οὕτω δ' ἂν καὶ ἡ ψυχὴ ἡμῶν ὑπάρξαι καθαρὰ

---

[1] Man sehe hierzu das, was über das gegensätzliche „ἀφανισθέντα" oben gesagt ist p. 186, 2 und p. 215.

[2] Clem. Al. Paedag. II, 2, p. 184, Pott.

καὶ ξηρὰ καὶ φωτοειδής· *Αὐγὴ δὲ ψυχὴ ξηρὰ σοφωτάτη καὶ ἀρίστη*“, wo Schleiermacher übersetzt: „denn ein trockener Strahl ist die weiseste und beste Seele“[1]) und in dem bald darauf Folgenden: „*οὐδὲ ἔσται κάθυγρος ταῖς ἐκ τοῦ οἴνου ἀναθυμιάσεσιν νεφέλης δίκην σωματοποιουμένη*“, „noch wird sie durchnäßt sein durch die Ausdampfungen des Weines n a c h A r t e i n e r W o l k e v e r k ö r p e r l i c h t“ — erkennt auch Schleiermacher die letzten hervorgehobenen Worte als e i g e n e des Heraklit an.

Ebenso in einer Stelle bei Plutarch, wo Heraklit sagt, daß diese trockene Seele nur den Leib durchzucke wie ein Strahl die Wolke[2]): „... *καὶ γένηται καθαρὸν παντάπασι καὶ ἄσαρκον καὶ ἁγνόν· αὐτὴ γὰρ ψυχὴ ξηρὴ ἀρίστη καθ᾽ Ἡράκλειτον ὥςπερ ἀστραπὴ νέφους διαπταμένη τοῦ σώματος*“, „denn dies ist eben jene trockene Seele, welche die beste ist, nach Heraklit, d e n L e i b d u r c h e i l e n d w i e e i n S t r a h l d i e W o l k e.“ Hiernach[3]) kann das Urteil über das Authentische in dem vornehmlichen Inhalt und Zusammenhang in der obigen Stelle des Porphyrios wohl nicht zweifelhaft sein. —

Die Zahl der Stellen aber, in denen uns versichert wird, daß nach Heraklit die t r o c k e n e S e e l e oder der t r o c k e n e S t r a h l die beste Seele sei, ist Legion. Das

---

[1]) Diese Übersetzung schließt aber auch eine Versetzung der Worte ein, und ein „trockener Strahl“ dürfte tautologisch sein, weshalb die Stelle wohl lieber so zu fassen sein dürfte: „D e n n e i n S t r a h l i s t d i e S e e l e; d i e t r o c k e n e d i e w e i s e s t e u n d b e s t e.“ Dies bestätigt sich auch durch die bald folgende Stelle des Plutarch, wo die Seele ein Strahl genannt wird.

[2]) Plutarch. Romul. p. 35, 36, siehe die im Verfolg vorgeschlagene Verbesserung.

[3]) Vgl. auch die oben (p. 305) angeführte Stelle des • Plutarch.

Trockene hier muß man natürlich nicht mit dem Starren für verwandt halten wollen; vielmehr ist es eine feu - rige[1]) und sonnenartige Trockenheit.

Diese feuchte Wärme und Trockenheit ist deshalb die wahre Substanz der reinen Seele, weil sie eben das Sub - strat der reinsten Bewegung und Beweglich - keit ist. Solange die Seele sich diese ihre elementarische Natur der reinen Bewegung möglichst bewahrt, ist sie ihrem Begriff am meisten entsprechend.

Wie aber im Elementarprozeß die Stufe des Feuchten diejenige ist, auf welcher jene reine sich selbst auf - hebende Bewegung des Feuers bereits zu einem ver - harrenden Dasein sich umgewandelt hat und sich deshalb aus dieser Stufe, wie aus einem Samen der Weltbil - dung, alles Sinnliche nun weiter entwickelt (§§ 20 u. 21) — so tritt auch die Seele, je mehr sie sich hingibt an dies Gebiet des Feuchten, desto mehr aus ihrer reinen Selbstbewegung heraus und in das verharrende sinnliche Dasein hinein, gerät mehr und mehr unter die Botmäßig - keit des auf sich beruhen wollenden Sinnlichen und seiner Lust, geht mehr und mehr ihrer echten Substanz und da - durch auch des Erkennens verlustig, welches, wie wir später sehen werden, gleichfalls nur durch die Selbst - bewegung. der Seele, durch das Aufgeben alles festen, beharrenden, sinnlichen Seins, welches die trüge - rischen Sinne vorspiegeln, ja durch das stete Aufgeben ihres eigenen sinnlichen Daseins[2]) bewirkt wird.

---

[1]) Es ist ein Unterschied, sagt Psellus, zwischen der anima - lischen Wärme und der feurigen; jene ist flüssig, diese trocken und brennend, de Operat. daemon. p. 78 sqq. τὴν γὰρ τοῦ πυρὸς καὶ τὴν ἡλιακὴν (θερμότητα) ὡς καυστικὴν καὶ ξηραίνουσαν ἀποστρέφεται· τὴν δὲ τῶν ζώων ὡς σύμμε - τρον οὖσαν καὶ μεθ' ὑγρότητος κτλ.

[2]) Siehe §§ 32 sqq.

Wenn daher Schleiermacher p. 514 sagt, daß Heraklit
in jenem Bruchstücke von der den Leib wie ein Blitzstrahl
die Wolke durcheilenden Seele bildlich die Bereitwilligkeit
der Seele darstelle, den Leib wieder zu verlassen,
so ist dies gewiß ganz richtig und dient wiederum zur Bestätigung dessen, was wir oben über den sinnbildlichen Stoff
der religiösen Seelenlehre sagten, in denen Heraklit diesen
Teil seiner Philosophie dargestellt hat. Aber er schöp-
fend ist dies nicht, sondern es liegt hierin auch noch die
schnelle Bewegung, mit welcher die Seele unausgesetzt den
Leib, auch solange sie in ihm ist, durcheilt und erst
durch diese, sein sinnliches Dasein, wie sich zeigen wird,
unaufhörlich aufhebende Bewegung, alle Erkenntnis vermittelt, eine Vermittlung, ohne welche nicht
einmal selbst die in der sinnlichen Wahrnehmung
mögliche Erkenntnis und Auffassung des Objektiven vorhanden ist, so daß durch die Hingebung der Seele an das
Feuchte selbst die reinere Wahrnehmung der Sinnesorgane,
geschweige denn das wirkliche Erkennen verloren geht.

Die nähere Nachweisung und tiefere Begründung dieser
Sätze wird sich erst bei der Lehre vom Erkennen ergeben,
worauf hier verwiesen werden muß.

Die Zeugnisse über die trockenen Seelen sind nun, so
kurz sie sind, doch unter sich sowohl als gegen die hierüber bereits angeführten Fragmente etwas abweichend, so
daß es nicht leicht ist, auf den ersten Blick die Form her-
auszufinden, in der Heraklit selbst jenen Satz ausgesprochen hat, und Schleiermacher sich mit Recht veranlaßt
sieht, mehrere Schemata als bei ihm vorkommend anzunehmen. Als die echteste Form des Hauptsatzes bestimmt
er wohl mit Recht die bei Stobaeus erhaltene[1]): „αὔη

---

[1]) Stob. Serm. V, p. 74, T. I, p. 151, Gaisf. Mit seinem
ihm eigenen feinen Takt hat Schleiermacher dies Zitat (p. 508)

ψυχὴ σοφωτάτη καὶ ἀρίστη‘, „die trockene Seele (ist) die weiseste und beste.‟ Ähnlich bei Glycas[1]): „ψυχὴ ξηροτέρη σοφωτέρη‟. und dann umgestellt[2]): „ξηροτέρη ψυχὴ σοφωτέρη‟.

Etwas abweichend sagt Plutarch[3]): Ἅμα δὲ ἄν τις οὐκ ἀλόγως καὶ ξηρότητα φαίη μετὰ τῆς θερμότητος ἐγγινομένην λεπτύνειν τὸ πνεῦμα καὶ ποιεῖν αἰθεριῶδες καὶ καθαρόν· αὕτη γὰρ ξηρὰ ψυχὴ καθ’ Ἡράκλειτον‟. „Zugleich würde einer nicht unrichtig bemerken, daß auch die T r o c k e n - h e i t zu der Wärme hinzukommend den Hauch verfeinert und ihn ätherisch und rein macht: „Dies eben ist die trockene Seele nach Heraklit.‟[4]) Zuvörderst muß ich bemerken, daß ich nicht glaube, daß hier die Anführung der Plutarchischen Stelle mit Schleiermacher abgebrochen werden muß. Wenn Plutarch fortfährt: „Die Nässe aber (ὑγρότης) stumpft nicht nur das Gesicht und Gehör ab, sondern auch die Spiegel berührend nimmt sie ihnen den Glanz und der Luft die Durchsichtigkeit‟[5]), — so ist

von dem bei Stobäus unmittelbar vorhergehenden losgetrennt. Angeführt wird das Diktum auch, ohne Heraklit zu nennen, bei Eusthat. ad Iliad. Ψ v. 261, T. IV, p. 129, p. 282, ed. Stallb.: „— οἷα μὴ λεπτοὺς τὸν νοῦν καὶ ὀξεῖς, μηδὲ οἵους ἀρέσκειν τῷ εἰπόντι, ὅτι ξηρὴ ψυχὴ σοφωτάτη.

[1]) Annal. I, p. 74, ed. Par.
[2]) ib. p. 116.
[3]) De Orac. def. p. 432, F., p. 767, Wytt., siehe oben Romul. p. 35.
[4]) Offenbar schließt der letzte Satz sich nicht gut an das Vorhergehende an und gewährt keinen rechten Sinn, was sich sofort ändert, wenn man die im Verlauf zu begründende Konjektur: „denn ein S t r a h l (αὐγή) ist die Seele nach Heraklit‟ annimmt.
[5]) Der dieser Stelle zugrunde liegende Text krankt freilich. Ich habe mich, da es hier nur auf den allgemeinen Sinn der Stelle ankommt, an die Auffassung Xylanders gehalten.

dies zwar nicht den Worten, aber doch wohl dem Sinne nach heraklitisch und eine Hinweisung darauf, daß Heraklit durch solche und ähnliche Beispiele ausgeführt haben dürfte, wie selbst die durch die sinnlichen Wahrnehmungsorgane zu erlangende Erkenntnis d u r c h und i n dem Element des Feuchten geschwächt und aufgehoben wird, so daß die Seele hierdurch der Vermittlung mit der allgemeinen Dingheit und deren Wandel — welche sich als Prinzip seines Erkennens ergeben wird, — verlustig, mehr und mehr in jene I s o l i e r u n g und jenes einzelne dumpfe Fürsichsein verfällt, worin ihm der Gegensatz des Wahren und Sittlichen bestand.

Im übrigen wollen nun Heyne und Wesseling das $αὔτη$ $γὰρ$ $ξηρὰ$ $ψυχή$ in jener Stelle in $αὔη$ umändern. Schleiermacher sträubt sich hiergegen und ich stimme ihm deshalb bei, weil in dieser Stelle überhaupt nur eine B e z i e h u n g auf jenes heraklitische Diktum vorhanden, nicht aber eine strikte Anführung zu suchen ist. —

Dagegen heißt es in einem Fragment aus der Schrift des Musonius über die Nahrung: „$οὕτω$ $δ'$ $ἂν$ $καὶ$ $τὴν$ $ψυχὴν$ $ἡμῶν$ $ὑπάρχειν$ $καθαρὰν$ $καὶ$ $ξηρὰν$ $ὁποία$ $οὖσα$ $ἀρίστη$ $καὶ$ $σοφωτάτη$ $εἰς$ $πᾶν,$ $καθάπερ$ $Ἡρακλείτῳ$ $δοκεῖ$ $λέγοντι$ $οὕτως·$ „$Αὔη$ $ψυχὴ$ $σοφωτάτη$ $καὶ$ $ἀρίστη$“. So liest nämlich nach einer englischen Handschrift die Gaisfordsche Ausgabe, so daß die Stelle der obigen bei Stobaeus[1]) ganz gleich ist. Andere lesen $αὖ$ $γῆ$ $ξηρὴ$ $ψυχή$ und noch andere $αὐγή$ $ξηρή$ (ein trockener S t r a h l), wie auch Schleiermacher lesen zu wollen scheint, welcher das $αὔη$ für eine vorwitzige Verbesserung erklärt; allein diesmal sehr mit Unrecht. denn durch die unmittelbar darauf folgenden Worte: $νῦν$ $δὲ,$ $ἔφη,$ $πολὺ$ $χεῖρον$ $ἡμεῖς$ $τῶν$ $ἀλόγων$ $ζώων$ $τρεφόμεθα$

---

[1]) Ap. Stob. Serm. XVII. p. 160, T. I, p. 309, ed. Gaisf.

— Worte, auf die wir bald näher zurückkommen werden, — ist klar, daß diesmal von αὐγή nicht die Rede sein, sondern es hier wirklich nur αὔη heißen kann.

Nichtsdestoweniger ist aber auch αὐγή ganz und gar in demselben Zusammenhang von Heraklit selbst gebraucht worden, wie schon in der obigen Stelle des Clemens (Pädag.) das αὐγή zeigt, welches daselbst durch das φωτοειδής unumstößlich ist, und auch die Stelle des Galen[1]): „... εἴγε μὴν ὑφ᾿ Ἡρακλείτου· καὶ γὰρ οὗτος οὕτως εἶπεν· „αὐγὴ ξηρὴ ψυχὴ σοφωτάτη““. „Ein trockener Strahl (ist) die weiseste Seele.“ Ganz ebenso führt uns aber auch noch eine unbeachtet gebliebene Stelle des Hermias in Plat. Phaedr. ed. Ast. p. 73 das Bruchstück an: ἐπιτήδειον δὲ καὶ τὸ θέρος καὶ ἡ μεσημβρία πρὸς ἀναγωγὴν καὶ κατὰ τὸν Ἡράκλειτον, ὅς φησι· αὐγὴ ξηρὴ, ψυχὴ σοφωτάτη, wo die Auffassung des Hermias zeigt, daß der Text keinem Verdacht der Interpolierung etc. unterliegen kann, und Hermias vielmehr durchaus αὐγή geschrieben haben muß. Und noch sicherer vielleicht wird das αὐγή erwiesen durch die Worte des Plutarch[2]): „αὐγῇ ξηρῇ ψυχὴ σοφωτάτη κατὰ τὸν Ἡράκλειτον ἔοικεν“ „nach Heraklit gleicht einem trockenen Strahl die weiseste Seele,“ — wo also gerade das ἔοικεν das αὐγή absolut erfordert, obgleich Heraklit selbst nach seiner Art nicht gesagt haben wird, einem trockenen Strahl gleicht, sondern ein trockener Strahl ist die weiseste Seele[3]).

---

[1]) Quod anim. mor. V, 450, Ch. IV, 786, Kuehne.

[2]) Plut. de esu carn. p. 995, E., p. 47, Wytt.

[3]) Vgl. die schon von Gataker. Advers. Misc. Posth. c. XIV, p. 554, zitierte aber mit Unrecht getadelte Doppelwendung in der Blumenlese des Holländers Hadrianus Junius, Centur. 3, adag 1, aridus fulgor mens sapientissima und Anima sicca jubar est sapientissimum.

Eine ganz andere und interessante Abweichung findet sich in einem Fragment des Philo[1]). Nachdem er gesagt hat, daß nur Hellas wahrhaft Menschen hervorbringe, die Ursache hiervon aber sei, daß durch die Feinheit der Luft die Einsicht geschärft werde, fährt er fort: „weshalb auch Heraklit nicht mit Unrecht sagt: „„οὗ γῆ ξηρὴ, ψυχὴ σοφωτάτη καὶ ἀρίστη"", wo die Erde trocken, ist die weiseste und beste Seele," so daß sich hiernach Heraklit auch auf die Durchführung seines Gedankens durch Klimatisches und Geographisches, wenn auch nur hin und wieder und beispielsweise eingelassen zu haben scheinen muß[2]). — Diese Stelle bildet

---

[1]) ap. Euseb. Praep. Ev. VIII, c. 14, p. 399, Par.; Philo ed. Mangey T. II, p. 647.

[2]) Wesseling meint, Heraklit hätte dann ja behaupten müssen, in den afrikanischen Wüsten werden die besten Menschen erzeugt, worauf ihm Schleiermacher entgegnet, „daß Heraklit, wenn er anders arabische und libysche Wüsten kannte, wohl auch hierüber etwas näher Bestimmendes gesagt haben wird." Es könnte nun in der Tat scheinen, als hätte Schleiermacher für letztere Behauptung anführen können eine Stelle des Proclus in Tim. p. 56: ἀλλὰ μὴν ἡ ἡμετέρα οἰκουμένη (γῆ) πολλὴν ἐπιδείκνυται τὴν ἀνωμαλίαν εἰσοχαῖς καὶ ἐξοχαῖς ... ἔστιν ἄρα ἀλλαχοῦ τῆς γῆς πεδία τε ἀναπλωμένα καὶ εἰς ὕψος ἐκτεινομένη διάστασις· καὶ γὰρ Ἡρακλείτου λόγος „„διὰ πολλῆς ἀβάτου χώρας διαπορευθέντα εἰς τὸ ἀτλάντιον ὄρος ἀπελθεῖν"". „Der durch vieles unwegsame Land Gewanderte gelange zu dem atlantischen Gebirge," so daß Heraklit hierin die Abwechslung der Gegensätze auch in der geographischen Beschaffenheit der Länder nachgewiesen zu haben scheinen könnte. — Die Verbesserung des Fabricius Ἡρακλέα wird nun zwar auch durch den Münchener Kodex bestätigt, welchen Herr Professor Schneider in Breslau für seine beabsichtigte Ausgabe des Proclus benutzt hat. Nichtsdestoweniger aber, — denn eine Handschrift dürfte hierbei schwerlich entscheidend sein

nun jedenfalls ein drittes Fragment für sich; Schleiermacher hätte dasselbe aber auch gegen Wesselings (Obs.
misc. Vol. V, P. III, p. 46 sqq.) und Heynes (Opusc. III,
p. 100) Einspruch, die auch hier, ganz mit Unrecht, statt
οὗ γῇ wieder αὔη lesen wollen, absolut sicherstellen können
durch Beziehung einer Ciceronischen Stelle, wo es, nachdem Meinungen des Stoikers Cleanthes exponiert worden,
im Verlauf heißt, (de nat. deor. II, 16, p. 268, ed.
Creuz. und Moser.) „Etenim licet videre a c u t i o r a in-
genia, et ad intelligendum aptiora eorum, qui
terras incolunt eas, in quibus aër sit purus ac tenuis,
quam illorum qui utantur crasso caelo atque con-
creto, womit man wieder Hippokrates de aquis, aër.
et loc. I, 85, und die anderen von den Herausgebern des
Cicero daselbst angef. O. vgl. Jetzt entscheidet überdies
schon der armenische Philo (de Provid. II, § 109, p. 117,
Aucher. T. VIII, p. 98, ed. Lips.): Quam ob rem etiam

— erhält unsere Vermutung eine nicht geringe Bestätigung durch
eine später genauer zu betrachtende sehr interessante Stelle
des armenischen Philo (Quaest. in Gen. p. 178, Aucher. T. VII,
p. 11, ed. Lips.) „Sciendum est tamen, etiam partes mundi
bipartitas esse et contra se invicem·constitutas; terram in situm montanum et campestrem; aquam in
dulcem et salsam ... Hinc Heraclitus libros conscripsit de
natura, a theologo nostro mutuatus sententias de contra-
riis, additis immensis iisque laboriosis argumentis.“ Philo charakterisiert hier nicht nur sehr treffend
die gesamte heraklitische Philosophie als, wie wir uns heute
etwa ausdrücken würden, Philosophie des Gegensatzes,
sondern es sind doch auch offenbar, worüber die ganze Stelle
und das hinc kaum einen Zweifel zuläßt, die von ihm selbst
gegebenen Beispiele der Gegensätzlichkeit, auch das geo-
graphische, als solche zu fassen, welche, wie er hinzufügt, das Werk des Ephesiers selbst füllten.

Heraclitus non gratis atque inconsulto dixit: in terra sicca animus est sapiens ac virtutis amans. —

In bezug auf die beiden obigen Lesarten in den anderen Fragmenten, αὐγή und αὔη, von denen doch keine geleugnet werden kann, nimmt Schleiermacher an, Heraklit selbst habe sowohl gesagt „αὔη ψυχὴ σοφωτάτη καὶ ἀρίστη", als auch „αὐγὴ ξηρὴ ψυχὴ σοφωτάτη". Dies ist ganz richtig, allein es ist dabei wohl noch etwas weiteres zu beachten. Denn die so sehr ähnlichen Formen αὔη ψυχή und αὐγὴ ψυχή sind gewiß vom Ephesier nicht ohne Absicht gewählt. Vielmehr glauben wir nicht zu viel zu wagen, wenn wir in dem αὔη und αὐγή ein etymologisches Wort-spiel Heraklits sehen. Seine innere Wahrscheinlichkeit und systematische Begründung wird das erhalten, wenn wir in dem, was man den sprachphilosophischen Teil hera-klitischer Lehre nennen könnte, sehen werden, wie sehr dieses Etymologisieren nicht nur bei Heraklits Schülern, sondern auch bei ihm selbst einen wesentlichen und prin-zipiellen Bestandteil seiner Philosophie bildet, wie uns denn auch in der Tat noch mehrere seiner, sprachlich häufig unrichtigen, aber immer gedankenvollen Etymolo-gien aufbewahrt sind. — Hier zunächst leitet uns darauf die obige Stelle des Galen, welcher nach den Worten „αὐγὴ ξηρὴ ψυχὴ σοφωτάτη" fortfährt: „τὴν ξηρότητα πάλιν ἀξιῶν εἶναι συνέσεως αἰτίαν, τὸ γὰρ τῆς αὐγῆς ὄνομα τοῦτ᾽ ἐνδείκνυται", „indem er (Heraklit) die Trocken-heit wiederum für die Ursache der Einsicht hält, denn dies zeigt der Name des Strahls (αὐγή)" — Worte, in denen uns also die Spur jener Etymologie noch ganz deutlich aufbewahrt ist[1]).

---

[1]) Wozu Gataker. adv. Misc. Posth. l. l. ganz mit Unrecht sagt, αὔη scripsisse Galenum et explicatione quam adjunxit

Ferner erscheint es uns nicht zweifelhaft, daß in den beiden Stellen Plutarchs de def. orac. und im Romul. das beidemal schleppende und den Sinn abschwächende αὕτη zwar nicht mit Wesseling und Heyne in αὖη (was das ξηρή nicht duldet), wohl aber gestützt auf das Fragment bei Galen, Hermias und Clemens, sowie auf die eigene Stelle Plutarchs de esu carn., in αὐγή umgeändert werden muß, wodurch der Sinn und Zusammenhang jener Stelle selbst nicht wenig gewinnt. Dann würde also die Stelle de def. orac. lauten: „αὐγὴ γὰρ ξηρὰ ψυχὴ καθ' Ἡράκλ.", „denn ein Strahl ist die trockene Seele nach Heraklit." Zu dieser Konjektur treibt besonders auch die andere Stelle bei Plutarch (Romul.) sehr an, wo es heißt: „αὕτη γὰρ ψυχὴ ξηρὴ ἀρίστη καθ' Ἡράκλ. ὥςπερ ἀστραπὴ νέφους διαπταμένη, denn nicht nur ist es doch auffällig, daß durch das αὕτη, welches, wenn es sich nur einmal fände, noch erträglich wäre, beidemal die Verbindung mit dem vorigen gemacht worden sein soll, sondern hier würde es auch wegen des ἀστραπὴ einen vorzüglich guten Sinn und eine schöne Durchführung des Bildes gewähren, wenn man läse und interpungierte: αὐγὴ γὰρ ψυχὴ ξηρὴ, ἀρίστη κτλ. und also übersetzte: „denn ein Strahl ist die trockene Seele, die beste nach Heraklit, den Leib durchzuckend wie ein Blitz die Wolke," und hier ergäbe sich dann somit ein weiterer konkreter Grund, warum Heraklit die trockene Seele αὐγή oder Strahl genannt hat, eben weil in dem Begriff des Strahles diese blitzartige Schnelligkeit der hin-

---

ipse, satis patet. Denn die Explikation ἐννοήσαντας καὶ τοὺς ἀστέρας αὐγοειδεῖς τε ἅμα καὶ ξηροὺς ὄντας, ἄκραν σύνεσιν ἔχειν schöpft nicht nur den Begriff des Trockenen aus αὐγή selbst und aus ξηρή, welches sie auch wiederholt, sondern macht das αὐγή durch das αὐγοειδεῖς ganz unangreiflich.

durchschießenden Bewegung liegt. Diese Form also und zwar so, wie sie, wenn unsere auf die vorerwähnten Stellen (p. 321, 322) gestützte Emendation des Plutarch richtig ist, in beiden Stellen desselben wiederkehrt: „*αὐγὴ ψυχὴ ξηρὴ* (so daß *ξηρή* Beiwort zu *ψυχή* und nicht zu *αὐγή* ist), würde ich für den eigenen heraklitischen Text d i e s e s Fragmentes halten und wo das *ξηρή* als Beiwort zu *αὐγή* getreten ist, dies teils als eine Umstellung, teils als Explikation des bei Heraklit in *αὐγή* schon etymologisch gelegenen *αὔη* auffassen. Dies bestätigt endlich auch noch eine wichtige, auf dies Bruchstück Heraklits, ohne ihn zu nennen, anspielende und von den Bearbeitern des Ephesiers, (obgleich sie schon Gataker in seinen nachgelassenen Miscellaneen [1]) anzieht) stets übersehene Stelle des Porphyrios aus dem Buch *περὶ τῶν πρὸς τὰ νοητὰ ἀφορμῶν* [2]) welche zugleich unsere Auffassung des Fragmentes zur Evidenz bringt: *ἡ ψυχὴ ὑγρὸν ἐφέλκεται ὅταν συνεχῶς μελετήσῃ ὁμιλεῖν τῇ φύσει· ὅταν δὲ μελετήσῃ ἀφίστασθαι φύσεως, αὐγὴ ξηρὰ γίνεται ἄσκιος καὶ ἀνέφελος· ὑγρότης γὰρ ἐν ἀέρι νέφος συνίστησι* (vgl. die obige Stelle des Porphyrios und das *νεφελῆς δίκην σωματοποιουμένη* bei Clemens), *ξηρότης δὲ ἀπὸ τῆς ἀτμίδος αὐγὴν ξηρὰν ὑφίστησιν*". „Die Seele zieht das Feuchte an, wenn sie sich ununterbrochen bestrebt, der N a t u r (der Wirklichkeit, dem realen Dasein) sich z u - z u g e s e l l e n; wenn sie aber darauf ausgeht, sich von dem realen Dasein a b z u w e n d e n, wird sie ein trockener Strahl, schatten- und wolkenlos. Denn die Feuchtigkeit

---

[1]) l. l. p. 551, ed. Trajecti ad Rhenum. 1698.

[2]) XXXIII, p. 78, ed. Luc. Holst. Rom. 1630. — Eine andere interessante und übersehene Stelle über die heraklitische trockene Seele bei Synesius de insomniis p. 140 werden wir noch im § 26 zu betrachten haben.

tritt in der Luft zur Wolke zusammen, Trockenheit aber aus Verdampfung stellt den trockenen Strahl her." —

Wir haben bereits oben erwähnt, daß in dem Fragment aus Musonius bei Stobaeus auf die Worte: ... καθάπερ Ἡρακλείτῳ δοκεῖ λέγοντι οὕτως· „„Αὔη ψυχὴ σοφωτάτη καὶ ἀρίστη"" unmittelbar die Worte folgen: „νῦν δὲ, ἔφη, πολὺ χεῖρον ἡμεῖς τῶν ἀλόγων ζώων τρεφόμεθα". Schleiermacher teilt diesen letzteren Satz nicht mit; es ist aber evident, daß diese Worte nicht minder als die vorhergehenden die eigensten Worte des Ephesiers sind, dem sie nicht nur durch das ἔφη auf das bestimmteste zugeteilt sind, sondern dessen Charakter sie auch in jeder Hinsicht unverkennbar an sich tragen. Ja, diese Worte bilden den eigentlichen G e d a n k e n m i t t e l p u n k t des Fragmentes in dieser Form, welches jetzt in seinem Zusammenhange also lautet: „— wie es auch dem Heraklit scheint, der also sagt: „„„die trockene Seele ist die weiseste und beste; n u n a b e r, sagte er, n ä h r e n w i r u n s w e i t s c h l e c h t e r a l s d a s u n v e r n ü n f t i g e V i e h[1]).

Diese Stelle zeigt, daß Heraklit seinen oben entwickelten Gedanken auch auf das Gebiet der N a h r u n g s m i t t e l angewandt hat. Weil nur die feurig-trockene Seele die ihrem Begriffe angemessene ist, diese aber ihre reine Bewegung und Beweglichkeit durch die Hingabe an das Gebiet des Flüssigen verliert, so eifert er gegen die Überladung des Körpers mit flüssigen Substanzen, zumal gegen den W e i n, durch dessen feuchte Ausdünstungen die eben dadurch von Flüssigkeit durchdrungene Seele, wie die obigen Stellen des Porphyrios und Clemens zeigen, wie eine W o l k e verdickt und v e r l e i b l i c h t und so aus der

---

[1]) Dieser Vergleich mit dem Vieh kehrt öfters in der Polemik Heraklits wieder; vgl. z. B. Clemens Al. Strom. IV, c. 7, p. 586, Pott., und ib. V, c. 9, p. 682, Pott.

ätherischen und strahlenartigen Beweglichkeit herausgerissen wird, mit welcher sie den Körper durchläuft und in der sie allein das Prinzip ihrer Einheit, Sammlung und Erkenntnis hat. Dies war nämlich auch schon der Zusammenhang in der obigen Stelle des Clemens (Pädag.):

„— οὐδὲ ἔσται κάθυγρος ταῖς ἐκ τοῦ οἴνου ἀναθυμιάσεσι νεφέλης δίκην σωματοποιουμένη", „und nicht wird sie (nämlich jene beste und weiseste trockene Seele) durchfeuchtet sein durch die Ausdünstungen des Weines, nach Art einer Wolke verkörperlicht." —

Hier sind von den Worten selbst nur die hervorgehobenen heraklitisch; das Vorhergehende gehört nur dem Sinne nach dem Ephesier an.

Aber auch wörtliche dies besagende Fragmente sind uns noch erhalten. So bei Stobaeus [1]): „Ἀνὴρ ὁκόταν μεθυσθῇ, ἄγεται ὑπὸ παιδὸς ἀνήβου, σφαλλόμενος οὐκ ἐπαΐων, ὅκη βαίνει, ὑγρὴν τὴν ψυχὴν ἔχων". „Ein Mann, wenn er trunken ist, wird geführt von einem unmündigen Kinde, strauchelnd, nicht wahrnehmend, wohin er schreitet, weil er eine nasse Seele hat" [2]).

---

[1]) Serm. Tit. V, p. 74, Tom. I, p. 151, Gaisf.

[2]) Eine merkwürdige Vergleichung mit der Polemik Heraklits gegen diese Art von Nahrung gewährt jedenfalls das, was Clemens Alex. über das Verbot, Fische zu essen für die ägyptischen Priester mitteilt. Nämlich nicht sowohl dies Verbot selbst, als die dabei von Clemens referierten Gründe bieten eine auffällige Analogie. Sie dürfen keine Fische essen, weil der Genuß dieser Speise das Fleisch durchfeuchte. Denn die Tiere des Festlandes und ebenso die Vögel atmen dieselbe Luft ein, die auch unseren Seelen zuströmt und besitzen so eine der Luft gleichartige Seele, die Fische aber atmeten nicht diese Luft ein, sondern eine, die sofort mit Wasser gemischt, was das Zeichen stofflichen Verharrens, Strom. VII, 6,

Darum heißt es auch in einem anderen Fragmente bei Plutarch [1]). „Ἀμαθίην γὰρ ἄμεινον, ὥς φησιν Ἡράκλειτος, κρύπτειν· ἔργον δὲ ἐν ἀνέσει καὶ παρ᾽ οἶνον". „Denn den Unverstand, wie Heraklit sagt, zu verbergen, ist besser; aber schwer in der Erschlaffung und beim Weine."

Ich halte nämlich auch diese letzten Worte für heraklitische und vermag nicht abzusehen, aus welchem Grunde Schleiermacher, der allerdings auch eigentlich keinen Grund angibt, dies nicht will.

Was mich in dieser Ansicht, außer der Altertümlichkeit der ganzen Ausdrucksweise dieses Satzes noch besonders bestärkt, ist das „ἀνέσει" welches mit „Erschlaffung" nur ganz ungenügend übersetzt ist. Das Wort „ἄνεσις" bedeutet nach seiner sprachlichen Ableitung das Nachlassen, wodurch ein früher in eins Zusammengehaltenes aufgelockert wird und auseinander fällt. Das Gegenteil hiervon ist die σύνεσις, das in eins Sammeln und Zusammenhalten, die Vereinigung. Eben dies in eins Zusammenfassen war aber nach Heraklit, wie sich später noch näher zeigen wird, die eigen-

---

p. 305, Sylb., p. 850, Pott.: „καὶ ἰχθύων οὐχ ἅπτονται καὶ δι᾽ ἄλλους μέν τινας μύθους, μάλιστα δὲ ὡς πλαδαρὰν τὴν σάρκα τῆς τοιᾶςδε κατασκευαζούσης βρώσεως· ἤδη δὲ τὰ μὲν χερσαῖα καὶ τὰ πτηνά, τὸν αὐτὸν ταῖς ἡμετέραις ψυχαῖς ἀναπνέοντα ἀέρα τρέφεται, συγγενῆ τῷ ἀέρι τὴν ψυχὴν κεκτήμενα· τοὺς δὲ ἰχθῦς οὐδὲ ἀναπνεῖν φασι τοῦτον τὸν ἀέρα, ἀλλ᾽ ἐκεῖνος ὃς ἐγκέκραται τῷ ὕδατι εὐθέως κατὰ τὴν πρώτην γένεσιν, καθάπερ καὶ τοῖς λοιποῖς στοιχείοις· ὃ καὶ δεῖγμα τῆς ὑλικῆς διαμονῆς".

Der Haß der Ägypter gegen das Meer überhaupt ist bekannt (cf. mit Clem. noch Julian. Orat. 5, p. 176 sqq. u. Or. 6, Herod. II, 37, Plut. de Is. et Os. p. 355, D.).

[1]) Sympos. III, p. 644, p. 622, Wytt.

tümliche Funktion der Seele zum Unterschiede von dem seiner Natur nach unvernünftigen, in die s i n n l i c h e V i e l h e i t ergossenen und somit, wie alles Sinnliche, auf sich beruhen wollenden Körper. Sie, die Seele ist seine — und überhaupt alles Sinnlichen — A u f h e b u n g z u r E i n h e i t, wie das F e u e r o d e r d i e W ä r m e dasselbe Prinzip in der elementarischen Welt ist. So finden wir denn auch in der obigen Stelle des Galen den Zustand der trockenen Seele wiederholt mit σύνεσις bezeichnet, und zwar so, daß man beinahe vermuten möchte, Galen habe dies Wort bei Heraklit gelesen[1]). — Ist dies aber der Fall, so verdankt das Wort σύνεσις diese seine dann in die gesamte Sprache übergegangene tropische Bedeutung: B e w u ß t s e i n, E i n s i c h t, niemand anders als H e r a k l i t, durch welchen es dann zuerst diese Bedeutung infolge jenes Verhältnisses der Seele zum Körper und zur sinnlichen Welt überhaupt bei ihm empfing, wie sich denn in der Tat diese tropische Bedeutung des Wortes nicht vor Pindar und Herodot findet.

Dagegen ist die ἄνεσις mit der entgegengesetzten tropischen Bedeutung des A u ß e r s i c h s e i n s und der A u f l ö s u n g jener Einheit, also der B e w u ß t l o s i g - k e i t und E i n s i c h t s l o s i g k e i t, in der Sprache n i c h t durchgedrungen, hat hier vielmehr die tropische Bedeutung der Ausgelassenheit und Zügellosigkeit angenommen. Bei Heraklit dagegen war sie in der Tat, wie jenes Fragment bei Plutarch in interessanter Weise zeigt, ganz konsequent das strikte Gegenteil der σύνεσις, der aus der Auflockerung jener i d e e l l e n E i n h e i t folgende Zustand der t h e o r e t i s c h e n E i n s i c h t s l o s i g k e i t und

---

[1]) „— τὴν ξηρότητα πάλιν ἀξιῶν (sc. Ἡράκλειτος) εἶναι συνέσεως αἰτίαν"   „— — καὶ τοὺς ἀστέρας αὐγοειδεῖς τε ἅμα καὶ ξηροὺς ὄντας ἄκραν σύνεσιν ἔχειν".

erscheint so in dem Fragmente als eine, eine ähnliche geistige Unfähigkeit wie die Dünste des Weines hervorbringende, Erschlaffung.

Ist diese ἄνεσις also einerseits ein Grund mehr, um anzunehmen, daß auch der allgemein gewordene Ausdruck σύνεσις in jenem Sinne von Heraklit herrühre, so ist sie aber auch ein Grund, welcher die Echtheit jenes zweiten Satzes bei Plutarch schützt. Diese Echtheit wird auch noch durch eine, übrigens von Schleiermacher selbst angezogene Stelle des Stobaeus dargetan, welcher aus einer anderen Schrift Plutarchs zitiert [1]): ἀμαθίην, ὥς φησιν Ἡράκλειτος, καὶ ἄλλως κρύπτειν ἔργον ἐστίν, ἐν οἴνῳ δὲ χαλεπώτερον", Worte, welche somit durch ihre Ähnlichkeit mit dem zweiten Satze des Plutarch denselben hinreichend bestätigen. Übrigens widerspricht dies auch keineswegs den anderen von Schleiermacher vorgezogenen Fragmenten über die ἀμαθία, die wir später durchnehmen werden; vielmehr ergeben sich hier, wie bei der trockenen Seele, mehrere Schemata, die sich übrigens auch durchaus nicht tautologisch zueinander verhalten.

Wie dem auch sei, jedenfalls steht durch das Obige fest, wie Heraklit seine Theorie auf das Gebiet der Nahrungsmittel übertrug und daher gegen den Wein, weil er die Seele in Feuchtigkeit hülle, polemisierte. Und mit Rücksicht auf den Wein eben mochte er wohl auch oben in dem Fragment bei Musonius gesagt haben, daß, während es darauf ankäme, die Seele auch durch die Nahrung in ihrer feurigen Trockenheit zu erhalten, wir „uns viel schlimmer nährten, als das unvernünftige Vieh,“ welchem letzteren er allerdings den Vorwurf des Weintrinkens nicht machen konnte. — Allein gleichviel,

---

[1]) Serm. Tit. 18, p. 165, T. I, p. 319, ed. Gaisf.

ob Heraklit in diesem Vorwurf auch ganz konsequent war oder nicht — denn vielleicht hätte er doch sehen sollen, daß der Wein als eine selbst schon feurige Flüssigkeit auch eine vortreffliche Nahrung für feurige Seelen bilde — jedenfalls scheint ihm die Nahrung durch f e s t e Substanzen ebensowenig eine entsprechende gewesen zu sein. Denn dies scheint das Fragment bei dem s. g. Aristoteles[1]) zu zeigen: „πᾶν γὰρ ἑρπετὸν τὴν γῆν νέμεται, ὥς φησιν Ἡράκλειτος“, „denn alles Gewürm weidet die Erde ab, wie Heraklit sagt." Dasselbe dürfte nämlich, wenn wir nicht irren, bei Heraklit in dem Zusammenhange gestanden haben, um zu zeigen, welche n i e d r i g s t e n und v e r ä c h t l i c h s t e n L e b e n s f o r m e n d e r N a h - r u n g a u s d e m S t a r r e n e n t s p r e c h e n, wie ihm ja in der Tat die Erde als das Starre und der Bewegung noch mehr Entnommene als das Nasse, als das eigentliche Gebiet des auf sich beharrenden T o d e s in seiner sozusagen geistigen Rangordnung der Elemente ebensosehr unter dem Feuchten stand, dem Momente und Samen des sinnlichen L e b e n s, wie dieses wieder unter dem Feuer, der Bewegung als solcher. Und so scheint Heraklit in diesem Fragment, welches dann gewiß nicht vereinzelt bei ihm gestanden haben dürfte, nachgewiesen zu haben, welche untergeordnete L e b e n s f o r m durch diese untergeordnetste Nahrungsstufe b e d i n g t sei und wie sich zugleich so in der Nahrung, als ihrem allgemeinen Elemente, der o b j e k t i v e u n d e i g e n t ü m l i c h e C h a r a k t e r e i n e r G a t t u n g u n d L e b e n s f o r m d a r s t e l l e u n d a u s s p r e c h e.

Auf dieses letztere im weiteren Sinne, — daß sich nämlich durch die Nahrung eines Geschöpfes und ebenso durch

---

[1]) De mundo c. 6, p. 401, Bekk.

das, was ihm Lust gewährt, womit es sich beschäftigt, zu
tun macht und was ihm von Wert erscheint, der o b j e k -
t i v e Charakter seiner Gattung ausspricht, scheint auch
ein anderes bisher übersehenes*) Fragment beim Aristoteles hinzudeuten, zumal auch durch die Art, wie es dort
in den Zusammenhang eingefügt ist. Aristoteles sagt :
„Auch die Lust scheint einem jeden Tiere ebenso eigentümlich zu sein, wie auch seine Verrichtung; nämlich eine
seiner Wirksamkeit angemessene; und dies möchte wohl
an jedem einzelnen dem klar werden, der es betrachtet;
denn eine andere ist die Lust des Pferdes, .eine andere
die des Hundes und die des Menschen, wie Herakleitos‘
sagt: „ὄνον σύρματ᾽ ἂν ἑλέσθαι μᾶλλον ἢ χρυσόν‘
ἥδιον γὰρ χρυσοῦ τροφὴ ὄνοις“ „S t o p p e l n (oder Stroh)
w ä h l e s i c h d e r E s e l l i e b e r a l s G o l d“; denn
angenehmer als Gold ist den Eseln das Futter“[1]).

Die letzten Worte gehören wieder dem Aristoteles an,
aus der Weise aber, wie er Heraklits Sentenz anführt,
ergibt sich hinreichend, daß diese auch beim Ephesier in
demselben Gedankenzusammenhange gestanden haben und
gleichfalls als ein Beleg dafür angeführt worden sein muß,

---

*) Nicht von Bernays Rhein. Mus. VII, 91, 1, der mir aber
den Gedanken des Fragmentes zu verkennen scheint, wenn er
statt es im obigen Sinne zu nehmen, nicht ungeneigt ist, dasselbe
als einen Selbsttrost Heraklits über die schlechte Aufnahme
seiner Lehre bei den Menschen aufzufassen. Die Vermutung,
welche Bernays (Herakl. 25) gegen das erstere oben bezogene
Fragment ausspricht, hat Zeller p. 489, 1, bereits mit Recht
zurückgewiesen, wenn er uns auch bei seiner Interpretation des
Bruchstückes („die meisten Menschen leben dahin wie das
Vieh, sie wälzen sich im Schmutz und nähren sich von Erde,
gleich dem Gewürm“) den Sinn desselben zu eng und
ohne Grund als einen bloß polemischen aufzufassen scheint.
[1]) Ethic. Nicomach. X, 5, p. 1176, B.

daß in dem O b j e k t , auf welches sich ein Wesen beziehe, in der Nahrung wie in seinem Wünschen und Tun,
der C h a r a k t e r d i e s e s W e s e n s und seiner Gattung
sich offenbare.

Welche Nahrung nach Heraklit aber die angemessene
gewesen ist, darüber gibt uns unseres Wissens kein Fragment positive Nachricht; und nur aus seiner Theorie heraus
können wir vermuten, daß er auch hier d i e Nahrung für
die entsprechende gehalten haben wird, welche die Gegensätze des Feuchten und Festen möglichst vereinte, somit
weder starr noch naß war, sondern eine leichte und
trockene, aber saftige Nahrung wie z. B. Pflanzenkost.
Der allgemeine hier (und schon oben p. 285) herausge-
hobene Gedanke Heraklits, der E i n f l u ß d e r N a h -
r u n g a u f d i e S e e l e , scheint uns nach der bisherigen
Ausführung mit Evidenz belegt zu werden durch das,
was der Heraklitiker, der Pseudo-Hippokrates, in dem
oben bezogenen Schriftchen de diaeta I. hierüber handelt,
der ihn geradezu in den Worten ausspricht (p. 665,
Kuehn.): „u n d e s k a n n d i e S e e l e d u r c h i h r e
N a h r u n g s o w o h l b e s s e r w i e s c h l e c h t e r w e r -
d e n (καὶ δύναται [ψυχὴ] ἐκ τῆς διαίτης καὶ βελτίων καὶ
χείρων γίνεσθαι).

_____

§ 10. T h e o l o g i e , B e g r i f f u n d S u b s t r a t .
S t e l l u n g H e r a k l i t s z u m r e l i g i ö s e n
K r e i s e .

Noch schärfer und glühender aber erhebt sich diese
Polemik gegen die flüssige Natur in einem Fragmente,
zu welchem wir jetzt gelangen, und welches noch deutlicher
das von uns eben auseinandergesetzte Verhältnis Heraklits
zu den religiösen Vorstellungen erweist. Heraklit läßt sich

auf die Kreise der Volksreligionen ein, ergreift ihre
Gestalten und zwingt sie, seine Begriffe zu
sein. Wie er die sinnlichen Existenzen Feuer, Fluß, Harmonie und Krieg unmittelbar als seine reinen Begriffe gebraucht, ebenso gebraucht er die sinnlichen Göttergestalten;
aber sie sind ihm nicht als solche gültig, sondern nur
das sinnliche Substrat der Darstellung, in dem er seinen
in seiner rein logischen Form für ihn noch unaussprechbaren Begriff herausringt.

Das Fragment, das wir im Auge haben, lautet[1]):
„Εἰ μὴ γὰρ Διονύσῳ πομπὴν ἐποιοῦντο καὶ ὕμνεον
ᾆσμα αἰδοίοισιν ἀναιδέστατα εἴργασται φησὶν Ἡράκλειτος, ωὑτὸς δὲ Ἀΐδης καὶ Διόνυσος, ὁτέῳ μαίνονται
καὶ ληναΐζουσι", wonach Wyttenbach und Schleiermacher
auch bereits die Stelle bei Plutarch, in welcher sich das
Ende des Fragmentes nochmals findet[2]): „καὶ μέντοι Ἡρακλείτου τοῦ φυσικοῦ λέγοντος Ἀΐδης καὶ Διόνυσος ωὑτὸς, ὁτέῳ
μαίνονται καὶ ληναΐζουσι" hergestellt haben. Schleiermacher
verbessert in dem Bruchstück bei Clemens das εἴργασται
in εἴργαστ' ἄν und übersetzt: Und begingen sie nicht
dem Dionysos ein Fest und besängen die
Schamglieder, schamlos wäre das von ihnen.
Es ist aber derselbe Hades wie Dionysos,
dem sie toll sind und Feste feiern." Doch gibt
der erste Teil dieser Übersetzung keinen rechten Sinn und
ich glaube, daß man lieber, das εἴργαστ' ἄν akzeptierend,
zwischen ᾆσμα und αἰδοίοισιν ein Komma machen und
übersetzen muß: Und begingen sie nicht dem
Dionysos das Fest und sängen *ihm* das Lied,
so wäre das ja auf das schamloseste den

---

[1]) Clem. Al. Cohort adv. Gent. c. II, p. 10, Sylb., p. 30,
Pott.

[2]) Plut. de Is. et Os. p. 362, p. 483, Wytt.

Schamteilen dargebracht; derselbe ist aber
Hades und Dionysos, dem sie rasen" etc.

Jedenfalls aber ist der Gedanke und Mittelpunkt des
Fragmentes klar: die Identität des Dionysos und Hades
und eine gewisse glühende Polemik gegen den Gott der
sinnlichen feuchten Natur und Genesiurgie und diejenigen,
die ihm Feste feiern und von ihm toben; eine Polemik
gegen den Gott selbst wie seinen taumelnden Kultus des
Außersichgeratens und Rasens.

Einen gewiß seltsamen Gebrauch macht Schelling von
diesem Fragment, wenn er es[1]) als einen Beleg anführt,
daß die Lehre „der freundliche Gott Dionysos sei der
Hades, unstreitig die beseligende Überzeugung
gewesen sei, welche die Geheimlehren mitteilten." Nicht
nämlich, daß dies nicht wirklich von der Geheimlehre
gelten müsse und richtig sei, wollen wir behaupten; aber
keinesfalls kann es sich auf unser Bruchstück stützen, welches, wie auch Schleiermacher gefühlt hat, Haß, Verachtung, Drohung, — aber durchaus nicht „beseligende Überzeugung" ausdrückt[2]).

---

[1]) Über die Gottheiten von Samothrace, p. 19.
[2]) Wenn Klausen in seinem verdienstvollen Aufsatz über
Orpheus in der Enzyklopädie von Ersch und Gruber in den
Worten: „Auch von Jakchos, dem durchaus unterirdischen, sagte
man ja zu Eleusis, er sei Sohn des Zeus, dieser war aber eins
mit dem Dionysos, denn die Philosophen finden es
unanständig, daß man dem Gotte, den man als
Totenbeherrscher in Ewigkeit werde feiern müssen, Phallosprozessionen mit allen möglichen
Ungezogenheiten halte" — auf unseren Philosophen und
auf unser Bruchstück anspielt, so verfällt er daher in den
ähnlichen Irrtum, anzunehmen, daß die in dem Fragmente ausgesprochene Identität von Dionysos und Hades bei Heraklit
noch denselben positiven Sinn habe, wie bei den Orphikern

Um jedoch diesen polemischen Charakter des Fragments gegen so gewichtige Autoritäten wie Schelling und Klausen und andere gleich zum voraus über allen Zweifel zu erheben, beeilen wir uns zuvörderst, eine bisher stets übersehene und äußerst interessante Stelle des Arnobius mitzuteilen. „At nequis forte — sagt Arnobius V, c. 29, — a nobis tam impias arbitretur ut confectas res esse, Heraclito testi non postulamus ut credat nec mysteriis volumus, quid super talibus senserit, ex ipsius accipiat lectione, — totam interrogat Graeciam, quid sibi velint hi phalli". etc. Merkwürdige Worte, welche nicht nur die glühende Polemik gegen Dionysos, seinen Kult und seine Symbole, welche sich nach unserer Auffassung in dem Fragmente ausspricht, außer Frage setzen, sondern auch im Verein mit anderen Spuren gewiß zeigen dürften, daß Heraklit in seinem Werke in eine gewisse systematische und höchst feindliche Polemik gegen diese Mysterien getreten zu sein scheint.

Es wird aber auch leicht sein, aus dem Fragment selbst nachzuweisen, daß nur ganz derselbe Grundgedanke in ihm vorhanden ist, den wir schon in so vielen Wendungen angetroffen haben von den gestorbenen Göttern, von den Leibern, die das Grab und der Tod der Seelen sind, von den Seelen, die, wenn sie flüssig werden, in die Genesis und den Körper fallen; es ist ganz derselbe Begriff, nur in einer Form ausgesprochen, welche jetzt weit weniger Zweifel darüber zuläßt, daß, wie in diesem Fragment, so auch in jenen Sätzen Heraklit das Substrat seiner

___

und daß Heraklit in dem Bruchstück das Wesen des Gottes habe feiern wollen. Wir werden im folgenden deshalb das Verhältnis dieser Identität bei Heraklit zu der orphischen Vorstellung derselben näher darzulegen suchen.

Darstellung, — aber eben nur als solches Substrat — aus dem Kreise religiöser Seelenlehre und orphischer Dogmen[1]) gegriffen hat.

Und die Reihe von Fragmenten und Berichten, die wir an das jetzige Bruchstück im Verfolg zu knüpfen gedenken, wird zeigen, daß Heraklit bei dieser symbolischen Darstellung seines Begriffes sogar ziemlich bis i n s D e t a i l des mythischen und dogmatischen Materials, teils orientalischer, teils besonders auch orphischer Religionsvorstellungen eingegangen ist. —

Was Heraklit zu diesem Ausspruche von der Identität des Dionysos und Hades in seinem Gedankensystem berechtigte, ist leicht zu sehen, wenn wir schon Erwiesenes

---

[1]) Wie man in diesem Bruchstück von der Identität des Dionysos und Hades eine B e z i e h u n g auf orphische Lehre verkennen konnte, bleibt fast unbegreiflich. Selbst O. Müller, dem man doch gewiß nicht Mißbrauch mit Orphischem vorwerfen kann, sagt, Prolegom. zur Mythologie p. 389: „Was Creuzer als Tradition der fernsten Vorwelt angibt, die Lehre von Dionysos, als dem hindurchführenden Gotte, war offenbar diesen Orphikern geläufig und nur v o n i h n e n kann Herakleitos den großen Satz haben, daß Hades Dionysos sei, ein Satz, der nicht im Sinne späterer Theokrasie zu nehmen ist." Freilich wird hier auch wieder, wie bei Schelling und Klausen, irrig unterstellt, daß der Satz bei Heraklit auch dieselbe B e - d e u t u n g haben solle, wie bei den Orphikern, eine Unterstellung, wodurch das w a h r h a f t „G r o ß e" des h e r a k l i - t i s c h e n Satzes ganz verkannt und sein Sinn in einer dem richtigen gerade entgegengesetzten Richtung aufgefaßt wird*).

*) Aber sowohl diese B e z i e h u n g des Fragmentes auf orphische Dogmen, als auch der B e g r i f f des Bruchstückes wird gleichmäßig ganz verkannt, wenn jetzt sogar Zeller p. 481, 3, dasselbe so auffaßt: „der W e i n g o t t sei mit dem T o d e s - gott ein und derselbe," weil nämlich „der B e t r u n k e n e seiner selbst nicht mächtig sei, da seine Seele angefeuchtet ist."

kurz rekapitulieren. Das Absolute war ihm die r e i n e prozessierende Einheit des Sein und Nichtsein, der g e d a c h t e Begriff des Werdens, den er darum die höhere u n s i c h t b a r e Harmonie nannte, oder auch d e n N a m e n d e s Z e u s, der a l l e i n ausgesprochen sein will und auch nicht. Er w i l l gesprochen sein, und zwar er will und verdient es, denn er a l l e i n ist es, der in allem existiert, und alles andere; was zu existieren scheint, existiert in der Tat nur insofern, als es an j e n e m Einen, dem Werden, Teil hat. Er will aber auch n i c h t ausgesprochen sein, weil er hierdurch aus der reineren unsichtbaren Harmonie in die s i c h t b a r e und s i n n l i c h e tritt, weil schon d u r c h d a s A u s s p r e c h e n er, der nur im ewigen inneren W a n d e l von Sein und Nichtsein als reiner Gedankenmomente bestehende [1]), aus diesem seinem Wesen, dem r e i n e n Werden heraus- und in die Bestimmtheit gefallen zum E i n z e l n e n und somit S e i e n d e n geworden ist; weil das Werden selbst, diese r e i n e Identität von Sein und Nichtsein, indem es irgendwie d a i s t, diese seine beiden Momente, die nur als s t e t e s u n u n t e r b r o c h e n e s Umschlagen, als a b s o l u t e Dialektik ineinander adäquates Dasein haben, in die e i n s e i t i g e F o r m d e s S e i n s setzt, — als S e i e n d e s aber B e s t i m m t e s und sein Gegenteil, obgleich an sich mit ihm identisch, A u s s c h l i e ß e n d e s ist. Durch das reale Sein ist somit das reine Werden a u f g e h o b e n; der G o t t i s t g e s t o r b e n, wenn er ins Sein geraten ist. — Darum muß Heraklit das g a n z e R e i c h der Geburt und Existenz perhorreszieren, denn alle reale Existenz ist das G r a b d e r u n s i c h t b a r e n r e i n e n Harmonie der

---

[1]) Vgl. jetzt oben p. 73—79, p. 177—185, p. 216—224, p. 228 sqq., p. 242 sqq.

S e e l e. In der mysteriösen Seelenlehre war nun das Gebiet des F l ü s s i g e n Gebiet und Symbol der Z e u -
g u n g. Dies hatte Heraklit zum B e g r i f f erhoben und
w i s s e n s c h a f t l i c h   d u r c h   s e i n e n   E l e m e n t a r -
p r o z e ß   d u r c h g e f ü h r t[1]), indem ihm das F e u e r der
reine sich selbstverzehrende Prozeß war, bei dem es um
dieses unausgesetzten Sichselbstaufhebens willen noch zu
keinem s i n n l i c h e n   L e i b e kommen kann, das W a s s e r
dagegen die Mittelstufe, auf welcher die beiden Momente
des Werdens s i n n l i c h e Realität haben, das Werden
selber s e i e n d ist, so daß hier, wo das Werden als s e i -
e n d e s, das Seiende nur als w e r d e n d e s vorhanden
ist, die eigentliche Sphäre des s i n n l i c h e n   L e b e n s
gegeben ist, aus welcher sich alles Seiende entwickelt, —
weshalb ihm auch das Feuchte als Samen der Weltbildung
gilt, — wogegen ihm das dritte, die E r d e, die Sphäre
der Trennung der beiden Momente des Werdens, das sich
vom Nichtsein und seiner Bewegung abscheiden wollende
ruhende Sein und somit durch die Trennung vom eigentlichen Lebensprinzip, — dem Negativen und seiner Bewegung, — die starre Ruhe des T o d e s ist. Es haben
somit, wie hier nur beiläufig entwickelt, aber für seinen
Elementarprozeß wesentlich festzuhalten ist, auch die
E l e m e n t e bei ihm die Bedeutung, die r e a l e   V e r k ö r -
p e r u n g der besonderen Momente der I d e e   d e s   W e r -
d e n s, das S u b s t r a t ihrer D a r s t e l l u n g und zugleich die S p h ä r e   u n d   d a s   R e i c h   d e r   E x i s t e n z
u n d   H e r r s c h a f t   d i e s e r   b e s o n d e r e n   i n   d e r
I d e e   d e s   W e r d e n s   v o r h a n d e n e n   i d e e l l e n   S t u -
f e n zu sein. — An jene von ihm zum B e g r i f f erhobene
und zum S y s t e m abgerundete Symbolik sich anlehnend,

---

[1]) Vgl. §§ 20 u. 21.

stellt darum Heraklit die in das r e a l e S e i n , in die W i r k l i c h k e i t tretende S e e l e , also jene Aufhebung und Entfremdung, welche das Werden erleidet, indem es seiner n o t w e n d i g e n Natur gemäß immer zum S e i e n - d e n wird, als F l ü s s i g w e r d e n der Seele dar.

Dionysos aber war ja eben, mindestens in jener myste- riösen Seelenlehre, der H e r r d e r f e u c h t e n N a t u r , der V o r s t e h e r d e r G e n e s i u r g i e ü b e r h a u p t , — und darum sagt Heraklit, hier wie überall seine reinen Begriffe darstellend in sinnlichem Stoffe, sich einlassend auf die religiösen Bilder und Gestalten, aber zugleich i h r e U n t e r s c h i e d e z e r s c h l a g e n d und s e i n e n Begriff in sie verpflanzend: E i n u n d d e r s e l b e i s t H a d e s u n d D i o n y s o s , das Reich des T o d e s und d e r G e b u r t . Der spekulative Gedanke ist also kein an- derer, als der: das reine Werden stirbt, d. h. ist a u f - g e h o b e n , indem es r e a l i s t , weil das Werden, diese reine Einheit von Sein und Nichtsein, als S e i e n d e s das N i c h t s e i n immer wieder als ein von sich U n t e r - s c h i e d e n e s u n d A u s g e s c h l o s s e n e s s e t z t , sein w a h r h a f t e s D a s e i n u n d L e b e n somit nur in dem reinen und u n a u s s p r e c h l i c h e n Gedanken des Wer- dens hat, in welchem das Sein nur absolutes Umschlagen ins Nichtsein und dieses ebenso gleichzeitiges Umschlagen in jenes ist.

Jene Auslegung unseres Bruchstückes daher, welche Plutarch anführt, „Hades werde der L e i b genannt, weil die Seele in ihm gleichsam a u ß e r s i c h g e r a t e n , sinn- los und trunken sei (Αΐδην λέγεσθαι τὸ σῶμα τῆς ψυχῆς οἷον παραφρονούσης καὶ μεθυούσης ἐν αὐτῷ) ist daher nicht falsch, aber sie übersetzt die subjektiven, personifizieren- den Namen Dionysos und Hades immer nur in eben solche identische und sinnliche Ausdrücke, noch nicht in den G e -

342

d a n k e n. — Eher tut dies schon die andere Erklärung,
auf die sich Plutarch zurückbezieht, d a ß n ä m l i c h
A p o l l o d i e E i n h e i t, D i o n y s o s a b e r d i e V i e l -
h e i t u n d F ü l l e d e r N a t u r s e i. Plutarch zieht in
der Tat diese Erklärung vor und verwirft jene. Schleiermacher verwirft wieder diese und zieht die von Plutarch
verworfene vor. Beide sehen nicht, daß b e i d e Erklärungen ihrem Gedanken nach — wie sich sehr bald noch
näher zeigen wird — e i n s sind, daß Seele und Leiblichkeit, Einheit und Vielheit der Natur nur verschiedene
Formen desselben G e d a n k e n g e g e n s a t z e s sind. —
Daß die Seele in die Leiblichkeit tritt, kann auch ganz
so ausgedrückt werden, daß sie aus ihrer 'reinen E i n h e i t
i n d i e e n d l i c h e n U n t e r s c h i e d e u n d d e r e n
V i e l h e i t auseinandertritt. Und so hat ja Heraklit auch
in der Tat in den Fragmenten, mit welchen wir diese Darstellung begonnen haben, gesagt: „D a s E i n e auseinandertretend (sich von sich unterscheidend) einigt sich
immer mit sich selbst"[1]) und umgekehrt; er hat also den
Gegensatz und seine prozessierende Bewegung, die Idee
des Werdens, welche ihm das Absolute bildet, auch a l s
d i e s e s c h l e c h t h i n e n t g e g e n g e s e t z t e und den-
n o c h s c h l e c h t h i n i d e n t i s c h e und in jedem Moment g l e i c h z e i t i g e Bewegung des S i c h U n t e r -
s c h e i d e n s, des A u s e i n a n d e r tretens in die V i e l -
h e i t d e r e n d l i c h e n U n t e r s c h i e d e und des R ü c k -
g e h e n s derselben in ihre reine Einheit ausgesprochen.
Diese gedoppelte und immer g l e i c h z e i t i g e Bewegung
bildet e b e n d a s D a s e i n d e s W e r d e n s s e l b s t.
Daß diese entgegengesetzte Bewegung des sich Unterscheidens und aus den Unterschieden in die Einheit Zu-

---

[1]) Siehe oben p. 170, p. 143.

rückgehens in jenen Bruchstücken von gar nichts Gerin-
gerem als von seinem Absoluten selbst ausgesagt wird
und eben das Wesen und Dasein dieses Absoluten, des
Werdens, darlegen soll, — das zeigt, wenn es hierfür noch
eines besonderen Beweises bedürfte, ganz entscheidend das
Bedeutungsvolle „das Eine" (τὸ ἕν) welches dort als
Subjekt dieser Bewegung auftritt und welches wir in seinen
Bruchstücken immer da und nur da finden, wo er von
seinem absoluten Begriffe, dem Einen Göttlichen, dem Werden spricht, welches ihm allein wahrhaft vorhanden ist [1]). Das zeigt ferner auch die Weise,
in der Plato diese Bruchstücke anführt und den tiefsten
Gedankengegensatz zwischen Heraklit und Empedokles an
sie knüpft; es zeigen es die oben an diese Bruchstücke
gereihten Fragmente und die ganze bisherige Darstellung.
Zum Überfluß werden wir bald seinen Zeus selber als
einen „auseinandertretenden Knaben" (διαφερόμενος) geschildert sehen. Das διαφερόμενον heißt bei ihm
immer nur, daß die reine Einheit des Werdens in die sinnliche Existenz und, was hiermit identisch, in die
realen Unterschiede derselben auseinandertritt. Es

---

[1]) Denn mit Unrecht ist in jenem Fragment von Schleiermacher (welcher sogar glaubt, daß sich das διαφερόμενον
ξυμφερ. auf das Meer (!) beziehe, ein Irrtum, der schon von
Gladisch, Zeitschrift für Altertumswissenschaft, Jahrg. 1846,
Nr. 122 richtig erkannt worden ist) und anderen das ἕν für
platonische Zutat betrachtet worden. Den abstrakten Ausdruck
„τὸ ἕν" schlechtweg hat Heraklit allerdings wohl nicht gebraucht. Aber das emphatische „eine", als seine Bezeichnung
für sein Absolutes, springt uns nicht nur aus den Berichten der
besten Zeugen, wie Aristoteles etc., überall in die Augen (s.
§ 25), sondern wir finden es in Verbindungen wie ἕν τὸ θεῖον,
ἕν τὸ σοφὸν, ἕν ἀντὶ πάντων noch in zahlreichen Fragmenten
vor (s. die Zusammenstellung in § 18).

ist die Seite der r e a l e n Weltbildung, die διακόσμησις und somit identisch mit dem W e g n a c h u n t e n.
— Das συμφερόμενον bedeutet ihm[1]) den Rückgang aus
den realen Unterschieden in die r e i n e E i n h e i t, die
Einkehr aus der Sphäre des festen, bestimmten und unterschiedenen Seins in den reinen W a n d e l des Werdens,
somit die Seite der n e g a t i v e n A u f h e b u n g des sinnlichen Seins, den W e g n a c h o b e n, oder, wenn man will,
die ἐκπύρωσις. Die Seite der Endlichkeit, des festen unterschiedenen Seins perhorresziert er. Das Höhere dagegen
ist ihm der Rückgang aus dem Sein in die i d e e l l e E i n -
h e i t desselben, in den reinen Wandel des Werdens. Und
das konnte er also in der Tat so ausdrücken, daß er den
Dionysos, den Gott der realen Genesiurgie, Hades nennt
und denen, die seinen rasenden Dienst feiern, droht und
sie verachtet. Den A p o l l o aber, den L i c h t g o t t d e r
r e i n e n E i n h e i t, mußte er hochhalten.

Doch ehe wir letzteres, die Bedeutung nämlich, die
Apollo bei ihm gehabt und die gegensätzliche Stellung,
die er zu Dionysos eingenommen, weiter mit Zeugnissen
belegen, müssen wir zur näheren Erörterung einer oben
von uns getanen Äußerung schreiten.

Wir sagten vorhin: Heraklit, sich einlassend auf die
religiösen Vorstellungen und Gestalten, d u r c h b r ä c h e
z u g l e i c h i h r e U n t e r s c h i e d e, wie das in Rede
stehende Bruchstück zeige, um s e i n e n Begriff in sie zu
verpflanzen.

Dieses Durchbrechen der individuellen Göttergestalten
und ihrer ausschließenden Grenzen gegeneinander ist nun
aber auch schon der unverkennbare und anerkannte Zug
der echt-orphischen Lehre selbst und der aus ihr hervor-

---

[1]) Vgl. hierüber auch §§ 18 u. 27.

gegangenen religiösen Weihen und Mysterien. Die Identität des Dionysos mit Hades als Dionysos-Zagreus und Jakchos Chthonios war ja anerkanntermaßen ein Hauptbestandteil der o r p h i s c h e n Mythen und Weihen und selbst auch der eleusinischen Mysterien, deren gegenseitiges Verhältnis zueinander übrigens hier als gleichgültig auf sich beruhen bleiben kann[1]).

Es könnte dies somit, der Weise entsprechend, in der Schelling, Klausen und O. Müller das Bruchstück auffassen, für einen Beleg mehr eines gewissen g e i s t i g e n Zusammenhanges Heraklits mit den Orphikern gelten, wie denn in der Tat das Fragment schon als solches jedenfalls und unbestreitbar für einen Beweis der B e k a n n t s c h a f t Heraklits mit den orphischen Vorstellungen und e i n e s g e w i s s e n s i c h B e z i e h e n s a u f d i e s e l b e n gelten muß. Es kommt aber eben alles darauf an, die A r t dieser Bezugnahme und damit die reelle Beschaffenheit jenes Zusammenhanges näher zu bestimmen. Und hier ist es gerade v o r a l l e m w e s e n t l i c h , auch wieder d e n U n t e r s c h i e d nicht zu übersehen.

Innerhalb des Kreises der r e l i g i ö s e n V o r s t e l l u n g kann, — eben weil das wesentliche Element der Religion die V o r s t e l l u n g ist, die Vorstellung aber d i e Tätigkeit des Geistes ist, sich einen Gehalt nur in s i n n l i c h e r F o r m u n d G e s t a l t zum Bewußtsein, zur A n - s c h a u u n g zu bringen — wegen dieser s i n n l i c h e n Natur a l l e r Vorstellung und somit der Religion selbst, auch die V e r e i n i g u n g der verschiedenen Göttergestalten wieder nur in s i n n l i c h e r , in m y t h i s c h e r Weise,

---

[1]) Vgl. über das Verhältnis der eleusinischen Mysterien zu den orphischen, was Klausen gegen Lobeck in seinem bereits angezogenen schönen Aufsatz in der Ersch und Gruberschen Enzyklopädie sagt.

d. h. in der Form des einzelnen Geschehens und der besonderen Gestalt vollbracht werden, eine Form, welche es daher niemals zu einer wirklichen Einheit kommen lassen kann. — Zagreus wird nur einmal zerstückelt; er steht in keiner inneren Vereinigung mit Apollo, dem Gotte der Einheit; nur äußerlich macht sich das Recht des Gedankens geltend, indem Apollo es ist, den Zeus ihm zum Hüter beigibt, als er ihm die Weltherrschaft überträgt und die Götter ihm gehorchen heißt, und Apollo wieder es ist, der, als Zagreus zerrissen ist, die zerstückelten Glieder sammelt, verbindet, und sie auf Zeus' Befehl in seinem Heiligtum zu Delphi bei seinem Dreifuß bestattet [1]) und so in diesem Akte äußerlicher Einigung als die ergänzende, jene zerstückelte Vielheit wieder zur Einheit abschließende Seite hervortritt. Bei Heraklit dagegen ist das Auseinandertreten des sinnlichen Seins in die Vielheit der Unterschiede, oder, um im Bilde zu bleiben, die Zerstückelung des Dionysos-Zagreus, eine ewigwährende und nicht durch titanische Mächte gewaltsam vollbrachte Selbstzerstücklung, — und dieses die Wesenheit der sinnlichen Natur bildende beständige Auseinandertreten ist nur das sich Auseinanderlassen und die Bewegung des Einen selbst, welche darum zugleich wieder der beständige Rückgang der Natur aus dieser realen Vielheit und Fülle der sinnlichen Unterschiede in ihre innere Einheit ist; oder (wie wir später sehen werden) es ist bei Heraklit Apollo selbst, welcher beständig sich in den Dionysos umwandelt, wie dieser, das Außereinander des sinnlichen Daseins, wiederum be-

---

[1]) Das orphische Mythensubstrat, auf das hier und im folgenden hingedeutet ist und die Stellen dazu s. in Lobecks Aglaopham. p. 537—587 sqq. und bei Klausen a. a. O.

ständig in die ideelle Einheit, den Apollo, sich aufhebt, und dieser ununterbrochene Umschlag beider Gottheiten ineinander konstituiert dem Heraklit die Weltschöpfung und Erhaltung.

Ebenso sind in der religiösen Vorstellung Dionysos-Zagreus und Jakchos Chthonios, in welchen die
Identität des Dionysos und Hades angeschaut wird, wieder
besondere Gestalten gegeneinander. Der unterirdische Dionysos selbst ist wieder verschieden von dem
weltlichen, und dann vom Hades als solchen;
die Gestalt, in welcher die Einheit zustande kommen
und angeschaut werden soll, bringt es, da sie wieder als
besondere Gestalt neben jene auch selbständig für
sich bestehenbleibenden Götterindividualitäten tritt,
nur zur Beziehung beider aufeinander; sie bringt nur
ein neues Auseinanderfallen und eine Besonderung mehr zustande.

Dies kann auch nicht, wie sehr irrtümlich sein würde
anzunehmen, ein bloßer Unterschied der Form bleiben. Dieser Unterschied der Form muß vielmehr durch
sich selbst einen entsprechenden Unterschied
des Inhalts nach sich ziehen. — Da nämlich die religiöse Vorstellung jene Göttergestalten noch als besondere und selbständige Götter nebeneinander bestehen
und gelten läßt, so muß jede derselben auch als in ihrer
Besonderheit berechtigt gelten; es muß jeder ein
besonderes Amt, Würde und Reich, es muß jeder von
ihnen positive Geltung und Wesenheit zu-
kommen.

Die angeschaute Identität von Dionysos und Hades
kann also hier noch nicht (wie bei Heraklit, der sie in
ihrem Begriffe erfaßt und den Gott als bloßes unselbständiges Moment erkannt hat) zur auflösenden

348

Polemik gegen das Wesen dieses Gottes führen. Der Anschauung wird vielmehr, wie ihr Dionysos und Hades auch als solche für sich selbständige und berechtigte Götter bleiben, auch die in der Person des Zagreus oder des unterirdischen Dionysos angeschaute I d e n t i t ä t b e i d e r zu einer neuen mit p o s i t i v e r Geltung und b e r e c h t i g t e r Wesenheit und Würde bekleideten b e s o n d e r e n Gestalt. — Ihr wird daher jene Identität nicht zu einem Satze n e g a t i v e r K r i t i k , sondern vielmehr zu der frommen und tröstlichen, zu der herzerhebenden Gewißheit, daß der milde Gott Dionysos es sei, den sie wiederfinden in der Unterwelt, der der Totenbeherrscher ist im Reiche des finsteren Hades. Der zerrissene Zagreus, der gestorbene, selbst in die Unterwelt vertiefte Gott ist das Unterpfand dieses fröhlichen Loses. Aber nicht a l l e n wird dies selige Los zuteil. Das b e s o n d e r e Reich des Totenfürsten Dionysos-Zagreus sind wieder nur die b e s o n d e r e n Seelen, welchen diese Identität in den Weihen, in denen sie symbolisch dargestellt wurde, aufgegangen ist, welche sie in dieser symbolischen Darstellung an sich erfahren, sich zum Bewußtsein oder vielmehr zur E m p f i n d u n g gebracht[1]) haben. Darum gehört der als Natur-

---

[1]) 'Aber nicht etwa, welche sie daselbst in ihrem s p e k u l a t i v e n G e d a n k e n i n h a l t e r k a n n t haben. Es wird in den Mysterien, w i e i n d e r R e l i g i o n überhaupt, niemals e r k a n n t , sondern ein nach seiner inneren, aber noch verschlossenen Bedeutung G e i s t i g e s s i n n l i c h a n g e s c h a u t , s u b j e k t i v e m p f u n d e n , s y m b o l i s c h gefaßt. — Freilich ist es somit wesentlich falsch, zu glauben, als sei in den Mysterien abstrakt g e l e h r t oder mit B e w u ß t s e i n allegorisiert worden, in dem Sinne, daß nun eine bewußte Unterscheidung von „Kern und Schale" vorhanden, daß die allegorische Bedeutung f r e i f ü r s i c h und losgelöst von der sinnlichen Form im Geiste präsent gewesen sei, was weder bei

produkt noch selbst in die bloße Vielheit der sinnlichen Natur verlorene und deshalb von Haus aus titanische, aus der Asche der verbrannten Titanen entstandene Mensch, der rein in der sinnlichen Mannigfaltigkeit der

Geweihten noch Priestern der Fall sein konnte. Statt um geistige Erkenntnis als solche handelt es sich in den Weihen allerdings vielmehr nur um Zeigen und Tun (τὰ δεικνύμενα καὶ δρώμενα). Schon Clemens nennt die Mysterien sehr treffend ein mystisches Drama (Protrept. p. 4, Sylb., p. 12, Pott. Siehe Lobeck Aglaoph. p. 48, p. 135 sqq.). Man denke doch nur an die ganz ähnlichen christlichen Mysteriendramen im Mittelalter, wo Christi Leidensgeschichte etc. dargestellt wurde! Das Richtigste und Tiefste hierüber enthalten schon die Worte des Aristoteles ap. Synes. Or. p. 48, Petav. „τοὺς τελεσμένους οὐ μαθεῖν τι δεῖν, ἀλλὰ παθεῖν καὶ διατεθῆναι δηλόνοτι ἐπιτηδείους", was K. O. Müller schön übersetzt: „Die Eingeweihten sollen nicht etwas lernen, sondern an sich erfahren und in eine Stimmung gebracht werden, insofern sie nämlich dazu geeignet sind."

Mit seiner gewöhnlichen Tiefe bezeichnet in diesen oft mißverstandenen und noch lange nicht genug durchdachten Worten der griechische Meister nichts geringeres als den Unterschied, der zwischen den geistigen Tätigkeiten des reinen Denkens — und der Religion überhaupt mit ihrer sinnlichen Anschauung und subjektiven Empfindung vorhanden ist. Wie aber den Unterschied, so bezeichnet er in jenen Worten auch die Einheit beider geistigen Tätigkeiten und Sphären. — Lobeck hat also insoweit ganz recht, wenn er die Annahme verwirft, als seien in den Mysterien theologisch-philosophische Spekulationen dargelegt worden, sei es dem Volke, sei es dem Eingeweihten höherer Grade. Vielmehr konnte in der gesamten religiösen Sphäre dies freie Gedankenbewußtsein, diese Trennung des sich erst durch diese Trennung zu seiner Allgemeinheit erhebenden Gedankens als des Inhalts von dem Symbole als seiner bloßen Form, nicht vorhanden sein. Dies sog. Allegorisieren, d. h. dies freie Bewußtsein über das, was an sich im religiösen Symbol vorhanden ist, diese

Natur und ihrem taumelnden Außereinander lebt, den tita-
nischen Mächten an, welche Zagreus zerstückelt haben.
Er gehört ihnen an, solange er, das i n n e r e Wesen der
Natur noch nicht erkennend, in diese einheitslose, bunte

Loslösung desselben von seiner sinnlichen Form und die e r s t
d a d u r c h b e w i r k t e Erhebung jenes g e f ü h l t e n und a n -
g e s c h a u t e n Inhalts in den u n s i n n l i c h e n, a l l g e m e i n e n
G e d a n k e n, — dies Bewußtsein findet n i c h t in den
Mysterien, findet in der R e l i g i o n ü b e r h a u p t n i c h t s t a t t,
sondern tritt erst mit der griechischen P h i l o s o p h i e ein, die
eben darum Religion, Mysterien und den g r i e c h i s c h e n G e i s t
s e l b s t a u f l ö s t u n d ü b e r s i c h h i n a u s h e b t; ganz ebenso,
wie ja auch bei den, schon vorhin in bezug auf ihre drama-
tischen Darstellungen als Parallele angeführten Mysterien der
christlichen Religion, n i c h t d i e R e l i g i o n, sondern erst die
Philosophie das Bewußtsein ihrer wirklichen g e i s t i g e n B e -
d e u t u n g hat, und erst s i e e s i s t, welche gedankenmäßig an-
zugeben weiß, wie sich der Geist in jener Menschwerdung,
Kreuzigung, Auferstehung etc. nur sein e i g e n e s a l l g e m e i -
n e s W e s e n in der Form sinnlicher Vorstellung und ein-
maligen Geschehens symbolisch zur Anschauung gebracht hat,
mit diesem B e w u ß t s e i n aber über den geistigen Inhalt der
christlichen Religion und ihrer Symbole d i e s e R e l i g i o n
s e l b s t a u f g e l ö s t h a t. Galen hatte also ganz recht, konnte
aber erst in einer w e s e n t l i c h p h i l o s o p h i e r e n d e n Zeit,
in einer Zeit, in welcher die unmittelbare Harmonie von Geistigem und Sinnlichem, Innerem und Äußerem, welche den
geistigen Grundcharakter des Altertums ausmacht, bereits vollständig aufgelöst war und mit Riesenschritten ihrem Grabe
entgegenging, den Ausspruch tun, daß die Aufschlüsse, welche
die eleusinischen und samothrakischen Mysterien gewährten, u n -
r e i n e oder t r ü b e (ἀμυδρά) seien gegen die k l a r e E r k e n n t -
n i s der göttlichen Weisheit, die aus der Natur selbst geschöpft werden könne. —
   Aber noch falscher als jene Ansicht, welche die Mysterien
zu einer reinen Vernunfterkenntnis und Lehre umbilden möchte,
ist jene andere Ansicht, als seien jene Symbole bloß sinnlose

und rohe sinnliche Mannigfaltigkeit versenkt ist. Die titanische Natur ist noch seine eigene. Und darum wird ihm
auch in der Unterwelt nur das titanische Los zuteil, im
Schlamme zu liegen, oder vom Kerberos zerfleischt zu
werden, den erst die orphisch-apollinische Lyra
fesselt.

Erst mit der Weihe, erst mit der Ahnung, daß diese
Fülle der realen sinnlichen Vielheit, in welcher das ober-
weltliche Dasein aufgelöst ist, daß diese Zerreißung des
Zagreus nicht ein Letztes ist, bei welchem stehengeblie-
ben werden könnte, sondern daß jene sinnliche Natur selbst
ihre Wurzel und innere Einheit hat in der Unterwelt, in dem farblosen Reiche der einfachen Wesenheiten
und Schatten, daß diese reale Vielheit in jene unterirdische
Einheit als in ihr eigenes unsinnliches Wesen
zurückgeht und aus ihr ewig hervorquillt, ist die titanische
Natur des Menschen überwunden und abgestreift. Erst
mit der Anschauung dieser Identität in Zagreus-Dio-
nysos, als dem aus seiner Zerstücklung geeinten, zum
Totenfürsten wieder erstandenen Gott, der jetzt auch die
Menschen, nicht insofern sie in das zerstreute sinnliche
Dasein und dessen wechselnde Freuden, Bedürfnisse und
Interessen ausgebreitet sind, sondern insofern sie dieser

---

prunkende Zeremonien, oder höchstens etwa pragmatische Erinnerungen gewesen, als habe ihnen nicht vielmehr jener spekulative geistige Inhalt in der Tat zugrunde gelegen; eine Ansicht, die, wie große Gelehrte sie auch geteilt
haben, zum Glück immer seltener wird und selber nur in der
Unkenntnis des begrifflichen Unterschiedes zwischen Vorstellung und Denken wurzelt, in der Unkenntnis somit, daß ein
und derselbe spekulative Inhalt, in der Form der
sinnlichen Vorstellung gefaßt, noch ganz etwas anderes
und Entgegengesetztes sein muß von seiner Erfassung
im reinen Denken.

352

Naturseite entnommen sich zur einfachen Wesenheit des abgeschiedenen Geistes zusammengefaßt haben, beherrscht, — erst mit dieser Anschauung wird das neue Lebenslos erlangt. Darum muß der zu Weihende selbst darstellen die titanischen Mächte in ihrer Verlockung und Zerreißung des Zagreus in mannigfaltigen Gebräuchen, er muß jene Identität a n s e i n e r e i g e n e n P e r s o n e r f a h r e n, er muß sie g e n i e ß e n, indem er — in diesem unverkennbaren Vorläufer des christlichen Abendmahls — aus dem ihm gereichten mystischen Kelche den Wein trinkt, welchen das Blut des Zagreus hervorschießen macht. Nun erst ist diese von ihm g e n o s s e n e Vereinigung zur G e w i ß h e i t für ihn geworden. Jetzt erst ist er gereinigt von allem Titanischen, roh Natürlichen; jetzt gehört er dem Zagreus an und ist sein Eigentum. Jetzt muß er ausrufen: „Ich entging dem Schlimmen, ich gewann das Bessere."

Wenn. also — und dies ist der wesentlich festzuhaltende Unterscheidungspunkt — im religiösen Kreise, weil die sinnliche Vorstellung die verschiedenen Göttergestalten, auch wo sie ihre Grenzen durchbricht und sie zu einer neuen Gestalt eint, in ihrer B e s t i m m t h e i t bestehen lassen und daher a l l e als von p o s i t i v e r G e l t u n g erfüllt anschauen muß, diese noch nicht als reiner Gedanke, sondern in Form sinnlicher Vorstellung erfaßte Identität, weit entfernt zu einer Polemik gegen das Wesen dieser Götter zu werden, vielmehr auch ihrerseits nur p o s i t i v angeschaut werden kann, und so zum Unterpfande der seligsten Gewißheit werden muß, so muß dagegen bei Heraklit, weil er zum r e i n e n B e g r i f f e der sinnlichen Vorstellungen durchgedrungen ist, die schlechthin entgegengesetzte Folge eintreten. Haß und glühende Polemik atmet bei ihm gegen den Dionysos jenes Fragment, in welchem er ihn mit Hades identifiziert, wie dies schon Schleiermacher gefühlt hat und sowohl durch die im Fragment selbst ausgesprochene so energische und verächtliche Verwerfung seines Kultus, in welchem ja nur das eigene Wesen des Gottes realisiert ist, als jetzt durch das Zeugnis des Arnobius sowie noch durch eine andere später folgende Stelle des Clemens und endlich durch seinen Haß gegen die ganze flüssige Natur, der Dionysos vorsteht, unwidersprechlich ist.

Bei ihm schlägt jener orphische Satz von der Identität beider Götter in n e g a t i v e a u f l ö s e n d e K r i t i k des Dionysos um. Denn ihm ist der Gott bereits zum r e i n e n B e g r i f f e geworden, zum Momente der sinnlichen realen Natur, deren Gedanke eben die Vielheit und das Außereinander der bestimmten seienden Unterschiede ist. Diese Seite ist ihm aber nur ein u n s e l b s t ä n d i g e s M o - m e n t der Idee des Werdens, und zwar gerade d a s j e n i g e Moment, welches zur Nichtigkeit des einzelnen auf sich beharrenden sinnlichen Daseins führt; diese Seite ist ihm das N i c h t s e i n und G e s t o r b e n s e i n d e r i n n e r e n u n s i n n l i c h e n E i n h e i t; der l e i b l i c h e Mensch ist der Tod und das Grab der Seele; Dionysos, der Gott der sinnlichen Natur, eben deshalb der Untergang der reinen Idealität des Werdens. Gegen dieses sich für sich fixierenwollende Moment des sinnlichen Seins, welches aber durch seine Erhaltung das W e r d e n ausschließen und so den Tod über alles Dasein selbst ausbreiten würde, war ihm die beständige A u f h e b u n g desselben, sein Rückgang in die ihm zugrunde liegende i n n e r e E i n h e i t, in den negativen W a n d e l des Werdens (welches Moment er auch, wie wir sehen werden, Apollo genannt hat) das Höhere, und seine Polemik gegen Dionysos daher nur die Folge, oder richtiger noch i d e n t i s c h mit seiner Polemik gegen alles sinnliche reale Dasein überhaupt, welches sich

354

sträubt in jenen reinen Wandel einzugehen, der gleichwohl seine innere Einheit und Wahrheit und seinen positiven Lebensquell ausmacht. —

So hat also die Identität des Dionysos und Hades bei Heraklit auch einen ganz anderen Inhalt als bei den Orphikern. — Wollte man nun, der philosophischen Schulsprache sich anschließend, sagen, Heraklit habe somit nur, was bei den Orphikern schon an sich in der Form sinnlicher Vorstellung gelegen, in die Form des philosophischen Gedankenbewußtseins gebracht, so ist dies ganz richtig, vorausgesetzt, daß man sich dabei in der angedeuteten Weise ganz genau und expliziert bewußt ist, wie dieser formelle Unterschied der Religion, als der Form des sinnlichen Vorstellens, und der Philosophie, als der Form des begreifenden Gedankens, durchaus nicht bloß etwa zu einem Unterschiede größerer und geringerer Klarheit führt, sondern das philosophische Erfassen des in den religiösen Vorstellungen an sich vorhandenen Inhalts auch einen inhaltlich unterschiedenen und dem, was für das religiöse Bewußtsein präsent war, geradezu entgegengesetzten Gedanken produzieren muß. Bei den Orphikern, wie in der Religion überhaupt, sind die Göttergestalten Dionysos, Hades etc. nicht bloß eine sinnliche Hülle für von diesen unterschiedene Wesenheiten, nicht etwa eine bloße Form für einen von derselben als verschieden gewußten Kern, sondern es wird auch sinnlich gedacht; nicht bloß sinnlich gesprochen, sondern auch der Inhalt selber nur sinnlich aufgefaßt und angeschaut.

Dies war auch noch bei den sogenannten gemischten Theologen Pherekydes, Epimenides etc. der Fall, obwohl mit einem hier nicht weiter auszuführenden Unterschiede.

Anders schon gestaltet sich das Verhältnis bei den Pythagoräern, aber auch bei ihnen wird immer noch nicht das Sinnliche zur bloßen Form. Ihnen sind bereits die Göttergestalten Gedankenwesenheiten. Aber der Inhalt dieses Denkens ist selbst noch ein sinnlicher; diese Gedankenwesenheiten sind die allgemeinen Formen des unmittelbaren Daseins. Die Zahl ist die erste und selbst noch sinnliche Vermittlung zwischen Sinnlichem und Unsinnlichem. Sie ist die Mitte, welche als frei von der sinnlichen Qualität, bereits eine reine Gedankenabstraktion und Allgemeinheit ist, andererseits aber, als Quantitätsbestimmung, wesentlich sinnliches und unmittelbares Sein ist. Dieser Philosophie und ihren Gedankenbestimmungen ist daher das Moment des Sinnlichen noch durchaus substantiell. Dies ist daher auch der Grund, weshalb die pythagoräische Philosophie so wesentlich religiöse Spekulation ist, weshalb sie mit den religiösen Vorstellungen nicht zu brechen brauchte, sondern die Göttergestalten des Volksglaubens spekulativ erklären konnte, ohne sie aufzuheben. Diese Göttergestalten einerseits und ihre ruhenden Gedankenwesenheiten andererseits wuchsen ihr unterschiedslos in eine ungetrennte Identität zusammen. Die pythagoräische Philosophie bleibt daher in dem organischen Entwicklungsgange, durch welchen sich das religiöse Denken und Anschauen zum freien philosophischen Denken hinüber führt, ein Entwicklungsgang, in welchem sie einen so interessanten Knotenpunkt bildet, noch wesentlich, auch nach der Seite ihres Inhaltes, in dem religiösen Kreise selbst stehen — ohne ihn zu durchbrechen.

Bei Heraklit dagegen wird — und in dieser Hinsicht gerade bezeichnet er nach unserer Ansicht einen äußerst interessanten Übergang im griechischen Geiste: den noch in der Form der religiösen Vorstellungen und ihres Stoffes geschehenden Übergang von der R e l i g i o n zur R e l i g i o n s p h i l o s o p h i e ü b e r h a u p t — bei Heraklit wird g a n z u n s i n n l i c h g e d a c h t und nur s i n n l i c h a u s g e d r ü c k t. Seine Wesen sind bereits r e i n e B e g r i f f e, die nur in jene Göttergestalten wie in eine Hülle gekleidet sind. Streift man die Hülle des Ausdruckes ab, so kommen o h n e A l t e r a t i o n die reinen Begriffe zum Vorschein, die er nur aussprach in diesen Gestalten und Namen, weil sie ihm a l s reine Begriffe u n a u s s p r e c h l i c h e*), ἀπόῤῥητα, waren; nicht infolge eines Mysterienverbotes, sondern weil sich ihm die Sache, wie im zweiten Kapitel gezeigt, von selbst verbot. Übrigens dürfte beiläufig auch in den Mysterien die i n n e r e U n - a u s s p r e c h l i c h k e i t d e s I n h a l t s ihrer Anschauungen für die noch in den symbolischen Anschauungen selbst Befangenen ein wesentlicher innerer Grund für das Verbot des Aussprechens gewesen sein. Wenigstens glauben wir, daß es keine Gefahr damit gehabt hätte, daß der religiöse Hellene den wirklich geistigen Gehalt jener Mysterienanschauungen hätte sollen aussprechen können, wenn er auch gedurft hätte. Wir glauben überhaupt, daß man solange die eigentliche Bedeutung der Mysterien verkennen und ihnen entweder ein Zuwenig oder Zuviel verleihen wird, solange man nicht jene Geheimnisse als ein wesent-

---

*) Durch die obige Entwicklung erklärt sich jetzt auch vollständig Heraklits auch von Zeller p. 491 anerkannte „Vorliebe für mythologische Bezeichnungen", ohne daß man nunmehr wohl länger mit Zeller wird den Schluß machen wollen, „es lasse diese Vorliebe für mythologische Bezeichnungen vermuten, daß er die Volksreligion im ganzen nicht antasten wollte und daß seine Stellung zu derselben mit derjenigen der Pythagoräer größere Ähnlichkeit hatte, als mit der des Xenophanes"; ein Schluß, mit welchem die Fragmente des Ephesiers in einem unversöhnlichen Widerspruche stehen.

lich sich selbst Geheimes auffaßt, in dem Sinne
eben, in welchem dem Geiste der geistige Gehalt seiner
sinnlichen Anschauungen, solange er ihn eben nur erst
in der Form der Anschauung hat, wesentlich ein geheimer
und verborgener ist.

Sagten wir, daß bei Heraklit, wenn die bloße Hülle
der Göttergewänder (und ebenso, z. B. beim Feuer, die
Naturschale) abgestreift ist, seine darunter liegenden reinen
Begriffe ohne Alteration zum Vorschein kommen,
so kann das z. B. durchaus nicht von den Orphikern
gesagt werden, deren Gedankeninhalt wir, verglichen mit
dem, was in ihrem eigenen Bewußtsein vorhanden war,
schlechterdings auf das Wesentlichste alterieren
müssen, sobald wir ihn aus jener Form der Versenkung
des Geistes in die sinnliche Anschauung seiner selbst heraus
und in die freie Form des Gedankens hineinreißen. Mit
Heraklit dagegen ist innerhalb des Symbolischen
selbst eben die Fortbildung vorgegangen, daß jetzt der
geistige Gedankeninhalt nicht mehr mit seiner sinnlichen
Form identisch und verwachsen, sondern, von
ihr abgelöst und frei für sich zu seiner begrifflichen
Allgemeinheit entwickelt, nur noch unter der leisen Decke
des Symbolischen, das erst hier bloße Form ist, da-
liegt und daher hier so mächtig in dem unendlichen Wechsel
der diesen begrifflichen Inhalt nicht mehr genügenden Symbole gegen diese Knospenhülle andrängt, um mit Zer-
sprengung derselben sich zu der gereiften Gestalt griechischer Phiolsophie zu entfalten, welche jetzt nun schon,
wie Heraklit von seinem Gotte geistiger Klarheit voraus-
sehend sagt, „mit ihrer Stimme durch die Jahrtausende
reicht durch den Gott!" —

Haben wir aber Heraklits Verhältnis zu Dionysos und
zu den orphischen Anschauungen soweit verfolgt, so müs-

sen wir es noch um einen Schritt weiter verfolgen. Hierbei wird sich auch ergeben, daß, wenn wir bisher aus dem allgemeinen Wesen des Gottes heraus nur vorauszusetzen schienen, daß Apollo dem Ephesier den strikten G e - g e n s a t z zu Dionysos, das Moment der Einheit und ihres, das sinnliche einzelne Dasein aufhebenden, negativen Wandels bedeutete, dies vielmehr auf sicheren Belegen beruht. —

Zu Herodots Zeiten konnte freilich gesagt werden, daß Orphisches und Bacchisches identisch seien. Nichtsdestoweniger haben sich uns noch in deutlich sprechenden Mythen die Erinnerungen erhalten vom blutigen Gegensatz und Feindseligkeit in älterer Zeit zwischen den ältesten Orphikern, den Trägern des apollinischen Lichtkultus, und den Dienern des Dionysos [1]). Es kann hier auf die nähere Deutung und Zusammenstellung dieser Mythen von der Zerreißung des Orpheus durch die Mänaden des Bacchus, weil er diesem Gotte die Ehre weigert etc., nicht eingegangen werden, und müssen wir uns damit begnügen, auf die kurzen aber gedankenreichen Andeutungen Creuzers über den Kampf der ältesten Orpheusschulen mit den Dionysosdienern (Symbolik, 3. Ausg., Bd. 4, p. 30 sqq.) und Klausens a. a. O. zu verweisen.

Uns genügt es, daß der durchaus apollinische Charakter der orphischen Lyra und der blutige Gegensatz in früherer Zeit, in welchem gerade in den ältesten Mythen dieser mythische Träger des Apollodienstes gegen den Dionysoskultus erscheint, unleugbar und anerkannt ist. Dieser i n n e r e Gegensatz der beiden Göttergestalten hat sich übrigens zu a l l e n Zeiten in dem K u l t u s erhalten,

---

[1]) Siehe u. a. Eratosth. Catast. c. 24, Schol. in Pind. Pyth. IV, 176 und Herod. ap. Schol. in Apollon. I, 23, der deshalb einen zweifachen Orpheus annimmt etc.

der ja nichts anderes als das aufgeschlossene und dargestellte eigene Wesen des Gottes selbst ist. Der rauschende taumelnde Orgiasmus des Dionysosdienstes hatte seinen strikten Gegensatz an dem stillen und ernsten, in sich gekehrten Lichtkultus Apollos. Zwar hatte auch der Apollodienst einen gewissen e k s t a t i s c h e n Charakter[1]), aber das war nicht der rasende Orgiasmus des Bacchus. Vielmehr, wenn der Charakter des letzteren Religionsdienstes das A u ß e r s i c h g e r a t e n des B e w u ß t - s e i n s i n d i e Z e r s t r e u t h e i t u n d V i e l h e i t d e s s i n n l i c h e n D a s e i n s i s t, so ist der ekstatische Charakter des Apollokultus der umgekehrte, d i e f e i e r l i c h e s t i l l e E k s t a s e d e s S i c h - S a m m e l n s a u s d e r s i n n l i c h e n Z e r s t r e u t h e i t i n d i e r e i n e E i n - h e i t d e s I n n e r n[2]). — D i e s e Ekstase ist aber auch, wie man zugeben wird, trotz seiner ionischen Nationalität, durchgängiger Zug Heraklits. Und wie er in dem letzten Bruchstück gegen Dionysos polemisiert, so haben wir ihn ja in der Tat schon in seinen eigenen Fragmenten (im zweiten Kapitel) den Apollo hochpreisen, ihn als Muster philosophischer Reden aufstellen hören, als den König, der nicht spricht noch verbirgt, sondern andeutet, und durch den die Stimme seiner Dienerin, die Ungeschmücktes, Ungesalbtes, Unbelachtes sagt, über die Jahrtausende reicht. Wir haben ihn ebenso sich der Symbole dieses Gottes, Bogen und Leier, mit Vorliebe als Darstellung der Harmonie des Weltalls bedienen sehen und müssen hier auf unsere obige Ausführung zurückverweisen, in welcher wir nachzuweisen suchten, welche metaphysisch-logischen, das

---

[1]) Siehe K. O. Müllers Dorier I, p. 364, II, p. 395 und sonst.

[2]) Stellen zur Bestätigung dessen anzuführen, wäre überflüssig. Man vgl. nur die bald folgende des Plutarch.

All umspannenden Gegensätze Heraklit in diesen Symbolen Apollos angeschaut hat.

Gewiß wäre schon hiernach, da es der Gedanke fast erfordert und so viele tatsächliche Spuren in seinen Fragmenten von Hochpreisung des Apollo es bestätigen, mit hoher Wahrscheinlichkeit und ohne sehr große apriorische Kühnheit vorauszusetzen, daß er den Apollo in untergegangenen Stellen seines Buches dem Dionysos entgegengesetzt und mit ihm das Moment des Rückganges in die ideelle Einheit des Werdens und seinen negativen Wandel, kurz den Weg nach oben bezeichnet haben muß. —

Zwar, handelte es sich einmal um die Forderungen des apriorischen Gedankens, so würde dieser freilich noch etwas anderes fordern! Er würde nämlich fordern, daß, da Dionysos nur das Moment des Ausbreitens in die Unterschiede des reellen Daseins oder der symbolische Ausdruck des Weges nach unten ist, und Apollo ebenso nur die das reelle Dasein in ihre reine ideelle Einheit aufhebende Negation des Werdens, oder nur der Weg nach oben wäre — daß deshalb, da so jede der beiden Gestalten für sich isoliert nur unselbständiges Moment wäre, Apollo ebenso sehr durch seine eigene Natur sich in den Dionysos umwandeln müßte und Dionysos durch sich selbst wieder in den Apollo, wie wir gesehen, daß der Weg nach unten in sich selbst Umschlagen in den Weg nach oben und dieser wieder in den Weg nach unten ist. Oder mit anderen Worten, der apriorische Gedanke würde in seiner Konsequenz fordern, daß, wie der Weg nach oben und der nach unten jeder nur eine isolierte unselbständige Seite und beide in der höheren Einheit der Idee des Werdens geeint sind, dessen lebendige Momente sie sind, und daß nur die Totalität dieser immer ineinander umschlagenden, gegensätzlichen Momente vorhanden ist, ebenso auch Apollo und Dionysos nur die entgegengesetzten und in einer höheren Gottheit geeinten Seiten und Momente seien, welche höhere Gottheit, als diese h ö c h s t e E i n h e i t von Apollo und Dionysos, als die beide entgegengesetzte Momente in sich fassende Einheit der ὁδὸς ἄνω und κάτω, dann niemand anders als Z e u s oder die t o t a l e I d e e ,d e s W e r d e n s selbst sein dürfte, der dann selbst nur darin sein Leben und Dasein haben dürfte, a u s s e i n e m M o m e n t a l s A p o l l o in sein M o m e n t a l s D i o n y s o s umzuschlagen, wie das Werden nur das stetige Umschlagen des Weges nach unten in den nach oben und umgekehrt ist.

U n d a l l e s d a s , w a s h i e r a l s a p r i o r i s c h e F o r d e r u n g e n d e s k o n s e q u e n t e n G e d a n k e n s e n t w i c k e l t w o r d e n , — das findet sich denn nun auch p o s i t i v v e r s i c h e r t in einer außerordentlich wichtigen Stelle des gelehrten Plutarch, von der es uns schlechthin unbegreiflich bleibt, wie man bisheran hat übersehen können, daß sie v o n H e r a k l i t handelt und den G r u n d r i ß s e i n e r s p e k u l a t i v e n T h e o l o g i e l i e f e r t .

Eben deshalb ist es nötig, diese Stelle trotz ihrer etwas unbilligen Länge ausführlich und in ihrem Zusammenhange zu betrachten. — Plutarch in seinen Erklärungen der Aufschrift auf dem delphischen Tempel, sich auf nicht näher hierhergehörige Zahlenspekulationen einlassend, spricht von der Fünf und sagt[1]), daß diese das, das All durchwaltende, Urprinzip nachahme (ἀπομιμουμένου τοῦ ἀριθμοῦ τὴν τὰ ὅλα διακοσμοῦσαν ἀρχήν). Er fährt fort:

---

[1]) Plutarch de Eι ap. Delph. c. VIII u. IX, p. 388. p. 591 sqq. Wytt.

„Denn wie Heraklit sagt, daß dieses Urprinzip die Welt,
sie in sich bewahrend[1]), aus sich selbst, aus der
Welt aber wiederum sich selbst herstelle und sowohl
aus Feuer alles umwandelnd hergestellt werde,
als das Feuer aus allem, gleichwie gegen Gold
die Dinge und gegen die Dinge das Gold, so
erzeugt auch der Zusammenhang der Fünf mit sich selbst
nichts Unvollendetes noch sich Fremdes, sondern hat bestimmte Umwandlungen (ὡρισμένας μεταβολάς); denn entweder sich selbst oder die Zehn erzeugt sie, das heißt,
entweder das Ursprüngliche (die ideelle Wurzel) oder
das Vollendete" — „ὡς γὰρ ἐκείνην φυλάττουσαν ἐκ μὲν
ἑαυτῆς τὸν κόσμον, ἐκ δὲ τοῦ κόσμου πάλιν αὖ ἑαυτὴν ἀποτελεῖν, πυρὸς τ' ἀνταμείβεσθαι πάντα, φησὶν ὁ Ἡράκλειτος,
καὶ πῦρ ἁπάντων, ὥσπερ χρυσοῦ χρήματα, καὶ χρη-
μάτων χρυσός[2]). οὕτως ἡ τῆς πεντάδος πρὸς ἑαυτὴν σύν-
οδος" κτλ.

---

[1]) Nämlich als Anlage, an sich enthält das Prinzip schon
die Welt in sich. Ohne Not hat man angenommen, daß das
φυλάττουσαν verderbt sein müsse und keinen Sinn gebe; siehe die
folgende Anmerkung.

[2]) Schleiermacher las (p. 456) „ἀνταμείβεται", aber die Wyt-
tenbachschen und Huttenschen Ausgaben lesen ἀνταμείβεσθαι.
Es ist dies auch in der Tat wegen des Infinitivs ἀποτελεῖν
erforderlich, so daß nun aber auch der ganze Vordersatz ὡς
γὰρ — ἀποτελεῖν von dem φησὶν ὁ Ἡράκλειτος regiert und
somit als heraklitische Meinung angeführt wird, was auch
deswegen nötig, weil erst mit dem folgenden Satze οὕτως ἡ
τῆς πεντάδος κτλ. der Nachsatz und Abschluß zu der mit
ὡς γὰρ eingeleiteten Vergleichung eintritt, und das πυρὸς τ'
ἀνταμείβεσθαι πάντα κτλ. somit noch nicht als Vergleichung
dem ἐκ μὲν ἑαυτῆς — ἀποτελεῖν gegenübergestellt ist.
In der Tat ist auch dieser Wechselwandel der Welt aus ihrem
Urprinzip (ἀρχή) und wieder dieses aus der Welt, Heraklits
eigenste Idee — wie oft wird uns nicht das ἐξ ἑνὸς καὶ

Obgleich wir dieses hier von Plutarch mitgeteilte Fragment aus Heraklit, daß alles durch die Umwandlung des
Feuers und das Feuer wieder aus allem umgesetzt werde,
wie alle Dinge gegen Gold und das Gold gegen alle Dinge
umgewandelt wird, jetzt nur im Vorbeigehen berühren,
zwingen uns doch, um den wahren Gedanken desselben zu
gewinnen, die bisherigen Erklärungen desselben einen
Augenblick bei ihm oder wenigstens bei dem Vergleiche
mit dem Golde zu verweilen.

Heraklit beschreibt in diesem Vergleiche tiefer, als es
auf den ersten Blick scheint, die wirkliche F u n k t i o n
d e s G e l d e s und gelangt merkwürdigerweise bereits dazu, die wahrhafte national-ökonomische Natur desselben
und die Kategorie des W e r t e s in ihrem wirklichen Gedanken und richtiger, als viele heutige Nationalökonomen
tun, zu erkennen.

Das Geld als Zirkulationsmittel kann nie w i r k l i c h
selbst konsumiert werden: es b e d e u t e t somit nur die
Produkte, die gegen dasselbe eingetauscht werden können
und die es daher nur r e p r ä s e n t i e r t, wie die modernen

εἰς ἓν τὰ πάντα (nämlich durch ἀμοιβῇ) als heraklitisches
Axiom angeführt, z. B. Philo II, p. 443, M. T. I, p. 88, M.
und von so vielen anderen Autoren — und eben der in dem
Fragment von der Herstellung alles Seins aus Feuer und des
Feuers aus allem a u s g e s p r o c h e n e G e d a n k e; aber eben
deswegen bilden hier nur die im Text breit gedruckten Worte
die e i g e n e n W o r t e u n d d a s w i r k l i c h e F r a g m e n t aus
Heraklit, welchem Plutarch den in demselben ausgesprochenen
Gedanken, diesen richtig erkennend, vorausschickt. — Das
φυλάττουσαν kann, wie ich glaube, nicht wohl anders gefaßt
werden, als daß die ἀρχή bereits die entwickelte Welt i d e e l l
i n s i c h e n t h a l t e, b e w a h r e, wie ein Keim oder Samen
die sich aus ihm entwickelnde Gestalt. Es kommt übrigens hier
nicht weiter darauf an, da uns der Schwerpunkt erst im folgenden liegt.

Ökonomen sagen. Allein, w i e repräsentiert es sie? Die zum wirklichen Konsum gelangenden Produkte sind eine unendliche Vielheit sinnlich-bestimmter und reell-unterschiedener Dinge, Holz, Linnen, Fleisch etc. Alle diese Produkte sind allerdings in dem Gelde enthalten, für das sie eingetauscht werden können, aber nicht a l s s o l c h e, nicht als diese sinnlich-vielen unterschiedenen Dinge, sondern im Gegenteil als mit Abstrahierung von ihren sinnlichen Unterschieden in ihre i d e e l e E i n h e i t, den We r t, aufgehoben.

Der We r t, dieser abstrakte Maßstab, nach welchem wir die verschiedenartigsten Dinge miteinander vergleichen und gleichsetzen, ist nur diese e i n f a c h e E i n h e i t der konkret-verschiedenen Produkte, in welcher dieselben vorhanden sind, aber nur a n s i c h und abstrahiert von ihrer konkreten Unterschiedenheit. Das G e l d ist somit quasi Tauschagent nur der personifizierte Wert, die h e r a u s - g e s e t z t e a b s t r a k t e E i n h e i t der wirklichen und als w i r k l i c h e eine unendliche Vielheit von bestimmten sinnlichen Dingen bildenden Produkte.

Daß diese Einheit, das Geld, nichts W i r k l i c h e s, sondern etwas n u r I d e e l l e s ist, zeigt sich daran, daß niemals das Geld oder der Wert als solcher zur Wirklichkeit des Genusses gelangen kann, sondern, wo dieser Wert im Verbrauch zur Wirklichkeit gelangen soll, zuvor diese abstrakte Einheit aufgegeben und in die Bestimmtheit der unterschiedenen Produkte umgesetzt werden muß. — Nach Heraklit war also a l l e s G e l d nur der Gegensatz und die herausgesetzte ideelle E i n h e i t aller Dinge, aller umlaufenden Produkte; diese ihrerseits wieder nur die dadurch in die Mannigfaltigkeit der s i n n l i c h e n U n - t e r s c h i e d e aufgelöste W i r k l i c h k e i t jener ideellen Werteinheit, des Geldes.

In jedem Tausch ging nach ihm die doppelte Bewegung
vor sich, daß die im Gelde dargestellte einfache Einheit
des Wertes seitens des Käufers in ihr Gegenteil, die Vielheit der realen sinnlichen Unterschiede, umgewandelt und
damit realisiert wird, und diese wieder seitens des Ver-
käufers in ihr Gegenteil, in ihre ideelle Einheit, negativ
aufgehoben werden. Nur deshalb konnte er — so aber
auch sehr passend — in dem Fragmente den Umtausch
der Dinge gegen Gold und des Goldes gegen die Dinge
mit dem Umtausch dieser in Feuer und des Feuers in diese
vergleichen, da ihm ja das Feuer — und es ist für das
Vorliegende gleichgültig, ob als stoffliches Element, oder
auch als dieses nur, weil es ihm die reinste Darstellung
des sich selbst aufhebenden Werdens war — das ideelle,
allen Elementen und Dingen zugrunde liegende einheitliche
Substrat war, so daß durch die Umwandlung des Feuers
— durch seine Bewegung, sich selbst aufhebend [1]) in die
W i r k l i c h k e i t zu treten — a l l e s s i n n l i c h e D a -
s e i n , die Welt der realen außereinander seienden Unterschiede, erzeugt wird und diese Vielheit der realen Unterschiede beständig wieder in jene ideelle Einheit des Feuers
wie in einen Samen [2]) negativ zurückgewandelt wird [3]).

---

[1]) Diese A u f h e b u n g des Feuers in sein G e g e n t e i l in
seiner V e r w i r k l i c h u n g nannte Heraklit deshalb ein V e r -
l ö s c h e n des Feuers; siehe unten § 19.

[2]) Siehe unten § 20.

[3]) Wenn wir oben sagten, Heraklit habe in jenem Fragmente die wahrhafte national-ökonomische Natur und Funktion des Geldes angegeben, so ist es wohl überflüssig, zu bemerken, daß wir ihn selbst damit nicht zu einem Nationalökonomen machen und also auch entfernt nicht behaupten wollten, als habe er irgend eine der weiteren aus jenem Fragment
folgenden Konsequenzen erfaßt. Aber obwohl diese Wissenschaft damals gar nicht existierte und existieren konnte, also

Nachdem wir also konstatiert haben, daß in diesem
Fragmente gleichfalls nur der Gedanke der sich s i n n -
liches Dasein gebenden und damit in die Vielheit der bestimmten Unterschiede tretenden

auch nicht Gegenstand heraklitischen Denkens war, so ist doch
richtig, daß Heraklit — eben weil er niemals Reflexions-
bestimmungen, sondern nur dem spekulativen Begriffe folgt,
— in jenem Fragment das Wesen des Geldes in seiner wirklichen Tiefe und richtiger als viele modernen Ökonomen erkannt
hat, und es ist vielleicht nicht ganz uninteressant und auch nicht
so von der Sache abliegend, wie es zunächst scheinen könnte,
zu sehen, wie sich aus einer bloßen Konsequenz jenes Gedankens die modernen Entdeckungen auf diesem Gebiet von
selbst ergeben.

Wenn Heraklit das Geld als Tauschmittel zum Gegensatz aller in den Tausch kommender reellen Produkte machte
und es an diesen erst sein wirkliches Dasein haben läßt,
so ist also das Geld als solches nicht selbst ein mit einem
selbständigen, stofflichen Werte bekleidetes Produkt, nicht eine
Ware neben anderen Waren, wie die Saysche Schule noch bis
heute das Metallgeld hartnäckig auffaßt, sondern es ist nur
der ideelle Repräsentant der umlaufenden reellen Produkte,
das Wertzeichen derselben, das nur sie bedeutet. Und
das ist nur zum Teil eine aus dem Fragment entwickelte Folgerung, zum Teil nur der für Heraklit selbst darin vorhandene
Gedanke.

Wenn aber alles Geld nur die ideelle Einheit oder der
Wertausdruck aller realen umlaufenden Produkte ist und erst
an diesen, die zugleich seinen Gegensatz bilden, sein wirkliches Dasein hat, so folgt aus der bloßen Konsequenz
dieses Gedankens, daß die Wertensumme oder der Reichtum
eines Landes nur durch die Vermehrung der wirklichen Produkte, niemals aber durch die Vermehrung des Geldes ver-
größert werden kann, da ja das Geld, statt auch nur irgend
ein Moment des Reichtums und des Wertes selbst zu bilden,
immer nur den in den Produkten gelegenen und nur in ihnen
wirklichen Wert als abstrakte Einheit ausdrückt. Es folgt

ideellen Einheit und des negativen Rückganges derselben in sich aus den sinnlichen
Unterschieden ausgesprochen ist, wenden wir uns zu
der Stelle Plutarchs wieder zurück, an der wir uns unter-

---

somit der Irrtum des Handelsbilanzsystems. Es folgt ferner,
daß alles Geld immer an Wert gleich allen umlaufenden
Produkten ist, da es nur diese in die ideelle Werteinheit zu-
sammenfaßt, somit nur deren Wert ausdrückt; daß somit
durch Vergrößerung oder Verringerung der vorhandenen Geldsumme der Wert dieser gesamten Geldsumme niemals berührt
wird und immer nur allen umlaufenden Produkten gleichbleibt;
daß man streng genommen gar nicht von einem Werte alles
Geldes verglichen mit dem Werte aller umlaufenden Produkte
sprechen kann, weil in einer solchen Vergleichung der Wert
des Geldes und der Wert der Produkte als zwei für sich
selbständige Werte gesetzt werden, während nur ein Wert
vorhanden ist, der in den sinnlichen Produkten konkret realisiert
und im Gelde als abstrakte Werteinheit ausgedrückt, oder vielmehr der Wert selbst nichts als die aus den wirklichen Dingen,
in denen er nicht als solcher vorhanden, herausabstrahierte
Einheit ist, der im Gelde ihr besonderer Ausdruck gegeben ist;
nicht also der Wert alles Geldes bloß dem Werte aller Produkte gleichbleibt, sondern, richtiger gesprochen, alles Geld
nur der Wert aller umlaufenden Produkte *ist*. Es folgt somit hieraus, daß bei Vermehrung der Anzahl der Geldstücke,
da der Wert der Summe gleichbleibt, immer nur der jedes einzelnen Geldstückes fallen und bei ihrer Verminderung ebenso
wieder steigen muß. — Es folgt ferner, daß, da das Geld nur
die unwirkliche Gedankenabstraktion des Wertes und den Gegensatz gegen die wirklichen Produkte und Stoffe darstellt, das Geld als solches gar keine Wirklichkeit an sich
selbst zu haben, d. h. aus keinem wirklich wertvollen Stoffe
zu bestehen braucht, sondern ebenso gut Papiergeld sein kann
und gerade dann seinem Begriffe am entsprechendsten ist. Alle
diese und viele andere erst seit Ricardos Untersuchungen auf
einem ganz anderen Wege gewonnenen und noch lange nicht
allgemein adoptierten Resultate ergeben sich schon durch die

brochen haben. — Auch Plutarch unterbricht sich, nachdem er jenes Fragment Heraklits von dem Gold und den Dingen mitgeteilt, mit der Frage: 'Was hat das alles aber mit dem Apollo zu tun? Und er beantwortet diese Frage unmittelbar nach den letzten eben mitgeteilten Worten fortfahrend also:

„Wenn nun aber jemand früge, was geht das den Apollo an, so werden wir sagen, nicht nur den Apollo, sondern auch den Dionysos, der nicht weniger teilhat an Delphi, als auch Apollo. Wir hören ja die Theologen, teils in Gedichten, teils in P r o s a (ohne Metrum) s a g e n und singen, wie der unvergängliche und ewige Gott (ὡς ἄφϑαρτος ὁ ϑεὸς καὶ ἀΐδιος πεφυκώς), durch einen gewissen v e r h ä n g t e n R a t s c h l u ß u n d L o g o s sich U m - w a n d l u n g e n seiner selbst bedienend, (ὑπὸ δή τινος εἱμαρμένης[1]) γνώμης[2]) καὶ λόγου[3]) μεταβολαῖς[4]) ἑαυτοῦ

---

bloße Konsequenz jenes von Heraklit erkannten spekulativen Begriffes.

Wenn übrigens Heraklit vom G o l d e (χρυσός) spricht, während wir immer vom G e l d e gesprochen haben, so kommt das daher, daß damals noch dies Metall als solches das allgemeine Zirkulationsmittel bildete.

[1]) Die εἱμαρμένη ist nicht nur ein stoischer, sondern ein von H e r a k l i t s e l b s t gebrauchter Ausdruck seines Prinzips; siehe unten § 17.

[2]) Die γνώμη in dieser o b j e k t i v e n Bedeutung nicht als Einsicht, sondern als das alles leitende Vernunftgesetz selbst, ist ganz s p e z i e l l heraklitisch; siehe das Fragment § 15.

[3]) λόγος in diesem Sinne ist bekanntlich der spezifischste terminus technicus von Heraklit.

[4]) Die μεταβολή oder Ableitung durch Umwandlung in das Gegenteil ist bekanntlich ebenso Heraklit eigentümlich, und von den Stoikern ihm nur entlehnt; sie ist nur das Synonym für seine Ausdrücke τροπή und ἀμοιβή; vgl. § 19.

χρώμενος¹) bald, alles allem gleichmachend, die Natur in Feuer entzündet, bald wiederum ein mannigfaltig zu verschiedenen Gestalten und Zuständen und verschiedenen Kräften werdender ist, so wie jetzt die Welt wird; benannt aber wird er mit dem bekanntesten aller Namen (γνωρι-μωτάτῳ τῶν ὀνομάτων²). Der großen Menge aber ver-

---

¹) In dem χρώμενος μεταβολαῖς ἑαυτοῦ liegt aber mehr, als in der Übersetzung wiedergegeben ist. Es liegt nämlich in dem χρώμενος auch, daß er erst hierin, in diesen Umwand-lungen, sich seine Wirklichkeit und Bewährung gibt; vgl. das obige Fragment p. 206, p. 207, 1.

²) Die Vermutung einiger Herausgeber des Plutarch, dieser notissimum nomen sei κόσμος, ist offenbar nicht richtig. Dieser „bekannteste aller Namen" muß vielmehr der Name des Gottes sein, der die Einheit beider Stadien darstellt, denn die ge-heimen Namen (κρυπτόμενοι δὲ τοὺς πολλοὺς οἱ σοφώτεροι κτλ.), mit welchen die Weiseren jedes der beiden Stadien als solches bezeichnen, Apollo und Dionysos, werden bald darauf herausgesagt. Der verschwiegene, als der bekannteste von allen bezeichnete, Name kann also, wie auch durch die Satzkonstruk-tion klar, nur auf den ἄφθαρτος καὶ ἀΐδιος θεός gehen, dessen beide Seiten nur Apollo und Dionysos bilden und der das Sub-jekt beider Umwandlungen ist. Er muß also Aeon oder Zeus sein, wie wir im folgenden noch näher sehen werden, und es kann auch an sich selbst in diesem γνωριμωτάτῳ τῶν ὀνομάτων wohl schwerlich ein Sinnzusammenhang mit jenem Fragmente Heraklits übersehen werden von dem einen Weisen, dem Na-men des Zeus, der allein ausgesprochen werden wolle und auch nicht. — Dieser höchste einheitliche Gott ist in ge-wissem Sinne identisch mit dem Weltall; aber statt daß „Welt" sein Name sei, ist vielmehr umgekehrt sein Name (Zeus) der Name der Welt; man vgl. die mit den obigen Worten Plutarchs genau übereinstimmende Stelle des Joh. L. Lydus (de mensib. c. 38, p. 74, ed. Bonn.), welcher, nachdem er auch Dionysos als Weltseele erklärt hat, fortfährt: „denn häufig finden wir, daß das gesamte Weltall Zeus genannt wird, weil es immer lebend und unvergänglich" „πολλαχοῦ γὰρ εὑρί-

borgen nennen die Weiseren die Umwandlung ins Feuer
Apollo wegen der Einheit[1]) und Phöbus wegen der Reinheit und Farblosigkeit (τῷ καθαρῷ καὶ ἀμιάντῳ); den Zustand aber und die Umwandlung seines Sichumwendens
und Sichauseinanderlegens in Lüfte und Wasser und Erde
und Gestirne und der Pflanzen und Tiere Entstehung
deuten sie rätselnd als eine gewisse Zerreißung und Zerstückelung an (τῆς δ' εἰς πνεύματα καὶ ὕδωρ — — τροπῆς[2])
αὐτοῦ καὶ διακοσμήσεως, τὸ μὲν πάθημα καὶ τὴν μεταβολὴν,
διασπασμόν τινα καὶ διαμελισμὸν αἰνίττονται). Dionysos aber
und Zagreus und Nyktelios und Isodaites (Gleichverteiler)
nennen sie ihn, und gewisse Untergänge und Unsichtbar-
werdungen (καὶ φθοράς τινας καὶ ἀφανισμούς[3]) und Tod und
W i e d e r g e b u r t e n[4]), den erwähnten Umwandlungen
eigentümliche Rätsel und Fabeln erzählen sie; und dem
einen singen sie dithyrambische Weisen von Leidenschaf-
ten voll und einem Wechsel, der einen gewissen umher-
schweifenden und sich in Mannigfaltigkeit zerstreuenden
Charakter hat (πλάνην τινὰ καὶ διαιόρησιν ἐχούσης); denn
mit Geschrei gemischt, sagt Aeschylos, ziemt es dem Dithyrambos übereinzustimmen, seines Wesens teilhaftig, mit
Dionysos. Jenem aber singen sie den Päan, das gemessene
und besonnene Lied. Und als unalternd immer und jung

σομεν, ὡς ὁ σύμπας κόσμος Ζεὺς ὀνομάζεται διὰ τὸ
ἀείζωον καὶ ἀτελεύτητον" und hierbei erinnere man sich wieder, daß Heraklit (siehe das Fragment bei Clemens Al. § 20)
die Welt „πῦρ ἀείζωον" „immerlebendes Feuer" nennt.

[1]) Plutarch spielt hier auf die Etymologie des Apollo von
ἀ — πολύ an.

[2]) τροπή gleichbedeutend mit μεταβολή ist Heraklits eigen-
ster Ausdruck hierfür; siehe die Fragmente bei Clem. Alex. § 20.

[3]) Über das ἀφανίζεσθαι siehe oben p. 187 Anm., und
p. 214 sqq.

[4]) Vgl. § 26.

stellen sie diesen dar ($\dot{a}\gamma\dot{\eta}\varrho\omega$ '$\tau\varepsilon$ $\tauο\tilde{v}\tauο\nu$ $\dot{a}\varepsilon\dot{\iota}$ $\varkappa a\dot{\iota}$ $\nu\acute{\varepsilon}ο\nu$[1]), jenen aber vielartig und vielgestaltig in Gemälden und Bildwerken. Und im allgemeinen dem einen Gleichartigkeit und Ordnung und ungemischten Ernst beilegend, dem anderen aber eine gewisse mit kindischem Spiel und Übermut und Ernst und begeisterter Raserei gemischte Ungleichartigkeit ($\tau\tilde{\omega}$ $\delta\dot{\varepsilon}$ $\mu\varepsilon\mu\iota\gamma\mu\acute{\varepsilon}\nu\eta\nu$ $\tau\iota\nu\dot{a}$ $\pi a\iota\delta\iota\tilde{a}$[2]) $\varkappa a\dot{\iota}$ $\mathring{v}\beta\varrho\varepsilon\iota$ $\varkappa a\dot{\iota}$ $\sigmaπο\nu\delta\tilde{\eta}$ $\varkappa a\dot{\iota}$ $\mu a\nu\acute{\iota}\alpha$ $\pi\varrhoο\varsigma\varphi\acute{\varepsilon}\varrhoο\nu\tau\varepsilon\varsigma$ $\dot{a}\nuο\mu a\lambda\acute{\iota}a\nu$), rufen sie den Dionysos „Evios, Weiberaufreger, prangend in rasendmachenden Ehren," — nicht übel so das Eigentümliche einer jeden von beiden Umwandlungen erfassend. Da aber die Zeit der Umläufe[3] (Perioden) in beiden Umwandlungen nicht gleich ist, sondern die der einen größer, welche sie $\varkappa\acute{ο}\varrhοο\varsigma$ (Sättigung, Erfüllung) nennen, die der anderen aber, der $\chi\varrho\eta\sigma\muο\sigma\acute{v}\nu\eta$ (Dürftigkeit und die daraus entspringende Sehnsucht, Sucht), kleiner ist, so bedienen sie sich deshalb, dies verhältnismäßig beobachtend, während des übrigen Jahres des Päan bei den Opfern, mit Beginn des Winters aber den Dithyrambos wieder anstimmend, mit dem Päan aber aufhörend, rufen sie drei Monate diesen Gott (Dionysos) statt jenes (Apollo) an, weil wie drei[4] zu eins ihnen der Zeit

---

[1]) Diese Benennung $\dot{a}\gamma\dot{\eta}\varrho\omega$ $\dot{a}\varepsilon\dot{\iota}$ $\varkappa a\dot{\iota}$ $\nu\acute{\varepsilon}ο\varsigma$ ist uns noch wörtlich in den Fragmenten Heraklits über Apollo, resp. Helios, als das Wesen dieses Gottes ausmachend, erhalten; siehe unten § 23.

[2]) Diese $\pi a\iota\delta\acute{\iota}a$ erscheint in einer Reihe noch aufbewahrter und bald anzuführender Fragmente von Heraklit selbst als ein wesentlicher Zug des Zeus in der Weltbildung, also in seinem Dionysosstadium.

[3]) Dies, sowie der Schluß der Stelle überhaupt, wird im § 26 verständlich werden.

[4]) So schläft im orphischen Hymnus LIII (52), p. 318, ed. H. Bacchus drei Jahre in der Unterwelt.

nach sich die Weltbildung (διακόσμησις) zur ἐκπύρωσις zu verhalten scheint [1])!"

Wir haben diese Stelle so ausführlich mitgeteilt und sie mit unseren Noten begleitet, um es unzweifelhaft zu machen, daß uns in dem Hauptinhalte derselben, dem Gegensatze zwischen Apollo und Dionysos und resp. der Bezeichnung des Gedankengegensatzes mit diesen Götternamen, Plutarch nur — und zwar zum Teil noch mit des Ephesiers eigenen Worten — den Grundriß der spekulativen Theologie Heraklits vorträgt, d. h. die von Heraklit selbst gewählte Darstellung seines philosophischen Begriffes im Substrat orphischer Mythen. — Daß nun aber wirklich Plutarch hier den Ephesier selbst [2]) im Auge hat und ihn und seine Anhänger mit denen meint, die außer den Orphikern so lehrten, das wird nun auch, wenn man die Stelle im einzelnen wie im Zusammenhang überblickt, gewiß in keiner Weise hypo-

---

[1]) Das Ende der Stelle scheint, wie bereits Xylander bemerkt, insoweit verdorben zu sein, als sich vielmehr die ἐκπύρ. zur διακόσμ. wie 3:1 nach dem Zusammenhange verhalten soll. S. hierüber eine bald folgende Anmerkung.

[2]) Der letzte und evidenteste Beweis wird sich im § 26 durch Analyse einer Stelle im Politikus des Plato ergeben, dort wird auch erst das Ende der plutarchischen Stelle ganz deutlich werden. Gleichwohl kann von hier aus nicht vorgegriffen werden, da zum Verständnis des platonischen Ortes zuvor wesentliche Resultate im Verlauf und zumal in der Physik neu gewonnen werden müssen. — Die obige Beweisführung reicht übrigens auch für sich vollkommen aus, um den heraklitischen Ursprung klar zu beweisen, und mit dem näheren Verhältnis der ἐκπύρωσις und διακόσμησις zueinander und ob erstere eine reale war, haben wir es hier noch nicht zu tun. Dahin zielende Bemerkungen sind hier nur im Vorbeigehen gemacht, und das etwa scheinbar Widersprechende kann erst seines Ortes aufgeklärt werden.

thetisch erscheinen können. Plutarch geht aus von einem Fragment Heraklits, daß sich das Feuer zu allem Dasein verhalte — dieses aus sich, sich aus diesem umwandelnd, herstellend — wie das Gold zu den Dingen; von einem Fragmente also, welches, wie wir gesehen haben, g a r k e i n e n a n d e r e n Gedanken ausdrückt, als den Gegensatz und die Bewegung der ideellen, und eben darum nicht wirklich d a s e i e n d e n, Einheit und ihres in ihrer Verwirklichung in die Unterschiede auseinandertretenden Daseins, sowie die beständige Aufhebung dieses Gegensatzes; also g e r a d e d a s s e l b e, was s p ä t e r a l s d a s We- s e n j e n e r G ö t t e r a u f g e z e i g t w i r d. Plutarch, nach Mitteilung dieses heraklitischen Fragmentes vom F e u e r und Gold, unterbricht sich mit der Frage: Was geht das aber den Apollo an? und antwortet: den A p o l l o nicht nur, sondern auch den D i o n y s o s!

Denn es singen und sagen ja die T h e o l o g e n in Hymnen und P r o s a, daß es der eine ewige und unvergängliche Gott ist, der durch seine eigene notwendige Natur, durch die εἱμαρμένη γνώμη und den λόγος, z w e i Momente, z w e i Umwandlungen seiner selbst an sich hat und nur in dieser Umwandlung aus der einen dieser beiden Seiten in die andere Wirklichkeit hat. Die eine Seite ist Gott als reine i d e e l l e E i n h e i t.[1]). Die negative gleich-

---

[1]) Als solche erklärt Plutarch selbst konstant das Wesen des Gottes, und fast i m m e r, wo er das tut, h e r a k l i t i- s i e r t er; cf. ib. c. 20, wo er ihn in der bekannten Weise als Verneinung der Vielheit etymologisiert: „Denn Apollo heißt er, insofern er die Vielheit verleugnet und die Menge verneint (ἀ — πολύς), Jétos aber als der E i n e und E i n z i g e (εἷς καὶ μόνος). — — Das E i n e aber ist l a u t e r und r e i n (εἰλι- κρινὲς καὶ καθαρόν), denn durch die V e r m i s c h u n g des einen mit dem anderen entsteht die Verunreinigung, wie ja auch Homer vom rotgefärbten Elfenbein den Ausdruck μιαίνεσθαι (ver-

mäßige Aufhebung aller sinnlichen Unterschiede in das Feuer, und Gott in d i e s e m Stadium, nennen sie, der Menge verborgen, Apollo — der hier also ausdrücklich ganz identisch mit der heraklitischen ὁδὸς ἄνω, als bloße Personifikation der sog. ἐκπύρωσις erscheint. Das andere Stadium des ewigen Gottes aber ist die Umwandlung dieser ideellen Einheit in ihr Gegenteil, in die reelle sinnliche Vielheit und Zerstreutheit des wirklichen Daseins und die in der Unterscheidung und dem Außereinander bestehende reale Weltbildung. Und Gott in d i e s e m Stadium nennen sie Dionysos und Zagreus etc.; so daß Dionysos hier durchaus wie der heraklitische Weg nach unten definiert und beschrieben wird und gleichfalls seine bloße Personifikation ist, wie Apollo die des Weges nach oben. Und von Gott in diesem Stadium, von Dionysos-Zagreus, rätseln und fabeln sie dann gewisse Zerreißungen und Zerstückelungen und Verschwindungen und Wiedergeburten etc.

Und wer sind die, von denen Plutarch sagt, daß sie so lehrten? Die T h e o l o g e n, sagt er, höre er in Hymnen und i n P r o s a (ἄνευ μέτρου), so sagen und singen. Die Theologen, die in Gedichten so sangen, das sind nun selbstredend die Orphiker, die ja gewöhnlich so als die alten Theologen oder die Theologen schlechtweg bezeichnet wer-

---

unreinigt werden) gebraucht, und die Färber das Mischen der Farben φθείρεσθαι (Untergehen) und die M i s c h u n g φθορά (Untergang) nennen. Daher k o m m t d i e s: E i n s u n d i m m e r u n g e m i s c h t zu sein, dem Unsterblichen und Rei-nen zu."

Daß Plutarch hier, sowie in der weiter unten bezogenen Stelle des cap. 21 heraklitisiert, ist auch ersichtlich durch die Vergleichung mit Plut. Terrestr. an aquat. p. 913, W. (s. oben p. 243).

den, und mit denen hier also auch Plutarch den Heraklit zusammenstellt und zusammenstellen konnte, da er — immer mit dem früher auseinandergesetzten geistigen Unterschiede — in mythisches Material die Darstellung seines spekulativen Begriffes eingetaucht und diesem so den Anschein einer spekulativen Theologie gegeben hatte. Denn wer anders als Heraklit und seine Anhänger sollten mit den in P r o s a so lehrenden Theologen verstanden sein? Man hat bisher bei dieser Stelle, da sie auf andere schlechterdings nicht bezogen werden konnte, wegen der Lehre von der διακόσμησις und der ἐκπύρωσις — und diese Ausdrücke gehören allerdings der stoischen Terminologie an — immer an die Stoiker gedacht. Allein zuvörderst müßte es gewiß ungewöhnlich und auffällig erscheinen, daß Plutarch mit den in „Prosa schreibenden T h e o l o g e n" hätte sollen die Stoiker als solche bezeichnen wollen. Und abgesehen davon, daß sich die Bezeichnung „Theologen in Prosa" überhaupt nicht für sie schickt, wäre doch Plutarch am wenigsten geneigt gewesen, diesen bei ihm so ehrwürdigen Titel den ihm so verhaßten Stoikern zu geben. Wie! Diese Stoiker, die er überall so geringschätzt, sollten es sein, die er im Verlauf der Stelle mit den „Weiseren" bezeichnet? Und abgesehen davon, ob wir überhaupt eine derartige wahrhaft s p e k u l a t i v e Theologie bei den Stoikern finden, sowie davon, daß unseres Wissens sonst keine Spuren vorliegen, daß sie ein solches D r e i - G ö t t e r - s y s t e m von Zeus, Apollo und Dionysos in diesem Sinne gelehrt haben[1]), haben ja bekanntlich die Stoiker eben

---

[1]) Bei den Stoikern herrscht vielmehr meistens a l l e g o - r i s c h e Auslegung, d. h. es verflachen sich ihnen alle einzelnen Götter aus spekulativen Gedankengegensätzen, die sie bei Heraklit waren, zu bloßen Verstandesabstraktionen und zu einer Vielheit einzelner Naturkräfte; cf. Cic. de nat. Deor. I, 10

diese Lehre von der διακόσμησις und ἐκπύρωσις, wegen
welcher man gerade die Stelle auf sie bezieht, s o w i e
i h r e g a n z e s p e k u l a t i v e Physiologie und, ihrer
G r u n d l a g e nach, ihre T h e o l o g i e n i c h t w e n i g e r
nur von dem Ephesier e n t l e h n t, — eine Tatsache, die
wir nicht erst zu erweisen haben, sondern welche lange
erwiesen und anerkannt ist und dies sogar schon bei den
Alten war[1]). Die Stoiker sind überhaupt auf diesem Gebiete, wenn sie in irgend einem Punkte von Heraklit abweichen, nur insoweit von ihm abgewichen, als sie, besonders die späteren, ihn mißverstanden haben. Es würde
somit, wenn wirklich feststünde, daß die Stoiker nach
Heraklit jene, das Wesen des physischen und geistigen All

bis 15. So ist ihnen nach Plut. de Is. et Os. c. 40 Bacchus der
erzeugende und nährende Hauch, Herkules die schlagende und
zerteilende Kraft, Ammon die empfangende, Ceres und Proserpina die durch die Erde und Früchte, Neptun die durch
das Meer sich hindurchziehende Kraft etc. cf. Plut. de def.
Orac. c. 19 und c. 29.

Dies ist durchaus nicht mehr j e n e Auffassung der Götter,
die in der im Texte behandelten Stelle des Plutarch vorliegt,
auch nicht bei Bacchus, der oben einen der beiden spekulativen,
das All umfassenden Gedankengegensätze Heraklits darstellt,
hier aber zu einem besonderen Elemente, einer einzelnen abstrakten Natureigenschaft, neben der Vielheit anderer, anderen
Göttern zugeteilten, Naturkräfte degradiert ist. Durch die äußere
Ähnlichkeit wird sich niemand täuschen lassen, der auf den
Gedanken sieht.

[1]) Vgl. z. B. Alex. Aphrod. in Meteorol. 1, f. 90: „ἡγοῦνται
γὰρ σημείοις τούτοις χρώμενοι ἐκπύρωσιν γίνεσθαι τοῦ ὅλου,
ὡς Ἡράκλειτος μὲν πρὸ αὐτοῦ καὶ οἱ τῆς ἐκείνου δόξης, οἱ
δὲ ἀπὸ τῆς στοᾶς μετ' αὐτόν und Simplic. in Ar. de coelo
f. 68 b. und in Phys. f. 257 b.; vgl. besonders die bald anzuführenden Stellen des Philo und Plutarch selbst u. a. mehr bei
der Naturlehre, sowie die im Verlauf an verschiedenen Orten
zu erbringenden Beweise.

konstituierenden, Begriffe mit Apollo und Dionysos bezeichnet haben, hieraus immer nur folgen, daß sie, wie sie
die Lehre selbst von der ἐκπύρωσις und διακόσμησις, der
ideellen Einheit und realen Vielheit, der ὁδὸς ἄνω und
κάτω, bei Heraklit vorgefunden, — so auch die Bezeichnung derselben Prinzipien und Gegensätze durch Apollo
und Dionysos bei ihm vorgefunden und von ihm entlehnt
haben, eine Annahme, die nicht einmal der Rückweisung
auf das heraklitische Fragment vom Dionysos-
Hades bedarf, um festzustehen, und die jedenfalls durch
dieses Fragment zur Gewißheit erhoben würde, da,
wie Plutarch den Dionysos nach jenen ungenannten Theologen als identisch mit dem Weg nach unten beschreibt,
Heraklit selbst ihn dort als das Prinzip des Sterbens und
als mit Hades identisch, somit als die personifizierte ὁδὸς
κάτω ausspricht. Mit dieser Bezeichnung auf Heraklit
stimmt nun auch, daß Plutarch sich, zumal im Anfang
der Stelle, aber auch weiterhin fast überall der konkretesten Ausdrücke Heraklits bedient und zwar
so sehr, daß wir häufig noch jetzt erhaltene Fragmente Heraklits darin wiederfinden.

Eine fernere große Bestätigung dieser Beziehung auf
Heraklit tritt aber nochmals recht deutlich gegen das Ende
der Stelle hervor. Plutarch sagt hier, daß jene Theologen
die Apolloperiode oder ἐκπύρωσις und die Periode des
Dionysosstadium oder der Weltbildung mit den Namen
κόρος und χρησμοσύνη belegen. Allein daß diese gewiß
höchst altertümlich klingenden Namen von den Stoikern für die ἐκπύρωσις und διακόσμησις gebraucht worden
seien, wissen wir nur aus einer Stelle des Philo, in welcher dieser selbst Lehre wie Namen auf Herakleitos zurückführt[1]): „ὁ δὲ γονοῤῥυὴς (sc. λόγος)

---

[1]) Philo, Leg. Alleg. lib. III, p. 62, T. I, p. 88, ed. Mangey.

ἐκ κόσμου πάντα καὶ εἰς κόσμον ἀνάγων ὑπὸ θεοῦ δὲ μηδὲν οἰόμενος, Ἡρακλειτείου δόξης ἑταῖρος, κόρον καὶ χρησμοσύνην, καὶ ἓν τὸ πᾶν καὶ πάντα ἀμοιβῇ εἰσάγων", „— — jener gleichsam den Samenfluß habende Logos [1]), der alles a u s der Welt und i n die Welt zurückführt, von Gott aber nichts entstanden glaubt, (ist) ein Gefährte der herakleitischen Ansicht, κόρος und χρησμοσύνη und das All als Eins und alles durch den Wandel einführend."

Ja, in einer anderen Stelle, deren Zusammenhang uns für die Entscheidung der Frage, ob Heraklit denn wirklich eine reale Weltverbrennung angenommen habe, wichtig ist, macht Philo sogar ausdrücklich e i n e n U n t e r s c h i e d zwischen denen, welche jenen Gegensatz der ideellen Einheit und sinnlichen Allheit κόρος und χρησμοσύνη, und denen, welche ihn διακόσμησις und ἐκπύρωσις genannt haben [2]): „d i e V e r t e i l u n g e i n e s l e b e n d i g e n W e s e n s i n G l i e d e r m a c h t k l a r, wie a l l e s e i n s o d e r d a ß e s (a l l e s) a u s E i n e m u n d i n E i n s h i n e i n g e - n o m m e n ist (ὡς ἓν τὰ πάντα ἢ ὅτι ἐξ ἑνός τε καὶ εἰς ἕν), was d i e e i n e n κόρος und χρησμοσύνη nannten, die a n - d e r e n aber ἐκπύρωσις und διακόσμησις (ὅπερ οἱ μὲν κ. καὶ χρ. ἐκάλεσαν, οἱ δὲ ἐκπ. καὶ διακ."[3]).

---

[1]) Der λόγος σπερματικός der Stoiker, der ihnen auch nur als dieser terminologische Kunstausdruck, dem Wesen nach aber Heraklit angehört.

[2]) Philo de anim. Sacrif. ldon. T. II, p. 243, ed. Mang.

[3]) Diese zweite Stelle und der in ihr gezogene höchst treffliche Vergleich des Philo mit der Verteilung des organischen Lebens in Glieder zeigt zur Evidenz, daß, wenn die Stoiker κόρος und χρησμοσύνη oder die reale Welteinrichtung und die ἐκπύρωσις als besondere getrennte Zustände und Z e i t p e r i o - d e n betrachteten, doch noch Philo genau wußte, wie sie bei Heraklit nicht geschiedene Z e i t p e r i o d e n, sondern nur die gleichzeitigen und in steter Wechselwirkung miteinander ste-

Diese zweite Stelle des Philo, welche Schleiermacher
und seine Nachfolger nicht benutzt haben, obgleich schon
Mangey in seiner Ausgabe des Philo auf sie verweist,
muß aber auch dadurch, daß sie diejenigen, welche die
Terminologie κόρος und χρησμοσύνη gebrauchten, geradezu
(und wohl auch offenbar als die früheren) u n t e r s c h e i -
d e t und entgegensetzt d e n e n, welche dieselbe Sache
mit den Ausdrücken ἐκπ. und διακόσμ. benannten, und

---

henden b e g r i f f l i c h e n M o m e n t e (des Werdens) gewesen
sind. Denn die Verteilung des Lebendigen in bestimmte Glieder
und Organe und wiederum die Zusammenfassung des Lebensprozesses in die Einheit dieser Gliederungen und Unterschiede
in das ideelle Eins des organischen Lebens — ist ja auch nicht
in der Z e i t g e t r e n n t vorhanden, sondern sie sind nur sich
wechselseitig erzeugende, bedingende und entgegengesetzte Momente des Lebensprozesses, und d i e s e M o m e n t e, sagt Philo,
hätten die einen κόρος und χρησμ., die anderen διακόσμ.
und ἐκπ. genannt. Nach Philo also hat Heraklit keine reale
Weltverbrennung gekannt. Nach Philo waren ihm κόρος und
χρησμοσύνη nur die entgegengesetzten Momente des als P r o -
z e s s e s begriffenen Werdens; beide, wie alle heraklitischen
Gegensätze, miteinander an sich identisch und beständig ineinander umschlagend; nämlich: das Moment der i d e e l l e n E i n -
h e i t, die n e g a t i v e B e w e g u n g und W a n d l u n g, in welcher
die einzelnen Unterschiede aufgehoben sind, wie in der Idee
der L e b e n s e i n h e i t die b e s o n d e r e n G l i e d e r und O r -
g a n e, — und das Moment der r e a l e n e i n z e l n e n U n t e r -
s c h i e d e, durch deren besonderes Dasein erst jene Einheit
wirklich ist, wie nur durch seine Auseinanderlegung in die
Vielheit unterschiedener O r g a n e u n d F u n k t i o n e n das, diese
Unterschiede aus ihrer Isolierung immer wieder in die ideelle
Einheit seines Prozesses aufhebende, Leben sich Existenz und
Wirklichkeit gibt. Beides somit stets ineinander umschlagende
Momente und n i c h t s a n d e r e s a l s d i e m i t s i c h i d e n -
t i s c h e n G e g e n s ä t z e d e s W e g e s nach o b e n u n d u n t e n;
ihre Einheit — das als P r o z e ß b e g r i f f e n e W e r d e n.

weil doch ferner diese letzteren Ausdrücke als Terminologie der Stoiker, zumal der späteren f e s t s t e h e n, zu zeigen scheinen, daß die Benennungen κόρος und χρησμ. gerade v o r z u g s w e i s e H e r a k l i t s e l b s t, seinen unmittelbaren Anhängern und wohl auch den ältesten Stoikern, die ja in der Physik nur Herakliter waren, eigentümlich waren, mit der Fortentwicklung der Stoiker aber die ihrer abstraktén Terminologie angemesseneren Ausdrücke διακόσμησις und ἐκπύρωσις, Aristoteles folgend, gewählt und jenen substituiert wurden. — Es hat demnach Plutarch in der obigen Stelle bei Anführung der Namen κόρος und χρησμοσύνη für das Dionysos- und Apollostadium wieder nicht sowohl die Stoiker a l s s o l c h e, sondern H e r a k l i t s e l b s t und seine Anhänger, und die Stoiker n u r q u a H e r a k l i t i k e r, im Auge.

Daß κόρος und χρησμοτύνη echt heraklitische Namen sind, das konnte freilich schon wegen ihres dunklen und altertümlichen Tones und ebenso wegen der ersteren philonischen Stelle nicht zweifelhaft sein, und ist daher auf Grund derselben sowohl von Schleiermacher als Ritter und Brandis anerkannt worden. Allein dann hätte man aber auch sehen sollen, daß die, von denen Plutarch sagt, sie nennen diese Perioden so (ἣν κόρον καλοῦσιν), n a c h P l u - t a r c h s e l b s t n u r d i e s e l b e n P r o s a t h e o l o g e n sind, von denen er im Anfang des Kapitels sagt, daß sie Apollo und Dionysos als die zwei entgegengesetzten Seiten und Umwandlungen des einen ewigen Gottes betrachten etc., kurz, daß, wie am Ende, so auch am Anfang der Stelle n u r h e r a k l i t i s c h e s p e k u l a t i v e T h e o l o - g i e oder [1]) spekulative Physik (was identisch) zitiert ist [2]).

[1]) Die Theologie ist darum bei den Stoikern nur ein Teil der Physik. Die Stoiker, sagt Plutarch (de Repugn. Stoic.

— Eine andere Frage wäre, ob Plutarch nicht im Schluß der Stelle Heraklit insofern unrecht tut, als er daselbst von einer der Z e i t nach von der διακόσμησις unter-

---

T. XIII, p. 343), haben drei Disziplinen, zuerst die Logik, zweitens die Ethik, drittens die Physik und den Schluß der Physik bildet die Lehre von den Göttern (τῶν δὲ φυσικῶν ἔσχατόν ἐστιν ὁ περὶ ϑεῶν λόγος) cf. Baguet de Vit. et Scr. Chrysipp. T. IV (Annales Acad. Lov. p. 55).

²) Eine Frage für sich ist, welcher von den beiden Namen κόρος und χρησμ. der ἐκπύρωσις und welcher der διακόσμησις, welcher dem Apollo und welcher dem Dionysos entspricht. Xylander hat bereits bemerkt, daß in dem Ende der Stelle des Plutarch ein Fehler stecken müsse; es müsse nämlich dem Vorhergehenden zufolge umgekehrt, — da ja der Päan während neun, der Dithyrambus während drei Monaten angestimmt werde, — die ἐκπύρωσις (das Apollostadium) sich wie drei zu eins zur Weltbildung (dem Dionysosstadium) verhalten. Ist dies richtig, wie es freilich gar sehr scheint, so ist der κόρος, wovon ja Plutarch ausdrücklich sagt, daß es die der Zeit nach g r ö ß e r e Umwandlung sei, dem A p o l l o entsprechend, und die χρησμοσύνη vielmehr das Stadium des Dionysos. Bisher hat man die Sache umgekehrt gefaßt. Man hat die χρησμοσύνη mit S e h n s u c h t z u r W e l t b i l d u n g übersetzt und sie als der ἐκπύρωσις entsprechend aufgefaßt, (somit also als Apollostadium) und die S ä t t i g u n g, den κόρος, für die διακόσμησις, die reale Weltbildung, genommen. Dies wäre auch vom Standpunkt Heraklits nicht gerade unmöglich. Aber ohne die Sache entscheiden zu wollen, scheint mir noch mehr für die durch Xylanders Vermutung bedingte umgekehrte Auffassung zu sprechen. Die χρησμοσύνη als eine S e h n s u c h t des in dem realen Außereinander der sinnlichen Natur außersichgeratenen Göttlichen zur R ü c k k e h r i n s e i n e i d e e l l e E i n h e i t — also als das Moment oder die Periode der realen Weltgliederung (διακόσμησις) aufzufassen, würde offenbar einen ganz vorzüglich guten und bereits oft urkundlich nachgewiesenen heraklitischen Sinn gewähren. Dann wäre κόρος, die Sättigung oder E r f ü l l u n g, als die V o l l e n d u n g

s c h i e d e n e n ἐκπύρωσις d. h. von einer realen Weltverbrennung zu sprechen scheint, eine Ansicht, die, wie wir sehen werden, Heraklit fremd ist und bei den Stoikern

dieses Einigungstriebes gedacht, und somit dem Moment der ἐκπύρωσις oder dem Apollostadium entsprechend. (In einer etymologisierenden Stelle des platonischen Cratylos, die man überhaupt hier vergleichen muß, hat κόρος noch den Begriff der R e i n h e i t. Cratyl. p. 396 β.: Τοῦτον (nämlich Zeus) δὲ Κρόνον υἱὸν εἶναι ὑβριστικὸν μὲν ἄν τι δόξειεν εἶναι ἀκούσαντι ἐξαίφνης, εὔλογον δὲ, μεγάλης τινὸς διανοίας ἔκγονον εἶναι τὸν Δία· κόρον γὰρ σημαίνει, οὐ παῖδα, ἀλλὰ τὸ καθαρὸν αὐτοῦ καὶ ἀκήρατον τοῦ νοῦ. Man vgl. die von Stallbaum hierzu zitierten Orte, besonders Proclus in Cratyl. ed. Boiss. c. 103, 105, 115, 144, 147 und Cicero de nat. Deor. II, 24, p. 304 mit Creuzers Anmerkungen. Aber was auch Stallbaum l. l. mit Recht gegen Proclus sagen mag, eine, wenn auch veränderte Beziehung und Anspielung auf ein historisches Philosophem, ist in jenen Worten Platos jedenfalls zu suchen.) Hierzu vergleiche man eine mir auffällige Stelle des J. Philoponus c. Proclum de mundi aeternitate, ed. Venet. f. 1535, XIII, 15: καὶ ἐν τοῖς ἐξῆς δὲ πάλιν ὁ Πλωτῖνος ἐδίδαξεν, ὡς οὔτε ἄλλοτι νομιστέον, ἢ πυρὸς καὶ τῶν λοίπων στοιχείων τὰ οὐράνια σώματα· οὔτε γῆν ἀκούοντας ἐν ἐκείνοις εἶναι πρὸς τὸ χεῖρον τῆς ἀποφέρεσθαι ἢ φλόγα νομίζειν ἐκεῖνο τὸ πῦρ· ζέσιν γὰρ εἶναι τοῦτο κατὰ Ἀριστοτέλην φησὶν ὁ Πλωτῖνος καὶ οἱονεὶ πῦρ διὰ κόρον ὑβρίζον καὶ οὐχὶ τὸ στοιχειῶδές τε καὶ ζωτικὸν πῦρ, wo also noch dabei auf das bekannte alte Sprichwort κόρος τίκτει ὕβριν angespielt ist, aber doch auch ein wahrscheinlich alter Gebrauch dieser Verbindung von κόρος und πῦρ zur Bezeichnung des h ö c h s t e n Grades des reinen sich vollendenden Feuers erhellen dürfte. — Man vgl. endlich die späteren Hindeutungen auf den uralten K o r o s kultus, einen S o n n e n dienst, in welchem auch gerade Dionysos selbst zur Sonne umgedacht wird*).

*) Jetzt bestätigen unsere obige Vermutung noch, daß κόρος das Feuerstadium und χρησμοσύνη das des Dionysos bedeute, die Worte des Pseudo-Origenes IX, 10, p. 283. λέγει δὲ

nur durch Mißverstehung seiner entstanden zu sein scheint. Wir werden hierüber bei der Naturlehre handeln.

Daselbst (§ 26) wird sich zuerst herausstellen können, wie Plutarch dem Heraklit gar kein Unrecht tut, weil nämlich auch in dem, was er sagt, so sehr es scheinen muß, dennoch gar keine reale Weltvertilgung enthalten ist. Aber da wir dies hier, weil hierzu noch erst mannigfache Resultate gewonnen werden müssen, noch nicht klar machen können, so wollen wir uns auch noch nicht darauf berufen, und haben dies auch für unseren gegenwärtigen Zweck gar nicht nötig. Denn keinesfalls würde die direkte Beziehung der plutarchischen Stelle auf Heraklit dadurch irgendwie beeinträchtigt. Plutarch geht von einem heraklitischen Fragment aus, welches von dem Gegensatz der ideellen Einheit und sinnlichen Allheit handelt; er zeigt, wie es nur derselbe Gegensatz sei, den die Orphiker und gewisse in Prosa schreibende Theologen als das Wesen des Apollo und Dionysos, dieser einseitigen Daseinsformen des ewigen Gottes gerätselt haben; er entfernt sich keinen Augenblick von dem wirklich heraklitischen, von den Stoikern nur entlehnten Gedanken. Er bewegt sich sogar vorzugsweise in heraklitischen Ausdrücken und läßt ganze Sätze des Ephesiers durch seine Darstellung hindurchklingen. Aber er wirft auch rücksichtslos heraklitische und stoische Terminologie durcheinander, weil es ihm hier nicht auf ihren Unterschied, sondern eben nur auf das Wesen des Apollo und Dionysos

---

(Heraklit) καὶ φρόνιμον τοῦτο εἶναι τὸ πῦρ καὶ τῆς διοικήσεως τῶν ὅλων αἴτιον· καλεῖ δὲ αὐτὸ χρησμοσύνην καὶ κόρον· χρησμοσύνη δὲ ἐστὶν ἡ διακόσμησις κατ' αὐτὸν, ἡ δε ἐκπύρωσις κόρος. Freilich entscheidet dies gerade noch nicht, da ja eine Verwechslung der Bedeutung dieser Bestimmung bei Pseudo-Origenes sehr leicht möglich wäre.

ankommt. — Und wenn er nun selbst hierbei stoische, aus M i ß v e r s t ä n d n i s Heraklits entstandene Vorstellungen einer realen *ἐκπύρωσις* mit der heraklitischen *χρησμοσύνη* durcheinander würfe[1]), so könnte er dies h i e r selbst dann tun, wenn er sogar das klarste Bewußtsein über dies Mißverständnis hatte, weil es ihm h i e r eben nur um diesen G e d a n k e n g e g e n s a t z zwischen Apollo und Dionysos als der ideellen Einheit und sinnlichen Allheit zu tun ist, und von diesem heraklitischen Gedankengegensatz selbst noch jenes stoische Mißverständnis einer nach Zeitperioden abwechselnden Weltbildung und realen Weltverbrennung g e t r a g e n b l e i b t.

Wenn es nach alledem noch irgend eines ferneren Beweises bedürfte, daß Plutarch mit jenen in Poesie und Prosa sagenden und singenden Theologen nur die Orphiker und Herakleitos meint, die Stoiker selbst aber hierin höchstens nur als Heraklitiker betrachtet, so liegt dieser Beweis gewiß bis zur Evidenz in e i n e r a n d e r e n Stelle desselben Plutarch vor, wo er sagt[2]): „*Ἀκούω ταῦτ᾽ (ἔφη) πολλῶν καὶ ὁρῶ τὴν Στωϊκὴν ἐκπύρωσιν, ὥσπερ τὰ Ἡρακλείτου καὶ Ὀρφέως ἐπινενομένην ἔπη, οὕτω καὶ τὰ Ἡσιόδου καὶ συνεξαπατῶσαν*". „— — ich sehe die stoische Ekpyrosis a b w e i d e n d, wie des Heraklit und

---

[1]) Wir bemerken der Deutlichkeit wegen: Plutarch wirft in der Tat g a r n i c h t s derartiges durcheinander. Seine Stelle besagt weder für Heraklit, n o c h f ü r d i e S t o i k e r eine r e a l e *ἐκπύρωσις*. Wir geben das oben Gesagte nur einstweilen der bisher bestehenden Ansicht nach, die bei den S t o i k e r n allgemein und ohne Widerspruch eine reale Weltvernichtung durch Feuer annimmt. Daß es sich aber auch b e i d e n S t o i k e r n anders verhält, werden wir später sehen.

[2]) De defect. Orac. p. 415, p. 301, Wytt., p. 316, Hutt.

Orpheus Worte, so auch die des Hesiods und sie verwirrend"[1]).

Also ausdrücklich und namentlich attribuiert Plutarch, was er oben als die Lehre der poetischen und prosaischen Theologen angeführt hat, hier dem Heraklit und Orpheus, stellt beide hierin unmittelbar zusammen und qualifiziert die ἐκπύρωσις der ihm bekanntlich überhaupt verhaßten Stoiker nur als eine geistlose Entlehnung, ja selbst mißverstehende Entstellung heraklitischer und orphischer Lehre.

Es ist nun also erwiesen, daß Plutarch in der obigen Stelle mit den poetischen und in Prosa redenden Theologen nur die Orphiker und Herakleitos im Auge gehabt hat, und diese seine Bezeichnung Heraklits als eines in Prosa redenden Theologen, die für die Stoiker so unpassend und bei Plutarch nicht denkbar gewesen wäre, kann nicht mehr wundern, wenn wir ihn selbst soeben Heraklit und Orpheus namentlich und unmittelbar in bezug auf diese Lehre identifizieren sahen. Diese Bezeichnung Heraklits kann aber auch im allgemeinen weder wundern noch unpassend erscheinen, wenn wir uns erinnern, daß der theologisierende Inhalt seiner Schrift so bedeutend gewesen sein muß, daß daraus die falsche Nachricht von einem besonderen theologischen Abschnitt seines Werkes entstehen konnte[2]); wenn wir uns ferner der bedeutungsvollen Versicherung des s. g. Herakleides erinnern, daß Herakleitos „das Physische theologisiere"[3]), wenn wir berücksichtigen, daß noch Macrobius

---

[1]) So übersetzt Kaltwasser das συνεξαπατῶσαν.

[2]) Diog. L. IX, 5, διῄρηται δὲ (sc. sein Werk) εἰς τρεῖς λόγους· εἴς τε τὸν περὶ τοῦ παντὸς καὶ πολιτικὸν καὶ θεολογικόν.

[3]) Heracl. Alleg. Hom. p. 442, ed. Gal. p. 84, Schow.

Herakleitos zu denen rechnet, welche in ganz konkreten Weise über die Götter gefabelt hätten, Gestalten und Bilder denen geliehen, denen alle solche Formen fremd sind, und Altersstufen (aetates) denen, die keine Art von Wachstum haben, und verschiedene Hüllen und Gewänder denen, die des Körpers entbehren[1]).

Ja, diese Nachrichten, daß sein Werk so reich an theologischem Inhalt gewesen, daß er überhaupt das Physische theologisiere, wie sich Herakleides glücklich ausdrückt, sind erst jetzt verständlich geworden und gerechtfertigt. Bis jetzt mußten, wie man zugeben wird, diese Äußerungen in einem auffallenden Kontraste mit dem zu stehen scheinen, was uns von Heraklit erhalten war. Denn eine rein physische Sprache und ausschließliche Beschäftigung mit philosophisch-physischen Begriffen schienen die bei weitem meisten Fragmente zu atmen, und wo, wie allerdings bei einigen der Fall, eine dunkle und seltsame Anwendung von Göttern und Götternamen plötzlich sich darbot, da schien dies stets so abgerissen und verbindungslos untereinander dazustehen, daß dies fast notwendig auf die von Schleiermacher bei Gelegenheit des Fragmentes über den Namen des Zeus ausgesprochene Ansicht führen mußte (p. 335): „Heraklit habe sich solche Sprüche für diejenigen Stellen seines Werkes auf-

δ γοῦν σκοτεινὸς Ἡράκλειτος ἀσάφη καὶ διὰ συμβόλων εἰκάζεσθαι δυνάμενα, θεολογεῖ τὰ φυσικὰ κτλ. — — ὅλον δε τὸ περὶ τῆς φύσεως αἰνιγματῶδες ἀλληγορεῖ.

[1]) Macrobius Somn. Scip. I, c. 2, p. 11, ed. Bip. adeo semper ita se sciri et coli numina malluerant qualiter in vulgus antiquitas fabulata est; quae et imagines et simulacra formarum talium prorsus alienis et aetates tam incrementi quam diminutionis ignaris et amictus ornatusque varios corpus non habentibus assignavit. Secundum haec Pythagoras ipse atque Empedocles, Parmenides quoque et Heraclitus de Diis fabulati sunt.

gespart, wo er mit seiner Weisheit an die Grenzen des didaktisch Auszusprechenden gekommen war, um statt der eigentlichen Mythen, die ihm abgingen, mit solchen geheimnisvollen Sprüchen wie mit goldenen Nägeln seine Philosophie am Himmel zu befestigen." Noch deutlicher und allgemeiner spricht sich Schleiermacher p. 351 darüber aus mit den Worten: „Hierzu kommt noch, daß unter allen aufbehaltenen Trümmern sich a u c h k e i n e S p u r v o n a u s g e b i l d e t e r T h e o l o g i e zeigt, sondern nur wenige Andeutungen von der allgemeinsten Art. Und sollte dieser ganze Teil so ganz untergegangen sein?"

Diese Äußerungen Schleiermachers sind auch noch für seine Nachfolger maßgebend und durch keine von denselben gewonnenen Resultate entkräftet. — Aus demselben Grunde mußte bisher auch die von Clemens Alex. und Plutarch behauptete Verwandtschaft Heraklits mit Orpheus den besonnensten Kritikern als willkürliche und träumerische Konjektur erscheinen, die Andeutungen P l a t o s [1]) in demselben Sinne aber unbemerkt bleiben oder falsch aufgefaßt werden. — Jetzt aber ist durch die obige Stelle des Plutarch — und das war auch der Grund, weshalb wir mit einer so breiten und vielleicht überflüssigen Ausführlichkeit ihre Beziehung auf den Ephesier nachwiesen — jetzt sagen wir, ist durch diese Stelle des Plutarch, wenn man sie auch einstweilen nur mit dem heraklitischen Fragment von der Identität des Dionysos und Hades und demjenigen von dem e i n e n Weisen, dem Namen des Zeus, zusammenhält, e i n a u s g e b i l d e t e s u n d k o n - k r e t e s S y s t e m s p e k u l a t i v e r T h e o l o g i e als Inhalt des heraklitischen Werkes nachgewiesen, ein System, das sich uns im Verlauf noch weit konkreter entwickeln

---

[1]) Siehe oben p. 55 und 56.

wird, eine Theologie, die schon deshalb um so durchge-
führter und s y s t e m a t i s c h e r bei ihm sein konnte, als
sie überhaupt keinen von seiner s p e k u l a t i v e n L o g i k -
P h y s i k ¹) v e r s c h i e d e n e n Gedankeninhalt hatte und
nichts von ihr Getrenntes war, sondern ganz identisch und
eins mit seiner spekulativen und in ihrer innersten Bedeutung „objektive Logik" zu nennenden Physik, nur dieses
physische System selbst, oder die Idee des Werdens, in
der symbolischen Hülle der religiösen Vorstellungen, in
dem Material ihrer Götternamen oder wie Herakleides
sagt, „t h e o l o g i s i e r e n d" darstellte, — ein Ausdruck
dessen ganze Tiefe und zutreffende Richtigkeit jetzt wohl
am Tage liegt. — Jetzt wissen wir, daß ihm Apollo
und Dionysos identisch mit den beiden Gegensätzen waren,

---

¹) L o g i k - P h y s i k nennen wir die heraklitische Philosophie.
Sie ist uns wesentlich die Stufe, wo beides ungetrennt identisch
ist. Bei ihm ist, wie wir oben p. 165 sqq. sagten, „das Logische
unter dem Kristall des Natürlichen vorhanden" oder, weil seine
Logik wahrhaft s p e k u l a t i v ist, weil sie die begriffene Idee
des Werdens, die prozessierende Identität des Gegensatzes ist,
so ist sie um dieser ihrer objektiven Wahrheit willen zugleich
auch G r u n d l a g e a l l e s P h y s i s c h e n und dieses selbst nur
ihre Realisation. Diese P h y s i k ist somit an sich nur I d e e n -
l e h r e oder o b j e k t i v e s p e k u l a t i v e L o g i k. Daß Logik
und Physik noch ungeschieden eins in dem heraklitischen Gedanken sind, bezeichnet sowohl seine Höhe, als auch seine
Tiefe. Seine Tiefe deshalb, weil diese Identität nur deshalb bei
ihm stattfinden kann, weil es bei ihm noch z u keiner U n t e r -
s c h e i d u n g der objektiven logisch-physischen Idee einerseits,
und des F ü r s i c h s e i n s d e s G e d a n k e n s im Selbstbewußt-
sein, des subjektiven G e i s t e s und Denkens andererseits gekommen ist. Wir haben uns über alles dies so oft verbreitet.
im zweiten, dritten und vierten Kapitel und in dem Anfange
der Darstellung der Fragmente, daß es überflüssig wäre, hier
genauer darauf zurückzukommen.

die ihm allein das Weltall und die Idee des Werdens konstituierten, Apollo die Personifikation der ὁδὸς ἄνω, Dionysos die Personifikation der ὁδὸς κάτω.

Und wie die ὁδὸς ἄνω und κάτω nur die als getrennt und in absoluter Gegensätzlichkeit gedachten, an sich aber identischen Momente der Idee des Werdens sind, die aber um dieser inneren Identität willen beständig ineinander umschlagen und sich ein jedes zum anderen machen, ebenso sind auch Apollo und Dionysos nur die beständig ineinander umschlagenden Momente und Wandlungen des ewigen und unvergänglichen, sie beide in sich einenden Gottes. Das Leben dieses höchsten Gottes besteht nur in der ununterbrochenen Umwandlung, μεταβολή, sich aus seiner Form als Apollo in seine Form als Dionysos überzusetzen und hieraus wieder in seine Idealität als Apollo beständig zurückzunehmen. Wie das Werden nur wirklich war in dem beständigen Umschlagen des Sein in das Nichtsein und dieses in das Sein, der ὁδὸς ἄνω in die ὁδ. κάτω, so ist auch dieser höchste Gott nie als solcher v o r h a n d e n, sondern seine W i r k l i c h k e i t, sein D a s e i n hat er nur in diesem ununterbrochenen Umschlagen seiner als Apollo in sich als Dionysos. Jetzt wissen wir auch von hier aus — und man sehe, wie eng alles dieses zusammenstimmt — warum Heraklit (s. oben p. 291) Z e u s und den K r i e g a u c h a l s i d e n t i s c h erklärt hat. Zeus ist ja nur diese beständige E n t z w e i u n g u n d D i r e m - t i o n s e i n e r s e l b s t, sich aus seinem Moment als Apollo in sein Moment als Dionysos umzusetzen und umgekehrt. Jetzt wissen wir auch den letzten Grund, weshalb ihm in jenem Fragmente Dionysos i d e n t i s c h m i t H a d e s ist, weshalb er Dionysos und die feuchte Natur, sein Reich, haßt und perhorresziert, und daß nur negative Polemik, nicht irgendwelche Verehrung in jenem Fragment zu suchen ist, weil ihm nämlich Dionysos als solcher die μεταβολή (und also der T o d) des A p o l l o ist. Was wir bei Erläuterung jenes Fragmentes apriorisch vorauszusetzen schienen, daß ihm Dionysos das sinnliche außereinanderseiende Dasein bedeute, und Apollo ihm der strikte Gegensatz zu Dionysos sei, die Seite der dem sinnlichen Außereinander negativen ideellen Einheit, — das haben wir jetzt positiv verbürgt gesehen. Und wie wir früher hörten, daß die Wege nach oben und unten, trotz des absoluten Gegensatzes beider i d e n t i s c h seien (ὁδὸς ἄνω κάτω μίη), so sehen wir dasselbe jetzt auch an Apollo und Dionysos, die gleichfalls nur a n s i c h i d e n t i s c h e ineinander umschlagende Gegensätze sind, die ihre innere Identität in Zeus, resp. dem ewigen Gotte haben, der ihre Einheit ist, und dessen sich notwendig bedingende Momente und Dasein beide bilden, und die ihre Identität ebenso d a r a n haben, aus sich selbst in ihr Gegenteil überzugehen und sich zu demselben zu machen. — Zeus aber, dieser höchste Gott, ist diese absolute Idee des Werdens als der prozessierenden Identität der Gegensätze des Seins und Nichtseins, gegen welche Apollo und Dionysos, die ὁδὸς ἄνω und κάτω, nur einseitige Momente sind. Das Absolute und wirklich Wahre ist nur die im beständigen Übergang beider streitenden Momente ineinander bestehende I d e n t i t ä t b e i d e r.

Jetzt wissen wir auch die ganze Konsequenz zu würdigen, mit der Heraklit in jenem Fragmente, auf das wir uns so oft zurückbeziehen, weil es in der Tat den Schlüssel seiner Lehre bildet, den Namen des Zeus das e i n e W e i s e (ἕν τὸ σοφόν) nennt, der a l l e i n ausgesprochen werden will und n i c h t. Das e i n e Weise ist er, denn alles andere außer ihm, dieser den absoluten Gegensatz i n s i c h s e l b s t f a s s e n d e n absoluten Idee des

Werdens, ist schon Zweiheit, ist schon ein bloßes Moment, wie selbst Apollo und Dionysos, die eben darum jeder für sich schon einseitige und beschränkte sind. Apollo ist an sich Zeus, wie ebenso Dionysos; und wie also Zeus oder das absolute Werden allein dasjenige ist, das ist und gar kein Nichtsein hat, so will er auch allein genannt und ausgesprochen werden; allein dies ist ebenso unmöglich, denn jedes Dasein des Zeus, jede Wirklichkeit und Verwirklichung desselben, ist immer nur in den einseitigen Momenten als Apollo oder Dionysos vorhanden. Sein reines Wesen des ewigen absoluten Überganges wird schon durch die abgeschlossene Bestimmtheit der Sprache und des Namens in Ruhe gebracht und so zu einem seiner einseitigen Momente herabgesetzt.

Wir nennen diese Theologie spekulative und systematische, weil sie, im Unterschiede von der abstrakten einen Gottheit des Xenophanes, Raum hat sowohl für die Identität als den Unterschied der Götter, für Zeus wie Apollo und Dionysos und Hades und Hephaestos etc., und diese Unterschiede mit dem Gedanken durchdringt. Daß aber eben damit diese Götter zu reinen Gedankenunterschieden, zu reinen Begriffen aufgelöst werden, und von eigentlicher Theologie hier nichts mehr vorhanden ist, als die sinnlich-religiöse Form, und warum der Begriff hier noch in diesem sinnlichen Material auftritt, — hierüber haben wir uns, es näher begründend, an vielen Stellen nun schon genugsam verbreitet.

Und nun wissen wir auch, was wahres ist an der gar nicht so unsinnigen und auch durch die oben bezogenen Worte des Arnobius erheblich unterstützten Stelle des Clemens[1]) wo er von den nächtlichen Mysterien spricht

[1]) Cohort. ad. Gent. II, p. 6, Sylb. p. 18, Pott.

und fortfährt: „πρὸς δὲ καὶ τῶν ἄλλων Ἑλλήνων οὕς τινας
μένει τελευτήσαντας ἄσσα οὐδὲ ἔλπονται,τοῖσιδὴμαντεύεται
Ἡράκλειτος ὁ Ἐφέσιος, Νυκτικόλοις, Μάγοις, Βάκχοις, Λήναις,
Μύσταις τούτοις ἀπειλεῖ τὰ μετὰ ϑάνατον, τούτοις μαντεύεται
τὸ πῦρ", „und auch allen denen von den Hellenen, welche,
wenn sie gestorben sind, erwartet, was sie nicht hoffen,
diesen weissagt Herakleitos der Ephesier, — den Nacht-
schwärmern, Magern, Bakchen, Bacchantinnen, Mysten,
— diesen droht er das nach dem Tode an, diesen verkündet er das Feuer."

Es ist möglich, daß sich Clemens in dem zweiten Teil
dieser Stelle auf das obige Bruchstück vom Hades-Dionysos bezieht, möglich auch — und wie auch die obige
Stelle des Arnobius bestätigt, wahrscheinlicher, — daß
er noch andere und speziellere Stellen Heraklits in Gedanken hat, in denen dieser den Dionysischen Dienst noch
weiter anfeindete.. Jedenfalls aber ist das: „Er weissagt
ihnen das Feuer" richtig. Zwar nicht das Fegefeuer droht
er ihnen an, wie Clemens am liebsten möchte, wohl aber
seine richtig verstandene ἐκκύρωσις droht er ihnen an, die
Aufhebung aus dem sinnlichen, in die Einzelheit und Bestimmtheit und ihre Lust versenkten Dasein in die Negativität des Werdens und seine ideelle Einheit. Der ὁδὸς
κάτω droht er die ὁδὸς ἄνω, dem Dionysos den Apollo
an! Nur dies ist auch das Wahre an den Worten des Clemens in einer anderen Stelle, wo er nach Aufführung
eines verwandten heraklitischen Fragmentes, wiederum mit
Begehung jenes dem Kirchenvater leicht zu verzeihen-
den Mißverständnisses von Heraklit sagt[1]): „Es weiß
auch dieser, es gelernt habend aus der Weisheit der Barbaren, von der Reinigung derer, die ein schlechtes Leben

---

[1]) Strom. V. c. 1, p. 235, Sylb., p. 649, Pott.

geführt haben, durch Feuer, welche die Stoiker späterhin
ἐκπύρωσις nannten [οἶδεν γε καὶ οὗτος ἐκ τῆς βαρβάρου
φιλοσοφίας μαϑὼν τὴν διὰ πυρὸς κάϑαρσιν τῆν κακῶς βε-
βιωκότων, ἣν ὕστερον ἐκπύρωσιν ἐκάλεσαν οἱ Στωϊκοί][1]),
wo also auch Clemens im Vorbeigehen konstatiert, daß
nicht Heraklit, sondern erst die Stoiker diesen Namen
für jene ihm entlehnte Sache gebraucht haben und zugleich,
indem er jenes Reinigungsfeuer auf diese ἐκπύρωσις zurückführt, seine Leser am besten gegen das Mißverständnis bewahrt, in das er selbst verfiel.

§ 11. Theologie. Fortsetzung.

Wir haben in der obigen Stelle des Plutarch gesehen,
wie es der eine, ewige Gott ist, der vorhanden ist in zwei
Umwendungen seiner, in seiner Metabole als Apollo und
in seiner Metabole als Dionysos, der unvergängliche Gott,
welcher die nur in diesem beständigen Umschlagen beider
Seiten ineinander sich darstellende Einheit beider ist. Das
Leben des Zeus, — denn so müßte er, wenn auch keine
positiven Angaben hierüber vorhanden wären, diesen höchsten Gott doch wohl genannt haben — besteht nur darin,
daß er sich in das Prinzip des realen unterschiedenen
Seins, in seine Form als Dionysos, ausbreitet und hieraus
sich ununterbrochen immer wieder in die Idealität dieser
sinnlichen Unterschiede, in die negative Einheit, in seine
Form als Apollo zurücknimmt. Allein, wenn die Wandlung

---

[1]) Das ἐκ τῆς βαρβάρου φιλοσοφίας μαϑών bezieht hier
übrigens Potter mit Unrecht auf Moses und die Propheten.
Clemens meint vielmehr zunächst die ägyptische Weisheit damit; siehe Clem. Strom. I, c. 16, p. 132, Sylb., p. 361, Pott.
und besonders ib. VI. c. 4, p. 268, Sylb., p. 756, Pott. u.
a. and. O.

als Apollo — als reiner Gegensatz — der Tod und Untergang ist für Dionysos, und die Wandlung in Dionysos wieder der Tod des Prinzips apollinischer Einheit, und diese Momente, als isolierte, gegenseitig ineinander untergehen, so sind diese Wandlungen und dieses Umschlagen für das in beiden Phasen gleichmäßig vorhandene und erhaltene Absolute, für Zeus selbst, nur ein untergangsloses und des Ernstes des Gegensatzes beraubte Spielen seiner mit sich selbst.

Und durch dies göttliche Spiel gerade, das Zeus mit sich selbst spielt, kommt der Unterschied zum realen Dasein, kommt somit die reale Weltbildung zustande, da sonst alles in die reine Idee des Werdens, in die gedachte Einheit des Zeus, in die unsichtbare Harmonie, eingeschlossen bleiben und nichts Wirkliches sein würde[1]). Durch dieses Spiel gerade, das Zeus mit sich selbst spielt, in für ihn gegensatzlose Gegensätze sich umwendend, ist Zeus Weltbildner und Demiurg, und vollbringt sich die wirkliche Welt. Dies also hat Heraklit gemeint, wenn er, wie Prokles bezeugt[2]): „Ἄλλοι καὶ τὸν δημιουργὸν ἐν τῷ κοσμουργεῖν παίζειν εἰρήκασι, καθάπερ Ἡράκλειτος" gesagt hat: „Der Demiurg spielte in dem Weltbilden."

Und daß Zeus der Demiurg ist, der dieses Spiel mit sich spielt, wissen wir durch den Heraklit zwar schmählich mißverstehenden oder vielmehr verdrehen wollenden Clemens[3]): „καὶ αὕτη ἡ θεία παιδιά. Τοιαύτην τινὰ παίζειν

---

[1]) Siehe oben p. 177 sqq., p. 309 sqq. etc.
[2]) Procl. in Tim. p. 101.
[3]) Paedag. I, c. 5, p. 40, Sylb., p. 111, Pott. — Clemens meint nämlich, gleich wie der Geist der Kindlein in Christo fröhlich sei, wenn sie in Geduld wandeln, — eine Tendenz-Verdrehung, die auch Schleiermacher als solche erkennt und nicht

παιδιὰν τὸν ἑαυτοῦ Δία Ἡράκλειτος λέγει". „Und dies ist
das göttliche Spiel. Irgend ein solches S p i e l sagt auch
Heraklit, daß s e i n Z e u s s p i e l e." Es ist mit dem
endlichen Bestehen nicht Ernst, da es in sich selbst die
Negativität trägt, die es aufhebt; es ist dem Zeus nicht
Ernst mit seinem Umschlagen zu Dionysos, mit seiner
Wandlung als Weltbildung, weil er sich aus diesem seinem
Hineingeraten in das Prinzip und die Sphäre der Allheit,
der Vielheit von bestimmten auf sich beruhenden Unterschieden, immer wieder in seine reine Harmonie als Apollo
zurücknimmt. Und dies Zurücknehmen ist für ihn o h n e
Tod[1]). Darum ist er ein spielender Knabe; sein Spiel:
der Wechsel der Wege nach oben und unten. In diesem
Zusammenhange läßt auch Lucian den Heraklit sagen[2]):
„*καὶ ἔστι τ α ὐ τ ὸ — — ἄ ν ω κ ά τ ω περιχορεύοντα καὶ
ἀμειβόμενα ἐν τῇ τοῦ Αἰῶνος παιδιῇ*", „und das-
selbe ist — — d a s n a c h o b e n u n d u n t e n T a n z e n d e
u n d d a s W e c h s e l n d e i n d e m S p i e l e d e s A e o n,"
eine Zusammenstellung, durch welche sich schon Lucians
Bewußtsein sowohl über die wahre Bedeutung der Identität
der Wege nach oben und unten, als auch über den wahren
von uns nachgewiesenen Sinn des göttlichen Spieles und
der Identität desselben mit jenem Wechselwege unverkennbar ausspricht. Darauf läßt Lucian den Herakleitos

---

ungezüchtigt hingehen läßt. Aber auch die von Schleiermacher
(p. 429) gegebene Erklärung ist noch selbst weit davon entfernt,
eine k o n k r e t e und wahre Erklärung jenes göttlichen Spiels
zu sein, und hat nur, wie sich aus dem Obigen ergibt, ein von
weitem an das Richtige anklingendes Moment.

[1]) Darum eben ist auch für den Gott a l l e s gerecht, nur
für die Menschen das eine gerecht, das andere ungerecht, siehe
oben p. 173 sqq.

[2]) Vit. Auct. c. 14, T. III, p. 96, ed. Bip.

weiter fragen: „*Tί γὰρ ὁ Αἰών ἐστι*"; „Was ist denn der Aeon?" und Herakleitos antwortet: „*παῖς παίζων, πεσ- σεύων, διαφερόμενος*". Ein Kind spielend, wür- felnd, sich von sich unterscheidend (oder sich auseinanderlassend)."

Nie hat es eine gelungenere Komödierung gegeben, als diese Lucianische, wenn man das Gelungene in die Treue setzt, mit welcher gerade den wesentlichsten und charakteristischen Zügen des Originals, ohne jede eigentliche Alteration derselben, der komische Effekt ent- lockt wird.

Es verhält sich nicht so, wie Schleiermacher sagt, dem nur das *παίζων* verständlich ist, das *πεσσεύων* und *διαφερό- μενος* aber unerklärlich bleiben und deshalb willkürlich erscheinen mußten, daß hier Eigentliches und Uneigent- liches durcheinander geworfen sei.

Im Gegenteil ist jedes Wort durchaus bedeutungsvoll und tief richtig. Über das *πεσσεύων* werden wir bald sprechen. Das „*διαφερόμενος*" aber ist, wie wir ja schon aus der Stelle Plutarchs, wo auch dasselbe Wort dafür gebraucht wird, ersehen, das sich Auseinanderlassen der Einheit oder des Zeus in die Vielheit der in der Einheit aufgehobenen Unterschiede, wo- durch das Prinzip des einzelnen bestimmten Seins und die reale Weltgliederung gegeben ist; es ist seine Seite als Dionysos, wogegen sich dann immer wieder zugleich das *ξύμφερον*, der diese außereinander seienden Unter- schiede negierende und in seine ideelle Einheit aufhebende Weg nach oben oder Apollo auftut[1]). Man sieht hier

---

[1]) Man vgl. wieder mit dem, was sich hier über die Natur der demiurgischen Wandelbewegung des heraklitischen Zeus her- ausgestellt hat (und mit dem, was zur Erklärung des *πεσσεύων*

mit der letzten Evidenz, daß jenes von Plato angeführte[1]) Fragment Heraklits: „τὸ ἕν διαφερόμενον αὐτὸ αὑτῷ ξυμφέρεσθαι und διαφερόμενον ἀεὶ ξυμφέρεται“, „das eine[2]) sich von sich u n t e r s c h e i d e n d e i n t sich immer mit sich“ gar nichts anderes besagt und ganz identisch ist mit dem, was uns Plutarch in der vielbesprochenen Stelle berichtet, daß der e i n e ewige Gott oder Zeus, seine Unterschiede setzend und hierdurch sich zum Dionysos und zum realen Dasein gliedernd und umwandelnd, darin ungetrennt ebenso wieder in die der Unterschiedenheit dieses bestimmten einzelnen Daseins negative Einheit, in sein Apollowesen umschlägt. Man sieht hier ferner mit derselben Evidenz, daß

---

im Verlauf beigebracht werden wird) den Bericht des Aeneas Gazeus von der das Weltall umwandelnden Bewegung des Demiurgen, welcher zu folgen für die Seelen Mühsal ist, weshalb sie aus Sehnsucht nach Ruhe nach unten in den Körper gezogen werden und unsere Erörterungen dieser Stelle p. 219 sqq. u. p. 309 sqq. Jetzt wird klar sein, was das für eine die Welt umwandelnde Bewegung des Demiurgen ist, von der Aeneas spricht: es ist nämlich nur seine, die Welt überhaupt erst zustande bringende und schaffende, ἀμοιβή aus seiner Form als Apollo in die als Dionysos und umgekehrt. Jetzt wird auch klar sein, warum die Seelen diese absolute und ungehemmte Wandelbewegung, welcher nur das Absolute selbst fähig ist, nicht mitmachen können und warum sie daher, wie es bei Aeneas heißt, n a c h u n t e n in den Körper gezogen werden, oder wie anderwärts gesagt wird, zu f l ü s s i g e n werden, in das dionysische Reich der Genesiurgie herabsinkend. Sie gehören eben als individuelle Seelen von vornherein schon dem Dionysosstadium des Demiurgen, seiner ὁδὸς κάτω an.

[1]) Siehe oben p. 143, p. 173.

[2]) Es ist auch von hieraus wieder ersichtlich, mit welchem Unrecht Schleiermacher gegen das gerade so wesentlich richtige τὸ ἕν in dem Fragment bei Plato polemisiert; vgl. oben p. 342 sqq.

jenes Fragment bei Plato nur denselben Gedanken ausdrückt wie jenes andere Fragment, „eins ist der Weg nach
oben und unten"[1]).

Daß sich Heraklit in dieser ganzen theologisierenden
Darstellung des realen sinnlichen und darum in Vielheit
aufgelösten Daseins des Dionysos, der ideellen negativen
Einheit der sinnlichen Unterschiede als Apollo, beider
somit als reiner Gegensätze und doch identisch mit sich
in Zeus, dessen U m s c h l a g e n sie bilden, ferner in dieser Schilderung des in dem Umschlagen seiner Momente
Sichselbstrealisierens des Zeus als eines S p i e l e s , das
Zeus mit sich spielt und welches die Weltschöpfung konstituiert, endlich des Zeus selbst eben deshalb als eines
K i n d e s , als eines mit sich spielenden, würfelnden Knaben, — daß sich Heraklit in dieser Reihe von theologischen Bildern, die zwar alle wie nachgewiesen, bei ihm
durchaus keinen theologischen Sinn, sondern den strengen
Gedankenbegriff seines Systems in sich haben, doch, was
die F o r m der Darstellung betrifft, mit der größten b i s
i n s D e t a i l herabsteigenden Konsequenz und mit B e -
w u ß t s e i n überall ,auf dem Substrate o r p h i s c h e r
M y t h e n u n d A n s c h a u u n g e n b e w e g t und in diesem orphischen Material seinen absoluten Begriff, die Idee
des dialektischen Prozesses ausspricht, resp. wenn man
dies lieber will und was gleichfalls richtig ist, die orphischen
sinnlichen Vorstellungen und Symbole zum Gedankenbewußtsein über sich selbst bringt, — dies ist leicht bis ins
einzelne zu zeigen, und mag nun auch wieder in bezug auf
diese letztbesprochenen Züge und lieber mit zu großer
als zu geringer Ausführlichkeit nachgewiesen werden, da
wir Wert auf diesen Nachweis legen, welcher, nach uns,

---

[1]) Vgl. oben p. 290 sqq.

das Verhältnis Heraklits zum religiösen Kreise und, wie bereits früher bemerkt, einen der wichtigsten welthisto- rischen Wendepunkte des menschlichen Gei- stes überhaupt, — den Übergang und die Auflösung des religiösen Vorstellens in freies, sich selbst begreifendes Denken, klar hervortreten läßt.

Zunächst könnten wir, daß sich Heraklit in dieser theo- logischen Darstellung durchaus auf orphischem Boden be- wegt, schon dem gelehrten Plutarch glauben, der in der obigen Stelle, wie nachgewiesen, jene Theologie als ebenso heraklitisch wie orphisch hinstellt. Aber Plutarch be- weist es auch durch die nähere Ausführung, die er an jener Stelle gibt und indem er sagt, daß sie den Dionysos deshalb Zagreus und Isodaites etc. nennen. — Die von Plutarch gegebene Deutung, die Zerreißung und Zer- stückelung des Zagreus sei eben nur die sinnliche Darstel- lung dessen, daß das Wesen des Dionysos das reale sinn- liche und sich deshalb in die Vielheit der Unter- schiede auflösende Dasein sei, ist in die Augen sprin- gend richtig.

Außer dem, was schon oben bei dem Fragment vom Dionysos Hades hierüber nachgewiesen ist, bemerke man nur noch, daß Zagreus, ehe er von den Titanen zerrissen wird, sich in alle Elemente und Naturen ver- wandeln muß [1]). Ebenso, wenn Dionysos alle Verächter seines Wesens immer mit der charakteristischen Strafe straft, daß er sie in Stücke zerreißt, wie Pentheus und andere, so ist dies nur seine eigene, sich in die Viel- heit zerstückelnde Zagreusnatur des sinnlichen Daseins, die er gewaltsam an denen setzt, welche die Berechtigung dieser Bedingung des Daseins leugnen. Daher die sym-

---

[1]) Bei Nonnus, Dionys. VI, 174.

bolische Darstellung dieses Zerreißens an seinen Festen durch Zerreißung eines Rehkalbes etc. (siehe Phot. s. v. Νεβρίζειν). Er ist ferner darum den Orphikern auch Phanes, der Offenbarer dessen, was in der ideellen Einheit, was sogar in der ideellen Totalität, in Zeus selbst, an sich und unsichtbar eingeschlossen ist. Er ist von allem zuerst ans Licht gekommen. Er ist ihnen der Herumschweifer, ihm vor allen wird bedeutungsvoll die Vielnamigkeit beigelegt, nicht in dem Sinne, daß dies nur eine identische Vielheit von Namen sei, oder, wie bei anderen Gottheiten, eine solche Mehrheit von Namen, bei welchen entweder der Unterschied oder die Identität der Bezeichnungen dem Bewußtsein verborgen bleibt, oder ihm mindestens doch jedesmal nur ein Name gegenwärtig ist, — sondern ausdrücklich um der Fülle der einzelnen Momente und Beziehungen willen, die mit seinem Wesen, dem sich in die reale Vielheit auflösenden Prinzip des sinnlichen Daseins gegeben sind; um der Fülle der Einzelheiten willen, welche die Vielheit in sich schließt und zu welchen sie sich erschließt, wenn sie ins Dasein tritt, — ausdrücklich um dieses seines Wesens willen heißt er der Vielnamige, und prinzipiell wird er darum der seinen Namen im Wechsel der Zeit immer Wechselnde und jede dieser Benennungen κατὰ καιρόν, d. h. zeitgemäß führende und dem Momente gemäß, in dem sein Wesen gerade gedacht ist, — genannt.

Aufs deutlichste drücken diese ganze Ideenreihe die von Macrobius aufbewahrten orphischen Verse auf den Dionysos-Phanes aus [1]):

---

[1]) Macrob. Sat. I, 18, s. Fragm. Orph. VII, p. 463 sqq., ed. Hermann. und Lobeck. Aglaoph. p. 727 sqq.

ἄλλοι δ' ἄλλο καλοῦσιν ἐπιχθονίων ἀνθρώπων
πρῶτος δ' ἐξ φάος ἦλθε, Διώνυσος δ' ἐπεκλήθη
οὕνεκα δινεῖται κατ' ἀπείρονα μακρὸν Ὄλυμπον
ἀλλαχθεὶς δ' ὄνομ' ἔσχε, προςωννυμίας τε ἕκαστον
. παντοδαπὰς κατὰ καιρόν, ἀμειβομένοιο χρόνοιο.

Wenn man berücksichtigt, wie in diesen Versen der
Zeitunterschied zu dem eigenen immanenten Wesen des
Gottes erhoben erscheint, so daß er im Wandel der Zeit
sich selbst zu immer neuen angemessenen Namen, d. h.
Eigenschaften und Wesensunterschieden entwickelt und er
sich somit erst im g e s a m t e n Z e i t w e c h s e l [1]) in der
Totalität seines Wesens aufrollt, so kann es nun nicht
mehr überraschen, die Göttinnen der Zeitunterschiede, die
Horen, in engster Vereinigung mit ihm gedacht, geradezu
d i o n y s i s c h e [2]) (Διονυσιάδες) genannt zu finden und
seinen Altar in ihrer Kapelle zu sehen, ohne deshalb auf
die orientalische und auch für die Griechen den ersten
verschwindenden Ausgangspunkt bildende, aber im Hel-
lenismus eben aufgehobene und in geistige Ideen umgesetzte
Potenz des Dionysos als Äquinoktialstier und Gott des
Tierkreises rückgehen zu müssen [3]). Wenn im Mythos

[1]) Aus dieser Seite seines Wesens entspringt seine Anschauung als Z e i t u m l a u f, in der er dann mit der Sonne zusam-
menfällt und aus welcher nicht beneidenswerte Etymologien
entsprangen, s. Jo. Lyd. de mens. IV, c. 38. Man vgl. aber
hiermit wie die Stoiker, offenbar nach Heraklit, den Κρόνος
definierten als „ἐκκριτικὸν τοῦ ῥεύματος ῥόον" „den heraussondernden (wie διαφερόμενον) Lauf des Flusses,"
Chrysipp. ap. Phaedr. nat. Deor. p. 17, Peters., vgl. §§ 16
u. 26 über die Zeit bei den Stoikern und Heraklit.
[2]) Nonnus, Dionys. IX, 11 sqq., und was Creuzer im Dionysos p. 273 sqq. anführt. Hierzu vgl. man noch die Verse
des Panyasis bei AthenaeusII, c. 3, p. 36, D., ed. Casaub.
[3]) Creuzer Symb. und Myth. IV, p. 15.

die Horen die Pflegerinnen und Ammen dieses kosmischen Dionysos sind, deren Lebenssäfte also diesen Gott des realen Daseins und seiner sich auseinanderlegenden Fülle nähren und entwickeln, so ist dies ,somit gar kein anderer Gedanke, als der, den Heraklit selbst ausdrückt, indem er sie in einer Stelle des Plutarch[1]) „die alles Bringenden" (αἳ πάντα φέρουσι) nennt. Aber dies Wesen der Horen ist nicht bloß das positive Fließen und Hervorbringen der Zeit. Ihnen ist vielmehr zum Unterschied von der bloßen Zeit, die nur ihr abstraktes Substrat bildet, das negative Moment des Zeitunterschieds, der Grenze, gleich wesentlich. Nur durch den Wandel der Zeit in ihre Gegensätze, nur durch dieses negative Wesen in ihnen, das sie zu Unterschieden und Grenzen macht, sind sie das, was sie sind, sind sie die, die alles hervorbringen. Diese heraklitische Definition der Horen erkennt sich noch deutlich durch die Vergleichung zweier Stellen, zuerst nämlich der gewiß heraklitisierenden Etymologie im Cratylus des Plato, wo es heißt: „ὧραι γάρ εἰσι διὰ τὸ ὁρίζειν χειμῶνας τε καὶ θέρη καὶ πνεύματα καὶ τοὺς καρποὺς[2]) τοὺς ἐκ τῆς γῆς· ὁρίζουσαι δὲ δικαίως ἂν ὧραι καλοῖντο", Horen also würden sie genannt, weil sie begrenzen, ὧραι sind, und in diesem Begrenzen alles Wirkliche, das eben nur mit Grenze und Unterschied

---

[1]) Plut. Quaest. Plat. p. 1007, E., p. 101, Wytt.:   „ὧν (nämlich der Zeitgrenzen) ὁ ἥλιος ἐπιστάτης ὢν καὶ σκοπὸς, ὁρίζειν καὶ βραβεύειν καὶ ἀναδεικνύναι καὶ ἀναφαίνειν μεταβολὰς καὶ ὧρας, αἳ πάντα φέρουσι καθ' Ἡράκλειτον, οὐδὲ φαύλων οὐδὲ μικρῶν ἀλλὰ τῶν μεγίστων καὶ κυριωτάτων τῷ ἡγεμόνι καὶ πρώτῳ θεῷ γίνεται συνεργός.

[2]) Vgl. hierzu und zu dem heraklitischen Zitat bei Plutarch die Worte Marc. Antons IV, 24: „πᾶν μοι καρπὸς, ὃ φέρουσιν αἱ σαὶ ὧραι, ὦ φύσις" „alles ist mir Frucht, was deine Horen bringen, o Natur."

gegeben ist, hervorbringen. Hiermit vergleiche man nun die eben angezogene Stelle des Plutarch, wo gewiß nicht nur die drei hervorgehobenen und direkt aus Heraklit angeführten Worte, sondern auch das Wesentliche des über die Grenzen der Zeit Gesagten herakleitisch ist. Dieser Zeitabschnitte und Grenzen Vorsteher und Aufseher sagt Plutarch, sei die Sonne, die[1]), indem sie begrenze und einteile und anzeige die Wandlungen und Horen, die alles bringen nach Heraklit, dadurch nicht im Geringfügigen und Kleinen, sondern im G r ö ß t e n und dem am meisten Bestimmenden, dem leitenden und e r s t e n Gotte zum M i t a r b e i t e r wird ($\sigma \upsilon \nu \varepsilon \varrho \gamma \acute{o} \varsigma$).

Um jenes negativen Wesens willen, welches, wie es alles hervorbringt, so auch die Wandlung und Grenze und somit die Aufhebung des einzelnen festsetzt, werden die Horen auch in den orphischen Hymnen die G e s p i e - l i n n e n d e r T o d e s g ö t t i n P e r s e p h o n e genannt[2]), die bald als Mutter und Schwester, bald als Gemahlin des mystischen Jakchos erscheint.

Dies ist auch der Punkt, durch den sich die Horen an die Parzen reihen. Auch die Parzen bekränzen den eben geborenen Dionysos[3]); in Kunstdarstellungen wie in den s. g. orphischen Hymnen sind sie den Horen gesellt[4]), und deren Schwestern sind sie nach

---

[1]) Mit allem Vorstehenden muß nun wieder die physische Durchführung bei Heraklit im § 26 verglichen werden, wo wir auf die plutarchische Stelle zurückkommen.

[2]) $\Omega \varrho \tilde{\omega} \nu \ \sigma \upsilon \mu \pi \alpha \acute{\iota} \kappa \tau \varepsilon \iota \varrho \alpha$ wird Persephone im Hymn. Orph. XXIX (28), p. 290 angerufen, wie die Horen ihrerseits $\Pi \varepsilon \varrho \sigma \varepsilon - \varphi \acute{o} \nu \eta \varsigma \ \sigma \upsilon \mu \pi \alpha \acute{\iota} \kappa \tau o \varrho \varepsilon \varsigma$ im Hymn. XLIII (42), p. 307. ed. H.

[3]) Creuzer IV, p. 15.

[4]) Auf dem Throne des Apollo zu Amyclae sind die Parzen mit den Horen und Chariten zugleich dargestellt, Pausan. VIII, 21; ebenso an dem borghesischen dreieckigen Altar, Mus. Pio

Hesiod[1]). Ja wenn von den alten hesiodischen und orphischen Horen, Eunomia, Dike und Eirene[2]), die letzteren beiden bei Heraklit eine überaus wichtige Rolle spielen, die teils schon früher belegt, teils besonders noch aus später zu betrachtenden Fragmenten erhellen wird[3]), so sind von Heraklit dieser Hore D i k e, die nicht nur abstrakt rechtlich, sondern kosmisch aufzufassen ist, die E r i n n y e n[4]) als Dienerinnen und Willensvollstreckerinnen beigegeben, wozu es wieder in frappanter Parallele steht, wenn in einem orphischen Hymnus die Erinnyen als „Göttinnen Mören" (ϑεαὶ Μοῖραι) angerufen werden und es dabei von ihnen heißt: „αἵ τ᾽ — ὄμμα Δίκης ἐφορᾶτε", „die ihr schaut das Auge der Dike"[5]).

Um aber zu Dionysos zurückzukehren, so ist jene Vielheit und Vielnamigkeit ein selbst in der Kunstpoesie niemals an ihm getilgter bedeutungsvoller Zug. „Vielnamiger" (πολυώνυμε) ruft ihn der Chor an in der Antigone des Sophokles[6]); als vielgestaltig, bald zum Löwen bald zum Stier und zur Schlange gewandelt, erscheint er bei Euripides (Bacch. v. 1015), und vielköpfig bildete ihn die alte Symbolik[7]). Als Prinzip des realen Daseins ist

Clement. T. VI, cf. Winkelmann, Gesch. 'd. Kunst p. 307 sqq. u. Hymn. Orph. XLIII (42), v. 7 sqq.

[1]) Theog. v. 901 sqq.

[2]) Bei Hesiod sind die Horen Töchter der Themis und heißen Eunomia, Dike, Eirene (Theog. 895 sqq.) und ebenso bei Pindar (Ol. 13, 6) und in dem eben bezogenen orphischen Hymnus p. 307, H.

[3]) Vgl. vorläufig oben p. 205 sqq., p. 222 sqq.

[4]) Siehe das Fragment über die Sonne, die ihre Grenzen nicht verlassen wird.

[5]) Hymn. Orph. LXIX (68), p. 339, ed. H.

[6]) Soph. Antig. v. 1103 und Triclin. Schol. ad. h. l. cf. Orph. Hymn. XLII (41), v. 2, p. 306, Herm.

[7]) Siehe Creuzers Symbolik I, p. 57, 3. Ausg.

er, alle wirkliche Unterschiede in sich selbst enthaltend, deshalb auch m a n n w e i b l i c h, und in diesem kosmiurgischen Sinne rufen ihn gerade unter seinem Mysteriennamen Jackchos die sogenannten orphischen Hymnen an als „männlich und weiblich, zweifacher Natur, den Löser Jackchos [1])", wie wir ihn ebenfalls deshalb auf alten Vasen als geflügeltes Mannweib gebildet finden [2]). Darum trug er auch nach Eusthatios manchmal Frauenkleider (ad Il. VI, 130) und darum konnte Aristides (orat. in Bacch. T. I, p. 29, ed. Jebb.) von ihm sagen: „Unter den Jünglingen ist er Mädchen, unter den Mädchen Jüngling" [3]).

Als Wesen der Vielheit und sinnlichen Fülle des Daseins wird er deshalb zum Reichtumspender. „*Πλουτοδότης*" wird er angeredet in den Lenäen [4]), und gerade insofern er mit Dionysos identisch gedacht ist, wird Hades selbst, der finstere einsame Gott der Unterwelt, zum freundlichen, Reichtum spendenden Pluto. — Weil es das Wesen der Vielheit des Daseins ist, sich in das Einzelne aufzulösen und an die Einzelheit hinzugeben, so heißt er auch Isodätes, Gleichverteiler, und dieser Name, an den Plutarch selbst erinnert, ist deshalb vorzüglich sein Beiname in den Mysterien und beim mysteriösen Festmahl. Aber dieses Sichhingeben an die Einzelheit,

---

[1]) „*ἄρσενα καὶ θῆλυν, διφυῆ λύσειον Ἴακχον*" Orph. Hymn 41, v. 4, p. 306, ed. Herm.; wie auch die ihm so verwandte Mondgöttin Selene und vor ihm noch in höherer Potenz Zeus, der a l l e Unterschiede in sich enthält, selbst den von Dionysos und Apollo, mannweiblich ist, Hymn. Orph. IX (8), v. 4, p. 266 und die bekannten Verse bei Proklus; siehe Orph. Fragm. VI, p. 457, ed. Herm., p. 157 u. 172 sqq.

[2]) Millin., Peint. de Vases antiques I, p. 77.

[3]) Vgl. Welkers Nachtr. z. Aesch. Tril. p. 109, p. 220 sqq.

[4]) Siehe Schol. zu Arist. Ran. 479 und Moser zum Nonnus, Dionys. p. 220.

wodurch diese ihr Dasein empfängt, ist zugleich seine Aufopferung für dieselbe, — darum erinnert gerade sein Wesen als Gleichverteiler an die Passionsgeschichte des Dionysos, an seinen Tod und seine Zagreuszerstücklung, durch welche erst das Dasein des Einzelnen entstanden ist. Erst mit der Zerstücklung des als Einheit gedachten Naturleibes, — dieser bloßen Idee des reellen Daseins — ist das Dasein wirklich reell und das Einzelne gegeben. Darum ist in seiner Bezeichnung als Isodätes seine Todesgeschichte gegenwärtig. Isodätes ist ebenso Beiname des Hades (s. Hesychius s. v.), d. h. gerade als Isodätes wird er als identisch mit Hades, als unterirdischer Dionysos, gefaßt. So wird er als der Daseinsgeber und Erzeuger alles Einzelnen zum Liber Pater. —

Der strikte Gegensatz aber, in welchem bei Heraklit in der Stelle des Plutarch Dionysos zu Apollo, der alle Unterschiede tilgend und gleichmachend die Welt in die Feuereinheit aufhebt, oder resp. zu Zeus erscheint (nach seiner Seite als ideelle Einheit gedacht), ermangelt ebensowenig seines orphischen Substrats, erkennbar noch in dem, was heute als orphische Hymnen vorhanden ist.

Merkwürdig ist in dieser Hinsicht der 46. (XLVII.) Hymnus orph. p. 311, ed. H. Es heißt hier von Bakchos:

„ἔστησεν κρατεροὺς βρασμοὺς γαίης ἀποπέμψας·
ἡνίκα πυρφόρος αὐγὴ ἐκίνησεν χϑόνα πᾶσαν
πρηστῆρος ῥοίζοις· ὃ δ' ἀνέδραμε δεσμὸς ἁπάντων".

„Der abwendend gestillt der Erde gewaltigen Aufruhr,
Als aufflammende Glut ringsum erschüttert das Erdreich
Unter des Blitzstrahls Wucht; ein Band erhub er sich allem." (Dietsch.)

Merkwürdig ist es hier zunächst, wie der πρηστήρ als Gegensatz des Bacchus erscheint, der bei seiner Geburt

diese Feuersubstanz, ob man sie nun Feuerwirbel, Feuer-
luft oder Blitzstrahl übersetze, und ihre Herrschaft über
die Erde stillt und b e e n d i g t. Denn der πρηστήρ ist
wieder eine bei Heraklit wichtige und wesentliche Benennung des sinnlichen Feuers[1]). Derselbe πρηστήρ ist
aber auch ein in den orphischen Gedichten häufig wiederkehrender Ausdruck, der besonders als A t t r i b u t d e s
Z e u s vorkommt und in dem orphischen Fragment bei
Proclus definiert wird als „B l u m e d e s u n r e i n e n
F e u e r s[2])." Die Herrschaft dieses feurigen πρηστήρ
erscheint nun in dem 45. Hymnus eben als d i e d e m
D i o n y s o s v o r h e r g e h e n d e F e u e r p e r i o d e, w e l c h e
d u r c h d i e G e b u r t d e s B a k c h o s k i n d e s b e e n-
d i g t u n d b e w ä l t i g t w i r d. Gegen diese rastlos ver-
zehrende Feuerbewegung (ἐκίνησεν χϑόνα πᾶσαν) erhebt
sich, sie beendigend, Bakchos „d a s B a n d a l l e r D i n g e" l
Worte, welche den in der Stelle enthaltenen Gegensatz
vollends klarmachen, deren g a n z e Bedeutsamkeit sich aber
erst später ergeben wird.

Ebenso ist der Gegensatz, wie hier von Dionysos und
dem reinen Zeusfeuer, so auch von Dionysos und Apollo,
dem Wesen des Zeus als ideelle negative Einheit, in dem
Mythus von Lykurgus enthalten, den Dionysos in Stücke
reißt, weil er ihn leugnet. Daß Lykurgus niemand anders
als Apollo selbst (᾽Απόλλων λυκαῖος) ist, hat Uschold
(Vorh. d. Gesch. II, p. 148) nachgewiesen. Ähnlich verhält es sich mit der Zerreißung des Orpheus. Wenn, wie
wir aus der Stelle des Plutarch entwickelt haben, bei
Heraklit, wo die Göttergestalten unselbständige Momente

---

[1]) Siehe Clem. Alex. Strom. V, c. 14, p. 255, Sylb., p. 711,
Pott. Bei der Naturlehre wird hierauf näher eingegangen werden.

[2]) Procl. in Tim. p. 137, 26. Fragm. Orph. p. 467, ed. H.:
„ἔνϑεν συρόμενος πρηστὴρ ἀμυδροῦ πυρὸς ἄνϑος,"

des philosophischen Gedankens sind und das reale Dasein und seine Vielheit nichts, als die e i g e n e sich in die Vielheit auseinander lassende Bewegung und Wandlung der Einheit selbst[1]), dadurch aber eben zugleich ihr Ge-

---

[1]) Dies muß auch bei Heraklit in der theologischen Darstellung selbst hervorgehoben worden sein und hierauf scheint sich dann die s o n s t h ö c h s t b e f r e m d l i c h e S t e l l e Plutarchs *Eι* ap. D. c. 21 zu beziehen, wo plötzlich die Zerlegung in die Vielheit der Elemente, Winde, Tiere, zu dem e i g e n e n W e s e n A p o l l o s und zu einer S e l b s t b e w e g u n g seiner gemacht wird, gegen welche Lehre Plutarch aber Einsprache erhebt: „Aber seine (A p o l l o s) Ausartungen und Veränderungen (ἐκστάσεις δ' αὐτοῦ καὶ μεταβολάς) indem er bald F e u e r von sich ausgehen läßt, bald sich hinaufzieht, wie man sagt und wiederum herabdrückt, sich in Erde, Wasser, Wind, Tiere, ausdehnt und (in) die gewaltigen (Umwandlungs-) Leiden (δεινὰ παθήματα) von Tieren und Pflanzen, darf man, ohne eine Sünde zu begehen, nicht einmal anhören; er wäre sonst schlimmer daran als jener Knabe in der Fabel, d a s s e l b e d e n S a n d z u s a m m e n h ä u f e n d e u n d w i e d e r a u s e i n - a n d e r s c h ü t t e n d e S p i e l, w e l c h e s j e n e r s p i e l t, (ἤν — καὶ παίζει παιδιάν) i m m e r i n b e z u g a u f d a s W e l t - a l l t r e i b e n d (ταύτῃ περὶ τὰ ὅλα χρώμενος ἀεί) u n d b a l d d i e W e l t s c h a f f e n d, w e l c h e n i c h t i s t, b a l d d i e g e - s c h a f f e n e v e r n i c h t e n d." Dagegen meint Plutarch, diesem Gotte komme keine Ausartung und Metabole zu, sondern dies letztere komme „eher einem anderen Gotte oder vielmehr einem über die der Vernichtung und der Entstehung unterworfene Natur gesetzten Dämon zu." Der ganze Gedankengang, sowie die Ausdrucksweise, z. B. jenes παίζει παιδιάν in bezug auf die Weltbildung, verglichen mit den obigen Zeugnissen über das Spiel, das bei Heraklit der Demiurg in der Weltbildung als spielender Knabe spielt und das χρώμενος ἀεί (cf. p. 157, 158, 1) lassen keinen Zweifel, daß hier Plutarch heraklitische Sentenzen bekämpft, wie auch gewiß diese dem A p o l l o selbst die Zerstückelung in die Vielheit zuschreibende Meinung für jeden anderen Philosophen höchst befremdlich sein würde außer für

gensatz ist, — wenn nach ihm also Dionysos genannt werden könnte: Apollo oder die ideelle Einheit[1]) in dem Stadium des Zerstückeltseins, so wird in dem Elemente des religiösen Vorstellens, wo alle Momente besonders selbständiges Dasein erhalten, das, was der Gott nach seinem Wesen ist, zu dem, was er freiwillig und in vorübergehender Weise t u t; Dionysos, der nur Umwandlung Apollos, die Einheit als z e r s t ü c k e l t e i s t, z e r s t ü c k e l t im Mythos den sein Wesen leugnenden ihm entgegengesetzten Gott Apollo und seine Personifikationen.

Ebenso wird Bacchus seinerseits wieder von Perseus

Heraklit, bei welchem alle Gegensätze identisch, und dieses Sichauseinanderlassen in die Vielheit in der Tat die eigene Bewegung der Einheit ist.

[1]) Bezeichnend und aus demselben geistigen Gegensatze beider Götter fließend ist auch die entgegengesetzte Stellung, welche das weibliche und männliche Geschlecht zu ihnen einnimmt. Nichts ist hervortretender im Kultus des Bacchus, als das weibliche Geschlecht. Unter ihm soll auch die Religion desselben am meisten um sich gegriffen haben und von ihm vorzüglich eingeführt worden sein. Das Heiligtum dagegen im delphischen Apollotempel, wo die Pythia Orakel sprach, war jedem Weibe zu betreten verboten, s. Plut. de *El* ap. D. c. 2. — Fast immer erschien bekanntlich, worauf hier ohne jede Ausführung nur hingedeutet werden kann, in den alten Spekulationen das Prinzip der r e a l e n E x i s t e n z und ihrer Entfaltung in seiner Personifikation w e i b l i c h e r Natur, das Prinzip der intelligiblen Einheit männlicher. Die Dyas, welche den Pythagoräern die Wurzel und Quelle aller Wirklichkeit ist und von ihnen w e i b l i c h ($\vartheta\tilde{\eta}\lambda\nu\varsigma$) genannt wird, wird in ihrer Götterlehre ausdrücklich als P h a n e s (Dionysos) erläutert, wie Nicomachus in den arithmetischen Theologumenen sagt. Sie ist die M u t t e r, während das E i n e der V a t e r der Zahlen ist etc., s. Meursius im Denar. Pythag. bei Gron. Thes. Ant. Gr. IX, p. 1351 sqq., cf. Theologum. arith. p. 8 sqq., ed. Ast.

getötet, von Perseus, dessen Name schon auf persischen Feuer- und Lichtdienst hinzeigt und den Creuzer, seiner orientalischen Grundlage nach, mit Recht als eine Mithraspersonifikation aufgewiesen hat, der aber, insofern er hellenisiert und hellenisch ist, offenbar in den Kreis apollinischer Wesen übergeht. Und um die Sache recht deutlich zu machen, ist es g e r a d e d i e s e r v o n P e r s e u s g e t ö t e t e B a k c h o s , der im Delphitempel begraben wird neben dem goldenen Apollo, wie nach Dinarchos berichtet wird[1]).

Aber auch die ursprüngliche I d e n t i t ä t , in der er a n s i c h m i t A p o l l o s t e h t , hat sich sowohl noch in bedeutungsvollen Beziehungen beider Götter aufeinander, als auch in anderen zum Teil noch deutlicheren Spuren erhalten. Schon oben beim Fragment von Hades-Dionysos ist aufmerksam gemacht worden, wie frappant diese Beziehung beider Götter als notwendiger Gedankengegensätze aufeinander d a r i n hervortritt, daß Zeus, als er das Zagreuskind auf den Thron setzt und ihm Götter und Menschen unterordnet, ihm gerade Apollo zum Hüter beigibt[2]). Auch unter der Herrschaft der Vielheit des

---

[1]) Ap. Cyrill. c. Jul. L. X, 341 und andere Zeugnisse bei Lobeck, Agl. p. 573 sqq.

[2]) Jetzt vgl. man hierüber, was Proclus ganz mit Plutarch übereinstimmend, und wie Heraklit sinnliche Vorstellungen in Gedankenbegriffe erhebend, von Orpheus sagt: „καί μοι δοκεῖ, καθάπερ Ὀρφεὺς ἐφίστησι τῷ βασιλεῖ Διονύσῳ τὴν μονάδα τὴν Ἀπολλωνιακὴν ἀποτρέπουσαν αὐτὸν τὴν εἰς τὸ Τιτανικὸν πλῆθος προόδου καὶ τῆς ἐξαναστάσεως τοῦ βασιλείου θρόνου καὶ φρουροῦσαν αὐτὸν ἀχράντον ἐν τῇ ἑνώσει, τοιαῦτα δὴ καὶ ὁ Σωκράτους δαίμων περιάγειν μὲν αὐτὸν εἰς τὴν νοερὰν περιωπήν, ἐπέχειν δε τῶν πρὸς τοὺς πολλοὺς συνουσιῶν (in Plat. Alcib. I, p. 83, Cr. 216, Cous.; Orph. Fragm. 17, p. 508, ed. Herm.).

reellen Daseins geht — in den Mysterienanschauungen nämlich — die ideelle Einheit nie wirklich verloren. Sie bleibt die i n n e r e , wenn auch nicht heraustretende Grundlage. Ebenso ist schon angeführt, daß, als Zagreus zerrissen, wieder Apollo es ist, der auf Zeus Befehl seine zerstückelten Glieder sammelt, verbindet, so wieder die Einheit äußerlich herstellt [1]), und sie in seinem delphischen Heiligtum bei seinem Dreifuß bestattet. Jetzt erst ist das Wesen beider Gottheiten zum positiven Abschluß gekommen in ihrer gegenseitigen Ergänzung. D i e i d e - elle Einheit hat sich durch die Vielheit des D a s e i n s h i n d u r c h b e w e g t und in diesem Verlust i h r e r s e l b s t w i e d e r h e r g e s t e l l t und erhalten. Die Vielheit hat sich in ihrer Zerstückelung, aus der alles entsprossen, selbst zu ihrem einfachen Geiste, zur inneren Einheit der unterirdischen unsinnlichen Wurzel zusammengefaßt. Jetzt erst ist das Wesen beider Gottheiten, die wie alle Gegensätze des Begriffes in notwendiger sich bedingender Einheit und Beziehung aufeinander stehen, zur Ruhe und vollständigen Entwicklung gebracht. Und so enthält jene Versicherung des Plutarch l. l., daß D i o - n y s o s n i c h t w e n i g e r Anteil an D e l p h i h a b e , a l s a u c h A p o l l o , sowie der Mythus, daß in dem Apollotempel zu Delphi auch das G r a b d e s B a c c h u s s e i , das Tiefste und Richtigste über das metaphysische Wesen beider Götter. — Hier ist noch darauf zu verweisen, daß ebenso in Amyclä neben Apollo gerade Dionysos am meisten verehrt wurde (Pausanias III, 19). Ebenso sind von den beiden Gipfeln des Parnaß der eine

---

[1]) Dieser Zug tritt konstant in verschiedenen Variationen hervor. So sollen die Titanen den Kessel mit den zerstückelten Gliedern des Dionysos dem Apollo vorgesetzt haben (Etymol. Magn. s. v. Δελφοί p. 255, p. 233, Lips.).

dem Apollo, der andere dem Dionysos geweiht (Schol.
ad Eurip. Bacch. v. 287) und die Thyaden rasen sowohl
dem Apollo als dem Dionysos zu Ehren (Paus. Phos.
32, 5).

Hier ist auch daran zu erinnern, wie Dionysos, wenn
er im 46. orphischen Hymnus die Feuergewalt stillt und
abwendet, im 44. Hymnus selbst als Feuergeborener
(πυρίσπορε) angerufen wird, wie er ja auch im Feuer und
Blitz vom Himmel heruntergekommen ist[1]). Ebenso ist
hier an die Auffassung des Dionysos als S o n n e zu erinnern[2]). Merkwürdig ist in dieser Hinsicht eine Glosse,
die ein Lex. rhet. in Bekkers Anecd. gr. p. 267 zu dem
Namen Isodätes hat: „Ἰσοδαίτης θεὸς, ὁ ἥλιος ὁ τὸν ἴσον
ἑκάστῳ θάνατον διανέμων“. Isodätes also ist der Gott als
die j e d e m g l e i c h m ä ß i g d e n T o d z u t e i l e n d e
S o n n e. Als Isodätes ist er der Daseinszuteiler für alles
einzelne. Aber wie er dem einzelnen das Dasein nur zuteilt durch seine e i g e n e Zerstückelung und Untergang,
so liegt in diesem g l e i c h m ä ß i g e n Zuteilen des Daseins an a l l e s einzelne, auch schon der U n b e s t a n d
und Wiederuntergang jedes einzelnen für sich genommen.
So ist, was er in der Tat dem einzelnen am gleichmäßig-
sten zuteilt, der T o d! Und gerade in dieser n e g a t i v e n
Beziehung auf das einzelne genommen wird er als H e -
l i o s gefaßt, und vermittelt sich so mit Apollo. Besonders
muß aber endlich hier noch auf das Zeugnis Macrobius'
(Sat. I, 18) bezug genommen werden: Aristoteles qui
theologumena scripsit, A p o l l i n e m e t L i b e r u m p a -
t r e m u n u m e u n d e m q u e D e u m e s s e, tam multis

---

[1]) Eurip. Bacch. v. 3. Philostrat. I, 14, Mellag. Carm.
CXI s. Moser zum Nonn. p. 216.
[2]) Siehe Lobeck Aglaoph. p. 727 sqq., p. 296, Etymol. Magn.
p. 251, Lips.

aliis argumentis assererat etc. Hier werden also Apollo und Dionysos geradezu als ein und derselbe Gott ausgesprochen, wofür man sich auch des Apollo Dionysodotus (bei Pausan. I, 31) erinnern muß[1]). Wenn endlich Creuzer (Symb. und Myth. IV, p. 117, 3. Ausg.) den Ἀπόλλων ἑβδομαγέτης, den am siebenten Tage Geborenen, damit vergleicht, daß Zagreus in sieben Teile zerstückelt worden, (Procl. in Tim. p. 200) und auf diese Berührung beider in der beiden geheiligten Siebenzahl aufmerksam macht, so wird jetzt nach unserer Auffassung und Entwicklung der plutarchischen Stelle sowohl der Grund dieser Identität, als auch besonders ihr Unterschied gegeben sein. Die sieben Stücke, die sieben einzelnen Wochentage andeutend, kommen dem Zagreus zu, dem die Auflösung in die Einheit des Daseins als solche entspricht. Apollo kommen nicht diese einzelnen sieben Tage, sondern die einheitliche Zusammenfassung derselben als Woche zu, eine Bestimmung, in welcher nicht mehr die Tage als einzelne enthalten, sondern vielmehr als solche negieret und zu der Einheit des Wochenabschnittes aufgehoben sind. Darum ist ihm erst der siebente Tag[2]) heilig, der, den Abschnitt vollendend, das Auseinanderfallen der Zeit wieder zur Einheit der Periode aufhebt.

Ebenso wenn Dionysos der Feuergeborene (πυρίσπορος, πυριγενής) ist, so ist deshalb durchaus nicht das Feuer sein Element. Sein Element ist vielmehr das Gegenteil des Feuers, die flüssige feuchte Natur. Wie in der Philosophie, wie speziell bei Heraklit das Wasser

---

[1]) cf. Nonn. Dionys. IX, 261 und Greuzer in den Heidelberger Jahrbüchern 1817 und 49, p. 780 sqq.
[2]) Herod. VI, 57, Plutarch. Quaest. Symp. VIII, 1, 2, p. 958, ed. Wytt.

aus dem Feuer, als seinem direkten Gegensatz, sich erzeugt, so ist in jeder sinnvollen Mythologie und Theologie das, woraus ein Wesen entspringt, nicht sein identisches Element, sondern vielmehr wesentlich sein Nichtsein und Gegensatz. Dionysos, der Feuergeborene, ist Feuerverlöscher. So sehen wir, während noch seine Mutter Semele in den Umarmungen des Feuer-Zeus verbrannt ist, ihn schon in dem orphischen Hymnus das Herrschen des Feuers beendigen bei seiner Geburt. Darum nennt ihn Plutarch geradezu den Herren der feuchten Natur (κύριος τῆς ὑγρᾶς φύσεως, Is. et Os. c. 34, p. 493 sqq. Wyttenb. und dessen Anmerk.), und als solcher heißt er Hyes[1]). Er ist der Regenbringer. Er ist nur die Ausschüttung des Zeus und von ihm niedergeflossen[2]). Alles Feuchte ist sein Element. Aus dem Meer heraus, — das dem Heraklit, wie wir schon gesehen haben, τὸ σπέρμα τῆς διακοσμήσεως, der materielle Same der Weltbildung war (zum Unterschiede von dem reinen Werden oder dem Feuer, welches ihm, wie wir noch sehen werden, der ideelle Same derselben war), — aus dem Meer heraus als seinem heimischen Elemente rufen ihn die Argiver mit schmetternder efeuumrankter Trompete herauf zum Feste (Plut. Is. et Os. p. 495, Wytt.). Darum ist er im weitesten Sinne Pflanzengott. Das Vegetative, das seine innerste Lebenswurzel in der feuchten Natur hat, ist sein Reich; der Efeu, dieses nur in besonders feuchten Regionen üppig wuchernde Schlinggewächs, wird sein besonderes Attribut, und unverkennbar deutlich ist wohl nach alle diesem die Erzählung des Mnaseas[3]), daß bei der Flammengeburt des Bakchos-

---

[1]) Siehe Creuzers Ausführungen hierüber T. I, p. 466 sqq.
[2]) Aristodem. ap. Etym. Magn. s. v. Διόνυσος und Creuzer l. l.
[3]) ap. Schol. Eurip. Phoeniss. v. 651.

kindes, als es vom Leibe der Mutter getrennt war, blühender Efeu hervorgeschossen wäre und das Kind vor
den Flammen schützend umrankt habe, ein Wunder, in
welchem sich doch nur das eigene Wesen des Gottes äußern
kann und sich wiederum, wie in jenem orphischen Hymnus, als die dem Feuer entgegengesetzte, die Herrschaft
des Feuers beendigende und durch Verlöschung desselben
das vegetative Dasein hervorbringende feuchte Natur
offenbart. Wenn also Heraklit sagt (ap. Clem. Al. Strom.
V, p. 711, Pott.): „die Welt ist ewig lebendes Feuer,
sich ebenmäßig entzündend und ebenmäßig verlöschend"
(πῦρ ἀείζωον, ἁπτόμενον μέτρα καὶ ἀποσβεννύμενον μέτρα)
so entspricht dieser Seite des Verlöschens im mythischen
Vorstellen, aus welchem sich selbstredend das reine Denken
erst entwickelt hat, Dionysos, wie dem Entzünden des
Feuers Apollo entspricht [1]).

Allein wenn so Wasser und Feuer, das elementarische
Wesen des Dionysos und des Apollo, reine Gegensätze
sind, so ist es gerade der Trieb der geistigen Tätigkeit,
— und zwar insofern sie sich zum Denken steigert, im
reinen Gedanken, insofern sie aber sinnliche Vorstellung
bleibt, in den sinnlich-religiösen Mysterienanschauungen
und Gebräuchen und also in sinnlicher Weise — sich
die an sich seiende Einheit der entgegengesetzten Götter
und Naturen zum Bewußtsein zu bringen, die reinen Gegensätze nicht mehr als solche einander nur negative und
ausschließende, sondern als jeden durch das Wesen des
anderen hindurchgegangen und in höherer affirmativer Einheit miteinander stehende sich vorzustellen. So ist es ein
bedeutungsvoller Zug der bakchischen Mysterien zu Rom

---

[1]) Bekanntlich wurde dem Apollo in Delphi ein ewiges
Feuer unterhalten; siehe Plut. de Eι ap. Delph. c. 2 und vit.
Num. c. IX.

(Livius XXXIX, 13), daß Frauen als Bakchantinnen gekleidet zur Nacht mit brennenden Fackeln zur Tiber laufen, sie in das Wasser tauchen und sie, weil sie mit Schwefel und Kalk bestrichen, brennend wieder herausziehen. So sind F e u e r und W a s s e r und die Götter dieser entgegengesetzten Naturen miteinander versöhnt und nicht mehr feindliche Gegensätze. Sie e r h a l t e n s i c h einer im anderen. Das gedankenmäßige B e g r e i f e n dieses Symboles aber, das Herausringen des an sich in ihm Enthaltenen, ist —— die h e r a k l i t i s c h e P h y s i o l o - g i e , in welcher Feuer und Wasser als wesentlich i d e n - t i s c h e Gegensätze, als durch sich selbst ineinander umschlagende, aber hierin nicht untergehende, sondern sich in ihrem Gegenteil, weil dieses ja selbst nichts ist als die bloße Bewegung wieder in seinen Gegensatz überzugehen, erhaltende Naturen, als an sich identische Momente des Werdens selbst gefaßt werden, und in der somit Unterschied wie Einheit ihr Recht erhält. Und wem diese Zusammenstellung von Mysterienanschauungen und heraklitischer Physiologie auf den ersten Blick befremdlich erscheint, der erinnere sich doch dessen, was vielleicht an der entgegengesetzten Einseitigkeit laborierend, Cicero über die samothrakischen und lemnischen Mysterien sagt, daß durch sie nämlich, wenn sie expliziert und auf ihren Gedankeninhalt reduziert werden, die N a t u r d e r D i n g e weit mehr als die N a t u r d e r G ö t t e r erkannt werde. „Quibus explicatis ad rationemque revocatis rerum magis natura cognoscitur quam Deorum" (de nat. Deor. I, 42).

Und er erinnere sich ferner der noch weit wesentlicher richtigen und manchen späteren Forscher beschämenden Stelle des Kirchenvater Clemens Al. (Strom. IV, p. 164, Pott.), wo er die dem Kanon der Wahrheit gemäße Physiologie (Naturerkenntnislehre), sie mit dem dritten und letzten Grad der eleusinischen Weisen vergleichend, eine Epotie nennt, die von der kosmogonischen Art der Untersuchung anfange und zu derjenigen aufsteige, die göttliche Dinge betrifft.

Wenn bei den Mysterien des phrygischen Bakchos·die mystische Formel war: „Der Stier des Drachen Vater und der Drache Vater des Stier" (Jul. Firmicus, de errore prof. rel. c. 27), wenn ein nach seiner Grundlage gewiß alter, von Bentley (in der Epist. crit. ad Mill. subj. Hist. chr. Joh. Malal. p. 8, wieder abgedruckt in der Bonner Ausgabe des Malalas ·p. 684, χρησμός VIII) angeführter χρησμός[1]) sagt: „Der Alte ist der Junge und der Junge ist der Alte, der Vater ist der Sprößling und der Sprößling ist der Vater" (ὁ παλαιὸς νέος καὶ ὁ νέος ἀρχαῖος, ὁ πατὴρ γόνος καὶ ὁ γόνος πατήρ), — was sind das anders als zuerst immer mehr in Naturanschauung versenkte, und dann immer freier, immer allgemeiner, immer durchsichtiger werdende und somit immer mehr der Erfassung ihres reinen Gedankens sich nähernde, wenn auch die Form der sinnlichen Vorstellung selbst noch nicht abstreifende Symbole d e s s e n , daß die entgegengesetzten Potenzen und Wesenheiten in steter Wechselwirkung sich gegenseitig erzeugende und gegenseitig bedingende und so in diesem Übergehen ineinander einheitliche, ihre innere Einheit auch im Unterschiede und Gegensatze nicht verlierende sind? Was ist dies anders als das symbolische und sinnliche Anschauen dessen, was sich dann bei Heraklit in dem wechselseitigen, immerwährenden Erzeugen von Apollo und Dionysos, nicht mehr als sinnlicher Gestalten, sondern nach ihrer d u r c h s c h a u t e n B e d e u t u n g a l s r e i n e r M o m e n t e d e s B e g r i f f s , in dem wechsel-

---

[1]) Es ist ihm der Name „Πλουτάρχου" vorgesetzt.

seitigen sich Erzeugen und immerwährend Ineinanderum-
schlagen von Feuer und Wasser, von Sein und Nichtsein.
von der ὁδὸς ἄνω und ὁδὸς΄κάτω, zum r e i n e n G e d a n -
k e n abklärt und als die b e g r i f f e n e I d e e d e s P r o -
z e s s e s sich zum Bewußtsein bringt! [1])
Wir sagten, das eben sei der Trieb und der allgemeine
geistige Gehalt a l l e r Mysterien und der m y s t i s c h e n
R i c h t u n g bei den Griechen überhaupt, die abstrakten
geistigen Gegensätze der Götter miteinander zu vermitteln
und zu versöhnen und diese zur Einheit zu bringen, indem
sie gegenseitig durch ihr Wesen hindurch gehen. So durch
ihren Gegensatz hindurchgegangen, sind sie jetzt nicht mehr
abstrakt einseiẗge, einander negative, sondern in der Tat
geistig h ö h e r e Potenzen, die das Wesen ihres Gegensatzes in sich aufgenommen haben. Inwiefern aber diese
E i n i g u n g ein „S p ä t e r" im G e d a n k e n ist, und inwiefern sie demnach auch ein Später in der Z e i t gewesen
sein dürfte, — dies näher auseinanderzusetzen, ist hier

---

[1]) Sollte vielleicht erst noch die Anführung besonderer heraklitischer Parallelstellen für jenen von Bentley mitgeteilten
χρησμός nötig sein? Man erinnere sich nur des Fragmentes bei
Plutarch: „ταὐτό τ᾽ ἐστι ζῶν καὶ τεθνηκὸς καὶ τὸ ἐγρήγορος
καὶ τὸ καθεῦδον καὶ νεὸν καὶ γηραῖον· τὰ δὲ γὰρ μεταπεσόντα ἐκεῖνα ἐστὶ, κἀκεῖνα πάλιν μεταπεσόντα ταῦτα", „dasselbe
ist lebend und tot und Wachen und Schlafen und j u n g u n d
a l t, d e n n d i e s e s i s t u m s c h l a g e n d jenes, und jenes
wiederum umschlagend dieses" (siehe oben p. 269—270). Und
ebenso das andere, p. 232 sqq. explizierte Fragment, sowie das
später‧zu erörternde über den ewig jungen Apollo. In der Tat
aber wären nicht einzelne Stellen, sondern das ganze Wesen
heraklitischer Philosophie hier zu parallelisieren. Zu den angezogenen Stellen aber, wie zu jenem χρησμός selbst, vgl. man
wieder die orphischen Verse bei Olympiodor:
οἱ δ᾽ αὐτοὶ πατέρες τε καὶ υἱέες ἐν μεγαροῖσιν κτλ.;
siehe Lobeck Aglaoph. p. 797 sqq. und Plat. Phaedon. ib. cit.

nicht der Ort. Aber manche Erinnerung dieser Umbildung dürfte sich in zahlreichen Mythen erhalten haben. Dies ist auch vielleicht mit dem Verhältnis des Dionysos zur Ariadne der Fall. Es kann hier nicht auf den Ariadnemythos eingegangen werden. Allein soviel ist jedenfalls klar, daß Ariadne, welche uns die Dichter stets als Geliebte des Dionysos schildern, zunächst ein dem Dionysos entgegengesetztes Wesen ist. Denn sie ist eine Personifikation der ideellen E i n h e i t. Abstammend von einem rein negativen Wesen, dem Verderber Minos, dessen Identität mit Saturn hier gleichfalls nicht näher ausgeführt werden kann, leuchtet ihre Krone als Leitstern dem Theseus durch die labyrinthischen Gänge des verworrenen Daseins, in dem sich jeder verliert, der die innere Einheit dieser sinnlichen, sich wirr verschlingenden Vielheit nicht erfaßt hat; ihre Krone ist dem Theseus der Polarstern, der ihm, ihn sichernd gegen solchen Verlust seiner selbst, die Rückkehr weist (Hygin. P. A. II, 5), wie diese deshalb am Himmel prangende Krone fort und fort zu gleichem Dienste jedem leuchtet. — So erscheint Ariadne auch in offenbar ä l t e -r e n Sagen als geradezu e n t g e g e n g e s e t z t dem Dionysos. Sie hat seine heilige Grotte e n t w e i h t, und er ist die Ursache ihres T o d e s (Schol. ad Odyss. XI, 321 und Schol. Apollon. III, 996). Wie kommt also diese Ariadne zu Dionysos? Sie kommt aber auch nicht zu dem Umherschwärmer Dionysos. Sie ist die Gemahlin des mystischen, des u n t e r i r d i s c h e n Dionysos, der sich selbst schon zu seiner einfachen inneren Einheit zusammengefaßt hat (Munker. ad Hyg. fab. 224 und Böttiger Arch. Mus. 1. Heft), und das Abbild ihrer Krone, wie Böttiger zeigt, ist der Kranz, den jeder Geweihte bei den attischen Mysterien trug. So zeigt sich auch in dieser Verbindung des Bakchos und der Ariadne, wie sich in der mysteriösen

Anschauung das Wesen des Gottes gehoben und mit seinem Gegensatz in Einheit gebracht hat. So ist die mystische Anschauung nur der im Griechentum selbst vorhandene Zug, durch welches dasselbe sich über sich selbst hinauszuheben und das Dasein der b e s o n d e r e n Momente der Idee in ihre geistige Einheit aufzulösen gedrängt war.

Nicht nur durch diese und jene Symbole und Gebräuche, sondern nach ihrer ganzen inneren Bedeutung ist die mysteriöse Richtung der im Griechentum selbst vorhandene und sich forttreibende Entwicklungskeim der c h r i s t - l i c h e n Religion.

Richtiger sicherlich, als ihm selbst bewußt, sagt Jo. Lydus (de mensibus II, c. 38, p. 72, Bonner Ausg.), nachdem er zuvor Apollo, welchem Hermes die Kithara übergibt, als die S o n n e gedeutet hat, welcher die H a r - m o n i e (also die i d e e l l e u n d n e g a t i v e Einheit, nicht die sinnliche Fülle) des Weltalls übertragen sei: „Im g e h e i m e n wurden die Mysterien des Dionysos gefeiert, weil allen verborgen ist die Gemeinschaft der S o n n e (d. h. hier des inneren einheitlichen Zentralpunktes) mit der s i n n l i c h e n Natur des Alls"[1].

Wieder erscheinen hier die Apollo und Dionysos zugrunde liegenden Ideen als die die ganze Weite der griechischen Religion umspannenden Gegensätze, und die in der dunkeln sinnlichen Vorstellung sich sinnlich vollbringende E i n i g u n g derselben als der Inhalt der Mysterien, als Bedingung aber dieser Mysterien — und somit zugleich andererseits auch als die Bedingung der griechischen Volksreligion überhaupt — mit Recht das G e h e i m s e i n

---

[1] „ὅθεν Ἑρμῆς κιθάραν δίδωσι μυθικῶς τῷ Ἀπόλλωνι, οἷον ὁ Λόγος τῷ ἡλίῳ τὴν τοῦ παντὸς ἁρμονίαν· ἐν ἀποῤῥήτῳ δὲ τῷ Διονύσῳ τὰ μυστήρια ἐτελεῖτο διὰ τὸ πᾶσιν ἀπόκρυφον εἶναι τὴν τοῦ ἡλίου πρὸς τὴν τοῦ παντὸς φύσιν κοινωνίαν".

dieser Einheit, d. h. also die noch selbständige Besonderheit, der noch nicht aufgehobene Gegensatz dieser Göttervorstellungen gegeneinander. Als
die besonderen Götter immer mehr vergeistigt sind, als
sie immer mehr ihre Rollen miteinander vertauscht und
sich gegenseitig so durchdrungen haben, daß sie schlechthin in keiner Besonderung gegeneinander bestehen bleiben
können, als die Gegensätze zu reinen Momenten der
Idee geworden, und somit ihre bis dahin nur vorgestellte und deshalb geheime Einigung so vollbracht ist, daß aller Gegensatz als ein aufgehobener erscheint, — da ist das, was die griechische Mystik nur
vorstellend versucht, einerseits vollendet und
auf die Spitze getrieben im Neu-Platonizismus,
andererseits erfüllt und aufgehoben zugleich im Christen-
tum, diesen einander so feindlichen und doch innerlich so
wesentlich zusammenhängenden Erscheinungen.

Wie einerseits, wie wir oben gezeigt, im Elemente des
reinen Denkens das philosophische Erkennen schon früher
jene Einheit vollbringt, so ist jetzt — noch in der Form
der sinnlichen religiösen Vorstellung selbst
— die christliche Religion die Vollendung und Offen-
barung und damit zugleich die Aufhebung dieser Mysterienanschauungen. Der christliche Gott war das
Herzensgeheimnis, das die griechische Welt solange in
sich verborgen trug, wie der griechische Zeus den Dionysos in seinen Flanken.

Um jedoch von dieser Abschweifung zurückzulenken,
so ist jetzt nach allem Bisherigen wohl gewiß und unzweifelhaft erwiesen, daß Heraklit in seiner spekulativen
theologischen Dreieinigkeit von Apollo und Dionysos als
den reinen, ineinander umschlagenden, an sich identischen
Gegensätzen des Momentes der ideellen Einheit oder des

422

Negativen und des Momentes des realen Daseins, deren beständige, ihnen selbst negative Umwandlung ineinander das Leben des Zeus oder die absolute Idee des Werdens bildet, die nur in der prozessierenden Vermittlung dieser Gegensätze miteinander existiert, sich in der Tat überall auf dem Substrate der religiösen, besonders der orphischen Vorstellungen bewegt, und nur das in diesen Anschauungen a n s i c h in sinnlicher Weise Enthaltene in den r e i n e n B e g r i f f erhebt, eben deshalb aber mit dieser spekulativen Religionsphilosophie die Religion selbst, deren W e s e n darauf beruht, ihres eigenen Inhaltes n i c h t bewußt und mächtig zu sein, vollständig auflöst.

Dasselbe Substrat und Material orphischer Anschauungen, dieselbe Adoption dieses sinnlich mythischen Stoffes als Darstellungsform seines Gedankens, und, was hierin schon gesagt ist, dieselbe spekulative Ausbeutung dieses Stoffes läßt sich auch mit Sicherheit darin nachweisen, wenn er, laut den oben angeführten Fragmenten und Zeugnissen, seinen Demiurgen Zeus ein K i n d und gerade seine Aktion des Weltbildens ein S p i e l e n dieses Kindes genannt hat. — Von dem Material, das hierüber zu Gebote stünde, nur einiges: Proklus bezeugt, daß Orpheus sowohl seinen Zeus selbst, als auch seinen Dionysos K i n - d e r genannt habe[1]). Natürlich! Wenn bei Heraklit Zeus, nicht insofern er a l s s o l c h e r , d. h. in der Totalität und Einheit seines Wesens gefaßt wird (denn insofern ist er das „eine Weise"), sondern insofern er w e l t b i l d e n d ist, d. h. sich in den Dionysos umwandelt und rückwandelt, wenn also wesentlich Zeus a l s D i o n y s o s g e d a c h t

---

[1]) Comm. in Parmen. p. 91, ed. C. p. 527, Stallb.: „Αὐτὸν τὸν Δία καὶ τὸν Διόνυσον παῖδας καὶ νέους ἡ θεολογία καλεῖ, καίπερ ὄντε νέω, φησὶν ὁ Ὀρφεύς· Fragm. Orph. p. 507, ed. Herm.

ein spielendes Kind ist, so drückt sich das in der sinnlichen Vorstellung, wo alle Momente noch besonderes sinnliches Dasein haben, notwendig s o aus, daß Zeus u n d
Dionysos Kinder sind.

Bei Dionysos ist nun seine Auffassung als K i n d ein
vorstechender und bedeutungsvoller Zug. Wenn alle anderen Götter uns fast immer nur in entwickelter Jüng-
lings- oder Mannesgestalt begegnen, so muß es für Dionysos in seinem innersten Wesen begründet sein, daß in
seinem gesamten Mythenkreise seine Kindheit eine so große
Rolle spielt, besonders aber im o r p h i s c h e n u n d m y -
s t e r i ö s e n K r e i s e er fast konstant als K i n d gedacht
erscheint. Wie durch seine Passionsgeschichte, so ist auch
hierin der mystische Dionysos das offenbare Vorbild und
der Entwicklungskeim des Jesukindleins. Es ist aber die
Kindheit in der Tat in der Idee des Gottes begründet.
Das reale Dasein ist nicht e i n m a l geschaffen; es ist
eine fortgesetzt sich vollbringende und wiederholende neue
Schöpfung. Es ist dieser Wechsel vom immer neuen Her-
vorgehen und Verschwinden des Einzelnen. Dionysos wird
daher gerade in der mysteriösen Auffassung, wie er hier
einerseits zum unterweltlichen Todesgott Hades-Zagreus
wird, andererseits als dieser demiurgische Lebensgeber
des einzelnen sich stets neu Erzeugenden, notwendig zum
Kinde.

Allein das Dasein als sich s t e t s neuschaffendes ist
mehr bloß für den philosophischen Gedanken vorhanden.
Für die sinnliche Vorstellung stellt sich diese unausgesetzte
Neuschöpfung, an die sinnliche Wahrnehmung anlehnend,
vielmehr als sich j ä h r l i c h neu wiederholende dar. Mit
der Jahresperiode beginnt eine neue Schöpfung, eine Er-
neuung alles Daseins. Darum wird jedes Jahr um die Zeit
des Wintersolstitiums, wo die Sonne wieder zu steigen

beginnt, das neugeborene Dionysoskind, dieser Jahres-
heiland, in der mystischen Wanne von einer Priesterin in
den Mysterien gezeigt[1]), wovon der Gott Λικνίτης[2]) hieß.

Der ganze mysteriöse Jakchos wird von Suidas (s. v.)
ausdrücklich ein Säugling, d e r a n d e r M u t t e r b r u s t
liegende Dionysos genannt[3]). Ebenso erscheint als Kind
oder Knabe (παῖς) Jakchos mit der Demeter in den orphischen Versen bei Clemens[4]); dem K i n d e Zagreus übergibt Zeus die Weltherrschaft[5]).

Nicht anders verhält es sich mit dem S p i e l e n des
heraklitischen Zeus. Durch K i n d e r s p i e l z e u g, Kegel,
Kreisel etc. verlocken die Titanen den Zagreus, als sie ihn
zerreißen[6]). K i n d i s c h e Lustbarkeiten erwähnt Plato
bei den orphischen Weihen[7]). Wenn nun Clemens unter
den Symbolen, die bei den orphischen Mysterien als
S p i e l s a c h e n (ἀθύρματα) des Dionysoskindes vorkommen, neben Kegel, Kreisel etc., die alle anerkanntermaßen
kosmische Bedeutung haben, besonders auch der W ü r f e l
erwähnt, und wenn andererseits Lucian l. l. den Heraklit
auf die Frage, wer denn sein Aeon sei, antworten läßt:
„Ein s p i e l e n d e r, w ü r f e l n d e r (πεσσεύων), sich auseinander lassender Knabe," so ist nun gewiß evident, daß
dies „w ü r f e l n d" keineswegs, wie Schleiermacher meint,
ein uneigentlicher und verunstaltender Zug der lucianischen

---

[1]) Siehe Procl. in Plat. Tim. p. 124, Lobeck. Aglaoph.
p. 581 sqq., Serv. ad Virg. Georg. I, 166.

[2]) Nach Plut. de Is. et Os. c. 35 bringen die Hosier in
dem Tempel des Apollo ein geheimes Opfer, wenn die Thyaden
den Liknites aufrichten.

[3]) Vgl. Creuzer Bd. IV, p. 95 eqq., 3. Ausg.

[4]) Protrept. p. 17, Fragm. Orph. XVI, p. 475, ed. H.

[5]) Clem. Al. ib. p. 15, Lobeck. Aglaoph. p. 699 sqq.

[6]) Clem. u. Lobeck. l. l., Nonnus Dionys. VI, 273.

[7]) Plat. Rep. II, 364.

Darstellung ist, sondern daß Heraklit in der Tat, auch dies aus den orphischen Symbolen adoptierend und resp. diese spekulativ ausdeutend, seinem weltbildenden Zeus jenes Würfeln zugeschrieben haben muß [1]). Dies bestätigt sich auch durch die früher schon nachgewiesene Genauigkeit der anderen beiden Beiwörter des Lucian παῖς παίζων, διαφερόμενος. Diese Genauigkeit im Tatsächlichen ist gerade auch für eine komödierende Darstellung besondere Pflicht. Sie vor allen darf nur solche Züge anbringen, die auf tatsächlicher bekannter Wahrheit im Originale beruhen und in demselben einen wesentlichen Bestandteil ausmachen. Nur an dem kontrastierenden Vergleich dieser zutreffenden als tatsächlich und wahr bekannten Grundlage und ihrer komödierenden Auffassung entzündet sich das Gelächter.

Soll Lucians Verspottung gelungen sein, so muß also dies πεσσεύων (würfelnd) bei Heraklit nicht nur ein tatsächlicher, sondern auch ein bedeutungsvoller Zug sein. Und in der Tat ist dies so sehr der Fall, daß erst durch dies W ü r f e l n die Darstellung des weltbildenden Zeus bei Heraklit als eines Kindes und eines s p i e l e n d e n

---

[1]) So w ü r f e l t (ἠστραγάλιζε) Heraklit bei Diog. L. IX, 3. Als ihn nämlich seine Mitbürger auffordern, ihnen Gesetze zu geben, so geht er statt dessen in das H e i l i g t u m d e r A r t e - m i s und spielt daselbst mit K i n d e r n W ü r f e l. Und auf die Verwunderung seiner Mitbürger entgegnet er ihnen, daß das weit besser sei, als mit so schlechten Leuten, wie sie, die Stadt zu regieren. — Obgleich auch der Zufall sein nicht zu verkümmerndes Recht hat, so wäre es doch ganz möglich, daß hier bei dem symbolischen Charakter, den wir überhaupt an Heraklit kennen und durch dessen Auffassung im Altertum manche Fabeln entsprungen sind (vgl. p. 101, 1), hier wieder eine solche Beziehung unterläuft.

Kindes [1]) ihr konkretes Verständnis erhält. Das Spiel, das Zeus in der Weltbildung spielt, besteht ja, wie wir oben gesehen haben, in nichts anderem als darin, daß er sich unausgesetzt aus seiner Form als Apollo in sein Gegenteil, in seine Form als Dionysos, umschlägt und aus dieser ebenso wieder immer in jene rückumschlägt. Diese μεταβολή, diese sich selbst umschlagende Bewegung, hat ihre beste s i n n l i c h e Darstellung in der sich überschlagenden und rücküberschlagenden Bewegung der W ü r f e l. Diese sich ü b e r s c h l a g e n d e Bewegung des πεσσεύων, noch dazu mit dem h e r a k l i t i s c h e n ἄνω κάτω˙ in V e r b i n d u n g g e b r a c h t, tritt sehr gut auch in einer Stelle des Philo hervor, de vit. Moys. [2]): *Τύχης γὰρ ἀσταϑμητότερον οὐδὲν ἄνω κάτω τὰ ἀνϑρώπεια πεττευούσης.* „Nichts ist unbeständiger als der Zufall, der n a c h o b e n und u n t e n die m e n s c h l i c h e n D i n g e ü b e r s c h l ä g t." Und darum ist Zeus, weil sich beständig aus sich als Apollo in sich als Dionysos und vice versa umwandelnd und gerade durch dies umschla-

---

[1]) Man muß hierzu die p. 409 ausgezogene Stelle des Plutarch de *El* ap. Delph. vergleichen, wo gesagt wird, daß Apollo nach gewissen Lehren gleich dem Knaben in der Fabel i m m e r dasselbe den Sand zusammenhäufende und wieder auseinanderschüttende Spiel in bezug auf das Weltall treibe, die Welt, welche nicht ist, bald schaffend, bald die geschaffene vernichtend, und das dort von uns Bemerkte, und hierzu besonders Gregor. Nazianz. Orat. de paup. amore c. XX. p. 270, E., ed. Paris 1778: *τὰ μὲν γάρ ἐστι πάντα ῥευστὰ καὶ πρόσκαιρα καὶ ὥσπερ ἐν παιδιᾷ ψήφων, ἄλλοτε εἰς ἄλλους μεταῤῥιπτούμενα καὶ μετατιϑέμενα* und bald darauf *παίζεσϑαι ἡμᾶς ἐν τοῖς δρωμένοις, ἄλλοτ' ἄλλως μεταβαλλομένοις καὶ μεταβάλλουσι καὶ ἄνω καὶ κάτω φερομένοις τε καὶ περιτρεπομένοις.*
[2]) T. I, p. 85, M., T. IV, p. 121, ed. Lips.

gende Spiel seiner mit sich selbst die Weltschöpfung zustande bringend, in der Weltbildung ein w ü r f e l s p i e -
l e n d e r K n a b e *).

Es würde noch übrigbleiben, ähnliche aus den reli-
giös-dogmatischen Kreisen gegriffene Beziehungen in den
von Heraklit gebrauchten, schon an sich selbst so altertümlich klingenden Namen κόρος und χρησμοσύνη nachzuweisen.

Daß wirklich in ihnen solche Beziehungen vorliegen,
— daran wird man nach dem Bisherigen im allgemeinen
gewiß nicht zweifeln können. Aber hier b e s t i m m t das
Material nachzuweisen, in welchem sich Heraklit mit diesen
Namen bewegt, ist schwieriger, deswegen weil, wie wir
in einer früheren Anmerkung (p. 382, 2) auseinander-

---

*) Unsere Inschutznahme des πεσσεύων nicht nur, sondern
auch unsere ganze Auffassung des spielenden Kindes Zeus wird
jetzt aber evident durch das neue Fragment bei Pseudo-Origenes
IX, 9, p. 281 bestätigt: „Αἰὼν (so nannte ihn schon Lucian l. l.,
es ist Zeus in seiner realen Entfaltung) παῖς ἐστὶ παίζων·
πεττεύων· παιδὸς ἡ βασιληίη. „Ein spielendes, wür-
felndes Kind ist der Aeon. Des Kindes ist die Herrschaft.“ Unmöglich kann deutlicher, als in den letzten Worten
geschieht, die Beziehung auf die orphischen Dogmen, in denen
(s. oben) Zeus dem Kinde die βασιλεία über Götter und Welt
übergibt, zum Vorschein kommen.
Nach der von uns oben p. 123, 394 sqq. gegebenen Entwicklung der Bedeutung dieses Spieles des Zeus und des orphischen
Substrates, in dem sich Heraklit dabei bewegt, dürfte also
auch von selbst die Ansicht von Bernays beseitigt sein, welcher
Rhein. Mus. VII, 109 sqq. darin einen immer neue Welten
bauenden und zerstörenden Zeus und einen Beleg für die angebliche Weltuntergangslehre bei Heraklit ganz mit Unrecht
finden und die heraklitische Darstellungsform hierbei durch
Bezugnahme auf ein Hom. Il. XV, 361 erwähntes gewöhnliches
Kinderspiel erklären will.

gesetzt haben, nicht ganz feststeht, ob Heraklit den κόρος für das feurige Apollostadium und die χρησμοσύνη für das des Dionysos gebraucht habe, oder umgekehrt. Notwendig aber kommt gerade hierauf alles an, ehe man wirklich bestimmen kann, welche Mythenkreise Heraklit hier im Auge hat; denn ohne dieses vorherige Feststehen und den daran gegebenen Prüfungsmaßstab würden einem die möglichen Beziehungen, die weit entfernt zu fehlen in einem nur zu überreichen Maße vorhanden wären, hierhin und dorthin schillernd nur über den Kopf zusammenschlagen[1]).

Wäre unsere Vermutung, daß der κόρος das Moment oder Stadium der feurigen Einheit darstelle, s i c h e r, so muß zunächst auf den von Carl Ritter nachgewiesenen alten K o r o s kultus[2]), der auch gerade in Kleinasien lokalisiert war, Bezug genommen werden, einen a p o l l i - n i s c h e n S o n n e n dienst, in welchem (siehe Greuzer an den von Ritter angeführten Orten) gerade auch wieder D i o n y s o s zur Sonne umgedacht wurde.

---

[1]) So würde man z. B. auf den Einfall kommen können, mit κόρος und χρησμοσύνη (Sehnsucht) die phönizische Kosmogonie bei Damascius de princip. in Wolf. Anec. Gr. III, p. 259 zu vergleichen, nach welcher Z e i t, S e h n s u c h t und N e b e l als Prinzipien auftreten: Σιδώνιοι δὲ κατὰ τὸν αὐτὸν συγγράφεα (nämlich Eudemus) πρὸ πάντων χρόνον ὑποτίθενται καὶ πόθον καὶ ὀμίχλην (cf. Euseb. Pr. Ev. II, c. 10). Die Zeit tritt hier nicht als schöpferisches Prinzip selbst, sondern nur als Substrat von allem auf und dies würde gut genug mit Heraklit stimmen. Aber der πόθος oder die Sehnsucht nur dann, wenn bei Heraklit die χρησμοσύνη eine Sehnsucht nach W e l t b i l d u n g, und also das Feuerstadium wäre, nicht aber wenn sie das Dionysosstadium ist und folglich eine Sehnsucht nach Rückgang in die ideelle Einheit darstellt.

[2]) Vorhalle Europ. Völkergeschichten, Berlin 1820, p. 95 bis 181 sqq.

In bezug auf die χρησμοσύνη, — die Dürftigkeit und hieraus entspringende Sehnsucht, Sucht, — wird immer ganz auffällig bleiben, wie Schelling in seiner so geistvollen Schrift über die Gottheiten von Samothrace (p. 11 sqq.) gerade dies als den Begriff und das Wesen (und selbst den Namen) der samothrakischen Demeter entwickelt. Denn stünde es auch um Schellings daselbst versuchte phönizisch-hebräische Etymologie wie es wolle, den Begriff dieser samothrakischen Ceres hat er unzweifelhaft festgestellt, und ein merkwürdiges Zusammentreffen ist es daher jedenfalls, wenn Heraklit, genau diesen Begriff jener Ceres (obwohl in umgekehrter Weise) in dem griechischen Worte χρησμοσύνη wiedergebend und sie dem κόρος Erfüllung und Vollendung gegenüberstellend, diese Namen als die beiden Momente oder Stadien des göttlichen Lebens und seiner spekulativen Physik und Kosmogonie gebraucht (cf. § 26). Und um so beziehungsreicher muß die hierin vorliegende Hinweisung erscheinen, als nicht nur auch die Verehrung des Dionysos unter den samothrakischen Gottheiten so bedeutend in den Vordergrund tritt[1]), sondern im Mysterienkreise gerade[2]) der mystische Dionysos als κόρος[3]) der Ceres gegenübergestellt und mit ihr als die

---

[1]) Siehe außer Schelling, bei Schol. Apollon. I, 917; Jo. Lydus de mens. IV, 38, p. 72, ed. Bonn., wo dem Dionysos sogar die Stiftung der kabirischen Weihen zugeschrieben wird, ebenso bei Cicero de nat. Deor. III, 23, p. 618, Cr., vgl. Welker, Aesch. Tril. p. 164 und Creuzer, Dionysos p. 151.

[2]) In den eleusinischen zwar, deren Zusammenhang mit den samothrakischen aber wohl seit lange von niemand mehr bezweifelt wird, vgl. oben p. 430, 2.

[3]) κόρος heißt der mystische Dionysos, in den Eleusinien als Kind, und zwar immer nur als Kind der Ceres aufgefaßt, wie Proserpina κόρη. Wie Ceres die Mutter κατ'

Hauptgötterzweiheit angeschaut wird. Denn daß die religiöse Anschauung von κόρος (Bacchus als Kind und speziell als **Kind** der Ceres) von dem Begriffe der **Erfüllung**[1]) nicht eben weit abliegt, ist wohl auch ohne jede weitere Ausführung klar[2]).

ἐξοχήν ist (Herod. VIII, 65, c. interpr.), so ist er (vgl. Cic. de nat. Deor. II, 24; Hermias in Plat. Phaedr. p. 87, ed. Ast.) der κόρος, das **Kind** κατ᾽ ἐξοχήν. Man sehe Creuzers gelehrte Ausführung über κόρος und κόρη Symb. u. Myth. IV, p. 110, 3. Ausg. und besonders in der 2. Ausg.

[1]) Darum hat κόρος die Bedeutung von Sproß, Sprößling, selbst in der Pflanzenwelt; siehe Lobeck, Aglaoph. p. 413.

[2]) Bloß einige Andeutungen seien gestattet: Mit dem **Kinde** ist das in Schmachten und Sehnsucht bestehende Wesen der Mutter (Ceres) zur **Erfüllung** und **Vollendung** gekommen. Dies dürfte eine Ideenreihe sein, die dem Beinamen des mystischen Bacchus κόρος zugrunde liegt. Darum ist bei den Orphikern, bei welchen die Ceres mit der Rhea identisch und Mutter des Zeus ist, die Ceres **vor** ihrer Mutterschaft Rhea; erst **mit** derselben erfüllt sie sich zur Demeter, s. Proclus in Cratyl. p. 96: τὴν Δήμητρα Ὀρφεὺς μὲν τὴν αὐτὴν λέγων τῇ Ῥέᾳ εἶναι λέγει ὅτι ἄνωθεν μὲν μετὰ Κρόνου οὖσα ἀνεκφοί-τητος Ῥέα ἐστὶ, προβάλλουσα δὲ καὶ ἀπογεννῶσα τὸν Δία Δημήτηρ· λέγει γάρ.

„Ῥείην τὸ πρὶν ἐοῦσαν ἐπεὶ Διὸς ἔπλετο μήτηρ
γέγονε Δημήτηρ"

und hierzu die Berichtigung des Textes bei Lobeck, Aglaoph. p. 537. Besonders muß dabei auf die in ἀνεκφοίτητος liegende Bezeichnung ihres noch einsamen, nicht aus sich herauskom-menden Wesens geachtet werden, sowie auf die in πέλομαι verknüpften Bedeutungen von Sichbewegen und einem dadurch hervorgebrachten Sein. Fast noch deutlicher sagt Proclus ib. p. 85: ὁ Ὀρφεὺς τρόπον μέν τινα τὴν αὐτὴν εἶναι τὴν Δήμητρα τῇ ὅλῃ ζῳογονίᾳ, τρόπον δ᾽ ἄλλον οὐ τὴν αὐτήν· ἄνω μὲν γὰρ οὖσα Ῥέα ἐστὶ, κάτω δὲ μετὰ τοῦ Διὸς Δημήτηρ.

Auf diese orphische, des geistigen Unterschiedes nicht ent-behrende Identität der Ceres und Rhea hätte sich, wie mir

Zeigt sich aber immerhin hierbei, wie wenig Heraklit an dem bestimmter einmal gewählten theologisch-dogma-

scheint, Lobeck berufen sollen, um den schon im Altertum geführten Streit, ob der samothrakische Dienst der Rhea oder der Ceres geweiht gewesen, zu versöhnen (s. Aglaoph. p. 1225 sqq.), nicht auf die Ähnlichkeit einzelner Attribute und Beinamen und eine daraus hervorgegangene Verwechslung.

Gewiß muß es uns aber sehr bedeutsam für unseren Zusammenhang erscheinen, wenn wir sehen, daß auch die Stoiker, so sehr in der Regel jenes schlechte und abstrakte physische Allegorisieren (vgl. oben p. 476, 1) bei ihnen überhand nahm, in welchem dann die Ceres in der beliebten Weise zur Erde wurde, dennoch nach noch vorhandenen Spuren anderwärts auch jene orphische Identität von Ceres und Rhea akzeptiert hatten, s. Chrysippus ap. Phaedrus de nat. deor. p. 18: „μὴ μάχεσθαι τὸ τὴν Ῥέαν καὶ μητέρα τοῦ Διὸς εἶναι καὶ θυγατέρα". Sicher, wenn Phaedrus daselbst von Chrysippus sagt: Τὰ παραπλήσια δὲ κὰν τοῖς περὶ φύσεως γράφει μεθερμηνεύων μύθους καὶ τῷ Ἡρακλείτου συνοικειῶν κυκεῶνι, so hat Chrysippus auch dieses „Umdeuten der Mythen" nicht weniger als den Mischtrank, dem er sie anpaßt, von Heraklit entlehnt. Und nach allem, was sich bereits hierüber in bezug auf das Verhältnis der Stoiker herausgestellt hat und ferner herausstellen wird, werden wir allemal gerade da veranlaßt sein, engeres Anschließen an Heraklit bei ihnen anzunehmen, wo sich Spuren wirklich spekulativer Mythenbehandlung bei ihnen finden, eine Behandlungsweise, die ihnen so wenig originär und selbsteigen ist, daß sie dieselbe auch nirgends festzuhalten vermochten; während dagegen, wo sie in ihrer gewöhnlich abstrakt oberflächlichen Weise die Götter in Luft, Erde etc. zerlegen, sie offenbar von Heraklit sich entfernen, ihrem eigenen Genius folgen, und das ganz genau entsprechende verderbende Mißverständnis an heraklitischer Theologie verüben, das wir sie an heraklitischer Physik verüben sehen werden. Von Heraklit sagte uns Heraklides oben sehr richtig, er theologisiere das Physische (θεολογεῖ τὰ φυσικά); von den Stoikern könnte das Umgekehrte gesagt werden, φυσιολογοῦσι τὰ θεῖα.

432

tischen Stoff und selbst an der Stellung, welche innerhalb
desselben die mythischen Gestalten zueinander einnehmen,
festhielt, so ist dies nur ein Beweis mehr für die schon im
Anfang dieser Arbeit aufgestellte und seitdem oft genug
belegte und im Verlauf immer deutlicher nachzuweisende
Ansicht, daß er ohne jede dogmatisch-theologische Tendenz jenes Material nur als D a r s t e l l u n g s f o r m seiner
reinen Begriffe gebraucht und, gerade wegen der für ihn
selbst vorhandenen Unangemessenheit dieser sinnlichen
Hülle für den reinen begrifflichen Inhalt, diesen in seiner
rein logischen Form ihm noch unaussprechlichen Begriff
in immer neuen sinnlichen Darstellungen herauszuringen
gesucht hat.

Die eben infolge dieser Darstellungsform selbst wieder
die äußere Gestalt einer spekulativen Theologie und R e -
l i g i o n s p h i l o s o p h i e annehmende, aber mit seiner Philosophie notwendig bereits gegebene v o l l s t ä n d i g e A u f -
l ö s u n g d e r R e l i g i o n s e l b s t tritt nun auch deutlich
genug in vielen noch erhaltenen Fragmenten Heraklits heraus, in welchen wir ihn zunächst im entschiedensten Gegensatz gegen die Volksreligion erblicken. So in dem Fragmente, das Origines aus Celsus mitteilt [1]): „καὶ μὴν καὶ
Ἡράκλειτος ᾧδε πως ἀποφαίνεται· „καὶ τοῖς ἀγάλμασι
τουτέοισιν εὔχονται, ὁκοῖον εἴ τις τοῖσι δόμοισι
λεσχηνεύοιτο, οὔτε γιγνώσκων θεοὺς οὔτε ἥρωας
οἵτινές εἰσι“. Und mit Weglassung des letzten (aber deshalb nicht weniger echt heraklitischen Satzes) findet sich
das Fragment auch bei Clemens [2]): — — τοῦ γε σοῦ
ἄκουσον φιλοσόφου τοῦ Ἐφεσίου Ἡρακλείτου .. „καὶ ἀγάλμασι
τουτέοισιν εὔχονται ὁκοῖον εἴ τις δόμοισι λεσχηνεύοιτο“.

---

[1]) contra Celsum VII, p. 738, ed. de la Rue.
[2]) Cohort. ad Gent. c. IV, p. 15, Sylb., p. 44, Pott.

„Und zu diesen Bildsäulen flehen sie, als
wie wenn einer zu Häusern plapperte, nicht
wissend, wer Götter noch Heroen sind."

Diese Sentenz wird bei Heraklit gewiß nicht im ge-
ringsten überraschen können. Wenn ihm das Göttliche das
reine ungehemmte Werden war, so ist die Bildsäule das,
was am wenigsten Teil an dieser prozessierenden Bewegung
hat. Sie ist am meisten festes bleibendes Sein.

Darum sagt Clemens nicht mit Unrecht, indem er zu
jenem Zitate übergeht: „Du aber, wenn du den Propheten
nicht hören willst, so höre deinen eigenen Philosophen,
den Ephesier Herakleitos, wie er den Bildsäulen ihre
Leblosigkeit (ἀναισθησίαν) vorwirft" etc. Darum ist auch
im Fragment selbst der Vergleich der Bildsäulen mit
Häusern sehr bezeichnend gewählt, und kein Unbe-
fangener wird irgend zweifelhaft darüber sein können, daß
Heraklit zu diesem Ausspruch von seinem System aus
gelangen konnte und mußte. Gleichwohl will Schleiermacher wie er sagt, nicht „wagen", das Fragment als
echtes zu bezeichnen. Aber er belegt es mit seltsamen
Gründen. Er meint, es ruhe „auf dieser Stelle der Verdacht jüdischen Ursprungs." Worauf basiert er diesen
Verdacht? Auf nichts anderes als darauf, daß dieser
Gedanke in der Tat auch vom jüdisch-alexandrinischen
Standpunkt aus ausgesprochen werden konnte. Aber das
wird doch hoffentlich nichts beweisen sollen! Denn, wie
bekannt, kann ein- und derselbe Satz von den verschiedensten Standpunkten der Welt aus gesagt werden. So vergleicht Celsus selbst bei Origenes a. a. O. diese Sentenz
Heraklits mit der Sitte der alten Perser, den Göttern keine
Tempel und keine Bildsäulen zu setzen, wie denn in der Tat
die Verachtung der Magier gegen beide bekannt ist (cf.
Diog. L. Prooem. §6 und dazu Menagius; Cicero de

434

legibus II, 10 mit Davis. und Creuzers Noten; Herodot I, 131).

Ebenso erzählt uns von den Ägyptern Lucian, daß sie Tempel ohne Bildsäulen gehabt (νήοι ἀξόανοι, Luc. Dea Syr. T. IX, p. 87, ed. Bip., cf. Diog. L. Prooem. 2 und Philostr. vit. Ap. VI, c. 19, p. 257).

So werden wir bei dem verbürgtesten Spruche Heraklits, daß alles nach Art eines Flusses fließe, finden, daß fromme Kirchenväter ihn in ihrem spiritualistischen Sinne von der Nichtigkeit und Hinfälligkeit alles Irdischen gebraucht haben, wie denn überhaupt sehr viele heraklitische Sentenzen, z. B. der Spruch: Leichname seien verächtlicher denn Mist, der Leib das Grab der Seele, der unstäte Wechsel des Weges von oben nach unten, in dem alles immer begriffen sei, der Krieg als Gesetz des Daseins, die Auflösung der Dinge in Feuer etc. etc., das Schicksal gehabt haben, teils mit besonderer Vorliebe von dem christlichen Spiritualismus ergriffen und ausgebeutet, teils zu reinen Gemeinplätzen und in einem Sinne, in welchem Heraklit sie gar nicht wieder erkannt haben würde, sprichwörtlich zu werden[1]). Alle diese Dikta hätte also,

---

[1]) Doch zeigt sich hierin jedenfalls die große Verbreitung, die Heraklits Sentenzen direkt und indirekt zuteil geworden war. Außerdem, was in obiger Beziehung bei den betreffenden einzelnen Fragmenten bemerkt ist, vgl. man als Beleg hierzu nur folgendes: Das Diktum vom Flusse in dieser Weise bei Euseb Orat. de laudib. Constant., ed. Paris 1659, p. 613: ὁ τῆς ἀνωτάτω βασιλείας ὀριγνώμενος μὴ γὰρ τὰ παρόντα ἄξια τοῦ παμβασιλέως θεοῦ συνειδώς, τὰ θνητὰ καὶ ἐπίκηρα καὶ ποταμοῦ δίκην ῥέοντα καὶ ἀπολλύμενα τὴν ἄφθαρτον καὶ ἀσώματον τοῦ θεοῦ βασιλείαν ποθεῖ. Das heraklitische Diktum νέκυες κοπρίων ἐβλητότερον in gleicher Weise verarbeitet in derselben Rede p. 659: „αὐτίκα γοῦν χθὲς καὶ πρώην θεομάχων γένος τὸν τῶν ἀνθρώπων βίον ἐκύκα, ἦγε τε καὶ ἀπῆγε

insofern sie sich nicht schon bei Plato und Aristoteles
finden, Schleiermacher konsequenterweise gleichfalls ver-
werfen müssen. Überhaupt sollte es, nach diesem Grund-
satze verfahrend, ein leichtes sein, mehr als drei Vierteile
der von Schleiermacher anerkannten Fragmente zu
streichen.

Der Probierstein für alles das, was uns erst von späteren Schriftstellern als Heraklit gehörig angeführt wird,
kann daher nur der doppelte sein, daß man zusieht, ob
Heraklit von s e i n e m Gedankenstandpunkt aus einen solchen Ausspruch tun konnte, und dann, ob er nach Ton und
Fassung ihm entspricht. Trifft beides zu, so bleibt sehr
gleichgültig, von welchen noch anderen Standpunkten aus
und in welchem anderen Sinne derselbe Ausspruch gleichfalls hätte getan werden können. Was die erste Forderung

---

καὶ πολλὰ ἴσχυεν, ἐπεὶ δὲ ἐξ ἀνθρώπων ἀπηλλάγη, κεῖτο δὴ
μετὰ ταῦτα ἐπὶ γῆς, σκυβαλῶν ἐκβλητότερον, ἄπνουν, κτλ. —
Der Krieg, welcher nach Heraklit die ganze Sphäre des wirklichen Daseins konstituiert, konnte ebensowenig umhin, schon
bei den Stoikern zu einem Gemeinplatz (in welchem er natürlich seine logisch-metaphysische Bedeutung, die er bei Heraklit
hat, gänzlich verlor) und hinterher von den Kirchenvätern mit
großem Beifall in ihrem spiritualistischen Sinne adoptiert zu
werden; cf. Seneca Epist. 96: Vivere, militare est; Epist. 51:
Nobis quoque militandum est et quidem genere militiae, quo
nunquam quies nunquam otium datur; Chrysostomus in Act.
Orat. 15, ed. Gommel. p. 143, D.: Ἀγών ἐστιν ὁ παρὼν
χρόνος, πόλεμός ἐστι καὶ μάχη. Id. in 1. ad Thess. hom. 3,
p. 1428: πολέμου καιρός, πᾶς ὁ τῆς ζωῆς ἡμῖν ἐστι χρόνος;
id. in Genes Orat. 3: Διηνεκὴς ἡμῖν ἐστιν ὁ πόλεμος καὶ
ἀνακωχὴν οὐδέποτε ἔχων. Augustin adv. Jul. IV, c. 16, Nul-
lum sine bello intestino diem ducis. — Das Diktum, daß der
Leib das Grab der Seele, hat natürlich des Gregor. Nazianz.
ganzen Beifall, Epist. 70, in Philagr., ed. lat. Cöln 1570,
p. 690 etc.

anlangt, so ist, daß Heraklit von seinem Gedanken aus jene Worte sagen k o n n t e , so sehr klar, daß er sie konsequenterweise selbst sagen m u ß t e. Fassung und Ton des Fragmentes betreffend, so muß auch Schleiermacher bekennen, daß er „altertümlich" und, fügen wir hinzu, speziell heraklitisch ist. Auch führt ja nicht Origenes, sondern Celsus, und Origenes nur aus ihm, dies Fragment an. Aber, meint Schleiermacher, „Celsus mußte freilich die alexandrischen Juden auch lesen und konnte sich von ihnen und mit ihnen täuschen lassen." Gewiß eine ausnehmend vage Vermutung! Mit solchen durch nichts Näheres unterstützten bloßen M ö g l i c h k e i t e n würde aber jede Scheidelinie zwischen Kritik und Willkür fortfallen.

Es ist vielmehr gewiß nicht glaublich, daß der gelehrte und christenfeindliche Celsus einen Satz Heraklits, den die Christen so sehr zu ihrem Vorteile benutzen konnten, selbst angeführt hätte, wenn er nicht verbürgter- und anerkanntermaßen dem Ephesier angehört hätte. Ferner hätte Schleiermacher berücksichtigen sollen, daß auch von Zeno eine ähnliche Denkweise in bezug auf Bildsäulen und Tempel als der Götter unwürdig berichtet wird (aus seinem Buch über den Staat siehe Theodoret. Serm. III, de aff. Graec.). Endlich aber übersah man bisher eine andere Stelle, in der uns Origenes dies Fragment aus Celsus nochmals aufbewahrt hat, aber mit einer Variation, welche noch mehr den Verdacht jüdischer Erfindung von unserem Bruchstück abwälzt [1]): ἐκτίθεται ʽΗρακλείτου λέξιν τὴν λέγουσαν· „ὁμοία ὡς εἴ τις δόμοις λεσχηνεύοιτο ποιεῖν τοὺς προσιόντας ὡς θεοῖς τοῖς ἀψύχοις". „Gleiches, als wie wenn jemand mit Häusern spräche, tun die, die an seelenlose Götter herantreten." Das zweite

---

[1]) c. Cels. I, p. 325 de la Rue.

ὡς aber in dieser Stelle wäre überflüssig und nicht wohl zu begreifen, wenn nicht vor ihm ἀγάλμασι ausgefallen sein sollte. Und an dieses ϑεοῖς τοῖς ἀψύχοις konnte sich dann auch anschließen οὔτε γιγνώσκοντας ϑεοὺς οὔτε κτλ.[1])

[1]) Die innere Echtheit des Bruchstückes bestätigt sich übrigens noch durch eine Stelle Plutarchs, in welcher er, um den ägyptischen Tierdienst zu verteidigen, in einem ganz heraklitisierenden Gedankengange, und Heraklit auch ausdrücklich zitierend, aus denselben Gründen die Verwerfung des Bildsäulen-Kultus entwickelt, so daß es, angesichts des obigen Fragments dringend wahrscheinlich wird, daß Plutarch auch diesen Tadel des Bilderdienstes aus Heraklit, dessen Gedanken er sich zur Begründung desselben bedient und den er oben angeführt hat, schöpft und daß er somit gleichfalls das obige Fragment beim Ephesier gelesen hat, de Is. et Os. c. 77. Plutarch hatte im vorhergehenden gesagt, es dürfte das Unbeseelte (ἄψυχον) nicht besser erscheinen als das Beseelte und das Leb- oder Empfindungslose (ἀναίσϑητον) nicht besser als das mit Empfindung Begabte, auch nicht, wenn man alles Gold und Edelgestein an einem Ort aufhäufte. Nicht in Farben, Gestalten noch Flächen erscheine das Göttliche, vielmehr habe das, was niemals Leben in sich hatte, noch seiner Natur nach haben konnte, ein weniger geehrtes Los als selbst Leichname (ἀτιμοτέραν ἔχει νεκρῶν μοῖραν). „Die lebendige, fährt er fort, und schauende und den Ursprung der Bewegung aus sich selbst schöpfende (κινήσεως ἀρχὴν ἐξ ἑαυτῆς ἔχουσα) und die Kenntnis des Eigenen und Fremden habende Natur riß wo anders her an sich einen Abfluß (ἀποῤῥοήν) und Anteil des Vernünftigen, durch welches das All regiert wird nach Heraklit: weshalb das Göttliche nicht schlechter in dieser (tierischen Natur) bildlich dargestellt wird, als in ehernen und steinernen Gebilden, welche Untergang und Veränderung gleichmäßig erfahren, aller Empfindung (αἰσϑήσεως) und Einsicht (συνέσεως) aber von Natur aus ermangeln. Dies halte ich für das Wesentlichste, was über die Verehrung der Tiere zu sagen ist." (Die Analyse des heraklitischen Zitats in dieser Stelle folgt später.)

In denselben Kreis entschiedener Polemik gegen das sinnliche Wesen der Religion überhaupt und ihres Kultus gehört auch das Fragment, welches sich bei Elias Cretens. ad Gregor. Nazianz.[1]) in Übersetzung zwar, aber in einer offenbar wörtlichen, vorfindet. Er spricht von denen, die turpioria sacrificia darbringen und fährt fort: „Quos quidem irridens Heraclitus: „P u r g a n t u r , inquit, c u m c r u o r e p o l l u u n t u r , n o n s e c u s a c s i q u i s i n l u t u m i n g r e s s u s l u t o s e a b l u a t ,‟ „diese verhöhnt Heraklit, wenn er sagt: „I n d e m s i e s i c h r e i n i g e n w o l l e n , b e s u d e l n s i e s i c h m i t B l u t , g l e i c h w i e a l s w e n n e i n e r , d e r s i c h m i t K o t b e s c h m u t z t h a t , m i t K o t a b w ü s c h e .‟ Die unvermittelte, nicht einmal durch eine Partizipialkonstruktion miteinander verbundene, im Deutschen gar nicht wiederzugebende Nebeneinanderstellung von purgantur, polluuntur ist echt heraklitisch. Die Wendung non secus ac si quis ist nur eine Übersetzung von der Verbindung ὅμοια ὡς εἴ τις, welche wir schon in dem vorigen Fragmente antrafen. Schleiermacher (s. p. 431) will auch zu dem letzten von Elias Cret. mitgeteilten Bruchstück, weil es nirgends anderswo erwähnt wird, kein rechtes Vertrauen fassen. Allein er übersieht hierbei eine andere Stelle, nach welcher es sogar zu den bekannteren gehört zu haben scheinen könnte. Denn ohne Heraklit zu nennen, bezieht sich darauf fast wie auf etwas Sprichwörtliches und dasselbe zugleich nicht unglücklich interpretierend der freilich sehr belesene Gregor Nazianz selbst, Orat. 25˙ c. 15, T. I, p. 466, ed. Par.: σύγχει μὲν καὶ τὴν Ἑλλήνων δεισιδαιμονίαν ὡς πρότερον καὶ τὸν πολύθεον αὐτῶν ἀθεΐαν καὶ τοὺς παλαιοὺς Θεοὺς καὶ τοὺς νέους καὶ τοὺς αἰσχροὺς μύθους καὶ

---

[1]) Orat. XXIII, p. 386.

τὰς αἰσχροτέρας θυσίας πηλῷ πηλὸν καθαιρόντων, ὡς αὐτῶν τινὸς λέγοντος ἤκουσα, λέγω δὴ σώμασι σώματα τοῖς τῶν ἀλόγων ζώων τὰ ἑαυτῶν κτλ. „wirf fort — — die häßlichen Mythen und die noch häßlicheren Opfer, die das Tun derer sind, welche Kot durch Kot reinigen, wie ich einen von ihnen selbst sagen hörte, ich meine solcher, die durch die Körper unvernünftiger Tiere ihre eigenen Körper reinigen wollen." —

Übrigens wird man sich hier auch der Andeutung erinnern, die bei Jamblich über die Opfer erhalten ist, daß sie nämlich Heraklit nach ihrer wahren, aber wie die letzte Stelle zeigt, vom religiösen Kultus schmählich verkannten und in ihr Gegenteil verkehrten Bestimmung, „ἀκέα" Heilungen der Seele, d. i. Reinigungen derselben vom Stofflichen, genannt habe (vgl. oben p. 266, 1; die daselbst aufgestellte Vermutung erhält in dem gegenwärtigen Zusammenhang wohl hinreichende Wahrscheinlichkeit).

Wird aber die Frage aufgeworfen, was waren denn, wenn Heraklit mit solcher Verachtung von seinen Zeitgenossen sagt: „Nicht wissend, wer Götter noch Heroen sind," — was waren denn nach ihm selbst Götter, Heroen und Dämonen, so ergibt sich die Antwort hierauf im allgemeinen zunächst aus seinem System, der es auch an positiven Belegen nicht fehlen wird.

Das Göttliche war ihm das reine Werden; die Verbindungen desselben mit dem Sein also in der Tat das, was man seine Dämonologie nennen könnte. Und da bei ihm diese Verbindung kein ruhiges Sein, sondern ein solches produzierte, welches nur Prozeß war und darin bestand, den Weg nach oben und unten einzuschlagen, so wäre es an sich leicht möglich, daß er die Stufen und Knotenpunkte, welche das Sein auf seinem

440

Wege nach oben durchläuft, als entsprechende Stufen und Knotenpunkte für die Entwicklung des Göttlichen an irgend welchen Orten seines Werkes hingestellt hätte; daß er also die Stufen des Naturprozesses auch als Klassifikationen und Abteilungen der Dämonologie darstellen konnte, ja darstellen mußte, falls er sich überhaupt einmal irgendwo in solcher Klassifikation der Dämonologie ergehen wollte.

Einen Wink hierüber scheint uns Plutarch zu geben in einer von den Bearbeitern des Ephesiers nie in Betracht gezogenen Stelle, in welcher er zwar Heraklit nicht nennt, aber doch wohl deutlich auf seine Lehre, wenn auch erst in ihrer bei den Stoikern enthaltenen Entwicklung hinverweist. Er spricht selbst (de defectu Orac. c. X, p. 415, p. 700 sqq. Wytt.) ausführlich von der Dämonologie und zeigt, daß sie Hesiod zuerst in vier getrennte Gattungen genau klassifiziert hat, in Götter, Dämonen, Heroen und Menschen. Hierauf fährt er fort: „ἕτεροι δὲ μεταβολὴν τοῖς τε σώμασιν ὁμοίως ποιοῦσι καὶ ταῖς ψυχαῖς, ὥςπερ ἐκ γῆς ὕδωρ, ἐκ δὲ ὕδατος ἀὴρ, ἐκ δ' ἀερὸς πῦρ γεννόμενον ὁρᾶται, τῆς οὐσίας ἄνω φερομένης· οὕτως ἐκ μὲν ἀνθρώπων εἰς ἥρωας, ἐκ δὲ ἡρώων εἰς δαίμονας, αἱ βελτίονες ψυχαὶ τὴν μεταβολὴν λαμβάνουσιν· ἐκ δὲ δαιμόνων ὀλίγαι μὲν ἔτι χρόνῳ πολλῷ δι' ἀρετῆς καθαρθεῖσαι παντάπασι θεότητος μέτεσχον ἐνίαις δὲ συμβαίνει μὴ κρατεῖν ἑαυτῶν, ἀλλ' ὑφιεμέναις καὶ ἀναλυομέναις πάλιν σώμασι θνητοῖς, ἀλαμπῆ καὶ ἀμυδρὰν ζωὴν, ὥςπερ ἀναθυμίασιν, ἴσχειν", „andere aber nehmen dieselbe Umwandlung wie bei den Körpern, so auch bei den Seelen an; wie man nämlich sieht, daß aus der Erde Wasser, aus dem Wasser Luft, aus der Luft Feuer sich erzeugt, indem sich die Wesenheit nach oben bewegt, so schlagen auch die besseren Seelen eine Umwandlung aus Menschen in Heroen, aus Heroen in Dämonen ein. Und aus Dämonen nun gelangen sie, nachdem sie sich noch lange Zeit durch Tugend gänzlich gereinigt haben, zur Teilnahme an der Gottheit. Einigen aber geschieht es, daß sie ihrer selbst nicht mächtig sind, sondern herabsinkend und wieder in sterbliche Körper eingehend ein glanzloses und unreines einer steten Umdunstung[1]) ähnliches Leben führen." — Wie vieles aus der zweiten Hälfte dieser Stelle genau mit dem übereinstimmt, was wir schon urkundlich über Heraklit gehabt haben (s. oben § 9), liegt auf der Hand, und noch anderwärts wird sich noch manches bei Heraklit ergeben, was deutlich bestätigen dürfte, daß Plutarch hier auch ihn selbst und nicht

---

[1]) ἀναθυμίασιν vgl. oben p. 248—261, p. 275 sqq. Der hier gemachte Gebrauch des Wortes widerspricht nicht, sondern bestätigt das daselbst über die ἀναθυμίασις von uns Gesagte. Die ἀναθ. ist, sagten wir, der objektivierte Übergang des Seienden. Aber ein Übergang, der immer selbst wieder ins Dasein übergeht; sie ist der reale Prozeß. So werden hier die Dämonen nicht selbst mit „Dünsten" verglichen (es heißt nicht ὥσπερ ἀναθυμιάσεσιν oder ἀναθυμιάσεις) sondern ihr Leben wird einer ἀναθυμίασις gleich gesetzt. Es heißt also nicht: sie führen ein Leben, wie Dünste es führen, sondern: sie führen ein Leben, welches gleichsam eine ἀναθυμίασις ist, d. h. einem sich stets aus dem Festen entwickelnden und stets wieder ins Feste niederschlagenden Dünstungsprozesse gleicht. Wie dieser, wie die ἀναθυμίασις nämlich, ist auch ihr Leben beständiger Übergang der Seele aus dem realen Sein, dem feuchten Leibe, in das Dämonenstadium, und da sie sich in diesem nicht erhalten, vielmehr wieder in den Leib gezogen werden, wiederum Übergang ins reale Sein. Der Vergleich ist also ganz passend. Aber eben darin, in dieser beständig zu neuem realen Dasein umschlagenden Bewegung besteht der Unterschied des realen Prozesses und der intelligiblen Bewegung des Zeus (vgl. § 18), und eben deshalb erlangen diese Dämonen nicht die Teilnahme an der Gottheit (s. oben p. 220 sqq.).

bloß die Stoiker im Auge hat. Dennoch sind wir der Meinung, daß Heraklit, wenn er auch — wohl gerade durch den mystischen Stoff in dem er sich bewegt, dazu hingezogen — an einzelnen Stellen seines Werkes derartige K l a s s i f i k a t i o n aufgestellt hätte, dieselbe doch nicht f e s t g e h a l t e n hat. Dies zeigt sich deutlich schon an einigen hierher gehörigen Berichten heraklitischer Aussprüche, in welchen wenigstens in der Form, in der sie uns erhalten sind, Götter, Dämonen und Seelen unterschiedslos durcheinander geworfen werden.

So zunächst der obwohl nicht in wörtlicher Anführung mitgeteilte Bericht des Diogenes IX, 9. Heraklit habe gesagt: „πάντα ψυχῶν εἶναι καὶ δαιμόνων πλήρη", „alles sei voll von Seelen und Dämonen." Hierhin gehört auch die Geschichte, die Aristoteles[1]) erzählt, es wären einst Gastfreunde zu Heraklit gekommen und hätten ihn sich im Stalle wärmend gefunden, und als sie nun gestutzt, habe er ihnen zugerufen, getrosten Mutes einzutreten, „d e n n a u c h h i e r s e i e n G ö t t e r" (ἐκέλευσε γὰρ αὐτοὺς εἰσιέναι θαρροῦντας· εἶναι γὰρ ἐνταῦθα θεούς). In direkter Rede findet sich diese Aufforderung bei Gellius in der Vorrede: „Ego vero cum illud Heracliti Ephesii, viri summe nobilis, verbum cordi haberem quod pro-

---

1) de part. animant. I, 5, p. 645. Jenes πάντα πλήρη δαιμόνων oder θεῶν bringt daher schon Michael Ephes. mit dieser Anekdote in richtige Verbindung, Scholia in IV. libr. Arist. de part. Animant. ed. Florent. 1548, f. 80: „ἴσον ἐστὶ τῷ οὐ δεῖ ὥςπερ τοὺς παῖδας φεύγειν τὰ ἡδέα τῶν ζώων, ἀλλὰ προςιέναι τούτοις δὲ τὸ ἐν αὐτοῖς θαυμαστόν· τὸ δὲ περὶ Ἡρακλείτου τοιοῦτον ἐστίν. Ἡράκλειτος ὁ Ἐφέσιος καθήμενος ἔντος — — — — καὶ θερόμενος ἐκέλευσε τοὺς προςιόντας αὐτῷ ξένους εἰσελθεῖν· εἶναι γάρ, φησι, καὶ ἐνταῦθα θεούς· τὸ γὰρ πάντα πλήρη θεῶν Ἡρακλείτειόν ἐστι δόγμα".

fecto ita est: Introite; nam et hic dii sunt"[1]).
Der heraklitische Gedanke dieser Sentenzen ist aber kein
anderer, als der von Plato also wiedergegebene[2]): „μεταβάλλει μὲν τοίνυν πάνθ' ὅσα μετοχά ἐστι ψυχῆς" κτλ. „Alles
prozessiert (schlägt um), was der Seele teilhaftig ist."
    Es dürfte sich also in diesen Stellen zeigen, daß Hera-
klit, da das einemal Seelen genannt wird, was das anderemal wieder Götter und Dämonen, einen systematischen Unterschied zwischen diesen Ausdrücken nicht
festgehalten zu haben scheint. Sieht man näher zu, so
ist dies seiner Philosophie ebenso natürlich als notwendig,
so daß die plutarchische Stelle, insofern sie feste, klas-
sifizierte und bleibende Unterschiede zwischen den
Benennungen Heroen, Dämonen etc. annimmt, nur die
bei den Stoikern vorgegangene Fortbildung heraklitischer
Lehre trifft. Dies ist schon dann wahrscheinlich, wenn
man berücksichtigt, daß die von Plutarch gegebene Ein-
teilung der Vierheit der Elemente entspricht und auf
ihr beruht, während die Umwandlung des Wassers in
Luft nicht Heraklit selbst sondern erst den Stoikern
zukommt.
    Es ist aber auch bei genauer Betrachtung im hera-
klitischen Systeme hierbei etwa nur für folgenden Unterschied Platz: die menschliche Seele, selbst feuriger Natur,
steht im sinnlichen Leibe auf der Stufe des Feuchten
und in beständiger Wechselwirkung mit diesem. Dies ist
ihre Trübung. Durch Ausziehung des feuchten Leibes
erhebt sie sich auf die Stufe, der im Elementarischen
das Feuer entspricht. Aber auch das Feuer als solches
ist, wie sich zeigen wird, schon einzelnes, wenn auch ●

----

[1]) Doch siehe die Bemerkung von Aeg. Menagius zu Diog.
L. VI, 37.
[2]) de Legibus lib. X, p. 957.

reinstes, bestimmtes Sein. Es ist schon eine bestimmte Stufe des realen Prozesses, und somit schon ein verendlichendes und vereinzelndes, wenn auch das relativ angemessenste Dasein des Göttlichen. Über dem Feuer aber steht nur das eine Weise, die intelligible Bewegung des Zeus. Dieses Wesens — was Plutarch l. l. abstrakt die Gottheit nennt — sind die Seelen noch nicht teilhaftig, wenn sie den feuchten Leib ausziehend auf die Stufe des Feuers treten. Jetzt sind sie vielmehr Dämonen, Heroen oder Götter (θεοί). Zwischen diesen drei Benennungen kann bei Heraklit unmöglich ein Unterschied sein. So kann man die zweite Hälfte der plutarchischen Stelle, welche nicht nur mit Früherem sehr übereinstimmt, sondern auch noch an anderen Orten manche Bestätigungen erhalten wird, für Heraklit festhalten, und dennoch die in der ersten Hälfte derselben entwickelten bestimmten Klassifikationen[1]) und Unterschiede bloß auf die Stoiker beziehen. Denn daß ihm die vom Leibe befreite Seele selbst das war, was sonst unter Dämonen, Heroen und Göttern verstanden wurde, daß sie ihm der in die Wirklichkeit des Seins und dadurch in die Endlichkeit geratene Gott war, — dies zeigen seine schon früher betrachteten Fragmente: „Die Menschen sind gestorbene Götter, die Götter gestorbene Menschen,“ Fragmente, welche seine eigentliche und echte Dämonologie enthalten und dartun, daß bei Heraklit, der nicht wie die Stoiker sich an die reflexionsmäßige Vorstellung anlehnte, sondern konsequent an seinem spekulativen Begriffe festhielt, auch hier nur von einer gegensätzlichen und an sich identischen Zweiheit die Rede sein konnte.

---

[1]) Bekanntlich war schon Thales zu einer solchen Klassifikation geschritten, siehe Athenag. Legat. c. 21.

Wohl aber konnte und mußte ihm noch ein anderes
Prinzip des Unterschiedes vorhanden sein, d a s nämlich,
ob eine Seele bloß, wie alle Seelen, ihrer Substanz nach
Werden und Negativität i s t, für sich selbst aber ins
Sein versenkt ist, oder ob sie sich auch als das erfaßt,
was sie ihrer Substanz nach wirklich ist. Diese sich in
ihrer Wahrheit als Prozeß und allgemeines Werden erkennende Seele setzte er als g ö t t l i c h e G e s i n n u n g
u n d E i n s i c h t der menschlichen gegenüber, die ihr Wesen und das Göttliche erkennend, sich und die Außenwelt
für Seiendes und Einzelnes hält.

Bei .der Ethik wird sich auch näher zeigen, wie Heraklit trotz einiger Fragmente, die für sich allein genommen
eine andere Ansicht erwecken könnten, in der Tat aber
nur durch jenes spekulative Sicheinlassen auf den religiös-
dogmatischen Stoff entstanden sind, dennoch wieder die
vollständigste Negation und Auflösung der D ä m o n o -
l o g i e und Religion überhaupt bezeichnet. Hiergegen stehen auch in durchaus keinem Widerspruche die Fragmente,
in welchen er in einer gewissen geheimnisvollen Weise
das bezeichnet, was die Seelen nach dem Tode erwartet.
Vielmehr sind auch diese Sätze im allgemeinen nur konsequente Folgen seines philosophischen Gedankens. So haben
wir ja schon oben (p. 229 sqq.) aus einer Stelle bei
Stobaeus ersehen, wie er das Sein überhaupt als M ü h s a l
(κάματος) u n d W i d e r s p r u c h, das r e i n e von dem
Widerspruch der verharrenden Einzelheit befreite Werden
aber, die ungestörte prozessierende Einheit von Sein und
Nichtsein, als A u s r u h e (ἀνάπαυλα) von dem Kampf des
realen Daseins bezeichnet hat.

Die Seelen also, die, das Sein verlassend, den Weg
nach oben einschlagen. erwartet diese nicht mehr durch
den Trotz des Seins gehemmte Einheit; sie erwartet der

Friede, die reine Harmonie, die Vereinigung mit Zeus[1]), die Wollust der unaufgehaltenen Bewegung, des ungestörten Überganges der identischen Gegensätze und ihres Wandels ineinander. Sie werden jetzt wirklich zu Gott; denn ihre Einzelheit aufgebend gehen sie ein in den allgemeinen absoluten Prozeß, welcher das göttliche Leben konstituiert.

Wüßten die Seelen daher, was sie erwartet, so würde nichts sie zurückhalten in diesem Dasein, das nur Kampf, Widerspruch und Mühsal ist. So sagt uns Plutarch in einem von Stobaeus aufbewahrten Fragment, nachdem er eben von den fleischlichen Fesseln (σαρκίνοις δεσμοῖς) der Seele im Körper gesprochen[2]): „Ἐπεὶ τὴν γε πεισθεῖσαν ὅσα ἀνθρώπους περιμένει τελευτήσαντας, καθ' Ἡράκλειτον, οὐδὲν ἂν κατάσχοι". „Aber die davon, was die Menschen nach dem Tode erwartet, überzeugte (Seele) würde nichts zurückhalten, nach Heraklit." Denn es ist wahrscheinlich, daß auch die Worte οὐδὲν ἂν κατ., wie die ganze Stelle, auf indirekter Anführung aus Heraklit beruhen. Das Fragment selbst in direkter Anführung, auf welchem der Vordersatz dieser Stelle beruht, hat uns Clemens[3]) erhalten: „Ἀνθρώπους μένει ἀποθανόντας ἄσσα οὐκ ἔλπονται οὐδὲ δοκέουσιν".„Die Menschen erwartet, wenn sie gestorben sind, was sie nicht hoffen und glauben," ein Ausspruch, für welchen, denselben mit der unechten Abänderung des ἄσσα in ὅσα anführend, Theodoret[4]) ihm reichliches Lob spendet: „ἐκεῖνο δὲ τοῦ Ἡρακλείτου μάλα θαυμάζω, ὅτι μένει τοὺς ἀνθρώπους ὅσα οὐκ ἔλπονται οὐδὲ δοκέουσιν".

---

[1]) cf. § 5.
[2]) Plut. de S. N. V. p. 147, Wytt. ed. Leyden.
[3]) Strom. IV, c. 22, p. 228, Sylb., p. 630, P.
[4]) Graec. affect. cur. Disp. VIII, T. IV, p. 913, ed. Hal.

Auf dieses den Menschen die Einkehr in die reine Bewegung und in den Prozeß des göttlichen Lebens verheißende, ihnen das Glück eines mit seinem inneren absoluten Begriff auch in seiner Form absolut übereinstimmenden Zustandes in so geheimnisvoller Weise verkündende Diktum hatte sich auch Clemens in der oben p. 393 sqq. angeführten Stelle bezogen, wo er dieses rätselhafte „Was", das die Menschen, wenn sie sterben, erwartet, also verdolmetscht: „Diesen weissagt er das Feuer"; allerdings dem Sinne nach Heraklit arg mißverstehend; aber den Worten nach nicht unrichtig. Denn das Feuer ist ja Heraklit eben nur das B i l d und die angemessene Realität des reinen Prozesses; es bedeutet ihm die Rückkehr der Seele in Feuer, soll somit, wie die ἀνάπαυλα, entweder ihre Einkehr oder die dämonische Vorstufe dieser Einkehr in die reine unaufgehaltene Bewegung vorstellen. Clemens freilich versteht es nur als Strafe. In der Tat ist es weder als solche, noch selbst als Belohnung zu verstehen. Es ist vielmehr ganz objektiv bloß: r e i n e B e w e g u n g, Rückgang in den ungehemmten Prozeß des reinen Werdens.

Allerdings hat diese Heraklit als ungetrübtes Glück und Wollust bezeichnet und zwar aus einem sehr philosophischen Grunde.

Denn auch von Glück und Unglück hatte Heraklit bereits den wahrhaften philosophischen Grundbegriff formal erfaßt. Glück war ihm, wie bereits angedeutet und wie (vgl. bei der Ethik) schwerlich geleugnet werden könnte, die Übereinstimmung eines Zustandes mit dem inneren Begriffe desselben — Unglück nur der Widerspruch zwischen Ansichsein und Sein, potentia und actus. Da ihm nun alles einzelne Dasein nur daseiendes W e r d e n war, also das Werden gesetzt in der ihm prinzipiell widersprechenden Form als Seiendes, da also das Existierende ihm

überhaupt nur dadurch zustande kam, daß das Unendliche
(das Werden) in sich selbst widersprechender Form als
Endliches gesetzt wird (vgl. oben p. 182 sqq., 210—224,
229 sqq.), so war ihm von vornherein j e d e s E i n z e l -
d a s e i n in diesen W i d e r s p r u c h zwischen innerem Begriff und äußerer Existenz verfallen, der ihm auch den
Begriff des U n g l ü c k e s bildete, während ihm dagegen
das Aufheben des Einzeldaseins, durch welches das bis
dahin als seiend vorhandene Werden in seine Gleichheit
mit sich zurückkehrt, als Ü b e r e i n s t i m m u n g von Begriff und Existenzform, und somit als Glück gelten mußte.
Daher jene Perhorreszierung, die er der ganzen Sphäre
des Daseins entgegensetzte. D a h e r jene Erzählungen
von seiner Misanthropie und seiner Beklagung alles Daseins [1]. D i e s bei den Griechen die hauptsächlichste Ge-

---

[1] Daß wirklich jene spekulative Auffassung des Daseins
und nicht seine angebliche Lehre vom Weltbrand (siehe Lucian
und Schleiermacher p. 460), die Quelle der Erzählung von der
angeblichen Schwermut des Ephesiers wurde und wie beides
zusammenhängt, zeigt sich am besten in der Stelle des Plutarch, Terrestr. an aquat. p. 964, E., p. 913, Wytt. ἐπεὶ τό γε
μὴ πάντα πᾶσι καθαρεύειν ἀδικίας τὸν ἄνθρωπον οὕτω τὰ
ζῷα μεταχειριζόμενον, Ἐμπεδοκλῆς καὶ Ἡράκλειτος ὡς ἀληθὲς
προςδέχονται, πολλάκις ὀδυρόμενοι καὶ λοιδοροῦντες
τὴν φύσιν, ὡς ἀνάγκην καὶ πόλεμον οὖσαν ἀμιγὲς δὲ
μηδὲν μηδὲ εἰλικρινὲς ἔχουσαν, ἀλλὰ διὰ πολλῶν
καὶ ἀδίκων πάθων περαινομένην κτλ. Die Gerüchte von
der Schwermut des Mannes sind daher auch durchaus nicht
so sehr spät ersonnen, wie Schleiermacher a. and. O. meint.
Man kann für die Entstehung derselben sogar eine platonische
Stelle anführen, die, ohne Heraklit zu nennen, sich dennoch
offenbar nur auf ihn bezieht, Phaedo p. 90, p. 552, ed. Ast.
(s. diese oben p. 165). In den letzten Worten derselben, daß
das Seiende der Wahrheit und Erkenntnis beraubt sei, wirft
Plato freilich die Lehre Heraklits und die erst von den hera-

dankenquelle jener Anschauung von der Vorzüglichkeit des Todes gegen das Leben, die von Dichtern verherrlicht, von der sokratischen Philosophie adoptiert und in dem berühmten Schlusse der Apologie ausgesprochen eine so reiche Literatur bei den Alten gehabt hat. D a h e r auch die Namen, die Heraklit bei Diog. L. u. a. dem zum Sein führenden Wege, dem Wege nach unten, gibt: K r i e g u n d M ü h s a l (πόλεμος, κάματος), und die Bezeichnungen: F r i e d e und Ü b e r e i n s t i m m u n g m i t s i c h s e l b s t (ὁμολογία und εἰρήνη) für den Weg nach oben; d a h e r auch jener Ausspruch (s. p. 229 sqq.), daß die reine Bewegung E r h o l u n g (ἀνάπαυλα) sei. Denn diese besteht ihm nicht in der Ruhe, im sinnlichen Sein, sondern vielmehr im Wegfall jenes W i d e r s p r u c h e s zwischen Bewegung und Verharren, zwischen dem prozessierenden Umschlagen in den Gegensatz und dem sich erhaltenden Dasein, ein Widerspruch, der Los und Existenz alles Einzelnen bildet.

Vom philosophischen Gedankenstandpunkt Heraklits aus mußte sich also der Tod als Glück und Erholung bestimmen; allein vom Standpunkt des an sich selbst festhaltenden einzelnen Lebens aus ist diese Erholung doch nur die ihm Gewalt antuende Negation und Strafe. Und das ist nicht nur eine Reflexion, die w i r anstellen, sondern die auch Heraklit selbst angestellt hat. Denn dieselbe Aufhebung des Einzelnen, die er für Erholung und Friede erklärt,

klitischen Sophisten aus ihr gezogenen Konsequenzen durcheinander; aus jenem μισῶν τε καὶ λοιδορῶν τοὺς λόγους aber mußte sehr bald μισῶν τε καὶ λοιδορῶν τὸν βίον oder τὴν φύσιν, wie bei Plutarch, werden, und mit größerer Konsequenz, denn auch in der platonischen Stelle selbst kömmt ja der Grund des Beklagens, die Haltlosigkeit des Daseins, nicht sowohl den λόγοις (den Reden), sondern diesen nur deshalb, weil eben dem Dasein selbst, zu.

450

hat er als *Δίκη* ausgesprochen, als die rächende und negative Macht gegen das auf sich beharrende Sein und die Unbill seines Lebensegoismus, ganz so wie Anaximander schon vor ihm.

Die bei Clemens und Theodoret angeführten Fragmente sagen also in ihrer rätselhaft und geheimnisvoll klingenden Wendung gar nichts anderes aus, als jene p. 218, 230, aus Jamblichus angeführten Stellen des Stobaeus oder auch als das p. 262 erörterte, wenn auch in stoischer Terminologie gehaltene Zeugnis des Theodoret: „Heraklit sagte, daß die vom Leibe b e f r e i t e n S e e l e n i n d i e S e e l e d e s A l l s r ü c k k e h r e n a l s i n e i n e i h n e n h o m o - g e n e u n d g l e i c h a r t i g e."

Dies ist der wirkliche Gedanke der Sache. Darum ist der Tod als die Rückkehr in die Substanz des allgemeinen Werdens nicht nur Vereinigung des einzelnen mit Gott, sondern geradezu G o t t w e r d u n g des einzelnen; darum sind in jenem Fragment: „d i e G ö t t e r g e s t o r - b e n e M e n s c h e n." Der Unterschied zwischen den Stoikern und Heraklit ist hierin nur der, daß die Stoiker diese Substanz als W e l t s e e l e sich vorstellen und aussprechen, und die gegensätzliche, im logisch-dialektischen Gedankenprozeß bestehende Natur derselben ihnen in den Hintergrund trat, womit dann immer wieder die Annäherung an die Vorstellung eines irgendwie stoffartigen oder transzendenten Eins gegeben war, Heraklit dagegen sie konsequent und spekulativ als das zugleich l o g i s c h - (im o b - j e k t i v e n S i n n e) p h y s i s c h e V e r n u n f t g e s e t z d e r p r o z e s s i e r e n d e n I d e n t i t ä t v o n S e i n u n d N i c h t - s e i n, als den Gedanken des den Begriff des Seins wie des Denkens (dieser ihm noch in u n g e t r e n n t e r Identität stehender Bestimmungen) bildenden d i a l e k t i s c h e n P r o z e s s e s festhielt. —

Am wenigsten entfernen sich daher auch formell die
Stoiker von Heraklit in solchen Aussprüchen, wo sie die
Seele nach dem Tod in den σπερματικὸς λόγος des Weltalls
zurückkehren lassen, d. h. eben in das die Entwicklung der Welt in sich schließende Vernunftgesetz[1]).

Daß jener Bericht des Theodoret von der Einkehr in
die Weltseele in der Tat nichts anderes enthält, als die
in stoischer Terminologie gegebene Explikation dessen,
was in den Bruchstücken bei Clemens und Theodoret „die
Menschen nach ihrem Tode erwartet," zeigt auch die Re-
miniszenz des Marc. Antoninus IV, 46, p. 127, ed. Gatak.
1698, wo er eine ganze Blumenlese heraklitischer Sentenzen zusammendrängt: Ἀεὶ τοῦ Ἡρακλειτείου μεμνῆσθαι
ὅτι γῆς θάνατος ὕδωρ γενέσθαι καὶ ὕδατος θάνατος ἀέρα καὶ
ἀέρος πῦρ· μεμνῆσθαι δὲ καὶ τοῦ ἐπιλανθανομένου ᾗ ἡ ὁδὸς
ἄγει κτλ. „Immer erinnere dich des heraklitischen Dik-
tums, daß der Erde Tod ist Wasser zu werden und des
Wassers Tod ist Luft, und der Luft Tod Feuer zu werden und umgekehrt. Und erinnere dich auch des Verges-
senen „wohin der Weg führt". Nämlich der heraklitische Weg nach oben, auf den hier, wie schon
Gataker gesehen, in sprichwörtlicher Weise angespielt
wird, und den Antonin in seinen physischen Wandlungs-
stufen eben geschildert hat. Der innere Gedankenzusammenhang der Stelle aber ist der, daß, wie es im Naturprozesse der Tod der Erde ist, Wasser, des Wassers

---

[1]) z. B. Marc. Anton. IV, § 14. „— — μᾶλλον δὲ ἀναληφθήσῃ εἰς τὸν λόγον αὐτοῦ τὸν σπερματικὸν κατὰ μεταβολήν". „Du wirst (beim Tod) wieder aufgenommen werden in
den Logos Spermatikos (das vernünftige Entwicklungsgesetz)
nach dem Gesetz der Umwandlung," und ib. VI, 24 u. IV, 21
(s. die nächste Anmerk.).

Luft etc. zu werden, es so der Tod des Menschen sei, Gott zu werden (cf. z. B. die Stelle bei Marc. Anton. II, 12 [1]).

---

[1]) Sie lautet: τοῦτο (der Tod) μέντοι οὐ μόνον φύσεως ἔργον ἐστὶν, ἀλλὰ καὶ συμφέρον αὐτῇ· πῶς ἅπτεται Θεοῦ ἄνθρωπος, καὶ κατὰ τί αὐτοῦ μέρος· καὶ ὅταν πῶς ἔχῃ διακέηται τὸ τοῦ ἀνθρώπου τοῦτο μόριον. Wir glauben, daß die Stelle einer Emendation bedarf. Mericus Casaubonus hatte schon vorgeschlagen zu lesen, ὅταν πως ἔχῃ ἢ διαχέεται, ohne jedoch das διαχέεται weiter zu belegen und durch das ἢ den richtigen Sinn der Stelle verwirrend. Gataker verwirft daher diesen Vorschlag und möchte lesen, entweder καὶ πῶς ἔχῃ ὅταν διΐκηται oder zwar auch καὶ π. ἐ. ὅταν διαχέεται, aber in dem Sinne von: ubi diffusa (anima) et dissipata fuerit, corporis nimirum compage soluta, d. h. also in einem Sinne, der, nach unserer Ansicht, dem richtigen gerade entgegengesetzt ist. Wir glauben vielmehr darauf verweisen zu müssen, daß διαχέεται ein echt heraklitischer Ausdruck gerade für die Bewegung ist, welche den Weg nach unten konstituiert; er bezeichnet ihm, identisch mit dem διαφερόμενον und nur noch in sinnlich-konkreterer, zugleich das Flüssigwerden in sich einschließender Ausdrucksweise, das Auseinandertreten der Einheit des Werdens in seine Momente, wodurch das Sein und das Einzelne zustande kommt. So in dem Fragment bei Clemens. Alex. Strom. V, c. 14, p. 255, Sylb., p. 711, Pott.

In dieser streng heraklitischen Bedeutung gebraucht Marc. Anton. das Wort auch IV, § 21. Er zeigt, daß nach dem Tode der Äther ebensowenig Raum hätte, die Seelen, als die Erde die begrabenen Leiber zu fassen, wenn nicht beide, statt zu verharren, sich umwandelten: „οὕτως αἱ εἰς τὸν ἀέρα μεθιστάμεναι ψυχαὶ ἐπὶ πόσον συμμείνασαι μεταβάλλουσι καὶ χέονται καὶ ἐξάπτονται. εἰς τὸν τῶν ὅλων σπερματικὸν λόγον ἀναλαμβανόμεναι". „So (nämlich wie die Körper in der Erde verwesen) wandeln auch die in die Luft entwichenen Seelen, nachdem sie eine gewisse Zeit ausgedauert, sich um und werden flüssig und entzünden sich, in den

Als Philosoph und Physiker aber zeigt sich auch noch in jenen so geheimnisvoll klingenden Sentenzen Heraklit dadurch, daß er von der religiösen Vorstellungsweise entfernt jene Deifizierung durch den Tod nicht als das besondere Los b e s o n d e r e r Seelen, nämlich der tugendhaften oder edlen oder zum richtigen Erkenntnis des Göttlichen vorgedrungenen, sondern als das allgemeine Schicksal a l l e r , weil der seelischen Substanz betrachtet. „Ἀνϑρώπους μένει τελευτήσαντας“, d i e M e n s c h e n erwartet nach dem Tode etc., sagt er; also a l l e M e n -

---

den Samen von allem bildenden Logos (in das die Entwicklung der Welt in sich einschließende Vernunftgesetz) aufgenommen.“ Man achte darauf, wie in dem μεταβάλλουσι der gemeinschaftliche Begriff der Wandel der Wege nach oben und unten vorausgeschickt wird, der dann in seine beiden Gegensätze zerlegt werd: ἐξάπτεσϑαι, sich entzünden, welches auch bei Heraklit urkundlicher Ausdruck für den Weg nach oben ist und für welches die Stoiker sonst ἐκπυροῦσϑαι zu sagen pflegen (siehe Heraklit bei Clemens. Al. Strom. IV, c. 22, p. 227, Sylb., p. 628, Pott.), und welches daher den strikten Gegensatz (wie in dem eben bezogenen zu ἀποσβεσϑείς) zu διαχέεσϑαι bildet. Ich lese daher mit Gataker in der ersteren Stelle des Marc. Anton.: „καὶ πῶς ἔχῃ ὅταν διαχέεται“ und übersetze, es sei Sache der Vernunft, zu wissen: „wie der Mensch Gott berührt und nach welchem seiner (des Menschen) Teile, und wie sich dieser Teil des Menschen (die Seele) verhält, w e n n e r f l ü s s i g w e r d e n d s i c h i n s D a s e i n a u s s c h ü t t e t “ ; sie, die Seele, ist dann nämlich nach Heraklit, worauf Marc. Anton. hier hinweist, a u ß e r s i c h g e r a t e n und in dem Zustande d e r E n t f r e m d u n g i h r e r s e l b s t .
Es gewinnt dann auch die den Tod preisende Stelle des Antonin ihren richtigen Abschluß, indem er einerseits darauf hinweist, wie durch den Tod die Seele in ihre Einheit mit dem Göttlichen tritt, andererseits darauf, in welchem sich selbst entfremdeten Zustand sich dieses Göttliche im Menschen während seines Lebens befindet. —

schen überhaupt, und es findet sich keine sichere Spur, daß er, jene individuellen Unterschiede des irdischen Lebens über das Leben hinaus erhaltend, aus ihnen einen Unterschied in dem, was die Menschen nach dem Tode erwartet, abgeleitet habe [1]). — Er ist also hierin gleichweit entfernt von den religiösen Vorstellungen der Orphiker, — wenn er auch die Seligkeitsverheißungen derselben auch bei diesen Sprüchen nicht undeutlich im Auge hat, — da die Orphiker das selige Los immer nur den geweihten Seelen, den anderen aber ein Leben im Schlamme verhießen, als andererseits von den mannigfachen Verstandeswidersprüchen, in welche die Stoiker hierin sowohl untereinander, als gegen die wahren Prinzipien gerieten [2]).

---

[1]) Denn das Fragment bei Clemens. Strom. IV, 7, μόροι γὰρ μέζονες μέζονας μοίρας λαγχάνουσι, dem Schleiermacher p. 502 diese im Text von uns verneinte Beziehung unterlegen möchte, dürfte in der Tat eine solche Bedeutung nicht, sondern eine rein ethische haben, wie sich später durch ein anderes von Schleiermacher übersehenes Fragment herausstellen wird.

[2]) So heißt es z. B. bei Diog. L. VII, 156 u. Cicero Tuscul. I, 77, daß die Seelen sich nach dem Tode noch eine Zeitlang erhalten, dann aber untergehen, wie bei Marc. Anton. IV, 21 (ἐπὶ πόσον συμμείνασαι). Nach Cleanthes dagegen dauern, nach Diog. L. VII, 157 die Seelen bis zur Weltverbrennung fort, nach Chrysipp aber dauern bloß die Seelen der Weisen so lange. Ebenso berichtet dies von ihnen Numenius ap. Euseb. praep. Ev. lib. XV, 20: τὴν δὲ ψυχὴν γενητήν τε καὶ φθαρτὴν λέγουσιν· οὐχ εὐθὺς δὲ τοῦ σώματος ἀπαλλαγεῖσαν φθείρεσθαι, ἀλλ’ ἐπιμένειν τινὰς χρόνους καθ’ ἑαυτήν· τὴν μὲν τῶν σπουδαίων μέχρι τῆς εἰς πῦρ ἀναλύσεως τῶν πάντων· τὴν δὲ τῶν ἀφρόνων, πρὸς πόσους τινὰς χρόνους. cf. Dionys. Halic. VIII, p. 530, ed. Sylb. 1691 und die Noten von Gataker zu Marc. Ant. IV, 21 und des Menag. zu Diog. l. l. Dagegen haben bei Marc. Ant. VI, § 24 Alexander der Große und sein

Wohl aber muß hierbei bemerkt werden, daß diesmal die Stoiker den Anstoß zu diesen Widersprüchen untereinander durch Heraklit selbst insofern erhalten haben dürften, als sich, so sehr wir auch unsere vorhergehende Entwicklung als das Wesentliche bei Heraklit festhalten müssen, doch einigen Spuren zufolge in seinem Werke Aussprüche befunden haben müssen, in welchen er, wenn selbst nur scheinbar und nur infolge seiner charakterisierten Darstellungsform, doch in bezug auf das Schicksal der Seelen nach dem Tode wieder in Widerspruch mit sich zu treten schien. Und selbst ein wirklicher Widerspruch seinerseits würde hierbei um so erklärlicher, ja genau genommen, um so unvermeidlicher erscheinen müssen, als, wie wir bei der Lehre vom Erkennen sehen werden, es gerade das Wesen der Seele war, an dem seine sonst so konsequente Philosophie scheiterte, und das ihre Schranke bildete.

Hiermit schließen wir einstweilen die Darstellung der heraklitischen ὁδὸς ἄνω κάτω. Dieser Ausdruck ist dann, natürlich nicht in der streng philosophischen Bedeutung Heraklits, nach der er die prozessierende Identität von Sein und Nichtsein als der an sich identischen unausgesetzt in ihr Gegenteil umschlagenden gegensätzlichen Momente des Werdens ausdrückt, sondern in vielfach übertragenem und trivialisiertem Sinne sprichwörtlich[1]) geworden, wie das so vielen Sätzen Heraklits begegnet ist.

Eseltreiber nur dasselbe Schicksal, in den λόγος σπερματικός zurückgenommen zu werden.

[1]) Plato hält häufig da, wo er diese Formel in einem bildlichen, heraklitische Lehre ironisierenden Sinne gebraucht, selbst noch im Bilde die eigentliche und strenge Bedeutung der ὁδὸς ἄνω κάτω, das Überschlagen ins direkte Gegenteil fest; so z. B. Soph. p. 242, p. 282, Ast. φοβοῦμαι

Wir werden zu dieser ὁδὸς ἄνω κάτω wiederkehren, wenn wir an die Elementarlehre des Ephesiers gehen; d. h. wir werden diese **namentliche Bezeichnung** wiederfinden. Denn in der Tat muß gesagt werden, daß wir uns der Sache nach, so lange wir bei irgend etwas Heraklitischem verweilen, nie von diesem Wege nach oben und unten entfernen.

δὴ τὰ εἰρημένα μήποτε διὰ ταῦτά σοι μανικὸς εἶναι δόξω παραπόδας μεταβαλῶν ἐμαυτὸν ἄνω καὶ κάτω. In dieser Bedeutung: Übergang ins **Gegenteil**, sowohl von den Dingen, als auch von der dem Gegensatz in diesen entsprechenden **Bewegung des Erkennens** gebraucht es, die heraklitische Lehre im Auge habend, Plato, de republ. VI, p. 508, p. 194, ed. Ast.: wenn die Seele schaue ἐς τὸ τῷ σκότῳ κεκραμένον, τὸ γιγνόμενόν τε καὶ ἀπολλύμενον δοξάζει τε καὶ ἀμβλύττει ἄνω καὶ κάτω τὰς δόξας μεταβάλλον κτλ.; in der naheliegenden aber schon abgeleiteten Bedeutung von Untergang führt es uns gleichfalls schon Plato als sprichwörtlich an, Theaet. p. 153, D.: — πάντα χρήματ' ἂν διαφθαρείη καὶ γένοιτ' ἂν τὸ λεγόμενον ἄνω κάτω πάντα; vgl. den Schol. ad. h. l. παροιμία, ἄνω κάτω πάντα, ἐπὶ τῶν τὴν τάξιν μεταστρεφόντων κτλ. und was Bake aus Ruhnken zum Cleomedes (p. 382) zitiert. In dem noch uneigentlicheren Sinne der Veränderung überhaupt bei Plato Phaed. p. 90, D., aus welcher Stelle erst durch die daselbst gezogene Vergleichung ὥςπερ ἐν Εὐρίπῳ sich die gleichfalls sprichwörtlich gebliebene Verbindung dieses Flusses mit dem Diktum (vgl. Wyttenbachs Anmerkung zu Phaedo l. l.) entwickelt zu haben scheint. So braucht Philo die Formel dieses Weges als sprichwörtlich für die Unstetigkeit aller menschlichen Dinge, gerade wie sich so häufig der heraklitische Fluß gebraucht findet: καὶ ὁδός τις ἣ δ' ἐστιν ἄνω καὶ κάτω τῶν ἀνθρωπίνων πραγμάτων, ἀστάτοις καὶ ἀνιδρύτοις χρωμένη συντυχίαις κτλ. (de somno I, p. 644, ed. Mang.). In demselben spiritualistischen Sinne bei Basilius Magnus, de legend. Gent. libr. Orat. ed. Maj. c. XIV, p. 46, cf. Wolf. ad. Lib. Epist. XX, p. 48.

§ 12. Der Fluß.

Es ist für das gesamte Verständnis heraklitischen Philosophierens vorzugsweise erforderlich, die Identität der verschiedenen sinnlichen Formen und Namen, in denen Heraklit seinen Gedanken dargestellt hat, aufzuzeigen, statt diese Formen in ihrer scheinbaren sinnlichen Vielheit zu belassen.

Wenn wir jetzt zu den Sätzen Heraklits vom Flusse und vom Fließen übergehen, so entfernen wir uns durchaus nicht von dem Gedanken der ὁδὸς ἄνω κάτω. Beide drücken nur die Idee des Prozesses aus. Der Fluß ist die Dialektik und Negativität im Raume. Er ist die ὁδὸς ἄνω κάτω, die Einheit des Sein und Nichtsein als räumliche, die Einheit des hier und nicht hier. Es ist wesentlich, daß man bei den heraklitischen Sätzen vom Flusse den Gedanken an die ὁδὸς ἄνω κάτω und die Identität mit diesem Gegenwege festhält, sonst übersieht man, wie dies den Stoikern und ebenso Schleiermacher und seinen Nachfolgern widerfahren ist, daß dem Heraklit der Fluß, wie das Werden, die Einheit und der Kampf des absoluten Gegensatzes von εἶναι καὶ οὐκ εἶναι, Sein und Nichtsein, ist, nimmt ihn für die triviale Kategorie der Veränderung und verflacht so den wirklichen Gedanken Heraklits vollständig. Man kann dann hin und wieder den Worten nach sogar scheinen, einen heraklitischen Satz ganz richtig interpretiert zu haben und doch dabei ganz gründlich irre gegangen sein.

Platon ist dies nicht widerfahren. Er wußte sehr wohl, daß dem Heraklit die ὁδὸς ἄνω κάτω und der πόλεμος mit dem Fluß identisch sei, weshalb wir denn auch mit seinen Worten den Übergang auf dies neue Gebiet machen

wollen. „Immer — sagt er von Heraklit — fließt
alles nach oben und unten," „ὡς οἱ σοφοί φασιν
ἀεὶ γὰρ ἅπαντα ἄνωτε καὶ κάτω ῥεῖ[1]); ganz wie
wir sonst hatten πάντα ἄνω κάτω ἀμειβόμενα, so daß durch
jene platonischen Worte fast nach Art einer mathematischen Gleichung erhellt, wie das Fließen nichts anderes
ist, als das immerwährende Umschlagen des Weges nach
oben und unten. Und noch besser fast lehrt uns Plato die
Identität des Krieges und des Flusses in einem Dialog,
der sich im ganzen hauptsächlich mit Heraklitischem befaßt
und an einer Stelle, wo er sich gerade mit neuem Eifer
auf diese Lehre zurückwendet. Er sagt[2]): „μάχην δ'
εἶναι ἐν τῷ ὄντι εἴπερ ῥεῖ οὐκ ἄλλο τι ἢ τὴν ἐναντίαν
ῥοήν". Also Krieg ist in dem Sein, weil es fließt,
und dieser Krieg ist nichts anderes als der Gegenfluß
(Prozeß). Dieser Krieg und Gegenfluß, der in dem Seienden ist, weil es fließt, ist der Kampf mit dem' dem Sein
entgegengesetzten Faktor, dem Nicht, und da, wie schon
jene beiden Stellen sagen und wir bald in einer Masse
anderer sich direkt auf Heraklit beziehenden sehen werden,
alles Sein unaufhörlich fließt, so gibt es gar kein
bloßes, isoliertes Sein, sondern alles Sein ist zugleich Nichtsein, ist somit, als Einheit und Kampf
des Seins und Nichtseins: Werden, Bewegung,
Fluß. So sagt Plato von Heraklit[3]): „ἐκ δὲ δὴ φορᾶς
τε καὶ κινήσεως καὶ κράσεως πρὸς ἄλληλα γίνεται πάντα, ἃ
δή φαμεν εἶναι, οὐκ ὀρθῶς προσαγορεύοντες· ἔστι μὲν γὰρ
οὐδέποτ᾽ οὐδέν, ἀεὶ δὲ γίγνεται· καὶ περὶ τούτου πάντες
ἑξῆς οἱ σοφοὶ πλὴν Παρμενίδου ξυμφέρεσθον, Πρωταγόρας

---

[1]) Phileb. p. 43, A., p. 248, Stallb.; cf. Proclus in Cratyl.
p. 85, b. ed. Stallb.
[2]) Cratyl. p. 413, E., p. 129, Stallb.
[3]) Theaetet. p. 152, E., p. 77, Stallb.

τε καὶ 'Ηράκλειτος' κτλ. Also: „durch Bewegung und Mischung miteinander wird alles, wovon wir sagen, daß es sei, es mit Unrecht so benennend; denn es ist niemals irgend etwas, sondern wird immer; und hierüber sind alle Weisen der Reihe nach mit Ausnahme des Parmenides einig, Protagoras sowohl als Herakleitos"[1]).

Dieser das Sein bei Heraklit gänzlich ausschließende Ausdruck Platos ist vielleicht der stärkste und schärfste,

---

[1]) Und wie Plato weiß, daß dieser heraklitische **Fluß** mit dem Krieg und dem Weg nach oben und unten, so weiß und zeigt der heilige Gregorius Nyssen. in einer sehr schönen, obwohl immer unberücksichtigt gebliebenen Stelle, daß er mit dem **Feuer** identisch ist, de Anim. et resurr. p. 136, ed. Krabing. *τίς γὰρ οὐκ οἶδεν ὅτι ῥοῇ τινι προςέοικεν ἡ ἀνθρωπίνη φύσις — — τότε τῆς κινήσεως λήγουσα, ὅταν καὶ τοῦ εἶναι παύσηται; κτλ. — — ἡ δὲ ἀλλοίωσις ἕως ἂν ἦ τοῦτο ὃ λέγεται, οὐδέποτε ἐπὶ τοῦ αὐτοῦ μένει· πῶς γὰρ ἂν ἐν ταυτότητι φυλαχθείη τὸ ἀλλοιούμενον; ἀλλ' ὥσπερ τὸ ἐπὶ τῆς θρυαλλίδος πῦρ τῷ μὲν δοκεῖν ἀεὶ τὸ αὐτὸ φαίνεται· τὸ γὰρ συνεχὲς ἀεὶ τῆς κινήσεως ἀδιάσπαστον αὐτὸ καὶ ἡνωμένον πρὸς ἑαυτὸ δείκνυσι· τῇ δὲ ἀληθείᾳ πάντοτε αὐτὸ ἑαυτὸ διαδεχόμενον, οὐδέποτε τὸ αὐτὸ μένει· ἡ γὰρ ἐξελκυσθεῖσα διὰ τῆς θερμότητος ἰκμὰς ὁμοῦ τε ἐξεφλογώθη καὶ εἰς λιγνὺν ἐκκανθεῖσα μετεποιήθη, καὶ ἀεὶ τῇ ἀλλοιωτικῇ δυνάμει ἡ τῆς φλογὸς κίνησις ἐνεργεῖται, εἰς λιγνὺν δι' ἑαυτῆς ἀλλοιοῦσα τὸ ὑποκείμενον· ὥσπερ τοίνυν δὶς κατὰ ταὐτὸν τῆς φλογὸς θίγοντα οὐκ ἔστι τῆς αὐτῆς τὸ δὶς ἅψασθαι· τὸ γὰρ ὀξὺ τῆς ἀλλοιώσεως οὐκ ἀναμένει τὸν ἐκ δευτέρου πάλιν ἐπιθιγγάνοντα, κἂν ὡς τάχιστα τοῦτο ποιῇ· ἀλλ' ἀεὶ καινή τε καὶ πρόςφατός ἐστιν ἡ φλὸξ πάντοτε γεννωμένη καὶ ἀεὶ ἑαυτὴν διαδεχομένη καὶ οὐδέποτε ἐπὶ τοῦ αὐτοῦ μένουσα.* Mit völliger Konsequenz wendet also Gregor das bald folgende heraklitische Diktum vom Flusse auf das Feuer an; beide sind eben nur Darstellungen der Idee des **Prozesses**. (Das Ende der Stelle siehe weiter unten.)

der in dieser Hinsicht zur Charakterisierung heraklitischer Lehre gebraucht werden kann. Und gewiß muß es nach so überaus deutlichen Stellen Platos, denen bald mehrere derselben Art folgen werden, fast unbegreiflich erscheinen, Schleiermacher und seine Nachfolger gegen das „S e i n u n d Z u g l e i c h" (sc. Nichtsein) das, nach ihm, Aristoteles (und auch Plutarch) dem Ephesier „leihen"[1]), und von dem dieser selbst nichts gewußt haben soll, ankämpfen zu sehen! Es ist unmöglich, das Sein und z u - g l e i c h Nichtsein deutlicher und richtiger hervortreten zu lassen, als in der angeführten platonischen Stelle geschieht. Darum nämlich i s t niemals irgend etwas, weil alles immer z u g l e i c h auch sein eigenes N i c h t s e i n ist. Und eben weil alles immer Sein und z u g l e i c h sein eigenes Nichtsein ist, darum w i r d immer alles, denn das W e r d e n (Entstehen wie Vergehen) ist eben d i e Bestimmung, in welcher Sein und Nichtsein in bezug auf ein und dasselbe gleichzeitig g e e i n t sind; so daß, wer gegen jenes Zugleich und Sein und Nichtsein bei Heraklit polemisiert, auch sehr weit davon entfernt ist, das heraklitische Prinzip des W e r d e n s und die heraklitische Bewegung wirklich zu verstehen, wenn er es auch den Worten nach scheint, und konsequenterweise vielmehr auch hiergegen polemisieren müßte. Nach jenem Zeugnisse Platos ist es nicht nur unleugbar, daß bei Heraklit niemals ein Sein ist, das nicht zugleich s e i n e i g e n e s N i c h t s e i n wäre, sondern man kann aus der Stelle ebenso wohl schon die Konsequenz entwickeln, daß bei dieser schlechthinnigen zugleichseienden Identität von Sein und Nichtsein das negative Moment das Sein v e r s c h l u n g e n hat.

---

[1]) Siehe oben p. 50 sqq., p. 166 sqq. etc., Schleiermacher p. 358, 438, 441 etc.

Diese Konsequenz zieht in der Tat so richtig wie scharf Simplicius in Ar. Phys. f. 17, a., aus der heraklitischen Sentenz vom Flusse, indem er nach Aufführung derselben fortfährt: τῇ ἐνδελεχεῖ τοῦ ποταμοῦ ῥοῇ τὴν γένεσιν ἀπεικάζων (sc. Ἡράκλ.) πλέον τὸ μὴ ὂν ἔχουσαν τοῦ ὄντος", Heraklit habe mit „dem unaufhörlichen Fließen des Stromes das Werden verglichen, das mehr Nichtsein als Sein hat." —

Es ist durchaus nicht damit abgetan, zu sagen, das Prinzip Heraklits sei das Werden oder die Bewegung, sondern es handelt sich darum, dieses Werden und diese heraklitische Bewegung als die prozessierende Identität des schlechthin Entgegengesetzten zu wissen, eine Auffassung, die sich, wie wir sahen, gleichmäßig durch Plato, Aristoteles, Plutarch, Simplicius, und, wie wir bald sehen werden, durch alle Kommentatoren des Aristoteles bestätigt.

Nach Vorausschickung jener sich so deutlich explizierenden Stelle Platos ist es evident, daß er auch in anderen diesen Punkt flüchtiger oder mehr bildlich berührenden Ausdrücken nur dasselbe meint. So im Theaetet.[1]): „ὡς τὸ πᾶν κίνησις ἦν καὶ ἄλλο παρὰ τοῦτο οὐδέν", das All sei Bewegung und außer dieser existiere nichts, oder wenn er sagt[2]): „nach Homer und Heraklit werde alles wie Ströme bewegt" (οἷον ῥεύματα κινεῖσθαι πάντα), oder wenn er im Cratylos den Namen der Hestia in der Art dieses Dialoges etymologisierend sagt[3]): „ὅσοι δ' αὖ ὠσίαν, (sc. ἐπωνόμασαν) σχεδόν τι αὖ οὗτοι καθ' Ἡράκλειτον ἂν ἡγοῖντο τὰ ὄντα ἰέναι τε πάντα καὶ μένειν οὐδέν" und an vielen anderen Orten. — Auch Aristoteles läßt es an

[1]) p. 156, a., p. 93, Stallb.
[2]) ib. p. 160, D., p. 110, St.
[3]) Cratyl. p. 401, D., p. 98, St.

Versicherungen über die heraklitische Bewegung, in der allein alles sein Sein habe, nicht fehlen. So außer in schon früher angeführten hierherschlagenden Stellen[1]): ἐν κινήσει δ' εἶναι τὰ ὄντα κἀκεῖνος ᾤετο καὶ οἱ πολλοί" und[2]): „καὶ φασί τινες κινεῖσθαι τῶν ὄντων οὐ τὰ μέν, τὰ δ' οὔ, ἀλλὰ πάντα καὶ ἀεί, ἀλλὰ λανθάνειν τοῦτο τὴν ἡμετέραν αἴσθησιν", einige sagen, von dem Seienden werde nicht das eine bewegt und das andere nicht, s o n d e r n a l l e s u n d i m - m e r , nur entgehe das unserer sinnlichen Wahrnehmung."

Ebenso heißt es in der Metaphysik[3]) von Plato, er sei in seiner Jugend ein Genosse des Cratylos und der heraklitischen Meinungen gewesen, daß alles Sinnliche immer fließe (ὡς ἁπάντων τῶν αἰσθητῶν ἀεὶ ῥεόντων). Und eng sich anschließend an die obige Erklärung des Plato, daß niemals etwas sei, sondern alles nur immer werde, sagt Alexand. Aphrod.[4]): „πάντα συνεχῶς ῥεῖ καὶ ἀεὶ γίνεται, οὐδέποτε δὲ οὐδέν ἐστι καθ' Ἡράκλειτον", „alles fließt beständig und wird immer, niemals aber i s t irgend etwas nach Heraklit." Am schärfsten und richtigsten aber sagt Philoponus[5]) von derselben Lehre: „Alles habe sein

---

1) de anima I, 2, p. 405, cf. Themist. Paraphr. in Phys. f. 67.

2) Phys. Auscult. VIII, c. 3, p. 253.

3) Metaph. I, c. 6, p. 987; wozu Brandis bemerkt, daß die Beschränkung auf das Sinnlich-Wahrnehmbare sich nur auf dasjenige beziehen soll, was Plato von Heraklit aufgenommen habe (vgl. hierüber in § 25). — Dieser Angabe der Metaphysik. in bezug auf Plato widersprechen übrigens nicht nur Proclus in Cratyl. p. 85, ed. Stallb., sondern noch bestimmter Syrian. Comment. in Ar. Metaphys. ed. lat. ab Hi. Bagol. Venet. 1558, p. 58 u. p. 98, b.

4) In Arist. Top. f. 43, welche Stelle Suidas ausschreibt s. v. Vol. I, p. 1168, ed. Bernh.

5) Contra Proclum de mundi aeternit. II. β. ed. Venet. 1535, cur. Vict. Trincavell.

Sein nur in dem Fließen und in der Umwandlung," — — „διὰ τὸ πάντα ἐν ῥύσει τε καὶ μεταβολῇ τὸ
εἶναι ἔχειν καὶ στάσιν καὶ ὅρον εἶναι τῶν αἰσθητῶν οὐδένος"[1]).

Ähnlich Simplicius, ebenfalls wie Plato die bloße Bezeichnung „Sein" verwerfend[2]): „καὶ ὅτε δὲ εἶναι δοκεῖ
τοῦτο, ἐπειδὴ ἐν τῷ γίνεσθαι καὶ φθείρεσθαι τὸ εἶναι ἔχει
μηδέποτε ἐν ταὐτῷ μένον, οὐδὲ τότε ὄν ἂν λέγοιτο κυρίως·
ἀλλὰ γινόμενον καὶ φθειρόμενον διὰ τὴν συνεχῆ ῥοὴν τᾶν
πάντα ἐναλλάσσουσαν, ἣν ᾐνίξατο ὁ ῾Ηράκλειτος". „Und
wenn etwas zu sein scheint, so würde es, da es nur
in dem Entstehen und Vergehen sein Sein hat,
niemals dasselbe bleibend, eigentlich nicht ein Seiendes
zu nennen sein, sondern ein Werdendes und Vergehendes
durch den unaufhörlichen alles umwandelnden Fluß, den
Heraklit gerätselt hat."

Auch Herakleides[3]) sagt an einer Stelle, wo er sehr
viel ohne namentliche Anführung des Ephesiers heraklitisiert hat: ἐπειδὴ ῥύσει τινὶ καὶ ἀεννάῳ κινήσει τὸ πᾶν
οἰκονομεῖται[4]), so daß vollkommen gerechtfertigt erscheinen

---

[1]) Wir finden diese Ausdrucksweise, welche bei Heraklit
noch ein Sein übrig, dieses Sein selbst aber lediglich im
Prozeß und der Umwandlung (ins Gegenteil) bestehen
läßt, deshalb noch richtiger als jenen platonischen Ausdruck,
daß bei Heraklit niemals irgend etwas ist, weil durch jene
Ausdrucksweise zugleich der Unterschied zwischen der noch
streng objektiven Lehre des Ephesiers und den negativen, alles
Sein und deshalb zugleich alle Wissenschaft vom Sein (siehe
die arist. Metaph. a. and. O.) aufhebenden Konsequenzen,
die erst seine Schüler zogen, gewahrt wird.

[2]) In Phys. f. 17, a.

[3]) Alleg. Hom. p. 465, G., p. 140, Schow.

[4]) Vgl. noch Simplic. in Phys. f. 207, b. χρῆται δὲ τῷ
῾Ηρακλείτου λόγῳ τῷ λέγοντι πάντα ῥεῖν καὶ μηδέποτε τὸ αὐτὸ
εἶναι u. ib. f. 293, a.; Philopon. contra Procl. VII, 6, Sextus
Pyrrh. Instit. III, p. 115: τὸν δὲ ῾Ηράκλειτος ὀξείᾳ ποταμοῦ

Urteile, wie die des Ammonius[1]), Heraklit habe gesagt, daß das Seiende auf keine Weise Anteil habe an dem Bestehen *(στάσις)*, oder wie der Pseudo-Plutarch versichert[2]), Heraklit habe Ruhe und Bestehen aus dem All fortgenommen (῾Ηράκλ. ἠρεμίαν μὲν καὶ στάσιν ἐκ τῶν ὅλων ἀνήρει). Denn dasjenige Sein, welches irgendwie des Stillstandes teilhaftig wäre, wäre eben ein solches, von dem das Nichtsein ausgeschlossen, welches somit n u r Seiendes und nicht Werdendes wäre.

Dasselbe versichert uns auch Plato in einer Stelle, an deren Ende er sich sehr einer wörtlichen Zitation nähert[3]): „λέγει που ῾Ηράκλειτος, ὅτι πάντα χωρεῖ καὶ οὐδὲν μένει καὶ ποταμοῦ ῥοῇ ἀπεικάζων τὰ ὄντα λέγει ὡς δὶς εἰς τὸν αὐτὸν ποταμὸν οὐκ ἂν ἐμβαίης", „Heraklit sagt, daß alles in Bewegung ist und nichts verbleibt, und mit dem Fließen eines Stromes das Seiende vergleichend sagt er, d a ß m a n n i c h t z w e i m a l i n d e n s e l b e n S t r o m h i n - e i n s t e i g e n k ö n n e." Ganz so führt dies Diktum auch

---

ῥύσει τὴν εὐκινησίαν τῆς ἡμετέρας ὕλης ἀπεικάζων οὐδὲν ἄρα σῶμα μένει. — Bei Diog. L. IX, 8 ist in dem ῥεῖν τὰ ὅλα ποταμοῦ δίκην wohl nicht nur das ὅλα, sondern wohl auch das δίκην in dieser Verbindung dem Ephesier selbst angehörig, wie wir das δίκην schon so bei der Harmonie des Bogens und der Leier angetroffen haben und diese Kürze für Heraklit paßt. Daß das Diktum in dieser Form sprichwörtlich geworden, zeigt die schon früher angeführte Stelle des Euseb. Orat. de laud. Const. p. 613, ed. Par. — Ganz gut drückt sich endlich der h. Gregorius Nyss., ohne Heraklit zu nennen, darüber aus, de anim. et. resurr. p. 122, ed. Krabing. — — ὡς ἂν μὴ διὰ παντὸς ῥέοι ἡ φύσις ἀεὶ διὰ τῶν ἐπιγινομένων ἐπὶ τὸ πρόσω χεομένη καὶ οὐδέποτε τῆς κινήσεως λήγουσα.

[1]) In libr. de Interpr. f. 4, ed. Venet. 1503.
[2]) Plac. I, 23, p. 558, Wytt. u. Stob. Ecl. Phys. I, p. 396.
[3]) Cratyl. p. 402, A., p. 99, Stallb.

Simplicius an[1]): Für Heraklit und diejenigen, die nach ihm physiologisierten, wäre es, auf den ewigen Fluß des Werdens schauend und darauf, daß niemals etwas i s t, billig zu sagen: ὅτι πάντα ῥεῖ καὶ ὅτι εἰς τὸν αὐτὸν ποταμὸν δὶς οὐκ ἂν ἐμβαίης.

Noch etwas wörtlicher scheint uns Aristoteles dies aufbewahrt zu haben, indem er uns dabei von der bekannten Fortbildung und resp. Übertreibung dieses Satzes durch die Anhänger Heraklits erzählt[2]): „ἐκ γὰρ ταύτης τῆς ὑπολήψεως ἐξήνθησεν ἡ ἀκροτάτη δόξα τῶν εἰρημένων, ἡ τῶν φασκόντων ἡρακλειτίζειν καὶ οἵαν Κράτυλος εἶχεν, ὃς τὸ τελευταῖον οὐδὲν ᾤετο δεῖν λέγειν, ἀλλὰ τὸν δάκτυλον ἐκίνει μόνον καὶ τῷ Ἡρακλείτῳ ἐπετίμα εἰπόντι, ὅτι δὶς τῷ αὐτῷ ποταμῷ οὐκ ἔστιν ἐμβῆναι· αὐτὸς γὰρ ᾤετο οὐδ' ἅπαξ".

„Aus dieser Annahme (weil sie nämlich die ganze Natur in steter Bewegung begriffen sahen, und weil in bezug auf das sich Umändernde nichts Wahres auszusagen sei, weshalb sie gesagt hätten: von dem in allen Teilen durchaus sich Umwandelnden könne nichts Wahres ausgesagt werden) ging hervor die am meisten auf die Spitze gestellte von den genannten Meinungen, die der angeblich[3]) Heraklitisierenden, die auch Cratylos hatte, der z u l e t z t glaubte, man dürfe gar nichts sagen, sondern b l o ß d e n

---

[1]) In Ar. Phys. f. 308, b. — Ebenso ib. f. 17, a. διὰ τοῦ „εἰς τὸν αὐτὸν ποταμὸν δὶς μὴ ἂν ἐβμῆναι" und Plutarch. de S. N. V. p. 559, C., p. 254, Wytt.: ἢ λήσομεν εἰς τὸν Ἡρακλείτειον ἅπαντα πράγματα ποταμὸν ἐμβάλοντες, εἰς ὅν φησι δὶς οὐκ ἐμβῆναι τῷ πάντα κινεῖν καὶ ἑτεροιοῦν τὴν φύσιν μεταβάλλουσαν.

[2]) Metaph. III, c. 5, p. 1010, B.

[3]) Sehr vorsichtig drückt sich die Metaphysik hier aus, indem sie nicht ἡ τῶν ἡρακλειτιζόντων, sondern ἡρακλειτίζειν φασκόντων sagt und so anzudeuten scheint, daß dies eine in der Tat nicht in dem Sinne Heraklits gelegene Konsequenz sei.

Finger bewegte und den Heraklit tadelte, welcher sagte, **daß man nicht zweimal in denselben Fluß hinabsteigen kann;** denn er selbst meinte, **auch nicht einmal.**" Daher scheint uns die Stelle vielleicht ganz in ihrer Ursprünglichkeit mitgeteilt zu sein bei Plutarch[1]): „Ποταμῷ γὰρ οὐκ ἔστιν δὶς ἐμβῆναι τῷ αὐτῷ καθ' Ἡράκλειτον, οὐδὲ θνητῆς οὐσίας δὶς ἅψασθαι[2]) κατὰ ἕξιν·[3]) ἀλλὰ ὀξύτητι καὶ τάχει τῆς μεταβολῆς σκίδνησι καὶ πάλιν συνάγει, μᾶλλον δὲ οὐδὲ πάλιν οὐδὲ ὕστερον ἀλλ' ἅμα συνίσταται καὶ ἀπολείπει καὶ πρόςεισι καὶ ἄπεισι· ὅθεν οὐδ' εἰς τὸ εἶναι περαίνει τὸ γιγνόμενον αὐτῆς τῷ μηδέποτε λήγειν μηδ' ἵστασθαι τὴν γένεσιν" — eine Stelle, die wir schon oben (p. 113—147) ausführlich besprochen und daselbst das ἅμα gegen Schleiermacher geschützt haben, mit der Vermutung, daß Heraklit dafür ἀεί gesagt habe. Jetzt aber ist durch die Reihe der mitgeteilten Zeugnisse, Plato an der Spitze, die Rechtfertigung Plutarchs hoffentlich zur Evidenz gebracht.

[1]) de *Ei* ap. Delph. p. 392, B., p. 605, Wytt.

[2]) In ähnlicher Verallgemeinerung im Cod. Anon. Urbin. Vol. IV, p. 547 der Berliner Ausgabe des Aristoteles: Ἡράκλειτος δὲ οὐκ ἔστιν ἐπὶ τοῦ αὐτοῦ δὶς βάψαι ἔλεγεν, ὁ δὲ Κράτυλος οὐδὲ ἅπαξ.

[3]) Schleiermacher p. 357 will das οὔτε—κατὰ ἕξιν aus folgendem Grunde nicht mehr zu den eigenen Worten des Ephesiers rechnen: „Dieses κατὰ ἕξιν soll darauf deuten, daß die Erinnerung wohl auch nach Heraklit rein wiederholen kann, was die Wahrnehmung gehabt hat und gehört eben deshalb dem Plutarch an." In diesem Sinne übersetzt er auch: „zweimal berührend zu treffen." Doch finden wir diese Unterscheidung, auf die das κατὰ ἕξιν deuten soll, für unsere Stelle durch nichts bewiesen. Wyttenbach übersetzt einfacher und richtiger eodem in statu. Wir würden daher auch kein Bedenken tragen, den an οὔτε hängenden Satz dem Ephesier selbst zu vindizieren, wenn nicht die ganze Ausdrucksweise viel zu abstrakt wäre.

Wenn Plutarch in dem letzten Satze im Sinne Heraklits sagt, daß das werdende Endliche (τὸ γιγνόμενον αὐτῆς sc. θνητῆς οὐσίας) oder das sinnlich Existierende nie zum Sein gelange, weil nie zu überwinden sei das Werden, so haben wir denselben Gedanken soeben in einer Menge von Zeugnissen in d e r Form wiedergefunden, daß das Seiende nur im Werden und der Umwandlung sein Sein habe. Es ist nur dasselbe, was uns Simplicius eben gesagt hat, Heraklit vergleiche mit dem immerwährenden Fließen eines Stromes die Genesis „w e i l   s i e   m e h r N i c h t s e i n a l s S e i n h a b e." Dieser letztere Ausdruck ist aber insofern richtiger als der plutarchische, welcher die γένεσις dem εἶναι entgegensetzt, weil die Genesis nicht mehr bloßer Gegensatz des Sein, sondern schon Totalbegriff des μὴ ὄντος und ὄντος ist.

Was übrigens die von Aristoteles angeführte von Cratylos ausgesprochene Zurechtweisung seines Meisters anbetrifft, daß man nicht nur nicht z w e i m a l, sondern auch nicht e i n m a l in denselben Fluß steigen könne, so muß man sich hüten, wie bisher zu glauben, daß s c h o n h i e r i n eine Übertreibung oder auch nur irgend ein Unterschied des Cratylos und des Heraklit liege. Vielmehr liegt in beidem unterschiedslos nur ein und derselbe Gedanke, und Cratylos macht seinen Meister hierbei nur in der Sprache konsequenter. Denn auch in Heraklits eigenem Sinne verwandelt sich, wenn man näher zusieht, warum man nicht zweimal in denselben Strom steigen könne, das „nicht zweimal" sofort in ein „nicht einmal", wie dies schon aus der Erklärung des Jo. Philopon. richtig erhellt, Proleg. in Categor. in den Berliner Scholien zum Aristoteles p. 35: ὅτι μὲν οὖν κινεῖται τὰ πράγματα καὶ ἀεὶ ἐν ῥοῇ καὶ ἀποῤῥοῇ ἐστί, τούτεστιν ἐν ῥύσει καὶ μεταβολῇ ὀρθῶς ἔφασκον· ὅθεν καί τινος τῶν ἀρχαίων εἰρηκότος, ὅτι εἰς τὸν αὐτὸν ποταμὸν οὐκ ἔστι δὶς ἐμβῆναι καὶ πρὸς τὸν αὐτὸν τόπον, ἔφη πρὸς αὐτὸν ἕτερος τῷ ὄντι ὀξείᾳ τῇ διανοίᾳ, ὡς οὐδ' ἅπαξ· ἅμα γὰρ τῷ καθεῖναι τὸν πόδα ἐρρύη αὐτῷ τὸ ὕδωρ πρὶν εἰς αὐτὸ τὸ λοιπὸν ἐμβῆναι σῶμα[1]) und ebenso Ammon. (in Ar. Categ. f. 3. Venet. Ald. 1503), nachdem er dasselbe Geschichtchen erzählt hat: ὅτι οὐδ' ἅπαξ εἰς τὸν αὐτὸν ποταμὸν ἐμβληθῆναι δυνατόν· πρὶν τὸ ὅλον τὸ σῶμα καταδῦναι πλεῖστον ὕδωρ φθάνει παραρρεῦσαν. „Ehe der ganze Leib noch in den Fluß niedersteige, sei schon das meiste Wasser vorübergeströmt." Diese für den Satz des Cratylos angeführte Begründung würde aber auch Heraklit selbst haben für w a h r und für im Grunde identisch mit dem Gedanken seines eigenen „nicht zwei-mal" gelten lassen müssen. — Die feine aber scharfe

---

[1]) Ähnlich auch in einer bisher, wie die des Philoponus gleichfalls, stets übersehenen Stelle der heilige Gregorius Nyssen., der auch trefflich weiß, wie dieser Fluß nichts an-deres, als den Prozeß der Umwandlung ins Gegenteil darstellt und sich dabei, wenn er Heraklit nicht nennt, dafür hin und wieder heraklitischerer Ausdrücke als die Kommen-tatoren des Aristoteles bedient, de hom. opif. c. 13, initio: „Ἡ ὑλικὴ καὶ ῥοώδης αὕτη τῶν σωμάτων ζωή, πάντοτε διὰ κινήσεως προϊοῦσα ἐν τούτῳ ἔχει τοῦ εἶναι τὴν δύναμιν ἐν τῷ μὴ στῆναί ποτε (vgl. oben Plutarch etc. l. l. u. oben p. 147) τῆς κινήσεως. Καθάπερ δέ τις ποταμὸς κατὰ τὴν ἰδίαν ῥέων ὁρμὴν πλήρη μὲν δείκνυσι τὴν κοιλότητα, δι' ἧς ἂν τύχῃ φερό-μενος, οὐ μὴν ἐν τῷ αὐτῷ ὕδατι περὶ τὸν αὐτὸν ἀεὶ τόπον ὁρᾶται· ἀλλὰ τὸ μὲν ὑπέδραμεν αὐτοῦ, τὸ δὲ ὑπερρύη· οὕτω καὶ τὸ ὑλικὸν τῆς τῇδε ζωῆς διά τινος κινήσεως καὶ ῥοῆς τῇ συνεχείᾳ τῆς τῶν ἐναντίων διαδοχῆς ἀμείβεται, μηδέ-ποτε στῆναι δύνασθαι τῆς μεταβολῆς, ἀλλὰ τῇ δυνάμει (Krab. verbess. nach Handschriften ἀδυναμίᾳ) τοῦ ἀτρεμεῖν (vgl. in der p. 283, 1 angeführten Stelle des Hippokr. das πῦρ οὐδέκοτε ἀτρεμίζον) ἄπαυστον ἔχειν διὰ τῶν ὁμοίων ἐναμει-βομένην τὴν κίνησιν".

Demarkationslinie, die Heraklit von Cratylos und anderen Schülern trennt, ist vielmehr, um die Differenz möglichst in eine Antithese hineinzudrängen, die: daß bei Heraklit die Sache noch so steht, daß bei ihm nur das W a h r e i s t; das U n w a h r e, das Sein als solches, die R u h e, i s t ihm gar nicht (s. die obigen Stellen des Plato und des Simplicius, wo deshalb der Name Sein getadelt wird, wie auch Cratylos in dem nach ihm benannten platonischen Dialog p. 430 und p. 433 gar nicht zugeben will, daß der falsche Name überhaupt nur s e i, cf. Ammon. in libro de Interpr. f. 15), so daß dies die Veranlassung ist zu dem, was Sextus Empiricus und auch Aristoteles angeben, daß nach Heraklit a l l e s w a h r s e i (πάντα ἀλη-θεύειν); bei Cratylos dagegen ist die Konsequenz gezogen, daß, da alles nur im Nichtsein und der Umwandlung sein Sein habe, überhaupt n i c h t s s e i und n i c h t s w a h r s e i (οὐδὲν ἀληθεύειν) cf. oben p. 134 sqq. und § 35 sqq.). Deutlicher wird der Unterschied darin, daß, wie Aristoteles erzählt, Cratylos glaubte, man müsse ü b e r - h a u p t n i c h t s aussagen, weil nämlich alles Sein im Nu wieder vergangen, also keine Aussage das Seiende noch antreffen und mit ihm übereinstimmen und somit wahr sein könne, die wahrste Aussage vielmehr wegen der inzwischen eingetretenen Änderung des Seins unwahr ge-worden sei, weshalb Cratylos bloß den F i n g e r b e - w e g t e, offenbar als die einzige Weise, in der es mög-lich sei, einen Zustand etwa noch zu ereilen. Man sieht, wie merkwürdig hier Heraklits Prinzip, welches die sinn-liche Wahrnehmung aller Wahrheit beraubt und dagegen auf das objektive Wissen des alles allein beherrschenden unsinnlichen Vernunftgesetzes (λόγος, γνώμη) verwiesen hatte, durch seine eigene Dialektik in sein striktes Gegen-teil, in das Prinzip der u n m i t t e l b a r e n s i n n l i c h e n

Gewißheit umschlägt und ebenso andererseits den Übergang zur Sophistik macht. Denn daß mit dem „man könne nichts aussagen" und mit dem Fingerbewegen eben nur zur unmittelbarsten sinnlichen Gewißheit zurückgekehrt und auf jede denkende Betrachtung überhaupt verzichtet ist, ist einleuchtend, weshalb auch Aristoteles diese Heraklitiker mit Recht als solche bezeichnet, mit denen keine Wissenschaft und keine Art von Untersuchung möglich sei. Noch klarer tritt dies aus einem sehr scharfen Zusatz hervor, den der Aphrodisier wohl nicht bloß aus sich heraus macht [1]): οὗτος οὐδὲ λέγειν τι ᾤετο δεῖν, ὡς μηδὲν ὑπομένον τὴν τοῦ λέγοντος κατηγορίαν· φθάνειν γὰρ τὴν φύσιν ὑποκειμένην περὶ ἧς ὁ λόγος, διὰ τὴν συνεχῆ ῥύσιν τὸν περὶ αὐτῆς λεγόμενον λόγον ἀλλοιουμένην καὶ ἄλλην γινομένην, ὡς μὴ εἶναι συμφωνοῦν ποτε αὐτῇ τὸ λεγόμενον περὶ αὐτῆς. ἠξίου δὲ τῷ δακτύλῳ δεικνύναι τὸ ὑποκείμενον μόνον, μὴ λέγοντά τι λίθον ἢ ξύλον ἢ χρυσὸν ἢ ἄλλο· ταῦτα μὲν γὰρ οὐχ ὑπομένειν διὰ τὴν ἀλλοίωσιν καὶ τὴν κατ᾽ οὐσίαν μεταβολήν, τὸ μέντοι δεικνύμενον τῷ δακτύλῳ εἶναι τοῦτο ὅτι ποτὲ καὶ τύψοι ὃν ὅτε δείκνυται. Man könne also nicht sagen, ob etwas Stein oder Holz oder Gold sei. Denn diese Qualifikationen des Seins hätten keine Dauer vermöge der beständigen Umwandlungen; „nur was man mit dem Finger zeige, sei das, was man vielleicht noch als seiend anträfe, indem man es zeigt." — Da aber mit dieser dialektischen Konsequenz des Cratylos der Gedanke sowohl zur Verflüchtigung alles Objektiven als zugleich zur Verneinung jeder sinnlichen Bestimmtheit gekommen war, so war dies auch die Seite, an welche die Skeptiker anknüpfen konnten, oder vielmehr

---

[1]) Comm. in Metaph. Vol. IV, p. 670 der Berl. Ausg. d. Arist.

welche sich selbst zur Skepsis entwickeln mußte, wie denn diesen innerlichen Zusammenhang nicht übel Ammonius hervorhebt, indem er fortfährt (in Ar. Categ. I, I)[1]): „also (vorüberrauschend wie die Gewässer des Stromes) verhalte sich auch die Natur der Dinge; denn in Bewegung und Fließen hat alles sein Sein, w e s h a l b s i e a u c h S k e p t i k e r genannt wurden, weil sie sich der Urteile enthielten über die Dinge." Irrig allerdings ist der äußerliche Zusammenhang der Skeptiker mit Heraklit, den er daselbst angibt. Er läßt nämlich die Sentenz vom Flusse ursprünglich von Pyrrhon herrühren und die Verbesserung in οὐδ' ἅπαξ schreibt er, statt dem Cratylos, dem Heraklit zu, den er einen Schüler des Pyrrhon nennt. Dies verhält sich nun offenbar wohl so, wie Ideler zu Arist. Meteorol. T. I, p. 648 vermutet, daß nämlich die Namen des Heraklit und Pyrrhon von irgend einem Schreiber verwechselt worden seien — so daß hier eigentlich Pyrrhon Schüler des Heraklit genannt werde und eine faktische Anknüpfung der Skeptiker an den heraklitischen Satz vorläge.

Man erinnert sich hierbei, wie der Skeptiker Aenesidem bei Sextus Empirikus[2]) die Skepsis eine Vorschule zu Heraklit nennt, denn nach der Skepsis e r s c h i e n e n die Gegensätze an jedem Dinge, nach Heraklit aber seien sie sogar wirklich in jedem vorhanden.

Der objektive und wirkliche Weg der Geschichte des Gedankens ist freilich der umgekehrte gewesen. Erst mußten die Gegensätze begriffen werden als das reelle Dasein des Objektes wahrhaft konstituierend, ehe die Konsequenz

---

[1]) οὕτω δὲ ἔχειν καὶ τὴν τῶν πραγμάτων φύσιν· ἐν κινήσει γὰρ καὶ ῥοῇ τὸ εἶναι ἔχει ἅπαντα, διὸ καὶ ἐφεκτικοὶ ἐλέγοντο παρὰ τὸ ἐπέχειν τὰς περὶ τῶν πραγμάτων ἀποκρίσεις.

[2]) Pyrrh. Hypoth. I, 210.

eintreten konnte, daß dieser Gegensatz sich zum Widerspruch entwickelte, in den alles Gegenständliche, Bestimmte und Objektive wie in einen Strudel unterging, über den sich allein die bestimmende Tätigkeit des denkenden Subjektes erhob; ein Untergang, in welchem der Geist, wenn er die ganze W e l t des Wahren darin verloren hatte, doch sich den einzigen B o d e n des Wahren, seine freie Innerlichkeit, erst erobert hatte.

Jedenfalls liegt diesen Angaben des Aenesidem und bei Ammonius eine Gedankenwahrheit zugrunde, die nicht so abgefertigt werden darf, wie Schleiermacher tut. —

Daß übrigens Cratylos mit seinem Amendement οὐδ' ἅπαξ zu der heraklitischen Sentenz vom Flusse seinen Meister insoweit durchaus nicht übertreibt, wie man auf Grund jener Stelle der Metaphysik, in derselben nicht genau genug unterscheidend, angenommen hat, zeigt sich auch durch eine andere und noch sicherer in wörtlicher Form auftretende Variation des heraklitischen Satzes, die uns zunächst Herakleides also aufbewahrt hat[1]): „καὶ πάλιν· ποταμοῖς τοῖς αὐτοῖς[2]) ἐμβαίνομέν τε καὶ οὐκ

---

[1]) Alleg. Hom. p. 442, ed. Gal., p. 84, Schow.

[2]) Schleiermachers Vermutung (p. 529), daß zwischen αὐτοῖς und ἐμβαίνομεν ein δίς ausgefallen sei, ist sehr bestimmt abzuweisen; denn zu sagen δὶς ἐμβαίνομέν τε καὶ οὐκ ἐμβαίνομεν wäre offenbar abgeschmackt. Dann genügte weit besser das e i n e mit der Negation gesetzte ἐμβαίνομεν, wie wir es so oft gehabt haben. Allein die antithetische Wiederholung ἐμβ. τε καὶ οὐκ ἐμβαίνομεν ist offenbar viel zu echt heraklitisch und durch die direkte Anführung viel zu verbürgt, um an ihr rühren zu können und zu wollen, was Schleiermacher auch gar nicht vorschlägt. Heraklit hat diese Sentenz, wie andere schon betrachtete, gewiß an verschiedenen Stellen seines Werkes in diesen verschiedenen Variationen ausgesprochen, was ein häufig bei ihm wiederkehrender Zug gewesen zu sein scheint. Denn

ἐμβαίνομεν· εἰμέν τε καὶ οὐκ εἰμέν". „In dieselben Ströme steigen wir hinein und nicht
hinein."

Ehe wir aber die folgenden Worte: „wir sind und
sind nicht" in ihrem Verhältnis zu den ihnen vorhergehenden betrachten, wollen wir das Zitat vom Flusse
einen Schritt weiter verfolgen, was uns von selbst wieder
auf die Stelle des Herakleides zurückführen wird. —
Dieselbe Dialektik des räumlichen Daseins, dieselbe Identität des sinnlichen hier und nicht hier, die in der angeführten Sentenz liegt, hat Heraklit auch im Verfolg derselben in der Form eines realen Grundes ausgedrückt[1]):
„ποταμοῖς γὰρ δὶς τοῖς αὐτοῖς οὐκ ἂν ἐμβαίης, ὥς
φησιν Ἡράκλειτος, ἕτερα γὰρ ἐπιῤῥεῖ ὕδατα", „nicht
kann man zweimal in dieselben Flüsse steigen, wie Heraklit sagt, denn andere Wasser strömen hinzu." Diesen von Heraklit selbst angegebenen
realen Grund hat uns in noch wörtlicherer Weise und
mit einer sehr ausdrücklichen Anführung Eusebius[2]) in
einer lehrreichen Stelle aus Kleanthes aufbewahrt; der
Grund wird aber in derselben nicht sowohl als Grund eingeleitet, sondern in echt heraklitischer Weise unmittelbar
der Schilderung einverleibt: „— — Ἡράκλειτος — — —
λέγων οὕτως· „ποταμοῖσι τοῖσιν αὐτοῖσιν ἐμβαίνουσιν

wörtlich ein und dieselbe mit den bei Plutarch und Aristoteles
zitierten Stellen würde die Sentenz ja auch selbst mit der
Schleiermacherschen Vermutung noch nicht sein, und man müßte
noch immer zwei verschiedene Lesarten derselben bei Heraklit
annehmen, wie ja auch Schleiermacher selbst drei Fragmente
(Fragment 20 u. 21 u. Fragment 72; p. 357 sqq. u. 529)
aufführt.

[1]) Plutarch. quaest. nat. p. 912, p. 685, Wyttenb.
[2]) Praepar. Evang. XV, c. 2, p. 821, ed. Par.

474

ἕτερα καὶ ἕτερα ὕδατα ἐπιρρεῖ", „Heraklit — — der
also sagt: „Den in dieselben Flüsse Hinein-
steigenden strömten andere und andere Wasser zu." Wir nennen die Stelle besonders lehrreich, und
zwar um ihres Zusammenhanges willen, obwohl diesen,
merkwürdig genug, Schleiermacher gerade tadelt und unrichtig findet (p. 359). Er ist aber folgender: Zeno, berichtet Eusebius aus Kleanthes, nenne gleichfalls die Seele
eine ἀναθυμίασις, „καθάπερ Ἡράκλειτος, βουλόμενος γὰρ
ἐμφανίσαι ὅτι αἱ ψυχαὶ ἀναθυμιώμεναι νοεραὶ ἀεὶ
γίγνονται, εἴκασεν αὐτὰς τοῖς ποταμοῖς λέγων οὕτως κτλ.
(folgt das Fragment) „wie Heraklit, welcher, um klar
zu machen, daß die Seelen prozessierend[1]) immer
vernünftig werden, sie mit Flüssen verglich, also sagend:
etc." Dieser dem Heraklit hier zugeschriebene Vergleich
der Seele mit Flüssen, so daß, wie letztere nur in dem
immerwährenden Zuströmen immer neuer Gewässer, so auch die Seele nur in der beständigen Vermittlung mit dem Allgemeinen, in der fortwährenden Aufnahme
desselben in sich (ἀναθυμιώμεναι) ihr Dasein habe, dieser
von Schleiermacher als eine unrichtige, unstatthafte und
den Sinn verdunkelnde Zusammendrängung des Bericht-
erstatters angegriffene Vergleich — scheint uns vielmehr
tief in der Philosophie des Ephesiers begründet und selbst
das Richtigste vielleicht zu sein, was uns über seine

---

[1]) Gegen die übliche Übersetzung „einatmend" glauben wir
das ἀναθυμιώμεναι richtiger geradezu mit: prozessierend übersetzen zu können. Wir verweisen hierüber einstweilen auf das
im § 6 Gesagte, sowie auf das im Verlauf und dann bei der
Lehre vom Erkennen und vom Feuer noch Folgende*).

) Man vgl. jetzt das Fragment (p. 249), wo das
ἀλλοιοῦσθαι — θύωμα die Richtigkeit unserer obigen Übersetzung evident bestätigt.

Seele gesagt worden ist. Denn wie dem Fluß[1]) seine
Substanz immer aufs neue, wie ihm immer „andere
und andere Wasser" zuströmen, so ist in dieser indi-
vidualitätslosen Philosophie auch die ψυχή, das Subjekt,
nur das ununterbrochene, selbstlose und noch zu keiner
Reflexion in sich, zu keiner Innerlichkeit als solcher gelangte Zuströmen und Aufnehmen seiner Substanz. Zuvörderst führt uns das auch auf das „wir sind und
sind nicht" in der Stelle des Herakleides zurück.
Schleiermacher wirft (p. 529) über diese Worte die Frage
auf: „Wer kann bei heraklitischer Dunkelheit wissen, ob
sie noch auf ποταμοῖς τοῖς αὐτοῖς zu beziehen sind, oder
für sich allein stehen und im allgemeinen sagen sollen,
daß eben in jener zwiefachen Beziehung auch von uns
gilt, daß wir sind und daß wir nicht sind." — Bis zu
einer überaus hohen Wahrscheinlichkeit läßt sich die Frage
allerdings bringen. Daß bei Herakleides beide Sätze unmittelbar hintereinander stehen, kann nicht einmal für ihre

---

[1]) Wollte man für Schleiermacher gelten lassen, was er
hervorhebt, daß nämlich in dem Fragmente bei Eusebius nicht
den Flüssen selbst, sondern den einsteigenden Menschen das
Wasser zuströmt und deshalb mit Schleiermacher verbessern
wollen εἴκασεν αὐτὰς (sc. τὰς ψυχὰς) τοῖς ἐν τοῖς ποταμοῖς,
so ist dies doch eine inhaltslose und ziemlich wortklauberische
Unterscheidung. Grammatisch bezieht sich das ἐπιῤῥεῖ allerdings auf ἐμβαίνουσιν, relativ aber auf τοῖς ποταμοῖς. Denn
nicht den Subjekten strömt das Wasser zu, die mit ihm in keiner
realen Verbindung stehen, sondern den Flüssen, deren Substanz
es ist, und die Subjekte erfahren nur diese als Bild für die
Natur ihrer eigenen Seele gebrauchte Natur der Flüsse am
besten und handgreiflichsten, wenn sie sich in die Ströme hin-
einbegeben und von ihren Wellen fortgetragen fühlen. — Es
kommt ja auch weniger darauf an, Heraklits Sprache zu tadeln,
wenn hier Grund zu solchem Tadel wäre, als rein aufzufassen,
was er hat sagen wollen.

gleiche örtliche Stellung im Buche des Ephesiers etwas beweisen, weil Herakleides gerade an dieser Stelle m e h - r e r e solche Bruchstücke, die in dem Werke des Ephesiers unzweifelhaft räumlich getrennt waren, zusammenstellt, um Beispiele heraklitischer symbolisierender Dunkelheit zu liefern (eine Absicht, die Herakleides selbst vor seinen Zitaten ausspricht), Beispiele, welche alle gerade darin übereinstimmen, daß sie die strikten Gegensätze unvermittelt als identisch setzen.. — Ferner können die in Rede stehenden Worte in dem Buche Heraklits auch deshalb nicht auf das ἐμβαίνομέν· τε καὶ οὐκ ἐμβ. gefolgt zu sein scheinen, weil, da ja nach den Stellen bei Plutarch und Eusebius Heraklit auch den Grund angegeben hat, weshalb es nicht mehr dieselben Flüsse sind, dieser Grund am schicklichsten wohl unmittelbar nach dem οὐκ ἐμβαίνομεν gefolgt sein dürfte. Wenn es nämlich darauf ankäme, ein Stück Heraklit zu machen, so könnte man vielleicht mit einiger Wahrscheinlichkeit die Seele seines Buches aus den dreien bei Herakleides, Eusebius und Plutarch also zusammensetzen wollen: „ποταμοῖς τοῖς αὐτοῖς ἐμβαίνομέν τε καὶ οὐκ ἐμβαίνομεν· ποταμοῖσιν τοῖσιν αὐτοῖσιν ἐμβαίνουσιν, ἕτερα γὰρ καὶ ἕτερα ὕδατα ἐπιῤῥεῖ“.

Wie dem auch sei, so wird man jedenfalls zugeben müssen, daß die Worte εἰμέν τε καὶ οὐκ εἰμέν nicht mehr wie das ἐμβ. τε καὶ οὐκ ἐμβ. sich auf die Flüsse beziehen können, weil sonst in ihnen nicht nur eine leere und Heraklit nicht wohl zuzutrauende Tautologie, sondern selbst eine a b s c h w ä c h e n d e Tautologie liegen würde. Denn an der jetzt in Rede stehenden Stelle hat ja Heraklit weder sagen wollen, noch dem Texte zufolge gesagt, daß wir nicht zu z w e i getrennten Malen in denselben Fluß hineinsteigen können, sondern diesmal auch in der Sprache weit mehr mit Cratylos übereinstimmend, daß i m M o -

mente des Einsteigens selbst der betreffende
Fluß nicht mit sich selbst identisch bleibe, da andere und
andere Wässer zuströmen [1]). Dann aber ist das εἰμέν τ.
κ. οὐκ εἰμ., wenn es noch auf die Flüsse bezogen werden
soll, ein abschwächender Zusatz und nicht eine Klimax;
denn das εἰμέν bezeichnet dann doch jedenfalls einen Zeit-
moment von längerer Dauer als die ganz momentane Handlung des Einsteigens.

Daß aber endlich die Worte εἰμέν τε καὶ οὐκ εἰμέν
jedenfalls absolut zu fassen sind und nur den gleichen Fluß und die gleiche Einheit des Seins
und zugleich Nichtseins, von den Subjekten,
selbst aussagen sollen, dies lehren ja eben ganz
bestimmt die Worte des Kleanthes (die um so mehr Gewicht haben, als Kleanthes (siehe oben p. 43) ein Bearbeiter des Ephesiers war), Heraklit habe, um klar zu machen,
wie sie prozessierend vernünftig werden, die Seelen
selbst mit Flüssen verglichen. Wie richtig dieser
Vergleich für die Philosophie des Ephesiers ist, ist leicht

[1]) Und diese Auffassung dürfte um so richtiger sein, als
wenn man umgekehrt bei dem ἐμβ. τ. κ. οὐκ. ἐμβ. zwei in der
Zeit getrennte Handlungen unterstellen und das εἰμέν τ. κ.
οὐκ. εἰμ. als Klimax fassen wollte, man 1. dann dadurch,
wenn wir gleichzeitig in denselben Flüssen sind und nicht sind,
doch immer sachlich zu demselben Resultate käme und ˙2˙
wenn bei dem εἰμέν τ. κ. οὐκ. εἰμέν Gleichzeitigkeit·unter-
stellt werden muß, es schon sprachlich erforderlich ist, dieselbe Gleichzeitigkeit auch bei dem „steigen wir ein und nicht
ein" zu unterstellen. Dann zeigt aber auch das Präsens ἐπιῤῥεῖ
in dem begründeten Satze „denn den Einsteigenden fließen andere
und andere Wasser zu," daß die Handlungen des Einsteigens
in den Fluß und des Sich Änderns desselben als gleichzeitige
gedacht sind. Sonst hätte, wenn an ein zweimaliges Einsteigen
zu verschiedenen Zeiten gedacht würde, gesagt werden müssen,
daß inzwischen andere Wasser zugeflossen sind.

zu sehen. Die Subjekte sind in demselben Zu- und Abströmen, in derselben kontinuierlichen Vermittlung von Sein
und Nicht beständig begriffen, wie die Flüsse selbst und
alle Dingheit überhaupt; sie sind selber Flüsse, sind Wellen des beständig fließenden allgemeinen Werdens. Wie
uns z. B. Philopon (oben p. 463—64) sagte: Alle Dinge
bewegen sich und sind immer in Zufluß und Abfluß, so
sagt, mit Kleanthes übereinstimmend und sich eng an Plato
anschließend Ammonius (in Arist. Categ. f. 37); ὡς
μηδὲ τὴν περὶ ἑαυτοῦ φωνὴν ἀναμένειν κατὰ τὸ τῆς ἀειπαθείας
δόγμα, τὸ Ἡρακλείτειον λέγω, οἷον ὁ Σωκράτης ἐν ῥοῇ γὰρ
καὶ ἀποῤῥοῇ τὸ εἶναι ἔχει. Also auch das Subjekt hat
nur „im Zu- und Abfluß sein Sein.“ Aber nicht
bloß jene Stelle des Kleanthes, auch andere Stellen beweisen mit vollständiger Evidenz, daß jener Fluß von
den Subjekten selbst ausgesagt wurde und das
Fließen des Stromes hier nur als ein klarmachender Vergleich für diesen Fluß in den Subjekten dienen
sollte. Dies zeigen schon die wohl ohne allen Zweifel
auf dieses heraklitische Diktum anspielenden und von dieser Auffassung ausgehenden Worte des Aristoteles (Polit.
III, c. 3, p. 127, B.), in denen er die Frage aufwirft, ob
wir „eine Stadt dieselbe nennen, solange ein und dasselbe
Geschlecht sie bewohnt, obgleich immer die einen sterben,
die anderen geboren werden, wie wir auch gewöhnt sind,
Flüsse und Quellen dieselben zu nennen, obgleich immer das eine Wasser zuströmt, das
andere abfließt.“ Entscheidender aber noch ist die
das heraklitische Fragment ausdrücklich aufführende und
interpretierende Stelle des Seneca Ep. LVIII, (T. III,
p. 172, ed. Bip.): Nemo nostrum idem est in senectute
qui fuit juvenis; nemo est mane qui fuit pridie. Corpora nostra rapiuntur fluminum more, quid-

quid vides currit cum tempore, nihil ex his quae vidimus manet. Ego ipse dum loquor mutari ista, mutatus sum. Hoc est quod ait Heraclitus: In idem flumen bis non descendimus. Manet idem fluminis nomen, aqua transmissa est. Hoc in omne manifestius est quam in homine, sed nos quoque non minus velox cursus praetervehit [1]). Und weil wir so nur im Zuströmen des allgemeinen Werdens, im Abströmen unseres eigenen Seins unser Sein haben, so besteht die Weisheit eben darin, zu wissen, daß wir gar nicht sind. Und weil wir nichts Bleibendes sind, können wir uns auch nicht als solches finden und festhalten, sondern wir müssen uns selbst suchen in diesem Zu- und Abfluß des Werdens. Uns so als Nichtseiende zu wissen, uns in diesem Strom des Allgemeinen zu suchen, das eben ist die Weisheit. Diesen Sinn hat denn auch das oft angeführte und fast ebenso oft mißverstandene Diktum Heraklits: „ἐδιζησάμην ἐμεωυτόν.“ „Ich suchte mich selbst" wie hier schon Schleiermacher (p. 530) richtig

---

[1]) cf. Augustin. de Trin. IV, c. 16: quasi fluvio quadam decurrit genus humanum und besonders auch die oben p. 400, 1 angeführte Stelle des Gregorius Nyss. und endlich noch eine andere Stelle desselben, die sich unmittelbar an die p. 392, 2 über die Flamme angeführte anschließt, de anim. et resurr. p. 138, ed. Krab.: τοιοῦτόν τι καὶ περὶ τὴν τοῦ σώματος ἡμῶν φύσιν ἐστι τὸ γὰρ ἐπίῤῥυτον τῆς φύσεως ἡμῶν καὶ τὸ ἀπόῤῥυτον διὰ τῆς ἀλλοιωτικῆς κινήσεως ἀεὶ πορευόμενόν τε καὶ κινούμενον τότε ἵσταται, ὅταν καὶ τῆς ζωῆς ἀποπλήξῃ· ἕως δ' ἂν ἐν τῷ ζήν ᾖ, στάσιν οὐκ ἔχει· ἢ γὰρ πληροῦται, ἢ διαπνέεται, ἢ δι' ἑκατέρων πάντως εἰς ἀεὶ διεξάγεται. Schärfer als die Kommentatoren des Aristoteles zeigt der Kirchenvater auch hier, wie der Fluß ebenso wie die Flamme und das organische Leben nichts anderes ist, als der Prozeß der entgegengesetzten und ununterbrochen in ihr Gegenteil umschlagenden Bewegung (vgl. § 7).

gesehen hat, obgleich es gerade deshalb um so mehr wundern muß, daß er den Vergleich der Seele mit dem Fluß bei Eusebius eine unrichtige Auslegung nennt. — Den Ausspruch selbst führt zuerst an Plutarch [1]): „ὁ δὲ Ἡράκλειτος, ὡς μέγα τι καὶ σεμνὸν διαπεπραγμένος, Ἐδιζησάμην φησιν, ἐμεωυτόν" „Heraklit aber sagt, wie jemand, der etwas Großes und Heiliges vollbracht hat: Ich suche mich selbst." Daß es aber Heraklit eben „wie etwas Großes und Heiliges" gelehrt hat, hätte den Plutarch schon darauf aufmerksam machen sollen, daß es nicht in dem gewöhnlichen und flachen psychologischen Sinne zu nehmen sei, in welchem auch Suidas [2]) den Ausspruch mißverstanden hat: „οὐκοῦν ἀπεικὸς ἦν καὶ τὸν δὲ Πόστουμον λέγειν λόγον ἐκεῖνον, ὅνπερ οὖν Ἡράκλειτος εἶπεν ἐφ᾽ ἑαυτοῦ Ἐμεωυτὸν ἐδιζησάμην". Noch plumper freilich faßt es Diog. L. (IX, 5) auf, als sollte es nämlich seine Autodidaxie besagen: ἤκουσε δὲ οὐδενὸς ἀλλ᾽ αὑτὸν, ἔφη, διζήσασθαι. — Außer diesen drei bereits von Schleiermacher angeführten Stellen findet sich das Diktum noch in mehreren bisher übersehenen [3]), am trefflichsten aber bei Plotin [4]): „τὸ γὰρ αὐτὸ νοεῖν ἐστί τε καὶ εἶναι· καὶ ἡ τῶν ἄνευ ὕλης

---

[1]) Adv. Colot. p. 1118, p. 569, Wytt.

[2]) s. v. Postumus Vol II, P. II, p. 380, ed. Bernh.

[3]) z. B. Julian. orat. VI, adv. Cyn. p. 185, a., ed. Spanh.: Ἡράκλειτος δὲ, ἐδιζησάμην ἐμωυτόν. Hesych I, p. 1084, ed. Ab. ohne Namensanführung: Ἐδίζησα ἐμεωυτόν· ἐζήτησα ἐμαυτόν. Clem. Al. Strom. lib. I. im Anfang: οἱ δὲ αὐτοὶ διζησάμενοι ἑαυτοὺς ἐξευρηκέναι φράττονται. Der würdige Tatian ändert das Diktum in ἐμαυτὸν ἐδιδαξάμην εἴποντα (sc. Ἡρ.) p. 11, ed. Ox. cf. Dio Chrysost. Or. LV, p. 558, T. II, p. 282, Reiske: Ἡράκλειτος δὲ ἔτι γενναιότερον αὐτὸς ἐξευρᾶν (φησι) τὴν τοῦ παντὸς φύσιν, ὁποία τυγχάνει οἶσα; μηδένος διδάξαντος καὶ γενέσθαι παρ᾽ αὐτοῦ σοφός.

[4]) Ennead. V, lib. IX, p. 559, p. 1033, ed. Greuzer.

ἐπιστήμη ταὐτὸν τῷ πράγματι καὶ τὸ „„ἐμαυτὸν ἐδιζησάμην ὡς ἓν τῶν ὄντων"" „denn dasselbe ist Denken und Sein und die Erkenntnis des Immateriellen dasselbe mit dem Tatsächlichen und das „Ich suche mich selbst w i e e i n e s d e r s e i e n d e n D i n g e." Daß das ὡς ἓν τῶν ὄντων der wahrhafte Sinn jenes Spruches ist, man müsse sich ebenso betrachten und suchen wie eins der seienden Dinge, d. h. als e b e n s o w e n i g s e i e n d w i e d i e D i n g h e i t, a l s i n d e m s e l b e n F l u s s e b e g r i f f e n, i n w e l c h e m a l l e s G e g e n s t ä n d l i c h e stets prozessiert, ist bereits klar, und insofern sagt die Stelle nur sehr deutlich, was Schleiermacher bereits ohne sie erkannt hatte. Fraglich ist nur, ob dieser Zusatz dem Heraklit selbst angehört, oder eine treffliche Interpretation des Plotinos ist. Creuzer ad. I. I. neigt sich zu ersterer Annahme. Er hätte dieselbe aber auch, wie es scheint, fast zur Evidenz bringen können. An einer anderen Stelle nämlich, wo Plotin diese selbe Sentenz zwar nicht anführt, aber offenbar auf sie anspielt, scheint er sie gänzlich und zwar in der Weise des Diog. L. mißzuverstehen[1]): ὁ μὲν γὰρ Ἡράκλειτος, ὃς ἡμῖν παρακελεύεται ζητεῖν τοῦτο — — εἰκάζειν ἔδωκεν, ἀμελήσας σαφῆ ἡμῖν ποιῆσαι τὸν λόγον, ὡς δέον ἴσως παρ' αὐτῷ ζητεῖν, ὥσπερ καὶ αὐτὸς ζητήσας εὗρεν. Es würde sich daher schwer annehmen lassen, daß Plotin die Stelle, die er das einemal doch so sehr mißzuverstehen scheint, das anderemal so trefflich interpretiert haben sollte, und man muß daher glauben, daß er das ὡς ἓν τῶν ὄντων an der ersten a. St. nicht aus sich, sondern aus Heraklit selbst, was auch die gleichsam stoßweise Ausführung durch das dem Satze vorgestellte τό zu bestätigen scheint, oder mindestens aus einem trefflichen Kommentator geschöpft habe.

[1]) Ennead. IV, lib. VIII, p. 468, p. 873, Cr.

Demgemäß hat auch Schleiermacher recht zu sagen, daß in der Stelle des Stobaeus[1]): Ἡράκλειτος νέος ὢν πάντων γέγονε σοφώτερος ὅτι ᾔδει ἑαυτὸν μηδὲν εἰδότα die zwei letzten Worte nur eine Verfälschung aus μηδὲν ὄντα seien, so daß Heraklit gesagt haben mag: dadurch, daß er auch sich selbst als nichtseiend gefunden habe, sei ihm erst alle Erkenntnis aufgegangen. Man kann dies noch dadurch belegen, daß bei Diog. L. (IX, 5): καὶ νέος ὢν ἔφασκε μηδὲν εἰδέναι, τέλειος μέντοι γενόμενος πάντα ἐγνωκέναι noch die ed. Froben. statt des μηδὲν εἰδέναι vielmehr μηδὲν εἶναι liest, und wir das εἰδέναι erst einer Konjektur des Stephanus verdanken.

Aber auch platonische Stellen bestätigen dies, z. B. die im Cratyl. p. 440, C., p. 223, St.: „Ob nun dieses sich so verhält, oder aber auf jene Weise wie Heraklit mit den Seinigen und noch viele andere behaupten, möchte nicht leicht sein zu untersuchen, gewiß aber ist es einem Vernunft habenden Menschen nicht angemessen, bloß den Namen (der Dinge) zugewendet sich und seine Seele in Abhängigkeit von ihnen zu begeben und im Vertrauen auf sie und diejenigen, die sie eingeführt, sich so fest darauf zu verlassen, als wisse man etwas Rechtes (διϊσχυρίζεσθαι ὥς τι εἰδότα), und sowohl von sich selbst als von den seienden Dingen eine üble Meinung zu haben (καὶ αὑτοῦ τε καὶ ὄντων καταγιγνώσκειν), als wäre nichts gesund, sondern alles hinfällig wie Töpferware (ὥςπερ κεράμια ῥεῖ), und geradezu zu glauben, daß wie am Katarrh leidende Menschen sich so auch die Dinge verhalten und von Rheuma und Katarrh geplagt werden.“

In dieser Stelle wird also gleichfalls von Plato das „es sei nichts gesund“ und „es flösse alles“ im Sinne

---

[1]) Serm. XXI, p. 177, I, p. 344, ed. Gaisf.

Heraklits ganz ebenso auf die S u b j e k t e selbst als auf die D i n g e (αὐτοῦ τε καὶ ὄντων) bezogen. — Man beachte auch, wie Plato (Phaed. p. 90, C., p. 552, Ast.) d a d u r c h den Heraklit zu seinem Dogma von dem o b - j e k t i v e n Flusse und gegensätzlichen Wandel der Dinge gekommen sein läßt, daß er sich s u b j e k t i v in diesem Fluß befunden, nämlich immer ein andermal anderer Ansicht über die Dinge gewesen wäre und statt nun s i c h die Schuld zu geben, diesen Fluß auf die Dinge übertragen hätte. Hat Heraklit, wie wir aus der Stelle des Stobaeus vermutet haben, gesagt, es sei ihm durch die Erkenntnis, daß er selbst nicht sei (ὅτι ᾔδει ἑαυτὸν μη-- δὲν ὄντα), alle Erkenntnis aufgegangen, indem er auch die Dinge in dem gleichen Flusse gefunden, so ist diese Stelle des Phaedon eine halb ironische, halb zurechtweisende Beziehung auf diesen Satz, wie denn in der Regel hinter der Ironie des Platon ein sehr konkreter und realer Hintergrund zu suchen ist. — Ferner muß man in der zuerst a. St. des Cratylos auch auf das „διϊσχυρίζεσθαι ὥς τι εἰδότα" achten, Heraklit habe sich darauf, als wisse er damit etwas Tüchtiges und Unerschütterliches, besonders viel zu gute getan. Es entspricht ganz der Art, in der uns Plutarch bei Anführung des: „Ich suchte mich selbst" sagt, Heraklit habe es gesagt „wie jemand, der etwas Großes und Heiliges (ὡς μέγα τι καὶ σεμνὸν διαπε- πραγμένος) vollbracht hat." — Jedenfalls ergibt sich auch daraus, wie falsch das μηδὲν εἰδότα bei Stobaeus ist. He- raklit ist es nie eingefallen, zu sagen, daß er nichts wüßte. Jener sokratische Spruch ist ihm gänzlich fremd. Viel- mehr war er, wie die Stellen bei Stobaeus und Diogenes selbst, ferner die bei Dio Chrys. (s. p. 412, 2) und die eben angeführte Schilderung des Platon, auch die Worte des Aristoteles[1]): „Herakleitos baue so fest auf das, was ihm scheine, wie andere auf das, was sie wissen" und noch viele andere[2]) später zu betrachtende Zeugnisse zeigen, durch und durch von dem philosophischen Hochmute des bewußten Wissens erfüllt, nicht d e s Wissens, das dieses und jenes gelehrte Nichts weiß, sondern desjenigen, das erkannt hat

> „was die Welt
> im Innersten zusammenhält."

Frägt man aber, um bei unserem Thema, dem Zu- und Abfluß, in dem die Subjekte begriffen sind, zu bleiben und noch näher auf die Vergleichung der Seele mit Flüssen einzugehen: den Flüssen fließt allerdings ihre Substanz, das Wasser, immer neu zu; was fließt nun aber den Seelen zu? so ist die schon im obigen gegebene Antwort die: e b e n a u c h i h r e S u b s t a n z , d a s a b - s o l u t e r e a l e We r d e n , oder das Allgemeine, der reale Prozeß, in dem alles befindlich, der G o t t , der eben dadurch s t i r b t , weil er dadurch aus seiner allgemeinen Kontinuität mit sich heraus und in die Einzelheit und ihr auf sich Beharrenwollen hineingerät. Die Einzelheit andererseits tritt eben durch dieses Aufnehmen des allgemeinen Werdens aus ihrem Fürsichsein heraus und wird v e r n ü n f t i g .

---

[1]) Eth. Nic. VII, c. 5, p. 1147: ἔνιοι γὰρ πιστεύουσιν οὐδὲν ἧττον, οἷς δοξάζουσιν ἢ ἕτεροι οἷς ἐπίστανται· δηλοῖ δ' Ἡράκλειτος.

[2]) Vgl. einstweilen noch Origen. Philosoph. Vol. I, c. 4, p. 884 de la Rue: Ἡράκλειτος δὲ φυσικὸς φιλόσοφος ὁ Ἐφέσιος. — — ἀγνοίαν τοῦ παντὸς βίου καταγιγνώσκειν καὶ πάντων ἀνθρώπων — — αὐτὸν μὲν γὰρ ἔφασκε τ ὰ π ά ν τ α εἰδέναι τοὺς δὲ ἄλλους ἀνθρώπους οὐδέν. Anderes bei der Lehre vom Erkennen.

---

§ 13. Das περιέχον. Das Allgemeine.

Dieses allgemeine Werden nun, durch dessen Aufnahme in sich auch die Seele vernünftig wird, soll, wie wir in bald anzuführenden Berichten hören werden, Heraklit auch als περιέχον ausgesprochen haben, und zwar wäre ihm dieses nach dem Berichte des Sextus Empirikus mit dem θεῖος λόγος schlechthin identisch gewesen. — Schleiermacher meint, daß es ungewiß bleiben müsse, ob jenes Wort ein eigener Ausdruck Heraklits sei. Uns ist es nicht zweifelhaft, daß derselbe n i c h t Heraklit, sondern nur dessen Kommentatoren seine Stelle in der heraklitischen Philosophie verdankt. Weil derselbe aber jedenfalls schon von frühen und guten Kommentatoren herzurühren scheint, so ist es vor allem erforderlich, zu sehen, was ihm in der heraklitischen Philosophie e n t s p r e c h e n u n d z u g r u n d e l i e g e n k a n n, zumal gerade durch dieses περιέχον die irrigsten Auffassungen und Mißverständnisse bei den Neueren, wie auch in späterer Zeit schon manchmal bei den Alten, veranlaßt und in die heraklitische Philosophie hineingetragen worden sind[1]). Ihren

---

[1]) Es wäre kaum möglich zu sagen, was für der heraklitischen Philosophie d u r c h a u s w i d e r s p r e c h e n d e Mißverständnisse durch dieses περιέχον in sie hineingetragen worden sind, und in welche großen Widersprüche mit sich selbst sogar man sich dabei verwickelt. So sagt ein sehr geachteter Geschichtsschreiber der griechischen Philosophie: „Dieses und nichts anderes spricht sich auch in der schon erwähnten Lehre aus, daß die menschliche Seele ein a b g e r i s s e n e r T e i l (1!) des verständigen U m k r e i s e s d e r W e l t s e i (ist alles Heraklit gar nicht in den Sinn gekommen), welches man g a n z f a l s c h verstehen würde, wenn man es w ö r t l i c h so nähme, als wenn wirklich ein T e i l d e r F e u e r m a s s e a u s d e r o b e r e n R e g i o n (diese besondere Feuerregion existiert gar nicht bei Heraklit; purer Mißverstand, großenteils dem περιέχον

letzten und evidentesten mit der wahren Auffassung der ἀναϑυμίασις innig zusammenhängenden Nachweis wird die Bedeutung des περιέχον erst bei seiner physischen Entwicklung (§ 23) finden. Indes kann auch schon hier ohne

---

entflossen) n i e d e r w ä r t s vom m e n s c h l i c h e n K ö r p e r e i n g e z o g e n w ü r d e." Also so soll man es n i c h t auffassen. Wie aber denn, wenn doch einmal das περιέχον so eine obere Feuergegend ist? Und so sagt derselbe Verfasser daher drei Seiten vorher wörtlich: „daher konnte auch die menschliche Seele als ein von dem Umkreise der Welt ausgewanderter und vom Menschen eingezogener Teil betrachtet werden," und eine Seite darauf: „Und viele andere Vergleichungspunkte bieten sich hier noch dar, von welchen nicht übergangen werden darf, daß, so wie Heraklit die menschliche Seele als e i n e n n i e - d e r w ä r t s g e z o g e n e n T e i l d e s W e l t u m k r e i s e s a n - s a h, ebenso auch sie ihm als ein gestorbener Gott erschien." Sind größere Widersprüche mit sich selbst denkbar? Hier wird die Seele ganz ausdrücklich wieder so verstanden, wie sie nach jener zuerst zitierten Stelle n i c h t verstanden werden soll! Aber auch in dieser ersten Stelle, wie will der Verfasser daselbst, wo er jene Auffassung der Seele als ein Mißverständnis bezeichnet (es ist aber sein e i g e n e s Mißverständnis, das er tadelt, wie man sieht), — wie will er die Sache daselbst verstanden haben? Er fährt unmittelbar nach den zuerst angeführten Worten hierüber Aufschluß gebend, also fort: „Es soll vielmehr dadurch nur angezeigt werden, daß Seele und Himmel innere Gleichartigkeit und inneren Zusammenhang haben, indem e i n T e i l d e s F e u e r s u n d d e s B e w u ß t s e i n s d e r W e l t (11) sich in e i n e r i h m s o n s t f r e m d e n R e g i o n zeigt, auf i r g e n d e i n e W e i s e sich entwickelnd aus dem Wasser oder der Erde, oder, da er selbst nicht ganz reines Feuer ist, auch aus dem Feuer."

Wir müssen gestehen, daß es uns trotz unserer angestrengtesten Bemühungen nicht gelungen ist, diesen Satz wirklich zu verstehen. Aber alles, was wir aus demselben verstanden haben, ist so falsch, daß wir kaum zu sagen vermöchten, w i e falsch es ist.

solche Vorausbeziehung einstweilen hinreichend der Gedanke desselben nachgewiesen, und jene Irrtümer widerlegt werden. — Das περιέχον ist in der heraklitischen Philosophie durchaus nicht so etwas, wie Himmel, Luft etc. Es ist noch viel weniger, wie Schleiermacher es höchst irrig erklärt: „Die äußere vom Erstarrten entfernteste Region." Es ist ebensowenig eine besondere, örtlich getrennte Region, wie es ein besonderer Stoff ist. Wenn Sextus das περιέχον und den θεῖος λόγος als identisch setzt, so hat er in der Hauptsache ganz recht und übersieht nur einen feineren, obwohl durchaus nicht unwesentlichen Gedankenunterschied zwischen beiden. Wenn nämlich der Logos das e i n f a c h e, sich durch alles hindurchziehende G e d a n k e n g e s e t z ist, — so ist das περιέχον der d u r c h diesen Logos bewirkte a l l g e m e i n e r e a l e W e r d e n s - p r o z e ß, i n w e l c h e m d a s U n i v e r s u m s t e t s b e - g r i f f e n i s t.

Der Unterschied zwischen beiden Bestimmungen ist also der, — aber auch n u r der — daß im Logos als i n n e r e E i n h e i t gedacht ist, was im περιέχον als die R e a l i s i e r u n g dieses Gedankengesetzes zum beständigen r e a l a l l g e m e i n e n Prozesse des Weltalls und seiner unablässig in sich übergehenden kreisenden Formen aufgefaßt wird. Wenn der Logos das i d e e l l A l l g e - m e i n e ist, so ist das περιέχον das jenem Gesetze gemäße r e a l a l l g e m e i n e W e r d e n des Weltalls, die sich zur Universalität des Kosmos erschließende p h y s i s c h e Be- wegung jenes Gedankengesetzes. Man kann und muß daher das περιέχον auch für die heraklitische Philosophie mit der späteren Bedeutung des Wortes „das A l l g e m e i n e" (wiewohl in einem unterschiedene Sinne, wie sich zeigen wird) übersetzen.

Wir eilen, dies auf gedoppelte Weise gegen jeden etwaigen Vorwurf der Willkür in Schutz zu nehmen.

Daß Heraklit notwendig dazu kommen mußte, seinen absoluten Begriff, die Einheit von Sein und Nicht, als das „Allgemeine" auszusprechen, liegt auf der Hand. Der Gedanke des Allgemeinen ist gar nichts anderes als der in Harmonie, Krieg, Feuer etc. von ihm ausgesprochene Begriff; er ist die Einheit des Seins und des Negativen, die bestehende i. e. sich im ununterbrochenen Prozesse Dasein gebende Negativität. Das Einzelne ist das Aufsichbeharrenwollen der Existenz. Das Werden aber als das, wodurch alles Sein wahrhaft ist, und welches alle Einzelexistenz durchdringt, ist eben deshalb auch, als das über jede Einzelexistenz Hinausgehende und ihr Negative: das Allgemeine[1]).

Es ist übrigens von selbst ersichtlich, wie sehr diese Auffassung des Allgemeinen von dem Sinne, in welchem seit Aristoteles das περιέχον als Allgemeines gebraucht wird, noch unterschieden ist.

Allein, wenn es auch klar ist, daß Heraklit, weil er zuerst den Gedanken des Negativen erfaßt hat, notwendig dazu gelangen mußte, zuerst die Kategorie des Allgemeinen zu produzieren und als Prinzip auszusprechen, so frägt sich doch noch — falls er nämlich wirklich irgendwo dies Wort (περιέχον) gebraucht hat[2]) — wie er sprach-

---

[1]) Und so hat ja Heraklit auch urkundlich seinen Begriff als das „Allgemeine" ausgesprochen, nicht nur im λόγος, sondern auch direkt als das „ξυνόν"; vgl. das Erkennen und die Ethik.

[2]) τὸ περιέχον als terminus technicus (wie λόγος κτλ.) hat Heraklit ganz gewiß nicht gebraucht. Aber περιέχει ἅπαντα κτλ. könnte er möglicherweise freilich von seinem Prinzip gesagt haben.

lich dazu kommen konnte, gerade die h i e r aufgezeigte
Anschauung des Allgemeinen mit demselben zu verbinden,
und endlich wird es sich um die p o s i t i v e n Beweise
handeln, daß, ob von Heraklit selbst gebraucht oder nicht,
die aufgezeigte Bedeutung wirklich allein diejenige ist,
welche dem περιέχον in der heraklitischen Philosophie
entspricht und den betreffenden Berichten, wenn auch in
mißverstandener Weise, zugrunde liegt. Περιέχειν heißt
allerdings zunächst: umgeben, umfassen, und wie dies die
Ursache davon ist, daß τὸ περιέχον später die Bedeutung
von Atmosphäre und Luft erhielt, so ist diese Übersetzung: „das Umgebende" auch der Grund, weshalb es
Schleiermacher auch bei Heraklit als eine örtlicb-getrennte,
vom Erstarrten entfernteste Region, und Brandis I, p. 170
sich der Wahrheit schon ein wenig mehr nähernd als
„das einschließende reine Weltfeuer" und somit immerhin
als örtlich-ruhender und stofflicher Natur auffassen zu
müssen glaubt. Allein περιέχειν bedeutet auch, ganz wie
περιγίγνομαι: überwinden, überlegen sein. Und diese Bedeutung scheint uns diejenige zu sein, in welcher es für
die heraklitische Philosophie zu fassen, und die in der
Tat geeignet ist, den Begriff des Allgemeinen, wie er
für Heraklit vorhanden war, darzustellen und als aus ihr
abgeleitet erscheinen zu lassen. Das Werden war ihm
das allein Seiende, da alles nur dadurch war, daß es
an ihm teil hatte; andererseits aber war es, zum Unterschiede von seinem D a s e i n als solchem oder der Einzelheit, dasjenige, was auch in dem Nichtsein seiner selbst,
im U n t e r g a n g jedes Einzelnen sich verhielt und i n
d i e s e m N i c h t s e i n s e i n e r s e l b s t gerade sein
e i g e n e s L e b e n s g e s e t z h a t t e. So bestimmte sich
ihm das Werden als das im N i c h t s e i n s e l b s t sich
E r h a l t e n d e, über die sein e i g e n e s D a s e i n bil-

dende Einzelheit dennoch Hinausgehende und von ihr Freie, d. h. es bestimmte sich ihm der Begriff des Allgemeinen folgerecht als das alles Ü b e r w i n d e n d e und Durchdringende.

Es käme nun noch darauf an, durch Belege nachzuweisen, daß das περιέχον wirklich nur, statt der Bedeutung „Umgeben", in diesem dem περιγίγνομαι synonymen Sinne gebraucht ist. Wir beziehen uns in dieser Hinsicht zunächst auf eine Stelle des Aristoteles, wo er von denen spricht, die das Unendliche selbst als Prinzip setzten[1]): ‚‚Von dem Unendlichen aber gibt es keinen Anfang; denn er wäre seine Grenze — — weshalb, wie wir sagen, kein Anfang von diesem, sondern vielmehr es selbst der Anfang des Anderen zu sein scheint „καὶ περιέχειν ἅπαντα καὶ πάντα κυβερνᾶν" (wir übersetzen: und alles [nämlich das Endliche, Bestimmte, das Anfang und Ende hat] zu überwinden[2]) und alles zu leiten scheint), wie diejenigen sagen, welche keine anderen Ursachen außer dem Unendlichen annehmen, wie z. B. den Gedanken oder die Liebe." Denn gleichviel, ob sich die hervorgehobenen Worte nur auf Anaximander beziehen, den Aristoteles allerdings hauptsächlich im Auge hat, oder ob sie auch mit auf Heraklit gehen — was trotz des Satzes ὅσοι μὴ κτλ. und anderer scheinbarer Schwierig-

---

1) Phys. Ausc. III, 4, p. 203.

2) d. h. wir übersetzen wörtlich so, um zu zeigen, aus welcher ursprünglichen Wurzel die Bedeutung des περιέχειν sich entwickelt hat. Dies einmal festgestellt, würden wir übersetzen können: „Alles in sich zu enthalten," ohne von unserer Ansicht dadurch abzugehen. Denn das unbegrenzte und durch nichts ausgeschlossene Unendliche, welches also vor, in und nach jedem Endlichen ist, ist deshalb (nicht aber in dem Sinne eines äußerlich Umgebenden) das, was alles Endliche in sich enthält.

keiten behauptet werden könnte, aber unerörtert gelassen werden mag, — in jedem Falle ist doch aus dieser Stelle die in der Sprache der alten Philosophie innerlich eng zusammenhängende Bedeutung von περιέχειν und κυβερνᾶν und zumal die s y n o n y m e B e d e u t u n g von περιέχειν und περιγίγνεσθαι, die Bedeutung von Ü b e r l e g e n s e i n, Überwinden, d. h. v o r i h m u n d n a c h i h m u n d i n i h m s e i n, a l s o a u c h D u r c h d r i n g e n v o n d e m V e r h ä l t n i s d e s U n e n d l i c h e n o d e r d e s P r i n- z i p e s z u d e m m i t G r e n z e, m i t A n f a n g u n d E n d e b e h a f t e t e n Endlichen und Bestimmten nicht abzuleugnen. Wollte jemand dennoch behaupten, daß an diesem Orte περιέχειν und κυβερνᾶν nicht in diesem Sinne als bloße Modifikationen desselben Begriffes, sondern als zwei ganz verschiedene Begriffe, und περιέχειν auch hier nicht in der explizierten Bedeutung von Überwinden, Über- legen sein etc., sondern von U m g e b e n zu fassen sei, so würde ein solcher zuvörderst vielleicht einen nicht ge- ringen Verstoß gegen die Anaximanderische Philosophie begehen, dessen Urwesen ja durchaus kein Stoffliches war und daher auch nicht als ein alles Umfassendes im r ä u m l i c h e n Sinne betrachtet werden darf. Doch lassen wir das dahingestellt.

Wem aber deshalb mit jener Stelle nicht genügt ist, der wird sich doch durch die treffliche Interpretation ge- nügen lassen müssen, die Simplicius zu jenen Worten περιέχειν ἅπαντα καὶ κυβερνᾶν zu der Stelle des Arist. f. 107 gibt: „εἰ δὲ καὶ περιέχειν ἔλεγον καὶ κυβερνᾶν, οὐδὲν θαυ- μαστόν· τὸ μὲν γὰρ περιέχειν ὑπάρχει τῷ ὑλικῷ αἰτίῳ ὡς διὰ πάντων χωροῦντι, τὸ δὲ κυβερνᾶν, ὡς κατὰ τὴν ἐπιτηδειότητα αὐτοῦ τῶν ἀπ' αὐτοῦ γινομένων" „denn das περιέχειν kommt der stofflichen Ursache zu, w e i l s i e d u r c h a l l e s h i n d u r c h l ä u f t." Simplicius erklärt und rechtfertigt also das περιέχειν bei Anaximander statt mit umgeben geradezu mit: Sich durch alles hindurchziehen, ganz in dem Sinne, in welchem wir eben diesen Begriff aus dem Überlegensein, d. h. aus dem v o r i h m , n a c h i h m u n d i n i h m s e i n des Unendlichen gegen das Seiende abgeleitet haben, und ganz in 'dem Sinne, in welchem wir Heraklit selbst den λόγον διὰ πάντων διήκοντα, d a s s i c h d u r c h a l l e s h i n d u r c h z i e h e n d e Vernunftgesetz, als das absolute Prinzip proklamieren hören werden.

Endlich aber scheint uns von nicht geringer Wichtigkeit für die wahre Bedeutung, welche dem περιέχον der heraklitischen Berichterstatter zugrunde liegt, ein Fragment des Ephesiers selbst, welches im übrigen an seinem Orte näher betrachtet werden wird, aber auch hier, aus dem gedachten Grunde seine Stelle finden muß. Es ist uns dasselbe von Stobaeus aufbewahrt, Serm. Tit. III, p. 48, I, p. 100, Gaisf.: „Τρέφονται γὰρ πάντες οἱ ἀνθρώπινοι νόμοι ὑπὸ ἑνὸς τοῦ θείου· κρατεῖ γὰρ τοσοῦτον, ὁκόσον ἐθέλει καὶ ἐξαρκεῖ πᾶσι καὶ περιγίγνεται". Heraklit spricht hier also gerade von seinem einen Absoluten und Göttlichen und sagt von ihm: „D e n n e s w e r d e n a l l e m e n s c h l i c h e n G e s e t z e genährt v o n d e m e i n e n G ö t t l i c h e n ; d e n n d i e s e s h e r r s c h t , s o v i e l e s w i l l , u n d g e n ü g t a l l e m u n d ü b e r w i n d e t a l l e s." Hier ist also von Heraklit selbst περιγίνεται gerade so zur Bezeichnung seines Unendlichen gebraucht und absolut hingestellt, wie wir sonst bei Sextus und anderen Berichterstattern das περιέχον antreffen. Andere Spuren dieses von Heraklit zur Bezeichnung seines Absoluten gebrauchten und vom Verhältnis desselben zu dem Endlichen hergenommenen Ausdruckes scheinen sich noch bei den römischen Stoikern zu finden, s. Epictet. Diss. I, c. 29, T. I, p. 152, ed.

Schweigh.: Διὰ τοῦτο καὶ ὁ τοῦ Θεοῦ νόμος κράτιστός ἐστι καὶ δικαιότατος· Τὸ κρεῖσσον (hierüber vgl. man aber oben p. 189 sqq.) ἀεὶ περιγινέσθω τοῦ χείρονος (cf. Marc. Ant. VII, § 59), und genau jenem heraklitischen περιγίνεται entsprechend wird in der hippokratischen Stelle (I, p. 639, Kuehne) jenes prinzipielle Feuer (nämlich wie es dort heißt, τὸ θερμότατον καὶ ἰσχυρότατον πῦρ) dasjenige genannt, „was alles überwindet" (ὅπερ πάντων ἐπικρατέεται[1]). Ebenso scheint uns offenbar hierauf hinzuweisen, daß — was wir also nur als eine deutliche Übersetzung jenes heraklitischen περιγίγνεσθαι oder περιέχειν in unserem Sinne auffassen — bei den römischen Schriftstellern superans (nicht amplectens) so häufig als ständiges Beiwort des heraklitisch-stoischen Prinzips und Feuers erscheint, z. B. Lucretius v. 395: quum semel interea fuerit Superantior ignis, ib. v. 408, ignis enim superare potest, cf. ib. v. 384 u. 412. Es muß demnach scheinen, daß nur an Stelle dieses von Heraklit selbst gebrauchten περιγίγνεσθαι das eine synonyme Bedeutung darbietende und in dieser von der alten Philosophie schon von Anaximander, nach den angeführten Stellen des Aristoteles und Simplicius, angewendete περιέχειν schon frühe von den heraklitischen Kommentatoren gesetzt worden ist, worauf es dann von den Späteren auch seiner Bedeutung nach leicht mißverstanden und als ein räumliches aufgefaßt werden konnte.

---

[1]) Vgl. hiermit Marc. Anton. IV, 1, wo die Worte ὥςπερ τὸ πῦρ, ὅταν ἐπικρατῇ τῶν ἐμπιπτόντων ausdrücklich als Vergleich für die Art gebraucht werden, in welcher das in uns herrschende Prinzip (τὸ ἔνδον κυριεῦον) sich zu dem sich zufällig Ereignenden verhält und dieses in sich aufnimmt und zu sich umwandelt.

Wen diese Erklärung der E n t s t e h u n g des περιέχον nicht befriedigt, der wird in § 23 diese Entstehung auch auf eine andere, vielleicht mehr zusagende und sich dennoch an das hier Entwickelte vollkommen anschließende Weise erklärt finden. Soviel wird aber schon durch das Bisherige jedenfalls klar geworden sein, daß die Bedeutung des περιέχον keinesfalls eine örtlich-getrennte oberste Region oder ein besonderer, räumlich umgebender Umkreis ist, sondern daß, was allein diesem Ausdruck für die heraklitische Philosophie in Wahrheit zugrunde liegen kann, nichts anderes ist, als der Gedanke des allgemeinen Prozessierens, dessen ideelles Gesetz der Logos ist, während das περιέχον sich zu diesem gemeinsamen, alles durchwaltenden Logos als die im beständigen prozessierenden Kreislauf des Universums vor sich gehende r e a l e D a r - s t e l l u n g desselben (des Logos) verhält. — Wie wenig das περιέχον irgend eine örtlich-getrennte obere Region etc. ist, das wäre auch schon durch die Stellen des Sextus und die in denselben vorgenommene Identifikation desselben mit dem Logos vollkommen klar. Da der Bericht des Sextus ohnehin mit anderen sich daran knüpfenden bald näher betrachtet werden muß, sei hier einstweilen darauf hinverwiesen. Hier mögen nur folgende, im Verlauf noch zu verstärkende Beweise gegen jene bisher allgemein beliebte örtliche Auffassung des περιέχον als heraklitischen Prinzips ihren Platz finden. Gerade da, wo uns Clemens Alex. zusammenhängend und ausführlich die Naturlehre des Ephesiers beschreibt und seine Darstellung immer in kurzen Zwischenräumen durch die Anführung der besten und echtesten Bruchstücke belegt, die uns über dieselbe — und nirgendswo anders als hier — aufbehalten sind, gerade da also, wo Clemens, wenn jemals, das Werk Heraklits vor sich liegen hat und aus

ihm herauszitiert, sagt er: ὅτι πῦρ ὑπὸ τοῦ διοικοῦντος
λόγου καὶ Θεοῦ τὰ σύμπαντα δι᾽ ἀέρος τρέπεται εἰς ὑγρὸν ὡς
τὸ σπέρμα τῆς διακοσμήσεως, ὃ καλεῖ θάλασσαν· ἐκ δὲ τούτου
αὖθις γίνεται γῆ καὶ οὐρανὸς καὶ τὰ ἐμπεριεχόμενα
(Strom. V, c. 14, p. 711, Pott.).

Es kann diese Stelle überhaupt nicht sehr geneigt zu
der Annahme machen, daß Heraklit sich der Bezeichnung
περιέχον für sein Prinzip bedient habe. Aber jedenfalls
geht aus ihr sehr gut hervor, daß das περιέχον qua räumliche die Welt umschließende Region von Heraklit unmöglich für sein Prinzip gebraucht worden sein kann.
Denn was hier w i r k l i c h als ein solches r ä u m l i c h
U m g e b e n d e s auftritt, der οὐρανὸς (καὶ τὰ ἐμπεριεχόμενα) — das wird in der Stelle selbst, weit entfernt mit
dem Logos identifiziert oder irgend als Prinzip aufgefaßt
zu werden, erst als eine a u s d e r S t u f e d e s F e u c h -
t e n vor sich gehende Entwicklung hingestellt. Noch be-
weisender gegen jede Auffassung des περιέχον als einer
besonderen Region oder eines räumlich Umgebenden in
der heraklitischen Philosophie ist eine merkwürdige Stelle
des Marc. Antoninus. Merkwürdig deshalb, weil er, obgleich er selbst immer das περιέχον wie die Stoiker überhaupt, als das vernünftige Prinzip des Alls und gleichbedeutend mit der Weltseele gebraucht [1]), sich hier sehr
richtig und mit großer Energie gegen jede Auffassung
des Prinzipes (und somit auch des von ihm selbst als
solchen gebrauchten περιέχον) als eines r ä u m l i c h u m -
g e b e n d e n ausspricht. Marc. Antoninus, bei dem wir

---

[1]) z. B. IV, § 39: Ἐν ἀλλοτρίῳ ἡγεμονικῷ κακὸν σὸν οὐχ
ὑφίσταται· οὐδὲ μὲν ἔν τινι τροπῇ καὶ ἑτερώσει τοῦ περιέχοντος. VIII, § 54: — — ἀλλὰ ἤδη καὶ συμφρονεῖν τῷ
περιέχοντι πάντα νοερῷ κτλ. Vgl. die bald folgende
nähere Analyse letzterer Stelle.

nun schon so oft mitten unter allen aus Verflachungen und mißverstehenden Auffassungen Heraklits entstandenen stoischen Vorstellungen und Sätzen, die er mit seiner ganzen Sekte teilt, Spuren einer genaueren Kenntnis Heraklits und eines besseren Verständnisses desselben — dessen Resultate er aber, insofern sie vom stoischen Canon abweichen, nicht festhält — gefunden haben und noch finden werden, sagt VI, § 9: κατὰ τὴν τῶν ὅλων φύσιν ἕκαστα περαίνεται· οὐ γὰρ κατ᾽ ἄλλην γέ τινα φύσιν ἤτοι ἔξωθεν ἐμπεριέχουσαν ἢ ἐμπεριεχομένην ἔνδον ἢ ἔξω ἀπηρτημένην. Also: „nur gemäß der Natur des Alls, i. e. nach dem allgemeinen Naturgesetz, kommt jedes einzelne zustande, nicht aber gemäß irgendeiner anderen (d. h. besonderen) Natur, weder gemäß einer von außen her umgebenden, noch einer innerlich im einzelnen eingeschlossenen (d. h. individuellen Natur), noch einer äußerlich angehängten (d. h. nicht nach zufälliger Einwirkung äußerer Ursachen)." Die allgemeine und eine Natur des Weltalls, das wahrhafte Werdensgesetz, nach dem alles einzelne wird, jener vernünftige, alles durchwaltende Logos, — kurz alles das, was von den Stoikern und den heraklitischen Berichterstattern und von Marc. Antoninus selbst so oft περιέχον genannt wird, sei, sagt hier Marc. Antoninus selbst, nicht als ein äußerlich Umgebendes und Umschließendes zu fassen (und dies kann er doch sogar nur in einem ausdrücklich gegen diese Anschauung des περιέχον gerichteten kritischen Sinne gesagt haben), sondern eben nur als ἡ τῶν ὅλων φύσις, d. h. als das wahrhaft Allgemeine, als der Prozeß, als jenes Werdensgesetz des Alls, welches nach Heraklits eigener Auffassung das Gesetz der prozessierenden Identität von Sein und Nichtsein war.

Wegen dieser nicht geringen Wichtigkeit der Bedeutung, in der das περιέχειν zu nehmen ist, muß noch einmal verweisend auf das περιέχειν ͵ ἅπαντα καὶ πάντα κυβερνᾶν in der früher angeführten Stelle des Aristoteles und den Worten des Simplicius dazu darauf aufmerksam gemacht werden, wie, wenn es von dem περιέχειν zweifelhaft ist, ob es ein eigener Ausdruck des Heraklit war, es dagegen von dem πάντα κυβερνᾶν urkundlich feststeht, daß er es, ganz wie in jener aristotelischen Stelle, von seinem Absoluten gebraucht hat, um das Verhältnis dieses ideellen Gesetzes des Werdens zu den Einzelexistenzen zu schildern. So z. B. in dem erst später zu betrachtenden Fragment bei Diog. Laert. (IX, 1). So ferner in einer kurzen Anführung in einer auch in ihrem Inhalt nach hierher schlagenden Stelle des Plutarch[1]): ἡ δὲ ζῶσα καὶ βλέπουσα καὶ κινήσεως ἀρχὴν ἐξ αὐτῆς ἔχουσα καὶ γνῶσιν οἰκείων καὶ ἀλλοτρίων φύσις ἄλλοθεν ἔσπακεν ἀποῤῥοὴν[2])

---

[1]) de Is. et. Os. p. 382, B., p. 563, Wytt. Mit Recht verbessert Schleiermacher ἄλλοθεν aus ἄλλως τε. Ganz mit Unrecht aber meint er in bezug auf die schon von Markl. vorgeschlagene und auch von Wyttenbach genehmigte Verbesserung ὅτῳ statt ὅπως, sie sei nur annehmbar, wenn man die Worte als plutarchische betrachten wolle; als heraklitische aber betrachtet, sei das ὅπως festzuhalten. Ganz im Gegenteil ist, wie das Fragment bei Diog. L. IX, 1 zeigt, das Vernunftgesetz selbst das, wodurch das All regiert wird; das φρονοῦν ist daher auch durchaus nicht subjektiv, wie Schleiermacher tut (p. 493), aufzufassen und zu übersetzen: „aus dem, in welchem die Erkenntnis ist, wie das Ganze regiert wird,“ sondern objektiv zu nehmen und so wie im Text oder noch besser mit „Vernunftgesetz“ zu übersetzen.

[2]) Zum eindringenden Verständnis dieser ἀποῤῥοή muß man sich jetzt dessen erinnern, was wir oben beim Fluß, besonders p. 479, über die beständige ἀποῤῥοή, in der das Subjekt sich rastlos befindet, gehabt haben; der altertümliche Ausdruck

498

καὶ μοῖραν ἐκ τοῦ φρονοῦντος ὅτῳ κυβερνᾶται τότε σύμπαν, καθ' Ἡράκλειτον[1]). „Die lebende und schauende

ἀποῤῥοή (cf. Bekker. Anecd. gr. T. I, p. 28, ἀποῤῥοὴ σεμνότερον τοῦ ἀπόῤῥοια) dürfte daher wohl hierfür — (wie auch μοῖρα, welches Wort dann nur dasselbe, was ἀποῤῥοή mit einem mehr an die religiöse Vorstellung anlehnenden Ausdruck besagen will) — echt heraklitisch sein, wenigstens ist es durchaus angemessen für die Bezeichnung dessen, was die Seele wahrhaft bei Heraklit ist, nämlich daß sie P r o z e ß ist. cf. Marc. Anton. II, § 4, δεῖ δὲ ἤδη ποτὲ αἰσθέσθαι, τίνος κόσμου μέρος εἶ καὶ τίνος διοικοῦντος τὸν κόσμον ἀπόῤῥοια ὑπέστης, ein Satz, in welchem in sehr richtiger Weise der λόγος διοικῶν τὸ πᾶν, das das All durchwaltende vernünftige Gesetz, mit der ἀπόῤῥοια in Verbindung gesetzt, und wir, resp. die Seele, eine ἀπόῤῥοια dieses λόγος genannt werden, ganz wie in der Textesstelle bei Plutarch eine ἀπόῤῥοια ἐκ τοῦ φρονοῦντος κτλ. Anders verhält es sich dagegen mit dem ἔσπακεν bei Plutarch. Dieser Ausdruck, welchem entsprechend die heraklitische Seele auch wohl ein ἀπόσπασμα, ein a b g e r i s s e n e r Teil des Göttlichen von unbehutsamen und nicht hinreichend unterscheidenden Berichterstattern genannt wurde, infolge der Identität des Sinnes, den beide Ausdrücke für die Vorstellung zu haben scheinen, sowie infolge der Verwechslung mit anderen Philosophen, welche die Seele als solches ἀπόσπασμα des Göttlichen beschrieben (z. B. den Pythagoräern), — dieser Ausdruck ist für die heraklitische Seele ungeeignet und gab noch bis heute zu sehr falschen Auffassungen Veranlassung, wie wir sie z. B. in der oben p. 486, 1 angeführten Stelle finden. Während für Heraklit die Seele nur im beständigen p r o z e s s i e r e n d e n Z u s a m m e n h a n g e m i t d e m A l l g e m e i n e n bestand, somit eine ununterbrochene zu- und abfließende Strömung des G ö t t l i c h e n war und in diesem Sinne vollkommen wohl auch A n t e i l a n d e m s e l b e n habend (μετοχή · sagt Sextus sehr vorsichtig) genannt werden konnte, war sie bei anderen Philosophen, welche weniger als Heraklit die Natur des Spekulativen festzuhalten wußten und der sinnlichen Vorstellung folgten, ein f i x e r a b g e r i s s e n e r T e i l des Göttlichen, Sätze, die durch die ganze Kluft des Gedankens voneinander getrennt sind, ohne daß dies dennoch vor dem Übersehen dieses Unterschiedes bewahren konnte.

[1]) Vgl. das κυβερνᾶν bei dem Heraklitiker oben p. 285 Anm.

und das Prinzip der Bewegung in sich selbst habende und
die Kenntnis des Eigenen und Fremden besitzende Natur
riß von wo andersher an sich einen Abfluß und einen
Anteil aus dem Vernünftigen, durch welches
das All regiert wird, nach Heraklit."
Es ist klar, daß wir jetzt in diesen und ähnlichen Zeugnissen nur die nähere physische und logische Begründung
dessen vor uns sehen, was in einer mehr bildlichen, der
religiösen Seelenlehre sich bedienenden Darstellungsform
in den Fragmenten über die Götter und Menschen gesagt
ist. Wie dort die Menschen gestorbene Götter hießen, so
sind sie hier ein Ausfluß des Vernünftigen, das dadurch
aus seiner Kontinuität mit sich in die Einzelheit gerät.
Dieses Vernünftigen, von welchem die Welt regiert wird,
oder, wie uns Ammonius u. a. eben sagten, des Werdens
ῥοή und ἀποῤῥοή sind wir. In ihm haben wir uns zu suchen.
Was uns Plutarch sagt, daß die lebende, sich selbst be-
wegende und erkennende Natur darin bestehe, daß das
allgemeine φρονοῦν zerrissen, oder wie Sextus sagt, durch
die Trennung von sich selbst unvernünftig wird, gibt also
den systematischen Grund dafür an, warum wir den Tod
der Götter leben, warum der Leib ein Begräbnis der
Seele ist etc. —
Dasselbe, was Plutarch von dem φρονοῦν, sagt uns
nun Sextus Empiricus gleichmäßig von dem περιέχον und
dem ϑεῖος λόγος aus. Wenn uns Philostratus in einer
schon angeführten Stelle (ep. Ap. 18) sagt, daß nach
Heraklit der Mensch als Naturprodukt unvernünftig sei,
so ist dabei noch nicht, der moderneren Vorstellung gemäß, an einen Gegensatz zwischen dem Körper und dem
eigenen Innern des Menschen zu denken, sondern der
Gegensatz ist der zwischen dem Menschen als körper-
lichem Gebilde, als Einzelexistenz, — und dem

500

allgemeinen Prozesse, so daß durch die Teilnahme an diesem Allgemeinen, durch welches die Welt gelenkt wird, der Mensch vernünftig wird. So berichtet uns im wesentlichen ganz richtig Sextus (adv. Math. VIII, 286) καὶ μὴν ῥητῶς ὁ Ἡράκλειτος φησί, τὸ μὴ εἶναι λόγικον τὸν ἄνθρωπον, μόνον δ' ὑπάρχειν φρενῆρες τὸ περιέχον. „Der Mensch sei unvernünftig, vernünftig sei allein das Allgemeine" und ebenso ib. VII, 129: ἀρέσκαι γὰρ τῷ φυσικῷ τὸ περιέχον ἡμᾶς λογικόν τε ὂν καὶ φρενῆρες. In diesem Sinne konnte in der Tat gesagt werden, daß nach Heraklit die Vernunft außerhalb des Körpers sei, wie Sextus nach Aenesidem berichtet (ib. VII, 349) ἀλλ' οἱ μὲν ἐκτὸς τοῦ σώματος (sc. εἶναι τὴν διάνοιαν) ὡς Αἰνησίδημος κατὰ Ἡράκλειτον und Tertullian (de anim. c. 15): ut neque extrinsecus agitari putes principale illud (wie Tertullian also das περιέχον, unsere Auffassung desselben bestätigend, gut übersetzt) secundum Heraclitum. Durch den ununterbrochenen Prozeß, in welchem unser Leben besteht, treten wir aus unserer Einzelheit heraus und werden dieses περιέχον oder des θεῖος λόγος teilhaftig. Durch diese Aufnahme und Vermittlung mit der Außenwelt, welche letztere aber nicht als eine ruhende zu fassen, sondern schlechterdings als der objektivierte Prozeß, als die reale allgemeine μεταβολή festzuhalten ist, werden wir vernünftig. So sagt Sextus (ib. VII, 129) τοῦτον δὴ τὸν θεῖον λόγον καθ' Ἡράκλειτον δί ἀναπνοῆς σπάσαντες νοεροὶ γιγνόμεθα „diesen göttlichen Logos nun nach Heraklit durch das Einatmen in uns aufnehmend werden wir vernünftig." Richtig ist hier alles bis darauf, daß das Aufnehmen des Allgemeinen in das Individuum als Einatmen bestimmt wird. Wenn aber Sextus in diese Ungenauigkeit verfällt, welche die Wurzel eines bedeutenden Irrtums ist, so liefert er doch selbst in den unmittelbar folgenden Sätzen das hinreichende Material zur Erkenntnis und Verbesserung desselben. Er fährt fort „und in dem Schlafe zwar ihn (den θεῖος λόγος) vergessend, sind wir nach dem Erwachen wieder vernünftig. Denn indem im Schlafe die Vermittlungswege der Sinne geschlossen sind (μυσάντων τῶν αἰσθητικῶν πόρων), wird der Geist in uns abgetrennt von seinem Zusammenwachsen mit dem Allgemeinen (χωρίζεται τῆς πρὸς τὸ περιέχον συμφυΐας ὁ ἐν ἡμῖν νοῦς), indem nur noch durch das Einatmen ein Zusammenhang gerettet wird, wie gleichsam durch eine Wurzel; und so getrennt verliert er die Kraft der Erinnerung, die er früher hatte. Im Wachen aber wieder durch die Sinnenwege wie durch Fensteröffnungen herausguckend (ἐν δὲ ἐγρηγορόσι πάλιν διὰ τῶν αἰσθητικῶν πόρων ὥσπερ διά τινων θυρίδων προκύψας[1]) und mit dem Allgemeinen sich vereinigend (τῷ περιέχοντι συμβάλλων) tritt er in seine Fähigkeit zu denken ein." „Gleichwie die Kohlen, fährt Sextus in einem nicht unheraklitischen Bilde fort, wenn

---

[1] Wenn man mit den hervorgehobenen Worten des Sextus die Verse des Lucretius III, 360 vergleicht:

— — oculos nullam rem cernere posse
Sed per eos animam ut foribus spectare reclusis

und ferner, was Sextus ib. VII, 350 von Aenesidem sagt, der sich Heraklit in so vielem anschloß: αὐτὴν (sc. τὴν διάνοιαν) εἶναι τὰς αἰσθήσεις, καθάπερ διά τινων ὀπῶν τῶν αἰσθητηρίων προκύπτουσαν und endlich die Worte des unechten, aber an echt heraklitischen Wendungen und Ausdrücken reichen Briefes Heraklits an Amphidamas: τάχα καὶ ψυχὴ μαντεύεται ἀπόλυσιν ἑαυτῆς, ἤδη ποτέ ἐκ τοῦ δεσμωτηρίου τούτου καὶ σειομένου τοῦ σώματος ἐκκύπτουσα, so muß es gewiß den Anschein gewinnen, daß jenes so naive Bild von dem durch die Sinnenöffnungen, wie durch Fensterchen herausguckenden Geist vom Ephesier selbst herrührt.

sie dem Feuer genaht sind, dem Gesetze der Umänderung gemäß feurig werden, vom Feuer getrennt aber verlöschen, so wird auch der in unseren Leibern sich selbst entfremdete Teil des Allgemeinen (οὔτω καὶ ἡ ἐπιξενωθεῖσα τοῖς ἡμετέροις σώμασιν ἀπὸ τοῦ περιέχοντος μοῖρα) zufolge der Trennung (von diesem) fast unvernünftig, zufolge aber der Vereinigung mit ihm durch die meisten sinnlichen Vermittlungswege mit dem All selbst gleichartig (ὁμοειδὴς τῷ ὅλῳ καθίσταται). Von diesem gemeinsamen und göttlichen Logos (τοῦτον δὴ τὸν κοῖνον λόγον καὶ θεῖον), — durch die Gemeinschaft mit welchem wir auch denkend (λογικοί) werden, — sagt Heraklit, daß er das Kriterium der Wahrheit sei."

Wenn also nach Heraklit im Schlaf die Vermittlung des Subjektes mit dem περιέχον fast aufgehoben, und der Mensch im Schlaf unvernünftig wird, worüber wir noch eigene, sehr schöne und energische an ihrem Ort anzuführende Fragmente des Ephesiers besitzen, — wie kann da gesagt werden, daß wir nach Heraklit durch das Einatmen gerade diesen göttlichen Logos oder das περιέχον in uns einziehen? Denn das Einatmen ist doch gerade die Funktion, welche auch im Schlaf weder aufgehoben noch auch nur gemindert wird. In der dieser irrigen Angabe nachfolgenden näheren Beschreibung stellt aber Sextus, wie wir gesehen, diese Aufnahme des Allgemeinen richtig dar als die Vermittlung des, wie wir bereits wissen, nur im beständigen Sein und Nichtsein, im Zu- und Abfluß des Werdens, d. h. im beständigen Prozeß bestehenden subjektiven Lebens mit der Außenwelt, die ihrerseits ebenso nichts Ruhiges, sondern nur die objektivierte μεταβολή, der ununterbrochene vergegenständlichte allgemeine Prozeß ist.

Vergleicht man also zu dieser Stelle des Sextus die

oben betrachtete des Kleanthes bei Eusebius über Heraklit: ὅτι αἰ ψυχαὶ ἀναθυμιώμεναι νοεραὶ ἀεὶ γίνονται, so ergibt sich nunmehr wohl unzweifelhaft zweierlei. Erstens nämlich, daß bei Sextus, der hierin wahrscheinlich dem irrigen Vorgang des Aenesidem folgte, das δι᾽ ἀναπνοῆς σπάσαντες nur an die Stelle jenes jedenfalls echteren ἀναθυμιώμεναι getreten ist, und zweitens, daß dieses ἀναθυμιώμεναι seinerseits wieder nichts anderes bedeutet, als die Vermittlung, welche die Stelle des Sextus ausführlich beschreibt; daß es also mit Unrecht von Schleiermacher, der darin dem Irrtum des Aenesidem und Sextus noch viel zu viel nachgab*), mit „einatmend" übersetzt wird, und wir wohl mit Recht und auch dem Grundbegriffe des Wortes entsprechend, oben übersetzt haben dürften: daß die Seelen prozessierend vernünftig werden.

Die vollständige Identifizierung übrigens von περιέχον und θεῖος λόγος, welche Sextus wiederholt in der anderen Stelle vornimmt, beseitigt gewiß jeden Zweifel darüber, daß das περιέχον weder eine Atmosphäre, noch eine örtlich getrennte Region sein kann, da es dann doch niemals als λόγος hätte qualifiziert werden können, der bei Heraklit immer nur sein vernünftiges, das Verhältnis alles Seins bildendes und regelndes Gesetz der Identität von Sein und Nichtsein bedeutet. Und endlich, wie hätte Sextus,

---

*) Wie jetzt auch noch Zeller tut, wenn er p. 481 sqq. die Vernunft „oder den Wärmestoff" (?) auch durch den Atem in uns eintreten läßt; dann müßten auch die Schlafenden dem Heraklit nach vernünftig gewesen sein, wovon das Gegenteil feststeht. Der nähere Unterschied zwischen dem bloß physiologischen Lebensprozeß und der Vermittlung mit der Vernunft wird sich später ergeben; vgl. einstweilen die nächste Anmerkung.

wenn er sich nicht in der allergröbsten und undenkbarsten Unwissenheit über alles Heraklitische und in einer erstaunlichen Gedankenlosigkeit überhaupt befunden haben soll, sagen können, Heraklit setze diesen gemeinsamen und göttlichen λόγος oder dieses περιέχον **a l s d a s K r i-** **t e r i u m d e s W a h r e n u n d d e r E r k e n n t n i s**, wenn dasselbe etwa eine örtlich getrennte luftartige oder feurige Region oder ein bestimmter Stoff, wie Feuer etc. oder überhaupt **i r g e n d e t w a s a n d e r e s** gewesen wäre, als jenes — im Gegensatz zur Einzelexistenz als das **A l l-** **g e m e i n e** ausgesprochene — Vernunftgesetz der Identität von Sein und Nichtsein, das Heraklit allein als Kriterium der Wahrheit setzen konnte und wie wir bei der Lehre vom Erkennen sehen werden, gesetzt hat?

Wenn dagegen Schleiermacher mit Beziehung auf Tertullian de anima c. 14 zeigt, wie, da einmal die Teilnahme an dem Göttlichen als Einatmen beschrieben war (nicht aber, wie Schleiermacher meint, durch Heraklit selbst[1]),

---

[1]) Wie leicht dieser Irrtum entstehen konnte und wie wenig er dennoch in Heraklits eigener Lehre wurzelt, zeigt wieder am besten und noch deutlicher als die von Schleiermacher zitierten Worte Tertullians, eine Stelle des Marc. Anton. VIII, § 54: „Μηκέτι μόνον συμπνεῖν τῷ περιέχοντι ἀέρι, ἀλλὰ ἤδη καὶ συμφρονεῖν τῷ περιέχοντι πάντα νοερῷ· οὐ γὰρ ἧττον ἡ νοερὰ· δύναμις πάντη κέχυται καὶ διαπεφοίτηκε τῷ σπάσαι δυναμένῳ, ἥπερ ἡ ἀερώδης τῷ ἀναπνεῦσαι δυναμένῳ." Man müsse nicht bloß „sich v e r e i n i g e n (übereinstimmen) mit der uns umgebenden Luft, sondern auch (im Denken) zusammenstimmen mit dem alles durchdringenden Vernünftigen. Denn nicht weniger ist die vernünftige Kraft überall hin ausgegossen und durchdringt den, der sie einziehen kann, als diejenige der Luft den, der einatmen kann." Hier ist also die umgebende Luft und das Einatmen derselben als B i l d des vernünftigen Allgemeinen und der das Denken erzeugenden übereinstimmenden Vermittlung mit demselben (wie Heraklit bei

sondern durch den Irrtum des Aenesidem u. a.) und da nach der gewöhnlichen Vorstellung das Eingeatmete Luft ist, dies auch — mindestens zum Teil — der Grund der irrigen Meinung gewesen sein mag, als sei dem Heraklit die Luft ἀρχή gewesen[1]), so muß es um so mehr wundern, daß Schleiermacher nicht auch gesehen, was es mit der ἀναθυμίασις für eine Bewandtnis hat. Und um so richtiger muß jenem Irrtum gegenüber, der die Luft als das Wesen der Seele und des Alls und das Aufnehmen derselben in das Individuum als ein Einatmen bezeichnete, das Wort des Kleanthes erscheinen, von dem wir hierbei ausgingen, Heraklit habe die Seelen, weil sie durch die beständige Vermittlung mit dem Allgemeinen vernünftig werden, mit Flüssen verglichen, denen immer neue und neue Wasser zuströmen. — Was in diesem Vergleiche der Seele immer neu zuströmt, das ist eben jenes i h r e S u b s t a n z b i l - d e n d e A l l g e m e i n e, das, im Gegensatz zum Aufsich- beruhen der Einzelexistenz, als περιέχον ausgesprochen werden konnte; es ist jener a b s o l u t e Wandel, in dem alles immer begriffen ist, der daher das allein und w a h r h a f t Existierende ist und mit welchem sich ver- mittelnd die Seele dem vernünftigen All selbst gleichartig wird; die Vermittlung mit ihm konstituiert eben den Prozeß des subjektiven Daseins überhaupt.

Sextus sagt διὸ δεῖ ἕπεσθαι τῷ κοινῷ) gebraucht, beides aber, als bloß miteinander v e r g l i c h e n, noch vollkommen bewußt von einander geschieden. Beides wird reduziert auf den Ver- gleichungspunkt: Vermittlung mit dem Allgemeinen, in 'dem wir leben, worin — wie auch in den Worten πάντῃ κέχυται καὶ διαπεφοίτηκε — die wahre Bedeutung des περιέχον als das Allgemeine, das weder örtlich noch materiell bestimmte Gesetz des absoluten Wandels, dessen reale Darstellung das Weltall ist, wieder sehr gut hervortritt.

[1]) Sextus Emp. adv. Math. IX, 360; X, 230.

Eben deshalb, weil der Mensch nur durch diese ἀπορροή des περιέχον nur durch diese Wechselwirkung mit dem Allgemeinen lebendig wie vernünftig [1]) wird, schließt sich hieran eng an die viel wiederholte und sprichwörtlich gewordene Sentenz Heraklits, daß Leichname — weil jener Vermittlung mit dem περιέχον nicht mehr teilhaftig — mehr fortzuschaffen sind als Mist. So Plutarch [2]): νέκυες γὰρ κοπρίων ἐκβλητότεροι καθ᾽ Ἡράκλειτον, „**Leichname sind mehr fortzuschaffen als Mist nach Heraklit.**" Schleiermacher (p. 473) hat allerdings ein Recht, den Suidas zu tadeln, daß dieser in seinen Worten [3]): „Ἡράκλειτος ἔφη ὀλιγωρεῖν πάντη τοῦ σώματος καὶ νομίζειν αὐτὸ καὶ κοπρίων ἐκβλητότερον· ἐκ τοῦ ῥᾴστου δὲ αὐτῷ τὰς θεραπείας ἀποπληροῦν, ἕως ἂν ὁ θεὸς ὥσπερ ὀργάνῳ τῷ σώματι χρῆσθαι ἐπιτάττει", „Heraklit sagte, man müsse [4]) überall den Leib gering achten und ihn für verächtlicher betrachten als Mist; so wenig als möglich aber sei seiner zu warten, solange der Gott auferlegt, sich wie eines Organes des Leibes zu bedienen," — den lebendigen Leib und den Leichnam ohne weiteres für gleichbedeutend zu nehmen scheint. Nur ist nicht zu übersehen, daß der für sich isoliert, ohne Verbindung mit dem περιέχον und im Gegensatz zu diesem gedachte Leib

---

[1]) Wir beleuchten hier den heraklitischen Unterschied zwischen beiden Bestimmungen noch nicht näher.

[2]) Sympos p. 669, F., p. 733, Wytt.

[3]) s. v. Ἡράκλ. p. 883, ed. Bernh.

[4]) Bei Suidas scheint ein χρέων ausgefallen zu sein, wie man nach der sonst ganz gleichlautenden Stelle bei Georg. Cedren. Hist. Comp. T. I, p. 276, ed. Bonn.: ἔφη (Ἡράκλ.) δὲ καὶ τοῦτο, ὅτι πάντη τοῦ σώματος χρέων ὀλιγωρεῖν καὶ νομίζειν αὐτὸ κοπρίων ἐκβλητότερον καὶ ἐκ τοῦ ῥᾴστου πληροῦν αὐτοῦ τὰς θεραπείας ἕως ἂν ὁ θεὸς ὥσπερ ὀργάνῳ χρῆσθαι ἐπιτάττῃ schließen könnte.

dem Heraklit allerdings als ein Totes und als Leichnam
gegolten haben muß, und daß das περιέχον und die Vermittlung mit demselben (die ἀναθυμίασις), d. h. dasselbe,
was den Leichnam zum Leibe machte, indem es ihn
in den Prozeß des Lebens hineinriß, auch das Prinzip
der Seele bildet, die uns ja (siehe oben § 6 u. 7) schon
früher Aristoteles selbst als ἀναθυμίασις schilderte. So
daß Heraklit allerdings, in einer Antithese von Seele und
Leib und, um den überwiegenden Wert der ersteren klar
zu machen, gesagt haben mag, wie ohne diese die Seele
ausmachende Vermittlung mit dem περιέχον unser Leib
überhaupt nicht mehr lebendiger Leib, sondern Leichnam
und verächtlich wie ein solcher wäre. Denn irgend etwas
wörtlich Heraklitisches scheint der Stelle des Suidas in
der Tat zugrunde zu liegen. Dies zeigen, außer der Polemik gegen den Kultus des Leibes, die wir auch in den
ethischen Fragmenten des Ephesiers wiederfinden werden,
und außer der Ausdrucksweise des letzten Satzes, noch
zwei andere Stellen, die Schleiermacher entgangen sind.
Zuerst die bei Julian, Orat. VII[1]), in der sich die Stelle
bereits ganz wie Suidas findet[2]), so daß sie bei der Be-
lesenheit dieses Kaisers in der alten Philosophie gewiß
als aus einem älteren Bearbeiter Heraklits geschöpft betrachtet werden muß. Hierzu kommt dann eine schöne
bisher übersehene Stelle bei Plotinus, in welcher das ur-
kundliche und wörtliche heraklitische Diktum selbst ganz
in der von uns angegebenen Antithese gebraucht ist. Plotin
spricht von der Seele, wie sie eins sei und nicht geteilt,

---

[1]) In Heracl. p. 226, C. ed. Spanh.

[2]) resp. daselbst so wiederhergestellt werden muß, wie schon
Valesius gesehen hat zu Eusebius, Or. de laud. Const. p. 659,
ed. Par., wo in den Worten „σκυβαλῶν ἐκβλητότερον" auf unser
Diktum angespielt wird.

sondern überall ganz und in allem ganz vorhanden und einfach[1]): „καὶ πολὺς ὢν ὁ οὐρανὸς καὶ ἄλλος ἄλλῃ ἕν ἐστι τῇ ταύτης (sc. τῆς ψυχῆς) δυνάμει· καὶ θεός ἐστι διὰ ταύτην ὁ κόσμος ὅδε. Ἐστὶ δὲ καὶ ἥλιος θεός, ὅτι ἔμψυχος καὶ τὰ ἄλλα ἄστρα καὶ ἡμεῖς, εἴπερ τι, διὰ τοῦτο· νέκυες γὰρ κοπρίων ἐκβλητότεροι", „und auch der Himmel, obgleich er ein vielfältiger ist und anderwärts anders, ist e i n s durch dieser, der Seele, Kraft; und durch sie ist dieses Weltall ein Gott. Es ist aber auch die Sonne Gott, weil sie beseelt ist, und die anderen Gestirne; und wir, wenn wir etwas sind, sind es dadurch; denn L e i c h - n a m e s i n d v e r ä c h t l i c h e r a l s M i s t." Auch Celsus bei Origenes[2]) führt die Sentenz an: „νέκυες δέ, φησιν Ἡράκλειτος, κοπρίων ἐκβλητότεροι". Pollux[3]) gibt κοπρίων ἐκβλητότερον als eine heraklitische Redensart, und wie sprichwörtlich sie geworden war, zeigt deutlich eine Stelle bei Philo[4]) der sie mit einem ὡς ἔφη τις anführt, indem er die ἀσέβεια ein Übel nennt: „ἄψυχον καὶ νεκρὸν καὶ κοπρίων, ὡς ἔφη τις, ἐκβλητότερον[5]). Den Grund der Sentenz lassen auch die Placita des s. g. Plutarch ganz richtig hervortreten. Der Leichnam, als der ῥοή und ἀπορροή nicht mehr teilhaftig, hat eben die Ruhe, die Heraklit sonst aus der Welt gestrichen. Deshalb fahren

---

[1]) Ennead. V, I, p. 483, p. 900, Greuz.

[2]) c. Cels. V, p. 588, ed. de la Rue.

[3]) Onomast. V, 163.

[4]) De Profugis p. 459, T. I, p. 555, Mang.

[5]) Endlich wird die Sentenz noch bezogen bei Strabo lib. XVI. fin. und in den Schol. ad Iliad. ed. Bekk. p. 630, b., wo sie mit Unrecht dem Empedokles zugeschrieben wird: ὡς καὶ Ἐμπεδοκλῆς φησὶ (g. ὡς καὶ Ἡράκλειτος V.) „νέκυες κοπρίων ἐκβλητότεροι." Hiernach ist auch zu berichtigen, was Sturz gegen Stephanus sagt, Empedocl. ad. v. 354, p. 643.

die Placita[1]), nachdem sie gesagt: „Heraklit verbannte Ruhe und Bestehen aus der Welt" 'richtig fort: „ἔστι γὰρ τοῦτο τῶν νεκρῶν". „Denn dies ist Sache der Leichname."

Mit Rücksicht hierauf und auf die Stellung, welche das Feuer bei Heraklit überhaupt einnimmt, ist auch gewiß unbedenklich und nur konsequente Folge seines Systems, was Servius erzählt, wo er von den verschiedenen Begräbnisarten spricht[2]), Heraklit habe darauf gedrungen, daß die Leichname v e r b r a n n t und nicht beerdigt würden: et perite has varietates Virgilius posuit: namque Heraclitus qui omnia vult ex igne constare dicit, corpora debere in ignem resolvi[3]). —

§ 14. Der Logos.

Jenen gemeinsamen und göttlichen Logos aber, den Sextus anführt und den er als identisch mit dem περιέχον gebraucht, hat Heraklit deshalb als den g e m e i n s a m e n (ξυνόν) aufgefaßt, weil er ihm das alles Durchdringende, die in aller Existenz vorhandene und sie aus sich produzierende reine Identität des Sein und Nichtsein war.

---

[1]) Plac. phil. I, 23, p. 558, Wytt.

[2]) In Virg. Aen. IX, 186, cf. III, 68 und Tertullian. de anim. c. XXXIII, p. 288, ed. Rig.; Lydus de mens. III, 27, p. 124, Roeth.

[3]) Auf diese mit seiner gesamten Theorie zusammenhängende Lehre Heraklits vom Begräbnis und auf den Antagonismus, in welchem sich Demokrit auch hierin gegen ihn befindet, hat schon Böttiger, Ideen zur Kunstmythologie I, p. 35 aufmerksam gemacht und dabei wohl gewiß mit Recht die Änderung von Heraclides Ponticus in Heraclitus in Varronis Fragm. p. 269, ed. Bip. vorgenommen: „Quam Heraclides Ponticus plus sapit qui praecipit ut comburerentur, quam Democritus qui ut melle servarent etc."

Dieser Logos ist daher nur jene als das innere vernünftige G e s e t z des Daseins ausgesprochene prozessierende Identität der Gegensätze selbst; er ist der i d e -
e l l e S a m e der Weldbildung (αἰθέριον σῶμα σπέρμα τῆς
γενέσεως sagen stoische Berichte), der T y p u s derselben, oder wie man heute sagen würde, die I d e e der
Existenz selbst. Er ist das, was wir bereits als die u n -
s i c h t b a r e Harmonie hatten, die in den Existenzen begraben und verborgen ist. Er enthält darum die Momente,
deren Einheit er ist, Sein und Nicht, in a d ä q u a t e r
Form in sich, während sie die Existenz in der unange-
messenen Form des Seins setzt. Wird z. B. die prozessierende Einheit des Seins und Nicht als B e w e g u n g
ausgesprochen, so ist jener Logos das, was diese Bewegung s c h l e c h t h i n u n a u f g è h a l t e n in sich hat,
gegen welches alle, auch die schnellste s i n n l i c h e Bewegung und Existenz, sich wie ein B e h a r r e n d e s verhält; d. h. er ist d i e l o g i s c h e G e d a n k e n k a t e -
g o r i e d e r B e w e g u n g s e l b s t.

Plato sagt im Cratylos[1]): „Diejenigen, welche meinen,
daß das All in Bewegung sei, nehmen von dem meisten
an, daß es nichts anderes sei als sich Bewegen. Durch
dies alles aber gäbe es etwas Hindurchgehendes, durch
das alles W e r d e n d e w i r d." — Dies, durch alles
schon in Bewegung Befindliche sich noch hindurch Be-
wegende, ist nichts anderes als der L o g o s, d. h. das
Vernunftgesetz, das logische Prinzip der Bewegung selbst
oder die u n s i c h t b a r e Harmonie. Aber eben darum,
weil diese reine Kategorie der Bewegung in jeder wirklichen, einzelnen Existenz ebenso n i c h t ist, als i s t, weil
sie die einzelne Existenz ebenso setzt, als wieder über sie

---

[1]) p. 412, D., p. 135, Stallb.

h i n a u s g e h t , ist sie die Negativität gegen sie. Jener
Logos, das Vernunftgesetz, nach welchem und durch welches das Seiende wird, ist auch zugleich die Dike, die dem
Einzelnen sein R e c h t , den Untergang, angedeihen läßt.
— Wenn das Setzen der endlichen Existenz als ein S p i e l
des Zeus ausgesprochen wurde (s. oben p. 123, 394 sqq.),
so ist deren Aufhebung seine G e r e c h t i g k e i t .

Der die Welt durchdringende Logos ist das a l l e i n
in allem Seiende, allein Positive, das schlechthin A l l -
g e m e i n e . Dieses Allgemeine ist an und für sich bereits
die Verknüpfung des Seins und der Negativität; es ist
das dem Einzelnen und seinem Fürsichbestehenwollen Negative und nach dieser seiner dem auf sich beruhen wollenden Einzelnen negativen Seite ausgesprochen, ist es
die a u f h e b e n d e G e r e c h t i g k e i t , die Dike, die in
ihrem Gefolge den Übermut des Einzelnen rächenden
Mächte, die Erinnyen hat. —

Allein bei Heraklit gibt es keine b l o ß negative, wie
keine b l o ß positive Bestimmung. Ebenso gibt es bei
Heraklit keinen b l o ß e n Untergang. Der Untergang des
einen ist bei ihm an sich selbst schon das Werden eines
anderen (s. oben p. 111 sqq.). Das Allgemeine, welches
ihm den inneren Begriff der Existenz bildet, und nach
seiner dem Einzelnen negativen Seite die aufhebende G e -
r e c h t i g k e i t ist, kann daher auch als die v o r h e r -
b e s t i m m t e N o t w e n d i g k e i t , als die *Εἱμαρμένη*
ausgesprochen werden, welche alles erzeugt, dem Einzelnen D a s e i n gibt, und, indem der Untergang der Einzelheit sofort das Dasein einer anderen Bestimmtheit ist,
auch in der Negation selbst vielmehr p o s i t i v u n d
s c h a f f e n d ist und das S e i n m i t e i n a n d e r z u s a m -
m e n k n ü p f t u n d v e r b i n d e t . Oder mit anderen Worten: das Gesetz der prozessierenden Identität von Sein

512

und Nichtsein ist in kosmogonischer Hinsicht das wahre
weltschöpferische Prinzip, und wenn es als das dem Einzelnen negative und es auflösende Prinzip die Grenzen
setzende Dike ist, so ist es doch, indem es gerade durch die
A u f h e b u n g der einzelnen Existenz d i e R e i h e der
Erscheinungen produziert, das allein wahrhaft Positive
und das B a n d, welches alles Seiende auseinander ab-
leitet und miteinander verbindet, d. h. wiederum auch von
dieser Seite der wirkliche Begriff des Prozesses. Die
R e i h e n f o l g e a l l e r W i r k l i c h k e i t e n aber ist
hiernach g l e i c h d e r v o r h e r b e s t i m m t e n N o t -
w e n d i g k e i t, der *είμαρμένη* selbst und nur der w i r k -
l i c h e I n h a l t dessen, was diese als f o r m a l e s G e -
s e t z ausspricht. —

Diesen Namen und der hier nach ihrem wesentlichsten
Inhalt vorausgeschickten Ideenreihe begegnen wir in einer
Menge von Berichten und Zeugnissen. Wie wir sonst
hörten, „alles werde nach (in Gemäßheit) dem Streit"
(*πάντα γίνεσθαι κατ' ἔριν*), so heißt es jetzt bei Diog. L.
IX, 7: „*πάντα τε γίνεσθαι καθ' είμαρμένην καὶ διὰ τῆς
ἐναντιοτροπῆς ἡρμόσθαι τὰ πάντα*", „alles werde nach der
Notwendigkeit und d u r c h d i e U m w e n d u n g i n d a s
E n t g e g e n g e s e t z t e werde das All zusammengefügt."
Ebenso in den Plac. des Plutarch (I, 27, p. 560, Wytt.)
Ἡράκλειτος, πάντα καθ' είμαρμένην. Es kann das nicht wundern; die *είμαρμένη* ist ja nur dasselbe Gesetz der Einheit
des prozessierenden Gegensatzes, nur mehr formaliter und
wieder, wie wir gleich sehen werden, an das Substrat
orphischer Vorstellungen anlehnend ausgesprochen, welches der Streit ist.

Wundern könnte höchstens, daß selbst trotz jener so
trockenen und sinnfälligen Gleichsetzung beider die innere
Identität der *είμαρμένη* und des Gesetzes des Streites je-

mals unbemerkt bleiben konnte[1]). Der Inhalt der Notwendigkeit ist eben jene prozessierende Vermittlung von Sein und Nicht, welche den allgemeinen Wandel ausmacht und so die Reihenfolge des Wirklichen erzeugt. —

---

[1]) Dies ist nicht mehr ganz bei Schleiermacher der Fall, obwohl, wegen seiner Verkennung des heraklitischen Grundprinzipes auch dieser Punkt noch nicht zu seiner richtigen Stellung gelangen konnte. Denn wenn Schleiermacher p. 423 sagt: „es scheint die Art, wie Heraklit sich im allgemeinen über die Bedingungen ausgedrückt, unter welchen die einzelnen Dinge entstehen und vergehen, eben nicht auf eine sehr klare Einsicht in das einzelne zu deuten, denn es scheint, er habe die Gesetze, nach welchen auf verschiedene Weise die entgegengesetzten Bewegungen einander bald hemmen, bald wieder freilassen und dadurch die einzelnen Dinge erzeugen und zerstören, unter dem alten dichterischen Namen „Εἱμαρμένη" dargestellt, der immer vorzüglich der dunklen unbegriffenen Notwendigkeit gegeben ward," — so ist hierin der Einsicht in die Identität der εἱμαρμένη und des Gesetzes des Widerstreites allerdings in gewisser Weise nahe gekommen. Andererseits aber muß gesagt werden, daß Heraklit von solchen mehrfachen Bewegungen und von einer solchen Pluralität von Gesetzen, nach welchen auf verschiedene Weise entgegengesetzte Bewegungen sich bald hemmen, bald freilassen etc, überhaupt nichts gewußt hat, wie sie auch Schleiermacher nirgends nachzuweisen versucht hat. Heraklit hat nur das eine Gesetz gekannt von der prozessierenden Identität des Seins und Nichtseins, und dies Umschlagen des Seins und Nichtseins ist die eine und ununterbrochene Bewegung, die bei Heraklit stattfindet und das ganze Gebiet physischer wie psychischer und geistiger Erscheinungen konstituiert. — Wenn die εἱμαρμένη allerdings sonst ein dichterischer Ausdruck für die dunkle und unbegriffene Notwendigkeit ist, so ist sie bei Heraklit gerade, wie im Texte gezeigt und noch näher betrachtet werden wird, zu ihrer begrifflichen und logischen Explikation. gekommen. Auch jener Vorwurf, Heraklit scheine sich nur im allgemeinen über die Bedingungen

Wenn bei den Orphikern der Demiurg, der von der Adrastea genährt wird, mit der Ananke die Εἱμαρμένη erzeugt[1]), so ist diese Vorstellung in ihr begriffliches Verhältnis erhoben in dem, was uns Stobaeus berichtet[2]): Ἡράκλειτος εἱμαρμένην δὲ λόγον ἐκ τῆς ἐναντιοδρομίας δημιουργὸν τῶν ὄντων, „Herakleitos nannte die Εἱμαρμένη das aus dem Gegenlauf die Welt bildende Vernunftgesetz." Die Εἱμαρμένη ist also selber der Demiurg, nicht als ein sub-

---

ausgedrückt zu haben, unter welchen die einzelnen Dinge entstehen, was eben nicht in eine sehr klare Einsicht in das einzelne zu deuten scheine, beruht gleichfalls nur auf derselben Verkennung des ganzen heraklitischen Systems, da Heraklit so konsequent und ins einzelne eingehend, als dies von seinem Standpunkt aus überhaupt nur möglich war, das einzelne dadurch ableitete, daß er jedes einzelne in sein spezielles Gegenteil umschlagen und dieses aus sich erzeugen ließ, Feuer in Wasser, Wasser in Erde, Schlafen in Wachen, Leben in Sterben, Einatmung in Ausscheidung etc. und umgekehrt, ja selbst die Funktionen der sinnlichen Wahrnehmung, die Gestirne und einzelne Naturerscheinungen, Krankheiten etc. auf diesem Wege abzuleiten gesucht hat. — Alles, was uns von Heraklit erhalten ist, ist nur die Explikation jener εἱμαρμένη und ihres Waltens, d. h. der Weise, wie das Gesetz des Gegensatzes die Welt bildet, und Schleiermacher postuliert bei Heraklit, oder vielmehr richtiger, postuliert und vermißt in einem Atem solche besondere Gesetze für die Entstehung des einzelnen nur deshalb, weil er nicht jenes eine Gesetz Heraklits erkannt hat, das sie nach ihm allein enthält und enthalten konnte.

Die genaue physische Explikation der εἱμαρμένη wird übrigens noch § 26 hervortreten. Man wird daselbst sehen, mit welcher gewaltigen Konsequenz sie Heraklit zur Totalität des siderisch-kosmischen Prozesses macht. Freilich ist dieser ganze Teil seiner Physik bisher gänzlich übersehen worden.

[1]) Proclus in Tim. V, p. 323. Plut. Sympos. III, 9, p. 657, E., p. 681, Wytt.; Callim. Hymn. in Jov. 47 sqq.

[2]) Eclog. Phys. p. 58.

jektives Wesen oder Gott, sondern als Logos, als sach-
liches Verhältnis, oder wie wir es übersetzten, Vernunft-
gesetz¹) (vgl. hierüber § 35).

---

¹) Schleiermacher hat bereits (p. 476) bemerkt, wie der
Sprachgebrauch mit λόγος die Vernunft zu bezeichnen von
Heraklit zuerst ausgegangen ist. Nur ist nicht zu übersehen,
daß das Wort Vernunft im subjektiven Sinne die Bedeutung des Logos bei Heraklit nicht erschöpft und wiedergibt.
Er bedeutet ihm immer das Objektive, das Gesetz der
prozessierenden Identität des Gegensatzes, welches ihm als das allein wahrhaft Seiende, als das sich durch
alles Hindurchziehende und allen Gemeinschaftliche, auch das
allein Vernünftige ist. Es ist identisch mit dem „φρονοῦν,
ὅτῳ τὸ σύμπαν κυβερνᾶται (siehe Plutarch oben p. 498 bis
499) oder mit (Diog. L. IX, 1) der γνώμη, die alles durch
alles leitet. Wir haben es daher, während es Schleiermacher
mit „Verhältnis“, Tiedemann mit „Einrichtung“ übersetzt, am
besten mit „Vernunftgesetz“ übersetzen zu können geglaubt,
nicht im formell-logischen, auch nicht in irgend einem allgemeinen Sinne, sondern wir meinen, daß Heraklit unter diesem
Logos stets immer nur das spezielle und eine Gesetz der
Identität von Sein und Nichtsein verstanden hat, welches den Inhalt seiner ganzen Philosophie bildet. Von einer
heraklitischen Stelle fühlt Schleiermacher selbst, daß der Logos
durchaus nur aufgefaßt werden kann „als die Art, wie das
Grundwesen die Gesetze aller Entwicklungen in
sich trägt.“ In diese Bedeutung wenigstens spielt λόγος hinüber
in der Stelle bei Sextus, wo man wenigstens in den Worten
τοῦ λόγου δὲ ἐόντος ξυνοῦ ζώουσιν οἱ πολλοὶ ὡς ἰδίαν ἔχοντες
φρόνησιν mit keiner anderen Bedeutung von λόγος ausreicht“
(Schleiermacher p. 476, obwohl trotz dieses richtigen Blickes
Schleiermacher dann — p. 482 sqq. — diese Stelle dennoch
nicht richtig auffaßt). Diese Bedeutung, in welche der λόγος
bei Heraklit nicht nur hinüberspielt, sondern die er auf das
energischste und konkreteste hat, hat er stets und jedesmal bei Heraklit, wenn er nicht einfach „Wort“ bedeutet;
er hat sie z. B. ebenso sehr in seinen Worten daselbst „λόγου

Und daß der Inhalt und die wahre Bedeutung dieses Logos nichts anderes ist, als das Gesetz des Gegensatzes und des Umschlagens
in denselben — wird hier so deutlich und richtig,

τοῦδε ἐόντος, ἀξύνετοι γίνονται ἄνϑρωποι" und „γινομένων γὰρ
κατὰ τὸν λόγον τόνδε" etc. Berichte, wie die obigen des Stobaeus vom λόγος ἐκ τῆς ἐναντιοδρομίας δημιουργὸς τῶν ὄντων,
sind nur die explizierte Auseinanderlegung und Bestätigung dieses konkreten Logos-Begriffes bei Heraklit. Dies tritt ebenso
hervor in dem λόγος διὰ πάντων διήκων, von dem wir noch
sprechen werden, in dem λόγος διοικῶν (τὸ πᾶν) (Marc.
Anton. VI, 1 und V, 21, Gat.), in dem λόγος οἰκονομοῦν τὸ
πᾶν (Marc. Anton. V, 32 und Gatak. annott.), welche Ausdrücke zum Teil leicht (cf. Heracl. Alleg. Hom. p. 140, Schow.
und das τρόπου διοικήσεως bei Sextus a. and. O.) Heraklit
selbst angehörig sein können. Jedenfalls sind diese den Stoikern
so geläufigen Bezeichnungen ganz reine und den heraklitischen
Gedanken in keiner Weise alterierende Darstellungen desselben,
wie auch bereits Schleiermacher bemerkt hat, daß der κοινὸς
λόγος der Stoiker gleichfalls unserem Philosophen entnommen.
— Nicht mehr ganz so verhält es sich manchmal mit dem
λόγος σπερματικός der Stoiker. Denn obgleich dieser Ausdruck
gleichfalls aus heraklitischer Grundlage entwickelt ist, so ist
die innere Auffassung desselben häufig eine bereits abge-
leitete und veränderte. Jener λόγος οἰκονομοῦν oder διοικῶν τὸ πᾶν drückt (— so wird er z. B. bei Marc. Anton.
V, 21 als das „πᾶσι χρώμενον καὶ πάντα διέπον" definiert)
— ein Ideal-Verhältnis zur Existenz aus (cf. oben
p. 182 sqq., p. 217 sqq.). Und es liegt wohl jetzt schon auf
der Hand, und wird sich dies uns im Verlauf immer näher herausstellen, daß die erste Wurzel jener so entwicklungs-
reichen Vorstellung vom λόγος als Typus der Existenz
bei Heraklit zu suchen ist; der λόγος σπερματικός der Stoiker
dagegen, obgleich er häufig (siehe z. B. p. 451 u. die in der
Anmerkung zitierte Stelle des Marc. Anton.) diese, seine ursprüngliche Idealbedeutung behält, geht oft bei ihnen schon
in die Vorstellung eines bloßen Kausalverhältnisses über.

wie selten bei diesen Berichterstattern ausgesprochen, da ja die *Εἱμαρμένη* der Logos ist, welcher „*ἐκ τῆς ἐναντιο-δρομίας*", aus diesem Gesetz des Gegenlaufes des Weges nach unten in den nach oben, und umgekehrt, die Welt bildet, gerade wie es bei Diogenes soeben hieß, daß durch die *ἐναντιοτροπή* das All zusammengefügt werde, ein Ausdruck, der gleichfalls, richtig übersetzt, etwa lauten muß: die Einrichtung oder das Gesetz der Umwendung in das Gegenteil.

Von allen Seiten aus erhellt diese Bedeutung des Logos bei Heraklit übereinstimmend und bildet einen der tiefsten und wichtigsten Punkte seiner Philosophie. Der Logos ist ihm das rein begriffliche, logische Gesetz der prozessierenden Identität von Sein und Nichtsein; er ist ihm die beständig in den absoluten Gegensatz dieser ihrer Momente umschlagende und hierin mit sich identische Bewegung, welche die Idee des Werdens bildet. Dies geht, wie aus den erklärenden Worten der Berichterstatter „*ἐκ τῆς ἐναντιοδρομίας*", so auch schon daraus hervor, daß Heraklit den Logos den Demiurg der Welt genannt hat. Denn wir haben oben p. 219, 311, aus dem Bericht des Aeneas und dann §§ 10, 11, weiter gesehen, in welcher beständigen Wandelbewegung der Demiurg bei Heraklit begriffen ist, wie diese Wandelbewegung in seiner eigenen *μετα-βολή* besteht, darin nämlich, daß er sich beständig aus der Form des Seins in die des Nichtseins, aus der realen Vielheit in die ideelle Einheit umsetzt und umgekehrt, wie dieses sich unaufhörlich in sein eigenes Gegenteil umwandelnde Spiel des Demiurgen es ist, durch welches die Weltbildung zustande kommt. Wir hören jetzt — und man sieht, wie alle diese Stellen sich wechselseitig stützen und bestätigen, und so unsere Interpretation derselben wohl

gegen jeden Zweifel befestigen, — daß der D e m i u r g
nichts anderes als der L o g o s ist, der aus der U m w e n -
d u n g i n d a s G e g e n t e i l die Welt bilde, d. h. also das
G e s e t z dieser Bewegung. Diese ἐναντιοδρομία, wie sie
der spätere Erklärer, aus dem Stobaeus schöpft, nennt,
ist somit nichts anderes, als jenes „a u s e i n a n d e r t r e -
t e n d e, würfelnde" Spiel des spielenden demiurgischen
Zeus, nichts anderes, als jene Wandelbewegung, die uns
Aeneas als Umwandlung des Weltalls schildert; eine Bewegung, deren reinem intellektuellen Wandel nichts Exi-
stierendes oder Individuelles folgen kann, und deren H e m -
m u n g, wie Jamblich mit Aeneas übereinstimmend zeigt,
das B e s t e h e n d e s K ö r p e r l i c h e n u n d r e a l E x i -
s t i e r e n d e bildet[1]).

Wenn Schleiermacher (p. 424) sagt: „Was aber jene
ἐναντιοδρομία und diese ἐναντιοτροπή bedeuten sollen, ist
klar, nämlich den G e g e n s a t z i n d e n b e i d e n B e -
w e g u n g e n und in den Verwandlungsstufen des Seins,"
so ist diese Erklärung also vielmehr umzukehren, um das
vollständig Richtige und das wirkliche Prinzip heraklitischer Philosophie zu ergeben, welche z w e i e i n a n d e r
ä u ß e r l i c h e B e w e g u n g e n, die zufällig zusammentreffen, zufällig sich frei lassen, wie Schleiermacher sich
dies überall vorstellt, und die somit auch nur z u f ä l l i g
im Gegensatze stehen, g a r n i c h t k e n n t, ebensowenig
wie einen von dem Gegensatz in den Bewegungen verschiedenen und koordinierten Gegensatz in den Verwandlungsstufen des Seins.

Statt nämlich den Gegensatz in den b e i d e n Bewegungen, bedeuten jene Ausdrücke vielmehr einfach: die

---

[1]) Vgl. über den λόγος § 16, bei der Naturlehre §§ 18 u.
20, ferner beim Erkennen § 28 und die Schlußuntersuchung
über ihn § 35.

Bewegung in das Gegenteil, und dies Gesetz, nach welchem das Sein in sein absolutes Gegenteil umschlägt, ist es selbst, wodurch alle Verwandlungsstufen des Seins zustande kommen. — Die Ausdrücke selbst ἐναντιοτροπή und ἐναντιοδρομία sind freilich erst von Bearbeitern Heraklits, wahrscheinlich stoischen, gebildet, aber auf eine sehr echte, den wirklichen Begriff Heraklits höchst getreu wiedergebende und sich auch in den Worten, wie schon Schleiermacher bemerkt hat, den Heraklitischen Ausdrücken hierfür, τροπή und ὁδός, eng anschließende Weise. Wenn daher Schleiermacher sagt, „denn er selbst (Heraklit) hat in solcher Form Erklärungen wohl nicht gegeben und stoisches Gepräge tragen sie stark," so ist dies durchaus nur auf die abstrakte Form des Ausdruckes einzuschränken. Es sind Kunstausdrücke, die den Sinn des Systems in eine enge und konzise Formel pressend, sich, wie so häufig der Fall, erst nach längerem Vorliegen des Systems und in einer in abstrakten Begriffen und Bezeichnungen geübteren Zeit entwickelten. Aber selbst in bezug auf ihre formell-sprachliche Bildung schließen sie sich eng an die „ἐναντία ῥοή" an, die wir schon bei Plato (Cratyl. p. 413, E.) als das heraklitische weltbildende Gesetz des Werdens ausgesprochen gefunden und bereits p. 49 mit „Prozeß" im philosophischen Sinne des Wortes übersetzt haben. Dieser platonische Ausdruck hindert uns auch, uns der Vermutung Lobecks anzuschließen, daß ἐναντιοτροπή korrumpiert, oder gar so sehr neu sei („nisi corruptum, certe scholae vocabulum est, in usu perquam recens"; Phrynich. p. 498). —

Ebenso wie in dem Bisherigen berichtet uns in einer anderen Stelle Stobaeus von der εἱμαρμένη[1]): Ἡράκλειτος

---

[1]) Stob. Ecl. Phys. I, p. 178 und ebenso bis auf die letzten vier Worte Plac. phil. I, 28, p. 560, Wytt.

οὐσίαν εἱμαρμένης ἀπεφαίνετο λόγον τὸν διὰ οὐσίας τοῦ παντὸς διήκοντα· αὕτη δ' ἐστὶ τὸ αἰθέριον σῶμα, σπέρμα τῆς τοῦ παντὸς γενέσεως καὶ περιόδου μέτρον τεταγμένης „Heraklit nannte das Wesen der *εἱμαρμένη* den durch die Wesenheit des Alls hindurchgehenden Logos (Vernunftgesetz); sie ist aber der ätherische Leib, der Same der Entstehung von allem und das Maß der zugemessenen Zeit." Sehr richtig tritt hier also die *εἱμαρμένη* oder das sich durch alles hindurchziehende Gesetz des Prozesses als das sowohl Positive als Negative, als das hervor, wodurch das einzelne sowohl ist als nicht ist. — Was jene Bezeichnung der *εἱμαρμένη* als des *λόγος διὰ παντὸς διήκων* betrifft, so glauben wir aus mehrfachen Gründen, daß dieselbe als eine von Heraklit selbst gebrauchte betrachtet werden muß. Über den Logos selbst haben wir bereits gesprochen; das *διὰ παντὸς διήκων*, welches in dieser Verbindung mit dem Logos den Stoikern in ihren am meisten heraklitisierenden Sentenzen so geläufig ist[1]), wird man aber kaum Anstand nehmen können, für eine von Heraklit selbst gebrauchte Bezeichnung seines Prinzipes zu halten, wenn man darauf achtet, wie Plato in jener über die heraklitische Philosophie so lehrreichen Stelle des Cratylos[2]), die in ihrem Zusammenhange nachgelesen werden muß, und in welcher er die Uneinigkeit der Heraklitiker schildert, sämtliche Heraklitiker darüber, daß das „*δίκαιον*" das wahre heraklitische Grundprinzip, und, daß es das durch a l l e s H i n d u r c h g e h e n d e s e i, wodurch alles Werdende wird (*διά τε τούτου παντὸς εἶναί τι διεξιόν, δι*

---

[1]) cf. z. B. Marc. Anton. V, 32: *ἡ (ψυχὴ) εἰδυῖα ἀρχὴν καὶ τέλος καὶ τὸν διὰ τῆς οὐσίας διήκοντα λόγον, καὶ διὰ παντὸς τοῦ αἰῶνος κατὰ περιόδους τεταγμένας, οἰκονομοῦντα τὸ πᾶν.* und Gatakers Anmerkungen. cf. Stob. Ecl. Phys. p. 690.

[2]) p. 412, D.—414, p. 135—137, Stallb.

οὔ πάντα τὰ γιγνόμενα γίγνεσθαι), einig sein läßt und uneinig nur über die fernere Frage, was denn dieses Gerechte
sei; daß ferner Plato daselbst das δίκαιον etymologisierend erklärt als das, welches alles andere hindurchgehend durchwaltet „ἐπιτροπεύει τὰ ἄλλα πάντα
διαϊόν"[1]), und nochmals auf diese Etymologie zurückkehrt,
indem er den Heraklitiker, welcher das Gerechte als Sonne
definiert, dies mit den Worten begründen läßt: τοῦτον
(sc. ἥλιον) γὰρ μόνον διαϊόντα καὶ κἀοντα ἐπιτροπεύειν[2])
τὰ ὄντα. Hier sind wohl nur zwei Fälle möglich. Entweder
diese Etymologie[3]) ist selbst wirklich heraklitisch, oder
sie ist eine ironisch-scherzhafte Nachahmung und Verspottung sölchen heraklitischen Etymologisierens. Aber
auch dann ist durchaus erforderlich, daß Heraklit sein
Prinzip sowohl als δίκαιον[4]) wie als das durch alles Hindurchgehende ausgesprochen habe und nur die Form
διαϊόν, durch welche beide in etymologische Verbindung
gebracht werden, ist Platons ironische Zutat. — Dies
bestätigt sich endlich auch dadurch, wie noch gegen den
Schluß der betreffenden Stelle jener letzte Heraklitiker,
welcher bereits die Identität des heraklitischen δίκαιον mit
dem νοῦς des Anaxagoras behauptet, diese Identität wieder
damit begründet, daß eben der νοῦς es sei, welcher die
Dinge ordne und verwalte durch alles hindurchgehend

---

[1]) Dies ἐπιτροπεύειν sagt Platon im Theaetet. p. 153, p. 80
sqq., St., vom Verhältnis des heraklitischen Feuers zu allen
anderen Existenzen aus (τὸ θερμὸν τε καὶ πῦρ, ὃ δὴ καὶ τἄλλα
γεννᾷ καὶ ἐπιτροπεύει).

[2]) Dies wiederholte ἐπιτροπεύει scheint auch für den λόγος
διοικῶν oder οἰκονομοῦν zu sprechen.

[3]) Wir verweisen hierüber auf unsere spätere Untersuchung
über den sprachlich-philosophischen Teil bei Heraklit.

[4]) Was von diesem auch durch die Fragmente über die Δίκη
feststeht.

(αὐτὸν — — κοσμεῖν τὰ πράγματα διὰ πάντων ἰόντα). Vielleicht hat Heraklit auch λόγος διέπων τὰ πάντα gesagt, wie es scheinen muß, wenn man die Stelle des Marc. Anton: V, § 21: τῶν ἐν τῷ κόσμῳ τὸ κράτιστον τίμα· ἔστι δὲ τοῦτο, τὸ πᾶσι χρώμενον καὶ πάντα διέπον vergleicht mit den Worten des Heraklit bei Sext. Emp. adv. Math.VII, 133: διὸ δεῖ ἔπεσθαι τῷ κοινῷ[1]) und hiermit wieder die oben (Anm. zu p. 283) ausführlich ausgeschriebene hippokratische Stelle, wo es von dem r e i n s t e n F e u e r heißt, daß es alles b e h e r r s c h t, alles d u r c h w a l t e n d nach dem Gesetze der Natur: — τὸ θερμότατον καὶ ἰσχυρότατον πῦρ, ὅπερ πάντων ἐπικρατέεται, διέπον κατὰ φύσιν.

Ob aber in der obigen Stelle bei Stobaeus sich das αὕτη auf οὐσία oder, wie uns eher scheint, auf die εἱμαρμένη zurückbezieht, — welches letztere auch dadurch bestätigt wird, daß es in der Sammlung bei Galen[2]) nach den Worten Ἡράκλειτος οὐσίαν εἱμαρμένης λόγον διὰ παντὸς διήκοντα heißt ἡ δὲ εἱμαρμένη ἐστὶν αἰθέριον σῶμα, ist wohl schlechthin gleichgültig und begreifen wir nicht, welchen Unterschied Schleiermacher (p. 425) hierin zu finden meint. Denn die εἱμαρμένη und die οὐσία τοῦ παντός und der λόγος διὰ παντὸς διήκων sind doch ihrem Inhalt nach einander nur erklärende und das, worin 'die Substanz besteht, nur näher entwickelnde Ausdrücke. Oder aber Schleiermacher hätte ihren inneren Unterschied, den er anzunehmen scheint, auch aufzeigen müssen. Ist doch schon dem Plutarch die Identität der εἱμαρμένη mit einer scheinbar viel weiter abliegenden Benennung Heraklits für sein Prinzip, mit der H a r m o n i e, bekannt. Denn aus der

---

[1]) Über das χρώμενον siehe oben p. 189 u. p. 207, 1.
[2]) Hist. phil. II, 33, Ch. XIX, p. 261, Kuehn.

plutarchischen Stelle[1]): „— — συλλαβοῦσα δὲ τὸ ταὐτὸν...
ζωή τε τοῦ παντός ἐστιν ἔμφρων ˙ καὶ ἁρμονία καὶ λόγος ἄγων
πειθοῖ μεμιγμένην ἀνάγκην, ἣν Εἱμαρμένην οἱ πολλοὶ
καλοῦσιν, Ἐμπεδοκλῆς δὲ φιλίαν ὁμοῦ καὶ νεῖκος, ʽΗρά-
κλειτος δὲ παλίντροπον ἁρμονίην κόσμου ὅκως περ λύρης
καὶ τόξου“ geht nur hervor, daß Plutarch, sei es nun
auf Grund ausdrücklicher Aussprüche Heraklits, sei es
durch eigene treffliche Interpretation, die Identität[2]) jener

---

[1]) De anim. procr. p. 1026, b., p. 177, Wytt.

[2]) Will man die innere Identität einer Reihe von heraklitischen Formeln, der εἱμαρμένη, des πῦρ, des Weges nach
oben und unten, des λόγος etc. in einer Stelle von wenigen
Zeilen kurz und dennoch deutlich zusammengedrängt sehen, so
betrachte man, was Athenagoras legat. pro Christ. p. 28 von
den Stoikern sagt: θεὸς πῦρ τεχνικὸν ὁδῷ βαδίζον ἐπὶ γενέσεις
κόσμου, ἐμπεριειληφὸς πάντας τοὺς σπερματικοὺς λόγους, καθ᾽
οὓς ἕκαστα καθ᾽ εἱμαρμένην γίνεται. cf. Diog. L. VII, 156
von Zeno: τὴν φύσιν εἶναι πῦρ τεχνικὸν ὁδῷ βαδίζον εἰς γένεσιν.
— Die Identität des göttlichen Logos mit der εἱμαρμένη lehrte
Chrysippus bei Plutarch (de Stoic. repugn. ·P. 1056) mit dürren
Worten (τῇ εἱμαρμένῃ τὸν αὐτὸν εἶναι, sc. ὁ τοῦ Διὸς λόγος).
Auch haben bereits die Kirchenväter die Identität aller dieser
verschiedenen Formen des Absoluten, die sich aus Heraklit
bei den Stoikern erhielten, sehr wohl eingesehen, z. B. noch
Lactant. Instit. div. I, 5, p. 18: — — sive natura, sive aether,
sive ratio, sive mens, sive fatalis necessitas, sive divina lex,
sive quid aliud dixeris, idem est, quod a nobis dicitur deus.
Ebenso sagt Tertullian (in Apolog. c. 21, p. 19) von Zeno,
es werde der weltbildende λόγος „et fatum vocari et deum
et animum Jovis et necessitatem omnium rerum" etc. — Diog.
Laert. gibt uns sogar ausdrücklich diese identische Vielnamigkeit als charakteristisch bei den Stoikern an VII, 135: ἕν τε
εἶναι θεὸν καὶ νοῦν καὶ εἱμαρμένην καὶ Δία, πολλαῖς τε
ἑτέραις ὀνομασίαις προςονομάζεσθαι. Und insoweit
sieht man, wie dies nur die Kontinuation des schon bei
Heraklit typischen identischen „Umbenamens" ist, welches

Notwendigkeit und dieser früher von uns erörterten „sich in ihr Gegenteil umwendenden Harmonie des Weltalls" bei Heraklit erkannt hat. — Keineswegs aber darf aus dieser Stelle gefolgert werden, daß der Ausdruck εἱμαρμένη kein von Heraklit gebrauchter gewesen sei. Richtig bemerkt Schleiermacher hiergegen, hier sei „wohl viel darauf zu rechnen, daß Plutarch alle diese Ansichten nebeneinander stellen wollte und nicht eben daran dachte, wo vielleicht auch Εἱμαρμένη ein technischer Ausdruck wäre," und zieht hierfür die Worte der Placita[1]) an: „Ἡράκλειτος πάντα καθ' εἱμαρμένην· τὴν δὲ αὐτὴν καὶ ἀνάγκην", die nur „ein stoischer Ausleger gesagt haben könne im Gegensatz gegen die Erklärungen seiner Schule, welche einen Unterschied machte zwischen εἱμαρμένη und ἀνάγκη" und welche kaum erklärlich seien,

uns Platon in einer früher (p. 64, p. 96 sqq.) erörterten und für die Erfassung des inneren Charakters der Philosophie des Ephesiers so äußerst wichtigen Stelle in einem ebenso treuen als ironischen Gemälde schildert. Wenn uns aber derselbe Diogenes später (VII, 147) von den Stoikern sagt: εἶναι δὲ τὸν μὲν δημιουργὸν τῶν ὅλων καὶ ὥσπερ πατέρα πάντων· κοινῶς τε καὶ τὸ μέρος αὐτοῦ τὸ διῆκον διὰ πάντων, ὃ πολλαῖς προςηγορίαις προσονομάζεσθαι κατὰ τὰς δυνάμεις, so ist dies nicht mehr dasselbe. Man sieht hier vielmehr, wie — zusammenhängend mit dem, was wir früher bei der Theologie (p. 376, 1) über die bei den Stoikern vor sich gehende Umwandlung und Verflachung des rein begrifflichen Denkens des Ephesiers in allegorisches und reflexionsmäßiges Vorstellen sagten — die bei Heraklit in ganz anderen Gründen wurzelnde Vielnamigkeit und die strenge Einheit seines Absoluten und der begrifflichen Momente desselben in eine der allegorischen und sinnlichen Vorstellungsweise entsprechende Vielheit von Seiten und Kräften sich auflöst. —

[1]) I, 27, cf. Theodoret. Vol. IV, p. 851, ed. Hal.

wenn sich nicht Herakleitos jenes Ausdruckes in der Tat bedient hätte.

Was aber jedes noch übrige Bedenken (wie denn Brandis*) I, p. 177, . ein solches zu äußern scheint) definitiv beseitigen und die Sache zur Gewißheit bringen muß. sind die von Schleiermacher auffälligerweise nicht mitgeteilten Worte des Stobaeus, welcher unmittelbar nach der obigen Stelle (Ecl. Phys. I, p. 178) wörtlich wie die Placita fortfährt: πάντα τε καθ' εἱμαρμένην τὴν δ' αὐτὴν ὑπάρχειν ἀνάγκην, hieran aber nun noch die Worte schließt: „γράφει (nämlich Herakleitos) γοῦν „„ἔστι γε εἱμαρμένη πάντως" ", ein Satz, der zwar, wie schon Heeren sieht, verstümmelt sein muß, aber doch jedenfalls in einer äußerst ausdrücklichen Anführung die Εἱμαρμένη als den eigenen Ausdruck Heraklits herausstellt. Denn in diese Anführung Mißtrauen zu setzen, ist keine Möglichkeit vorhanden, da die Zitation durch das γράφει so bestimmt ist, wie selten bei Stobaeus[1]). Und wenn dieser auch nicht aus Heraklits Werk selbst zitiert, sondern nur frühere Epitomatoren ausgeschrieben hat, so muß er doch bei diesen in ähnlicher unzweideutiger Anführung gefunden haben, wodurch wir also nur immer ältere Autoritäten dafür gewinnen würden. — Was aber dies verstümmelte Fragment selbst betrifft, so möchten wir, um, bis seine Ergänzung gelingt, wenigstens eine einen Sinn gewährende und übersetzbare Stelle zu haben, vorschlagen, einstweilen πάντῃ statt πάντως zu lesen: „überall (in allem) ist die Notwendigkeit vorhanden," in demselben Sinne nämlich, in welchem Heraklit sagte, daß alles von Göttern

---

*) Und Zeller p. 468, 6.

[1]) Vgl. auch die εἱμαρμένη in der Stelle des platonischen Politikus § 26.

und Dämonen voll sei. Denn daß alles an der εἱμαρμένη teilhat und ihr wirkliches Dasein ausmacht, zu welchem sie sich als der ideelle Same desselben verhält (αἰθέριον σῶμα, σπέρμα τῆς τοῦ παντὸς γενέσεως[1]), oben bei Stobaeus) ist bereits im vorigen nachgewiesen; weshalb wir denn, gerade so wie wir auch ein Ausfluß des περιέχον sind und eine μοῖρα desselben in uns haben, so auch selber an der εἱμαρμένη teilhaben und sie in uns darstellen, wie z. B. in den Worten des Marc. Anton. V, 24 hervortritt: „Sei eingedenk der gesamten Wesenheit (der Dinge), von der auch du ein so Weniges in dir hast — und der Εἱμαρμένη, von der du ein wie kleiner Teil bist" (ἧς πόσον εἶ μέρος). Daß aber diese mit dem objektiven Gesetz des Werdens identische εἱμαρμένη nicht das geringste mit dem subjektiven Begriffe einer Vorsehung zu tun hat, liegt schon hier auf der Hand und Nemesius hat also insofern ganz recht, wenn er (de nat. hom. ed. Plant. 1565, p. 168) sagt, „Demokritos, Herakleitos und Epikuros wollen, daß weder für das Allgemeine noch das Einzelne eine Vorsehung (πρόνοιαν) sei." Es ist dies nur dieselbe streng objektive und jede Tätigkeit eines subjektiven Verstandes in der Weltbildung streng ausschließende Anschauung Heraklits von seinem absoluten Entwicklungsgesetz[2]), welche ihn sagen ließ: „die Welt hat keiner der Götter noch Menschen gemacht, sondern sie ist und wird sein ewiglebendes Feuer". Es ist derselbe Punkt, der

---

[1]) Wie die Stoiker in ihren terminis, aber den heraklitischen Gedanken nicht unglücklich wiedergebend, sagten.

[2]) Am deutlichsten tritt dieser jedem subjektiven Vorsehungsbegriff ganz fremde, streng objektive Charakter der εἱμαρμένη heraus, wenn wir § 26 ihren physischen Inhalt als die kreisende kosmische Regeneration jedes Daseins kennen lernen werden.

Philo veranlaßt hat, von der heraklitischen Lehre zu sagen, daß sie wie die stoische alles a u s der Welt und i n die Welt ableite, von Gott aber nichts geworden glaubt"[1]).

§ 15. Die γνώμη. Das *eine Weise. Das von allem Getrennte.

In diesen Zusammenhang gehören nun einige Fragmente Heraklits, in welchen wir dem Gedankeninhalte nach ganz dasselbe wiederfinden, was wir bisher aus dem Munde der Berichterstatter über den λόγος διὰ πάντων διήκων, über das sich durch alles hindurchziehende und alles leitende Vernunftgesetz gehört haben.

Wie wir schon oben bei Plutarch von einem „φρο-νοῦντος ὅτῳ κυβερνᾶται τότε σύμπαν" gehört haben, so fährt Diog. L. IX, 1, nachdem er folgende Sätze aus Heraklit in direkter Rede mitgeteilt hat: „Vielwisserei lehrt nicht Verstand. Sonst hätte sie ihn auch dem Hesiodos gelehrt und wiederum auch dem Pythagoras und dem Xeno-phanes und dem Hekatäus" in indirekter Anführung also fort: „εἶναι γὰρ ἓν τὸ σοφὸν ἐπίστασθαι γνώμην ἥτε οἵη κυβερνήσει πάντα[2]) διὰ πάντων", „denn eins sei

---

[1]) Philo alleg. leg. III, p. 62, T. I, p. 88, Mang. — Es ist daher der von Schleiermacher (p. 430) über den Bericht des Nemesius geäußerte Tadel und sein daselbst und p. 431 gemachter Versuch durch eine höchst willkürliche und gewiß falsche Vermutung über das, was uns Jamblich (siehe oben p. 266, 1) von den Opfern sagt, eine solche πρόνοια zu gewinnen, völlig grundlos und dem Geiste Heraklits ganz zuwider.

[2]) So verbessert Schleiermacher den Text ἥτε οἱ ἐγκυβερ-νήσει π. δ. π. Die Stelle hat viele andere Konjekturen erfahren, die jedoch bis auf zwei nicht einmal der Erwähnung verdienen. Die eine ist die von der Hübnerschen Ausgabe des

das Weise; die Sentenz (im objektiven Sinne von: Gesetz, Schicksalsspruch) zu verstehen, welche allein alles durch alles hindurchleiten wird."

Diogenes mitgeteilte Äußerung Herrmanns: Nisi fallor — nam perdifficile est de Heracliteis certi quid pronuntiare — scribendum: εἶναι γὰρ ἓν τὸ σοφόν, ἐπίστασθαι γνώμην οὔτε ἐν κυβερνήσει πάντα διὰ πάντων, esse illud unum sapiens, intelligere mentem ejus, cujus in gubernatione sint omnia per omnia. i. e. mentem divinam, hier wird also die γνώμη gleichfalls in subjektivem Sinne überhaupt (was in dem oben Gesagten seine Widerlegung findet) und die Leitung der Welt als die eines persönlichen Geistes aufgefaßt, was durch und durch unheraklitisch ist. — Ist dagegen je eine Konjektur auf eine zugleich ebenso gelehrte als geistreiche Weise begründet worden, so ist es die von Creuzer im Dionysos (Heidelberg 1809) vorgetragene: γνώμην ᾗ δέει ἐν κυβερνήσει πάντα διὰ πάντων „hoc sensu: eam solam esse sapientiam, nosse quomodo ratio in sua gubernatione omnia colligare soleat per omnia," welche in der Tat einen ganz heraklitischen Sinn gewähren würde und für welche man die von Creuzer gegebene Begründung und zur Unterstützung angeführten Stellen bei ihm selbst, p. 72—74, nachlesen muß. Wenn wir dennoch der Schleiermacherschen Konjektur den Vorzug geben zu müssen glaubten, so verlangt dies die kurze Angabe einiger Gründe. Als solche wollen wir nur anführen, daß das „οἴη" uns sowohl durch das ἓν τὸ σοφόν als durch den Sinn der ganzen Stelle geboten erscheint; es ist erforderlich, daß von dem den Vielwissern entgegengesetzten einen Weisen gesagt wird, daß es allein und ohne daß irgend etwas anderes an dieser Weltregierung teilnehme, alles durch alles hindurchleitet. Dies zeigt auch dieselbe Wiederholung in dem sehr parallelen Fragment bei Clemens ἓν τὸ σοφὸν μοῦνον λέγεσθαι οὐκ ἐθέλει καὶ ἐθέλει und das αὐτοκράτορα γὰρ αὐτὸν ὄντα, als welches das heraklitische Absolute bei Plato Cratyl. p. 413, B., definiert wird. Ferner erscheint uns die κυβέρνησις als ein sehr abstraktes und Heraklit schwerlich zuzutrauendes Substantiv, während das Verbum κυβερνᾶν bei ihm verbürgt ist.

Die Worte κυβερνήσει πάντα διὰ πάντων, die eine unverkennbare Annäherung an den λόγος διὰ παντὸς διήκων
enthalten, können schon deshalb und mit Rücksicht auf
das, was uns Plato hierbei von dem durch alles Hindurchgehenden (διὰ παντὸς διεξιόν), durch welches alles
Werdende wird, gesagt hat, keine Schwierigkeit bieten.
Die γνώμη aber, welche hier, an die Stelle des λόγος
tretend, diese Leitung übernimmt, muß also wie dieser,
muß wie das φρονοῦν ὅτῳ κυβερνᾶται τότε σύμπαν, wie es
bei Plutarch hieß, o b j e k t i v aufgefaßt werden. Dies
hat zum Teil schon Mericus Casaubonus (ad. Marc.
Anton. V, ed. Trajecti ad Rhenum p. 403) eingesehen,
und in diesem Sinne die γνώμη durch „Gott" erklärt
und übersetzt, obgleich dieser Ausdruck auch wieder eine
subjektive Auffassung zuließe.

Auch Schleiermacher (p. 478) ist die objektive Bedeutung, welche die γνώμη hier hat, nicht ganz entgangen,
wie seine schwankende Bemerkung zeigt, daß „die γνώμη
nicht zu denken ist o h n e i h r e n I n h a l t, das a l l g e -
m e i n e G e s e t z." Allein zur Klarheit ist er über diesen

---

Die auf den ersten Blick schwierige Futurform κυβερνήσει,
wo zunächst ein Präsens erwartet werden sollte, erscheint uns
aber gerade darum sehr echt, weil durch sie auch die E w i g -
k e i t dieser Leitung für alle Zukunft ausgedrückt und von dem,
der im Gegensatz zur Vielwisserei das eine Weise kennt, gesagt wird, wie er darum auch nicht bloß wisse, was schon
sei, sondern auch in aller Zukunft immer s e i n w e r d e. Heraklit zieht hier nur mit der ihm eigenen Kürze in d a s F u t u r
z u s a m m e n, was Chrysipp in einer auch sonst zu diesem
Fragment in inniger Verwandtschaft stehenden Erklärung der
εἱμαρμένη bei Plutarch Plac. I, 28 in Perfektum, Präsens und
Futurum auflöst: „Εἱμαρμένη ἐστὶν ἡ τοῦ κόσμου λόγος...
ἢ λόγος, καθ' ὃν τὰ μὲν γεγονότα γέγυνε, τὰ δὲ γινόμενα
γίνεται, τὰ δὲ γενησόμενα γενήσεται".

Punkt nicht gelangt, wie seine gegen Casaubonus gerichtete Äußerung zeigt „γνώμη aber geradezu durch Gott zu übersetzen, oder auch nur bestimmt als Weltseele zu verstehen, kann uns selbst die Vergleichung mit Nr. 11 (dem Fragmente bei Clemens, auf welches wir bald zu sprechen kommen werden) nicht geneigt machen" und noch deutlicher seine völlig unrichtige Übersetzung des Bruchstückes: Denn eins nur sei weise, zu verstehen die E i n - s i c h t, welche allein j e g l i c h e n geleiten kann durch alles." Hier ist nicht nur die Auffassung von γνώμη als des subjektiven Begriffes der „Einsicht" falsch, sondern eben diese subjektive Auffassung verschuldet auch, daß Schleiermacher das πάντα als Akkusativ Singularis nehmen und durch „jeglichen" übersetzen muß, wodurch der ganze Sinn des Fragmentes zerstört wird. Denn es ist offenbar und sowohl an sich als nach der früher betrachteten Reihe von Stellen über den λόγος διὰ παντὸς διήκων und ähnliche Ausdrucksweisen ganz unzweifelhaft, daß πάντα nicht eine Person bedeuten kann, sondern als Akkusativus Pluralis Neutrius auf die D i n g e geht, welche die γνώμη welt-regierend ordnet und leitet[1]), weshalb sie eben das durch alles Hindurchgehende ist, wie auch das κυβερνᾶν nur diese sachliche Regierung der Weltordnung bedeutet. — Die γνώμη ist, sagten wir, rein objektiv zu fassen; sie ist das hier von Heraklit als die S e n t e n z a l l e s D a - s e i n s, als der a l l e s b e h e r r s c h e n d e S c h i c k s a l s - s p r u c h oder göttliche R a t s c h l u ß ausgesprochene Ge -

---

[1]) Zur Bestätigung unserer ganzen Auffassung des Fragmentes vgl. man noch die oben p. 283 ausführlich ausgezogene hippokratische Stelle, wo es von dem r e i n s t e n F e u e r (τὸ θερμότατον καὶ ἰσχυρότατον πῦρ) wörtlich wie in unserem Fragmente von der γνώμη heißt: τοῦτο πάντα διὰ παντὸς κυβερνᾶ.

setz der Identität des Seins und Nicht, das allein alles regiert und regieren wird, und mit dessen Erkenntnis daher das ganze Weltall erkannt ist.

Daß die γνώμη in der Tat nur diesen objektiven, die Welt regierenden Schicksalsspruch bedeutet, daß sie ganz identisch mit der Εἱμαρμένη selbst ist, würde wohl auch Schleiermacher nicht verabredet haben, wenn er erstens· die soeben (p. 530, Anm.) mitgeteilte Definition der εἱμαρμένη bei Chrysippos verglichen und wenn er ferner hierbei die Stelle des Plutarch (über deren heraklitischen Inhalt wir uns oben p. 362 sqq. näher verbreitet haben, worauf wir hier zurückverweisen müssen) konsultiert hätte: „— — ἄφθαρτος ὁ θεὸς καὶ ἀΐδιος πεφυκὼς ὑπὸ δή τινος εἱμαρμένης γνώμης καὶ λόγου μεταβολαῖς χρώμενος" κτλ. Die Identität der εἱμαρμένη, der γνώμη und des λόγος, und wie der I n h a l t der γνώμη etc. nur eben die μεταβολή, das G e s e t z d e s U m s c h l a g e n s v o n S e i n u n d N i c h t i n e i n a n d e r ist (der beiden Seiten des Dionysos und Apollo, in welche sich im Fortgang der Stelle der ewige Gott beständig umsetzt,· s. oben a. a. O.), — kann unmöglich deutlicher hervortreten als durch· diese die γνώμη ganz in· demselben ungewöhnlichen Sinne wie jenes Fragment gebrauchende, d u r c h d e n B e i s a t z εἱμαρμένης a b e r d o c h j e d e U n g e w i ß - h e i t b e s e i t i g e n d e Stelle, welche also etwa folgendermaßen zu übersetzen wäre: „der unvergängliche ewige Gott, vermöge eines gewissen S c h i c k s a l s s p r u c h e s (oder: verhängten Ratschlusses) und Gesetzes sich Umwandlungen seiner selbst bedienend" etc. *).

---

*) Mit welchem Unrecht Schleiermacher in dem obigen Fragmenta πάντα als „jeglichen Menschen" statt als ‚alle Dinge" auffaßt, ist, wie wir jetzt sehen, bereits von Bernays Rhein. Mus. IX, p. 252 sqq. bemerkt worden. Aber ganz entschieden

Eine dritte hier erläuternd in Betracht kommende Stelle, in der die γνώμη in ähnlicher objektiver Weise auftritt

müssen wir uns sowohl gegen die von Bernays gegebene Emendation als auch seine **Auffassung** des Fragmentes aussprechen. Da uns damit gerade die **wesentlichste** Eigentümlichkeit und Schranke der heraklitischen Philosophie verkannt zu sein scheint, so ist es wegen der großen Wichtigkeit der Sache notwendig, obwohl die Widerlegung von Bernays Ansicht schon aus der obigen Darstellung von selbst folgt, dennoch sie näher zu betrachten. Bernays will lesen: „*γνώμην ἥτε οἰακίζει πάντα διὰ πάντων*" und faßt die *γνώμη* geradezu als das, was wir oben zurückweisen, als eine wirkende **Intelligenz** auf; er übersetzt: „Eine **Intelligenz** leitet das All im Spiel seiner sich durchdringenden Gegensätze, lenkt alles durch alles."

Was zuerst die Emendation betrifft, so hat es gewiß auch diplomatisch keine Wahrscheinlichkeit für sich, daß *οἰ-ἐγκυβερνήσει* aus *οἰ-ακίζει* geworden sein sollte. Und warum diese gewagte Konjunktur? *οἰακίζει* ist durch **ein** Fragment bei Pseudo-Origenes als heraklitischer Ausdruck verbürgt. Aber *κυβερνᾶν* ist es sogar durch drei Stellen (siehe oben p. 498 sqq.) und wird ja auch von Bernays selbst nicht als solcher bestritten. Ferner fällt bei dieser Konjunktur *οἴη* aus, welches gerade (vgl. das Fragment vom Zeus: *ἓν τὸ σοφὸν μοῦνον* etc.) sehr wesentlich ist. Bernays meint, daß das Futurum *κυβερνήσει* unlogisch wäre. Ganz im Gegenteil ist (siehe oben p. 530, Anmerk.) das Futurum hier ganz **besonders expressiv** und notwendig. Es liegt in ihm der Begriff der Ewigkeit. Im Präsens ist nicht das Futurum, wohl aber in diesem schon das Präsens enthalten. Es ist klar, daß, wenn die *γνώμη* alles immer leiten **wird**, sie es auch stets geleitet hat und leitet. Die Notwendigkeit des Futurums, sei es eines zum Präsens hinzutretenden, oder von Heraklit kürzer ohne ausdrückliche Beifügung des Präsens gesetzten, erhellt aus § 26 von selbst. Noch entschiedener aber muß ich der Auffassung der *γνώμη* als „**Intelligenz**" entgegentreten. Zufällig erwähnt auch gerade Bernays ib. p. 259 der *εἱμαρμένη* und nimmt einen Unterschied zwischen *γνώμη* und *εἱμαρμένη* an („Die *Δίκη* also — ist dem Zeus nur an die Seite gesetzt; die *γνώμη* dagegen ... mit dem

und aus welcher sich dieser Gebrauch von γνώμη erklären
kann, ist die bereits im zweiten Kapitel näher betrachtete
Zeus verschmolzen"). Jetzt wird nach der oben bezogenen Stelle
des Plutarch Bernays wohl selbst zugeben, daß die γνώμη und
εἱμαρμένη identisch sind. Gerade von hieraus entwickelt sich
der große sachliche Unterschied in unserer Auffassung des
Fragmentes. Die γνώμη ist nach uns nur, wie die εἱμαρμένη,
strenge objektive Notwendigkeit. Das heraklitische Absolute ist
nicht, wie Bernays meint, „Intelligenz", sondern nur erst
ein „Intelligentes", nicht „Vernunft" (als für sich seiend),
sondern erst ein objektiv „Vernünftiges"; es ist ein „Wei-
ses" (σοφόν), aber noch kein Wissen von sich selbst.
Wer diese, wenn auch feine, Demarkationslinie einreißt, hebt
damit das ganze Wesen der heraklitischen Philosophie auf,
die es nicht über das Objektiv-Vernünftige hinausbringt,
deren Schranke eben darin besteht, dies Vernünftige noch nicht
als eine sich selbst erfassende Vernunft (Intelligenz) aufzufassen. Wer diese Schranke aufhebt, der reißt jeden Unterschied zwischen dem σοφόν des Heraklit und dem νοῦς des
Anaxagoras ein; ja wegen anderweitiger Bestimmungen würde
das Prinzip Heraklits dann schon weit über den νοῦς des
Anaxagoras hinausgehen. Die Bestimmung seines Prinzips als
des Weisen (τὸ σοφόν) ist die höchste Konzentration, in
welcher Heraklit gegen diese Schranke anstürmt — und sie
doch noch bestehen läßt und nicht durchbricht. Wir haben
uns hierüber häufig ausführlich expliziert und es genügt, darauf
zurückzuverweisen. Bernays hat daher auch höchst Unrecht,
in der plutarchischen Stelle (siehe oben p. 498) ἐκ τοῦ φρο-
νοῦντος ὅπερ κυβερνᾶται das Partizipium zu tadeln, indem er
sagt: „Weil γνώμη im späteren Griechisch nicht mehr die absolute gefaßte Intelligenz bedeutet, sondern nur die von jemandem
gehegte Ansicht und Gesinnung, greift Plutarch zu einem par-
tizipialen Abstraktum (τὸ φρονοῦν) und während der alte
Ephesier das Steuer unmittelbar der Intelligenz zuweist"
etc. Ganz im Gegenteil. Gerade das Neutrum φρονοῦν ist vorzüglich gut (nur daß mit Wytt. und Markl. für ὅπως man ὅτῳ
lesen muß). Es ist ein Vernünftiges, welches bei Heraklit
alles leitet und steuert, nicht eine Vernunft (i. e. sich selbst

534

des Jamblich von den Dämonen, welche „in den Existenzen der Natur symbolisch den Ratschluß des beschlie-

erfassende Intelligenz). Heraklit hat nur φρονοῦν gesagt oder φρόνιμον (cf. Pseudo-Origenes IX,. 10: λέγει δὲ καὶ φρόνιμον τοῦτο εἶναι, τὸ πῦρ καὶ τῆς διοικήσεως τῶν ὅλων αἴτιον) wie er nur σοφόν gesagt hat, nicht σοφία. Der Unterschied ist durchaus nicht bloß der des mehr oder weniger abstrakten Ausdruckes, sondern der des Gedankens; es ist der Unterschied zwischen rein objektiver Vernünftigkeit und einem Wissen derselben von sich oder Vernunft. Es liegt nahe, von hier auf eine andere Behauptung von Bernays daselbst zu kommen. Es heißt bei Pseudo-Origenes IX, 9: Οὐκ ἐμοῦ ἀλλὰ τοῦ λόγου (wie Bernays richtig verbessert) ἀκούσαντας ὁμολογεῖν σοφόν ἐστιν, ἓν πάντα εἶναι. So hat nämlich der Herausgeber statt πάντα εἰδέναι gesetzt. Bernays schützt letzteres und äußert: Nur dies „Eines weiß alles" hat Heraklit geschrieben und nur dies hat er schreiben können ... Sobald er den Satz ἓν πάντα εἶναι ausgesprochen hätte, würde Heraklit aufgehört haben ein Heraklitiker zu sein, wäre er ein Eleate geworden, einer von denen, die eben mit diesem Einssein aller Dinge ... das All zum Stehen bringen." Es ist uns unbegreiflich, wie dieser tüchtige Forscher heraklitischer Lehre sich momentan zu dieser Äußerung hinreißen lassen kann. Wie oft hören wir nicht durch die besten Zeugen, daß bei Heraklit ἐκ ἑνὸς πάντα καὶ ἐκ πάντων ἕν. Es ist dies eines der verbürgtesten und häufigsten Zeugnisse und sehr gut konnte also Heraklit sagen ἓν πάντα εἶναι Nur, daß dabei „ἀμοιβῇ" „durch Umwandlung" werde eins aus allem und alles aus einem, hinzuverstanden war. Immerhin ist dann alles eines, wie ja in der Tat alles bei ihm Feuer etc. in verschiedenen Graden ist (§§ 19 sqq.). Die Handschrift hat freilich εἰδέναι. Aber wenn man berücksichtigt, wie oft in den Handschriften aus εἶναι εἰδέναι geworden ist (vgl. z. B. oben p. 483), so beweist dies so viel wie gar nichts. Auch war es eher im Geiste der Abschreiber ἓν πάντα εἰδέναι aus εἶναι zu machen, als umgekehrt. Da nun, wie Bernays selbst zugibt, der Zusammenhang, in dem Pseudo-Origenes das Bruchstück zitiert, ἓν πάντα εἶναι erfordert, so sehen wir nicht ein,

ßenden Gottes (τὴν γνώμην τοῦ μέλλοντος θεοῦ) darstellen,"
eine Stelle, über die wir auf die Erörterung p. 69 verweisen müssen[1]).

---

warum wir ihm ohne Not, und dadurch einen vorzüglich echten
heraklitischen Ausspruch verlierend, die Torheit imputieren
sollen, gegen seinen eigenen Zweck zitiert zu haben. Wir ziehen
also die Vermutung des Herausgebers ἓν πάντα εἶναι bei weitem vor, zumal auch wegen des Zusammenhanges mit dem
Logos, der immer als das auftritt, nach welchem alles wird
(„γινομένων γὰρ πάντων κατὰ τὸν λόγον τόνδε" sagt ein daselbst unmittelbar folgendes Bruchstück, vgl. § 28). Aber für
unmöglich halten wir diesmal die von Bernays gewollte Lesart nicht. Heraklit kann gesagt haben: Eins weiß alles. Dies
zeigt uns gerade eine von Bernays nicht angerufene Stelle des
pseudo-hippokratischen Buches de carnibus (s. § 18). Von dem
Gesetz, nach welchem jedes und alles einzelne wird, und welches die Verwandlungen jedes einzelnen bedingt, kann man auch
sagen, daß es alles Seiende und Werdende weiß. Aber damit
ist dem oben Gesagten noch durchaus nicht widersprochen.
Dieses Gesetz weiß wieder nur das objektive Sein als
solches, oder das einzelne, das aus ihm wird, aber noch
durchaus nicht sich selbst. Es ist keine Intelligenz. Noch
genauer gesagt, was aber erst im § 26 verständlich werden wird:
die γνώμη, als die ganze kosmische Reihenfolge der
Umwandlungen jedes Daseins während der Periode
der kosmischen Generation in sich tragend, weiß,
da in jeder Periode sich nur derselbe kosmische Kreislauf
der Existenzen wiederholt, auch alles, was sich jemals in diesen
kosmischen Kreisläufen zutragen und entwickeln wird. Sie ist
so ein Wissen oder Innehaben des objektiven Seins,
das ist, war und sein wird: ein Vorausbestimmtsein und
Verhängnis desselben, aber niemals subjektive Intelligenz,
Fürsichsein, Wissen von sich. — In § 26 wird auch
ganz entscheidend die obige Explikation der γνώμη und ihre
Identität mit der εἱμαρμένη sich bestätigen. Zeus selbst ist
bei Heraklit nur objektiver Wandel ohne allen und jeden
Persönlichkeitsbegriff.

[1]) Man vgl. endlich die heraklitisierende Stelle bei Epictet.

Endlich sind hier noch zwei andere Fragmente Heraklits anzuführen, welche von unserem Bruchstück sowohl Licht empfangen, als ihm wechselseitig solches verleihen. Das erste dieser Fragmente ist das schon im zweiten Kapitel näher erörterte und seitdem oft berührte Fragment bei Clemens (Strom. V, 14, p. 718, Pott.), welches hier doch seine Stelle finden muß, da erst hier unsere p. 35 sqq. gegebene Erläuterung ihre weitere Bestätigung empfangen kann: „Ἕν τὸ σοφὸν μοῦνον λέγεσθαι οὐκ ἐθέλει καὶ ἐθέλει, Ζηνὸς ὄνομα". „Das eine Weise allein will nicht ausgesprochen werden und will ausgesprochen werden, der Name des Zeus."
Die genaue Vergleichung des vorigen Fragmentes aus Diogenes mit diesem letzteren ist um so mehr geboten, als beide ausdrücklich das „ἕν τὸ σοφόν" oder das heraklitische A b s o l u t e definieren, und also das, was sie von ihm prädizieren, in beiden Fragmenteñ gleichsam miteinander v e r t a u s c h t werden können muß, um den wirklichen Sinn der Stellen zu offenbaren und zugleich die P r o b e für die Richtigkeit der Auffassung derselben zu liefern. Es ergibt sich zunächst aus dieser Vergleichung die an ihrem Ort nach ihrem inneren Grunde als notwendig nachgewiesene gänzliche Unterschiedslosigkeit und Identifizierung des a b s o l u t e n W i s s e n s[1]) und des

---

Enchir. c. 31, T. III, p. 35, ed. Schw., wo er, nachdem er die Götter als die διοικοῦντας τὰ Ὅλα erklärt hat, sagt, man müsse dem Geschehenen freiwillig folgen als dem „welches von der vortrefflichsten γνώμη vollbracht wird," „— πᾶσι τοῖς γινομένοις καὶ ἀκολουθεῖν ἑκόντα ὡς ὑπὸ τῆς ἀρίστης γνώμης ἐπιτελουμένοις" (zu dem ἀρίστης vgl. oben p. 188 sqq.), wo Schweigh. mit Recht γνώμη durch consilium, Ratschluß, übersetzt. —·

[1]) Doch darf dieser Ausdruck hier nicht mißverstanden werden. Das absolute Gesetz weiß auch alle Wandlungen, die es

absoluten Gesetzes selber bei Heraklit. Denn das einemal heißt es, das eine Weise oder das Absolute sei das Wissen des Gesetzes (ἐπίστασϑαι τὴν γνώμην), wie es das anderemal heißt, es sei der Name des Zeus, das göttliche Wesen selbst. Das Fragment bei Diogenes zeigt, daß wir ein Recht hatten, p. 35 sqq. das „eine Weise", welches in dem Fragment bei Clemens „allein ausgesprochen werden will und auch nicht" als das absolute, alles durchdringende und regierende Gesetz (des Gegensatzes) zu erklären, als welches es in dem Fragment bei Diogenes ausdrücklich definiert wird. Scheint es für diese Auffassung des Fragmentes bei Clemens eine Schwierigkeit zu bilden, daß daselbst das eine Weise als „Name des Zeus" geschildert wird, so ist schon hier der Ort, auch jeden Anschein dieser Schwierigkeit zu beseitigen und den Nachweis zu führen, daß der „Name des Zeus", selbst ohne den appositionellen Zusatz „das eine Weise", bei Heraklit dennoch nichts anderes bedeuten würde, als den λόγον διὰ παντὸς

---

durchzumachen hat und die es in sich trägt. Darum ist es das eine Weise, weiß alles, und insofern nennen wir es: absolutes Wissen. Davon ist aber, wie eben in einer vorhergehenden Anmerkung bemerkt worden, jede subjektive Auffassung dieses Absoluten als göttliche Einsicht, Plan etc. wesentlich fern zu halten. Die gewiß merkwürdige Anschauung bei Heraklit ist vielmehr die, daß das Absolute als rein Objektives aufgefaßt wird, als Gesetz, λόγος etc. und das Wissen eine diesem Objektiven selbst, und ohne es zu einem Subjektiven zu machen, zukommende selbst objektive Eigenschaft, ein Innehaben ist. (Darum bleibt es auch im Neutrum, „das Weise", stehen). Es ist bei ihm totale Identifikation des Objektiven und Subjektiven vorhanden, d. h. aber eben der Begriff des Subjektiven ist bei ihm noch gar nicht da. Es wird dies später noch deutlicher werden.

διήκοντα, das alles durchwaltende Gesetz des Gegensatzes selbst[1]). — Zunächst müssen wir hierfür darauf aufmerksam machen, daß überhaupt, was in der Untersuchung über die Sprachphilosophie Heraklits seine nähere Begründung und Nachweisung finden wird, der Name eines Dinges bei Heraklit das ist, worin sich ihm das Wesen desselben offenbart, und deshalb von ihm als gleichbedeutend mit diesem gebraucht werden kann. So sagt er in einem anderen Fragmente[2]): „Δίκης ὄνομα οὐκ ἂν ᾔδεσαν“ κτλ., „sie würden den Namen der Dike nicht kennen“ (nämlich die Menschen), wo also doch offenbar gemeint ist, sie würden das Wesen der Gerechtigkeit nicht kennen.

Aber die spezielle Identität des „Namens des Zeus“ und des die Welt durchdringenden Gesetzes oder Logos empfängt ihren evidenten Nachweis durch Berichte über die Lehre der Orphiker, welche zugleich eine neue Bestätigung dessen liefern, was wir über das Verhältnis Heraklits zu den orphischen Dogmen und Anschauungen gesagt haben. So heißt es bei Proclus (Comm. in Alcib. I, p. 150, ed. Creuzer) „Τὰ γὰρ ἄῤῥητα ὀνόματα τῶν θεῶν ὅλον πεπλήρωκε τὸν κόσμον, ὥςπερ οἱ θεουργοὶ λέγουσιν“ κτλ., „denn die unaussprechlichen Namen der Götter füllten das gesamte Weltall aus, wie die Theurgen sagen.“ Und ebenso, ja sich noch genauer in wörtlicher Hinsicht an den λόγος διὰ παντὸς διήκων anschließend, wird uns bei Jamblichos (de Myster. c. V, p. 61) gesagt, Hermes habe gelehrt, der Name Gottes bedeute das, was die ganze

---

[1]) Vgl. hierüber noch in dem folgenden Paragraph: der λόγος als Wort.

[2]) Clemens Al. Strom. IV, c. 3, p. 205, Sylb., p. 568, Pott.

Welt durchdringt (τό τε τοῦ θεοῦ ὄνομα παρέδωκε διῆκον δἰ ὅλου τοῦ κόσμου.[1])

So gebrauchte Heraklit also auch hier wieder teils orphisches, teils wie wir bald sehen werden, orientalisch-religiöses Material zum Substrat der Darstellung seines spekulativen Begriffes. Gilt in der religiösen Vorstellung der Name Gottes als das die Welt Befruchtende und Durchdringende, so wird dies bei Heraklit zur D a r - s t e l l u n g s f o r m, in welcher er seinen spekulativen Ge- danken von der Einheit des Sein und Nichtsein als das absolute Gesetz ausspricht, das alles durchdringt und be- herrscht. Jene m y s t i s c h e U n a u s s p r e c h l i c h k e i t s e l b s t des Namens Gottes (τὰ ἄῤῥητα ὀνόματα) — und man erinnert sich, daß diese Anschauung im Laufe der Zeit eine ganze Literatur entwickelt hat — wurde ihm zu einem geeigneten Symbol, um d i e g e g e n s ä t z l i c h e N a t u r d e s s p e k u l a t i v e n B e g r i f f e s d a r i n a u s - z u d r ü c k e n. Indem er sich dieses Dogmas von der Un- aussprechlichkeit bemächtigt, und dasselbe scharf zuspitzt, — den Namen Gottes als das bezeichnend, was a l l e i n (μοῦνον) nicht ausgesprochen werden will, — und indem er andererseits aber nun hinzufügt, daß er zugleich es auch sei, der a l l e i n ausgesprochen werden w o l l e, schildert er auf das t i e f s t e die ihm unsagbare Natur des Spekulativen, die Natur des Gedankens der Nega- tivität, welche einerseits in der Benennung jedes einzelnen, da dieses nur in i h r s e i n S e i n hat, ausgesprochen wird, und welche ebenso andererseits als das absolute H i n a u s über jede Bestimmtheit und jedes unmittelbare Dasein in keinen sinnlichen Laut zusammengefaßt, in keiner, wohl

---

[1] Vgl. noch Procl. in Cratyl. p. 23 u. 70 u. Wyttent. ad Plut. de Is. p. 179 sqq.

immer mit Bestimmtheit und Unmittelbarkeit behafteten, Form in ihrer Allgemeinheit herausgerungen und erschöpft werden kann.

Ist diese Auffassung des Fragmentes bei Clemens über jeden Zweifel erhaben, so ist damit auch dargetan, daß in dem Fragmente des Diogenes die γνώμη in demselben objektiven Sinne zu fassen ist und dasselbe bedeutet, wie in jenem Fragmente der Name Zeus, so daß, was von beiden prädiziert ist, miteinander vertauscht werden könnte, ohne den Sinn Heraklits zu alterieren.

Ist ihm hiernach die γνώμη das das Dasein durchwaltende Gesetz der Identität des absoluten Gegensatzes, ist sie ihm dasjenige, was „allein ausgesprochen werden nicht will und auch will," so ist damit auch bewiesen, daß — wovon wir den inneren Grund und die Notwendigkeit im zweiten und dritten Kapitel der Einleitung zu zeigen versuchten — die U n g e n ü g e n d h e i t d e r F o r - m e n, in denen er sein absolutes Prinzip darzustellen suchte, und die Unmöglichkeit, dasselbe in seiner reinen und adäquaten Allgemeinheit herauszuringen, i h m s e l b s t z u m B e w u ß t s e i n g e k o m m e n w a r, und so in dem Triebe hinauszugehen über das U n g e n ü g e n d e einer jeden solchen sinnlichen (weil unmittelbaren) Form seines Absoluten für den rein allgemeinen Gedankeninhalt desselben, die unendliche Vielheit und Abwechslung dieser Formen erzeugte.

In demselben Verhältnis der gegenseitigen Beleuchtung, in welchem die beiden Fragmente bei Diogenes und Clemens untereinander stehen, steht endlich noch ein anderes Fragment zu ihnen, ein dritter Ausspruch Heraklits über dasselbe „eine Weise", welcher uns von Stobaeus (Serm. III, p. 48, I, p. 100, ed. Gaisf.) aufbewahrt worden ist: „Ὁκόσων λόγους ἤκουσα, οὐδεὶς ἀφικνεῖται ἐς τοῦτο ὥστε γινώσκειν (ἢ γὰρ θεὸς ἢ θηρίον) ὅτι σοφίν ἐστι πάντων κεχωρισμένον". „Wie vieler Reden ich auch vernommen habe, keiner gelangt dazu zu erkennen, daß das Weise das von allem (d. h. von allem Seienden) Getrennte ist."

Zunächst ein Wort über den Text. Schleiermacher hat bereits mindestens gegen den Ort, welchen die Worte ἢ γὰρ θεὸς ἢ θηρίον einnehmen, ohne denselben übrigens eine andere Stellung zuweisen zu können, Bedenken erhoben, wenn er auch noch (p. 348) zugeben zu müssen glaubt, daß diese Worte „doch schwerlich ganz falsch sein können." Die Gaisfordsche Ausgabe des Stobaeus hat sie dagegen, und zwar auf Grund von Handschriften, gänzlich fortgelassen. Wenn H. Ritter (p. 71) aber gegen eine von Schow vorgeschlagene, zwar auch nicht ganz richtige Emendation, bei der aber doch mindestens das ἢ γὰρ θηρίον fortfallen sollte, bemerkt, die Stelle werde dadurch zu leicht und überdies sei „der Gegensatz zwischen θεὸς und θηρίον ganz heraklitisch," so nötigt uns das zu der Erwiderung, daß, was die zu große Leichtigkeit der Stelle anbetrifft, H. Ritter ihr dieselbe nicht hätte zum Vorwurf zu machen brauchen, da er sie, wie seine Übersetzung[1]) und Erklärung zeigt, mit und ohne jenen Beisatz gründlich mißversteht. Anlangend aber jenen Gegensatz zwischen θεὸς und θηρίον so müssen wir den angeblich ganz heraklitischen Charakter desselben entschieden in Abrede stellen. Der Gegensatz zwischen Gott und Mensch ist ganz heraklitisch; ein Gegensatz zwischen Mensch und Tier würde es gleichfalls sein können. Aber

---

[1]) Sie lautet: „So vieler Worte ich gehört habe, keiner gelangt soweit, daß er erkennt, denn entweder ist er ein Gott oder Tier, weil die Weisheit entfernt ist von allen (Menschen)"!!

der Gegensatz zwischen Gott und Tier ist durchaus nicht heraklitisch und kann es auch, weil er mindestens im heraklitischen Sinne ein miteinander nichts zu schaffen habender, durch den Gedanken nicht vermittelter Gegensatz wäre, nicht sein. Wenigstens wird man k e i n e Stelle nachweisen können, aus welcher das Vorkommen dieser Antithese bei Heraklit sich ergäbe, oder auch nur wahrscheinlich würde.

Aber auch abgesehen hiervon könnte jedenfalls jener Gegensatz in d i e s e m Fragmente unmöglich an seinem Orte sein*). Denn gewiß wäre es eine der unglücklichsten Behauptungen und das größte Unrecht, das man dem Ephesier antun könnte, anzunehmen, daß Heraklit von seinem A b s o l u t e n — d e n n v o n n i c h t s a n d e r e m h a n d e l t d i e S t e l l e , nichts anderes bedeutet jenes „W e i s e“ — habe sagen können, daß es möglicherweise a u c h e i n T i e r (!) sein könne. Vielmehr war Heraklit dieses Weise nur Gott und jede irgendwie hingestellte Alternative, sowie es sich von diesem Absoluten handelt, schlechthin unmöglich. — Wenn daher bereits Gaisford mit großem Rechte und auf handschriftlichem Grunde, wie bereits bemerkt, jenen ganzen Beisatz ἢ γὰρ θεὸς ἢ γὰρ θηρίον als unechte Zutat fortläßt, so kann man selbst und mit vielleicht nicht geringer Wahrscheinlichkeit, den Ursprung jenes sinnlosen und das ganze Bruchstück verderbenden Glossems angeben. Einige Handschriften haben nämlich die inkriminierten Worte nur a m R a n d e . Nun

---

*) Mit sicherem Takt erklärt daher auch Zeller p. 451, 1 das ἢ γὰρ θεὸς ἢ θηρίον für unecht. Wenn er aber im Text das Fragment so wiedergeben zu wollen scheint: „Wo unser Philosoph hinblickt, nirgends findet er wahre E r k e n n t n i s ,“ so ist der konkrete Sinn des Bruchstückes hierin ebensowenig zur Anerkennung gelangt.

erinnere man sich, was Aristoteles (Polit. I, 2, p. 1253, B.) vom Staate sagt, wie er auf der menschlichen Gemeinschaft (κοινωνία) beruhe und darauf, daß der Einzelne für sich getrennt (χωρισθείς) sich nicht genüge; wie aber derjenige, der eine Gemeinsamkeit entweder nicht eingehen könne, oder sich selbst genügend nicht einzugehen brauche, kein Glied der menschlichen Gesellschaft sei, so daß er „entweder ein Tier oder ein Gott" sein müsse „ὅ δὲ μὴ δυνάμενος κοινωνεῖν ἢ μηϑὲν δεόμενος δι αὐταρκείαν, οὐδὲν μέρος πόλεως, ὥςτε ἢ ϑηρίον ἢ ϑεός".

Offenbar hat nun irgendein gelehrt sein wollender Abschreiber diese aristotelische Stelle im Kopfe, bei jenem äußerlich in der Tat lebhaft an sie erinnernden heraklitischen Bruchstück von dem Weisen, das von allem getrennt sei, gar gelehrt und erläuternd — wie auch das γάρ bestätigt — das aristotelische Diktum am Rande hinzugefügt, um so zu zeigen, was dieses „von allem Getrennte" allein sein könne, und so ist diese Interpretation dann für einen Teil des Textes genommen und in diesen übertragen worden.

Wenden wir uns jetzt zu der näheren Interpretation des Bruchstückes, so ist zuvörderst zu bemerken, daß Schleiermacher zwar richtig übersetzt „wie das Weise von allem abgesondert ist," in seiner Erklärung dagegen ganz denselben Irrtum, wie nach ihm Ritter, begeht, das Weise subjektiv als „das wahre Erkennen" aufzufassen, so daß dies Fragment nach ihm besagen soll, wie „das wahre Erkennen etwas durchaus anderes als die πολυμαϑίη, das Wissen um vielerlei einzelnes als solches ist." Das „Weise" ist dem Ephesier vielmehr das Objekt der Philosophie und des Wissens; nicht sowohl die subjektive Erkenntnis, sondern der absolute Ge-

genstand des Erkennens, kurz das Absolute und Göttliche selbst, welches die menschliche Weisheit nur zu erfassen strebt und welches ihm eben jenes die Welt regierende spekulative Gesetz des Gegensatzes war. Daß das
„τὸ σοφόν" auch hier nur dieses Höchste und Objektive
bezeichnet, ist schon durch die vorigen beiden Fragmente
bei Diogenes und bei Clemens vollkommen gewiß, wird
aber endlich zum Überfluß durch das Fragment selbst
bewiesen, in dem es sagt, daß es πάντων κεχωρισμένον,
von allem (Existierenden) abgesondert sei. Denn
das wird uns auch sonst als das Wesen des heraklitischen Absoluten angegeben. So z. B. in einer
Stelle des platonischen Cratylus, welche auch über den
Sinn des πάντων κεχωρισμένον guten Aufschluß gibt. Hier
nämlich, wo Plato die Heraklitiker darüber streiten läßt,
was denn ihr Grundprinzip, das durch alles hindurchgehende Gerechte eigentlich sei, und nun
der eine Heraklitiker sagt, es sei die Sonne, der andere,
es sei das Feuer, der dritte, das Warme im Feuer, läßt
er den letzten, welcher die anderen alle auslachend es als
dasselbe, was die Vernunft des Anaxagoras sei, erklärt,
dies also beweisen: „αὐτοκράτορα γὰρ αὐτὸν ὄντα καὶ
οὐδενὶ μεμιγμένον πάντα φησὶν αὐτὸν κοσμεῖν τὰ πράγματα
διὰ πάντων ἰόντα"[1]) „denn diese sei, sagt er, alleinherr-
schend, und mit nichts anderem (Sinnlichem) vermischt
ordne sie alles, indem sie durch alles hindurchgeht." Es
ist klar, daß diese Beschreibung, welche den Grund dafür
enthält, daß und warum das heraklitische Gerechte mit
der Vernunft des Anaxagoras identisch sei, nicht nur auf
diese, sondern ebensosehr auch auf das Grundprinzip des
Ephesiers und das, was dieser von demselben prädiziert

---

[1]) Cratyl. p. 413, C., p. 138, Stallb.

hat, passen muß, ohne was sie ja gar nicht zu dem Beweise taugen würde, den der Heraklitiker durch sie führen will, und was übrigens durch die Worte selbst, zumal die letzten (κοσμ. τ. πράγμ. διὰ πάντ. ἰόντα) — denn diese sind ja eine stereotype Formel und Beschreibung für das heraklitische Prinzip — unzweifelhaft bewiesen ist.

Wie es daher in Heraklits eigenem Fragment heißt: πάντων κεχωρισμένον, so wird hier von seinem Absoluten ganz ebenso ausgesagt, es sei οὐδενὶ μεμιγμένον, Worte, die nunmehr über die w i r k l i c h e Bedeutung jenes πάντων κεχωρισμένον keinen Zweifel länger lassen. Daß „von allem getrennt" und „mit nichts vermischt" nur ganz dasselbe besagen, liegt auf der Hand. Dies „mit nichts vermischt" heißt aber nichts anderes, als es sei jenes alleinherrschende Wesen und Prinzip mit n i c h t s S i n n l i c h e m (nichts a n d e r e m, wie Schleiermacher in seiner Übersetzung des Plato sich ausdrückt), mit n i c h t s S e i e n d e m und Einzelnem vermischt — und wie hätte es denn dieses auch sein dürfen? Denn als das durch a l l e s H i n durchgehende mußte es zwar in allem, aber auch das über alles, als einzelnes, Hinausgehende sein. Mit irgend welcher s i n n l i c h e n Existenz vermischt, wäre es auch an diese g e b u n d e n gewesen und hätte nicht mehr das durch a l l e s Hindurchgehende sein können. Das πάντων κεχωρισμένον läßt sich also wie das οὐδενὶ μεμιγμένον dem Sinne nach übersetzen: das allem Dasein als solchem, a l l e r S i n n l i c h k e i t E n t h o b e n e. So bestätigt es auch von neuem, warum dieses Weise allein ausgesprochen werden will und nicht. Eben weil es πάντων κεχωρισμένον ist, ist es dem Heraklit das, was nicht ausgesprochen werden will. Denn wie ließe sich das, dessen Wesen gerade darin besteht, allem Dasein und aller Einzelheit absolut entnommen zu sein, in die Bestimmtheit des

Namens fassen, ohne dadurch die Form eines Bestimmten, Seienden und Einzelnen angenommen zu haben und dadurch sich selbst ungleich geworden, gleichsam degradiert zu sein?

Fassen wir jetzt nach diesen Vorausschickungen das Fragment des Ephesiers bei Stobaeus in seiner Totalität ins Auge, so ergibt sich, daß dasselbe nichts geringeres enthält, als das älteste Stück kritischer und philosophischer Geschichte der Philosophie, das auf uns gekommen ist, oder vielmehr das je geschrieben worden sein dürfte! Heraklit gibt nämlich in diesem Fragmente auf eine ebenso gedankenvolle und bedeutsame als tief richtige Weise den Punkt an, der ihn von allen seinen Vorgängern trennt, die Differenz, durch welche er sich von sämtlichen früheren Philosophen unterscheidet. Das Fragment ist deshalb eins der interessantesten von allen, die uns aufbewahrt worden, weil es zeigt, welch tiefes Verständnis seines Prinzipes und des wahrhaften gedankenmäßigen Unterschiedes, der ihn von seinen Vorgängern abtrennt, dem Ephesier beiwohnte. Heraklits Prinzip war, wie zur Genüge nachgewiesen, der Gedanke der Negativität. Er hatte zum erstenmal das Absolute als die allem wirklichen sinnlichen Sein transzendente Idee des Prozesses des Negativen erfaßt, und nur weil er sie noch in der Form der objektiven Negativität festhielt, konnte er noch nicht dazu gelangen, sie als das auszusprechen, was sie bereits an sich war, als reinen logischen Begriff. Von diesem Standpunkt aus wendet sich nun Heraklit zu einer Kritik seiner Vorgänger zurück. Man weiß aus Diog. L., der darüber Bruchstücke aufführt, die uns noch später begegnen werden, daß er viele derselben namentlich erwähnt und beurteilt, die meisten, wie Pythagoras etc., in harter und schonungs-

loser Weise getadelt, nur sehr wenigen ein sehr zurück-
haltendes und eingeschränktes Lob erteilt hat, das sich
auch nur auf Einzelheiten bezogen haben kann; denn von
allen jenen Vorgängern trennte ihn, wie unser Fragment
selbst ausspricht, die G e d a n k e n k l u f t, daß jene sämtlich d a s A b s o l u t e a l s S e i n a u f f a ß t e n u n d i m
S e i n s u c h t e n. Dies ist in der Tat der gemeinschaftliche
Zug aller vorheraklitischen Philosophen. Dem Thales war
das Absolute das Wasser, anderen ältesten Joniern eine
andere sinnliche Bestimmtheit; den Pythagoräern war es
die Z a h l, d. h. die erste Mitte zwischen Unsinnlichem
und Sinnlichem oder richtiger das u n s i n n l i c h e S i n n-
l i c h e selbst, denn die Zahl ist das sinnliche Dasein,
welches schon von der Bestimmtheit der sinnlichen Eigenschaft gereinigt und gegen sie gleichgültig ist, aber als
G r ö ß e immer an den Begriff des sinnlichen Seins ge-
bunden bleibt; den Eleaten, von denen Heraklit jedenfalls
den Xenophanes, den er auch tadelnd erwähnt, erlebte,
war es bereits das reine Sein; d. h. schon das allgemeine
unwirkliche Sein, der G e d a n k e u n d d i e K a t e g o r i e
d e s S e i n s s e l b s t. Aber immerhin war es eben noch
der Gedanke des S e i n s.
　　Heraklit dagegen erfaßte zum ersten Male den Gedanken
des N e g a t i v e n und seiner beständig sich in ihr Gegenteil umschlagenden und dadurch verwirklichenden, in ihrer
Verwirklichung selbst sich aber ebenso wieder in ihr Gegenteil aufhebenden Bewegung. Sein Absolutes ist das
allem Dasein t r a n s z e n d e n t e u n d e s a u f h e b e n d e
G e s e t z d i e s e s P r o z e s s e s. Das Sein selbst ist ihm
zum Schein und zum bloßen perennierenden D a s e i n d e s
N i c h t s e i n s geworden, wie es deshalb auch nur die
Bewegung ist, sich selbst in dies sein Gegenteil, mit dem
es an sich identisch, wieder aufzuheben. Und deshalb gibt,

zurücksehend auf seine Vorgänger, Heraklit selbst so trefflich und so tief den epochemachenden Gedanken, der ihn von allen diesen unterscheidet und mit welchem die Philosophie auf einen neuen Standpunkt rückt, in jenem Fragmente an, welches frei, aber doch ganz sinngetreu übersetzt, etwa lauten würde: „Wie vieler Reden ich auch gehört, keiner gelangt dahin zu erkennen, daß das Absolute (das Weise) allem sinnlichen Dasein enthoben, daß es das Negative ist.“

---

§ 16. Die Δίκη.
Das persische Darstellungssubstrat.
Der λόγος, als Wort (Verbum).

Es ist daher nur konsequent, wenn Heraklit dies sein Prinzip (der Negativität) als Δίκη als die Gerechtigkeit, aber im kosmischen Sinne, ausgesprochen hat. Diese Dike ist nichts anderes als seiende Negativität; sie ist die Aufhebung des einzelnen sinnlichen Daseins, das auf sich beruhen und sich erhalten will. So wahrt sie das allgemeine Gesetz gegen das Fürsichsein der einzelnen Existenz, oder mit anderen Worten, sie ist selbst dieses allgemeine Gesetz, der sich durch alles hindurchziehende Logos, nach seiner negativen Seite hin gegen die Einzelexistenz ausgesprochen. Der Untergang des einzelnen gerade ist die göttliche Gerechtigkeit. Schon Anaximander hatte in der Stelle, welche wir am Anfang des dritten Kapitels zum Ausgangspunkt für die Entwicklung der heraklitischen Philosophie nahmen, das einzelne Dasein als ἀδικία ausgesprochen; er aber deshalb, weil es anderes einzelnes aus sich ausschließt, d. h. mit der Negation behaftet ist. Eng hiermit zusammenhängend und doch auch wieder in ganz entgegengesetzter Weise hatte laut einer bereits früher (p. 241 sqq.) betrachteten Stelle des Plutarch[1]) nach Heraklit die Natur selbst aus der ἀδικία ihr Dasein, weil in ihr das Unsterbliche (der Prozeß) mit dem Sterblichen (in dem jener sich wirkliches Dasein gibt und so zum einzelnen und Seienden wird) sich eint. Die heraklitische Notwendigkeit oder sein sich durch alles hindurchziehender Logos enthält daher wesentlich b e i d e Seiten in Beziehung auf das einzelne in sich, sowohl die p o s i t i v e nach der sie dasselbe setzt, als die n e g a t i v e, nach der sie es aufhebt. Nur d e s - h a l b, weil es ebensosehr zugleich das Setzen als das Aufheben des einzelnen ist, ist das heraklitische Prinzip die Idee des Werdens. Beide Seiten hatte bereits der obige Bericht des Stobaeus (p. 515, 520 sqq.) über das, was die heraklitische εἱμαρμένη oder resp. der λόγος διὰ παντὸς διήκων gewesen sei, sehr deutlich hervortreten lassen. Sie ist, wie Stobaeus sagt, „der S a m e n der Entstehung des Alls — (also das, was das einzelne setzt, der Grund seines Daseins) und das M a ß der zugeordneten Zeit," also zugleich die grenzensetzende und aufhebende Macht über dieses Einzelne.

Nach dieser, seiner n e g a t i v e n Richtung gegen das einzelne hin ist das heraklitische Absolute die grenzensetzende D i k e und erscheint so in noch erhaltenen Fragmenten des Ephesiers, zunächst in einem Fragmente bei Plutarch[2]), wo sie mit der Funktion betraut ist, jedes fürsichseinwollende einzelne, selbst das relativ Vollkommenste, auf sein Maß zurückzuführen: „Ἥλιος οὐχ ὑπερβήσεται μέτρα φησὶν ὁ Ἡράκλειτος· εἰ δὲ μὴ Ἐριννύες μὲν,

---

[1]) Terrestr. an aquat. p. 913, Wytt. — — ὅπου καὶ τὴν γένεσιν αὐτὴν (τὴν φύσιν) ἐξ ἀδικίας συντυγχάνειν λέγουσιν.

[2]) De exilio p. 604, p. 434, Wytt.

Δίκης ἐπίκουροι ἐξευρήσουσιν". „Die Sonne wird nicht überschreiten ihr Maß; wenn aber ja, so werden sie finden die Erinnyen, die Dienerinnen der Dike." Die rächenden negativen Mächte, die Erinnyen, erscheinen hier als die Dienerinnen dieser kosmischen Dike oder Notwendigkeit, und als Vollstreckerinnen ihrer Beschlüsse, also gleichfalls in kosmischer Auffassung, ganz ähnlich, wie sie im 70. orphischen Hymnus genannt werden „Beisteherinnen der Notwendigkeit" (ἐφεστηκυῖαι ἀνάγκῃ) und im 69. Hymnus „zujauchzend den Notwendigkeiten" (ἐπευάζουσαι ἀνάγκαις), woselbst sie auch „ὄμμα Δίκης" das „Auge der Dike" heißen (cf. Hymnus Orph. LXII).

Dasselbe Fragment teilt uns Plutarch noch einmal in indirekter Anführung und mit einer höchst interessanten Abweichung mit [1]): „ἥλιον δὲ μὴ ὑπερβήσεσθαι τοὺς προςήκοντας ὅρους· εἰ δὲ μὴ, γλῶττας μὲν, Δίκης ἐπικούρους ἐξευρήσειν", „die Sonne werde nicht überschreiten die ihr zukommenden Grenzen; wenn aber ja, so werden sie finden die Zungen, die Dienerinnen der Dike"! — Es muß wirklich dem Zufall Dank gewußt werden, daß er uns dies Fragment auch in dieser Lesart aufbewahrt hat. Denn es erweist dasselbe mit zwingender Gewalt jenes Verhältnis Heraklits zu den orientalischen, orphischen und hellenischen Religionsdogmen, welches wir im zweiten Kapitel entwickelt und seitdem schon so häufig belegt haben: daß Heraklit nämlich seinen reinen Gedanken in der sinnlichen Form dieser religiösen Namen und Lehren beziehungsvoll ausgesprochen habe. Im gegenwärtigen Fragmente aber liegt diese Bezugnahme auf persische, resp. babylonisch-magische

---

[1]) De Is. et Os. p. 370, D., p. 517, Wytt.

Lehre und Ritual, auf eklatante Weise zutage, und der Beweis dieser Bezugnahme — d. h. einer **direkten und bewußten Beziehung** und also eines **historischen Zusammenhanges Heraklits** mit **persischen Religionslehren** — läßt sich jetzt mit einer sinnfälligen, jeden Widerspruch ausschließenden Evidenz führen.

Man hat durch übereilte Konjekturen das schlechthin unverständliche Wort γλώττας in unserem Fragmente wegschaffen und in Λύσσας verwandeln wollen*). Schleiermacher aber, der doch sonst selten um eine Konjektur verlegen war, äußert sich mit seinem bewährten Takt in anerkennenswerter Weise über unser Fragment (p. 394):
„— — wo ich freilich keineswegs verstehe, wie aus den Erinnyen γλῶτται geworden sind, aber doch **gegen jede vorwitzige Änderung mich verwahrend** dabei bleiben will, daß beides nur eine und die nämliche Stelle sein kann.“

Um aber zu verstehen, was Heraklit hier mit den γλῶτται gewollt habe, ist es bloß erforderlich, den Blick auf eine Stelle des Philostratus (vit. Apoll. I, 25, p. 34, ed. Olear.) zu werfen. Philostratus erzählt uns daselbst von dem Gemach des Königs zu Babylon, in welchem er Recht sprach: „δικάζει μὲν ὁ βασιλεὺς ἐνταῦθα· χρυσαῖ δὲ ἴυγγες ἀποκρέμανται τοῦ ὀρόφου τέτταρες τὴν Ἀδράστειαν αὐτῷ παρεγγυῶσαι καὶ τὸ μὴ ὑπὲρ τοὺς ἀνθρώπους αἴρεσθαι· ταύτας οἱ μάγοι αὐτοί φασιν ἁρμόττεσθαι, φοιτῶντες ἐς τὰ βασίλεια· καλοῦσι δὲ αὐτὰς θεῶν γλώσσας“.

---

*) Oder wie Bernays in seiner Dissertation mit der Vermutung helfen wollen, daß γλῶσσαι aus einer Randbemerkung entstanden, aus dem von Plutarch kurz vorher erwähnten Symbol: γλῶσσα τύχη γλῶσσα δαίμων in den Text übergegangen sei, — eine Vermutung, welche sich jetzt durch das oben Folgende gleichfalls von selbst erledigt.

Jetzt ist die Sache so klar, daß es unmöglich ist, etwas weiteres hinzufügen zu wollen! Es handelt sich eben darum zu wissen, was die „Zungen" in unserem Fragmente wollen und bedeuten, wie sie Dienerinnen der Dike genannt werden und die Stelle der Erinnyen in jener anderen Lesart des Fragmentes einnehmen können. Alle diese Fragen beantwortet die Stelle des Philostratus mit einem Worte. Nach babylonisch-magischem Ritus, lehrt uns Philostratus, hingen in Babylon in dem Gemache des Königs, wo er zu Gericht saß, vier goldene Iyngen (Vögel, die bekanntlich auch in anderer Hinsicht magische Beziehungen im Altertum hatten) von der Decke herunter. Die Funktion dieser Vögel in der Religionslehre der Magier ist nun ganz dieselbe, wie die der Erinnyen in der ersten Lesart unseres Fragmentes. Sie sollen dem König die u n e n t f l i e h - b a r e   G e r e c h t i g k e i t ,   d i e   D i k e - A d r a s t e a beständig in Erinnerung bringen und ihn warnen, „d a ß   e r   s i c h   n i c h t   ü b e r   d i e   M e n s c h e n   ü b e r h e b e ," nicht das M a ß überschreite. — Sie sind also in der Tat im eigentlichsten Sinne D i e n e r i n n e n   d e r   D i k e ! Diese Vögel[1]) stehen unter der unmittelbaren Obhut und Aufsicht der Magier selbst und der priesterliche Name, den sie diesen Iyngen geben, ist: Z u n g e n !   S i e   n e n n e n   s i e   a b e r   Z u n g e n   d e r   G ö t t e r ." — Es sind also in der Tat die γλῶτται in der zweiten Lesart des Fragmentes ganz und gar dem Gedanken nach mit den Erinnyen i d e n t i s c h .   S i e   s t e h e n   z u   d i e s e r   i n   d e r   m a g i s c h e n   P r i e s t e r l e h r e   i n   d e m s e l b e n   V e r - h ä l t n i s , in welchem nach o r p h i s c h e r   A n s c h a u u n g   d i e   E r i n n y e n   z u   i h r   s t e h e n . — Weil aber auch die

---

[1]) Man sehe über den allgemeinen Gebrauch derselben im persisch-magischen Religionssysteme Kleuker Anhang zum Zendavesta Bd. II, T. I, p. 104.

Lesart Ἐρινύες echt sein muß, woran niemand zweifeln wird, so muß, wie übrigens auch durch die Abweichung von μέτρα und προσήκοντας ὅρους bestätigt wird, die man schwerlich auf Plutarch schieben wollen darf, dies Fragment in den beiden verschiedenen Lesarten, in denen es sich vorfindet, an zwei verschiedenen und räumlich getrennten Stellen des heraklitischen Werkes gestanden haben, wie wir eine solche, ja auch bereits von Schleiermacher in mehreren Fällen angenommene, Wiederholung seiner Dikta schon bei seinen Aussprüchen über den Fluß, die trockene Seele etc. nachgewiesen haben, und diese noch einen gewissen Nachklang des g n o m i s c h e n C h a r a k - t e r s an sich tragende Manier der Wiederholung einzelner Sentenzen für Heraklit bezeichnend ist. — Der G e d a n k e unseres Fragmentes ist in beiden Stellen ganz derselbe. Aber als K l e i d dieses Gedankens hat Heraklit, einer solchen Darstellungsform überhaupt bedürfend und für die B e s t i m m t h e i t derselben gleichgültig, das einemal die Gestalten o r p h i s c h e n , das anderemal die Symbole und Namen des m a g i s c h e n Kultus ergriffen, ganz in der Weise, wie wir dies im zweiten Kapitel entwickelt haben.

So positiv und trocken wie diesmal wird sich ein Beweis in solchen Materien gewiß nur äußerst selten führen lassen! Ist aber in e i n e m Punkte und in e i n e r Stelle solche direkte und bewußte Beziehung auf orientalische Religionslehren einmal dargetan, so kommt das dann natürlich auch anderen Stellen zu Hilfe, wo der Beweis nicht w e n i g e r vorhanden, aber doch komplizierter oder vielmehr mehr geistiger und darum nicht so sinnfälliger Natur ist. Unser Fragment hat deshalb sogar eine über Heraklit selbst noch hinausgehende und weit allgemeinere Wichtigkeit. Der h i s t o r i s c h e Z u s a m m e n h a n g zwischen den ältesten ionischen Philosophen und den orientalischen Religionslehren, den so viele Forscher noch immer als bloße träumerische Konjektur hinzustellen und abzuleugnen bemüht sind, und dies bisher deshalb zur Not noch konnten, weil die Beweise desselben nur allgemeiner Natur waren, ist durch unser Fragment zum erstenmal in h i s t o - r i s c h e r und positiv-trockener Weise b e w i e s e n, und es fällt daher von hier aus endlich ein helles und gewisses Licht auf die Akten und Differenzpunkte jenes großen Streites. Es wird hiernach in der Tat keinem Zweifel unterliegen können, daß jene ionischen Philosophen (in gewisser Hinsicht ganz analog dem Entwicklungsgange und der Bedeutung des hellenischen Geistes überhaupt) von dem gegebenen geistigen Material des Orientes aus- gingen, daß sie durch die Schule orientalischer Religions- weisheit (worunter wir aber durchaus keine angebliche „U r w e i s h e i t" oder traditionelle R e s t e derselben, son- dern nur die immer noch in die Form von sinnlichen An- schauungen und Vorstellungen gehüllten Selbsterkenntnisse seines eigenen Wesens verstehen, welche der in der Reli- gion über sich selbst sinnende und sich in sein eigenes Wesen vertiefende menschliche Geist allmählich in den orientalischen Religionen in a u f s t e i g e n d e r Linie be- reits zutage gefördert hatte) hindurchgingen; daß sie wahrheits- und erkenntnissüchtig sich zunächst auf diese durch den Schein von höherer und geheimerer Weisheit mächtig reizenden Religionslehren zurückwandten und sie zum F e r m e n t i h r e r B i l d u n g m a c h t e n. Welche S t e l l u n g dann bei den einzelnen Philosophen dieses Bildungsferment zu ihrer Philosophie einnahm, inwie- fern jeder zu dem spekulativen Inhalt jener religiösen Vor- stellungen durch eigenes Erkennen durchdrang oder über sie hinausging oder endlich sich bei jenen religiösen Vorstellungen als solchen im wesentlichen beruhigte und nur im selben Geiste fortsann, — dies sich verschieden gestaltende Verhältnis muß bei j e d e m P h i l o s o p h e n b e s o n d e r s untersucht und dargestellt werden. Bei Heraklit ist, wie gezeigt, dies Verhältnis d a s , daß ihm jenes religiöse Material zur Darstellungsform und Symbol seines philosophisch-freien, ureigenen und selbst produzierten Gedankens herabsank. — Dies Verhältnis empfängt eine neue Aufklärung, resp. einen neuen Beleg, wenn wir, was unseres Fragmentes wegen hier ohnehin am Orte ist, einen kurzen Blick werfen auf den sonstigen Zusammenhang, der sich bei Heraklit mit p e r s i s c h e r Religionsweisheit bekundet. — Wenn Heraklit den K r i e g als König und Vater aller Dinge ausspricht und alles nur durch den G e g e n s a t z und dessen Einheit bestehen läßt, und dies so sehr der Grundgedanke seines Systems ist, daß seine ganze Philosophie die Philosophie des Gegensatzes genannt werden könnte, so ist zumal jetzt nach dem Nachweis direkter Kenntnis magischer Lehre seitens Heraklits, den uns jenes Fragment geführt hat, auch für diesen Grundgedanken die Parallele mit dem persisch-magischen Religionssysteme unabweisbar; auch dieses unterscheidet sich bekanntlich von den anderen Religionen des Orients gerade durch j e n e n p r i n z i p i e l l e n D u a l i s m u s , durch die Theorie von dem G e g e n s a t z der beiden Prinzipien Ormuzd und Ahriman und ihrem beständigen Kampf miteinander, welche dem gesamten magischen Religionsgebäude so sehr zugrunde liegt, daß wie die heraklitische Philosophie die p h i l o s o p h i s c h e , so jene ganze Religionslehre nichts anderes als die r e l i g i ö s e D u r c h f ü h r u n g d e s G e d a n k e n s d e s G e g e n s a t z e s i s t . Das Allgemeine dieses Zusammenhanges ist bereits Creuzer (s. Symbol. u. Mythol. III. Ausg., II. Bd. p. 594

556

bis 603) nicht entgangen, der ihn mit Recht in ebenso nachdrücklichen als beredten Worten gegen die Leugner desselben verteidigt und dabei gut darauf aufmerksam gemacht hat, wie Ephesus seit ältester Zeit ein Sitz alter Magierlehre gewesen (cf. Lobeck. Aglaoph. p. 1330). Wir wollen das von Creuzer Gesagte nicht wiederholen, sondern darauf hinverweisend mehreres andere in Kürze hinzufügen, was dazu dient, diesen Zusammenhang näher darzulegen, nachdem wir jedoch zuvor den g e i s t i g e n U n t e r s c h i e d zwischen dem Grundgedanken Heraklits und dem der magischen Religionslehre nochmals ins Auge gefaßt haben. — Denn freilich können wir mit Creuzer vielleicht noch in die Worte, daß Heraklit „Zoroastrisch philosophiert habe," in gewisser Weise übereinstimmen, aber k e i n e s f a l l s m e h r in die von Creuzer unmittelbar daneben gesetzten, „daß er, Heraklit, g e l e h r t h a t, w i e d e r a l t e g r o ß e L i c h t l e h r e r Z e r e t h o s c h - t r o, der Stern des Goldes" (p. 601). Und ebensowenig können wir uns mit den Worten Creuzers daselbst „diese Sätze alter Magierlehre und ephesischer Magierformeln, diese Symbole der alten Licht- und Feuertempel Vorderasiens, diese Mythen und Festhymnen des Priestersängers Olen durchdrang der tiefsinnige Philosoph von Ephesus mit seinem scharfen, tiefen Geiste und e r w e i t e r t e sie zu einem Systeme von Philosophemen, nicht dialektisch, dies blieb dem späteren Plato vorbehalten, sondern p r i e - s t e r l i c h, bedeutsam, und im Charakter des delphischen Königs, der, wie Heraklitus selbst sagt, nicht redet, nicht verbirgt, sondern andeutet" einverstanden erklären, weder was das „Priesterliche", noch was die bloße E r w e i - t e r u n g jener Priesterdogmen anbetrifft, die bei Heraklit vorgegangen sein soll. Zu ersterer Behauptung verleitet Creuzer offenbar die, nicht priesterliche, wohl aber s y m -

bolische Form Heraklits, deren Beschaffenheit sowohl, wie ihre in seinem Gedankenstandpunkt selbstgegründete Notwendigkeit wir des öfteren und zur Genüge dargetan zu haben hoffen. Noch weniger aber ist es eine bloße Erweiterung jener Sätze alter Magierlehre, die in der heraklitischen Philosophie vorgegangen ist; sie bildet vielmehr jene religiösen Anschauungen zu einem ganz neuen und durchaus originellen philosophischen Gedanken um, und wenn man auch vielleicht in einem gewissen philosophischen Sinne mit Recht sagen kann, daß jene religiösen Anschauungen in der Tat nichts anderes als die Ahnung dieses Gedankens und dieser somit ihr eigener geistiger Inhalt gewesen sei, so ist doch nicht zu vergessen, welche ungeheure geistige Kluft eine solche sinnliche Vorstellung und Ahnung eines geistigen Inhaltes von seiner freien und begrifflichen Erkenntnis trennt.

Um dies [1]) an jener Theorie des Gegensatzes klar zu machen, die in der Tat sowohl das religiöse System des Magismus, als das philosophische Heraklits gleichmäßig beherrscht, werden folgende Bemerkungen genügen. In der persischen Religion sind die beiden entgegengesetzten Prinzipien zwei Bestimmtheiten — und es ist hierfür gleichgültig, ob man sie nur als Bestimmtheiten des sinnlich-natürlichen Daseins oder auch als solche der inneren ethischen Vorstellung faßt, Licht und Finsternis, Gut und Böse. Bei Heraklit sind die beiden Gegensätze nicht solche äußere oder innere Bestimmtheiten, sondern sie sind wesentlich nur dies: ineinander überzugehen, sich zum anderen zu machen. Sie sind Bewe-

---

[1]) Wie oben § 10, 11 an dem Unterschied der orphischen und heraklitischen Identität von Dionysos-Hades.

g u n g e n, ὁδοί, nicht Bestimmtheiten, und jede dieser Bewegungen besteht nur darin, unablässig in die entgegengesetzte umzuschlagen. — In der Lehre der Magier sind, was hiermit eng zusammenhängt, jene beiden Gegensätze, Ormuzd und Ahriman einander n u r ausschließende abstrakte Gegensätze. Heraklits ganzes System dagegen beruht darauf, daß die Gegensätze an sich selbst m i t e i n a n d e r i d e n t i s c h sind. Er konnte sagen: e i n s ist der Weg nach unten und nach oben, e i n u n d d a s s e l b e ist das Sichtrennen und Sicheinigen, gut und böse, und so viele andere Sätze, in denen er diesen Kardinalpunkt seines Systems, die Identität der absoluten Gegensätze, unablässig darzustellen bemüht war, eine Identität, die natürlich dem Magier, wenn er sie hätte von Ormuzd und Ahriman denken sollen, als das diametrale Gegenteil und die totale Aufhebung seiner Religion in ihrem innersten Gedanken erschienen wäre.

Alle weiteren, mit der ganzen Unermeßlichkeit des Gedankens behafteten Unterschiede sind nur K o n s e q u e n z e n der vorigen. Im religiösen System der Magier bleibt Ahriman immer ein Gegensatz, auf dessen abstrakte Vernichtung ausgegangen wird, die auch wirklich zuletzt erreicht wird; er ist somit in letzter Instanz ein b l o ß Negatives und Unberechtigtes, das keine affirmative Bedeutung hat und aufgehoben werden soll und wird. Bei Heraklit dagegen ist der Gegensatz und das Negative dem göttlichen Leben selbst i m m a n e n t und unerläßlich und sein eigenes Dasein und darum erst ist sein Absolutes wahrhafte Negativität und Prozeß.

In der magischen Lehre fällt das Göttliche und Absolute auf die eine Seite des Gegensatzes, Ormuzd, der darum auch identisch ist mit dem Schöpfungswort Honover. Bei Heraklit ist erst die E i n h e i t beider Gegensätze das Absolute, und gerade dadurch ist dieses die Idee des Werdens, des Prozesses. Im Magismus ist deshalb auch die Welt immerhin durch das Göttliche frei geschaffen, wenn auch durch Entäußerung seiner. Bei Heraklit ist sie, wie er selbst hervorhebt, nicht geschaffen, sondern geworden, resp. vielmehr sie ist: nie aufhörendes Wesen.

Mit einem Wort, die magische Lehre verhält sich hierin ganz so zur heraklitischen Philosophie, wie die sinnliche Vorstellung vom Wesen des Gegensatzes zu der wahrhaft begrifflichen und gedankenmäßigen, philosophischen Erfassung desselben: d. h. die Kluft ist an jedem Punkte unendlich; überall, wo die Identität zwischen beiden Systemen am größten zu sein scheint, gerade da ist vielmehr auch der totalste Gegensatz vorhanden. Man kann also gewiß nicht sagen, daß Heraklit zoroastrisch gelehrt oder die Sätze der alten priesterlichen Magierlehre nur erweitert habe. Aber gekannt hat er sie, dies ist bewiesen; sie hat auf ihn als Bildungsferment eingewirkt; er hat in ihr eine Ahnung seines Gedankens gefunden und sich deshalb mit Vorliebe vieler ihrer Formen bemächtigt, um jenen darin auszusprechen, und so hat sie durch ihre Anschauungen Einfluß auf ihn ausgeübt.

Nachdem jener prinzipielle Unterschied dargelegt ist, aus welchem sich die entsprechenden Konsequenzen sehr leicht für jeden einzelnen Punkt ergeben, mag nur noch einiges in Kürze zusammengestellt werden, was bei Heraklit vorzugsweise an die Magierlehre erinnert. Wenn Heraklit gegen Homer sagt, daß dieser mit seiner Verwünschung des Streites der Genesis des Alls selber fluche, weil mit dem Fortfallen des Streites alle Dinge verschwinden würden, so tritt auch nach der Zendlehre mit der Besiegung des Gegensatzes, mit dem Sturze des Ahriman

und seiner Verbrennung durch fließendes Erz und dem
Opfer, welches darauf Ormuzd der Zeruane Akerene, der
ewigen und unbegrenzten Zeit bringt, der Schluß aller
Dinge ein[1]).

An diese Zeruane Akerene erinnert es auch lebhaft,
wenn in zwei Stellen des Sextus, von denen wir um so
weniger begreifen, wie man sie bisher in der Regel unbeachtet lassen konnte, als sie ein wahres Gedankeninter-
esse bieten, nach Aenesidemos berichtet wird, Heraklit
habe die Z e i t als das erste aller Dinge gesetzt, adv.
Matth. X, 216: σῶμα μὲν οὖν ἔλεξεν εἶναι τὸν χρόνον Αἰνησίδημος, κατὰ · τὸν Ἡράκλειτον· μὴ διαφέρειν γὰρ αὐτὸν τοῦ
ὄντος καὶ τοῦ πρώτου σώματος, „ein Körper sei die Zeit,
sagte Aenesidemus, nach Herakleitos, denn nicht unter-
scheide sie sich von dem Seienden selbst und dem ersten
Körper" (cf. ib. 230 sqq., wo bestritten wird, daß Heraklit ein Körperliches als Erstes gesetzt habe, resp. daß
das Prinzip nach ihm die Zeit sei). Es kann für uns
Heraklits Gedanken nur angemessen erscheinen, wenn er
die Zeit als e r s t e n K ö r p e r ausgesprochen hat. Sie
ist, wie das Feuer, reinste daseiende Einheit von Sein
und Nichtsein; sie ist das J e t z t, das unmittelbar, indem es ist, vorübergegangen, aufgehoben und somit zu
einem N i c h t - J e t z t geworden ist, welches aber einerseits wieder ebenso gut ein J e t z t ist, wie das erste.
Die Zeit ist also Kontinuität von Jetzt und Nichtjetzt,
sie ist ganz derselbe daseiende Prozeß, dieselbe objektive
Dialektik, wie Feuer, Fluß etc. Daß mit dieser Auffassung
der Zeit nichts Fremdes in Heraklit hineingetragen[2]) wird,

---

[1]) Die Zendavesta von Kleuker Bd. I, p. 24 sqq. und Anhang Bd. I, T. I, p. 276—286 und Cörres Mythengeschichte
I, p. 235.

[2]) Dies zeigt sich noch deutlicher in der Definition der Zeit,

zeigen die eigenen Worte jenes von Sextus aus Aenesidemus gemachten Berichtes auf das deutlichste: τὸ μὲν
γὰρ νῦν, ὃ δὴ χρόνου μήνυμά ἐστιν, ἔτι δὲ τὴν μόναδα οὐκ
ἄλλο τι εἶναι ἢ τὴν οὐσίαν· τὴν δὲ ἡμέραν καὶ τὸν μῆνα
καὶ τὸν ἐνιαυτὸν, πολυπλασιασμὸν ὑπάρχειν τοῦ νῦν, φημὶ
δὲ, τοῦ χρόνου", d. h. also: die Bedeutung der Zeit sei
das „Jetzt". Tag, Monat, Jahr seien nichts als die
Vervielfältigung, d. h. als die Kontinuität dieses

---

welche die Stoiker geben und in welcher sie dieses dialektische
Wesen des Jetzt, sofort Nichtjetzt zu sein, ausdrücklich her-
vorheben, ohne jedoch der Sache gänzlich Herr zu werden. So
lehrten sie (cf. Plutarch. de comm. not. c. Stoic. p. 1081, D.,
p. 413 sqq., Wytt.), daß es nur eine zukünftige und ver-
gangene Zeit, aber keine gegenwärtige gebe, weil: „das
„Jetzt" überhaupt nicht existiere" (τὸ δὲ νῦν ὅλως
μηδὲν εἶναι). Wenn der Stoiker Archidemus daselbst sagt:
das Jetzt sei ein Prinzip und die Einheit des Vergan-
genen und Zukünftigen ἀρχήν τινα καὶ συμβολὴν εἶναι
λέγων τοῦ παρῳχημένου καὶ τοῦ ἐπιφερομένου τὸ νῦν),
so hebt er also nur ganz vortrefflich und in logischer Form
den bei Heraklit schon vorhandenen dialektischen Inhalt des
Zeitbegriffes als Einheit von Jetzt und Nichtjetzt, Sein und
Nichtsein heraus. Und wenn daselbst Chrysippus im wesentlichen
wieder sagt: Vergangenheit und Zukunft bestehe gar nicht, sondern nur gegenwärtige Zeit („τὸ μὲν παρῳχημένον τοῦ
χρόνου καὶ τὸ μέλλον οὐκ ὑπάρχειν, ἀλλ' ὑφεστηκέναι φησὶ
„μόνον δὲ ὑπάρχειν τὸ ἐνεστηκός"), so ist das eben nur ein
scheinbarer Widerspruch mit Archidemus, in der Tat aber ganz
identisch damit. Denn beidemal ist das Jetzt als die dialektische
Einheit seiner und seines Gegenteils gesetzt. Und ganz deutlich
ist jetzt sowohl die Bedeutung als der durchaus heraklitische Ursprung von der stoischen Definition der Zeit, wenn
wir ap. Plut. Plac. I, 22 hören: „die meisten Stoiker sagen,
das Wesen der Zeit sei die Bewegung" (τὴν κίνησιν). So sind
auch jetzt die Widersprüche bei den Stoikern darüber, ob die
Zeit körperlich oder unkörperlich sei, von selbst klar.

562

Jetzt mit sich selbst. Die Einheit dieser perennierenden Kontinuität des Jetzt — die Ausdehnung[1]) — mit der Monas, der ideellen Einheit des einfachen Zeitmomentes, sei nichts anderes, als die οὐσία, die Wesenheit des Seins selbst.

In der Tat ist jene wie diese: als perennierendes Dasein gesetztes Nichtsein, daseiende reine Einheit von Sein und Nicht.

Wenn Sextus bald darauf (ib. 230 sqq.) nochmals erwähnt, daß nach den Heraklitikern die Wesenheit der reinsten Zeit körperlich sei (σωματικὴν εἶναι τὴν οὐσίαν τοῦ χρόνου), so glauben wir, daß dies, trotz der bald darauf folgenden Bestreitung dieser Ansicht als einer wirklich heraklitischen durch Sextus, dennoch ganz konsequent von Heraklit gesagt werden konnte[2]). Die Zeit war ihm, wie

---

[1]) Man sieht, daß diese begriffliche Auffassung der Zeit sofort den Begriff des Raumes erzeugt und mit ihm, der dieselbe Kontinuität ist, in dieser Hinsicht identisch ist. Diese innere Identität der Begriffe von Zeit und Raum ist auch der Grund, weshalb uns Damascius (de princip. c. 125, p. 384, ed. Kopp.), sich hierbei auf Eudemos berufend, berichten kann, von den Magiern hätten die einen den Raum, die anderen die Zeit für das noch ungeschiedene, nur im Denken zu fassende Wesen des Alls gehalten (οἱ μὲν τόπον, οἱ δὲ χρόνον καλοῦσι τὸ νοητὸν ἅπαν καὶ τὸ ἡνωμένον κτλ.), während von der Bezeichnung des Urwesens als Raum sich gegenwärtig in den Zendschriften keine Spuren zu finden scheinen.

[2]) Deshalb definiert auch Chrysippus bei Phaedrus de nat. Deor. p. 17, Peters. den Zeitgott Κρόνος als ἐκκριτικὸν τοῦ ῥεύματος ῥόον „den heraussondernden (zum realen Unterschied, — den Begriff des Körperlichen bei Heraklit — auseinandertretenden, was der Ephesier διαφερόμενον nennt) Lauf des Flusses.“ Wenn also Plato bei Plut. Plac. I, 21 die Zeit als „Auseinandertreten (Abstand) der Bewegung der Welt“ „διάστημα τῆς τοῦ κόσμου κινήσεως“ definiert, so dürfte

das sinnliche Feuer, eine erste und reinste Erscheinung des Gesetzes von der Einheit des Gegensatzes von Sein und Nicht, das sich durch alles hindurchzieht. Aber sie war ihm nicht dieses Gesetz selbst, eben weil sie schon eine Daseinsform desselben, wie auch das Feuer war. Alles aber außer jenem einen sich durch alles hindurchziehenden Logos selbst mußte somit Heraklit als ein Bestimmtes und somit Körperliches gelten. Die Zeit sei körperlich und dennoch erstes, heißt also bei ihm nichts, als daß sie die erste Verwirklichung jenes Prinzipes, daß sie schon ein Dasein desselben, aber nicht das Prinzip selbst war [1]).

Wenn daher Sextus im Verlauf seiner eigenen Beweisführung, daß die Zeit nicht körperlich sein könne, sagt (ib. 232 [2]): „Und diejenigen, welche sagen, nach Heraklit sei das erste kein Körper, sind nicht gehindert dabei, die Zeit zu meinen (nämlich sie für das erste bei Heraklit zu halten), wenn aber die Zeit nach Heraklit der erste Körper war, so wären sie dadurch auch gehindert worden, die Zeit zu meinen; nicht also ist das Sein

schon hier die wesentliche Identität dieser Definition mit dem ἐκκρίτικος ῥόος klar sein.

[1]) Vgl. das physische Wesen der Zeit bei Heraklit § 23, 26, von welchem sowohl die platonische als stoische Definition der Zeit sich bloß als der logische Ausdruck desselben erweisen werden.

[2]) καὶ μὴν οἱ λέγοντες μὴ ὑπάρχειν τὸ πρῶτον σῶμα κατὰ τὸν Ἡράκλειτον, οὐ κωλύονται χρόνον νοεῖν· εἰ δέ γε χρόνος ἦν τὸ πρῶτον, κατὰ τὸν Ἡράκλειτον, σῶμα, κἂν ἐκωλύοντο τὸν χρόνον νοεῖν· οὐκ ἄρα τὸ ὄν, κατὰ τὸν Ἡράκλειτον, ἐστὶ χρόνος· τὸ, τε ὄν κατὰ τὸν Ἡράκλειτον ἀήρ ἐστιν ὥς φησιν ὁ Αἰνησίδημος. Das letzte ist nun freilich wieder in mehr als einer Hinsicht falsch. Den Grund dieses Mißverständnisses werden wir bei der Elementarlehre näher sehen.

($\tau\grave{o}$ $\mathring{o}\nu$) nach Heraklit die Zeit; vielmehr ist es nach ihm Luft, wie Aenesidemos sagt," — so ist schon in dem ersten Satze dieser Stelle Wahres und Falsches durcheinander geworfen, denn richtig und interessant ist der Bericht, daß es solche gab, die behaupteten, das Erste bei Heraklit sei kein Körperliches. Diese teilten also auch offenbar den vielverbreiteten Irrtum nicht, daß das Feuer dem Heraklit Prinzip aller Dinge, $\mathring{\alpha}\varrho\chi\acute{\eta}$, sei. Diese waren also zu der richtigen Einsicht vorgedrungen, daß das wahre Prinzip bei Heraklit weder Feuer noch Zeit, noch Luft, noch irgend ein Körper, sondern das selbst unkörperliche Gesetz alles Seins sei.

Die Meinung dieser vereint sich daher sehr wohl damit, daß von Heraklit die Zeit als erster Körper in dem oben erörterten Sinne bezeichnet werden konnte.

So konsequent und gedankenmäßig demnach auch jene Auffassung der Zeit bei Heraklit erscheint, so erinnert dieselbe doch um so mehr an die Zeruane-Akerene der Zendlehre, als auch diese daselbst (cf. Tychsen. Comment. Soc. Gotting. Vol. XI, p. 130 sqq.) nicht als Gott erscheint, wie sie auch nicht die böhere Einheit der beiden Gegensätze, sondern die der Entfaltung des Gegensatzes vorangehende zwar gedachte, aber noch als indifferent gedachte Einheit des Daseins bedeutet (cf. Damascius I, I.).

Nach diesen Parallelen kann auch die Heraklit so besonders geläufige und von ihm vorzugsweise beliebte Darstellung seines Prinzips als Feuer gewiß nicht ohne Verbindung erscheinen mit der so großen Rolle, welche dieses Element in der Zendlehre bekanntlich spielt (siehe Herod. III, 16: $\Pi\acute{e}\varrho\sigma\alpha\iota$ $\gamma\grave{\alpha}\varrho$ $\vartheta\epsilon\grave{o}\nu$ $\nu o\mu\acute{\iota}\zeta o\nu\sigma\iota$ $\epsilon\mathring{\iota}\nu\alpha\iota$ $\pi\tilde{\upsilon}\varrho$ vgl. Brisson. Regn. Pers. II, 14 und Eméric David, Jupiter ou Recherches etc. I, p. 171). Noch weit bestimmter aber tritt

dieser Zusammenhang dann hervor, wenn man berücksichtigt, daß die Zendlehre zuerst unterscheidet zwischen
dem s i n n l i c h e n , m a t e r i e l l e n Feuer und einem p r ä -
e x i s t i e r e n d e n u n k ö r p e r l i c h e n und gleichsam i n -
t e l l e k t u e l l e n U r f e u e r , eine Unterscheidung, von
der sich uns bei der Feuer- und Elementarlehre auf das
p o s i t i v s t e zeigen wird, daß sie bei Heraklit nicht nur
gleichfalls ganz ebenso statthatte, sondern auch daß sie
einen der wichtigsten Punkte für sein richtiges Verständnis
bildet, dessen Übersehen die Ursache war von allen Miß-
verhältnissen, zu denen sein Feuer die Veranlassung gegeben hat. Es wird jetzt vielleicht schon aus dem Allgemeinen seiner Philosophie klar sein, jedenfalls aber im
physischen Teile zur Evidenz gebracht werden, daß ihm
jenes reine und unsinnliche Feuer (das „nicht untergehende", wie er es bezeichnet zu haben scheint), nichts
anderes gewesen ist, als der ideelle B e g r i f f des Feuers,
die I d e e d e s W e r d e n s a l s s o l c h e , das reine und
allgemeine u n s i n n l i c h e G e s e t z der absoluten Einheit und Vermittlung von Sein und Nichtsein; also dasselbe, was ihm die u n s i c h t b a r e H a r m o n i e ist, d. h.
die g e d a c h t e , noch durch kein sinnliches Sein gehemmte
Einheit und Vermittlung. Es wird sich zeigen, daß nur
in diesem Sinne, als reine Idee des Werdens genommen,
bei ihm das Feuer die Stelle des o b e r s t e n und durch
alles hindurchgehenden Prinzipes, der ἀρχή, eingenommen
haben kann[1]): daß dagegen das materielle, wirklich e r -

---

[1]) Daher die a n a l o g e n beiden Arten des Feuers bei den
Stoikern, ignis artificiosus und inartificiosus, über welche man
sehe Villoison, Comment. de Theologia Physica Stoicorum in
der Ausgabe des Cornutus von Fr. Osann p. 507 sqq. Wir sagen,
daß dies ignis artificiosus analog, aber nicht i d e n t i s c h mit
dem ideellen Feuer Heraklits ist; denn dessen intelligibles logi-

scheinende Feuer ihm nur die erste und reinste Verwirklichung, das sinnliche Bild jenes reinen Feuers gewesen ist. Ganz so wird nun aber in der Zendlehre (s.
Zendavesta von Kleuker I, p. 44 sqq., cf. Izeschn. Ha.
XXXVI, T. I, p. 126, Bun-Deh. T. III, p. 55 und
Anhang II, 1, p. 127) das materielle Feuer als ein Bild
des Urfeuers und als aus diesem geworden
dargestellt. Es wird dieses Urfeuer ferner (s. Kleuker
a. a. O. und I, p. 143—157, cf. Anhang Bd. II, T. 2,
p. 51) das Band der Einigung zwischen Ormuzd
und der unbegrenzten Zeit[1]) und der Same genannt, aus
dem Ormuzd alle Wesen geschaffen hat, Ausdrücke, die sich zum Teil wörtlich (z. B. die Bezeichnung als Same) in dem wiederfinden, was Heraklit nach
Fragmenten oder Berichten von seinem kosmogonischen,
das Prinzip aller Dinge bildenden Feuer gesagt hat. Gewiß
sind wir weit entfernt davon, zu behaupten, daß die dunkle
Vorstellung, welche der Parse mit jenem Urfeuer verband, inhaltlich irgendwie mit dem heraklitischen Gedanken,
dem Gesetze des Werdens, identisch gewesen sein sollte;
es spricht sich vielmehr in jenem Urfeuer der Zendlehre,

---

sches Feuer wird in dem ignis artificiosus als physische Le-
benskraft mißverstanden und aufgefaßt.

[1]) Oder es wird Izeschn. Ha. XXXVI: „kräftigwirken-
des (vgl. das stoische ignis artificiosus, πῦρ τεχνικόν) Feuer
seit Urbeginn der Dinge und Grund der Einigung zwischen
Ormuzd und dem in Herrlichkeit verschlungenen Wesen" genannt. Die Tätigkeit ist auch die Grundanschauung des
Wortes in der Zend-Avesta. Es wird als beständig wirkend
und sich bewegend gedacht und als „bis zur Auferstehung
von dieser Welt im Lauf zum Himmel (von dem es
ausgegangen) zurückkehrend," Jescht-Favard. XCIII. Card.
24, T. II, p. 258, Kleuk.; ebenso heißt es Si-ruzé T. II, p. 293:
Das „des Gang in der Höhe ist" etc.

dem auch ein Urwasser, Urlicht, also eine Präformation der Elemente überhaupt zur Seite steht, nur der Idealismus der parsischen Religion aus, wie er für die sinnliche Vorstellung vorhanden sein konnte. Aber das wollen wir behaupten, daß, zumal, nachdem Heraklits historischer Zusammenhang mit der Magierlehre und seine Kenntnis derselben erwiesen ist, jene Unterscheidung zwischen einem materiellen und einem Urfeuer und der Gebrauch des Feuers im Sinne des Urfeuers als Symbol für ein absolutes und weltbildendes Gedankengesetz — als auf dem Boden jener parsischen Anschauung erwachsen und als aus dem Einfluß jener Magierlehre hervorgegangen betrachtet werden muß.

Auch für die Elementarlehre Heraklits enthält die Zendreligion manche nicht undeutliche Anklänge. Nicht darauf wollen wir uns berufen, was uns Herodot (I, 131) von der Elementarverehrung der alten Perser erzählt: „Die Perser opfern der Sonne, dem Monde, der Erde, dem Feuer, dem Wasser, den Winden, diesen allen opfern sie von alters her"; ein Bericht, in welchem wir teils ebensoviel abweichende, teils in bezug auf das Ähnliche viel zu allgemeine, auch anderwärts wiederkehrende Züge sehen, um eine besondere Analogie mit Heraklit darin finden zu können. Wohl aber darauf wollen wir uns berufen, daß bereits in der Zendlehre die bestimmte Anschauung von dem direkten Gegensatze zwischen Feuer und Wasser bedeutungsvoll hervortritt; jenes, das Feuer, ist männlich, dieses weiblich[1]); aus der Vereinigung beider ist das Licht entstanden, wie alles Gedeihen in der Natur aus ihnen entspringt (s. Kleuker a. a. O.[2]).

---

[1]) Vgl. für Heraklit § 21.

[2]) Es frägt sich selbst, ob nicht etwas an heraklitische Elementarlehre merkwürdig Anklingendes zu finden ist in dem inter-

Endlich aber können wir nicht umhin, unsere Überzeugung noch über einen ganz besonders hauptsächlichen, an Konsequenzen nicht unfruchtbaren
Punkt auszusprechen, in welchem der Einfluß, der Zendlehre und ihrer Anschauungen auf Heraklit nach unserer
Ansicht unverkennbar ist und folgenreich fortgewirkt hat.
Wir haben schon oben darauf hinverwiesen, wie Schleiermacher bereits darauf aufmerksam gemacht hat, daß das
Wort λόγος, — welches doch in seiner ursprünglichsten
Bedeutung „Wort" heißt — von Heraklit zu allererst
in dem Sinne von Vernunft gebraucht worden sei. Wir
haben aber auch bereits oben (s. p. 514 sqq.) durch Frag-

essanten Bericht des Plutarchus de prim. frigido p. 950, F.:
bei den Persern wäre es die größte und, wenn sie angewandt
würde, unablehnbare Anflehung (τῶν ἱκετευμάτων μέγιστον
ἦν καὶ ἀπαραίτητον) gewesen, wenn der Flehende Feuer
nahm und in einen Fluß steigend drohte, das Feuer in das
Wasser zu entlassen (τὸ πῦρ ἐς τὸ ὕδωρ ἀφήσειν);
er erlangte dann unweigerlich, worum er bat; es erlangend aber
wurde er bestraft um der Drohung (διὰ τὴν ἀπειλήν) willen
„ὡς παρὰ νόμον καὶ κατὰ τῆς φύσεως γενομένην".
Man übersetzt diese Stelle stets „weil sie eine gegen das Gesetz
und gegen die Natur geschehende sei" (z. B. Wyttenbach:
naturae contrariam). Aber es muß zweifelhaft erscheinen, ob
dies richtig ist, da Plutarch dann ja gar keinen Grund hatte,
statt einfach παρὰ νόμον καὶ φύσιν zu sagen, mit der Prä-
position abzuwechseln und statt des energischeren παρά das
schwächere κατά, welches auch nur seltener als jenes diesen
feindlichen Sinn hat, zu setzen. Es frägt sich also, ob man
κατά und den Genitiv nicht in seiner ursprünglicheren Bedeutung
und der Richtung auf eine Sache, der Beziehung auf etwas
auffassen und demnach übersetzen soll „weil sie eine gegen
das Gesetz und nach der Natur hin (i. e. mit Beziehung
auf die Natur hin geschehende Drohung, weil in der Natur,
an der ja Ahriman vorläufig noch teilhat, dies Verlöschen
des Feuers wirklich stattfindet) geschehende sei.

mente und Berichte nachgewiesen, wie wir hoffen, und werden dies später noch durch später zu betrachtende Bruchstücke erheblich bestätigen können, daß auch die Bedeutung Vernunft im formellen und subjektiven Sinne durchaus nicht zureicht, sondern daß λόγος (wenn es nicht eben seine unmittelbarste Bedeutung: W o r t hat, wie in dem Bruchstück bei Stobäus, s. p. 541/42) bei Heraklit immer durchaus o b j e k t i v gefaßt werden muß und jenes eine die Wesenheit des Alls bildende und die Welt d u r c h - w a l t e n d e G e s e t z alles Daseins, das Gesetz der Welt- einrichtung bedeutet, kurz dasselbe, was in den Verbin- dungen λόγος διήκων τοῦ παντός oder λόγος οἰκονομῶν τὰ πάντα nur explizierter hervortritt. Allein wie e r k l ä r t sich diese bei genauer Betrachtung höchst auffällige Eigentüm- lichkeit Heraklits, das die Welt und alles Dasein regie- rende Gesetz durch λόγος „d a s Wo r t" zu bezeichnen? Die von Schleiermacher (p. 476) zum Zwecke dieser Er- klärung gemachte Annahme einer Ableitung von λέγω s a m m e l n, löst die Schwierigkeit gewiß nicht und ist schwerlich richtig. Denn zuförderst würde der Begriff des Sammelns, wenn ihn Heraklit sogar mit λόγος wirklich verbunden hätte, durchaus nicht imstande sein, den Ge- brauch dieses Wortes für jenes G e s e t z des Daseins zu erklären. Denn dieses Gesetz ist dem Heraklit nicht ein aus den einzelnen Existenzen G e s a m m e l t e s u n d A b s t r a h i e r t e s, sondern umgekehrt, der heraklitischen Philosophie, die deshalb als objektiver Idealismus bezeich- net werden muß, ist alles empirische Dasein nur aus jenem einen und unsichtbaren Gesetze geworden. Ferner steht der Ableitung von λέγω, sammeln, die allgemein an- genommene und offenbar richtige Herleitung des Wortes von der Bedeutung „sprechen" entgegen, und ebensowenig findet sich irgendwo eine Spur davon, daß Heraklit mit λόγος den Begriff von Sammeln verbunden habe.

Wie erklärt sich also dieser befremdliche und zugleich an so tiefen Anschauungen reiche Gebrauch des „Wortes" für das kosmogonische Prinzip, für das weltbildnerische, allem einzelnen Dasein gebende und es regierende Gesetz?

Es erklärt sich — durch die historisch nachgewiesene Kenntnis Heraklits von dem parsischen Religionssystem und die hierdurch in ihm erweckten Anschauungen. Nach der Zendlehre ist (s. Zendavesta von Kleuker T. I, p. 3 und p. 5 sqq.) das E wige seinem Wesen nach Wort. Das Wort „Honover" ist das Schöpfungs- und Gesetzeswort, welches vom Throne des Guten gegeben, und durch welches alles entstanden ist und alle Wesen geschaffen worden sind (s. Kleuker ib., lz. Ha. XIX, T. I, p. 107[1]). Selbst das Urfeuer,

---

[1] „Zoroaster fragte Ormuzd und sprach: O Ormuzd, in Herrlichkeit verschlungen, gerechter Richter der reinen Welt, die du trägst, welches ist das gro ß e Wort, von Gott geschaffen, das Wort des Lebens und der Schnelligkeit, das war, ehe Himmel war und Wasser war und Erde war und Herden und Bäume und Feuer, Ormuzds Sohn (1) war; ehe reine Menschen und Dews etc., ehe die ganze Welt war und alle Gaben und alle reingeschaffenen Ormuzdskeime? Dies sage mir deutlich.

Ormuzd antwortete: Der reine heilige schnellbewegliche Honover (Wort) — ich rede dir deutlich, o Sapetman Zoroaster, war vor Himmel und Wasser und Erde etc.

Bete, o Sapetman Zoroaster, meinen reinen Honover, wenn Sprache dich verläßt und du ohne Hoffnung bist etc. Führe, wenn du reden kannst und Tage der Gesundheit hast, Honover im Munde etc. Lies wohl dies große Wort, das war vor Schöpfung des Himmels und der Erde und des Wassers etc. Dies Wort, das lebendig war, ehe reine Geschöpfe und

Urwasser und Urlicht sind erst durch das Wo r t geworden, welches Ormuzd noch jetzt unablässig fortspricht durch alle Ewigkeit, welches nach ihm von den Izeds des Himmels, von den Amshaspands und den Feruers und die ganze Natur fortgesprochen wird als der fortwirkende Quell alles Lebens. Es wird genannt das heilige, reine, schnell wirkende, das da war, ehe der Himmel war und irgend ein Geschaffenes, das vortrefflichste Wort, Lichtquell, Grund der Tätigkeit; Ormuzd selbst ist identisch mit diesem Wort; sein wesentlicher Name ist „v o r t r e f f - l i c h e s W o r t"[1]; und darum heißt er Grund und Mittelpunkt aller Wesen, Allkraft, reiner Grundkeim, a b g e - m e s s e n e W e i s h e i t , W i s s e n s c h a f t u n d G e b e r d e r W i s s e n s c h a f t (es ist hier eine ähnliche Identifikation des Subjektiven und Objektiven, die im Heraklitischen ἒν τὸ σοφόν hervortritt), der, der alles sieht, Richter der Gerechtigkeit, König, und ausdrücklich „d a s W o r t v o n a l l e m etc."[2] (Kleuker, Jescht-Ormuzd LXXX, T. II, p. 183 sqq.). Das Gesetz s e l b s t ist

---

Amhaspandskörper geboren worden. — Ich selbst, in Herrlichkeit verschlungen, habe d i e s W o r t gesprochen mit Größe und alle r e i n e W e s e n , die s i n d und g e w e s e n s i n d und s e i n w e r d e n , sind dadurch gemacht und in Ormuzds Welt gekommen. Noch jetzt spricht mein Mund dieses Wort in aller seiner Weite fort und fort und Überfluß vervielfältigt sich etc.

[1] Wie in der oben p. 536, 1 angeführten ganz heraklitisierenden Stelle des Epictet. Enchirid. c. 31, T. III, p. 35, Schw. Gott, nachdem er eben als διοικοῦν τὰ ὅλα geschildert, mit dem Ausdruck ἡ ἀρίστη γνώμη bezeichnet wird.

[2] Vgl. p. 309, 310. „Mein Name ist das J e t z t . Mein Name ist das A l l e s und H a l t e r d e s A l l e s " etc. Mein Name ist: der a l l e s w e i ß ; der das Beste weiß; U r h e b e r v o n a l l e m . Mein N a m e ist das W o r t v o n a l l e m " etc.

durch dies Wort entstanden. Ja, das Gesetz und Wort sind selbst identisch; denn das Gesetz ist nur ein Körper, durch welchen das himmlische Wort sich geoffenbaret hat (Si-ruzé, Mansrespand. T. II, p. 292 Kleuk.). Das Gesetz wird deshalb „Wort Ormuzds" und ebenso das himmlische Wort „Gesetz der Mazdeiesnans" angeredet, und als diese Verkörperung des von Ormuzd gesprochenen Wortes heißt das Gesetz Zoroasters darum Zendavesta, lebendiges Wort (s. Kleuker ib. I, p. 36).

Diese Anschauung vom Worte als des Schöpfungs- und Gesetzeswortes, als des weltbildnerischen Prinzipes und des zugleich fortwirkenden, alles Dasein erzeugenden und beherrschenden Gesetzes, fand Heraklit in der persischen Religion vor, und hat sie strikte in den Ausdruck λόγος übertragen. Der spekulative Inhalt seines weltregierenden Gesetzes ist ihm eigentümlich, der Gedanke desselben, das Werden begriffen als die prozessierende Identität von Sein und Nichtsein, ist ihm durchaus originell, aber das Aussprechen dieses ihm nach seinem entwickelten Inhalt unaussprechlichen Gesetzes als Wort, als Logos des Alls, ist dem magischen Religionssysteme entlehnt, respektive durch die Kenntnis desselben in ihm hervorgerufen. Wenn der Perser Ormuzd „abgemessene Weisheit, Wissenschaft und Geber der Wissenschaft," wenn er ihn „das Wort von allem" nannte, so ist das dieselbe Bezeichnung, die Heraklit auf sein absolutes, weltbildendes und welterhaltendes Gesetz überträgt, wenn er es das „eine Weise", den allein „die Welt regierenden Ausspruch" (γνώμην, ἥτε οἴη κυβερνήσει πάντα διὰ πάντων, s. oben § 15) und das das All durchwaltende, sich durch alles hindurchziehende Wort nennt. Könnte noch ein Zwei-

fel darüber sein, daß sein Logos als Gesetz des Alls
nicht von Sammeln, sondern von der Bedeutung Wort
abzuleiten ist und somit jenen persischen Ursprung hat,
so wird sich dieser Zweifel vielleicht schon durch das
eben berührte Fragment beim Diogenes hier beseitigen,
da für die weltleitende γνώμη in demselben keine der
Ableitung des Logos von Sammeln entsprechende Bedeutung, wohl aber die dem Logos als Wort ganz verwandte von Ausspruch, Sentenz zu Gebote steht,
welche wir schon früher bei der Übersetzung des Bruchstückes gewählt und begründet haben.

Vorzugsweise aber wird diese Verbalbedeu-
tung des Logos bei Heraklit bestätigt durch die hohe
Stellung, welche der „Name" in seiner Philosophie einnimmt, worüber wir auf die spätere. ausführliche Erörterung (§ 35) verweisen müssen. Hier genüge es, wieder
an jenes Fragment zu erinnern, in welchem das eine Weise
oder das Absolute „der Name des Zeus" genannt wird,
der „allein ausgesprochen werden nicht will und will."

Eine frappante Parallele aber bietet hierzu wiederum
die Zend-Avesta. Das himmlische Wort, welches alles
geschaffen hat und fort und fort schafft, ist selbst zugleich Name. Es ist Ormuzds Name. Zoroaster
frägt Ormuzd[1]): „O Herrlichkeitsverschlungener Ormuzd, gerechter Richter der reinen Welt, — — welches
ist das Wort der Vortrefflichkeit und Erhabenheit? Das
triumphierende Wort? Lichtquell? Grund der Tätigkeit
etc. und er erhält von Ormudz zur Antwort:

„Mein Name, o Sapetman Zoroaster, Name der
Unsterblichkeit, Name der Vortrefflichkeit. — Das Wort
der Herrlichkeit und Erhabenheit! Wort des Sieges!

---

[1]) Jescht-Ormuzd LXXX. T. II, p. 183. Kleuk.

Quell des Lichtes! Grundkraft der Tätigkeit"
etc. Und Zoroaster spricht: „Lehre mich diesen Namen
in seiner vollen Weite, o reiner Ormuzd, diesen über
alles großen, himmlischsten, reinsten Namen, Grundkraft der Tätigkeit, der schlägt und trium-
phiert (wie etwa Heraklit περιγίνεται sagt, s. p. 494),
Gesundheit gibt" etc. Und nun sehe man die unendliche
liturgische Reihe von Definitionen, in welchen Ormuzd
seinen Namen aufrollt und von welchen wir nur einige
anführen wollen:

„Mein Name ist: Liebe gefragt zu werden.

Mein Name ist Versammlung, — Grund und Mittelpunkt aller Wesen.

Mein Name ist allvermögende Kraft.

Mein Name ist reiner Grundkeim aller guten Or-
muzdgeschöpfe.

Mein Name ist Verstand, höchste Weisheit,
Wissenschaft, Geber der Wissenschaft.

Mein Name ist: der nie müde wird; der alles
siehet.

Mein Name ist Quell der Gesundheit, Richter der
Gerechtigkeit.

Mein Name ist Gesundheit; gibt sie im höchsten Sinne.

Mein Name ist König.

Mein Name ist Großer.

Mein Name ist Glanz, — höchster Glanz.

Mein Name ist Vielschützer, — Bestschützer.

Mein Name ist Weitseher, — Weitschauendster.

Mein Name ist: der Weg zeigt und Menschen bekleidet.

Mein Name ist Richter der Gerechtigkeit; Beschützer;
Ernährer.

Mein Name ist: der alles weiß, der das Beste
weiß; Urheber von allem.

Mein Name ist das Wort von allem.

Mein Name ist König des Überflusses.

Mein Name ist: der nicht trügt.

Mein Name ist: der nicht betrogen werden kann.

Mein Name ist: das Alles und Halter des Alles.

Mein Name ist: reiner Wille des Guten" etc.

Im Parsismus, wie bei Herakleitos, ist also das Absolute wesentlich Name.

Im Parsismus ist das absolute „Wort", schlechthin identisch mit dem „Namen" (des Göttlichen). Und auf das genaueste ebenso ist bei Heraklit in jenem Bruchstück vom einen Weisen sein absoluter λόγος, Wort, unmittelbar identisch mit dem Namen Zeus*). Und wenn es mit einer mystischeren Richtung in anderen Religionen eng zusammenhängt, den Namen Gottes als einen nicht nur unaussprechbaren, sondern auch als einen solchen, der nicht ausgesprochen werden soll, als ein ἀπόῤῥητον aufzufassen, so ist es ein im innersten Geiste der zoroastrischen Gottesanschauung, deren wesentlichster Grundzug gerade die Idee der Tätigkeit, der Offenbarungs- und Selbstverwirklichungstrieb des Absoluten ist, ebenso tief begründeter Zug, daß hier dieser Name Gottes, das absolute Wort, unaufhörlich ausgesprochen werden will und soll. Es ist ein Hauptdogma des zoroastrischen Religionsgebäudes, daß nur durch das kontinuierliche Aussprechen dieses Namens, des Wortes „Honover", welches von Ormuzd und seinen Geistern ununterbrochen durch die ganze Natur hindurch gesprochen wird, die Schöpfung erhalten und das Böse vernichtet wird; und dieses unaufhörliche Aussprechen des göttlichen

---

*) Vgl. jetzt p. 537 sqq. So erledigt sich also auch hier die von Bernays gefühlte Schwierigkeit, vgl. p. 77 sqq., § 35.

Namens ist ebenso für die Menschen Pflicht. „In der Welt, die durch meine Macht gehalten wird, — sagt Ormuzd, — predige diese Namen, o Sapetman Zoroaster, lies sie, sprich sie Tag wie Nacht; sei gestanden und setze dich, oder erhebe dich vom Sitzen; umgürte dich mit dem Kosti oder entlöse ihn; wandle aus einem Ort, aus einer Stadt, einer Provinz, oder komme in ein Land — allezeit predige meine Namen." „Willst du, Zoroaster, kränken und schmettern, Dewsmenschen und Magiker und Peris, Dews, die ohnmächtig, taub und blind machen, zweifüßige Schlangen etc., so sprich meinen Namen in seiner vollen Weite Tage wie Nächte" etc. Und gerade so wie dies unterbrochene Aussprechen des Namens Gottes in der Zendavesta ein Hauptdogma in kosmischer wie ethischer Hinsicht und absolute Bedingung alles Bestehens und aller Erkenntnis ist, — ganz so wird von Heraklit in jenem Fragmente das eine Weise, der „Name des Zeus", das Wort genannt, welches einerseits „allein ausgesprochen werden will." Und wenn er, beides in einen Satz verbindend, im direkten Gegensatz hinzufügt, daß es auch dasjenige sei, welches allein nicht ausgesprochen werden will, so zeigt sich hieran nur an einem Beispiele mehr, wie Heraklit die ihm (Kap. II) zugewiesene Stellung zu den verschiedenen Religionen des Orients einnimmt, die Anschauungen und Dogmen derselben als Material seines spekulativen Denkens und Darstellens frei auszubeuten[1]).

---

[1]) In der Individualität Heraklits prägt sich auf das markigste in bezug auf die religiösen Spekulationen des Orients jene welthistorische Stellung aus, welche ein ebenso geistvoller als umfassender moderner Forscher, indem er sich gegen die Kritiker ausspricht, welche noch immer den griechischen Geist für einen „in barbarischer Wildnis aufgewachsenen Autodidak-

Die Anschauung des Absoluten als Wort und als Name, — und es bedarf hier keiner weiteren Ausführung, wie identisch dies beides ist, — ist also für Heraklit wie für den Parsismus wesentlich und bei beiden übereinstimmend.

---

ten" halten möchten, dem griechischen Genius im allgemeinen in seinem Verhältnis zu den Völkern des Orients mit Recht zuweist. Diese Stellung läßt sich nicht trefflicher charakterisieren als mit dem schönen Vergleiche jenes Gelehrten, „daß die Griechen in dieser wichtigen Periode (— es ist die Rede von der Periode des Thales, des Pythagoras, etc.) die Gelehrsamkeit der Barbaren aller Orten wie reifes Korn in ihre Scheuern sammelten zu neuer Aussaat auf ihrem eigenen triebkräftigen Boden" (Lepsius, die Chronologie der Ägypter T. I, p. 55). Wie total verschieden bei Herakleitos die Frucht von jener Aussaat, wie durchaus originell und selbständig der von ihm produzierte Gedanke war, wie seine Kenntnis der religiösen Anschauungen des Orients nur als geistiges Bildungsferment überhaupt auf ihn einwirkte und keine jener religiösen Vorstellung und Lehren *als solche* — wie sie in jenen Religionen vorhanden war — sich bei ihm wiederfindet, ist wiederholt näher nachgewiesen worden. — Nicht ganz ebenso verhält es sich mit Pythagoras. Von diesem ist seit lange sein rezeptives Verhältnis zum Orient anerkannt. Allein wenn dem Pythagoras auch durchaus nicht eigenes Denken abgesprochen werden soll, so läßt sich doch nicht leugnen, daß er sich von Herakleitos gerade dadurch unterscheidet, daß er die ihm vom Oriente überlieferten religiösen Vorstellungen (z. B. Unsterblichkeit, Seelenwanderung etc.) als solche akzeptierte und beibehielt, wie er sie vorfand, sie untereinander verbindend und kombinierend, während der Ephesier sie vielmehr in ihren inneren spekulativen Gedankengehalt auflöste und aufhob und sie nur als Material der Darstellung und Verkörperung seines eigenen treibenden spekulativen Begriffes gebrauchte. Wer die Natur des Gedankens und die Geschichte der Philosophie und Religionsphilosophie der Völker kennt, wird weder über das Stattfinden dieses Unterschiedes, noch

578

Diese Wortbedeutung des heraklitischen Logos ist somit nur die Bestätigung für den von uns schon oben (p. 561, 1, vgl. p. 217, 1) geführten und seitdem durch alles Folgende wohl zur Gewißheit erhobenen Nachweis,

---

über seine tiefe Bedeutsamkeit im Zweifel sein können. Bei dieser Scheidelinie aber, welche, nach der vorgetragenen Ansicht, Herakleitos von Pythagoras — und in ihnen nicht nur zwei Männer, sondern zwei historische Standpunkte des philosophierenden Geistes überhaupt — trennt, muß es von hohem Interesse sein, zu hören, wie sich Herakleitos selbst über Pythagoras äußert, und dabei zu finden, daß seine Kritik diesen in der Tat nach den beiden eben angedeuteten Seiten seiner Stellung erscheinen läßt. Denn in einem Bruchstücke, welches wir an seinem Orte (§ 31) näher betrachten werden, gesteht einerseits Herakleitos dem Pythagoras rühmend zu, daß „Pythagoras, des Mnesarchos Sohn, Forschung ($\iota\sigma\tau o\varrho i\eta\nu$) getrieben hat am meisten von allen Menschen." Worte, in denen, da $\iota\sigma\tau o\varrho i\eta$ hier schwerlich in einem anderen Sinne zu nehmen ist, als eingezogene Kunde und die in dem Einziehen solcher Kunde bestehende Forschung, Heraklit wohl kaum etwas anderes meint — denn bei den Griechen gab es damals schwerlich solche Kunde einzuziehen — als die von Pythagoras aus dem Oriente geholten Kunden und Überlieferungen aller Art. Es dürfte vielleicht nicht ohne Interesse sein, zu bemerken, daß wir hier also Herakleitos dem Pythagoras ein Lob spenden sehen, welches genau demjenigen entspricht, das wir Herodot den Ägyptern erteilen hören, II, 77: $\mu\nu\acute{\eta}\mu\eta\nu\ \mathring{\alpha}\nu\vartheta\varrho\acute{\omega}\pi\omega\nu\ \pi\acute{\alpha}\nu$-$\tau\omega\nu\ \mathring{\epsilon}\pi\alpha\sigma\varkappa\acute{\epsilon}o\nu\tau\epsilon\varsigma\ \mu\acute{\alpha}\lambda\iota\sigma\tau\alpha,\ \lambda o\gamma\iota\acute{\omega}\tau\alpha\tau o\acute{\iota}\ \epsilon\mathring{\iota}\sigma\iota\ \mu\alpha\varkappa\varrho\tilde{\omega}\ \tau\tilde{\omega}\nu\ \mathring{\epsilon}\gamma\grave{\omega}\ \mathring{\epsilon}\varsigma$ $\delta\iota\acute{\alpha}\pi\epsilon\iota\varrho\alpha\nu\ \mathring{\alpha}\pi\iota\varkappa\acute{o}\mu\eta\nu$, Worte, welche nach Vorangang von Bunsens treffender Bemerkung (Ägypten I, p. 25) Lepsius (Chronologie I, p. 40) schön übersetzt, es seien die Ägypter „die bei weitem unterrichtetsten Menschen von allen, die er kennen gelernt, indem sie unter allen Menschen am meisten für die Erinnerung aufbewahren," und dahin interpretiert, es bezögen sich jene Worte nicht allein auf geschichtliche Ereignisse, sondern auf alle aufbewahrungswürdige Erfahrun-

daß bereits bei Heraklit, und zwar bei ihm z u e r s t, der
Logos als T y p u s d e r E x i s t e n z, als die v o r b i l d -
l i c h e I d e e d e r W e l t erscheint. Es kann keinem Zweifel unterliegen, daß bei Herakleitos, — der ja auch ausdrücklich den L o g o s a l s D e m i u r g (s. bei Stobaeus
oben p. 515, 521) hinstellt, — die Quelle des platonischen Logosbegriffes zu suchen ist, der sich bekanntlich
von Plato zu Philo [1]) und endlich zu Johannes fortgepflanzt hat.

Es muß übrigens bemerkt werden, daß schon Hugo
Grotius diese W o r t bedeutung des heraklitischen Logos
gefühlt haben muß, wenn er sagt (Prolegom. in Stob.
p. LV, ed. Gaisf.): „Certe περὶ τοῦ λόγου Heraklitus
quaedam scripserat cum C h r i s t i a n o r u m s e n s u

g e n, und Herodot meine, sie seien das l i t e r a t e s t e Volk.
Wie hier Herodot von den Ägyptern sagt, daß sie die am meisten
von allen μνήμην ἐπασκέοντες seien, so sagt Heraklit von Pythagoras (— auch die Art, wie ihn Heraklit mit Hekatäus und
Hesiod, mit einem Dichter und einem Geschichtschreiber zusammenstellt, deutet darauf hin), daß er am meisten von allen
ἱστορίην ἤσκησε, d. h. K u n d e e i n z o g v o n a l l e n s o l c h e n
E r f a h r u n g e n a l l e r A r t, wie sie nach Herodot die Ägypter
am meisten für die Erinnerung bewahrten. Aber Heraklit fügt
auch hinzu „und e r m a c h t e s e i n e W e i s h e i t z u e i n e r
V i e l w i s s e r e i und schlechten Kunst." Was Heraklit dem
Pythagoras in diesen Worten vorwirft, ist, wenn wir nicht irren,
nichts anderes, als Eklektizismus, ist e b e n n u r d a s, daß er
die verschiedenen allüberallher aus dem Orient geschöpften
religiösen Traditionen und Vorstellungen, statt sie in ihren
Begriff aufzulösen, als solche bestehen läßt und zu einem
philosophischen Lehrgebäude verbindet; vgl. § 31.

[1]) Wenn Philo den Logos πεπληρωκὼς πάντα διὰ πάντων
nennt, so ist dies noch wörtlich dieselbe Bezeichnung, welche uns
so oft bei Heraklit begegnet (mit διοικῶν, διήκων oder διέπων
etc. verbunden).

congruentia, ut ex hoc Amelii Platonici loco apparet
· καὶ οὗτος ἄρα ἦν ὁ λόγος καθ' ὃν ἀεὶ ὄντα τὰ γινόμενα
ὡς ἂν καὶ ὁ Ἡράκλειτος ἀξιώσειε κτλ. (siehe oben). Man vgl.
denselben Grotius de veritate relig. Christ. I, § XVI,
nota 2, wo er zu dieser Stelle die Worte Tertullians
(Apolog. c. 21, p. 19) anzieht: apud vestros quoque
sapientes λόγον id est sermonem atque rationem
constat artificem videri universitatis. Hunc enim Zeno
determinat factitatorem qui cuncta in dispositione forma-
verit; eundem et fatum vocari et deum et animum Jovis et
necessitatem omnium rerum etc.

Ganz wie Tertullian, spricht sich Lactantius (Inst. div.
IV, 9, p. 291) ed. Dufresne darüber aus: melius Graeci
λόγον dicunt quam nos verbum, sive sermonem; λόγος
enim et sermonem significat et rationem, quia ille est et
vox et sapientia Dei. Hunc sermonem divinum ne philosophi quidem ignoraverunt. Siquidem Zeno rerum naturae
dispositorem atque opificem universitatis λόγον praedicat
quem et fatum et necessitatem rerum et deum et animum
Jovis nuncupat etc.

Villoison in seiner gelehrten Abhandlung über die physische Theologie der Stoiker (in der Ausgabe des Cornutus von Fr. Osann, p. 439 sqq.) hält gleichfalls, wenn
auch, ohne näher auf den Gedankeninhalt dieser Anschauung des Ephesiers einzugehen [1]), an der Bedeutung „Verbum“ des demiurgischen heraklitischen Logos fest, auf
den er mit Recht den Logos der Stoiker in allen seinen
Formen als λόγος, λόγος κοινός, λόγος σπερματικός zurückführt [2]). Außer den angeführten Stellen führt Villoison

---

[1]) In letzter Analyse wird sich übrigens auch uns dieselbe
erst in § 35 ergeben.

[2]) Das Verdienst dieser Abhandlung um Heraklit besteht
gerade darin, daß Villoison bei manchen Einzelheiten der stoi-

noch die Worte des Justinus Martyr. (Apolog. I, 46, p. 330, ed. Coln.) an: τὸν Χριστὸν τὸν πρωτότοκον τοῦ Θεοῦ εἶναι ἐδιδάχθημεν καὶ προεμηνύσαμεν λόγον ὄντα, οὗ πᾶν γένος ἀνθρώπων μετέσχε· καὶ οἱ μετὰ λόγου βιώσαντες, Χριστιανοί εἰσι, κἂν ἄθεοι ἐνομίσθησαν, οἷον ἐν Ἕλλησι μὲν Σωκράτης καὶ Ἡράκλειτος καὶ οἱ ὅμοιοι αὐτοῖς und meint, daß Justinus diese ausgezeichnete Ehre dem Herakleitos wegen des L o g o s b e g r i f f e s desselben widerfahren lasse. Es können jedoch die Worte des Justinus, wie zumal der Schluß derselben (καὶ οἱ ὅμοιοι) zu zeigen scheint, auch in einem beschränkteren bloß e t h i s c h e n Sinne genommen werden[1]).

Ist es nun auch im allgemeinen in der Wissenschaft eine lange anerkannte Tatsache, aus welchen Quellen Johannes seinen Logosbegriff geschöpft hat, so möge es doch erlaubt sein, diese Untersuchung mit der Bemerkung zu schließen, daß wenn die obigen Anschauungen der Zendlehre vom „W o r t e" feststehen und wenn ferner feststeht, daß E p h e s u s seit je ein alter vorzugsweiser Sitz persischer Magierlehre gewesen ist (s. Creuzer Symbol II, p. 597; Lobeck Aglaoph. p. 1330 sqq.), und w e n n n u n d a z u e i n e a l t e T r a d i t i o n (bei Irenäus, Adv.

---

schen theologischen Physik nachweist, wie die Stoiker, um mich Villoisons Ausdruck (p. 459) zu bedienen, „κατὰ πόδα" Herakleitos gefolgt sind.

[1]) Nämlich als auf die ethische Lebensrichtung Heraklits gehend, wie es bei Epictet heißt, Enchirid. c. '15, 'T. III, p. 17, ed. Schw.: ἂν δὲ καὶ παρατεθέντων σοι μὴ λάβῃς, ἀλλὰ καὶ ὑπερίδῃς, τότε οὐ μόνον συμπότης τῶν Θεῶν ἔσῃ, ἀλλὰ καὶ συνάρχων· οὕτω γὰρ ποιῶν Διογένης καὶ Ἡράκλειτος καὶ οἱ ὅμοιοι ἀξίως θεῖοί τε ἦσαν καὶ ἐλέγοντο, wozu Simplic. Comm. in Ench. T. IV, p. 199, ed. Schweigh. erklärt: θεῖοι γὰρ οἱ κατὰ τὸ ἄκρον καὶ ἐξῃρημένον τὸ ἐν αὐτοῖς διαζήσαντες· τὸ γὰρ πανταχοῦ ἄκρον, θεῖον, ὅτι πάντων ἀκρότατον θεός.

haer. 3, 1) behauptet, daß das Evangelium Johannis in Ephesus geschrieben worden sei, durch die Zusammenreihung aller dieser Punkte ein spezielles und besonders helles Licht auf das vierte Evangelium und seinen berühmten Eingang fällt: Im Anfang war das Wort[1]). —

Dies sind die hauptsächlichsten Spuren des Einflusses, welchen die magische Religionslehre und ihre Kenntnis auf die Darstellungsweise Heraklits und auf seine Anschauungen im einzelnen ausgeübt hat, und deren Grenzen wir oben hinreichend sorgfältig gezogen zu haben glauben.

Weitere derartige Zusammenhänge nachzuweisen, müssen wir solchen überlassen, welche gründlichere Kenner der persischen Religionsurkunden und, sie in der Sprache der Originalien zu lesen, befähigt sind[*]).

---

§ 17. Unterschied der $Δίκη$ und $Εἱμαρμένη$.

Wir kehren von diesem Exkurse zu der $Δίκη$ zurück, die uns in dem letzten Fragment beschäftigte, und von der wir bestrebt waren, nachzuweisen, daß sie dem Heraklit nichts anderes ist, als seiende Negativität, also dasselbe was Krieg, Harmonie etc., d. h. eine Form seines

---

[1]) An das bekannte Geständnis des heiligen Augustinus (confess. VII, c. 13 sqq.), daß er gerade durch die Schriften der Platoniker von der johanneischen Lehre vom Logos überzeugt worden sei — und Plato selbst hat Begriff wie Ausdruck erst von Heraklit entlehnt — braucht hier nur erinnert zu werden.

[*]) Wie sehr sich die oben dargelegte Ansicht von der von Gladisch (Religion und Philosophie, Breslau 1852) — und ebenso in bezug auf die heraklitische Benutzung des ägyptischen Stoffes von der von Roeth (Gesch. der abendl. Philosophie) — unterscheidet, bedarf keiner weiteren Ausführung.

absoluten Prinzipes, aber nach der n e g a t i v e n B e z i e -
h u n g d e s s e l b e n a u f d a s e i n z e l n e a u f g e f a ß t.
Ganz deutlich tritt dies mit dem bereits p. 206 sqq. aus
Origenes angeführten und erörterten Fragment hervor:
„Εἰδέναι χρὴ τὸν πόλεμον ἐόντα ξυνὸν καὶ Δίκην ἔριν καὶ
γινόμενα πάντα κατ᾽ ἔριν καὶ χρεώμενα". „Man muß wissen,
daß der Krieg das Gemeinsame und die Dike (d. h. d a s
d e r E x i s t e n z z u k o m m e n d e R e c h t) der Streit ist,
und daß alles entsteht nach dem Gesetz des Streites und
nach ihm sich verwendet." Denn ob man nun der von
uns nach der Schleiermacherschen Vermutung angenom-
menen Textesverbesserung beitritt, oder ob man sie, wie
Schleiermacher (p. 419) fürchtet, zu kühn findet, immer
geht d a s aus dem Bruchstück unzweifelhaft hervor, daß
die Dike mit dem Krieg und Streit identisch ist, d. h. daß,
wie der Krieg das kosmogonische Prinzip, der Vater aller
Dinge ist, d e s h a l b auch das R e c h t a l l e r E x i s t e n z
kein anderes sei, als eben dieselbe, die r e a l e A u f -
h e b u n g u n d V e r n i c h t u n g alles einzelnen nach sich
ziehende, Identität des Gegensatzes von Sein und Nicht,
der es auch sein Dasein verdankt. Und schon bei der
ersten Erörterung des Fragmentes ist, worauf wir rückverweisen müssen, ausführlich gezeigt worden, daß das
von Schleiermacher unverständlich gefundene χρεώμενα
nichts anderes ist, als eine sehr deutliche und echte Beschreibung dessen, daß die Dinge nur nach demselben
Gesetze, durch das sie entstanden und das also ihr a n
s i c h s e i e n d e s Recht bildet, auch in ihrer W i r k -
l i c h k e i t verwaltet und aufgehoben werden; daß also
das dem einzelnen wirklich zukommende R e c h t, die Dike,
kein anderes sein kann, als die Aufhebung durch denselben Streit, durch den es auch geworden ist. „Denn
alles, was entsteht, ist w e r t, daß es zugrunde geht."

Das χρεώμενα (κατ' ἔριν) d. h. die ihre Aufhebung her-
beiführende Verwaltung der Dinge nach dem Gesetze des Streites ist also die eigentliche Seite und
Tätigkeit der Dike.

So erschien sie schon in dem Fragment von der
Sonne.

So erscheint sie noch deutlicher in einem erst später
vollständig anzuführenden und näher zu erörternden Fragment (bei Clemens Strom. V, c. 1), „und die Dike wird
ergreifen die Lügen-Verfertiger und Zeugen," ein Fragment, welches die Bedeutung der Dike um so klarer nachweist, als wir sehen werden, daß diese „Lügen-Zeugen
und Verfertiger" nicht Subjekte, sondern die trügerisch
ein festes Bestehen vorspiegelnden Sinne
sind.

Bedeutungsvoll tritt endlich noch einmal der „Name
der Dike" auf. Clemens hatte von der Strafe gesprochen
und fährt fort (Strom. IV, c. 3, p. 205, Sylb. p. 568,
Pott.): καλῶς οὖν Ἡράκλειτος, „Δίκης ὄνομά, φησιν, οὐκ
ἂν ᾔδεσαν, εἰ ταῦτα μὴ ἦν", „und schön sagt Heraklit,
„„nicht einmal den Namen der Dike würden
sie kennen, wenn dies nicht wäre"". Es ist allerdings
wahr, daß es ein merkwürdiger Zufall sein müßte, wenn
Clemens die Worte εἰ ταῦτα μὴ ἦν", die er gerade brauchte,
auch schon so bei Heraklit vorgefunden haben sollte, weshalb .wir sie auch nicht bestimmt als Heraklit zugehörig
hervorgehoben haben. Allein wenn nur, woran nicht zu
zweifeln, der Vordersatz ganz wörtlich angeführt ist, so
kann in der Tat nicht viel anderes gefolgt sein. Und auch
der Zusammenhang des Sinnes kann wohl nur der gewesen
sein, daß, wenn die Dike sich nicht tatsächlich zeigte
und äußerte in der wirklichen Negation und Aufhebung der Einzelheit, — diese Negation des aufsich-

beharrenden Einzelnen, welche ihm, wie wir bei seinem ethischen Fragmenten noch näher sehen werden, das Grundprinzip des Gerechten ausmachte, den sich selbst und die Dinge für ein Beharrendes haltenden und an diesem Beharren festhalten wollenden Menschen nicht einmal den Namen nach bekannt sein würde, so daß der Menschen L e h r m e i s t e r in der Gerechtigkeit der ihnen dieselbe zur Anschauung bringende — U n t e r g a n g ist.

Wenn so die Gerechtigkeit die negative Beziehung des heraklitischen Absoluten auf das Existierende und Einzelne ist, so kann es doch bei Heraklit k e i n e b l o ß negative Bestimmung geben. Dies ist der heraklitischen Philosophie, wie wir oft gesehen haben, nach ihrem innersten Gedanken durchaus wesentlich und zeigt sich auch an dem Begriff der Dike. Ist dieser die Negation des Einzelnen, so ist — und dies liegt schon in dem Gedanken der Umwandlung, der $\mu\varepsilon\tau\alpha\beta\sigma\lambda\dot{\eta}$ überhaupt — g e r a d e m i t d e m N i c h t s e i n des einen und d u r c h dies Nichtsein d a s S e i n d e s a n d e r e n n o t w e n d i g g e g e b e n. Gerade durch die Aufhebung des einen kommt die Existenz des anderen zustande. Der Begriff der heraklitischen Dike schlägt daher sofort in den Begriff der N o t w e n d i g k e i t um, w e l c h e d a s N i c h t s e i n d e s e i n e n m i t d e m S e i n d e s a n d e r e n v e r k n ü p f t. Diese V e r k n ü p - f u n g gerade, welche das Positive, die Existenz, als d u r c h i h r G e g e n t e i l, d a s N e g a t i v e, n o t w e n d i g b e - d i n g t zu fassen weiß, ist der innerste Begriff der h e r a - k l i t i s c h e n N o t w e n d i g k e i t, der $\varepsilon\dot{t}\mu\alpha\varrho\mu\acute{\varepsilon}\nu\eta$, die darum ein B a n d genannt werden kann, welches — der tiefere Begriff des Kausalnexus — nicht zwei s e i e n d e Dinge, sondern das B e s t e h e n des einen mit dem N i c h t - s e i n des anderen zusammenbindet. Daß dies in der Tat der Begriff der heraklitischen Notwendigkeit, daß diese

also nur die p o s i t i v e S e i t e d e r D i k e i s t, zeigt
zunächst die heraklitische Stelle des Plato (Theaetet.
p. 160, b.) „ἡ ἀνάγκη τὴν οὐσίαν συνδεῖ“. „Die Notwendigkeit b i n d e t die Wesenheit des Seins z u s a m m e n.“
Ebenso wird von ihm im Cratylos[1]) die ἀνάγκη als ein
B a n d , δεσμός, definiert. Ja in den Worten daselbst:
δεσμὸς ζώῳ ὁτῳοῦν, ὥςτε μένειν ὁπουοῦν, πότερος ἰσχυ-
ρότερός ἐστιν, ἀνάγκη ἢ ἐπιθυμία, „welches B a n d ist
wohl das stärkere für jedes Lebende, damit es irgendwo
b l e i b e, d i e N o t w e n d i g k e i t oder das Verlangen,“
tritt auf das deutlichste diese Auffassung der ἀνάγκη als
des p o s i t i v e n und das E i n z e l n e e r h a l t e n d e n Momentes hervor, und wie sie eben nur als solche Bestehen
verleihende und erhaltende Macht ein B a n d genannt wird.
Heraklit ist also die Quelle jener den Stoikern so geläufigen
Auffassung, welche die εἱμαρμένη, die rerum omnium necessitas, als B a n d u n d V e r k n ü p f u n g, i l l i g a t i o, ausspricht. So nannten die Stoiker nach dem falschen Plutarch,
Placit. I, 28, die εἱμαρμένη „εἱρμὰν αἰτιῶν, τούτεστι τάξιν
καὶ ἐπισύνδεσιν ἀπαράβατον“. „Verknüpfung (Reihe)
der Ursachen, d. h. Anordnung und unüberschreitbare Verbindung“ und bei demselben Berichterstatter, ib. I, 27,
angeordnete V e r f l e c h t u n g der Ursachen, συμπλοκὴν
αἰτίων τεταγμένην. So bezeichnet sie Marc. Anton. X, 28,
kurzweg als τὴν ἔνδεσιν ἡμῶν, als „u n s e r e V e r -
k n ü p f u n g,“ und zwar an einer Stelle, wo dies dem Sinne
nach unseren U n t e r g a n g bedeutet[2]), über den er tröstet

---

[1]) p. 403, C., p. 103, Stallb.

[2]) „ὅμοιον“ (nämlich wie ein solches schreiend abgeschlach-
tetes Tier) καὶ ὁ οἰμώζων ἐπὶ τοῦ κλινιδίου μόνος σιωπῇ τὴν
ἔνδεσιν ἡμῶν d. h. also, unser Untergang ist ja nur unsere
Verknüpfung, durch die unser Geschlecht etc. besteht. Es liegt
in der ἔνδεσις die fatalistische Notwendigkeit des Unterganges.

und von dem er nicht will, daß wir ihn wie schreiend zur Schlachtbank geschleppte Schweine erleiden.

So setzt derselbe Autor X, 5, πιπλοκή αἰτίων für die εἱμαρμένη, indem er denselben Trost gibt, daß wir auch bei teilweiser Negation, bei Unglücksfällen, eingedenk sein sollen, wie dies Negative auch positiv ist, wie wir nur aus derselben uns jetzt negativen Verknüpfung der Dinge auch unsere Existenz überhaupt empfangen haben: „Was dir auch zustoße, es war dir von Ewigkeit her ja bestimmt und dieselbe Verflechtung der Ursachen spann von Ewigkeit her zusammen sowohl dein Bestehen überhaupt, als auch das Zustoßen dieses Ereignisses." Dieselben Stoiker erklärten aber auch, was besonders bezeichnend ist und nicht wenig bestätigend für die Bedeutung, die wir der εἱμαρμένη bei Heraklit angewiesen haben, Zeus selbst als die εἱμαρμένη (s. Eustath. p. 695, ad II, VIII, 18 sqq.). Ebenso wie in den bereits bezogenen Stellen und noch deutlicher vielleicht tritt jene Verknüpfung des Positiven und Negativen, die nach uns den Gedanken jenes „Bandes" bildet, in der Erklärung hervor, die Cicero gibt, divinat. I, 55: „Fatum autem id appello quod Graeci εἱμαρμένην, ist est ordinem seriemque causarum, cum causa causae nexa rem ex se gignit." In series, im Begriff der Reihe, liegt bereits und zunächst die Aufhebung und

---

aber zugleich die positive, anderem daseingebende, Seite darin, durch die wir selbst unsere Existenz empfingen, die Hinweisung auf diese Wechselwirkung, und das sich gegenseitige Bedingen des Entstehens und Vergehens, weshalb anstatt der negativen Bestimmung „Untergang" oder der allgemeineren und formellen Bestimmung „Notwendigkeit" ἔνδεσις gesagt und so der positive Inhalt der Notwendigkeit hervorgehoben wird. Die Übersetzung von Casaubonus miserius mortalis vita hujus verfehlt daher den Gedanken, und die an sich richtige von Gataker fato nos illigari drückt ihn nicht bestimmt genug aus.

das Aufgehobensein des Einzelnen. Diesen zunächst negativen Sinn der Reihe hebt Seneca hervor in den Beiworten, die er ihr erteilt, Epist. 77: Series invicta et nulla mutabilis ope illigat et trahit. Aber diese negative Macht ist es, die selbst vielmehr produktiv, hervorbringend und das Einzelne schaffend ist, „rem ex se gignit," wie es deshalb bei Cicero weiter heißt, und diese notwendige Verknüpfung von Entstehen und Vergehen, von dem negativen und positiven Wesen der Reihe, ist eben der Nexus, den Cicero deshalb auch die Berührung oder die Gemeinschaft der Dinge, ipsa rerum contagio nennt, de fato c. 4, p. 570, ed. Moser. (Noch andere Stellen siehe bei Gataker ad M. Ant. l. l. und Creuzer Dionysus, Heidelberg 1809, p. 72—74, wo auch auf die heraklitisierende Stelle des Plato Sympos. p. 74, Wytt. „ὥςτε τὸ πᾶν αὐτὸ αὑτῷ ξυνδεδέσθαι hingewiesen und Creuzer zu Cicero de nat. Deor. I, 20, p. 92). — Was wir durch diese Stellen zu bestätigen gesucht haben, ist, daß dem Heraklit die Notwendigkeit, wie schon aus den erstangeführten Worten des Theaetet sich ergibt, das die Wesenheit des Seins Zusammenbindende, daß sie ihm ein Band, δεσμός, ist, daß die Bedeutung dieses Bandes die Verknüpfung des Negativen mit dem Sein ist[1]), daß die hera-

---

[1]) Plato sagt nicht: ἡ ἀνάγκη τὰ ὄντα συνδεῖ, dies wäre die gewöhnliche Verstandesvorstellung von dem Kausalnexus, in welche die Stoiker allerdings, selbst wo die spekulative Natur der Begriffsmomente aus ihren Erklärungen hindurchschimmert, nur zu oft verfielen, die Vorstellung, nach welcher ein einzelnes und Seiendes ein anderes zur Folge hat, ohne selbst darin aufgehoben zu sein. Plato sagt vielmehr ἡ ἀνάγκη τὴν οὐσίαν συνδεῖ; die Wesenheit des Seins, die Substanz, ist aber selbst schon im heraklitischen Sinne das allgemeine Werden, welches an sich sowohl die beständige Negation alles

klitische Notwendigkeit somit nur dasselbe was auch seine *Δίκη*, nur in p o s i t i v e r Wendung ist, nämlich d i e Seite des Absoluten, welche durch die Vermittlung des N e g a - t i v e n s e l b s t dem Einzelnen D a s e i n u n d B e s t e h e n verleihet.

Es ist nun gewiß von nicht geringem Interesse, zu sehen, wie es die genau diesen Begriffsmomenten entsprechende, dem gewöhnlichen Bewußtsein fremde, Vorstellung ist, welche wir noch in den heutigen orphischen Hymnen mit *δεσμός* verbunden finden. Im XIII. orphischen Hymnus auf Kronos (p. 274, ed. Herrm.) heißt es von diesem Gotte:

„*ὅς δαπανᾷς μὲν ἅπαντα καὶ αὔξεις ἔμπαλιν αὐτὸς δεσμοὺς ἀῤῥήκτους. ὅς ἔχεις κατʼ ἀπείρονα κόσμον*".
„Der du alles v e r z e h r s t und alles auch wieder v e r - m e h r e s t
Der u n z e r b r e c h l i c h e B a n d e du schlingst ums un- endliche Weltall."

(Übersetzung von Dietsch.)

Diese g e d o p p e l t e und g e g e n s ä t z l i c h e Beziehung des Kronos zur Welt, diese Verknüpfung seines n e g a - t i v e n Wesens mit seinem p o s i t i v e n, der Vernichtung selbst mit der Geburt, als deren Einheit er gepriesen wird, werden also die „u n z e r b r e c h l i c h e n B a n d e" genannt, die Kronos um die Welt schlingt, der er gerade durch dieses, an jedes Nichtsein ein neues Sein bindende, unzerreißliche Band Unendlichkeit und Bestehen gewährt.

Seins, als auch die Fülle alles Inhaltes ist. Beide Seiten z u - s a m m e n s c h l i e ß e n d, ist es die Notwendigkeit, welche Sein und Nichtsein ineinanderverbindend das Dasein der einzelnen Bestimmtheit durch das Nichtsein der anderen zustande bringt und so dem einzelnen reelles Bestehen verleiht.

Die „Bande" sind daher immer (auch wo die Verknüpfung mit dem Negativen in den Hintergrund tritt), das, wodurch die Existenz ihr Bestehen hat[1]).

Noch merkwürdiger aber, und nur in diesem Zusammenhange w a h r h a f t z u v e r s t e h e n, ist es, wenn Bakchos, von dem wir oben (§ 10, 11) gezeigt haben, worauf wir hier rückverweisen müssen, daß er dem Heraklit die Personifikation des Momentes des realen Daseins war, im XLVII. orphischen Hymnus[2]) (p. 310, ed. H.), geradezu als „d a s B a n d a l l e r D i n g e," δεσμὸς ἀπάντων" apostrophiert wird:

„ἔστησεν κρατεροὺς βρασμοὺς γαίης ἀποπέμψας
ἤνικα πύρφορος αὐγὴ ἐκίνησεν χϑόνα πᾶσαν
πρηστῆρος ῥοίζοις· ὃ δ' ἀνέδραμε δεσμὸς ἀπάντων".

„Und abwendend gestillt der Erde gewaltigen Aufruhr,
Als flammende Glut ringsum erschüttert das Erdreich
Unter des Blitzstrahls Wucht; e i n B a n d e r h u b e r s i c h
a l l e m."

(Nach Dietsch.)

Denn daß δεσμὸς ἀπάντων hier schlechterdings nur in kosmischem Sinne[3]) genommen werden muß, ist von sich

---

[1]) So z. B. in dem 87. orphischen Hymnus auf den Tod p. 352, ed. H. „ἤνιχ' ἂν ἐκλύῃς φύσεως κεκρατημένα δεσμά".

[2]) Wir haben schon oben p. 407 sqq. von diesem Hymnus darauf aufmerksam gemacht, wie er Bakchos als B e e n d i g e r d e r k o s m i s c h e n F e u e r P e r i o d e, resp. wie es nach Plutarchs Bericht über die heraklitisch-orphische Theologie auszudrücken wäre, als Umwandlung des reinen Apollo-Stadiums, des Momentes oder Stadiums der negativen Einheit in das des realen unterschiedenen Daseins erscheinen läßt.

[3]) Es ist hiernach, zumal nach jenen δεσμοὺς ἀῤῥήκτους im 13. Hymnus, auch klar, daß der von Schelling (Gottheiten von Samothrace, Anm. 119, cf. ib. p. 40) aus allgemeineren Gründen

selbst klar und nach allem, was oben a. a. O. darüber gesagt worden ist, wäre es überflüssig, noch etwas hinzufügen zu wollen.

---

ausgesprochene Tadel über die zu Orph. Argon. v. 468, 469, ed. Herrm.:

ζαθεὴν Σαμοθρήκην

Ἔνθα καὶ ὅρκια φρικτὰ θεῶν, ἄῤῥηκτα βροτοῖσιν

von Herrman nach Brunk gemachte doppelte Änderung von ἄῤῥηκτα in ἄῤῥητα und von ὅρκια in ὄργια (— beide Änderungen hängen freilich eng zusammen —) ganz berechtigt ist; vgl. dazu das von A. Mai dem Eunapius vindizierte und ohne seinen Namen bei Suidas gelesene Fragment desselben (Eunap. ed. Bonn. p. 107): Ἀρβαζάκιος Ἴσαυρος — — ἦν μὲν ἐξ Ἀρμενίας, τοῖς τρισὶν ἅμα συγκατειλημμένος πάθεσιν ὥςπερ ἡφαιστείοις δεσμοῖς ἀῤῥήκτοις καὶ ἔμενε γε ἐν αὐτοῖς ἔμπεδον· ταῦτα δὲ ἦν ἐρωτομανία καὶ μέθη καὶ πλεονεξία (cf. Orph. Lap. v. 255).

Ende des ersten Bandes.